言語와 精神

言語와 精神 −촘스키의 言語思想 分析−

초판인쇄 2012년 12월 10일
초판발행 2012년 12월 20일

지 은 이   김 진 우
펴 낸 이   김 진 수
꾸 민 이   허 미 양
펴 낸 곳   **한국문화사**
등   록   1991년 11월 9일 제2-1276호
주   소   서울특별시 성동구 아차산로 3(성수동 1가) 502호
전   화   (02)464-7708 / 3409-4488
전   송   (02)499-0846
이 메 일   hkm7708@hanmail.net
홈페이지   www.hankookmunhwasa.co.kr

책값은 30,000원입니다.

잘못된 책은 바꾸어 드립니다.
이 책의 내용은 저작권법에 따라 <u>보호</u>받고 있습니다.

ISBN 978-89-5726-743-1 93700

이 도서의 국립중앙도서관 출판시도서목록(CIP)은 e-CIP
홈페이지(http://www.nl.go.kr/ecip)에서 이용하실 수
있습니다. (CIP제어번호: CIP2012005670)

言語와 精神
−촘스키의 言語思想 分析−

金鎭宇 著

한국문화사

서문

현재 촘스키가 속해있는 학과의 명칭이 언어학 및 철학과라는 사실이 결코 우연한 일이 아니라는 것은 그가 그 동안에 언어연구라는 이름 밑에서 어떤 일을 해왔는가를 살펴보게 되면 당장 알 수가 있다. 그가 그 동안에 해온 일은 크게 두 가지였다고 볼 수가 있는데, 그중 첫 번째것은 변형주의적 문법모형을 개발하는 것이고, 그중 두 번째것은 이성주의적 철학이론을 수립하는 것이었다. 그러니까 비유적으로 말하자면 그의 학문적 탐구의 양태는 뿌리는 언어학의 땅에 깊숙이 박혀있으면서 가지는 철학의 하늘을 향하여 한껏 뻗어 있는 큰 나무의 모습을 띠고 있었던 것이다.

그런데 무엇보다도 중요한 사실은 마치 나무의 생명은 가지가 아니라 뿌리에 있다는 진리에 순응이라도 하려고 하듯이, 지금까지의 그의 학문에 대한 소개나 논의는 으레 그의 문법적 이론에 관한 것에 집중 되었다는 점이다. 굳이 따지자면 그는 언어학자이지 철학자가 아니라는 사실을 감안한다면 이런 현상은 너무나 당연한 현상임이 분명하다. 그러나 결과적으로는 여기에서는 철학이 언어학에 뒤처지는 일종의 서순전도의 현상이 일어나게 된 것이다.

그런데 최근에 이르러 그 자신의 힘으로 이렇게 전도된 현상을 바로잡으려는 움직임이 나타나게 되었는데, 앞으로 언어학은 생물언어학이 되어야 한다는 그의 공언이 바로 그것이다. 얼핏 보기에는 이런 공언은 언어학의 영역과 연구방법을 최대로 확대하고 과학화하려는 그의 의도의 표시처럼 보일는지도 모른다. 그러나 이로써 그는 언어학의 궁극적인 과제는 결국에 인간의 정신에 대한 새로운 이론, 즉 새로운 인간관을 세우는 것이라는 것을 선언한 것이다. 이런 공언과 함께 그가 제시한 등식이 바로 「언어/정신/두뇌」라는 사실이 이와 관련된 그의 진의를 잘 나타내고 있다.

이 책의 목적은 간단히 말해서 이 등식이 나오기까지의 과정을 살펴봄과 동시에 그것의 학리적 타당성을 검토하는 것이다. 그러니까 이것은 지금이야말로 그의 문법이론에 대한 토의를 넘어 그의 이성주의적 철학이론에 대한 토의를 시작할 시기라는 생각에서 쓰인 책이다. 그렇다고 해서 뿌리 없는 가지처럼 그의 학문을 다룰 수는 없었다. 따라서 이 책의 내용은 어름잡아서 그의 문법이론에 대한 분석작업과 그의 철학적 등식에 대한 분석작업이 반반씩이 되고 말았다.

여기에서 얻은 결론도 크게는 두 가지라고 볼 수가 있는데, 그중 첫 번째것은 최근에 많은 관심을 모으고 있는 최소주의 이론은 실제로는 1980년대에 나온 지배와 결속이론의 후속이론에 불과하다는 것이었고, 그중 두 번째것은 그의 철학적 등식은 아직 일종의 가설의 수준을 벗어나지 못한 것이라는 것이었다. 지금까지 그는 자기의 언어이론으로써 드디어 플라톤의 문제와 데카르트의 문제와 같은 난제중의 난제들을 해결할 수 있게 되었다고 주장해왔었다. 그렇지만 여기에서의 이 등식의 분석결과는 이로써 그는 결국에 「촘스키의 문제」를 적지않게 제기하게 되었다는 것이다.

마지막으로 나는 이번에도 이렇게 전문적인 책의 출판을 흔쾌히 승낙해주신데 대하여 김진수 사장님께 뜨거운 감사의 말씀을 드리고 싶다. 특히 이번 책은 이 출판사에서 나온 내 책의 열 번째것에 해당하는 것이기에 이번에 내가 나타내려는 사의의 크기는 특별할 수 밖에 없다.

저자

차례

서문 _ v

제1장 촘스키 문제의 대두

1. 문제제기의 필연성 · 1
   - (1) 제1기 · 1
   - (2) 제2기 · 6
2. 언어지식의 제한성 · 16
   - (1) 기술 대상의 제한 · 17
   - (2) 문법모형과 기술 절차의 변화성 · 24
     - 가) 변화의 폭 · 25
     - 나) 보편성 · 29
     - 다) 목표의 높이 · 33
   - (3) 양면적인 진술 · 37
3. 언어와 정신의 관계에 대한 연구 · 40
   - (1) 언어철학의 3대 흐름 · 41
     - 가) 이상적 언어철학 · 41
     - 나) 일상적 언어철학 · 46
     - 다) 인지주의적 언어철학 · 49

         (2) 언어와 사고의 관계 ································ 53
         (3) 심리학의 동향 ···································· 59
   4. 언어와 두뇌의 관계에 대한 연구 ························· 63
         (1) 실어증 연구가 밝혀낸 두 가지 사실 ············ 64
         (2) 언어학의 기여 ··································· 70
         (3) 문제점 ·· 75
            가) 국부론 대 전체론의 대결 ····················· 76
            나) 정신작용에 대한 확대된 견해 ················ 81

제2장 내재이론의 두 기둥
   1. 그의 내재이론의 특이성 ································ 87
   2. 언어습득론 ··· 94
         (1) 심리언어학의 실상 ······························ 95
         (2) 언어학적 언어습득이론 ························· 99
         (3) 문제점 ··· 104
   3. 언어기원론 ··· 112
         (1) 언어적 근거 ····································· 116
         (2) 특이한 돌연변이설 ····························· 121
         (3) 생물학적 과제 ·································· 125
   4. 네 가지 결론 ··· 136

제3장 최소주의 이론의 실체 Ⅰ: 문법모형과 기술기법
   1. 언어사상의 투사체 ···································· 152
         (1) 통사부 우선의 원칙 ···························· 154
         (2) 형식적 조작의 원칙 ···························· 157

        (3) 인지적 체계의 원칙 ·· 164
        (4) 최소성의 원칙 ··· 172
        (5) 보편성의 원칙 ··· 180
    2. 지배와 결속이론의 기본성 ·· 184
        (1) 하위 인접성의 조건 ··· 185
        (2) 문법모형 ·· 195
        (3) 보편문법 이론 ··· 202
            가) 보편문법의 틀 ··· 205
            나) 매개변인 ··· 211

제4장 최소주의 이론의 실체 II: 대안과 문제점

    1. 가설성과 수용성 ·· 219
        (1) 가설성 ··· 219
        (2) 수용성 ··· 222
    2. Kayne의 경로이론 ··· 233
    3. Koster의 형상문법이론 ··· 249
    4. 문제점 ·· 265
        (1) 이론 내적인 것들 ·· 266
            가) 문법모형 ··· 267
            나) 복사이론 ··· 272
            다) 병합 절차 ··· 276
            라) 자질 점검 ··· 281
            마) 매개변인 ··· 287
        (2) 이론 외적인 것들 ·· 293
            가) 의미의 문제 ·· 293
            나) 화용적 현상 ·· 299

다) 심리학적 연구와의 관계 ·· 305
　　　라) 뇌과학적 연구와의 관계 ·· 312
　　　마) 진화론적 이론과의 관계 ·· 322

제5장　비변형적 문법이론과의 비교

　1. 비교의 필요성 ··· 327
　　(1) 문법이론의 고차원성 ··· 328
　　(2) 문법연구의 주도권 ··· 330
　　(3) 변형문법이론의 기여성 ··· 331
　　(4) 심리적 실재성 ·· 334
　　(5) 어휘기반적 접근법 ··· 336
　　(6) 형식주의적 문법이론의 특징 ··· 338
　2. 일반화 구구조문법과 핵추진 구구조문법 ······························ 341
　　(1) 일반화 구구조문법 ··· 342
　　(2) 핵추진 구구조문법 ··· 351
　3. 어휘기능 문법 ·· 361
　4. 관계문법 ··· 377
　　(1) 문법관 ··· 377
　　(2) 관계망도 ·· 378
　　(3) 재평가 절차 ·· 379
　　(4) 변형절차의 대안 ·· 380
　　(5) 능격 구문 ·· 384
　　(6) 보편성 ··· 388
　　(7) 한계성 ··· 391

제6장 환원주의의 함정

1. 촘스키의 언어 연구의 양방향성 ··· 393
2. 경험의 역할 ··· 409
   (1) 학습의 역할 ··· 412
   (2) 언어기원론의 모순성 ··· 429
      가) 상징지시설 ·· 432
      나) 문화적 진화설 ·· 436
3. 언어와 사고의 관계 ·· 445
   (1) 개념구조 이론 ·· 450
   (2) 어휘적 접근이론 ··· 458
4. 의미의 문제 ··· 463
5. 정신의 문제 ··· 483
   (1) 인지적 작업 ··· 486
   (2) 정신력의 3대 요소 ·· 488
   (3) 진화의 문제 ··· 491

참고문헌 _ 493

제1장
촘스키 문제의 대두

1. 문제제기의 필연성

아마도 그것의 열렬한 지지자이든 그것을 한낱 허구적인 것으로 몰아치려는 비판자이든 그의 언어이론으로 인하여 20세기 이후에 이른바 「촘스키의 혁명」이 언어학뿐만 아니라 여타의 인문학 분야에까지 일어나게 되었다는 사실을 인정하지 않는 사람은 없을 것이다. 1950년대에 등장한 이래 오늘날에 이르기까지 분명히 그의 변형생성문법이론은 언어학계에서 우선 꾸준히 언어연구의 주도권을 잡고 있을뿐만 아니라, 철학이나 심리학, 신경과학과 같은 관련학문들의 발전방향에도 커다란 영향을 미쳐오고 있다.

(1) 제1기

크게 보았을때 지난 50여년간에 그의 언어이론의 발달은 두가지 면에서 이루어져 왔다고 볼 수가 있다. 그중 첫 번째 것은 최선의 문법모형과 언어기술기법을 찾아내는 작업이었고, 그중 두 번째 것은 그 나름의 특이한 이성주의적 언어 철학을 정립하고 전파하는 작업이었다. 두말할 필요도 없이 굳이 따지자면 그의 학문영역은 분명히 언어학이었으며, 따라서 그가 주력을 쏟아온 일도 당연히 첫 번째 작업이었다. 어떤 의미로 보아서나 그가 그동안에 이룩한 제일 큰 업적은 최소주의 이론과 같은 과학적인 문법모형을 창출해낸 일이다. 그리고 그가 자기나름의 언어철학을 펼수 있었던 것은 첫 번째 작업을 통해서 일정한 사실적 근거나 기저를 구축할 수 있었기 때문이었다.

그러나 특이하게도 그는 처음부터 이들 두 작업 사이에는 일종의 主從的 관계가 아니라 일종의 병렬적 관계가 형성되어 있는 것으로 보려고 했다. 현대언어학의 시조격인 Saussure와 Bloomfield도 언어학의 작업을 으레 언어란 어떤것이냐나 어떻게 하는것이 언어를 과학적으로 기술하는 것이냐와 같은 언어철학적 토의로부터 시작했었는데, 그 이유는 물론 자기네들이 내세우는 학문은 그전까지 성행되어오던 전통적인 문법학이나 역사언어학과는 전혀 다른것이었기 때문이었다. 왜 이제부터는 그 동안의 규범주의나 역사주의적 언어연구 대신에 구조주의나 기술주의적 언어연구를 시작해야할지를 밝히는 것이 그들의 첫 번째 과제였던 것이다.

그러나 그의 언어철학에 대한 관심의 특별함은 이런 상식적인 수준을 크게 웃돌고 있었다는 데 있었다. 쉽게 말해서 그는 처음부터 자기의 언어철학적 논의의 수준을 단순히 구조주의와 변형주의의 차이를 드러내는 차원을 넘어서서, 한쪽으로는 현재까지의 언어사상의 역사적 발전과정을 살피면서 다른 한쪽으로는 현대적 자연과학의 발달과정을 살피는 식으로 넓고 높게 잡았다. 그는 일찍부터 최선의 언어이론은 곧 하나의 언어습득이론이어야 한다는 의미에서 볼때 자기가 하고 있는 일은 언어학이 아니라 심리학이라는 말을 즐겨 해왔었는데, 실제로 그가 해온 일은 그것보다

한 수준 높은 언어철학겸 과학철학이었던 셈이다.

처음부터 그가 이들 두 작업을 병렬적으로 추진해왔다는 것은 그가 자기의 「표준이론」의 원전격인 「통사이론의 양상(Aspects of the theory of Syntax)」을 발간할 무렵에 「데카르트 언어학(Cartesian Linguistics)」과 「언어와 정신(Language and Mind)」과 같은 책들을 발간한 사실 하나만으로도 익히 알 수가 있다. 굳이 따지자면 그의 이런 경향은 첫 번째 책안에 이미 잘 드러나 있다고 볼 수도 있다. 예컨대 이 책의 제1부의 제8장에서는 「언어이론과 언어학습」이라는 주제 밑에서 Descartes를 위시하여 Locke, Leibniz, Hume, Humboldt, Quine, Wittgenstein등의 언어관들이 자세히 검토되고 있다. 물론 그는 여기에서 역대 철학자들의 언어습득관중 우세를 유지했던 것은 경험주의적인 것이 아니라 이성주의 적인 것이었다는 사실을 드러내고 싶었던 것이다.

그러나 그 보다 더 결정적으로 그의 연구 성향은 처음부터 다분히 철학적이었다는 사실을 드러내주는 사실은 그 책이 나온지 바로 일년뒤인 1966년에 「데카르트 언어학」이 나왔다는 사실이다. 두말할 필요도 없이 이런 이름의 언어학이 실제로 있었던 것은 아니다. 그러니까 이런 이름을 만든 것 자체에 그가 이 책을 쓰게 된 의도가 밝혀져 있는 셈인데, 그것은 바로 그가 내세우는 변형생성문법 이론은 철학적으로 충분히 정낭화될 수 있는 것이라는 점, 즉 그것은 일찍이 Descartes가 가졌던 이성주의적 언어사상을 실제적으로 구현시킨것이라는 점을 분명히 하려는 것이었다. 그가 이 책을 쓰게 된 동기에는 그의 야심찬 꿈도 들어가 있다는 것을 다음과 같을 말을 통해서 익히 알 수가 있다.

> 데카르트 자신은 언어에 대해서 별로 주의를 기울이지 않았고, 그가 한 적은 말들은 다양한 해석의 대상이 될 것이다. 이런 반대 하나하나는 일리가 있다. 그렇지만 내가 보기에는 여기에서 검토하고 있는 시기에는 일정한 정신이론과

연관된 상태에서의 언어의 본성에 대한 의견과 결론들이 하나의 응집되고 유용한 조직체를 이루고 있었으며, 이런 발달은 곧 데카르트적인 혁명의 소산으로 간주될 수가 있다.(Chomsky, 1966: pp.2~3)

또한 곧이어 1968년에는 「언어와 정신」이라는 또 하나의 철학적인 서명을 가진 책이 발간되었는데, 앞의 책의 목표는 그의 이성주의적 언어이론에 대한 철학적 정당성을 확보하려는 데 있는 것으로 치자면, 이 책의 목표는 일부 철학자들의 경험주의적 언어이론의 부당함을 지적하고 공격하려는 데 있는 것으로 볼 수 있다. 그런데 이 책을 이루고 있는 여섯 개의 장중 그의 언어철학과 직접적으로 관련되어 있는 것은 「정신연구에의 언어학의 기여」의 문제를 과거, 현재, 미래 등의 세 가지 시점에서 분석한 앞의 세 장과, 「언어학과 철학」의 관계의 재설정의 필요성을 역설한 마지막 장등 모두 네 개나 된다. 이런 의미에서 볼 때 이것은 언어학의 궁극적인 목적은 인간의 정신작용을 연구하는 것이어야 된다는 그의 철학이 정식으로 개진된 최초의 책인셈이다.

이들 네 개의 장중 여기에서 자세히 검토해볼만한 가치가 있는 것은 마지막 장인데, 그 이유는 이 장에는 으레 언어적 증거를 바탕으로 해서 철학적 문제점을 지적해 간다는 그의 언어철학의 기본적인 논쟁절차가 고스란히 드러나 있기 때문이다. 그가 이 장에서 주장하고 있는 바는 쉽게 말해서 변형생성문법이라는 자기의 언어이론의 출현으로 이제는 드디어 철학에서는 의미의 문제를 다루고 있고 언어학에서는 형식의 문제를 다루고 있으니까 두 학문간에는 협조적인 관계가 아니라 대적적인 관계만이 있게 되어있다는 지금까지의 고정관념을 깰수 있게 되었다는 점이다.

이 주장의 근거로 그는 우선 「John is certain that Bill will leave.」와 「John is certain to leave.」라는 문장들간의 의미적 차이가 변형생성 문법적인 분석방법에 의하게 되면 얼마나 명확하게 드러날 수 있는가를 보여주고 있다. 그의 설명의 요지는 이들이 서로 다른 의미를 나타내는 문장이라는 것은 각각의 문법적 생성절차를 그의 표준이론에 따라서 밝혀 보게 되면 알게 된다는 것으로서, 구체적으로 말해서 이들 사이의 의미적 차이는 첫 번째 문장은 심층구조가 그대로 표피구조로 옮겨진 것인데 반하여, 두 번째 문장은 심층구조에 일단「외치」절차가 적용되어서「It is certain that John will leave.」와 같은 문장의 구조가 만들어진 다음에 그것에「It 대치」절차가 적용된결과 생겨난 것이라는 사실에 의해서 저절로 드러나게 되어있다는 것이다.(Chomsky, 1968: pp.161~163)

이상과 같은 언어적 분석작업을 동력원으로 삼아 현존하는 철학자들의 경험주의적 언어습득이론을 공격하는 것이 그의 두 번째 작업인데, 여기에서 그가 그런 대상으로 내세우고 있는 사람들은 Goodman과 Putnam, Hiz, Harman등이었다. 그가 보기에는 Goodman의「제2차 상징체계이론」이나 Putnam의「일반 다목적 학습전략 이론」, Hiz의「내적 유용성이론」, Harman의「기능이론」등은 경험주의적 언어습득이론에 서로 다른 이름을 붙인것에 불과한것으로서 결국은 모두가 언어능력과 언어수행을 제대로 구별하지 못하거나, 아니면 언어지식의 내재성의 이론을 제대로 이해하지 못하는데서 비롯된 것들이었다.

그가 처음에 지녔던 이런 학문적 자세는 그 후에도 그대로 이어졌는데, 그러다 보니까 그동안에 그의 문법모형이나 언어기술기법상에만 표준이론이 확대표준이론을 거쳐서 최소주의 이론으로 발전된 것과 같은 큰 변화가 있게 된 것이 아니라 그의 언어철학에도 큰 변화가 있게 되었다. 언어철학적 탐구의 방향을 언어학을 심리학이나 철학과 접목시키려는 것에서 그것을 생물학이나 두뇌과학과 접목시키려는 것으로 전환한것이 바로 그것이었다. 물론 엄밀히 따지자면 그가 초기에 Lenneberg의 생물학적 언어관에 깊은 관심을 보였던 점으로 미루어보아서는 그가 처음부터 언어철학의 발전방향을 이런식으로 잡고 있었다고 볼 수도 있다. 그렇지만 크게 보았을때는 그전까지의 그의 언어 철학적 추구는 심리학과 철학을 언어학과 접합시키려는 방향으로 이루어졌다.

(2) 제2기

편의상 이 시기를 그의 언어철학적 추구의 제1기로 치자면 그가 「언어의 지식(Knowledge of Language)」을 출간한 1986년 이후를 그것의 제2기로 칠수가 있는데, 그 근거로는 여기에서 최초로 「정신/두뇌(mind/brain)라는 용어가 쓰였다는 사실을 들 수가 있다. 「언어와 정신」이라는 용어를 그의 언어철학적 추구의 제1기의 상징어로 내세우고 보자면 그것의 제2기의 그것으로 내세울수있는 것은 「정신/두뇌」라는 용어가 되는 셈인데, 이것의 특징은 우선 정신과 두뇌라는 단어들이 「과」와 같은 접속사가 아니라 구두법상의 한 부호인 사선에 의해서 연결되어 있다는 점이다. 이 부호의 의미는 복합어에서 쓰이는 하이픈의 의미와도 크게 다르다는 사실을 감안한다면 그가 이 때부터 쓰기 시작한 이 용어안에 제2기에 있어서의 그의 언어철학의 진수가 담겨져 있다는 사실을 어렵지 않게 알아차릴 수 있다. (그의 이름으로 나온 책 가운데서 이 용어가 최초로 쓰인것은 1982년에 나온 「생성주의 기획(The Generative Enterprise)」인데, 여기에서 그것을 실제로 사용한 사람은 그가 아니라 질문자이다. 질문자가 「그렇다면 "정신, 궁극적으로 두뇌" 보다는 오히려 "정신 또는 두뇌"나 "정신/두뇌"라고 말하는 것이 낫지 않은가? 이 문맥에서 "궁극적으로"가 무슨 뜻인지 아직도 분명하지가 않다.」라고 질문하자, 그는 「글쎄요. 원칙적으로 우리가 이미 올바른 물리학을 가지고 있거나, 아니면 정신적 현상을 포함시키려면 더 풍요로운 물리학이 만들어져야 한다는 의미에서 나는 암묵적으로 2원주의는 없을 것이라는 가정을 하고 있는것 같습니다...」처럼 대답했다(p.35)).

  간단히 말해서 이 때부터 그는 정신과 두뇌를 같은 것으로 보기 시작한 것인데, 이런 발상법은 무엇보다도 우선 언어는 정신작용의 표현체라는 그전까지의 발상법과는 학문적 수준이 다르다. 예컨대 제1기때의 그의 철학적 논쟁은 그 동안에 지배적 사상으로 군림해오던 경험주의의 한계성을 지적하면서 그것의 대안으로 이성주의를 제안하는 일에 집중되었다. 경험주의자와 이성주의자간의 싸움은 철학의 역사만큼이나 오래되었고, 따라서 경험주의의 대안이 곧 이성주의라는것은 이제는 누구라도 어렵지 않게 내세울 수 있는 주장이기에, 그의 추구는 그 근거로 언어습득의 문제를 들고 나온점을 제외하고는 다분히 상식적이고 전통적인 것이었다고 볼 수가 있다.

  그러나 정신과 두뇌는 결국 하나의 동일체라는 발상법은 그전까지는 누구도 내세운 적이 없었다는 한가지만으로 보아서도 초상식적이고 초전통적인 것이라는 것을 익히 알 수 있다. 이것이 크게 보았을때는 제1기때의 이성주의적 사고방식이 한 단계 더 발전된 것이라는 것은 누구라도 쉽게 추리할 수가 있다. 다시 말해서 그전까지는 그의 관심이 언어와 정신작용간의 관계를 밝히는 데 있었는데 이제는 그것이 언어와 두뇌 조직의 관계를 밝히는 데까지 확대된 것이다. 그러나 학문적으로 보았을때는 언어와 정신의 관계를 밝히는 일과 언어와 두뇌의 관계를 밝히는 일 사이에는 그전에는 아무도 뛰어넘으려 하지 않던 커다란 경계선, 즉 간극이 있다. 그런 간극을 그는 이번에 뛰어넘은 것이다. 제2기에 이르러서 그의 언어철학이 얼마나 코페르닉스적인 비약을 하게 되었는가하는 것은 아래와 같은 그의 말을 통해서 익히 알 수가 있다.

  H가 언어L을 안다는 것은 H의 정신/두뇌가 일정한 상태에 있는 것이다… 그렇다면 두뇌과학의 한 과제는 S_L상태가 물리적으로 실현되어있는 기구들을 발견

하는 것이다.(Chomsky, 1986a: p.22)

　언어학을 심리학이나 철학의 일부로 보는 단계에서 생물학적이나 두뇌과학의 일부로 보는 단계로 비약하게 되면서 그의 언어 철학적 토의에는 자연히 생물학과 물리학, 화학과 같은 자연과학의 발달과정에 대한 것도 포함되게 되었다. 처음부터 그는 이른바 기술적 적절성대 설명적 적절성의 문제를 언어학자가 다루어야할 가장 기본적인 과제로 보아왔기에 어떤것이 과연 최선의 과학인가와 같은 질문을 중심으로한 과학철학에 대한 논의는 제1기때도 여기저기에서 지속적으로 이어져올 수 밖에 없었다. 그렇지만 제2기에 이르러서는 과학철학적 논의가 보다 본격적으로 이루어지게 되었는데, 그 이유는 그는 이런 것이 바탕이 되지 않고서는 언어학은 결국에 생물학이나 두뇌과학의 일부가 되어야 한다는 자기 주장이 다분히 공허해 지게 마련이라는 것을 익히 알고 있었기 때문이었다. 예컨대 2002년에 나온 「자연과 언어에 대하여(On Nature and Language)」에서는 Galileo를 비롯하여 Newton, Darwin, Gallistel, E.Wilson, Vernon Mountcastle등의 과학관이 체계적으로 논의되고 있다.

　제2기때에 이르자 그의 언어철학적 토의에는 언어기원의 문제를 놓고서의 진화론적인 것도 들어가게 되었는데, 그의 논의는 으레 전통적인 Darwin의 진화이론을 공격하는 데에 초점이 맞추어져 있었기에, 어떤 의미에서는 이것은 다른 어느 과학철학적 논의보다도 더 큰 비중을 지니고 있다고 볼 수가 있다. 그는 처음부터 언어학의 궁극적 목적은 언어능력이 인간특유의 내재적 능력이라는 것을 밝히는데 있다는 생각을 가지고 있어서인지, 언어 기원의 문제에도 깊은 관심을 가지고 있었다. 그런데 이 문제에 있어서도 그는 다분히 반전통적이고 파격적인 입장을 취했다. 다시 말해서 그가 끈질기게 내세우는 바는 아무리 Darwin의 선택적 적응이론이 지금의 진화 생물학이나 진화심리학의 근간적 이론이라 할지라도 그것으로는 어떻게 인간이 지금의 것과 같은 언어를 갖게 되었는가를 제대로 설명할 수 없다는 것이었다. 예컨대 이미 「언어의 정신」에서 그는 아래와 같은 도전적인 발언을 하고 있다.

> 우리가 아는 한 인간의 언어소유는 단순히 고도의 지능과 연결되어 있는 것이 아니라 특수한 형태의 정신적 조직과 연결되어 있다. 인간의 언어는 동물세계에서 발견될 수 있는 것보다 복잡한 형태라는 견해는 사실에 근거한 것이 아니다. 이런 주장은 생물학자에게 커다란 문제를 제기하고 마는데, 그 이유는 조직이 복잡해져가는 중 어느 특수한 단계에 질적으로 전혀 다른 현상이 나타난다는 것은 진정한 의미에서의 「돌연변이」의 한 예이기 때문이다.(Chomsky, 1968: p.70)

그런데 그 동안에 그의 언어기원이나 진화에 대한 토의가 그의 다른 어느 과학철학적인 것보다 더 큰 비중을 가지게 된 것은 반드시 이것이 지금의 과학사상의 핵심의 일부라 할 수 있는 진화이론의 문제점을 지적하고 있기 때문만은 아니었다. 간단히 말해서 지난 5~60년 내내 그의 토의는 진화이론의 문제점이나 한계성을 지적하는 데 그치면서 그 나름의 대안적 이론을 제시하지는 못하고서 이것의 해결이야말로 지금의 과학계가 당면한 최후의 파세라는 말만을 되풀이하고 있었기 때문이었다. 그의 이분법적 표현법을 빌릴 것 같으면 이 문제는 더이상 아직도 「신비」의 경지를 벗어나지 못한채 아무런 해답도 찾을 수 없는 「문제」일 수가 없었다.

그러나 어떤 의미에서 보자면 이 문제에 대한 그의 이런 태도에는 그의 고차원적인 의도가 깔려있다고도 볼 수가 있는데, 이것에 대한 토의를 통해서 원리와 매개변인이나 보편문법의 이론으로 불리우는 자기의 언어이론의 타당성과 언어연구에 이제는 생물학적 접근법을 적용해야한다는 주장의 타당성을 동시에 설파하려는 것이 바로 그것이다. 우리는 이런 추측을 가능하게 하는 증거를 최근에 나온 Boeckx의 「인지내의 언어(Language in Cognition)」라는 책에서 익히 찾아볼 수가 있다. 이 책은 Chomsky 자신이 자기의 언어이론과 언어철학을 가장 잘 소개한 책으로 인정하리만큼 친Chomsky적인 책인데, 이런 특징을 가장 웅변적으로 드러내주는 사실이 바로 제1장의 제목이 일찍이 Dan Dennett이 자기책에 붙인 「다윈의 위험한 생각들(Darwin's dangerous ideas)」이라는 제목과 유사한 「촘스키의 위험한 생각들(Chomsky's dangerous ideas)」로 되어있다는 점이다. 이것은 곧 적어도 Boeckx는 Chomsky의 언어이론을 Darwin의 진화이론과 맞먹는 것으로 보고 있다는 의미인데, 틀림없이 그의 이런 판단의 근거 중 중요한 일부가 된 것이 바로 그 동안에 있었던 Chomsky의 Darwin에 대한 신랄한 공격이었을 것이다.

그런데 사실은 제2기때에 이르자 그의 언어철학은 드디어 커다란 문제점을 드러내게 되었다. 쉽게 말해서 언어기원이나 진화의 문제를 놓고서의 그의 고답적이고 일방적인 태도가 그대로 그의 언어철학 전체의 일반적인 특성으로 자리잡게 되었다는 것이 바로 그것이다. 예컨대 Boeckx같은 사람은 「정신-두뇌-행동(mind-brain-behavior)」이라는 용어로 Chomsky의 「정신/두뇌」라는 용어를 확대 교체하면서, 그의 언어연구에의 생물학적 접근법을 「그동안에 나온 정신이론중 가장 조리있는것 중의 하나」라고 극찬하고 있다.(Boeckx, 2010: p.4) 그러나 얼핏보기에는 가장 대담하고 그럴사한 발상법인 것처럼 보일지 모르지만 자세히 따지자면 가장 무책임하고 허구적인 발상법이 바로 「정신/두뇌」와 같은 발상법인 것이다.

두말할 필요도 없이 그의 이런 발상법은 그가 제1기때 가졌던 언어는 곧 정신이라는 발상법이 더 발전된 것이다. 그러니까 그것은 「언어/정신/두뇌」처럼 표현될 수가 있는데, 일단 이렇게 정리해 놓고 보면 그의 언어철학이 왜 문제가 될 수 있는가가 당장 드러난다. 간단히 말하자면 이런 등식적 표현법이 성립되려면 이들 세 대상들에 대한 개별적 연구결과가 먼저 있어야 하는데, 그런 과정을 거치지 않고서 그는 이런 표현법을 만들어 쓰기 시작한 것이다. 그가 거리낌없이 이런 비약법을 쓸 수 있었던 것은 추측컨대 그에게는 원래부터 두 가지의 선입관이 있었기 때문이었을 것이다. 그중 첫 번째 것은 자기의 언어이론에 대한 자신감이다. 그리고 그중 두 번째 것은 그동안까지의 정신작용에 대한 연구와 두뇌 구조에 대한 연구는 하나같이 초보적인 탐색의 수준을 벗어나지 못하고 있다는 판단이다.

그의 선입관이 맞다면 관련되는 세 가지 학문의 관계에 대해서 앞으로는 언어학이 철학이나 두뇌과학의 모형학문이 되어야 한다든지, 아니면 지금까지 언어학에서 얻어낸 언어지식은 충분히 앞으로 철학이나 두뇌과학의 연구나 발전방향의 안내자의 역할을 할 수가 있을 것이다와 같은 말은 할 수가 있을지도 모른다. 그런데 그의 표현법은 이미 이 정도의 온건설을 훨씬 넘어선 것이다. 즉, 아무리 그가 언어에 대해서 정확한 지식을 갖게 되었다고 자신한다해도 그러니까 이제는 능히 언어는 곧 정신이고, 또한 정신은 곧 두뇌라고 단언할 수 있다고 생각한다는 것은 분명히 대단한 논리적 비약인 것이다.

그런데 최근에 와서는 그의 언어철학의 수준은 드디어 논리적 비약의 수준을 넘어서서 독단적 선언의 수준에까지 이르게 되었다. 이런 선언은 물론 어떻게 보자면 최고의 이상을 지향하는 철학자라면 누구나 마지막에 가서 한번은 해 볼만한 현학적 자기과시나 원대한 야망이라고 볼 수가 있다. 그리고 어떤 의미에서는 이것은 앞으로는 통섭이나 융합만이 학문의 발전을 이끌어갈 수 있다는 최신의 학문이론을 잘 반영한 것이라고 볼 수도 있다. 그렇지만 적어도 대부분 사람이 쉽게 이해할 수 있는 실증적 증거가 뒷받침되는 날까지는 이런 류의 선언은 한낱 공허한 꿈 이상의 가치는 지니고 있지 못하다. 예컨대 아직까지는 최근에 그가 「언어와 정신의 연구에 있어서의 새로운 지평선(New Horizons in the Study of Language and Mind)라는 책에서 한 아래와 같은 말의 의미를 제대로 파악할 수 있는 사람은 별로 없을 것이다.

> 그 접근법은 "정신주의적"인 것인데, 이 점은 논쟁거리가 될 수가 없다. 그것은 "세계의 정신적 양상들"의 구명을 지향하고 있는데, 이들은 그것의 기계적, 화학적, 광학적및 여타의 양상들과 병립되어있다. 그것은 자연계에 있는 사실적인 대상, 즉 두뇌와 그것의 상태와 그것의 기능을 연구하는 것을 과제로 삼으며, 그렇게 해서 정신(그리고 언어)의 연구를 생물학과 자연과학과 궁극적으로 통합하는 쪽으로 몰아가려고 한다.(Chomsky, 2000: p.6)

이렇게 볼 것 같으면 그는 자기의 언어철학에서 언어학의 연구방법에 대한 방안을 제시하고 있는 것이 아니라 하나의 실천 불가능한 방안을 제시하고 있는 셈인데 이 점이 바로 그의 언어학이 안고 있는 여러 가지 문제점중 제일 근본적이고 큰 것이 될 수 있다는 것은 누구나 쉽게 짐작할 수가 있다. 이런 의미에서 이것을 일단 「촘스키 문제」라고 명명해도 무방할 것이다. 물론 이런 명명은 그가 그동안에 「플라톤의 문제(Plato's problem)이나 「데카르트의 문제(Descartes's problem)와 같은 용어를 만들어 쓴 것을 흉내낸 것이니까, 보기에 따라서는 이것을 그를 Plato나 Descartes와 같은 대철학자의 반열에 올려놓는 최고의 예찬행위라고 볼 수도 있다.

그런데 사실은 여기에서의 「촘스키 문제」라는 용어는 그가 사용했던 용어들과 정반대적인 함의를 지니고 있다. 그는 우선 자기의 언어학이 이룩한 업적을 과시하는 자리에서 「신비」의 대립어의 의미에서 「문제」라는 단어를 사용했다. 쉽게 말해서 그는 이 세상에 있는 문제들은 과학적 탐구의 경계를 벗어난 것이 있는 것과 그 안에 이미 들어와 있는 것으로 양분하고서, 전자를 「신비」라 부르고 후자를 「문제」라 부른 것이다. 이런 2분법을 그가 처음으로 적용시킨 것은 1975년에 낸 「언어에 대한 숙고(Reflections on Language)」라는 책의 제4장에서였다. 「인간언어의 연구에 있어서의 문제와 신비(Problems and mysteries in the study of human language)」라는 제목 밑에서 그는 왜 이제는 더 이상 언어습득의 문제는 신비의 영역에 머물러 있지 않아도 되게 되었는가를 논리정연하게 설명했다.

그러나 이런 2분법이 본격적으로 그의 언어철학적 토의에서 편리한 틀로 쓰이게 된 것은 그가 「데카르트의 문제」와 「플라톤의 문제」라는 두 기축적인 술어를 만들어 쓰기 시작한 뒤부터였다. 우선 그가 「데카르트의 문제」로 이름붙인 것은 그 동안에 철학계에서 가장 근원적인 논제의 하나로 자리 잡아온 그의 유명한 2원론인데, 그는 정신과 두뇌를 하나로 보는 접근법을 적용하게 되면 이 문제는 더 이상 논쟁거리가 될 필요가 없게 된다고 보았다. 아직 「정신/두뇌」라는 용어는 사용하지 않으면서도 그런 사고방식을 정식으로 표출하기 시작한 것은 1980년에 낸 「규칙과 표현(Rules and Representations)」이라는 저서에서인데, 이 때에 그가 논의의 주된 대상으로 삼은 것이 바로 데카르트의 철학이었다.

이 책의 제1장의 제목이 「정신과 육체(Mind and Body)」처럼 되어있는 것 자체가 그가 자기의 일원론적 인간관을 개진함에 있어서 데카르트의 2원론을 공격의 주된 대상으로 삼았다는 사실을 익히 드러내고 있다. 그는 먼저 「(예컨대 영어에 관한) 이 지식은 어떻게인가 우리의 정신안에, 궁극적으로는 우리의 두뇌 안에, 추상적이면서 원칙적으로는 구체적으로 물리적 기구의 말로써 특징화하기를 바랄 수 있는 구조체의 모습으로 표현되어있다.」와 같은 말을 함으로써 자기의 정신관은 자기의 언어연구의 결과와 같은 다분히 구체적이고 사실적인 근거에 근거하고 있다는 점을 분명히 했다. 그 다음에 그는 「이른바 "정신-육체 문제"의 대부분은 이전 세대의 상상으로는 이해가 될 수 없거나 아니면 그것과 상반되기까지 하는 원리들을 찾아냄으로써 천체들의 운행의 문제를 해결했던 것과 유사한 방식으로 해결될 수 있을 것이다.」와 같은 말을 함으로써 데카르트의 2원론이 궁극적으로는 이전 세대의 잘못된 상상력에 의해서 생겨난 것임을 분명히 했다.(Chomsky, 1980: pp.5~6)

그런데 그가 순서상 먼저 거론하기 시작한 데카르트의 문제는 언어사용의 창조성이었다. 데카르트의 2원론에는 반대의 입장을 취했지만 데카르트의 창조적 언어사용의 이론에는 찬성의 입장을 취했으니까, 그가 보기에는 데카르트의 철학에는 정반대의 성격을 지닌 두 가지 문제점이 있었던 것이다. 물론 엄밀히 따지자면 데카르트의 이들 두 문제에 대한 이론들이 서로 독립적인 것은 아니다. 그러니까 그가 높이 산 것은 데카르트가 인간언어의 제일 큰 특징으로 창조성을 들었다는 점이지, 그의 그것에 대한 2원론적인 설명법은 아니었던 것이다.

예컨대 「데카르트 언어학」에서 그는 데카르트의 창조성에 관한 설명법을 「정상적 언어사용의 창조적 양상에 대해서는 기계적인 설명이 불가능하다는 점을 전제한 나머지, 데카르트는 육체에 더해서 인간에게는 사고가 본질인 정신이 속성화되는 것이 필요하다고 결론지었다」처럼 요약하고 있는데(p.5), 이런 설명법에 그가 동의할 리가 없었다. 그는 이 자리에서 데카르트의 창조성에 대한 개념을 이어받아서 「독립적 요소들을 결정 짓는 규칙과 원리의 생성적 체계」가 있는 것을 인간언어의 특징으로 본 Humboldt의 언어이론을 높이 평가하였다. 그리고 그는 그 후 「언어와 지식의 문제(Language and Problems of Knowledge)」라는 책에서 자기가 내세우는 보편문법이론이야말로 언어의 창조성의 문제를 가장 간결하게 해결할 수 있는 것이라고 주장하였다.

그가 말하는 「플라톤의 문제」란 쉽게 말해서 인간의 지식의 내재성에 대한 것인데, 그가 그동안 내내 이것을 해결한 것을 「데카르트의 문제」를 해결한 것보다 더 큰 자랑거리로 내세우는 것은 너무나 당연한 일이다. 플라톤은 최초의 철학자이면서 이성주의의 창시자라는 사실 하나만으로도 그의 행동을 익히 이해할 수가 있다. 플라톤의 「Meno」에서는 소크라테스가 기하학에 대해서 아무런 교육을 받은 적이 없는 노예가 그런 지식을 갖고 있는 현상을 논하고 있는데, 그가 기억내지는 회상(anamnesis)의 일종으로 보았던 이 지식의 내재성의 문제를 가장 명쾌하게 해결할 수 있는 것은 오직 자기의 언어이론 뿐이라고 그는 본 것이다.

그는 그러니까 그동안에 자기가 해온 연구가 다름 아닌 플라톤이 던져놓은 문제를 해결하기 위한 노력이었다고 생각했던 것인데, 이런 추리의 근거로 내세울만한 것이 바로 「언어의 지식」의 주부인 제3장의 제목이 「플라톤의 문제를 맞이하여(Facing Plato's problem)」처럼 되어있다는 사실이다. 이 장의 길이는 150쪽이 넘을 정도로 긴데, 여기에서는 간단히 말해서 1981년에 나온 「지배와 결속이론(Lectures on Government and Binding)」에서 이미 논의된 것들이 거의 그대로 반복되고 있다. 최근에 와서도 변함없이 그가 내세우는 보편문법이나 원리와 매개변인에 관한 이론들이 모두 이 때에 완성된 것이나 다름이 없다는 사실을 감안한다면, 그는 그 동안에 자기가 해온 언어학적 노력의 전부가 플라톤의 문제를 해결하는 데 지향되어 있었다고 보고 있다는 것이 분명하다.

물론 어떤 의미에서는 무엇보다도 중요한 사실은 그는 자기의 이런 노력이 결코 헛되지 않았다고 자부하고 있다는 점이다. 이 장의 끝부분에서 그가 「앞에서 언급했듯이 이런(연산체계적) 특성은 어느 생물학적 체계의 명백한 특성은 아니다. 진실로 그것은 여러 면에 있어서 대단히 경이로운 특성이다. 그럼에도 불구하고 그것을 뒷받침하는 증거는 대단히 실질적인 것이며, 따라서 이런 결론은 그동안에 잠정적으로 제안된 보편문법 체계에 대한 앞으로의 불가피적인 수정작업을 익히 버텨낼 수 있는 것 같다.」와 같은 말을 하고 있다는 사실로 미루어 보아서 그는 자기의 언어 이론으로 이미 플라톤의 문제는 해결된 셈이나 마찬가지라고 생각하고 있음이 확실하다.(p.204)

  이렇게 볼 것 같으면 그는 큰 의미에서 두 가지 문제들을 다 해결했다고 보고 있으며, 이런 사실로 보아서 그는 「문제」라는 단어를 대답이 이미 나와 있거나 아니면 곧 나올 수 있는 과제라는, 일종의 긍정적인 의미에서 사용해 왔다고 볼 수가 있다. 그런데 사실은 이 단어는 일반적으로 부정적인 의미에서 쓰인다, 즉, 아직 대답이 나와 있지 않거나, 심지어는 언제 대답이 나올 수 있을지 전혀 알 수 없는 과제를 우리는 보통 문제라고 부른다. 여기에서의 「촘스키 문제」란 이런 의미의 문제이다. 다시 말해서 그가 야심차게 조어한 「정신/두뇌」라는 용어는 아직은 본인과 그의 학파 이외에는 아무도 함부로 쓸 수 없다는 의미에서 우리는 그것을 하나의 문제거리로 간주할 수가 있는 것이다.

2. 언어지식의 제한성

  논리적으로 보았을 때 만약에 그의 언어에 대한 지식이 완전하고 고정적인 것이 아니라면 「정신/두뇌」라는 용어의 정당성을 따진다는 것은 무의미한 일이다. 왜냐하면 그는 원래가 자기가 가지고 있는 언어지식은 정신작용이나 두뇌구조의 모형이 될 수 있을 만큼 완전하고 확정적이라는 전제하에서 이 용어를 만들었기 때문이다. 그러니까 이 용어가 문제가 될 수 있는가 아닌가를 검토하는 데 제일 먼저 해야 할 일은 마땅히 자기의 언어지식에 대한 그의 전제가 정당한 것인가 아닌가를 검토하는 일일 것이다.

(1) 기술 대상의 제한

우선 그의 언어학의 첫 번째 특징은 기술의 대상을 일정하게 제한하는 점이라고 볼 수가 있다. 따라서 큰 의미로 보았을 때는 바로 이 점이 그의 언어지식을 논할 때 하나의 논쟁거리가 될 수가 있다. 그는 이런 노력을 그동안에 크게 세 가지 방식으로 추진했다고 볼 수가 있는데, 그 중 첫 번째 것은 언어능력과 언어수행의 이분법적인 구분이다. 그는 처음부터 언어학의 목적은 문장생성의 능력을 구명하는 데 있지, 언어사용의 절차를 밝히는 데 있지 않다고 주장함으로써 언어 연구의 대상을 이상적인 상황에서 이상적인 개인이 사용하는 언어로 제한해 버렸다. 쉽게 표현하자면 그는 표준이론때 부터 언어사용의 현장에서 발견되는 문장들이 아니라 학교 문법책에서 발견되는 문장들을 연구의 대상으로 삼았다.

그런데 초기의 그의 이런 언어연구관은 최근에 이르러 약간 흔들리기 시작한 것처럼 보였디. 예킨대 1993년에 발표한 「언어이본을 위한 최소주의 프로그램(A minimalist program for linguistic theory)」이라는 논문에서 그는 언어능력(language faculty)을 어휘의 배번집합에서 음성형태와 논리형태가 도출되는 인지체계와, 그들이 각각 조음청취체계와 개념의도체계와 접합해서 일정한 소리와 의미를 얻게 되는 수행체계의 두 부분으로 나누게 되었다. 얼핏 보기에는 그러니까 이제는 그의 언어이론에서 언어능력과 언어수행간의 엄격한 구분이 사라진 것처럼 보일 수도 있다.

그렇지만 다음과 같은 두 가지 사실을 통해서 우리는 근본적으로는 그의 초기의 발상법이 바뀐것이 아니라는 것을 익히 알 수가 있다. 첫 번째로 이 두 번째 발상법에서는 단지 인지대 수행식으로 언어체계를 구분하고 있을 뿐이지, 능력(competence)대 수행식으로 언어적 대상을 구분하고 있지는 않다. 그리고 무엇보다도 여기에서는 능력(faculty)이라는 단어는 초기때에는 쓰이지 않던 것이다. 우리말로 기구나 구도와 같은 말 대신에 능력으로 번역한 것 자체가 오해의 소지를 마련했다고 볼 수도 있다. 나쁘게 말하자면 그는 여기에서 사실은 전혀 다른 두 가지 구분법에서 수행이라는 단어를 공통적으로 사용함으로써 용어놀이의 함정을 파 놓았다고 생각할 수도 있다.

두 번째로 그는 2년 뒤인 1995년에 나온 「최소주의 이론(The Minimalist Program)」에서는 「우리는 언어를 개념체계와 화용적 능력의 체계로 구별할 수가 있다. 이들 상호교섭적인 체계들은 선택적으로 손상을 입거나 발달과정에서 분리될 수 있으며, 그들의 특성은 서로 다른 것이라는 증거가 확보되어 있다」와 같은 말을 함으로써 그가 언어기술의 대상으로 삼는것은 보편문법이라는 이름의 언어능력이라는 사실을 분명히 하고 있다. 다시 말해서 그는 여기에서 다시 한번 그의 주된 관심은 확대표준 이론때 이미 가정한 D-구조, S-구조, 음운형태, 논리형태등의 네가지 언어층위간에 어떤 연산관계가 성립되는가를 밝히는 것이지, 조음청취체계와 개념의도 체계라는 두 가지 수행체계의 작동원리를 밝히는 것이 아님을 확실히 언명하고 있다.(pp.167~8)

그의 이런 노력은 두 번째로 「I-언어」를 「E-언어」와 구분시키는 또 하나의 2분법적인 방책에 의해서도 실현되었다. 「I-언어」에서의 「I」는 「내적(internal)」이라는 단어의 첫 글자이고, 「E-언어」에서의 「E」는 「외적(external)이라는 단어의 첫 글자이니까 얼핏 보기에는 이것은 표준이론때 등장한 능력대 수행식의 2분법과 유사한 것으로 보일수도 있다. 그러나 사실은 첫 번째 것은 연구자료상의 구분법인데 반하여 이것은 접근법상의 구분법이라고 말할 수 있을 만큼 이들간에는 큰 차이가 있다. 쉽게 말해서 그가 확대표준이론 때에 이르러 자기의 보편문법이론의 출발점으로 삼은 것이 바로 이 구분법이다.

그게 그렇다는 것은 그가 「언어의 지식」에서 이 구분법을 작게는 자기의 언어학과 그전에 있던 전통문법학이나 구조언어학간의 차이점을 드러내는 데 이고, 크게는 앞으로 자기의 언어학이 지향할 목표를 보여주는 데 쓰고 있다는 사실에 의해서 익히 알 수가 있다. 예컨대 그는 그전까지의 언어학에서는 기껏했자 언어의 부수적 현상을 파악하는 일에 초점이 맞추어져 있었지만 이제부터는 마땅히 언어의 본질적 자질들을 파악하는 데로 그것이 옮겨져야 한다고 주장하면서, 그것의 구체적인 내용을 「일종의 외면화된 대상으로서의 언어에 대한 연구로부터 획득되어서 정신/두뇌안에 내적으로 표현되어 있는 언어의 지식체계에 대한 연구로의 초점의 이동」처럼 서술하고 있다. 그러니까 그는 내적 언어라는 개념을 자기의 제2기때의 언어철학의 중핵적 개념으로 사용했던 것이다.(p.24)

그런데 Boeckx 같은 사람은 자기책의 이름을 「인지내의 언어」로 정한 것은 바로 변형생성문법에서는 이제부터는 언어하면 으레 내적언어를 가리키게 되어 있다는 사실을 부각시키기 위해서 였다고 말하고 있고, 또한 Isac과 Reiss는 최근에 「I-언어(I-Language)」라는 제목의 변형생성문법에 대한 소개서를 내기도 했다. 쉽게 말해서 이들이 보기에는 내적 언어의 문법이 곧 보편문법이고, 그런 의미에서 내적 언어는 곧 일종의 인지체계였던 것이다. 그러니까 표준이론때 「언어능력」이라는 용어가 가졌던 그 것과는 비교도 할 수 없을 만큼 큰 의미와 비중을 갖고 있는 것이 바로 「내적 언어」라는 용어인 것이다.

그의 이런 노력은 세 번째로 언어자료를 문법성을 검증하는 데 쓰일 수 있는 것으로 제한하는 방책에 의해서 이루어졌다. 통사론자답게 그는 처음부터 정문과 비문, 즉 문법적으로 맞는 문장과 그렇지 않은 문장을 대비해봄으로써 문법성의 한계를 알아내는 것이 곧 통사적 연구의 가장 과학적인 방법이 될 수 있다는 생각을 가지고 있었다. 그런데 그는 한 언어의 토박이는 으레 그 말의 문법성에 대한 지식을 내재적으로 가지고 있게 되어 있다는 의미에서 그것을 직관의 한가지로 보았다. 그러니까 그는 선정된 언어자료에 대한 분석작업에 의해서 토박이의 문법적 직관력을 검증하는 것이 통사적 연구의 최선의 방법이라고 보았던 것이다.

그런데 문법성이란 쉽게 말해서 문법적 규칙의 총체라고 볼 수 있는 것이기에 그것의 어떤 면을 분석이나 토의의 대상으로 선택하느냐에 의해서 그의 통사론의 모습은 달라지게 되어있었다. 물론 그에게 있어서는 자기의 언어이론의 타당성을 실증하는 것이 언어기술의 궁극적인 목적이었으므로, 자기의 언어이론이 달라짐에 따라서 문법적 토의의 주제와 언어자료도 달라지게 마련이었다. 그러니까 그의 언어연구는 지난 5,60년 동안에 한시도 쉬지 않고서 이루어졌음에도 불구하고, 거기에서 분석된 언어자료는 크게 제한된 것일 수 밖에 없었다. 전통문법과 그의 문법은 이 점에 있어서 다분히 대조적이었다.

전통문법과 그의 문법사이에는 또 한가지 큰 차이점이 있는데, 그것은 바로 그의 문법에서는 어느 규칙의 한계를 검증한다는 미명하에서 실제로는 쓰이지도 않는 문장들이 자주 검토된다는 점이다. 그가 초기이론의 원전이라할 수 있는 「통사적 구조(Syntactic Structures)」에서 「Colorless green ideas sleep furiously.」와 같은 아리송한 문장을 정형적인 문장, 즉 정문의 한 예로 들고 있다는 사실은 너무나 유명한 이야기이다. 이런 전통은 물론 표준이론때라고 해서 바뀔 리가 없었다. 예컨대 「통사이론의 양상」을 볼 것 같으면 심층구조에 변형절차를 적용해서 표면구조를 얻어내는 것이 곧 그가 말하는 문법이라는 점을 설명하면서는 「The man who persuaded John to be examined by a specialist was fired.」와 같은, 거의 극단적인 데 까지 문법적 복잡성이 확대된 것이기는 하지만 토박이들이 분명히 흔히 쓸수 있을만한 문장을 분석의 대상으로 삼고 있다.(p.130)

그런데 통사론과 의미론 사이의 경계의 문제를 토의하면서는 문법과 의미 모두에 아무런 일탈성이 없는것과 문법에 이상이 있는 것, 의미에 이상이 있는 것 등의 세 가지 형의 문장들을 비교하고 있는데, 여기에서 두 번째형과 세 번째형의 예문으로 제시되어 있는 것들은 모두가 바로 조작된 문장 들이다. 다시말해서 정형문 즉 첫 번째 형의 예문으로 제시된 것은 「Revolutionary new ideas appear infrequently.」와 「John plays golf.」 등인데 반하여 하위 범주화의 규칙을 어기고 있는 일탈문, 즉 두 번째 형의 예문으로 제시된 것은 「John found sad.」과 「John elapsed that Bill will come.」등이고, 선택적 규칙을 어기고 있는 일탈문, 즉 세 번째 형의 예문으로 제시된 것은 「Colorless green ideas sleep furiously.」와 「Golf plays John.」등인 식으로 첫 번째 형의 예문과 두 번째와 세 번째형의 예문들 사이에는 조작성에 있어서 큰 차이가 있다.(pp.148~9)

여기에서 특히 그는 두 번째형의 예문과 세 번째형의 예문사이에는 일탈성의 차이가 일정하게 있다는 점을 강조하고 있다. 더 구체적으로 말해서 그는 두 번째형의 문장들의 일탈성은 그 정도가 세 번째형의 문장들의 그것보다 훨씬 크다는 사실로 미루어 보아서, 문법성의 실체는 생각만큼 단순하지 않다고 주장하고 있다. 그는 이와 함께 여기에서 통사론에서 다루는 과제는 왜 두 번째형의 문장들이 정문이 아니라 비문인가를 밝히는 일이라는 점도 암시하고 있다. 이 점과 관련하여 주목되는 사실은 「통사적 구조」에서 정문으로 내세웠던 「Colorless green ideas sleep furiously.」라는 문장이 여기에서는 세 번째형의 비문의 하나로 제시되고 있다는 점이다. 더구나 그는 이 점을 확실하게 할 의도로 「Revolutionary new ideas appear infrequently.」와 같은 대비문까지 제시하고 있다. 결국 문법성이나 정형성에 대한 그의 생각이 표준이론때에 이르러 크게 달라지게 된 것이다.

물론 어떤 통사적 원리나 규칙의 타당성을 검토하는 데 있어서 통사적 복잡성이 한계까지 가지만 결국은 정문인 예문과 얼핏보면 가능한 문장 같지만 사실은 비문인 예문을 비교하는 방식을 취하는 전통은 그 후에도 그대로 이어져갔다. 예컨대 「최소주의 이론」의 제1장중 지배이론과 관련하여 장벽의 현상을 설명하는 부분에서는 「I wonder which book John told the students that they should read.」라는 정문과 「?I wonder which book John met someone who read.」라는 비문이 예문으로 쓰이고 있다. 첫 번째 문장에 있어서는 중간에 아무런 장벽이 없기 때문에 「read」의 목적어 자리에 있던 「which book」이 앞으로 이동될 수 있지만, 두 번째 문장에 있어서는 「who」 앞 자리에 장벽이 생겨서 그런 이동이 불가능하다는 것이다.

이 자리에서는 이런 짝문뿐만 아니라 「*How fix John will the car.」와 「*John seems that it is certain to fix the car.」, 「*Guess how John wondered why we fixed the car.」등의 세 가지 지배이론을 위반한 예문들도 분석하고 있다. 첫 번째 문장에서는 「will」이 원래는 그것 뒤에 있던 「how fix」의 이동을 막기 때문에 결국에는 이동규칙을 어긴 셈이 되었고, 두 번째 문장에서는 「it」가 원래는 「to」앞에 있던 「John」의 이동을 막기 때문에 결국에는 이동규칙을 위반한 셈이 되었으며, 세 번째 문장에서는 「why」가 원래는 「car」뒤에 있던 「how」의 이동을 막기 때문에 결과적으로는 이동규칙을 어긴 셈이 된다는 설명이었다.(pp.81~2)

이렇게 볼 것 같으면 그의 언어학에서는 그동안 내내 토의와 분석에 쓰이는 언어자료를 언어능력이나 내적 언어, 문법성등을 다루는 것이 그것의 기본적인 과제라는 명목밑에서 최대로 제한하거나 아니면 의도적으로 조작하는 전통이 변함없이 지켜져 왔음이 분명하다. 그는 자기의 언어학이 가장 과학적인 것일 수 있는 것은 일찍이 Pierce가 높이 평가했던 가설 형성법(abduction)을 연구법으로 쓰고 있기 때문이라고 주장했다. 예컨대 1979년에 나온 「언어와 책임(Language and Responsibility)」이라는 책에서 그가 「퍼스의 가설형성법에 대한 생각들은 애매모호한 편이었으며, 따라서 과학적 가설을 선택하는 데 있어서 생물학적으로 정해진 구조가 기본적인 역할을 수행하게 된다는 그의 제안은 큰 영향을 끼치지 못했던 같다. 내가 알기로는 여러 경우에 비슷한 개념들이 발달되기는 했어도 그동안에 누구도 이런 발상법들을 더 발달시키려고 노력한 적이 없다. 퍼스가 거대한 영향을 준 것은 사실이지만, 반드시 이 특이한 이유때문은 아니었다.」와 같은 말을 하고 있는 점으로 미루어 보아서 자기야말로 퍼스의 과학관이나 지식관을 최초로 구체화시킨 사람이라고 자부하고 있음이 분명하다.(p.71)

쉽게 말하자면 이 연구법은 귀납법과 연역법의 장점만을 결합시킨 일종의 절충형 연구법으로서 자료수집과 분석 작업을 최소화하고 그 대신에 가설설정과 검증 작업을 최대화하는 연구법이다. 그의 말을 빌리자면 「추측의 본능」을 최대로 활용할 수 있는 방법이 바로 이것이니까 내재적 한계성과 같은 언어의 문제를 연구하는 데는 이만한 것이 있을 수 없는 것이다.(Chomsky, 1986: pp.54~5)

그런데 문제는 실제에 있어서는 일정한 주제를 먼저 선정한 다음에 그것의 토의에 필요한 언어자료를 수집하게 되는 식으로 가설설정과 자료적 검증작업의 순서가 뒤바뀌게 된다는 데 있었다. 그리고 물론 더 큰 문제는 선정된 주제들이 언어현상 전체에 관한 것이 아니라 어느 특정한 연구자의 언어이론을 정당화시키기에 알맞은 것에 한정된 것이라는 데 있었다.

이렇게 보자면 그가 말하는 언어지식은 언어 전체에 대한 지식이라기

보다는 그것의 일부분에 대한 지식이 될 가능성이 크다. 예컨대 화용론자측에서 보기에는 독립된 문장의 정형성을 토의하는 일은 결국 실황에서의 그것의 적절성을 토의하는 일과 전혀 별개의 일이다. 심지어 그들이 보기에는 독립적으로는 하나의 비문일 수 밖에 없는 표현이 대화내에서는 정문이 될 수 있는 경우가 비일비재하다. 예컨대 독립적으로는 「Reagan thinks bananas.」와 같은 문장이 있을 수 없지만 「What is Kissinger's favorite fruit?」라는 질문의 응답으로는 얼마든지 쓰일 수 있다.(Sells, 1985: p.8) 어느 분야나 현상에 관한것이든지간에 결국 부분적인 지식은 아무리 정확하게 파악된 것이라 할지라도 전체적인 지식일 수는 없다. 언어의 경우라고 해서 예외일 리가 없다. 예나 지금이나 바로 여기에 연역주의자의 고민이 있다.

(2) 문법모형과 기술 절차의 변화성

다른 문법과 비교했을때 그가 내세우는 문법의 가장 큰 특징은 그것의 모형과 기술절차가 처음에 설정된 대로 고정되어 있지 않고서 그후 4,50년 동안에 한시도 쉬지 않고서 조금씩 바뀌어 왔다는 점이다. 다시 말할 것 같으면 그의 문법의 제일 큰 특징은 그 동안에 그것은 표준이론이나 확대표준이론, 최소주의이론 등과 같은 한정사를 붙여야 할 정도로 분명하게 바뀌어 왔으며, 따라서 그것에는 단 하나의 실체가 있는 것이 아니라 여러 가지의 실체가 있는것이나 다름이 없다는 점이다. 그런데 따지고 보자면 이런 말은 최소주의 이론이라는 지금의 것이 최종적인 것이 아닐 수도 있다는 의미를 함의하고 있다. 그러니까 그의 문법의 진짜 특징은 아직도 그것의 실체가 드러나고 있는 과정에 있다는 점이라고 말해야할는지도 모른다.

논리적으로 보았을 때 그렇다면 누구라도 일단은 왜 그는 특히 1986년

이래 언어지식이라는 용어를 앞세우면서 마치 그의 문법모형과 기술절차가 이미 일정한 고정 상태에 도달해 있는 듯한 인상을 주려고 애썼을까 하는 의심을 가져볼 만하다. 이것에 대한 대답은 크게 두 가지를 생각해 볼 수 있다. 그중 첫 번째 것은 그에게는 자기가 말하는 언어지식은 다른 언어학에서 내세우는 것과는 본질적으로 다르다는 점을 부각시키려는 의도가 있었기 때문이었을 것이다. 그의 이런 자신감은 1980년대에 이르러 지배와 결속이론을 바탕으로해서 원리와 매개변인이라는 이름의 보편문법의 내용을 완성시킨후부터 생기게 되는 점으로 미루어 보아서 그는 그가 말하는 언어지식의 대강은 결국 이때 이미 거의 확정된 것이나 다름이 없다고 생각하고 있었음이 분명하다.

그중 두 번째 것은 그는 누구에게나 만약에 그의 언어지식이 확정적인 것이 아니라면 「정신/두뇌」라는 용어로 표현되는 그의 고차원적인 언어철학 자체가 성립이 될 수 없다는 것을 판단한 수 있을 정도의 논리력은 있다는 것을 잘 알고 있기 때문이었을 것이다. 나쁘게 말하자면 그러니까 그는 자기의 언어학의 위상을 최고의 것으로 격상시키겠다는 욕심이 앞선 나머지 지금의 그것에 대한 정확한 평가를 의도적으로 무시했거나 아니면 회피한 것이다. 아니면 좋게 말해서 그는 어차피 학문의 발전은 하나의 가정적 틀 안에서 이루어지게 마련이니까, 「언어/정신/두뇌」와 같은 일정한 틀을 마련하는 것이 언어학의 발전에 방해가 아니라 도움이 될 수 있다고 보았는지도 모른다.

가) 변화의 폭

그렇지만 지금까지의 연구실적으로 보았을때 그의 야망은 어디까지나 하나의 야망으로 끝날 가능성이 있다는 데 문제점이 있다. 우리로 하여금 이런 추리를 할 수 있게 하는 것은 그동안의 그의 언어연구는 크게 세

가지의 문제점을 노출시켰다고 볼 수 있기 때문인데, 그중 첫 번째 것은 문법모형과 기술절차상의 변화의 폭이 너무나 크다는 점이다. 물론 근본적인 의미에서 보자면 지금까지의 그의 문법모형과 기술절차의 발전과정은 전승적인 것이었지 혁신적인 것이었다고 볼 수는 없다. 예컨대 그의 문법모형중 최신형격인 최소주의 모형은 1980년대의 지배와 결속이론때의 그것을 기본으로 삼고 있는 것이고, 또한 지배와 결속이론때의 그것은 1960년대에 표준이론때의 그것이 수정된 것이며, 표준이론때의 그것은 1950년대의 초기이론 때의 그것이 일정하게 발전된 것이다. 그래서인지 Lasnik은 최근에 최소주의 이론을 소개하는 글에서「구조 구성에 대한 최소주의의 접근법은 중간에 나타난 어느 모형의 것보다도 1950년대 그것과 더 유사하다.」와 같은 말을 하고 있다.(Lasnik, 2006: p.153)

그렇지만 실제로 그동안에 제안된 여러 가지 모형들을 비교해보면 장거리에 걸친 이동은 단거리의 작은 이동들이 누적적으로 이루어져서 생긴 결과라고 보았던 그의 가설을 무색하게 만들기에 족할 정도로 그들 간에는 커다란 차이성이 있다는 것을 쉽게 알 수가 있다. 예컨대 초기이론 때의 문법모형은 크게 구절구조부와 변형부, 어형음소부등의 세부분으로 이루어져 있었는데 반하여 최신이론에서의 그것은 D-구조와 S-구조, 음성형식 및 논리형식등의 세 부분으로 구성되어있다. 심지어 그는 최근에 이 모형에서는 마땅히「단지 접합면만이 존재하게 되고 종전의 다섯 순환도 병합에 기저한 단 하나의 것으로 감축되어야 한다」는 주장도 하고 있다.(Chomsky, 2005: p.17)

그동안에 그의 문법모형이 얼마나 크게 변화했는가를 직접적으로 확인할 수 있는 방법 중 가장 손쉬운 것은 아마도 표준이론 때의 심층구조의 수형도와 지금의 그것을 비교해 보는 것 일 것이다. 심층구조의 이름을「Deep structure」로부터「D-structure」로 바꾸기는 했지만 심층구조로부터 여러 가지 변형절차에 의해서 표층구조를 만들어 내는 과정을 문법으로 보는 그의 발상법에는 아무런 변화가 없기 때문에, 이것의 표현법을 살펴본다는 것은 결국 그의 문법이론의 전부를 일목요연하게 살펴보는 일이 된다. 따라서 아래에 제시되어있는 것과 같은 두 가지 수형도를 비교하는 작업은 그의 표준이론과 최소주의 이론을 가장 집약적으로 비교하는 일이 된다고 볼 수가 있다.

(1)

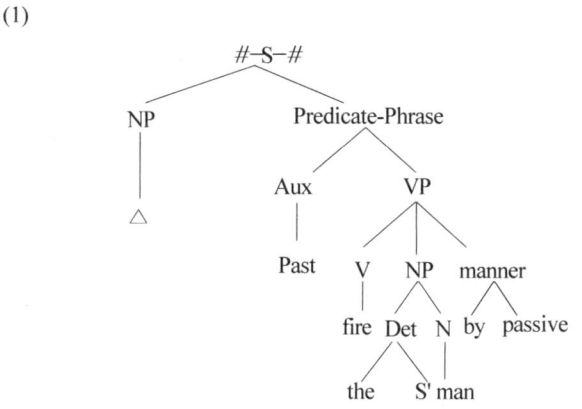

(Chomsky, 1965: p.129)

(2)

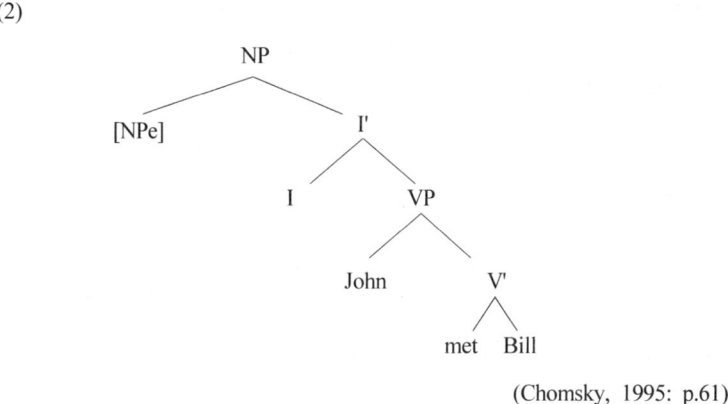

(Chomsky, 1995: p.61)

이들 두 수형도들은 다음과 같은 몇 가지 점에 있어서 의미있는 대조성을 드러내고 있는데 그중 첫 번째 것은 무엇이 통사적 논의의 기본적인 주제가 되고 있는가 하는 점이다. (1)은 「The man was fired.」라는 문장의 심층구조이고, (2)는 「John met Bill.」이라는 문장의 심층구조이다. 그러니까 표준이론때는 통사적 논의의 초점이 능동문에서 수동문이 도출되는 절차와 같은 변형절차의 역할을 강조하는 데 맞추어져 있었는데, 반하여 최소주의 이론때의 그것은 보편문법의 실체를 밝히는 데 맞추어져 있었던 것이다. 그는 (2)와 같은 심층구조는 어느 언어에나 해당되는 것이라는 의미에서 「보편적 기저부 가설」을 내세우고 있다.

　그중 두 번째 것은 각 절점의 기호가 각각 「명사구」와 「동사구」를 나타내는 「NP」와 「VP」등을 제외한다면 서로 간에 아무런 연관성을 찾아볼 수 없을 만큼 다르다는 점이다. 간단히 말하자면 (1)은 전통문법에서 쓰이던 발상법을 도형화한 것으로 볼 수 있는데 반하여, (2)는 2분지법이 옛날처럼 그대로 쓰이고 있다는 점을 빼놓고는 전혀 새로운 발상법이 기저에 깔려있는 것이다. 그의 발상법이 표준이론 때의 그것에 비하여 얼마나 새로운 것인가 하는 것은 우선 그전에는 으레 문장의 약자인 「S」가 자리하고 있던 제일 높은 자리에 굴절소구의 약자인 「IP」가 자리하고 있다는 사실 하나만으로도 익히 확인할 수가 있다. 다시말할것 같으면 이 때에 이르러서는 「I (inflection:굴절소)」와 「C(complementizer:보문소)」라는 두 개의 기능적 범주를 설정해서 명제를 「CP」와 「IP」의 투사체로 보게 된 것이다.

　그리고 이들 두 수형도 간의 가장 큰 차이점은 표준이론때는 2분지법적인 구절구조 규칙의 적용에 의해서 심층구조는 형성되게 되어있다고 보았던 것이 이제는 그것이 아래의 도표와 같은 X'이론에 따라서 형성되게 된다고 보는 점이다. 이렇게 보자면 결국 이제는 아래와 같은 X'이론은 그의 보편문법이론의 가장 핵심적인 이론이 되어 있던 것이다.

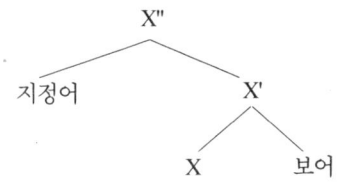

(Chomsky, 1986b: p.3)

나) 보편성

그중 두 번째 것은 표준이론때와는 다르게 최소주의때에 이르러서는 문법모형과 기술 절차의 타당성을 보편성이라는 새로운 기준에 의해서 검토하게 되었다는 점이다. 표준이론을 내세울 때만해도 비록 그가 기술적 적절성보다는 설명적 적절성을 중요시하는 문법이론이 바람직한 문법이론이라는 말이나, 언어능력은 후천적으로 학습된 것이 아니라 선험적으로 내재되어 있는 것이라는 말을 하면서도, 영어와 그 외의 언어를 비교하는 일은 하지 않았는데, 그 이유는 물론 보편문법이론이 개발된 것은 그 후 확대표준이론 때였기 때문이다. 예컨대 바로 앞에서 살펴본「The man was fired.」라는 문장의 수형도는「The man who persuaded John to be examined by a specialist was fired.」라는 문장의 변형적 역사를 설명하기 위해서 설정된 세 개의 심층구조의 수형도중 하나였다.

물론 표준이론이 나온 이후 그것을 다른 나라 말에 적용시켜서 그것의 타당성을 확인하려는 움직임은 적지 않게 일어났다. 그러나 이런 노력은 Chomsky자신에 의한 것이 아니라 여러 개인들에 의한 것이었기에, 이것을 보편성의 문제로 그가 자기의 언어이론의 주안점을 바꾼 움직임으로 볼 수는 없었다. 그가 본격적으로 이 문제를 토의의 대상으로 삼고서 직접 영어와 그 외의 언어에 대한 비교작업에 손을 대기 시작한 것은 최소주의 이론때에 와서였다. 물론 엄밀한 의미에서 볼 것 같으면 그가 이런 비교작업을 시작한 것은 보편문법이론의 기본을 완성시키게 되는 1980년대였다고 볼 수가 있다. 예컨대 그의 「지배와 결속이론」을 보면 공범주 원리와 관련된 여러 가지 현상을 토의하는 자리에서 영어의 예문 이외에 이탈리아어와 스페인어, 프랑스어등의 예문들을 분석하고 있다. 여기에서 한가지 특기할 사항은 이런 토의는 Rizzi와 Burzio, Kayne등이 그 동안에 발표한 연구결과를 바탕으로 하고 있다는 점이다.

먼저 이동규칙의 보편성을 토의하면서는 그는 영어와 다르게 이탈리아어에서는 「Fu arrestato Giovanni. (Giovinni was arrested)」를 「Giovanni fu arrestato.」처럼 말 할 수 있고, Si mangia le mele. (the apples are eaten)」를 「Le mele si mangiano.」처럼 말할 수 있듯이, 수동문을 만드는데 있어서 이동이 의무적인 것이 아니라 선택적인 것이라는 사실을 지적하고 있다. 그 다음으로 「대용사 탈락의 매개변인(pro-drop parameter)」의 현상을 검토하면서는 언어를 이탈리아어와 스페인어같이 대용사를 탈락시키는 부류와 영어와 프랑스어같이 그렇지 않는 부류도 양분하고서, 첫번째 부류의 언어는 (i)주어의 생략, (ⅱ)단문에서의 자유로운 어순전도, (ⅲ)주어의 장거리 wh-이동, (ⅳ)삽입절에서의 공복귀대명사 (ⅴ) 「that-흔적」여과장치의 명백한 위반등의 특징들을 가지고 있다고 주장하고 있다. (Chomsky, 1981: pp.122,240)

그렇지만 엄밀하게 따지자면 이 시기에 그가 사용한 외국어의 언어자료가 모두 다른 사람의 연구업적을 바탕으로한 것은 아니라고 볼 수 있는데, 그것은 1988년에 나온 「언어와 지식의 문제」에 쓰인 스페인어의 예문들은 모두가 그가 스스로 수집한 것이기 때문이다. 예컨대 스페인어의 공주어 언어로서의 특징을 논의하면서 그는 「Llega.(Arrives.:He/She/It arrives)」와 Llega Juan. (Arrives Juan.:Juan arrives)」, 「Lo quire ver.(Him/It wants to-see.: He/She wants to see him/it.)」등의 예문을 제시하고 있다. 사실 이 책은 중미의 한 대학에서 스페인어를 사용하는 학자들을 대상으로 해서 한 강연을 정리한 것이기에, 몇가지의 영어 예문을 제외하고 모든 예문이 스페인어로부터 나왔다는 것이 너무나 당연한 일이었다고 볼 수 있다.(pp.66~7)

그러나 여러 언어 간의 비교작업의 범위가 일본어와 중국어와 같은 동양어에까지 확대되면서 보편문법과 매개변인의 관계에 대해서 집중적으로 논의하기 시작하는 것은 최소이론때에 이르러서였다. 예컨대 그는 「최소주의 이론」에서 앞에서 살펴본 (2)와 같은 심층구조는 이른바 보편적 기저부에 해당되는 것으로서 여러 언어간의 유형적 변이는 어순상의 매개변인과 「L」와 「C」와 같은 기능적 범주의 속성에 기인된다고 주장하고 있다. 다시 말하자면 그는 언어의 변이성은 기본적으로는 어형적 특성에서 비롯되는 것이며, 결국에는 그것은 변형을 현시적으로 하느냐 하지 않느냐의 문제로 귀결이 될 수 있다고 보고 있다.

예컨대 그는 의문사 이동의 현상을 놓고서 영어와 중국어간의 차이를 언제 의문사가 문두자리로 이동하게 되느냐의 차이로 보고 있다. 다시 말하자면 영어에서는 「What do you want John to give t to Bill.」과 같은 S-구조를 갖게 되는데 반하여, 중국어에서는 S-구조에서는 의문사가 t 자리에 그대로 있다가 논리형식 때에 가서 이동하여 영어와 같아진다고 본다. 그러니까 결국 그는 두 언어가 같은 D-구조를 가지고 있다는 사실이 더 중요하며, 따라서 그런 사실을 제대로 밝히는 일이 곧 이런 비교작업의 궁극적인 과제가 되어야 한다고 본 것이다. 그의 이론에 있어서는 언어의 다양성은 그것의 보편성의 한 부수 현상에 지나지 않았던 것이다. (Chomsky, 1995: p.68)

또한 그는 「자연과 언어에 대하여」에서 기본적인 어순에 의하여 언어는 으레 「SVO형」과 「SOV형」, 「VSO」형등의 세가지 유형으로 나뉘어지고 있는데, 이런 언어유형의 현상도 자기의 보편문법이론으로 익히 설명이 가능하다고 주장하고 있다. 그는 우선 주어가 목적어보다 구조적으로 높은 자리에 있게 되어 있으니까 영어와 같은 S[VO]형이나 일본어와 같은 S[OV]형은 일종의 자연적인 유형으로 볼 수 있다고 본다. 그 다음으로 그는 「VSO」형을 [VO]중 V가 문두로 이동해서 생긴 것으로 보면서, 그 근거로 웨일스어에서의 「Cana i yfory.(will-sing I tomorrow)」와 「Bydda i 'ncanu yfory.(will-be I singing tomorrow)」사이의 차이로써 익히 알 수 있듯이 조동사가 이미 문두에 위치하고 있으면 V의 이동은 불가능하다는 사실을 들고 있다. 더 나아가서 그는 「SOV」형을 [VO]에서 목적어가 좌측으로 이동해서 생긴 것으로 보기도 한다. 이 보다 앞서서 그는 「최소주의 이론」에서 아일랜드어와 같은 「VSO」형을 놓고서 시제 범주의 NP자질이 영어의 경우는 강한데 반하여 아일랜드어의 경우는 약한 탓으로, V가 외현적으로 I(Agrs)자리로 상승된 결과라는 설명을 하기도 했었다.(p.199)

그런데 그 자신은 이 정도의 설명으로써 보편성에 대한 토의는 종결이 될 수 있다고 보고 있는지 몰라도 다른 사람의 눈으로 보기에는 그렇지 못하다는 데 문제가 있다. 간단히 말하자면 자료 중심의 언어 연구의 중요성을 강조하는 사람들의 입장에서 보자면 이상과 같은 한 두 가지의 예제를 가지고서 세계 언어에 대한 비교작업이라고 볼 수는 없다. 예컨대 그는 영어와 프랑스어간의 구조적 차이를 놓고서 (예:(ⅰ) John often [kisses Mary], (ⅱ) Jean embrasse souvent [t Marie] (Jean kisses often Marie)) 영어에서는 S-구조에서는 조동사만 상승이 되고 본동사는 LF에서 상승이 되는데 반하여, 프랑스어에서는 S-구조에서 둘다 상승될 수 있다는 사실에서 비롯되며, 따라서 두 언어는 S-구조에서는 상이하지만 D-구조와 LF에서는 동일하다고 주장하고 있지만, 다른 사람의 입장에서 볼 것 같으면 이 정도의 것을 두 언어에 대한 본격적인 비교작업으로 볼 수가 없는 것이다. 이런 의미에서 보자면 결국 보편성의 문제가 토의의 중심에 자리하게 되면서 그의 언어학은 엄청나게 더 큰 숙제를 떠안게 된 셈이다.(Chomsky, 1995: p38)

다) 목표의 높이

그 세가지 문제중 세 번째 것은 표준이론때와는 달리 최신이론때에 이르러서는 언어연구의 목표와 과제를 기존의 언어학의 수준을 크게 넘어서는 데까지 확대해서 잡은 나머지, 다른 사람으로 하여금 과연 가까운 장래에 그런 목표와 과제가 달성되고 이루어질 수 있을지를 의심하게 만들었다는 점이다. 한 마디로 말해서 그의 언어학은 이제는 무엇보다도 먼저 이상과 현실 중 어느 쪽에 연구의 초점을 맞추고 있는지를 밝혀야할 의무를 지니게 된 것이다. 다른 말로 표현할 것 같으면 지금의 그의 언어이론의 제일 큰 문제는 지나친 욕심은 모자라는 욕심만 못할 수도 있다는 격언을 곱씹어보게 만든 데 있다고 볼 수가 있다.

그의 언어연구가 현재 일종의 이상과 현실간의 괴리의 현상을 드러내고 있다는 것은 크게 목적론적 사실과 문법론적 사실등의 두가지에 의해서 확인될 수가 있다. 먼저 목적론적 사실이란 그가 언어연구의 목적으로 내세우는 바는 종전의 개념으로 보아서는 언어학의 영역을 크게 벗어난 것인 탓으로 결과적으로는 그의 능력과 그것 간에는 일정한 간격이 있을 수 밖에 없게 되는 현상을 가리키는 것으로서, 이런 문제점은 특히 그가 1980년대 이후에 「정신/두뇌」적인 언어철학을 내세우게 되면서 더욱 뚜렷하게 드러나고 말았다.

예컨대 그는 「언어의 지식」에서는 생성문법의 목적을 (ⅰ)무엇이 언어의 지식인가? 와 (ⅱ)언어의 지식은 어떻게 습득되는가? (ⅲ)언어의 지식은 어떻게 사용 되는가 등을 해답하는 것으로 잡고 있는데, 그 후 20여년이 지난 오늘날 까지도 그가 이들 중 세 번째 질문을 해답하려고 노력한 흔적을 찾아볼 수가 없다. 이 세 번째 질문을 「어떻게 그것이 생각을 표현하고 주어진 언어자료를 이해하며 파생적으로는 의사소통과 여타의 특별한 언어사용의 작업에 참여하게 되는가」로 풀이하고 있는 점으로 보아서, 본인도 이것은 아직은 자기가 떳떳하게 대답할 수 있는 성격의 질문이 아니라는 사실을 익히 알고 있었던 것이 분명하다.(p.3)

더욱 놀라운 것은 그런데 이것에 이어 그 2년 후에 내놓은 「언어와 지식의 문제」에서는 이상과 같은 세 가지 목표에 더해서 「언어지식의 표현, 습득, 사용에 대한 물리적 체계는 무엇인가」라는 네 번째 목표를 제시하면서, 「이 문제에 대한 탐구는 주로 미래에 할 일이다」와 같은 자기 고백적인 말을 하고 있다는 사실이다. 그러니까 그는 여기에서 자기의 언어연구의 궁극적인 목표는 정신작용에 관한 뉴톤의 이론과 같은 대 이론을 만드는 것임을 선언한 것이다. 일단 여기에서 문제가 될 수 있는 것은 왜 미래에 할 과제까지도 굳이 목표에 일부로 집어넣었느냐와, 세 번째 목표는 그렇다면 현재의 과제로 볼 수 있으냐의 두가지 이다.(p.142)

그가 목표설정을 이상화하는 경향은 최근에 이르러 언어학의 생물언어학으로의 전향의 필연성을 강조하면서 그 차원이 달라지게 되었다. 예컨대 최근에 발표한 「언어설계의 3요소(Three factors in Language design)」라는 논문에서 그는 언어 능력이 다른 생물학적 체계들의 일반적인 특성을 가지고 있다고 가정한다면 언어학에서 연구해야 할 과제에는 크게 유전적 재능과 경험, 언어능력에 제한되지 않는 원리에 관한것 등의 세 가지가 있게 된다고 내세우고 있는데, 여기에서 문제가 될 수 있는 것이 바로

세 번째 과제이다.(Chomsky, 2005: p.6)

그가 언어능력에 제한되지 않는 원리, 즉 언어독립적 원리에 대해서 이들은「자료처리와 구조구성, 연산작업등을 관장하는 원리들로서, 이들을 통해서 언어생물학과 언어의 성격및 사용, 언어의 진화등에 대한 기본적인 질문에 대한 해답을 얻을 수 있을 것이다」라고 말하고 있는 점으로 미루어 보아서, 그가 이제는 언어 독립적인 원리들을 밝히는 것을 언어학의 가장 핵심적인 과제로 보기 시작했다는 것을 알 수가 있다. 그런데 사실은 그가 말하는 언어 독립적인 원리란 일반적인 인지적 원리이다. 그러니까 이제는 그가 문법 모형을 일종의 인지체계로 보면서 그것의 작동과 관련된 원리들을 찾는 일을 언어학의 기본과제로 보게 된 것이다. 그렇다면 여기에서 당연히 던져볼 수 있는 질문이 이 과제를 과연 인지심리학자나 인지 과학자가 아니라 언어학자가 수행할 수 있겠느냐하는 것이다.(p.9)

그 다음으로 문법론적 사실이란 크게 두 가지의 문법모형과 기술절차에 관한 사실을 가리키는 것으로서, 그중 첫 번째 것은 말로는 최소주의 이론의 한 특징으로 이른바 해독조건의 충족성을 내세우고 있으면서도 그 내용이 실제로 토의되고 있지는 않다는 사실이다. 해독조건이란 인지체계의 두 부분인 음성형식과 논리형식과 수행체계의 두 부분인 조음청취체계와 개념의도 체계간의 상호접합절차에 의해서 음성해석과 의미해석이 사실에 맞게 이루어져야 한다는 조건이다. 그런데 실제에 있어서는 그의 분석과 토의의 초점은 으레 어떤 과정으로 음성형식과 논리형식이 만들어지는가에 맞추어져 있지, 그들이 그 다음에 어떻게 수행적 능력으로 바뀌게 되는가에 대해서는 아무런 설명이 없다. 그러니까 그의 문법모형에서는 어떤 의미에서 보자면 제일 어렵고 중요한 절차에 대한 구체적인 의견은 전혀 제안되지 못한채, 그것의 위상만을 강조하고 있는 것이다.

그중 두 번째 것은 문법모형의 실체를 놓고서 예컨대 현재 사용가능한 것과 앞으로 실현될 수 있는것 등의 두 가지를 뒤섞는 식으로 그의 견해가 정리되어 있지 않다는 사실이다. 한 마디로 말해서 그는 지금 표현체를 중요시하는 확대 표준이론때의 문법모형과 문자화 절차를 중요시 하는 이상적인 문법모형 사이에서 이러지도 못하고 저러지도 못하는 난처한 처지에 놓여 있는 것이다. 그가 우선 「최소주의 이론」에서 내적 언어의 협의적 통사부의 모형으로 제시하고 있는 것은 (i)과 같은 것이다. 그리고 이 책에서 논의되고 있는 문법적 사항들은 거의다가 이모형을 기준으로 한 것이다.

그런데 이런 논의 가운데서 그는 자기의 언어이론이 지향하는 문법모형은 (ii)와 같은 것이라는 점을 강조하고 있다. 예컨대 그는 X-바 이론을 만족시키는 상태로 한 구절 표시에 새로운 구절표시를 삽입시키면서 어휘를 선택하게 되면 D-구조 없이 문자화 절차가 이루어질 수 있다고 주장하고 있다. 즉, 일반화 변형으로 대치작업을 하게 되면 D-구조를 굳이 설정할 필요가 없어진다는 말이다.(p.189) 더 나아가서 그는 α이동규칙에 의하여 K를 K*로 사상시키는 식의 단순대치 작업을 하게 되면 S-구조도 필요가 없게 된다는 주장도 하고 있다.(p.191) 결국 그의 이상적인 문법모형은 Hinzen이 최근에 「정신설계와 최소주의 통사론(Mind design and minimal syntax)」에서 제시했듯이 (ii)와 같은 것이라는 말이었다.

(i)

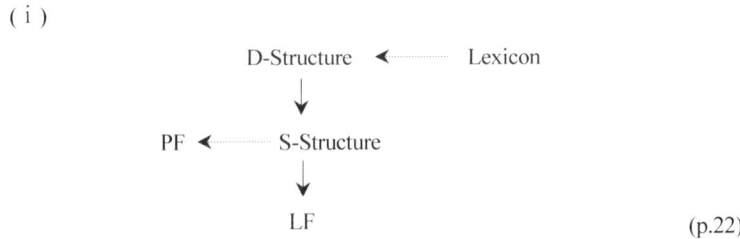

(p.22)

(ii)

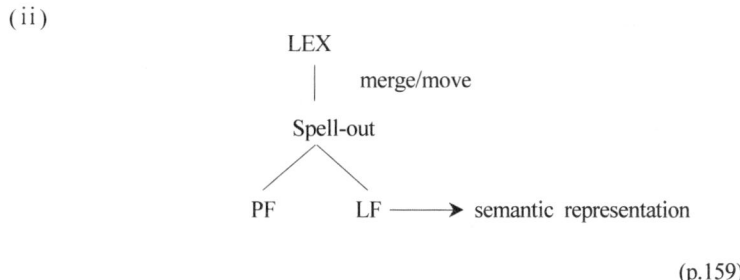

(p.159)

(3) 양면적인 진술

그가 최근에 언어지식의 현황에 대해서 한 진술치고서 단언성과 유보성의 양면성을 띠고 있지 않은 것이 없는데, 따지고 볼 것 같으면 이렇게 함으로써 그는 지금의 자기의 언어지식이 다분히 제한적인 것이라는 사실을 모두에게 알리고 있는 것이다. 물론 어느 학문적 이론이나 완전 무결한 것은 있을 수 없다. 따라서 사람에 따라서는 이런 겸손한 자세는 그와 같은 대학자만이 가질 수 있는 것이라고 말하게 될지도 모른다. 그렇지만 그의 경우에 있어서는 이런 점이 언제나 자기의 언어지식의 특별함을 지나칠 정도로 강하게 내세우는 그의 장기와 일종의 부조화 상태를 형성해 내기가 쉽다는 데 문제점이 있다. 단도직입적으로 말해서 일정한 도피로를 미리 마련해 놓고서 하는 진술은 아무리 진실된 진술이라고 본인은 주장해도 그 진실성이 크게 훼손되는 것이다.

너무나 당연한 일이 되겠지만 그가 자기의 언어지식에 대해서 양면적인 진술을 하기 시작하는 시기는 1980년에 이르러 그가 언어지식의 문제를 정식으로 언어이론의 주제로 내세우는 시기와 일치한다. 앞에서 이미 언급이 되었듯이 「언어의 지식」에서 그는 「그것은(연산체계적 특성) 여러면에 있어서 대단히 경이로운 특성이다. 그럼에도 불구하고 그것을 뒷받침하는 증거는 대단히 실질적인 것이며, 따라서 이런 결론은 그 동안에 잠정적으로 제안된 보편문법체계에 대한 앞으로의 불가피적인 수정작업을 익히 버텨낼 수 있을 것 같다.」와 같은 말을 하고 있는데, 이런 식으로 도피로를 미리 마련해 놓은 상태에서 자기과시적 진술을 하는 화법은 놀랍게도 그 후 20여년 동안에 그대로 유지되어왔다.

이런 사실은 우선 다음과 같은 세 가지 증거만 가지고서도 익히 확인될 수가 있다. 그중 첫 번째 것은 그가 「최소주의 이론」의 서론에서와 제4장의 끝에서 한 말들이다. 예컨대 그는 이 책의 서론에서 현재로서는 언어를 연산체계와 어휘부로 구성된 것으로 보려는 원리와 매개변인의 이론을 최선의 언어이론으로 간주할 수 밖에 없다는 점을 강조하면서. 「원리와 매개변인의 모형은 부분적으로 하나의 특이한 가설이라기 보다는 하나의 대담한 추론이다.」라는 말과, 「마지막 결과는 심지어 바로 앞의 것과도 크게 다른 L(언어)의 모습이다. 이런 과정이 옳은 것인지 아닌지는 물론 시간만이 말할 수 있을 것이다.」라는 말을 하고 있는데, 이런 표현은 어떤 의미로 보아서나 일반적인 독자의 이해력의 수준을 크게 넘어서는 것이다.(pp.7, 10)

그의 이런 양면적인 표현법은 최소주의 이론에 대한 설명과 토의를 다 마친 다음에 이 책의 마지막 말로서 그가 한 말에서 그 극치를 드러내고 있다. 두말할 필요도 없이 이 말은 결국 자기의 언어연구와 언어이론에 대한 일종의 자기평가와 같은 것인데, 이것을 그 특유의 자기과시로 보아야할지 아니면 솔직한 한계성의 인정으로 보아야 할지는 읽는 사람의 마음에 따라서 정해지게 되어 있다. 이 책의 중요성으로 보았을때 누구에게 있어서나 아래와 같은 약간 긴 듯한 그것의 마지막 말의 진의를 추리해보는 것은 분명히 의미있는 일일 것이다.

> 더 일반적으로 언어가 소개부에서 기술한 의미에서의 "완전한 체계"에 접근해 있을 것이라고 추리하는 것은 불합리한 일이 아닌것 같다. 이런 직관이 정확하

다면, 인간의 정신의 이 신기하면서도 점점 더 신비스러운 부분에 관해서 어떤 것이 발견될 수 있는가를 알아 보기 위하여 그것을 한계점까지 밀어붙여 보는 것은 합리적인 일일 것이다. 이 길에 따라 더 진전하기 위해서는 이미 시야에 들어왔고, 이따금씩 꽤 명백한 방식으로 형식화 될 수 있는 넓은 폭의 경험적인 질문들에 대한 대답을 찾아내야 할 것이다. 우리에게는 새로운 심도와 전망에서 대단히 경이로운 특성을 지닌 언어이론을 만들어내야 하는 난삽하고도 도전적인 문제가 주어져 있다.(p.379)

이런 식의 양면적인 표현들은 그 후에 나온 저서나 논문에서도 어렵지 않게 발견될 수가 있다. 예컨대 「자연과 언어에 대하여」에서는 「사실 그 전의 2000년 동안에서보다도 지난 20년 동안에 언어에 대해서 더 많은 것을 알게 되었다고 말할 수가 있다.」와 같은 자화자찬적인 말을 한 다음에는 바로 「그것은 하나의 이론이 아니라 하나의 접근법이다.」와 「거기에는 너무나 많은 신비들이 있다. 따라서 나는 안정성을 기대하지도 않고 바라지도 않는다.」와 같은 양보적인 말을 하고 있다.(pp.96, 153) 또한 「언어 설계의 세가지 요소」에서는 앞 부분에서는 지난 50년 동안에 생물언어학의 문제에 대해서 진지하게 탐구를 해온 사람들은 바로 원리와 매개 변인의 이론을 보다 완전한 것으로 발전시키는 일에 종사해온 변형생성주의자들뿐이었다는 점을 강조한 뒤에, 결론 부분에서는 「이런 노력들이 지각있는 연구 프로그램의 기본적인 요구사항을 충족해 왔다는 것은 더욱 분명하다. 그것은 곧 전에는 인지되지도 않고 형식화할 수도 없었던 새로운 문제들을 신속하게 부각시키면서 옛 문제들을 극복할 수 있는 탐구를 활성화하고, 기술적 및 설명적 적절성의 문제를 해결할 수 있는 경험적 도전을 크게 확대하는 것이다」와 같은 말을 하고 있다.(p.19)

3. 언어와 정신의 관계에 대한 연구

「정신/두뇌」라는 용어로 표현되고 있는 그의 언어 철학이 과연 합리적인 것인가를 검토해 볼 수 있는 두 번째 방법은 오늘날 넓게는 인간의 정신작용에 대한 연구이고 좁게는 언어와 그것과의 관계에 대한 연구가 그런 방향으로 나아가고 있는가를 알아보는 것일 것이다. 이런 문제들은 두말할 필요도 없이 인간의 본성을 이해하는 데 기본이 되는 것들이기에 그들에 대한 연구는 넓은 의미에서 볼 것 같으면 학문의 시작과 함께 시작되었다고 볼 수가 있다. 그런데 그것의 역사와 현황을 살펴보게 되면 이제 와서 그가 왜 언어는 곧 정신이고 또한 정신은 곧 두뇌이다 와 같은 대담한 가설을 내세우게 되었는가가 분명해진다.

결론부터 말하자면 이 문제에 대한 연구의 역사와 현황을 살펴보게 되면 그의 가설은 크게 긍정적인 것과 부정적인 것의 두 가지 특성을 지니고 있음을 익히 알 수 있게 된다. 그 중 첫 번째 것은 이것은 철학이나 심리학, 인지과학등에 있어서의 이 문제에 대한 최신의 접근법을 그대로 반영한 것이라는 점이고, 그중 두 번째 것은 이런 접근법은 어디까지나 하나의 접근법일 따름이어서 과연 그의 주장대로 「정신작용은 인지적 연산작용인지」나 또는 「정신기구는 여러 가지의 상징적 표현체로 구성되어있는지」를 확인하기에는 이들 학문들이 아직은 먼 거리에 있다는 점이다. 쉽게 말해서 그의 가설은 언어학이 앞으로는 그들을 이끌어가야할 만큼 다른 학문들의 역량이 부족한 점을 제대로 간파한 가설이기는 하지만, 바로 그렇기 때문에 적어도 당분간은 그것은 하나의 가설로 남아있을 가능성이 클 수밖에 없는 것이다.

(1) 언어철학의 3대 흐름

가) 이상적 언어철학

편의상 언어철학을 철학의 분야에서 해오던 언어연구로 정의하고 볼 것 같으면 이것의 효시는 이상적 언어철학이었다. 철학자들은 처음부터 자기네들의 학문은 어휘나 문장과 같은 언어적 도구로써 인간의 본성이나 존재양식등의 문제를 분석하고 토의하는 학문이기 때문에, 이것의 생명은 결국 자기네들이 얼마나 정확하고 객관적으로 언어를 사용하게 되느냐에 달려있다는 것을 익히 알고서 그렇게 하기에 최선을 다해왔다. 그러니까 철학에서는 일찍부터 철학자들 가운데는 으레 일종의 이론 언어학자를 겸하는 사람이 적지 않게 있게 되는 전통이 생겨나게 된 것인데, 그 대표적인 예가 바로 Aristotle이다.

Seuren은 최근에 「아리스토텔레스와 언어학(Aristotle and Linguistics)」이라는 글에서 「의심할 여지없이 Aristotle은 최초의 이론언어학자였다」라는 말과 함께, 그가 언어연구에 가장 크게 기여한 바는 훗날 Ogden과 Richards에 의해서 「기호적 삼각형」의 개념으로 발전된 명제론적인 언어관, 즉 언어는 이 세상에 있는 사물에 대한 의도적 사고의 표현체라는 발상법을 제안한 점이라고 주장하였다. 그는 그의 언어적 논의에는 아직 통사론적인 것은 없었지만 의미나 문장론적인 것은 이미 있었다고 볼 수가 있다고 내세우면서, 「모든 문장은 자연의 힘에 의해서가 아니라 규약에 의해서 의미를 갖게 된다. 그렇지만 모든 문장이 참이냐 거짓이냐의 문제가 있게 되는 주장은 아니다.」와 같은 말을 한 점을 그것의 근거로 내세우고 있다.

그런데 그가 사실은 최초의 철학자겸 이론언어학자 이어서 그의 언어적 서술에 대한 생각이 결국에는 크게는 그 후 철학적 연구방법의 기본이 되고, 작게는 이상적 언어철학의 탄생의 기저가 될 수 있었던 것은 3단논법이라는 연역적 논의 방법을 개발했기때문이었다. 그의 언어적 서술에 대한 견해는 「범주」를 비롯하여 「해석에 대하여」, 「전분석법」, 「후분석법」, 「주제」, 「정교한 반박법」 등으로 나뉘어 개진될 정도로 광범위하고 구체적인 것이었는데, 그것의 핵심이 되는 것은 역시 최초의 논리적 서술법이라 할 수 있는 3단논법이었다.(Audi, 1995: p38)

물론 그의 3단논법 자체도 그 후 기호논리학의 발달과 함께 「모든 S는 P' 또는 SaP」처럼 표현되는 범주적 3단논법과 「A→B, B→C∴A→C」처럼 표현되는 가정적 3단논법, 「P∨Q, ~P/∴Q」처럼 표현되는 이접적 3단논법 등의 세 가지로 나뉘어 연구될 정도로 더욱 발전이 되었다.(pp. 780~2) 그렇지만 크게는 이런 움직임이 이것 자체 발전보다 더 큰 의미를 지니게 되었다고 볼 수가 있는데, 그것은 바로 그로 인하여 일반적으로 이상적 언어 철학이라고 불리는 첫 번째 흐름이 철학계에서 생겨나게 되었기 때문이었다. 이런 의미에서 볼 때 이상적 언어철학의 씨앗은 Aristotle이 뿌려놓은 것이나 다름이 없다.

이름 그대로 이상적 언어철학이란 학문적 토의의 도구로 쓰일수 있는 일종의 논리적으로 완벽한 이상화된 언어를 찾으려는 철학자들의 움직임을 가리키는 말인데, 이런 움직임은 Callaghan과 Lavers의 표현을 그대로 빌리자면 「논리의 수학화」의 움직임으로 귀결되고 말았다. 그 이유는 물론 철학자들은 일찌감치 우리가 일상적으로 쓰는 언어는 다분히 불완전하고 불확실한 언어에 불과하기 때문에, 수학의 방정식처럼 형식화시킨 논리적 표현만이 객관적으로 진리를 서술하는 도구로 쓰일 수 있다는 것을 깨달았기 때문이다. 이상적 언어철학의 발달은 결국 논리학과 분석철학의 발달과 그 맥을 같이 했다고 볼 수가 있다.

이런 의미에서 볼 때 이상적 언어철학의 기초를 정식으로 다진 사람은

Leibniz와 Boole이었다. 17세기의 독일의 철학자였던 Leibniz는 내재적 지식을 모든 지식의 원천으로 보려는 이성주의적 사조를 이끌어간 사람으로도 유명하지만, 「만약에 x 와 y가 동일한 개체라면 x에 대해서 참인 것은 으레 y에 대해서도 참이고 그 역도 진리이다.」라는 라이프니츠의 법칙을 만들어낸 사람으로도 유명하다. 그렇지만 언어철학의 발달의 역사로 보았을때는 그의 제일 큰 공로는 명제적 추리절차를 일종의 수학적 연산과정으로 표현해냄으로써 Aristotle의 3단론적 논리법을 대체할 수 있는 최초의 형식적 논리법을 개발해낸 사실이었다.

그가 제안했던 형식적 논리법은 일종의 시안의 수준을 넘지 못했는데 반하여 그후 19세기에 이르러 수학자인 Boole이 제안한 것은 최초의 성공적인 대수학적 논리법 이었다. 그의 기본적인 발상법은 철학에서 쓰일 수 있는 논리적 대수학은 수자를 이용한 표준적인 대수학을 기호를 이용한 것으로 바꾼 것에 지나지 않는다는 것이었다. 그의 대수학적 논리법은 보통 「집합의 연산법」이라고 불리는데, 그것의 기본 형식은 예컨대 일단 B를 최소한 두 개의 요소로 되어있는 하나의 집합, 즉 B={T, F}식으로 내세우고, 그 다음에 각각 부정과 연접의 기능을 수행하는 -과 ∩라는 두 개의 접속 기호를 설정해서 결과적으로 (B, -, ∩)처럼 표시 될 수 있는 하나의 진리치 표를 만들어내는 것이었다. 이런 명제적 처리 절차는 뒤에 가서 「불식 대수학」으로 불리우게도 되었다.(Audi, 1995: p.82)

이상적인 언어철학의 발달에 Leibniz나 Bool이 기여한 바는 기꺼했자 간접적인 것으로 밖에 볼 수가 없는데, 그 이유는 그들이 개발한 논리적 표기법으로는 결국 일상 언어에 의한 것과 같은 다양한 추리절차가 제대로 다루어질 수가 없기 때문이었다. 20세기에 이르러서 이런 역사에 하나의 획을 그은 사람은 바로 독일의 수학자겸 철학자였던 Frege였다. 그 창의성이나 과학성으로 보아서 그의 업적은 그를 분석철학이나 이상적인 언어철학의 아버지로 만들기에 충분한 것이었다. 그의 수학 논리적 발상법은 훗날에 Russell을 비롯하여 Wittgenstein, Carnap과 같은 주요 언어철학자들에게 결정적인 영향을 주었다는 사실이 그의 공로가 얼마나 큰 것이었는가를 익히 드러내준다.

그의 업적에는 크게 두 가지가 있다고 볼 수가 있는데, 그 중 첫 번째 것은 자기 스스로 「Begriffss-Chrift(개념표기법)」라고 명명한 새로운 형식언어, 즉 논리체계법을 개발해낸 것이다. 여기에서 그가 창안해 쓴것은 「x」로 표기되는 변수의 개념과 「∃」나 「∀」로 표기되는 양화사의 개념이었다. 예컨대 이것에서는 「John loves Mary.」라는 문장은 「John loves x」와 같은 일반화된 형식으로 표현될 수 있었고, 또한 「∀x (모든x)와 「∃x(어떤x)」와 같은 기호를 써서 중의문의 표기를 정확히 할 수 있었다. 다시 말해서 「Everyone loves someone.」은 「모든 사람에게 사랑을 받고 있는 사람이 (최소한 한명)있다.」라는 의미와 「모든 사람은 저마다 어떤 사람을 하나씩 사랑한다」라는 의미를 나타낸다는 사실을 각각 「∃y∀x xLy」와 「∀x ∃y xLy」처럼 표기할 수 있었다.(Callaghan and Lavers, 2010: p.400)

그중 두 번째 것은 언어란 결국 의미와 형식이 하나로 합쳐진 것이라는 사실을 중요시한 나머지 형식적 언어와 자연 언어 모두에게 있어서 공통으로 적용될 수 있는 새로운 의미 이론을 개발시킨 점이다. 그의 의미이론의 핵심 사상은 지시와 의미라는 두가지 피표현체중 보다 중요한 것은 후자라는 점이다. 그러니까 그의 이론은 마치 지시가 언어적 피표현체의 전부인양 논쟁을 벌여오던 그 동안의 관행에 쐐기를 박은 셈이 된 것이다. 그의 의미이론을 대표하는 예문이 바로 「The evening star is the morning star.」라는 문장인데, 그의 설명에 따르자면 여기에서의 두 가지 별이 지시상으로는 동일한 것들임에도 불구하고 의미상으로는 서로 다른 것들이라는 사실을 밝혀내는 것이 바로 의미론에서 해야 할 일이라는 것이다. 그는 한 문장이 지시하는 바는 「참」과 「거짓」이라는 두 가지 진리치인데 반하여, 그것이 의미하는 바는 그것의 하위구성부문들의 의미가 합쳐져서 생겨나게 되는 것, 즉 그것이 나타내는 생각이라고 주장했다.(Ibid. p.401)

Frege에 이어서 이상적 언어철학의 발전에 기여한 사람은 영국의 철학자였던 Russell이었다. 그가 Frege의 학리를 직접적으로 전수한 것은 아니지만 철학적 논의의 유일한 방법으로 수학적 논리주의를 내세웠다는 점에 있어서는 그와 크게 다르지 않았다. 먼저 수학을 공부한 다음에 철학자가 된 탓인지 그가 개발한 논리형식은 Cantor의 장 이론을 위시하여 유한 및 무한 산수학, 측정이론, 통계학등의 다양한 수학 이론들이 기초가 되어 있었다. 그의 논리주의가 발표된 책의 이름이 「수학의 원리(Principia Mathematica)」이고, 이 책이 모두 세권으로 되어있다는 사실이 그의 철학이 어떤 종류의 것이었는가를 단적으로 드러내주고 있다.

심리 내지는 정신주의에 반기를 들었다는 의미에서 그의 기술이론은 흔히 극단적 사실주의라는 이름으로 불리게도 되었는데, 이것의 요체는 「지시될 수 있는 모든 것은 비록 실제로는 존재하지 않더라도 실체를 지닌 하나의 항이라」는 것이었다. 그의 이론에서는 명제란 관계의 수단에 의해서 여러 항들이 하나의 복합적 항으로 조립된 것이기에, 철학의 첫 번째 과제는 언제나 여러 항들 간의 관계를 논리적으로 분석해내는 일이었다. 항은 결국에 언어적인 것도 아니고 심리적인 것도 아닌, 일종의 논리적 분석의 단위이었다. 그래서 자기 스스로가 이런 철학을 논리적 원자론이라고 불렀다.

물론 그의 초기의 기술이론은 머지 않아서 최소한 두 가지의 수정과정을 거치게 되었다. 첫 번째로 몇 개의 항의 조립도 하나의 새로운 항이 된다는 것은 곧 모든 항의 조립도 다른 항과 구별되는 항이 된다는 의미인데, 이런 「럿셀의 역설」을 해결하기 위하여 그는 「유형이론」을 추가시켰다. 그 다음으로 그는 「불완전 상징 이론」을 개발하여 예컨대 「I met Quine.」과 「I met a man.」이 내가 실제로 만난 것이 Quine인 경우에도 두 가지가 서로 다른 명제라는 것을 설명할 수 있게 했다. 그는 고유명사들을 일정한 기술을 위장한 것들이라고 생각했다. 이 이론에 의하면 그는 인식론적 문제와 다항적 판단의 문제등도 설명할 수 있게 되었다.(Audi, 1995: pp.700~1)

나) 일상적 언어철학

흔히들 철학자들은 영국의 철학자인 Wittgenstein을 역사상 두 번째 것인 일상적 언어철학의 시조로 간주하는데, 그의 언어사상이 20세기 이후의 언어철학의 발전에 미친 영향은 그만큼 컸다. 마치 자기 스스로가 의도적으로 그 동안까지의 이상적 언어철학과 그것과 정반대적인 일상적 언어철학간의 가교적인 역할을 하려고 나서기라도 했듯이, 그의 언어철학의 역사도 일단은 이상적 언어철학적인 것으로부터 출발하여 뒤에 가서 그것과 전혀 다른 성격의 언어철학을 내세우게 되는 식의, 일종의 테제로부터 안티테제로의 전이 과정을 밟았다. 한 마디로 말해서 그야말로 그동안까지의 Frege나 Russell의 언어철학의 한계점을 정확하게 지적하고서 그것에 대한 대안을 내놓은 최초의 철학자였다.

그의 언어철학의 진수를 알아보기 위해서는 그러니까 그것의 역사를 전기와 후기의 두 시기로 나누어 보아야 한다. 그가 전기에 가졌던 언어철학은 일반적으로 「그림이론」으로 불리고 있는데, 이것의 요지는 1921년에 나온 「논리철학론(Tractatus Logico-Philosophicus)」이라는 책에 밝혀져 있었다.

그는 여기에서 모든 의미있는 문장은 반드시 정교한 논리적 구조체를 가지고 있어야 된다는, 지금까지의 이상적 언어철학들의 주장은 일단은 맞는 말이지만 사실은 그것에는 커다란 문제점이 잠복되어 있다고 보았다. 「이 세상은 사물이 아니라 사실의 집합체이며」, 따라서 하나의 명제가 나타내는 의미는 지시적인 것이 아니라 그림 같은 것이기에 그들의 표현법으로 표현된 명제들은 원자적인 것이든지 복합적인 것이든지 모두 무의미한 것이 될 수 밖에 없다는 것이 바로 그것이었다.

그는 후기에 이르러서는 「게임이론」으로 불리는 전혀 다른 언어이론을 내세우게 되는데, 이것의 내용은 1953년에 발간된 「철학적 탐구(Philosophical Investigations)」라는 책에 잘 설명되어 있었다. 드디어 그는 이상적인 언어에 의한 기술의 한계성은 결국에 우리가 일상적으로 사용하는 언어의 실체를 잘못 파악한데서 비롯되었다고 보고서, 이제부터의 철학의 과제는 일상적인 언어에서 발견되는 여러 가지 수수께끼들을 해결하는 것이라는 생각을 갖게 된것이다. 예컨대 그가 보기에는 문법이란 게임의 규칙과 같은 것이었고, 의미란 어휘나 문장의 열러가지 용법이지 일정하게 정해진 개념은 아니었다. 다시 말해서 그는 하나의 어휘가 나타내는 의미간에는 정확한 지시 관계가 아니라 「가족적 유사관계」만 있게 되어있다고 보았다.

그의 이런 일상 언어 중심적인 언어철학은 곧 이어 Grice와 Austin, Searle과 같은 사람들에 의해서 화행론으로 발전되게 되었다. 화용론으로 불리기도 하는 이 언어이론은 종전까지의 통사론 기반적 언어이론과 정반대적인 것이기에 철학과 언어학 모두에 있어서 언어연구의 학풍을 크게 바꾸어 놓았다. 특히 그동안 내내 언어연구에서 문제가 되어온 것은 형식과 의미나 기능 중 어느것을 분석의 기준으로 삼아야하느냐의 문제였는데 이 이론의 출현으로 한때 형식위주 쪽으로 기울었던 학풍이 다시 원점으로 되돌아가는 현상이 일어나게 되었다. 말하자면 최소한 이 이론의 출현으로 형식주의적 통사론은 아무리 정교화 된것이라 할지라도 의미의 문제를 다루는 데 있어서는 결정적인 한계성을 지닌 방법이라는 사실만은 더 이상 논쟁의 대상이 될 필요가 없게 되었다.

예컨대 Grice가 내세운 「함의이론」과 「협력의 원리」등은 형식주의적 통사론과 진리치 조건의 의미론 모두의 한계성을 명명백백하게 드러내는 데 부족함이 없는 것이었다. 그는 우리의 일상적인 회화에 있어서는 일반적으로 말하여진 의미와 함의된 의미의 두 의미중 두 번째 것이 더 중요한 기능을 하게 된다는 사실과, 바로 이렇기 때문에 대화 시에는 으레 질의 격률과 양의 격률, 제시성의 격률, 태도의 격률등으로 이루어진 「협력의 원리」가 제대로 지켜지고 있어야 한다는 사실을 강조하였다. (Grice, 1989) 또한 Austin은 우선 우리가 사용하는 문장을 「수행문」과 「진술문」의 두 가지로 대별 했을때 두 번째 것이 그것의 대부분을 차지한다는 사실을 지적한 다음에, 바로 그렇기 때문에 한 문장의 의미로는 「언표적인 것」과 「비언표적인 것」, 「전언표적인 것」등의 세가지중 두 번째 것이 주로 쓰이게 된다고 주장했다.(Austin, 1962)

그후 Searle은 이들의 이론을 한 수준 더 심화시키는 데 크게 기여했다. 예컨대 그는 Austin의 수행문에 대한 이론을 「적절성 조건의 이론」으로 발전시켰다. 그가 보기에는 하나의 화행을 위하여 충족되어야할 적절한 조건에는 명제적 내용에 관한 것과 예비성의 조건, 성실성의 조건, 본질성의 조건등의 네 가지가 있었다. 그는 더 나아가서 「Can you pass the salt?」와 같은 간접화행문을 분석하는 데 자기의 적절성 조건의 이론을 적용하기도 했다. 이런 작업을 통해서 그는 의사소통 행위는 규약적인 면이 강하다는 특성과 으레 일정한 인지적 추리작용을 수반하게 된다는 특성등이 있음을 확인할 수 있었다.(Searle, 1969)

다) 인지주의적 언어철학

1970년대에 태어난 인지과학의 일환으로나 아니면 그것의 결정적인 영향으로 철학계에서는 인지주의적 언어철학이라는 세 번째 언어철학이 등장하게 되었는데, 이것을 과연 첫 번째 것과 두 번째 것과 맞먹을 수 있는 언어철학으로 볼 수 있겠느냐가 바로 누구나가 이것과 관련하여 첫 번째로 던져볼 수 있는 질문이 된다. 이 질문에 대한 대답에는 긍정적인 것과 부정적인 것의 두 가지가 있을 수 있는데, 여기에서는 먼저 논의의 편의상 그 대답은 긍정적인것이라는 입장을 취해보기로 한다. 그러니까 일단은 여기에서도 일부 철학자들이 주장하고 있듯이 지금까지 철학에서는 모두 세 가지의 언어 철학이 발달하게 되었다는 견해를 가져보자는 것이다.

이런 입장을 취하고 있는 철학자중 가장 대표적인 사람으로 내세울 수 있는 사람은 바로 Scott인데, 그가 최근에 발표한 「인지과학과 언어철학 (Cognitive Science and Philosophy of Language)」이라는 글을 「최근의 언어철학은 이상적 언어철학과 일상적 언어철학, 인지주의등의 3대 전통이론의 한 통합체로 볼 수가 있다」와, 「일상적 및 이상적 언어철학의 한계성이 분명해지고 이들의 영향이 쇠퇴하기 시작함에 따라서 과학적 언어 연구에 있어서의 인지주의의 전통은 성장되고 있었다」와 같은 말로 시작하고 있는 점으로 미루어 보아서, 그의 견해는 세 번째 것을 첫 번째와 두 번째 것과 같은 반열에 올려놓을 수 있다는 수준을 넘어서서 앞으로는 세 번째 것이 주도적인 역할을 하게 될 것이라고 보는 식의, 다분히 급진적인 것임을 알 수가 있다.

이 글에서 그가 인지주의적 언어 철학의 어떤 점을 구체적으로 설명하고 있는가를 살펴보게 되면 그의 이런 입장이 더욱 분명해진다. 그는 우선 이 학풍의 탄생과 발달과정에서 주역의 역할을 한 사람으로 Minsky와 같은 컴퓨터 과학자, Miller와 같은 심리학자, Chomsky와 같은 언어학자,

Putnam과 Fodor, Dennett과 같은 철학자들의 네 부류의 사람들을 들었다. 그 다음으로 그는 이런 접근법의 특징으로 연산주의적이며 표현체적 정신이론과 행동주의 이론의 배격, 다양한 원천으로부터의 경험적 증거, 언어적 의미를 사물이나 용법이 아니라 정신적 상태로 보려는 경향등의 네 가지를 들었다.

세 번째로 그는 최근에 이르러 철학계에서 드디어 세가지 언어철학을 하나로 통합시킨 이른바 신언어 철학의 학풍이 일어나고 있다고 주장했다. 이것의 구체적인 예로 그는 고유명사의 의미의 문제를 놓고서 Burge와 Segal이 다시 치열한 논쟁을 벌이고 있다는 사실을 들고 있다. 우선 Burge는 Russell의 이론을 약간 수정하여 고유명사는 보통명사의 일종일 따름이라는 의견을 내놓았다. 예컨대 「Fido」라는 말을 듣게 되면 청자의 마음에는 「that Fido」나 「the Fido」라는 의미가 자리잡게 된다는 것이었다. 그에 반하여 Segal은 고유명사를 보통명사가 아니라 정신구조내에 특별한 표현체를 가지고 있는 하나의 특수어로 보았다. 그래서 「I live in Saint Louis.」라는 말은 있을 수 있지만 「I live in that Saint Louis.」라는 말은 있을 수 없다는 것이었다. 그가 보기에는 이들은 모두 분명히 고전적인 문제를 토의하는 데 심리학과 언어학적 자료를 근거로 내세우는 일종의 인지주의적 접근법을 적용시키고 있었다.(pp.54~5)

그렇지만 누구나 그의 이런 신 언어철학관은 하나의 소수 의견은 될 수 있을지 몰라도 지배적인 다수의견은 될 수가 없다는 생각을 떨칠 수가 없게 되는데, 그 이유는 크게 두 가지이다. 첫 번째로 그가 제시하고 있는 인지주의적 접근법의 특징은 모두가 따지고 볼 것 같으면 철학자들에 의해서 설정된 것이 아니라 인지과학자나 언어학자들에 의해서 설정된 것이다. 특히 이런 특징들은 언어학자인 Chomsky가 내세우고 있는 것을 그대로 복사한 것이라는 인상을 지울 수가 없다. 그러니까 극단적으로 말해서 이들은 이런 접근법은 인지과학이나 언어학에서 쓰일 수 있는 것이라는 사실을 보증하고 있지, 철학에 쓰일 수 있는 것이라는 사실을 보증하고 있지는 않다.

두 번째로 신 언어철학의 등장을 떳떳하게 주장하기에는 그가 내세우는 근거는 양과 질 모두에 있어서 크게 모자라는 것이다. 우선 엄밀하게 따져보았을때 Burge와 Segal은 아직 하나의 학풍을 형성해낼 수 있을만한 큰 철학자는 아니다. 또한 이들은 결국에 그 많은 언어철학자중 한 두 사람 일뿐이다. 그 다음으로 이들의 논쟁에서 쟁점이 되고 있는 것은 일찍이 Russell이나 Wittgenstein등이 문제 삼았던 것과 똑 같은 것이지 새로운 것이 아니다. 만일에 이들의 논쟁의 쟁점이 인간의 정신구조나 정신작용의 특징에 관한 것이었다면 그것은 세 번째 언어철학의 출현을 알리는 신호로 간주될 수 있었을 텐데, 안타깝게도 그것은 결국에 언어적 의미에 관한 것이었다.

그런데 사실은 그의 신언어철학관이 아직은 널리 받아들여질 수 있는 것이 아니라는 것을 실증하고 있는 사실 중 현재까지도 이상적 언어철학의 학풍과 일상적 언어철학의 학풍이 그대로 살아있어서 이들이 학세로 보아서 언어철학의 2대 주류가 되고 있다는 사실보다 더 결정적인 것은 없다. 먼저 이상적 언어철학의 경우를 살펴볼 것 같으면 이 학풍은 20세기 이후에도 논리적 실증주의나 논리적 경험주의자로 불리는 Carnap을 위시하여 그의 제자격인 Quine, 기호론자인 Peirce, 분석철학자인 Whitehead등에 의해서 꾸준히 이어져 왔다. 그리고 이런 전통은 1970년대에 수리논리학자인 Montague가 「몬테이그 문법」을 창안해 내게 될만큼 언어학의 발전에도 적지 않은 영향을 주었다.

그 다음으로 일상적 언어철학의 경우를 살펴보면 이것 역시 이상적 언어철학과 비슷하게 끊임없이 오늘날까지도 이어져오고 있다. 크게 보자면 이것은 그 동안에 철학내의 흐름과 언어학에서의 흐름으로 나뉘어 발전되어 왔다고 볼 수가 있는데, 이들 중 첫 번째 것을 이끌어온 사람으로는 Ryle과 Strawson등을 들 수가 있고, 이들 중 두 번째 것을 이끌어온 사람으로는 Sadock과 Leech, Sperber, Wilson등을 내세울 수가 있다. 특히 이 가운데서도 Leech가 제안한 정중성의 이론과 Sperber와 Wilson이 제안한 제시성의 이론은 최근에 이르러 화용론이 통사론의 대응영역으로 발전되는 데 결정적인 역할을 수행하였다.

또한 최근에 이르러 보다 근본적인 사실도 드러나고 있는데, 그것은 바로 옛날과 마찬가지로 오늘날에도 인지과학자나 언어학자가 주장하는 방향과는 전혀 다른 방향으로 언어철학이 발전되어오고 있다는 점이다. 예컨대 Chomsky는 오늘날 언어연구의 궁극적인 과제는 인간의 정신구조의 실체를 밝히는 것이라고 주장하고 있다. 그렇지만 어느 시대의 언어철학자이든지 간에 언어철학자치고서 자기네 학문의 궁극적인 목표를 이렇게 잡은적이 없다. 쉽게 말하자면 그들은 하나같이 철학적 담론에서 쓰일 수 있는 정확한 언어나 논리적 형식을 찾는 것을 학문의 궁극적인 목표로 삼았는데, 그들의 저서의 이름들이 이 점을 익히 실증하고 있다.

예컨대 19세기에 이상적 언어철학의 전통을 다졌던 Boole이 쓴 책의 이름은 「사고의 법칙(The Laws of Thought)」이었고, 그 학풍을 20세기에 이르러 더 번창시킨 Carnap이 쓴 책의 이름은 「언어의 논리적 통사론(The logical syntax of Language)」이었다. 또한 일상적 언어철학의 시조격인 Wittgenstein이 쓴 책의 이름은 「철학적 탐구」였고, 오늘날 그 학풍을 이어받아서 화용론의 위상을 크게 높인 Sperber와 Wilson이 쓴 책의 이름은 「제시성:의사소통과 인지(Relevance: Communication and Cognition)」이었다. Boole은 흥미롭게도 그 내용은 이른바 「일차적 명제의 논리」에 관한 것이면서 책의 제목은 「사고의 법칙」으로 붙였고, 또한 Sperber와

Wilson은 실제로 다룬 것은 여러 가지 대화의 원리와 규칙이면서도 책의 제목에는 굳이 「의사소통과 인지」라는 말을 넣었다. 이런 점으로 미루어 보아서 언어철학자들도 언어는 사고나 인지작용의 표현체라는 것 정도는 익히 알고 있었던 것이 분명하다. 그렇지만 바로 거기까지가 그들이 생각한 것의 전부였지, 정신구조나 정신작용의 실체를 밝히는 것과 같은 더 이상의 문제에는 관심을 보이지 않았다.

(2) 언어와 사고의 관계

철학에서의 인간의 정신구조나 정신작용에 대한 연구는 언어와 사고의 관계라는 주제를 내걸고도 이루어졌다고 볼 수가 있는데, 이런 식의 집중적 내지는 초점화된 연구의 결과도 언어철학에서의 그것과 크게 다르지 않았다. 그렇지만 이로써 우선은 철학에 인간의 본성이나 능력에 대한 연구 중 이것을 가장 통찰력 있고 직접적인 접근법으로 사용하는 전통이 세워지게 되었고, 그것은 곧이어 언어학이나 심리학, 인류학등의 분야에도 전이되게 되었다.

언어와 사고의 관계에 대한 연구를 개척한 사람은 19세기의 독일 철학자였던 Humboldt였다. 그를 흔히들 최초의 비교언어학자로 보고 있지만 그의 가장 큰 업적은 역시 「세계관의 가설(Weltanschauung)을 내세운 것이었다. 그는 오랜 기관에 걸쳐서 자바에서 쓰이는 「카위어(Kawi)」를 서구언어들과 비교하는 입장에서 연구한 끝에 이 세상의 여러 언어들은 저마다 특이한 「내적 언어(innere Sprachform)」를 가지고 있으며, 이것이 바로 사고방식과 세계관의 다양성의 원인이라는 가설을 내세웠던 것이다. 물론 이렇게 그가 언어와 사고의 문제에 눈을 돌리게 된 것은 젊어서 Herder와 Kant, Fichte등의 독일 철학을 공부한 때문이라고 말할 수도 있다. 그렇지만 그전까지는 어느 누구도 이런 가설을 내세운 적이 없었다.

이 가설이 가지고 있는 특별한 의의는 이것이야말로 20세기에 이르러 하나의 중요한 언어 철학으로 자리잡게 되는 언어우위론의 효시라는 사실이다. 어떤 의미로 보아서는 17세기 때의 Descartes를 특별히 언어의 중요성과 언어와 사고의 불가분성을 강조한 최초의 철학자로 내세우는 것이 타당한 일일는지도 모른다. 그러나 궁극적으로 그는 사고나 이성의 힘을 언어력의 근본으로 보는 사고 우위론자였지 언어우위론자는 아니었다. 그러니까 이 가설은 역사상 처음으로 이런 전통적 사고방식을 거꾸로 뒤집은 것이라고 볼 수가 있는데, 이런 역발상법이 그 후 철학은 더 말할 것도 없고 그 외의 인간의 본성이나 능력에 관해서 연구하는 학문들의 발전에 얼마나 큰 영향을 주게 되었는가를 단적으로 보여주고 있는 증거가 다름아닌 Chomsky가 최근에 와서 보란듯이 「언어는 곧 정신의 거울이다」와 같은 말을 하게 되었다는 사실이다.

원래가 일종의 학제적 성격을 띨 수밖에 없는 그의 언어 우위적인 언어 사상은 크게 언어학자의 부류에 속하는 사람과 철학자의 부류에 속하는 사람들에 의해서 전수되어 나갔다. 먼저 첫 번째 부류의 사람으로는 20세기에 이르러 미국의 구조주의 언어학의 창시자중 한 명이면서 그의 스승격인 Sapir와 함께 「언어적 상대성(언어적 결정성)의 가설」을 내세워 하루 아침에 유명해진 Whorf를 들 수가 있다. 본인들이 직접 인정하지는 않았지만 이 가설은 이름만 다를 뿐이지 내용은 일찍이 Humboldt가 주장했던 바와 똑 같다. 그는 일찍이 일종의 폴리네시아어와 인구어의 비교작업을 통해서 이런 발상법을 갖게 되었는데 반하여 Whorf는 미국의 인디언어중 하나인 호피어(Hopi)와 영어의 비교작업을 통해서 이런 발상법을 갖게 된 것이 차이라면 차이라 할 수 있다.

그런데 이들의 가설이 어떤 의미에서는 이런 식의 언어우위적인 사고방식을 전파하는 데는 더 큰 역할을 하게 되었다고 볼 수가 있는데, 그렇게 된 까닭으로는 크게 두 가지를 들 수가 있다. 첫 번째로 이 가설은 당시에 새로운 학문으로 미국의 학계에서 부상되었던 언어나 문화의 중요성과 다양성의 구명을 기본적인 과제로 삼으려는 구조주의 언어학과 문화인류학의 학리와 일치하는 것이기에 이들의 바람을 쉽게 탈 수가 있었다. 두 번째로 이 가설은 원래부터 누가 보아도 이른바 강경론과 유연론으로 나뉘어 질수 있는 소지를 가지고 있는 것이어서, 이것에 대한 연구와 논쟁은 어느 한 두 사람의 일방적인 주장으로 끝이 날 성질의 것이 아니었다.

그 다음으로 그의 언어 우위적 언어사상을 이어받은 철학자로는 20세기의 대표적인 신 칸트주의자인 독일의 Cassirer를 들 수가 있다. 그의 철학은 일반적으로 상징적 표현에 관한 철학으로 불리고 있을 정도로, Cassirer는 인간의 지적 활동의 거의 모든 것, 즉 그의 문화나 신화, 종교, 과학, 역사등을 경험을 개념화 하는 상징화의 절차의 결과로 보았다. 그러니까 그로서는 언어를 그 자체가 하나의 상징적 표현체라는 의미에서 뿐만 아니라 그것은 으레 다른 문화적 활동에 있어서 상징적 매개체의 역할을 하게 된다는 의미에서 대단히 중요하게 생각하는 것은 너무나 당연한 일이었다.

그런데 그의 특이한 언어우위적인 사상은 Humboldt의 것을 거의 그대로 복사한 것이었다. 그는 예컨대 그의 상징 철학의 결정체라 할 수 있는 「상징 형식의 철학(Philosophie der Symbolischen Formen)(총3권)」의 첫 권에서 Humboldt가 내세웠던 내적 언어와 언어와 사고나 문화의 관계에 대한 발상법들을 집중적으로 논의하고 있다. 간단히 말해서 19세기에 Humboldt가 내세웠던 세계관의 가설은 20세기에 이르러 그의 상징체 철학의 기본 사상의 일부로 다시 살아나게 된 것이다. 물론 그의 상징 철학은 그 후에도 심미론을 위시하여, 언어학, 신화학, 문학이론 등의 발전에 적지 않은 영향을 끼쳤다. 결국에 Humboldt의 언어사상은 Cassirer의 상징철학을 통해서 현재까지도 살아남게 된 것이다.

앞에서 이미 말이 나왔듯이 Scott은 Fodor를 20세기에 이르러 인지주의적 언어철학이라는 제3의 언어철학을 철학에 도입시키려는 사람 중 한명으로 내세우고 있다. 그렇지만 그가 이른바「사고 언어」라는 개념을 자기 발상법의 핵심적인 개념으로 삼고 있는 점으로 미루어 보아서는 그를 보다 좁게 언어와 사고의 관계에 대해서 새로운 가설을 주창한 철학자로 보는 것이 마땅한 일인 듯하다. 그의 가설이 새로운 것이라는 것을 우선 자기는 분명히 하나의 철학자이면서도 그것은 Humboldt의 언어사상을 이어받아서 만들어진 것이 아니라 20세기의 한 학문적 추세인 학제적 입장에서, 다시 말해서 언어학과 인지과학, 심리학등에서 개발된 이론들을 근거로 해서 만들어진 것이라는 사실 하나만으로도 익히 알 수가 있다.

그런데 단도직입적으로 말해서 그의 가설이 최근에 많은 철학자들의 논란의 대상이 되고 있는 것은 그의 정신관과 언어관은 Chomsky의 그것과 대동소이한 것이어서, 결과적으로는 그가 주장하는 바가 마치 Chomsky가 언어와 사고의 관계에 대해서 직접 한 말처럼 들리기 때문이다. 실제로 그는 언어학자와 함께 이런 문제에 관한 논문을 쓰기도 했다. 큰 의미로보아서는 그러니까 그는 철학자중 보기 드문 Chomsky파이기 때문에 그의 가설은 자못 유명해지게 마련이었던 것이다. 그의 인지 내지는 정신관은 크게 보았을 때 다음과 같은 네가지 면에서 Chomsky의 언어관을 거의 그대로 옮긴 것 이라고 볼 수가 있다.

첫 번째로 그는 Chomsky가 내세우는 언어능력의 내재설은 정신작용의 경우에도 그대로 적용된다고 보았다. 다시 말해서, 그는 인간의 언어능력의 기본이 되는 것은 후천적으로 학습된 것이 아니라 선험적으로 내재되어 있는 것이듯이 그의 정신기구나 정신작용의 기본이 되는 것도 그렇다고 보았다. 심지어 그는 어휘적 개념도 학습된 것이 아니라 내재된 것으로 보았다. 그러니까 그는 다분히 이성주의적이고 보편주의적인 인간관을 가지고 있던 것이다. 두 번째로 그는 Chomsky가 내세우는 언어능력의 두 특징, 즉 그것은 으레 일정한 수의 기본적인 표현체를 갖게 된다는 점과, 필요에 따라서 그들 간에는 일정한 변형절차가 있을 수 있다는 점은 그대로 정신기구나 정신작용의 경우에도 적용된다고 보았다. 예컨대 그는 「정신적 상태는 내적 표현체의 변형의 결과이다」나 「문장이 구성소 구조를 가지고 있어서 언어적 능력이 생겨날 수 있듯이 사고도 구성소 구조를 가지고 있어서 체계적인 인지능력이 생겨나게 된다.」와 같은 말을 하고 있다.(Fodor, 1987: p.150)

세 번째로 그는 Chomsky가 내세운 모듈성의 이론은 정신기구나 정신작용의 경우에도 그대로 적용된다고 보았다. Chomsky와 그가 똑 같이 인간의 능력이나 지식은 단일체적이고 일반적인 것이 아니라 분활적이고 영역특수적이라고 생각했다는 것은 거의 같은 시기에 각각 「정신 연구에 있어서의 모듈적 접근법(Modular approaches to the study of the mind)」라는 책과 「정신의 모듈성(Modularity of Mind)」라는 책을 냈다는 사실 하나만으로도 익히 알 수가 있다. 이런 사실 하나만으로도 우리는 이들은 자기네들을 서로를 돕고 있는 사이라고 생각하고 있었는지도 모른다고 추리할 수가 있다. 물론 엄밀한 의미에서 보자면 그의 이론은 그 대상에 여러 가지 지각과 운동체계를 포함시키는 식으로 Chomsky의 것과 동일한 것은 아니다. 그래서 Carston은 Chomsky가 말하는 모듈을 「C-모듈」로 본다면 그가 말하는 모듈은 「P-모듈」로 볼 수 있다고 주장하고 있다. 그렇지만 인간의 인지기구를 모듈적인 것으로 본다는 점에 있어서는 이들의 생각에는 아무런 차이가 없다.(Carston, 2010: p.480)

네 번째로 그는 Chomsky가 인간의 두뇌는 디지털 컴퓨터 같은 것으로서 정교한 연산절차를 통해서 언어적 표현체가 생산된다고 본 점에 백프로 동의했다. Chomsky와는 다르게 그는 어떻게 개념이나 의미를 파악하게 되는가에 이론의 초점을 맞추었는데, 그것은 결국에는 언어적 표현체 간의 정밀한 연산과정을 통해서 얻어진다고 생각했다. 그는 특히 Chomsky의 연산주의는 연산의 단위를 지각적 자극이 아니라 이미 설정되어있는 표현체들로 보려는, 일종의 표현체적인 것이라는 점을 대단히 높이 샀다. 다시 말해서 그는 Chomsky가 최근에 일종의 신 행동주의적 인지이론으로 받아 들여지고 있는 연결주의 이론을 전적으로 부적절한 것으로 매도하는 것은 맞는 일이라고 생각했다.

그러나 엄밀한 의미로 보아서는 그의 인지이론과 Chomsky의 언어이론 간에는 쉽게 좁혀질 수 없는 커다란 간극이 있다고 보아야 하는데, 그 이유는 그의 인지이론의 대명사격인 「사고언어」의 이론은 Chomsky의 언어이론과는 아무런 관계가 없는 것이기 때문이다. 그가 「사고언어 (Language of Thought)」라는 책에서 내세우고 있는 바는, 쉽게 말해서 우리의 자연언어와 유사한 언어가 정신기구안에 들어있어서 그것에 이해서 모든 개념이나 의미 파악의 작업은 이루어지게 되어있다는 것인데, Chomsky는 이런 말을 한 번도 한적이 없다. 다시 말해서 우리의 정신적 표현체와 그것의 조작요령은 우리의 자연언어의 그것과 똑같다는 그의 발상법은 Chomsky의 언어이론과는 아무런 관련성이 없는 완전히 독창적인 것이다.

그런데 사실은 그의 사고 언어 이론은 언어와 사고의 관계에 대한 하나의 이론으로서도 다분히 불완전한 것이고, 하나의 인지이론으로서도 다분히 불완전한 것이다. 우선 그는 우리가 일상적으로 쓰는 언어가 우리의 정신구조 안에 들어있는 사고언어와 어떤 관계를 갖게 되는지에 대해서 어떤 언급도 한 적이 없다. 그러니까 언어와 사고의 관계에 대한 문제는 그의 관심거리가 아니었던 것이다. 그 다음으로 그의 사고 언어에 대한 발상법은 틀림없이 언어학으로부터 얻은 것이지 심리학이나 신경학 등으로부터 얻은 것이 아니다. 그러니까 그가 말하는 사고언어에 심리적 실재성이 있느냐하는 문제는 앞으로의 숙제로 남아있는 것이다. 간단히 말해서 그의 인지이론은 Chomsky의 언어사상을 뒷받침하고 있는 것도 아니고, 그것을 부정하고 있는 것도 아닌 것이다.

(3) 심리학의 동향

원래가 언어와 정신의 관계에 대한 연구는 철학의 과제일 뿐만 아니라 심리학의 과제이기도 한데, 특히 20세기에 이르러 행동주의 심리학이 하나의 새로운 과학적 학문으로 등장하면서부터는 심리학자들의 관심이 그 쪽으로 가기 시작했다. 행동주의 심리학은 그런데 자연과학의 출현과 함께 경험주의적 철학이 대세를 잡기 시작한 무렵에 그런 철학적 사조를 바탕으로 해서 출발한 심리학이었다. 그래서 결과적으로는 철학과 심리학 사이의 벽이 없어지는 현상이 나타나게 되었는데, 이런 현상은 의미의 문제나 언어와 정신의 관계에 대한 논의에 있어서 특별히 두드러지게 되었다. Poirier의 견해에 의할 것 같으면 예컨대 20세기에 와서 행동주의는 심리학적 행동주의와 철학적 행동주의의 두가지로 나뉘어져 발달되게 되었다.(Poirier, 2010: p.32)

그런데 무엇보다도 흥미로운 사실은 철학적 행동주의자들 보다는 심리학적 행동주의자들이 언어와 관련된 문제에 있어서는 더 적극적이고 극단적인 견해를 갖게 되었다는 점이다. 철학적 행동주의는 오래전부터 「비엔나 학파(Vienna Circle)」에 의해서 발달된 것이기에, 크게 볼 것 같으면 오래전부터 철학계에서 흘러 내려오던 언어철학의 전통을 이어받은 것이라고 볼 수가 있다. 예컨대 이상적 언어철학자였던 Russell은 언어습득의 문제등에 있어서는 Hume과 Berkelley와 같은 경험주의자들의 것과 같은 의견을 가지고 있었다. 또한 일상적 언어철학자였던 Wittgenstein도 경험주의적 언어습득관이 타당한 것이라고 생각했었다. 그러니까 20세기에 이르러 Quine이나 Carnap, Peirce, White등이 경험주의적 언어습득관을 가지게 되는 것은 당연한 일이었다고 볼 수가 있다

심리학적 행동주의는 20세기에 이르러 최초의 과학적 심리연구라는 화려한 기치를 내걸고서 등장한 행동주의 심리학의 기본이 되는 학리였는데, 처음부터 이것에서는 언어의 문제에 관한것을 아주 핵심적인 부분으로 삼았다. 이 이론은 원래가 철저한 반정신주의를 슬로건으로 내세운 이론이었기에 여기에서는 처음부터 정신의 문제를 연구의 대상에서 완전히 배제하거나, 아니면 언어적 현상에 대한 연구를 그것에 대한 연구의 대안으로 삼는 방책이 쓰이게 된 것이다. 다시 말해서 Watson이나 Skinner와 같은 행동주의 심리학자가 보기에는 사고는 속으로 혼자서 말하는 절차이고, 언어는 자극 대 반응의 원리에 의해서 움직이는 일종의 측정이나 관찰이 가능한 행동이었기에 그들의 심리학에서는 더 이상 지난날의 정신주의의 수렁에 빠질 위험이 없게 된 것이다.

이들의 이런 특이한 언어관과 정신관은 이들로 하여금 크게 보았을 때는 일종의 극단적인 언어우위 사상을 갖게 했고, 작게 보았을 때는 언어와 사고를 같은 것으로 보려는 언어 중심적 사고관과 언어를 후천적인 학습을 통해서 얻어진 것으로 보려는 경험주의적 언어습득관을 갖게 했다. 그러니까 똑같은 경험주의자들이면서도 심리학자들의 언어 사상은 철학자들의 그것보다 훨씬 더 과격한 것이었는데, 이와 관련하여 한 가지 특기할 사항은 행동주의 심리학은 머지않아서 주류적 심리학의 자리를 차지하게 된 탓으로 이런 언어관은 교육학이나 심리치료학 등에 있어서도 일종의 확정된 언어관처럼 받아들여지게 되었다는 점이다.

이런 의미에서 볼 것 같으면 Chomsky가 공격의 첫 번째 대상으로 Skinner를 택한 것은 너무나 당연한 일이었다. Skinner가 「언어적 행동(Verbal behavior)」이라는 책에서 보란듯이 어휘는 「텍트(Tact)」나 「맨드(Mand)」라는 절차에 의해서 배우게 되고 문법은 「반향적 행동」이나 「오토클리틱스(Autoclitics)」라는 절차에 의해서 배우게 된다는 식의 일종의 극단적 경험주의적인 언어학습이론을 내세운 것은 1957년이었고, 그것을 그가 하나의 대표적인 비과학적이고 반언어학적인 이론으로 비판한 것은 1959년이었다. 예컨대 언어적 창조성을 자극대 반응의 이론으로 설명하려는 것은 비과학의 극치이었다. Skinner의 이론에 대한 그의 혹독한 공격은 경험주의적 언어관의 시대가 가고 그 대신에 이성주의적 언어관의 시대가 시작됨을 알리는 신호탄이 되었다.

그 후 그의 경험주의적 언어학습관에 대한 준엄한 비판은 심리학자가 아니라 철학자를 대상으로 해서 이루어지게 되었는데, 그 이유는 아마도 그가 이성주의와 경험주의간의 대결은 심리학이 등장하기 이전에 철학에서 시작된 것이라는 것을 익히 알고 있었기 때문이었을 것이다. 예컨대 그는 정식으로 자기의 문법이론의 출발을 알리는 책의 한 장을 「언어이론과 언어학습」이라는 주제 하에서 Descartes와 Leibniz, Humboldt등의 이성주의적 언어관과 대비시킨 상태에서 Locke와 Quine, Wittgenstein등의 경험주의적 언어관을 신랄하게 비평하는 데 할애하였다. 그리고 아예 이런 철학적 논쟁의 성향을 제목으로 드러낸 「데카르트 언어학」에서는 한편으로는 Descartes와 Cordemoy, Herder, Schlegel, Humboldt등이 내세웠던 언어관이 어떤것이었는가를 보여주면서, 다른 한편으로는 La Mettrie와 Bougeant, Ryle등에 의한 그것에 대한 반론이 얼마나 무의미한 것이었는가를 보여주고 있다. 특히 그는 이 자리에서 20세기의 대표적인 경험주의자인 Ryle이 그의 책에서 「지적 행동을 신비스런 힘과 성향」으로 기술하려고 하거나,「정상적인 창조적 언어사용을 일반화나 습관, 조건화 등의 개념」으로 설명하려고 한것을 우선은 학리상 맞지가 않고 그 다음으로는 다분히 오해를 불러 일으키기 쉬운 시도로 매도하였다.(p.13)

또한 거의 동일한 시기에 나온「언어와 정신」의 주제도 결국은 경험주의적 언어관의 부당함을 드러내는 것이었다고 볼 수가 있는데, 이것에서의 한 가지 특이한 점은 직접적인 공격의 대상이 현존하는 철학자들로 바뀌었다는 점이다.「언어학과 철학」이라는 제목을 내건 마지막 장에서 그가 비판하고 있는 것은 Goodman과 Putnam, Hiz, Harman등이 내세우는 다양한 이름의 언어학습이론들인데, 이 가운데서 당연히 각별한 주목을 받을 만한 것은 Putnam의「일반 다목적 학습이론」이다. 왜냐하면 그는 오늘날 미국의 언어철학과 과학철학을 이끌어가고 있는 철학자이면서, Scott같은 사람에 의해서는 미국 내에서 제3의 언어철학인 인지주의적 언어철학을 선도하고 있는 철학자로 분류되었기 때문이다.

물론 여기에서 무엇보다도 중요한 사실은 심리학적 행동주의든지 철학적 행동주의든지간에 Chomsky가 보기에는 결국은 똑 같은 경험주의의 일종에 불과한 것이어서, 언어의 창조성과 정신기구와 정신작용의 특성을 설명하기에는 대단히 부적절한 것임이 이미 확실하게 드러났음에도 불구하고 지금의 이들 두 학계에서는 그것이 지배적인 이론의 자리를 유지하고 있다는 점이었다. 다시 말할 것 같으면 그가 현재로서 할 수 있는 것은 이들 학문들의 문제점이나 한계성을 지적하는 것뿐으로서, 이들의 기본적인 사조를 바꾸게 하는 데는 아무런 영향도 주지 못하고 있는 것이다. 그러니까 결국 철학과 심리학 모두가 아직까지는 그의「정신/두뇌」식의 언어철학의 타당성을 익히 뒷받침할 수 있는 수준에 와 있지 못한 것이다.

4. 언어와 두뇌의 관계에 대한 연구

　Chomsky의 「정신/두뇌」식의 언어철학이 과연 과학적 타당성이 있는 것인가를 검증하는 일은 마땅히 뇌 과학이나 신경과학의 분야에서 그동안에 두뇌의 구조와 작동절차에 대해서 얼마만큼 알아냈느냐를 점검하는 일로써 마무리가 되어야 한다는 것은 정신은 곧 두뇌의 소산임이 이미 널리 알려진 지금으로서는 누구나 쉽게 받아들일 수 있는 이치이다. 그리고 19세기에 뇌 생리적 연구가 처음으로 시작된 동기가 바로 실어증의 원인을 밝히는 것이었으니까, 언어와 두뇌의 관계를 구명하는 일이 처음부터 뇌 과학의 중심적인 주제가 되어왔다고 볼 수도 있다. 그러나 역시 뇌 과학은 우리의 궁극적인 학문의 한가지여서 그런지 뇌과학자들은 오늘날에도 그의 언어철학의 타당성 여부를 제대로 검증할 수 있을 만큼은 크게는 두뇌의 조직이나 작동절차에 대해서이고 작게는 언어와 두뇌의 관계에 대해서 알고 있지 못하다.
　물론 어떤 의미로 보아서도 지금의 뇌과학의 수준은 1819년에 독일의 해부학자인 Gall이 두개골의 융기에 따라서 두뇌는 27개의 기능적 영역으로 나뉘어진다고 보는 식의 골상학을 내세운 때와는 비교도 할 수 없을 만큼 발달되었다. 특히 최근에 이르러서는 EEG와 MRI, PET와 같은 신경 화상 진찰법의 개발로 뇌과학자들이 옛날에는 감히 상상도 할 수 없었던 연구결과들을 산출할 수 있게 되었다. 그리고 최근에 이르러서는 이들이 언어학을 위시하여, 심리학, 인지과학, 진화론 등으로부터 긴요하면서도 새로운 정보나 지식을 공급받게 되어서, 이 학문이 일종의 최첨단의 학제적 학문의 모습을 갖추게까지 되었다.
　그러나 뒤집어 보자면 뇌 과학이나 신경과학이 이런 모습으로 탈바꿈하게 되었다는 것은 바로 두뇌에 대한 연구는 뇌생리학자나 신경학자만의 힘으로는 이루어질 수 없을 만큼 난삽하고 지루한 작업이라는 사실을 드러내주고 있을 따름이다. 한 마디로 말해서 지난 150여년에 걸친 두뇌에 대한 연구는 아는 것이 많아질수록 모르는 것이 더 많아지는 역설적인 궤적을 그려왔기에, 이것을 통해서 인간의 능력과 특성에 관한 모든 비밀들을 밝힐 수 있다고 생각하는 것은 아직은 한낱 과잉기대나 꿈에 불과하다는 사실만을 확인시켜 주었다. 일찍이 Gall이 착안했던 정신은 두뇌에 기저하고 있다는 주제는 분명히 아직도 추구 중에 있는 것이다.

(1) 실어증 연구가 밝혀낸 두 가지 사실

뇌 과학은 처음에 실어증 연구라는 이름으로 시작되었다고 볼 수가 있는데, 원래가 실어증 연구는 일종의 언어와 뇌의 관계에 대한 연구이기 때문에 결국에는 뇌과학은 언어와 뇌의 관계를 밝히는 것을 주된 목적으로 해서 출발한 학문인 셈이다. 그러니까 언어적 사실을 통해서 두뇌의 구조나 작동절차를 파악할 수 있다는 Chomsky의 생각은 그가 생각해내기 훨씬 이전에 이미 뇌과학자들에 의해서 실제로 실천되고 있었던 것이다. 물론 엄밀하게 따지자면 실어증 연구는 실어증의 원인이나 증상, 치료 등에 관한 학문이지 뇌과학은 아니다. 그리고 이 연구는 지난 150여년 동안에 실어증학이라는 특이한 학문이 만들어질 정도로 꾸준하게 특수화의 길을 걸어왔다. 그래도 넓은 의미에서는 이것에서 그동안 내내 간접적으로나마 언어와 두뇌의 관계에 대한 연구가 이루어져 왔다고 볼 수가 있다. 그러니까 이 연구는 우연인지 필연인지 그동안에 그의 언어철학의 타당성을 검토하기에 딱 알맞은 모습으로 발전되어온 것이다.

넓은 의미로 보았을 때 그 동안에 실어증학에서는 크게 두 가지의 그의 언어철학의 타당성을 뒷받침할 수있을만한 사실들이 발견되었다고 볼 수가 있는데, 그중 첫 번째 것은 측위화의 현상이다. 이것은 곧 대뇌의 좌우 두 반구 중 오직 좌반구 쪽에서만 언어적 처리작업이 이루어지게 되는 현상인데, 1861년에 Broca가 브로카 실어증에 대한 연구를 통해서 발견한 「브로카 영역」과 1874년에 Wernicke가 베르니케 실어증에 대한 연구를 통해서 발견한 「베르니케 영역」이 각각 이 반구의 전두엽과 측두엽에 위치하고 있으니까, 실어증 연구는 결국에 이 현상에 관한 연구로부터 시작되었다고 볼 수가 있다.

일명 반구적 비대칭성의 현상으로도 불리는 이 현상과 관련하여 그 후에 발견된 또 하나의 중요한 사실은 이 절차는 으레 언어습득이 시작되는 시기부터 사춘기 사이에 이루어지며, 따라서 일단 이 기간이 지나게 되면 완전한 언어습득은 불가능해진다는 사실이다. Lenneberg가 1967년에 「언어의 생물학적 기저(Biological foundations of Language)」에서 주장한 이래 이 가설은 「언어습득의 결정적 시기설」이라는 이름으로 언어능력의 내재설을 뒷받침하는 가장 강력한 가설로 받아들여지게 되었다. Chomsky가 일찍부터 이 책을 언어와 언어능력에 관한 가장 의미있는 책의 하나로 인정한 사실로 미루어 보아서, 이 가설이 그 후 언어학이나 신경언어학의 발전에 얼마나 중요한 역할을 수행하게 되었는가를 익히 짐작할 수가 있다.

그중 두 번째 것은 체계적 언어처리의 현상이다. 모든 실어증에 대한 연구는 결국에 좌반구 안에서나 아니면 두뇌 전체에서 어떤 식으로 언어가 이해되거나 산출되는가 하는 문제로 귀결되게 되어있기 때문에 그동안의 이 연구의 발달의 역사는 바로 이 문제에 대한 해답을 찾으려는 역사나 다름이 없다. 그리고 뒤집어 보자면 실어증 연구가 어떤 형태로든지 끝이 나지 않고서 지금도 계속되고 있다는 것은 이 해답이 아직도 제대로 얻어지지 않았다는 것을 의미한다. 그러니까 이 과제는 실어증 연구나 신경언어학에게 부여된 마지막 과제 중 한가지인 셈이다. 아마도 이것에 뒤따르는 과제가 언어처리 체계가 내재된 것이냐 학습된 것이냐의 문제를 해답하는 것일 것이다.

  그러나 지금까지 얻어진 결론만으로도 일단 Chomsky의 언어철학에 대한 검증작업을 긍정적인 쪽으로 이끌어 갈 수 있는 가능성은 열어놓았다고 볼 수가 있는데, 그것은 바로 언어처리는 으레 일정한 체계에 따라서 이루어진다는 사실이 발견된 나머지, 이 연구에서 드디어 언어처리체계라는 용어가 자연스럽게 쓰일 수 있을 수 있게 되었기 때문이다. 언어처리체계의 첫 번째 모형은 일찍이 베르니케가 베르니케 영역을 발견하면서 브로카 영역과 이 영역은 서로 연결되어 있다고 말함으로써 설정되었다고 볼 수가 있다. 그는 브로카 영역에 손상을 입으면 발음의 능력에 이상이 있게 되는데 반하여, 베르니케 영역에 손상을 입으면 이해의 능력에 이상이 있게 되는 점으로 미루어 보아서, 이들이 하나의 체계 내에서 서로 연결되어 있으면서도 각기 다른 기능을 수행하는 곳이라는 것을 알수 있다고 생각한 것이다.

  베르니케가 제안한 것을 첫 번째 모형으로 치자면 1885년에 Lichtheim이 「실어증에 대하여(Über Aphasie)」라는 책에서 제안한 것이 두 번째 모형에 해당된다. 이 모형의 특징은 아래의 그림에 나와 있듯이 개념중심부(B)가 베르니케가 내세운 청각영역(A)과 브로카가 내세운 발음영역(M)에 추가 되어서 하나의 정 3각형 체계가 만들어졌다는 점이다. 이것의 문제점은 의미나 개념을 다루는 것이 분명히 따로 있을 것이라는 당시의 일반적인 발상법을 반영한 것일 뿐이지, 그곳이 구체적으로 어디인가에 대해서는 모르는 상태에서 고안된 것이라는 점이었다. 그는 이 기본형 이외에 그것에 읽기를 다루는 영역(O)와 글쓰기를 다루는 영역 (E)를 추가시킨 일종의 확대형도 제안했다.(Luzatti and Whitaker, 2010: p.552)

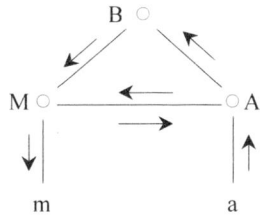

20세기에 이르러 Lichtheim의 모형은 드디어 그것의 가장 결정적인 약점을 보완 받을 수 있게 되었는데, 이 일은 1965년에 Geschwind가 「동물과 인간에 있어서의 이단 증후군(Disconnexion Syndromes in animals and man」이라는 논문에서 좌반구의 두정엽의 아랫부분에 있는 각상회를 바로 정확한 「개념영역」으로 지목하고 나섬으로써 이루어졌다. 그의 설명에 따르자면 이곳은 시각정보와 청각정보, 운동감각 정보등을 하나로 수렴시키는 여러 연합영역들의 집결지로서 낱말의 의미나 개념은 으레 여기에서 다루어지게 된다는 것이었다.

그는 또한 1979년에 낸 「인간 두뇌의 특수화(Specializations of the Human brain)」라는 논문에서 브로카 영역과 베르니케 영역을 연결시켜 주고 있는 弓形 신경속의 역할의 중요성을 강조하기도 했다. 이 신경속이 손상을 입으면 베르니케 영역에서 얻어진 정보가 브로카 영역으로 송부되지 못하게 되어서 이른바 전도 실어증에 걸리게 된다는 것이었다. 그의 모형을 그래서 일부에서는 「이단 모형」이라고 부르기도 하고, 아니면 「베르느케-게쉬윈드 모형」이라고 부르기도 한다. 그러나 그의 제일 큰 공로는 개념영역의 위치를 발견함으로써 19세기때의 고전적 언어처리모형을 현대적인 모형으로 개선시킨 점이다. 그러니까 굳이 따지자면 그의 공로로 100여년 만에 두 번째 모형에 이은 세 번째 모형이 태어난 셈이다.

이상의 세 가지 모형들을 일단 고전적인 발상법이 그대로 계승되고 있다는 의미에서 하나의 정통적 모형으로 묶어 볼 것 같으면, 그 동안에 실어증 연구에서 발견한 사실들은 Chomsky의 언어이론과 크게 배치되지 않는 것이라는 것을 익히 알 수가 있다. 예컨대 그가 그 동안에 끈질기게 내세워온 이론중 제일 중요한 것은 모듈성의 이론인데, 브로카 영역이나 베르니케 영역과 같은 여러 언어 영역들이 좌반구의 실비우스 열구 근처에 모여 있다는 사실이 간접적인 의미에서의 그것에 대한 뇌 생리학적 근거가 될 수 있다. 또한 그는 그 동안에 인지적 연산성의 이론도 일관되게 주장해 왔는데, 언어처리는 하나의 유기적 체계 내에서 이루어지는 체계적 작업이라는 사실이 비록 광의적인 것이기는 해도 그것에 대한 하나의 뇌 생리학적 근거가 될 수가 있다. 더 나아가서 그는 그동안에 문법의 자율성의 이론도 끈질기게 내세워 왔는데, 브로카 실어증은 때로는 실문법증으로 불리고 있다는 사실이 비록 불완전한 것이기는 해도 그것에 대한 하나의 뇌 생리학적 근거가 될 수 있다.

그에 비하여 최근에 Damasio 부부에 의해서 제안된 「3구조 모형」은 한편으로는 언어처리체계에 대한 기본구상이 고전적인 것과 전혀 다르다는 의미에서 다분히 반전통적이고 파격적인 것이라는 특징을 가지고 있으면서도 다른 한편으로는 이것으로는 Chomsky의 언어이론의 타당성이 직접적이고 구체적으로 검증될 수 있다는 특징도 가지고 있다. 이것의 근거로는 크게 두 가지 사실을 들 수가 있는데, 그중 첫 번째 것은 이것에서는 언어처리체계를 구성하는 개념적 구조와 언어적 구조, 중재구조 등의 세 가지 구조 중 뒤의 두 가지가 좌반구에 위치하고 있다고 본다는 점이다. 이들은 우선 개념적 구조란 여러 가지 감각이나 운동체계를 통해서 획득된 정보나 개념을 비언어적인 형태로 범주화하고 표상화하는 구조로서 이것은 좌우 두 반구의 신경조직에 넓게 퍼져있다고 본다. 예컨대 색채에 대한 개념은 좌우 두 반구의 후두엽의 언어적 뇌회에 형성되게 되어 있어서, 이곳이 손상을 입으면 색맹증에 걸린다.

이들은 그 다음으로 언어적 구조는 좌반구의 실비우수 열구 근처에 위치해 있는 구조로서 바로 여기에서 언어적 표현체와 관련된 작업, 즉 음운적 표현체 형성과 통사적 조작등의 작업등이 이루어진다고 본다. 쉽게 말하자면 그러니까 이것은 정통적 모형에서의 언어처리체계에 해당하는 구조인 것이다. 다시 색채어에 대한 장애증의 경우를 예로 들어보자면 이 영역에 손상을 입게 되면 「blue」를 「buh」로 발음하는 식으로 일종의 브로카 실어증에 걸리게 된다. 이들은 마지막으로 중재구조는 이상의 두 구조를 기능적으로 연결시켜주는 구조로서, 이것의 위치는 좌반구내의 신경조직이라고 본다. 색채어와 관련된 실어증의 예의 경우를 보자면, 이 영역이 손상을 입게 되면 어떤 색깔을 보고도 그것에 대응하는 색채어를 대지 못하는 증상, 즉 색실어증에 걸리게 된다. 이렇게 볼 것 같으면 결국 이 모형에서는 언어화의 작업은 모두가 좌반구에서 이루어진다고 보고 있다. 따라서 이것은 크게는 전통적으로 측위화의 현상으로 알려져 온 현상을 사실적인 것으로 재확인한 모형이고, 작게는 Chomsky가 내세우는 모듈성의 이론과 인지적 연산성의 이론의 타당성을 입증하는 모형인 셈이다.

그중 두 번째 것은 이 모형에서는 음운적 처리 작업을 하는 영역의 위치와 통사적 처리작업을 하는 영역의 위치가 어디인가를 확실하게 밝혀 놓았다는 사실이다. 우선 여러 음소를 결합시켜서 단어를 만들어내는 작업은 실비우스 열구 구역의 후단부에서 이뤄지는 것으로 밝혀졌다. 예컨대 이 영역에 손상을 입은 환자는 「elephant」를 「loliphant」로 잘못 발음하고 있었다. 그 다음으로 같은 구역의 전단부 즉 로란도 열구의 앞부분에서는 문장을 만드는 데 필요한 운율과 통사적 작업이 이루어지는 것으로 밝혀졌다. 그런데 이 영역의 일부이면서 그것을 감싸고 있는 뇌저 신경절도 이 작업에 참여하고 있었다. 이런 점으로 미루어 보아서 이 작업은 으레 여러 가지의 감각 및 운동영역과의 긴밀한 협조하에서 이루어지고 있다는 것이 분명했다.

결국 이렇게 볼 것 같으면 이 모형에서는 Chomsky가 내세우는 통사적 작업의 자율성의 이론이 타당한 것이라는 사실을 보다 구체적으로 입증하고 있는 셈이다. 예컨대 이 부위에 손상을 입은 환자는 단어 간에 긴 휴지를 삽입시키면서 밋밋한 운율로 말을 하고, 기능어가 빠져있거나 어순이 뒤바꾸어있는 식의 문법적으로 하자가 있는 문장을 사용했다. 그리고 어떤 의미에서는 자기네들이 만든 모형을 놓고서 이들이 「그러나 개념적 체계에 이상이 있는 어린이들이 문법은 제대로 습득하는 점으로 미루어 보아서 언어처리체계의 성숙은 반드시 개념처리체계의 성숙에 의존하고 있지 않는지도 모른다. 통사적 조작에 필요한 신경기구는 자동적으로 발달될 수 있는 것 같다.」와 같은 말을 하고 있다는 사실보다 더 직접적인 근거는 없다.(p.30)

(2) 언어학의 기여

현대 언어학이 새로운 학문으로 막 각광을 받기 시작하던 1950년대에 Jakobson은 이미 실어증은 결국에 정상적인 언어능력에 이상이 생긴 증세라는 이치 하나만으로도 그것의 연구에는 마땅히 언어학적인 접근법이 적용되어아 한다는 것이 분명하다고 주장하고 나섰었다. 그렇지만 이른바 언어학적 실어증학이 실어증학에서 하나의 흐름을 형성한 것은 Chomsky의 변형생성문법이론이 1960년대 이후에 언어학의 대세를 잡게 되면서부터였다. 이 때부터 실어증학을 신경언어학이라는 하나의 학제적 학문의 이름으로 부르기 시작한 점으로 미루어 보아서 「촘스키 혁명」이 일어나면서 그 바람이 실어증 연구에도 미치게 된 것이 분명하다.

그런데 기대나 예상과는 달리 Chomsky의 언어이론이 실어증 연구의 발전에 미친 영향은 부분적이거나 미미한 것에 불과했다. 쉽게 말하자면 그 후의 실어증 연구는 언어학적 이론과 실어증학적 이론은 궁극적으로는 서로 별개의 것들이라는 사실만을 더욱 뚜렷이 드러내주었는데, 그것의 증거로는 크게 그의 언어이론의 영향은 다분히 일반적이거나 간접적인 것이었다는 것과, 일부 실어증학자들은 그것에 대한 대안을 내놓기 시작했다는것 등의 두 가지 사실을 들 수가 있다. 그러니까 그 동안의 실어증 연구는 이 분야가 바로 언어이론의 검증장소가 충분히 될 수 있다는 가능성을 보여준 것이었다.

이들 두 사실 중 먼저 첫 번째 것의 내용을 좀 더 자세히 살펴 볼 것 같으면, 그의 언어이론이 이 연구에 미친 영향중 제일 큰 것은 아마도 출현과 함께 그것이 이것에 일종의 안내자적 역할을 하게 되었고, 그 결과 그전까지의 발음이나 어휘중심의 편향된 학풍이 통사적인 문제에 초점이 맞추어지는 균형 잡힌 학풍으로 바뀌게 되었다는 것일 것이다. 이것의 가장 확실한 증거는 바로 1980년대를 전후해서 실문법증에 대한 것이 이 연구의 가장 도전적인 연구영역으로 떠오르게 되었다는 사실이다. 그전까지는 브로카 실어증의 한 부분적 증상으로 다루어져왔던 문법적 일탈의 문제가 드디어 하나의 독립적이고 핵심적인 과제로 등장되게 된 것이다.

그러나 실어증 학자들은 머지않아서 그의 언어이론이 자기네 연구에 미칠 수 있는 영향에는 일정한 한계가 있을 수밖에 없다는 것을 깨닫게 되었다. 간단히 말해서 그들은 그의 언어이론은 너무나 이론적이고 고차원적인 수준에서 변형이란 개념을 기본으로 한 것이기에 그것의 모형은 실문법증 연구의 모형으로 삼기에는 부적절한 것이라는 사실을 알게 된 것이다. 이런 깨달음의 한 좋은 예로서 최근에 Beretta는 Grodzinsky가 1995년에 내세웠던 「흔적삭제 가설」을 들고 있는데, 그의 설명에 따르자면 이 가설의 부당성은 실문법증 환자들은 으레 수동문의 의미를 파악하는 과제에 있어서 무작위 수행의 성적을 나타나고 있다는 사실만으로써 익히 확인될 수 있다는 것이다.

더 구체적으로 말하자면 Grodzinsky는 Chomsky의 흔적이론을 그대로 받아들여서 정상인들에게는 이동 변형과 흔적에 관한 지식, 즉 예컨대 「The boy was chased by the girl.」과 같은 수동문은 「[The boy]$_i$ was chased t$_i$ by the girl.」과 같은 구조를 가지고 있다는 지식을 가지고 있기 때문에 그것의 의미를 제대로 파악하게 되는데 반하여, 실문법증 환자들에게는 그런 지식 대신에 문두에 있는 명사는 주어가 된다는 일종의 어순적 지식만이 있기 때문에 그렇게 하지를 못한다고 주장했었는데 실제로 문장과 그림을 일치시키는 실험을 해보게 되면, 실문법증 환자들이 가지고 있는 수동문에 관한 능력은 일정하게 고정되어 있지가 않다는 것이 당장 드러났다는 것이다.(p.127) 그러니까 그가 보기에는 Grodzinsky의 시도는 언어학적 이론을 그대로 밀어붙였다는 의미에서 분명히 무모한 일이었다.

그 다음으로 이들 두 사실 중 두 번째 것의 내용을 좀 더 자세히 살펴볼 것 같으면 너무나 당연한 일일는지 몰라도 그의 언어이론이 언어학의 주류적인 이론으로 자리를 잡게 되자 실어증 학자들 가운데는 그것을 그대로 받아들이는 것이 아니라 독자적인 입장에서 그것의 타당성을 검증하는 것이 바로 자기네 과제라고 생각하는 사람들이 적지 않게 나오게 되었는데, 이들의 검증작업은 많은 경우에 그것을 전적으로 수용하거나 부인하는 것이 아니라 그것에 대한 대안을 모색하는 식으로 이루어졌었다. 분명히 이들은 실어증 연구에 언어학적 실어증학이라는 새로운 학풍을 세운 사람들이다. 그렇지만 궁극적으로는 이들이 세운 학풍은 언어학적인 것이 아니라 실어증학적인 것이었던 것이다.

이런 사람중 대표적인 사람으로는 Caplan을 꼽을 수가 있는데, 그 이유는 1980년대 때부터 꾸준하게 이 연구에 Chomsky의 언어이론을 소개하면서 어휘이론이라고 부를 수 있는 자기나름대로의 하나의 대안을 제안해 왔기 때문이다. Chomsky의 언어이론에 대한 그의 입장이 어떤것인가를 가장 잘 드러내주고 있는 것이 바로 1983년에 발표한 「신 어휘론:어휘적 표현체에 관한 논의의 요약(The new lexicon–a summary of some arguments pertaining to the nature of lexical representations)」라는 논문이다. 여기에서 그가 주장하고 있는 바는 Chomsky가 말하는 변형부가 아니라 어휘부가 통사구조의 기본이 되어야 한다는 것이니까 결국 실어증학자로서의 그의 입장은 그의 언어이론을 반대하는 것이었던 것이다.

  이 논문의 특징은 일찍이 Chomsky의 변형문법이론이 등장한 이래 언어학계에서는 문법이론의 타당성을 검증하는 기준은 마땅히 어휘부의 크기나 역할이 적정하게 평가되어 있느냐하는 것이어야 된다는 견해가 하나의 흐름을 형성해 왔다고 볼 수가 있는데, 이런 언어학적 경향이야말로 심리언어학적으로나 실어증학적으로 익히 뒷받침 될 수 있는 것이라는 주장을 펴기 위해서 쓰인 것이라는 점이다. 다시 말하자면 Chomsky의 언이이론의 등상 이래 나타난 그것에 반대하는 학파를 어휘론파로 칠 수가 있는데, 그는 여기에서 실어증학자인 자기는 어휘론파의 편에 들 수밖에 없다는 사실을 확실하게 공언하고 싶었던 것이다.

  그래서 이 논문의 핵심부에서는 대표적인 어휘론자인 Wasow와 Bresnan의 이론들이 Chomsky의 표준이론과 대비된 상태에서 집중적으로 검토되고 있다. 우선 여기에서는 일찍이 Wasow가 「변형과 어휘부(Transformation and Lexicon)」라는 논문에서 제안했던 어휘부 강화에 관한 견해가 소개되고 있는데, 그것의 요점은 일단 Chomsky의 문법모형은 어휘적 잉여규칙이 통사적 변형규칙과 대등하면서도 상보적인 기능을 수행하게 되는 식으로 바뀌어야 되는데, 어휘적 잉여규칙에는 크게 이것은 기저부에서 지정된 위치에 범주적으로 맞는 구성소를 채우는 기능을 수행하게 된다는 것과, 이것은 으레 동사의 논항관계나 하위범주적 특징에 따라서 국부적인 영역에서만 적용되게 된다는 것, 이것으로써 어휘의 품사나 범주가 바뀌어 질 수 있다는 것, 이것은 다른 변형규칙과 아무런 관계가 없다는 것, 이것은 통사적 변형규칙으로는 할 수 없는 구성소 이동의 특이한 제약들을 표시하는 일등을 하게 된다는 것 등의 특징들이 있는 점으로 미루어 보아서, 이런 견해가 절대로 틀린 것이 아니라는 것이었다.(p.81)

Wasow는 자기의 견해를 뒷받침할 수 있는 증거로서 수동문중에는 이른바 어휘적 수동문이 많이 있다는 사실을 내세웠었다. 예컨대 그는 이런 사실의 근거로서 과거분사는 으레 형용사가 차지하는 자리를 차지하게 된다는 사실과 (예:A broken jar sat on the table.)「unlocked」와 같은 낱말은 동사와 형용사의 두 가지로 쓰인다는 사실을 들었다. 다시 말해서「un-」이라는 접두사는「The unlocked door was the third on the left.」에서는 하나의 형용사에 부가되고 있는데 반하여, 「The door was unlocked by the janitor.」에서는 하나의 동사에 부가되고 있다는 것이었다.

어휘적 수동문에 대해서 Bresnan은 Wasow의 견해보다 한 단계 더 나아간 견해를 가지고 있었다. 「어휘적 이론에서의 수동형(The Passive in Lexical theory)」이라는 논문에서 그녀는 모든 수동문은 어휘적 절차에 의해서 생성된 것으로 보아야 한다는 의견을 내세우면서 이렇게 되면 우선 수동문의 주어와 목적어에는 으레 일정한 격표지소가 붙어있게 되어 있다는 보편적인 사실과, 그 다음으로는 수동문에 쓰이는 과거분사형의 동사는 으레 일정한 어휘형성 규칙에 의해서 만들어지게 되었으며 그 결과 그것 자체가 이미 수동적인 의미를 가지고 있게 되어있다는 보편적인 사실을 설명하기가 쉬워지는 이점을 갖게 된다고 그 근거를 제시했다.

이런 어휘론자들의 의견은 자칫 통사론적 접근법쪽으로 기울 수 있는 실어증학자들의 연구를 다시 어휘론적인 방향으로 나아가게 하는 데 커다란 추진력이 될 수 있었다. 그가 보기에는 어휘가 가지고 있는 정보에는 음운적인 것과 의미적인 것 이외에 통사적인 것도 있는 만큼 종전에 생각했던 보다 훨씬 많은 통사적 구조에 관한 정보를 어휘를 통해서 얻을 수 있음이 분명했다. 어휘적 정보를 크게 중요시 한다는 것은 곧 언어처리절차를 어휘가 기본이 되어서 이루어지는 일종의 상향적인 절차로 보게된다는 것인데, 이렇게 되면 그동안에 논의되어오던 언어생성과 언어이해시의 해부기구의 역할에 대한 해석도 크게 달라지게 마련이었다.

최근에 이르러 많은 심리언어학자들이 언어처리절차를 일종의 상향적 절차로 보아야 한다는 주장을 펴고 있다는 것도 물론 이런 어휘론적 발상법의 타당성을 뒷받침할 수 있는 하나의 근거가 될 수 있다고 그는 생각한다. 그러나 그가 보기에는 그보다 더 강력한 근거가 될 수 있는것은 역시 최근에 일부 실어증 학자들에 의해서 실시된 실문법증에 대한 연구 결과이었다. 예컨대 실문법증 환자 가운데는 어휘력에 이상이 있는 환자가 대단히 많다는 사실이나 언어적 자료를 가지고서 실문법증의 증상을 판단할 때 어휘력에 이상이 있는 것인지 아니면 통사적 능력에 이상이 있는 것인지를 정확하게 구분하기가 어렵다는 사실등은 이 실어증을 연구하는 데 있어서는 통사적 접근법보다는 오히려 어휘적 접근법이 더 나을수도 있다는 것을 익히 암시하고 있었다.

(3) 문제점

뇌과학의 현황을 이해하는 데 있어서는 그 동안에 이것은 실어증학을 축으로 삼은 상태에서 발전되어왔다는 사실을 이해하는것 보다 더 중요한 것은 없다. 간단히 말해서 그러다 보니까 뇌과학은 자연히 언어와 뇌의 관계에 대한 연구쪽으로 발전방향이 잡혀지게 되었고, 그 결과 그것은 최근에 이르러 언어학과 심리학등으로부터 필요한 도움을 받을 수 있게 도 된 것이다. 그렇지만 다르게 보자면 이 학문은 이렇게 되면서 하나의 난제에 또 하나의 난제가 겹쳐지는 어려움을 겪게 되었다고 볼 수도 있다. 뇌과학자에게는 아직은 뇌의 구조와 작동절차에 대한 기본적인 사실을 제대로 밝히기도 힘겨운 판에 언어 사용이나 언어처리라는 가장 난해한 절차를 밝혀내는 과제가 주어진 셈이 된 것이다.

그래서 결과적으로는 이 분야의 학자들은 이제 앞으로는 자기네들이 지금까지 걸어온 것보다 더 어려운 길을 걸어가야 될지도 모른다는 사실을 깨닫게 되었다고 볼 수가 있다. 이들의 이런 깨달음은 크게 두 가지 사실을 인지하는 데서 비롯되었다고 볼 수가 있는데, 그중 첫 번째 것은 다르게 보자면 이 학문은 기존의 이론들 중 대부분은 수정을 받거나 다른 이론으로 대치가 되어야 할 것들이라는 사실이고, 그중 두 번째 것은 그전까지는 미처 손을 대지 못했던 과제들이 사실은 하루빨리 다루어져야할 과제들이라는 사실이다. 달리 표현하자면 이들은 이제 뇌 전체가 하나의 유기적인 조직체를 이루고 있다는 사실과 이것의 기능에는 인지적인것 이외에 의지적인 것과 정서적인 것도 있다는 사실을 인지하게 된 것이다.

가) 국부론 대 전체론의 대결

뇌과학이나 실어증학의 현황을 가장 간명하게 보여주는 사실은 바로 오늘날 언어처리 절차의 문제를 놓고서 국부론과 전체론이 팽팽히 맞서 있다는 사실일 것이다. 앞에서 이미 살펴보았듯이 실어증학에서의 정통적인 언어처리 이론은 언어처리는 좌반구의 실비우스열구 일대에서 이루어진다는 측위화 이론이었다. 그러니까 결국에는 일종의 국부론이 그동안까지의 실어증학자들의 지배적인 견해였던 것인데, 사실은 고전적인 브로카 실어증이나 베르니케 실어증에 대한 연구가 점점 더 진전이 되면서 이런 흐름에 반기를 드는 주장도 종종 나타나고 있었다. 이런 주장의 요지는 굳이 전체론이라는 용어를 쓰기에는 아직 적절하지 않을지 모르지만 적어도 종전의 측위화 이론이 수정되어야 한다는 것은 확실하다는 것이었다.

이런 주장은 크게 두 부류의 연구자들의 입에서 나오게 마련이었는데, 그중 첫 번째 부류로 분류될 수 있는 연구자들은 우반구론자들이었다. 그동안에 좌반구의 지배성이 강조되면 될수록 그것에 맞추어 우반구의 역할의 중요성도 강조되게 마련이었는데 그 이유는 사실은 실험이나 연구 이전의 상식적인 것이었다. 두 반구는 기능적으로 분석대 통합이나, 수리대 예술식으로 대치되어 있는데다가 그들 사이에는 뇌량이라는 공통의 통로가 있는 점으로 미루어 보아서 이들은 어떤 인지적 작업에 있어서나 서로 협력을 하거나 보완을 하고 있을 것이라는 것을 누구나 쉽게 짐작할 수 있었다.

결론부터 말할 것 같으면 그 동안의 이들의 연구로 오늘날에 이르러서는 통사적 처리는 좌반구에서 이루어지는 반면 화용적 처리는 우반구에서 이루어진다는 견해가 하나의 정설로 받아들여지게 되었다. 그러니까 기존의 지배적 반구 이론은 맞는 것으로 인정하면서도 엄격한 의미의 국부론은 맞는 것으로 인정하지 않으려는 것이 일반적인 실어증학자들의 의견이었던 것이다. 이런 의미에서 볼때 Chiarello가 최근에 발표한 「언어처리의 병렬체계:정상적인 두뇌에 있어서의 반구적 상보성(Parallel systems for Processing language:Hemispheric complementarity in the normal brain)」라는 논문은 앞으로의 실어증 연구의 방향을 헤아리는 데 큰 도움을 줄 수 있는 것일 것이다.

제목으로 나와 있듯이, 우선 여기에서 그가 제안하고 있는 의견은 사뭇 반정통적인 것이다. 언어처리는 으레 좌우반구에서의 상보적인 절차에 의해서 이루어진다는 것이니까 이것이 종전의 국부론적인 의견에 대한 하나의 대안적인 것임이 틀림없다. 그 다음으로 그는 여기에서 한편으로는 그 동안까지의 여러 사람들에 의한 우반구에 대한 연구의 결과를 종합하면서, 다른 한편으로는 자기 자신이 직접 실시한 연구의 결과를 제시하는 식으로 해서, 자기의 의견은 사실은 실어증 학계에서 이미 하나의 정설로 받아들여지고 있는 것이라는 점을 최대로 부각시키고 있다. 세 번째로 그는 여기에서 우반구와 좌반구에 대한 대비적인 연구는 언어처리 체계에 대한 연구의 기초가 될 뿐만 아니라 정신기구에 대한 연구의 기초가 된다는 점을 강조하고 있다. 자기 논문의 끝을 그는 「인간의 정신의 가장 복잡하면서도 가장 단순한 성취는 지원적 두뇌체계의 확실한 이원성에 의존하고 있을지도 모른다.」와 같은 말로써 마무리하고 있다.(p.244)

　이 연구는 먼저 그 동안까지 주로 뇌량이 제거된 환자, 즉 뇌분할 환자를 대상으로 해서 밝혀냈던 사실이 정상인을 대상으로 해서 다시 확인되고 있다는 점과, 그동안에 두 귀의 「二分的 청취원리」를 확대해서 만든 두 눈의 이분적 시각절차법이 기본적인 실험방법으로 채택되고 있다는 점들을 통해서, 1960년대부터 시작된 우반구 연구의 전통이 오늘날까지도 면면이 이어져 오고 있음을 보여주고 있다. 그렇지만 이것의 제일 중요한 가치는 역시 크게 어휘처리에 관한 실험과 문장처리에 관한 실험을 통해서 두 반구의 비대칭성은 그들의 작동적 특성에서 비롯되고 있다는 사실을 밝혀냈다는 데 있다.

　예컨대 이 연구의 첫 번째 부분에서는 한쪽 눈에 「arm-leg」나 「arm-nose」와 같이 범주상 차이가 있는 짝말들을 보여주는 실험법에 의해서 어휘의미의 이해절차가 반구마다 어떻게 다른가를 살펴보았다. 여기에서 얻은 결론은 좌반구에서는 보다 협의적이고 정교한 어휘의미를 처리해내는데 반하여, 우반구에는 보다 광의적이고 막연한 어휘의미를 처리해 낸다는 것이었다. 이 연구의 두 번째 부분에서는 한쪽 눈에 「The rider saddled the horse.」와 같은 정문과 「The saddled the rider horse」와 같은 비문을 보여주는 실험법에 의해서 문장의 문법적인 의미를 처리하는 능력에 있어서 두 반구 간에 어떤 차이가 있는지를 살펴보았다. 이것에서 얻은 결론은 오직 좌반구에만 여러 어휘들의 의미를 통사적으로 통합시키는 능력이 있다는 것이었다.(p.240)

이들 실험들의 결과들을 종합해 보았을 때 두 반구는 서로 다른 작동적 특성들을 가지고 있음을 알 수 있었다. 첫 번째로 좌반구의 작동절차는 빠르고 깊으며 집중적인데 반하여, 우반구의 그것은 느리고 피상적이며 광범위적이었고, 두 번째로 마치 우반구의 작동절차는 좌반구의 것에 반향을 보내듯이, 우반구의 작동은 좌반구의 그것보다 느리게 나타났었고, 세 번째로 좌반구에서는 하나의 선택이 있게 되면 나머지 대안들은 바로 제거시켜버리는데 반하여, 우반구에서는 선택 절차없이 여러 대안들을 그대로 유지하고 있었다. 이렇게 보자면 결국 한편으로는 좌반구가 통사적 규칙을 다루거나 명제적 의미를 처리하는 일을 전담하고 다른 한편으로는 우반구가 화용적 규칙을 다루거나 수사적 의미를 처리하는 일을 전담하는 식으로 언어처리시에 두 반구가 상보적으로 움직이고 있음이 분명했다.

반국부론적인 주장을 하는 사람 중 두 번째 부류에 속하는 사람들은 피질하 조직론자들이었다. 이들이 보기에는 뇌의 조직상 간뇌의 일부인 시상을 위시하여 뇌저 신경절, 변연계등이 언어처리에 으레 참여하게 되어있기 때문에 언어처리체계가 피질조직에만 자리 잡고 있다고 보는 것은 잘못된 일이었다. 물론 이런 피질하 조직들은 감정이나 동기, 학습,

행동등을 조정하고 통제하는 일도 하는 조직이지 언어처리만을 전담하는 조직은 아니다. 따라서 언어처리체계내에 이런 부위까지를 포함시킨다는 것은 그동안까지 국부론자들이 내세워 온바는 기껏했자 부분적으로만 타당하다고 보는 것과 같은 일이 된다. 그리고 이들의 생각으로는 현재 실어증학에서는 시상실어증을 하나의 어엿한 실어증으로 인정하고 있다는 사실하나 만으로도 자기네들이 내세우는 전체론이 틀린 것이 아니라는 것이 분명했다.

이런 조직가운데서 언어처리시에 제일 큰 역할을 수행하고 있는 곳은 시상인데, 한 마디로 말해서 이 곳은 외부로부터 입력되는 모든 지각및 운동적 정보를 수렴해서 피질과 뇌저신경절에 송부해 주면서, 동시에 개체의 지각운동적 활동과 정서적 활동, 정신적 활동등이 조화를 유지하고 있게 하는 부위이다. 그러니까 여기가 시상 실어증의 직접적인 병소가 되는 것은 물론이고 다른 실어증과도 관련이 있을 것이라는 것은 쉽게 짐작할 수 있다. 일찍이 Ojemann은 「피질하의 언어기구(Subcortical language mechanisms)」라는 논문에서 여기가 바로 단기 기억작용이 이루어지는 곳이라는 주장을 편적이 있는데, 이런 주장은 곧 사실은 여기가 언어처리체계의 핵심부위의 한 곳이라는 말이나 같은 말이다.

실어증학에서 언어처리시에는 변연계도 시상에 못지 않은 역할을 담당하고 있다는 것이 밝혀진지는 꽤 오래되었다고 볼 수가 있는데, 그 이유는 이 부위의 중요성을 최초로 강조하고 나선 사람을 바로 Broca이기 때문이다. 이 부위내의 조직들은 한편으로는 시상하부와 뇌간과 연결되어 있으면서 다른 한편으로는 피질과 시상, 뇌저신경절등과도 으레 정보를 교환하게 되어 있어서 이들이 내장의 움직임과 감각 및 인지작용간의 관계를 조정하고 통제하는 기능을 수행하는 것으로 알려져 있다. 이들 조직중 특별히 실어증 학자들의 주목을 받게 된 곳은 편도체인데, 그것은 바로 이 곳이 언어처리작업과 직접적으로 관련되어있는 감정작용과 기억작용의 중심부위이기 때문이었다.

이렇게 볼 것 같으면 국부론 대 전체론 간의 싸움의 현황은 20세기 이후의 실어증학의 실정을 종합적으로 파악할 수 있는 가장 정확한 자료가 될 수 있다는 말인데, 안타깝게도 그 일이 생각만큼 용이하지가 않다. 그 이유는 그 동안의 연구로 이제는 절대적인 국부론자도 있을 수 없게 되었고 절대적인 전체론자도 있을 수 없게 되었기 때문인데, 이런 사실의 가장 분명한 근거로는 최근에 Caplan이 「언어:피질적 절차(Language:Cortical processes」라는 논문에서 언어처리의 모형에는 논리상 비변이적 국부화형과 변이적 국부화형, 균일분배형, 비변이적 비균일분배형, 변이적 비균일분배형등의 다섯가지가 있을 수 있다고 주장하고 있다는 사실을 들 수가 있다.

나) 정신작용에 대한 확대된 견해

지금까지의 뇌과학이나 실어증학의 발전에는 심리학적 이론이나 지식도 크게 기여를 했다고 볼 수가 있는데, 그중 제일 중요한 것은 바로 두뇌에서 작동되는 정신작용중 제일 기본적인 것이 기억작용이라는 사실과, 거기에서 하는 일에는 인지적인 것 이외에 의지적인 것과 정서적인 것도 있다는 사실등을 알려 주었다는 점이다. 이런 심리학적 이론이나 지식들을 뇌과학적으로 뒷받침한다는 것은 분명히 뇌과학의 지평선을 최대한 넓힌다는 의미가 된다. 그렇지만 이렇게 되면 결국에는 크게는 뇌의 작동원리에 대한 이론도 달라지게 마련이고 작게는 언어처리체계에 대한 이론도 달라지게 마련이다. 이런 의미에서 보자면 뇌과학이나 실어증학 앞에는 지난날의 것보다 몇 배 더 도전적이고 난삽한 과제들이 기다리고 있다고 볼 수 있다.

이런 심리학적 사실 중 언어처리의 문제와 직접적으로 관련되어 있다고 볼 수 있는 것으로는 첫 번째로 기억작용를 들 수가 있다. 언어처리와 기억작용 간에 일종의 불가분적인 관계가 있을 수밖에 없다는 것은 한편으로 보자면 언어는 기억작용의 주된 매체중의 하나가 되고 있다는 사실과 다른 한편으로 보자면 언어처리는 일정한 형태의 기억작용의 도움 없이는 이루어질 수 없다는 사실 등을 통해서 누구나 쉽게 짐작할 수 있다. 그러나 이들 두 정신작용은 저마다 독립적인 연구의 주제가 될 수 있을 만큼 포괄적이고 전체적인 것들이어서 그런지, 이들을 하나의 통합적인 틀로 묶으려는 노력은 그동안에 거의 하지 않았다.

　그런데 사실은 이런 시도가 일단 이루어지게 되면 우선 달라지게 되는 것은 언어처리체계에 대한 이론이다. 이런 의미에서 보자면 앞에서 논의한 몇 가지의 언어처리체계에 대한 이론들은 모두가 아직도 초보적인 가설의 수준을 넘어서지 못하고 있는 것들이라는 것이 분명하다. 예컨대 지금까지 밝혀진 기억작용에 관한 뇌신경학적 사실만으로도 이것은 일종의 全腦的인 작용이라는 것은 익히 알 수가 있다. 그렇다면 지금의 뇌과학적 지식만으로도 언어처리체계의 이론과 관련되는 가장 핵심적인 문제인 국부론이냐 전체론이냐의 문제는 이미 해결이 나있는 것이나 다름이 없다. 다시 말하자면 그동안에 이미 뇌과학자들은 일종의 전체론적인 국부론만이 맞는 이론이라는 것을 밝혀 놓은 셈이다.

　Jonides등의 「기억:신경영상법(Memory:Neuroimaging)」이라는 논문에 의할 것 같으면 그동안의 기억작용에 관한 뇌신경학적 연구는 우선 Braddley(1990)의 작업기억작용 이론의 타당성을 입증하는 데 집중되었다는 것인데, 언어처리체계의 이론을 수립하려는 사람의 입장에서 보자면 그 말은 결국 그 동안의 연구는 전체론적인 국부론만이 맞는 이론이라는 것을 입증하는 데 집중되었다는 말이나 같은 말이 된다. 이들의 주장에 따르자면 그동안의 연구로 첫 번째로 작업 기억작용은 Braddley의 이론대로 크게 언어적 정보를 기본으로 한 것과 공간적 정보를 기본으로 한 것으로 나뉘어 질 수가 있는데, 이들 중 첫 번째 것은 주로 좌반구에서 이루어지고, 이들 중 두 번째 것은 주로 우반구에서 이루어지고 있음이 확인될 수 있었다.(p.799)

그 동안의 연구로 두 번째로, Braddly의 이론대로 단기기억작용은 크게 저장과 회상, 집행등의 세 절차로 구성되어 있는데, 이들 중 첫 번째 것은 두정엽의 뒷부분에서 이루어지고, 두 번째 것은 전두엽의 앞부분에서 이루어지며, 세 번째 것은 전두엽의 측배부분에서 이루어지고 있음이 확인될 수 있었다.(p.804) 이 논문에 의할 것 같으면 그동안에는 그 다음으로 삽화적 기억작용의 특성을 밝히는 데도 뇌신경학적 연구가 집중되어 왔는데, 이것에서 얻은 결론은 이 기억 작용에서는 변연계의 일부인 해마상 융기가 대단히 중요한 역할을 수행하게 된다는 것이었다. 예컨대 그 동안의 연구로 이 기억작용의 입력절차에는 좌반구의 전두엽과 해마상 융기, 두정엽, 해마상 융기회, 대상뇌회등이 참여하게 되고, 그것의 회상절차에는 우반구의 전두엽과 해마상 융기가 참여하게 된다는 사실이 구명되었다.(pp.805~6)

이런 심리학적 사실 중 언어처리의 문제와 직접적으로 관련이 되어있다고 볼 수 있는 것으로는 그 다음으로 주의 작용을 들 수가 있다. 주의 작용을 일단 뇌의 작동이 어느 한 과제나 정보쪽에만 집중되도록 하는 작용으로 정의하고 보자면, 이것이 언어처리절차에 있어서 대단히 긴요한 역할을 수행하게 된다는 것 정도는 누구나 익히 짐작할 수 있다. 특히 그 동안의 실어증 연구는 주의력 장애도 실어증의 한 원인이 될 수 있다는 사실을 밝혀냈다. 그리고 그 동안의 심리언어학적 연구로 화자와 청자가 정상적인 주의력을 유지하고 있을때만 듣기나 말하기가 그들 사이에 제대로 이루어지게 된다는 사실도 알게 되었다.

그런데 기본적인 의미에서 볼 것 같으면 기억작용과 마찬가지로 주의 작용도 일종의 전뇌적인 절차이어서 그런지, 그것에 대한 연구는 아직 초보적인 수준을 벗어나지 못하고 있다. 그렇지만 최근에 Vecera와 Luck이 「주의(Attention)」라는 논문의 결론으로 삼은 다음과 같은 몇 가지 사실만으로도 우리는 언어처리의 이론에서는 주의 작용이 반드시 하나의 필수적인 요소로 다루어져야 한다는 사실과, 일단 그렇게 되면 기존의 언어처리 이론은 적지 않은 허점을 드러내게 된다는 사실 등을 익히 알 수가 있다.

1) 주의란 특정한 시간에 불필요한 감각적 입력이나 행동적 과제를 제거시키는, 일종의 선택의 절차인데, 이런 선택의 절차에는 다양한 형식의 것이 있다.
2) 이런 선택의 절차에는 두뇌의 여러 부위가 참여하게 되는데, 그 가운데서 가장 중요한 곳이 두정엽이다.
3) 주의체계의 제일 큰 특징은 대단히 높은 수준의 융통성을 지니고 있다는 것인데, 그 이유는 주의작용은 결국 행동적 과제나 목표에 관한 하향적 절차와 감각적 요소에 관한 상향적 절차를 하나로 통합시키는 절차이기 때문이다.(p.284)

이런 심리학적 사실 중 언어처리의 문제와 직접적으로 관련이 되어있다고 볼 수 있는 것으로는 세 번째로 정서작용을 들 수가 있다. 인간의 정서 상태가 주의와, 기억, 추리와 같은 인지작용에 대단히 중요한 영향을 미친다는 것이 알려진지는 심리학의 역사만큼이나 오래되었다고 볼 수가 있다. 그러나 그 동안까지는 정서작용에 대한 것 보다는 인지작용에 대한 연구에 심리학자들의 노력이 집중되어온 것이 사실인데, 이는 곧 지정의의 세 가지 특성중 첫 번째 것을 으레 우선시하는 철학적 전통이 그대로 심리학에도 반영된 셈이었다.

그런데 최근에 이르러 뇌신경학의 발달에 힘 입어 뇌 생리적으로 보아서 인지작용과 정서작용은 서로 불가분적으로 엉켜있게 되어있다는 사실이 드러나게 되면서 정서작용의 중요성을 새롭게 강조하는 학풍이 뇌신경학자들 사이에서 일어나게 되었다. 이런 사람중 가장 대표적인 사람이 바로 「데카르트의 오류:감정과 이성, 인간의 두뇌(Descartes' Error:Emotion, reason, and the human brain)」라는 책에서 「신체적 표지의 가설」을 내세운 Damasio 이다. 그는 전두엽의 복부중위부에 손상을 입은 환자들에 대한 연구를 통해서 인간의 행동이나 활동의 기본이 되는 것은 이성이 아니라 감정이라는 사실을 밝혀냈다. 그는 특히 감정은 외적 자극에 대한 신체적 반응에 의해서 유발된다는 점도 밝혀냈다.

그러니까 그의 연구를 통해서 바로 두 반구의 전두엽의 복부중위부가 정서작용의 전담부위중의 한 곳이라는 사실이 밝혀진 셈인데, 사실은 그도 이 곳은 으레 피질하에 있는 편도체와 함께 움직이게 되어있다는 사실을 익히 알고 있었다. 다시 말해서 그전까지의 여러 뇌신경 학자들의 연구결과들에 의해서 그는 외부로부터 들어오는 정보들을 수렴해서 일정한 정서적 반응을 일으키게 하는 곳은 바로 편도체라는 사실을 잘 알고 있던 것이다. 편도체가 특히 공포나 분노와 같은 기본적인 정서가 다루어지는 부위라는것은 이곳이 손상을 입은 환자들의 얼굴 표정에 대한 연구를 통해서 이미 잘 밝혀져 있었다.(R. Adolphs and A. Heberlein, 2022: p.188)

또한 최근에 와서는 일부 뇌신경학자들이 우반구의 기능을 강조하고 나섰는데, 이들이 주장하는 바는 우반구의 측두엽과 두정엽이 감정과 같은 비언어적인 정보를 처리하는 데 깊이 관여하고 있다는 것이었다. 특히 흥미로운 것은 언어처리에 있어서 이 반구가 상보적인 기능을 수행하게 되듯이, 정서작용에 있어서도 좌반구는 긍정적인 정서를 주로 다루는데 반하여 이 반구는 부정적인 정서를 주로 다루는 식으로 상보적인 기능을 수행하게 된다는 것이었다. 바로 이런 이유에서 Adolphs와 Heberlein의 「정서(emotion)」라는 논문에서는 이들의 주장이 「우반구의 가설」이나 「원자가의 가설」이라고 불리고 있다.(p.190)

　이상과 같이 두뇌의 구조와 작동 절차나 그것과 언어의 관계에 대한 연구의 현황을 정리해 놓고 보면 뇌과학이나 뇌신경학의 수준이 Chomsky의 언어 철학의 타당성을 검증하기에는 아직 적지않게 모자라는 것이라는 사실이 분명해진다. 그리고 무엇보다도 중요한 사실은 이 학문은 그동안 내내 하나의 독립적인 학문의 자세를 버린적이 없었다는 점으로 미루어 보아서 앞으로도 그의 언어이론이 일종의 안내자의 역할을 하게 될 가능성은 거의 없다는 것이다. 쉽게 말해서 현재로서는 이 학문에서 언제쯤 그의 언어철학에 대한 검증작업이 이루어지게 될는지를 추리해 보는 일 자체가 무의미한 일이다.

제2장
내재이론의 두 기둥

1. 그의 내재이론의 특이성

그의 언어이론이 등장 후 얼마 되지 않아서 이른바 촘스키의 혁명이나 촘스키적 전환을 유발시킬 수 있었던 것은 결국 그것은 하나의 내재이론이었기 때문이었다. 돌이켜 보자면 Plato가 일찍이 우리의 지식에는 학습이나 경험을 통해서 얻지 않은 것도 있다는 말을 한 이래 이성주의자와 경험주의자 간의 논쟁은 철학의 역사 자체나 다름없는 가장 기본적이면서도 한 번도 끝이 나지 않은 현학적 논쟁이었다. 그런데 그는 처음부터 자기의 언어이론은 하나의 내재이론임을 강조하고 나섰고, 그 결과 그전까지 과학주의라는 이름으로 경험주의쪽으로 크게 기울어있던 심리학이나 철학등의 학풍이 거대한 역풍을 맞게 된 것이다.

그러니까 우선 지난 2천여년의 철학의 역사로 보았을 때 이런 철학적 논쟁에 뛰어든다는 것이 한편으로 보자면 대단히 도전적이면서 다른 한편으로 보자면 대단히 지혜롭지 못한 일이라는 것이 뻔함에도 불구하고 용감하게 뛰어들었다는 사실이 크게 놀라운 일이다. 자기 말대로 지난

2천여년 동안에 아무도 풀지 못했던 플라톤의 문제를 이제 자기가 풀게 되었다고 선언할 수 있는 그의 자기 학문과 철학에 대한 강한 자신감은 다른 철학자들에게서는 쉽게 찾아볼 수 없었던 것이다. 그리고 굳이 따지자면 이것은 철학자의 과제이지 언어학자의 과제는 아니다. 그러니까 그의 내재이론은 철학에서 하지 못했던 일을 언어학에서 할 수 있다고 선언할 수 있을 만큼 그의 언어이론은 크고 심오한 것이라는 것을 말해 주는 가장 확실한 증거이다.

그렇지만 현실적으로 보았을 때는 그의 내재이론이 나온 지가 몇 십년이 된 오늘날에도 그것에 동의하지 않는 사람이 적지 않게 있다는 사실을 무시할 수가 없다. 다시 말하자면 근본적인 의미에서는 그의 내재이론의 출현으로 예컨대 18세기에 Leibniz와 Locke사이에 벌어졌던 싸움이 재연되게 되었을 뿐, 이 싸움이 마침내 종결을 맞이하게 된 것은 아닌 것이다. 이것은 곧 다른 사람들의 내재이론과 마찬가지로 그의 내재이론도 태생적 한계성을 지니고 있다는 것을 말해준다. 그는 물론 이런 한계성을 인정하지 않는다. 이런 의미로 보아서도 그의 내재이론의 실체를 파악하는 일은 곧 그의 언어철학의 실체를 파악하는 일과 같은 일이 된다는 것은 의심할 여지가 없다.

그런데 사실은 왜 그가 역사적으로 쉽게 확인될 수 있는 사실 마저에 눈을 감으려고 하는가 하는 것은 학리적인 문제가 아니라 기질적인 문제이다. 한마디로 말해서 그는 학문의 생명은 연구태도와 절차의 준엄성에 있다는 것을 신봉하는 사람이다. 따라서 그의 학문에 있어서는 오로지 단 하나의 절대주의적 이론만 있을 수 있지 어떤 형태의 절충주의나 상대주의적 이론도 있을 수 없다. 또한 그는 이성주의냐 경험주의냐의 문제가 결국에 어떤 식의 학문이 가장 과학적인 학문이 될 수 있느냐를 결정짓게 된다는 것도 익히 알고 있었다. 그러니까 자기가 채택한 연구방법의 정당성을 확보하기 위해서도 그는 일종의 극단적인 내재이론을 내세우게 된 것이다.

이렇게 보자면 그의 내재이론의 특이성중 첫 번째로 꼽을 수 있는 것은 역사상 유례를 찾아볼 수 없을 만큼 극단적인 것이라는 점이다. 많은 사람들이 일찌감치 그의 내재이론을 극단적인 성격의 것으로 받아들이게 된 것은 크게 두 가지 이유 때문이었는데, 그중 첫 번째 것은 그는 처음부터 경험주의에 대한 혹독한 공격을 이성주의에 대한 자기의 지지 의사를 표현하는 최선의 방법으로 사용했다는 것이다. 바로 Skinner의 언어습득이론에 대한 사정없는 공격에서 익히 살펴볼 수 있듯이, 그의 경험주의에 대한 비판에는 어떤 타협의 여지도 없었다. 그러니까 오직 이성주의만이 진리라는 사실을 그는 양자택일이라는 지극히 단순한 절차에 의해서 드러내려 한 것이다.

그중 두 번째 것은 언어습득의 문제를 언어연구의 방법론에 대한 궁극적인 기준으로 삼음으로써 결과적으로는 내재이론을 그가 언어이론을 거론할 때마다 가장 핵심적인 논제로 등장할 수 밖에 없게 만들었다는 것이다. 예컨대 그는 표준이론을 제안할 때 이미 그것의 중요한 부분으로서 내재주의적 언어습득론을 내세웠다. 그리고 그의 언어관이 생물언어학적인 것으로 바뀌게 된 시기에는 기술적 적절성대 설명적 적절성의 문제는 일단 어린이의 언어습득의 문제는 곧 생물학적인 문제라는 사실만 받아들이면 저절로 해결되게 되어있다는 말까지 하게 되었다.(Chomsky, 2002 제4장) 그러니까 최근에 이르러 그의 대변인 격인 Boeckx가 내재적 언어기능이 있다는 것은 「타협의 대상이 아니다」와 같은 단언을 하게 된 것은 하등 이상한 일이 아니다.(2006: p.2)

그의 내재이론의 두 번째 특이성으로 내세울 수 있는 것은 간단히 말해서 이것은 언어적 내재이론이라는 것이다. 따지고 보자면 그동안 내내 내재이론의 가장 핵심적 문제가 되어 왔던것이 바로 무엇을 내재된 것으로 볼 수 있느냐하는 것인데, 어느 누구도 그전까지는 보편문법이나 I-언어와 같은 언어적인 지식을 그런 것으로 내세운 적이 없었다. 크게 보았을 때 그동안에 이 문제에 대한 견해는 철학자들의 지식설로부터 출발하여 현대에 이르러 심리학자들의 기구설이 그것에 추가되는 식으로 발전되어 왔다. 그러니까 그의 언어적 내재이론은 일종의 제3의 내재이론인 셈이다.

   그런데 그의 내재이론이 지니고 있는 강점은 예컨대 X'이론이나 α-이동 규칙등을 내재된 것으로 보는 식으로 내재 된 것의 실체를 구체적으로 제시한 다음에 그것의 증거를 폭넓게 밝히고 있다는 점이다. 예컨대 그 옛날 Plato가 문제로 삼았던 내재적 지식은 일종의 기하학적인 지식인데, 그는 이것을 모든 지식의 기본으로는 보지 않았다. 또한 Kant는 시간과 공간에 대한 개념과 인과률과 같은 추리적 양식에 대한 지식등을 내재된 것으로 보았는데, 이것 역시 인간의 이성의 실체를 논의하기에는 크게 부족한 것이었다. 그의 내재이론이 이런 강점을 가지게 된 것은 물론 일반적인 지식의 그것에 비하여 언어적 자료를 구하기가 훨씬 쉽기 때문이었다. 그러니까 결국 그의 내재이론의 강점은 사실적 검증이 가장 잘된 것이라는 점이다.

   그의 내재이론의 세 번째 특이성으로 내세울 수 있는 것은 이것은 일종의 생물학적 내재이론이라는 것이다. 우선 누가 생각해도 생물학자가 아닌 사람이 내재이론의 근거로 두뇌의 구조 및 작동상의 특징을 내세운다는 것부터가 다분히 파격적인 일임에 분명한데 그는 그런 일을 해냈다. 예컨대 그는 두뇌안에는 언어능력이 내재되어 있는 부위가 따로 있다는 말이나, 아니면 두뇌는 일정한 표현체를 가지고서 최적의 연산절차를 집행하는 곳이라는 말이나, 더 나아가서는 어린이의 언어습득과정은 생물학적 시간표대로 진행된다는 말 등을 하고 있는데, 이런 말들은 궁극적인 의미에서 보자면 분명히 오직 생물학자만이 할 수 있는 말들이다.

그럼에도 불구하고 그가 이런 말들을 하게 된 것은 그는 이것이 자기의 학문방법과 언어이론의 타당성을 보증하는 최선의 방책이라는 사실을 익히 알고 있기 때문이다. 이렇게 함으로써 첫 번째로 그는 자기의 언어이론이 유전적 자질이론과 같은 최신의 분자 생물학적 이론까지도 포섭할 수 있다고 생각했을 것이고, 두 번째로는 그것이 진화론과 같은 과학적 대이론과도 관련되어 있다는 것을 보여줄 수 있다고 생각했을 것이다. 지혜롭게도 그는 생물학적인 것으로 자기의 내재이론을 탈바꿈시키게 되면, 자기가 하는 언어학이 학리상 가장 과학적인 학문이면서도 발달의 진도가 가장 앞선 학문이라는 점이 자동적으로 드러나게 된다는 사실을 익히 알고 있었던 것이다. 다른 의미에서 보자면 그의 언어 우위적 철학이 최선의 형태로 투사되어 있는 이론이 바로 그의 생물학적 내재이론이었던 것이다.

그의 내재이론의 네 번째 특이성으로 내세울 수 있는 것은 언어습득론과 언어기원론이라는 두 개의 하위이론의 떠받침을 받고 있다는 것이다. 따지고 보자면 언어습득론과 언어기원론은 모두가 내재이론의 하위이론이 아니라 그것과 적어도 맞먹거나 그것보다도 어떤 의미에서는 훨씬 더 도전적일 수 있는 것들이다. 예컨대 내재이론을 하나의 철학적 이론으로 치자면 이들은 각각 하나의 심리학적 이론과 진화론적 이론이 될 수가 있다. 그러니까 이들을 여기에서는 내재이론의 하위이론으로 보는 것은 그의 학문적 성향이 보다 확실하게 드러나기 때문이다. 다시 말하자면 그가 자기의 내재사상을 심리학과 진화론에까지 침투시키려고 했다는 사실을 여기에서는 이렇게 표현한 것뿐이다.

그런데 무엇보다도 중요한 사실은 그의 이런 시도로 말미암아 그의 내재사상은 인간의 문제와 관련된 거의 모든 학문분야에서 가장 핵심적인 논쟁거리가 되게 되었다는 점이다. 간단히 말하자면 결과적으로는 이렇게 해서 촘스키의 혁명이 전 학계를 뒤흔들게 되었고, 더 구체적으로는 내재주의가 경험주의를 몰아내는 현상이 여러 학문영역에서 일어나게 된 것이다. 그리고 이 문제와 관련해서 또 한가지 특기할 사실은 이들 두 이론들은 지난 5~60년간의 그의 학문에 있어서 그것의 시작과 끝을 알리는 이정표적인 역할을 했다는 점이다. 예컨대 그의 언어습득론은 분명히 그의 학문의 초기에 구조주의 언어학에 대한 비판과 함께 자기의 언어이론의 우월성을 알리는 하나의 방편이 되었고, 그의 언어기원론은 그의 학문의 원숙기에 자기의 언어이론이 지향하는 바는 언어능력의 생물학적인 기저를 찾는것이라는 점을 알리는 하나의 방편이 되었다.

그런데 사실은 그가 언어기원론에 뛰어 들어간지 얼마 되지 않아서 일찍이 그가 언어습득론에 뛰어 들어간 것보다 몇 갑절의 의미를 갖게 되는 것이 바로 이 일이라는 사실이 드러났다. 그 이유는 크게 두 가지 라고 볼 수가 있는데, 그 중 첫 번째 것은 심리학과 진화론의 학문적 위상과 전통이 같지 않기 때문이었고, 그중 두 번째 것은 이들 두 학문에서 쓰이는 연구방법이 한쪽에서는 직접적이고 미시적인 관찰과 실험이 가능하지만 다른 쪽에서는 간접적이고 거시적인 비교와 추리만이 가능한 식으로 크게 다르기 때문이었다. 다시 말하자면 그가 심리학계에 던진 충격의 크기는 일단 감당할 수 있을만한 것이었는데 반하여, 그가 진화론계에 던진 충격의 크기는 그런 한계성을 이미 넘어선 것이었다.

이런 차이점은 우선 그의 문제의식의 자세 자체에 잘 드러나 있었다. 예컨대 그가 자기 나름의 언어습득론을 제기했을때는 우선 그 자신에게는 자기의 이론이 정답이라는 신념이 있었고, 그 다음으로 다른 사람들에게는 충분히 받아들일 수 있는 이론일 수 있다는 수용적 태도가 있었다. 그렇지만 그가 자기 나름의 언어기원론을 제기했을 때는 다른 사람들에게서는 더 말할 나위가 없었고 본인 자신에게서도 그런 느낌을 느낄 수가 없었는데, 그 이유는 그의 이론도 정답이 밝혀져 있지 않다는 점에 있어서 기존의 이론과 똑같기 때문이었다. 결국 이 이론의 쟁점은 더 이상 언어가 내재되었느냐 학습되었느냐의 문제가 아니라 그것이 어떻게 내재되게 되었느냐의 문제로 바뀌어 있었으니까 정답을 찾기가 아직은 어렵게 되어 있었던 것이다.

　이렇게 보자면 무엇을 그의 내재이론의 다섯 번째이면서 마지막인 특이성으로 볼 수 있겠느냐라는 질문에 대한 답이 이미 나와 있는 셈이나 마찬가지 이다. 기존의 내재이론과 마찬가지로 그의 내재이론도 넓은 의미로 보았을 때는 허점 투성이의 가설의 수준을 벗어나지 못한 것이라는 점이 바로 그것이다. 예컨대 그는 언어기원의 문제와 관련해서 두 가지의 매우 주목할만한 의견을 내놓았는데, 그중 한 가지는 언어는 점진적이거나 선택적인 적응과정에 의해서가 아니라 일종의 특이한 돌연변이에 의해서 생겨난 것이라는 것이고, 다른 한 가지는 지금으로부터 약 10만년 전에 두뇌의 크기가 커지면서 언어적 기능이 나타나게 되었다는 것이었다.(Chomsky, 2002: p.149)

　그런데 진화론자들이 보기에는 이들은 하나같이 아무런 과학적 근거도 가지고 있지 않는 추론적인 의견에 불과하다 그러니까 좋게 말할것 같으면 그동안 내내 오직 Darwin의 이론에만 매달려 있던 진화론자들에게 하나의 새로운 자극을 준 것으로 볼 수가 있고, 나쁘게 말할것 같으면 어차피 아직은 아무도 모르는 문제이니까 그가 안심하고 자기 특유의 오만을 다시한번 드러낸 것으로 볼 수가 있다. 그리고 한 가지 특기할 사실은 결국에는 그의 의견이 단순한 추론의 수준을 벗어나지 못한 것이기에 그의 학파에 속하는 사람들 마저도 약간 다르거나 아니면 정반대의 의견을 내놓고 있다는 사실이다.

　우선 그의 대변자격인 Boeckx는 언어기원의 문제를 놓고서 두 가지 점에서 다분히 독자적인 것이라 할 수 있는 의견을 제안하고 있다. 첫 번째로 그는 언어는 지금으로부터 약 5만년전쯤에 시작되었다고 보았다. 그러니까 그는 언어의 시작을 Chomsky가 생각한 것보다 한참 뒤의 사건으로 본 것이다. 두 번째로 그는 「제약」이라는 제3의 개념을 도입함으로써 천성대 교육이라는 기존의 틀의 문제점을 극복하려고 했다. 그는 Chomsky의 원리와 매개변인의 이론에 의할 것 같으면 언어가 시작되는 시기는 새로 획득된 몇 가지의 언어적 원리들로 인하여 그것의 진화의 방향이 제약 내지는 결정되는 시기로 보아야 한다고 생각한 것이다.(2006. p.141)

그런가하면 Jackendoff와 Pinker는 두 개의 연속적인 논문을 통해서 최근에 Chomsky가 Fitch등과 함께 제안한 「순환성의 유일 가설」에 대해서 정반대의 견해를 나타냈다. 이들이 내세우는 반박의 근거는 크게 돌연변이가 아니라 선택적 적응절차에 의해서도 새로운 능력이 탄생될 수 있다는 것과 언어의 조직으로 보았을때 어휘가 문법보다 먼저 발달했다고 볼 수 있다는 것, 언어는 내적 언어가 아니라 의사소통체계로 볼 수 있다는 것, 그들이 내세우는 반복 내지는 순환의 규칙이란 일반적인 인지능력이 재조정된 것이라는 것 등이었다. 이들은 결국 Chomsky의 언어습득론은 지지하면서도 언어기원의 문제에 대해서는 그의 이론보다는 오히려 진화론자들의 이론을 지지하고 있었던 것이다.(S. Pinker and R. Jackendoff, 2005: R. Jackendoff and S. Pinker, 2005)

2. 언어습득론

비유적으로 말해서 그의 오른손에 들려있었던 것을 변형영문법이라는 이름의 언어이론으로 치자면 그의 왼손에 들려있었던 것은 언어습득론이라는 이름의 인지이론으로 칠 수 있을 정도로, Chomsky의 학문에 있어서의 그의 언어습득론의 비중은 막중한 것이었다. 또한 다르게 볼것 같으면 그의 언어이론은 대내용이었는데 반하여 그의 언어습득론은 대외용이었기에, 적어도 언어학의 위상을 철학이나 인지과학의 그것과 맞먹는 것으로 만드는 데 주도적인 역할을 한 것은 바로 그의 언어이론이 아니라 그의 언어습득론이라고 볼 수도 있다. 그러니까 그가 최근에 내세우고 있는 생물학적 언어관은 결국 그의 초기의 언어습득이론이 발전된 것이라고 볼 수가 있다.

(1) 심리언어학의 실상

그런데 이것과 관련된 가장 흥미로운 사실은 큰 의미에서 볼 것같으면 이것 역시 결과적으로는 대외용이 아니라 대내용인 것으로 그 역할이 제한되어 있는 사실이 드러나는 데는 10년도 채 안 걸렸다는 점이다. 그의 언어습득이론의 이런 역설적 운명을 상징적으로 보여주는 것이 바로 지난 5,60년간에 걸친 심리언어학의 발전의 역사이다. 우선 1950년대에 이르러 지금의 심리언어학이 언어사용이나 언어습득의 심리적 과정을 다루는 주된 학문으로 탄생하는 데는 그의 언어이론이 결정적인 기여를 해서인지, 탄생 당시의 이것의 주요 과제는 변형문법의 심리적 실재성을 밝히는 일이었다. 예컨대 R. Brown을 중심으로 한 몇몇 심리학자들은 그가 제안한 변형문 생성의 절차가 바로 미국의 어린이들이 영어의 문법을 배우는 절차라는 사실을 밝히면서 어린이들은 으레 핵문을 먼저 배우고 그 후 변형문들은 변형규칙의 복잡성에 따라 배워간다는 이른바 「도출적 복잡성의 이론」이라는 학설을 내세웠다.

그러나 심리언어학이 그의 언어학의 한 도구학문으로서 그것의 「전도

사」의 역할을 하던 기간은 그다지 길지 않았는데, 그 이유는 몇 년이 되지 않아서 이 분야의 연구자들은 그가 말하는 언어능력과 언어 수행간의 구분을 심리학적인 방법으로 한다는 것은 우선 쉽지도 않을 뿐만 아니라 또한 그것이 굳이 심리언어학의 주된 과제가 되어야할 이유도 없다는 것을 알게 되었기 때문이었다. 그러니까 불과 몇 년만에 심리언어학은 하나의 파생학문으로부터 하나의 독립적인 학문으로 탈바꿈하게 된 것인데, 이런 변화의 한 증거가 될 수 있는 것이 Bever(1990)에 의한 「정원길 효과문」의 이해절차에 대한 연구 결과 같은 것이었다. 그의 실험에 따르자면 피실험자들은 으레 「The horse raced past the barn fell.」이라는 문장을 마지막에 나오는 「fell」 대신에 「horse」라는 첫 명사에 뒤따라 나오는 「raced」를 술어동사로 잡는 식으로 잘못 처리하고 있었는데, 이렇게 「정원길의 효과」가 언어처리시에 결정적인 영향을 미치고 있다는 것은 곧 언어처리의 절차는 언어학적 분석의 절차와는 별개의 것이라는 것을 단적으로 드러내 주는 것이었다.

두말할 필요도 없이 Chomsky의 언어이론은 언어습득의 문제에 초점이 맞추어져 있었기에, 심리언어학의 발전 방향도 응당 언어이해나 언어생성의 절차에 대한 연구의 결과보다는 언어습득의 절차에 대한 연구의 결과에 따라서 결정되게 되어있었는데, 한 마디로 말해서 심리언어학과 언어습득학이 동의어로 쓰이게 될 정도로 언어습득의 절차에 대한 연구가 활발해지면서 자연스럽게 심리언어학은 하나의 자율적이며 독립적인 학문으로서의 모습을 갖추게 되었다. 무엇보다도 먼저 이것에서는 언어습득의 절차에는 음운적인 것을 위시하여 의미적인 것, 문법적인 것, 화용적인것등이 종합적으로 포함 되어있기 때문에, 언어능력과 언어수행을 굳이 구분하려고 하는 일이 한낱 부질없는 일이라는 것을 알게 되었다. 특히 문법적 처리과정은 으레 의미적 처리과정의 일부로서 이루어진다는 사실이 밝혀져서「의미적 독자책략(semantic bootstrapping)」이라는 반 변형주의적인 학설이 나오기도 했다.(Pinker, 1987)

그 다음으로 이것에서는 어휘의 습득이 문법의 습득보다 더 기본적인 과제라는 사실이 알려지게 되었다. 예컨대 Clark(2002)이 연구한 바에 의할 것 같으면 어린이들의 언어습득과정은 일어문시기로부터 시작하여 다어문시기에 이르는 식으로 어휘의 수를 늘려가는 과정이었다. 그리고 그들의 어휘 의미의 습득절차는 처음에는 과잉확대법을 쓰다가 그 다음에는 과잉축소법을 쓰고, 마지막에는 성인의 것과 같게 하는 방법을 쓰는 식으로, 다분히 단계적이면서도 자기발견적인 것이라는 사실도 그는 밝혀냈다. 다시 말해서 어린이들의 언어습득과정에서는 일종의 의미를 바탕으로 한 가정검증책략이 쓰이고 있음이 분명했다. 뒤집어 보자면 그러니까 그것은 일종의 오류교정 과정인 셈이었다.

세 번째로 이것에서는 어린이들의 문법습득절차는 어휘의 분배적 특성을 기본으로 해서 그들을 둘 이상의 덩치로 묶어가는 절차 즉, 문형을 습득해가는 절차라는 사실이 알려지게 되었다. 이 문제와 관련하여 처음에 제안된 의견은 Braine(1963)에 의한 것이었는데 이것의 요점은 어린이들은「축문법(pivot grammar)」이라는 이름의 특이한 문형적 지식을 선험적으로 가지고 있다는 것이었으니까 당시의 통사론 중심의 학풍과 맞아 떨어지는 것이었다. 그는 예컨대 어린이들이 만 2세경에 쓰기 시작하는 2어문들을 분석해 보았더니 그것의 70%가 두 단어중 어느 하나를 고정된 축으로 삼고서 나머지 하나는 다른 것으로 바꾸어가는 식의 축어문이었고(예:Allgone milk., Allgone outside), 나머지 30%만이 아무 단어나 두 개씩 합쳐지는 개방어문이었다고 주장하고 나섰다.

그러나 그의 축문법설은 Bloom(1970)이 몇 년후에 반증적인 연구결과를 내놓음으로써 하루 아침에 무의미한 것이 되고 말았다. 우선 그가 조사한 바에 의할것 같으면 2세 어린이의 2어문 중 단지 17%만이 축어문이고, 나머지는 「개방어+개방어」의 구조를 가지고 있는 개방문이었다. 그러니까 Braine의 통계가 잘못된 것이었음이 드러나게 된 것이다. 그 다음으로 그는 어린이들이 2어문을 만들 때 쓰는 기준은 형식이 아니라 기능이나 의미라는 사실을 밝혀냈다. 그는 그러니까 어린이들은 결국 형식이 아니라 기능이나 의미에 의해서 어휘의 분배적 특성과 문법적 규칙을 배우고 있다는 것을 밝혀낸 것이다.

네 번째로 이것에서는 어린이들의 언어능력의 발달은 그들의 지적 내지는 지식력의 발달과 병진적으로 이루어진다는 사실이 알려지게 되었다. 이것은 곧 그들의 언어습득 작업은 그들의 생리적 성숙과정과 보조를 맞춘 상태에서의 일종의 통합적인 작업이라는 말이나 같은 말인데, 이런 견해를 가장 잘 드러낸 것이 바로 Maratsos(1974)의 자연적 가설이었다. 그는 총 40명의 미국의 4~5세 되는 어린이들을 대상으로 해서 장난감을 이용한 방법으로 부정사 구조의 주어를 그들이 어떻게 찾아내는 가를 알아보았다(예:The turtle tells the elephant to get out). 그 결과 그는 이런 일은 그들의 통사적 지식이 아니라 의미나 상황적 지식에 의해서 이루어진다는 사실을 발견하게 되었다. 그는 이런 현상을 자연적인 방법에 의한 언어 이해절차로 보았다.

물론 Chomsky의 입장에서 보자면 궁극적으로 언어능력과 언어수행을 구별하는 일은 오직 자기와 같은 언어학자만이 할 수 있는 것인데다가 원래가 심리학자들은 언어수행의 현상을 하나의 행동으로서 연구하는 데만 관심이 있는 사람들이기에, 그들이 중심이 되어서 이끌어가게 된 심리언어학이 이런 성격의 학문으로 발전하는 것은 너무나 당연한 일이라고 생각할 것이다. 아마도 그도 하나의 학자로서 그의 언어이론이나 언어습득론이 심리언어학을 탄생시키는 데 산파역을 한 것은 틀림이 없지만,

그렇다고 해서 그것이 언어학의 하위 학문으로 전락할 필요까지는 없다는 것을 익히 알고 있었을 것이다.

그런데 심리언어학의 모습이 결국에 이렇게 되었다는 것은 그의 언어습득론도 큰 의미에서 볼 것 같으면 그의 언어이론과 마찬가지로 대외적인 기능은 별로 하지 못하고서 대내적인 기능을 주로 하게 되었다는 것을 웅변적으로 말해주고 있다. 쉽게 말해서 그의 언어습득론은 원래가 그의 언어이론의 일부이었지 그의 주장대로 인지이론의 일부는 아니었던 것이다. 다시 말하자면 그는 지혜롭게도 논리적으로 보았을 때 자기의 보편문법이론이 정당화되기 위해서는 반드시 하나의 내재주의적 언어습득이론이 내세워져야 한다는 것을 익히 알고 있었기 때문에 일찍부터 자기의 언어학을 일종의 兩脚의 학문으로 발전시키려 했던 것이다.

(2) 언어학적 언어습득이론

바로 여기에 그의 언어습득론은 어떤 식으로 검토되어야 할 것인가에 대한 정답이 나와 있다. 그의 언어습득이론은 이론상으로는 내재주의에 대한 철학적 토의의 대상도 될 수가 있고, 어린이들의 언어습득절차에 대한 심리학적 토의의 대상도 될 수가 있는데, 그렇게 하다가는 그것이 궁극적으로는 일종의 언어학적 언어습득이론이라는 제일 기본적인 사실을 망각하기가 쉽다. 다시 말해서 그렇게 하다가는 주객을 전도시키는 우를 범하기 쉽다. 그러니까 그의 언어습득론의 실체는 그것이 생겨난 특이한 배경과 발달 과정속에서 검토되었을때만 제대로 밝혀지게 되어 있으며, 결국에는 오직 이 방법에 의해서만 그것의 장단점도 보다 확실하게 파악될 수가 있는 것이다.

그의 언어습득론의 제일 큰 특징은 그것은 결국에 그의 언어이론이고 문법이론이라는 점이다. 그래서 그는 자기의 언어이론을 내세울 당시부터 언어습득의 문제를 그것의 일부로서 다루기 시작했는데, 이것의 가장 확실한 증거가 바로 「통사이론의 양상」의 서론부가 「언어이론과 언어학습」라는 제목이 붙여진 제8장에서의 언어습득론으로 마무리가 되고 있다는 사실이다. 그런데 무엇보다도 중요한 사실은 이 책은 그의 표준이론의 원전으로 볼 수 있듯이 여기에 제안된 언어습득론은 그의 언어습득론의 원전으로 볼 수가 있다는 점이다. 그리고 그것에 못지않게 중요한 사실은 그의 문법모형은 그 후 여러 차례에 걸쳐서 달라졌지만 그의 언어습득론만은 항상 불변이었다는 점이다. 이런 점으로 보아서 이 장의 내용을 정리해보는 것은 분명히 의미있는 일이다.

이 장의 첫 부분을 차지하고 있는 것은 언어습득의 문제를 놓고서의 그동안 이성주의자와 경험주의자간의 사변적 논쟁이다. 간단히 말해서 그는 여기에서 자기가 내세우는 내재이론은 역사적으로 보아서 철학적 고증을 충분히 거친것이나 다름이 없는 것이라는 사실을 밝히고 있는데, 그러다보니까 자연히 언어습득론이 사실은 인식론이나 형이상학과 같은 철학적 탐구를 이끌어온 이론이었다는 사실이 드러나게 되었다. 또한 그러다 보니까 아주 자연스럽게 그의 언어 이론은 언어학을 역사상 최초로 철학과 같은 반열에 올려 놓은 것이라는 점도 분명해졌다.

물론 그는 자기의 목적을 달성하기 위해서는 한편으로는 이성주의자들의 의견을 최대로 옹호하면서 다른 한편으로 경험주의자들의 의견을 신랄하게 비판하는 식의 대조법이 최선의 서술법이라는 것을 잘 알고 있었다. 예컨대 그는 여기에서 우선 Descartes의 「감각기관을 통한 외적 사물로부터는 일정한 신체적 움직임 이상의 어떤 것도 우리의 정신에 다다르지 않는다」라는 말이나, Leibniz의 「모든 산술학과 기하학은 사실상 우리 안에 들어있어서, 우리가 주의 깊게 생각을 하면서 정신내에 지니고 있는 것을 잘 정리만 하게 되면 그들을 발견할 수가 있다」라는말, Humboldt의

「우리는 언어를 가르칠 수가 없고 단지 정신내에서 자발적이며 그 자체의 방식대로 그것이 발달하게 될 조건을 제공할 수 있을 뿐이다」라는 말등을 인용하면서, 이성주의적 사상이 사실에 있어서는 지금까지의 지식관을 주도해 왔다는 사실을 강조하였다.(pp.48~52)

그의 이성주의적 사상의 발전과정에 대한 검토 작업에는 경험주의적 사상의 발전과정에 대한 검토 작업이 병행되었다. 그의 지식관의 역사에 대한 논쟁은 첫 번째 것이 주제곡이 되고 두 번째 것이 부제곡이 되는 식의 일종의 대위법의 형식을 취하고 있었던 것이다. 물론 두 번째 작업은 첫 번째 작업에 대한 일종의 보조 작업이었기에 분량은 상대적으로 적으면서도 비판의 강도는 최대로 강하다는 특징을 지니고 있었다. 여기에서 거론된 경험주의적 이론은 Hume과 Wittgenstein, Quine등의 것이었는데, 소개된 내용은 하나같이 지식은「자연의 원래적 손으로부터 도출된 실험적 추리법」에 의해서 획득된다는 것이나(Hume), 언어는「훈련과 명시적 설명법」에 의해서 배워진다는 것(Wittgenstein), 지식획득의 장치는「일정한 기초적인 주변적 처리기구」에 한정되어 있다는 것(Quine)처럼 다분히 단편적이고 피상적인 것이었다.

이 장에서 두 번째 부분이 되고 있는 것은 행동주의 심리학자들의 언어 습득관과 구조주의 언어학자들의 그것을 한데 묶어서 비판하는 일이었다. 이들 두 학문이 모두 경험주의적 지식관을 기초로 해서 생겨난 것들인데다가, 과학주의를 표방하면서 20세기의 학풍을 경험주의적인 쪽으로 몰고 간 주도 학문이었다는 사실을 감안한다면 그가 이런 작업을 그의 두 번째 작업으로 삼은 것은 너무나 당연한 일이었다. 그가 공격의 대상으로 삼은 구조주의자는 Block과 Saussure로서, 그들이 세운 현대 언어학의 기저에는「언어습득장치는 일정한 자료처리기구나, 또한 연상의 원리와 부여된 자질 공간의 차원에 따르는 경사도에 대한 일반화의 원리, 특히 우리 경우에 있어서의 분절과 분류등의 분류학적 원리등과 같은 극히 낮은 수준의 귀납적 원리에 의해서 움직인다.」는 발상법이 깔려 있었다고 보았다.(p.47) 그리고 그가 공격의 대상으로 삼은 행동주의자는 Hull과 Skinner로서, 언어는 「일조의 원초적 비조건화된 반사작용」에 의해서 학습된다는 Hull의 주장이나, 언어는 「조건화 절차」에 의해서 학습된다는 Skinner의 주장은 모두가 「언어를 본질적으로 일종의 우발적 구조체」로 보려는 황당한 주장에 불과했다.(p.51)

이 장에서 세 번째이며 마지막 부분이 되고 있는 것은 자기가 내세우는 변형문법이론이야말로 지금까지 밝혀진 언어의 실체와 부합되면서도 언어습득체계의 내적 구조에 대해서 하나의 가설을 설정할 수 있는 희망을 제공한 것이라는 의미에서 가장 강력한 언어이론임과 동시에 가장 과학적인 언어습득이론이라는 점을 강조하는 일이었다. 간단히 말하자면 그는 여기에서 자기가 내세우는 변형문법이론은 곧 어린이들의 몸 안에 미리 내재되어 있는 언어적 지식이 어떤 것인가를 구체적으로 보여주는 이론이기에 결과적으로는 이것이야말로 왜 경험주의적 언어습득이론 보다는 이성주의적 언어습득이론이 맞는 이론이라는 것을 가장 확실하게 드러내주는 이론이라는 점을 밝히고 있는데, 아래와 같은 두 가지 말 가운데 그의 의도가 잘 드러나 있다.

그중 첫 번째 것은 그가 이제는 어린이들의 언어습득이 경험주의자들이 내세우는 분절이나 분류, 대치, 빈칸채우기, 연상등의 귀납적 절차에 의해서 이루어지지 않는다는 것이 분명해졌다고 선언한 다음에 「언어습득은 형식적 입장에서 보았을 때 일종의 깊고 추상적인 이론, 즉 그의 언어의 생성문법을 어린이가 발견하는 일에 기저하고 있다. 이것의 개념과 원리의 많은것 들은 무의식적인 유사추리 단계의 길고 정교한 연쇄에 의한 경험과는 오직 멀게만 관련되어 있다」라고 한 말이다.(p.58)

그중 두 번째 것은 그가 언어학의 궁극적인 목표를 기술적으로만 적절성이 있는것이 아니라 설명적으로도 적절성이 있는 언어이론을 찾는 일에 둔다는 것은 곧 그것을 어린이들의 몸 안에 내재되어있는 변형문법의 실체를 밝히는 일에 둔다는 말이나 같은 말이라고 주장하면서,「현재까지 알려진 정보로 판단했을 때, 어린이는 고체의 감지나 선과 각에의 주의를 통제할 수 없듯이 제시된 자료를 설명하기 위해서는 특별한 변형문법을 구축하지 않을 수 없다고 상정하는 것은 합리적인 듯하다. 따라서 언어구조의 일반적 자질은 개인의 경험의 과정이 아니라 그의 지식획득 능력의 일반적인 특성, 즉 전통적인 말로 그의 내재적 상념과 원리를 반영하고 있을 것이다.」라고 한 말이다.(p.59)

언어습득론에 대한 그의 이상과 같은 3단계적인 전개법은 그 후에 나온 책이나 논문에서 하나의 표준형처럼 반복되었는데, 그 가운데서 가장 대표적인 것이「언어와 정신」에서의 심리학적 언어습득모형과 언어학적 언어습득 모형의 비교이다. 그는 우선 여기에서 제대로 된 언어이론이란 결국 언어수행의 현상이 아니라 언어능력의 실체를 정확하게 설명할 수 있는 이론이라는 주장을 다시 되풀이했는데, 한 가지 특이한 사실은 그것이 아래에 제시되어있는 것과 같은 도안으로 표현되어 있다는 점이다. 그는 그 다음으로 여기에서 언어습득장치내에 들어있는 것은 보편문법이라는 용어를 최초로 사용했는데, 두말할 필요도 없이 그가 표준이론에서 제안한 문법모형이 바로 그것이었다. 예컨대 그는 오로지 통사적 구조를 심층구조와 변형부, 표층구조로 구성되어 있다고 보았을 때만「What disturbed John was being disregarded by everyone.」이라는 문장은「being」이 동명사로 쓰이느냐, 수동진행형의 일부로 쓰이느냐에 따라서 두가지 의미를 나타낸다는 사실을 제대로 설명할 수 있다고 주장했다.(pp. 117~124)

(1)

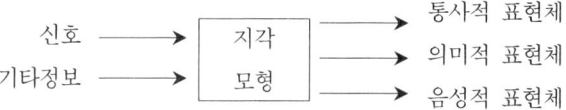

(2)

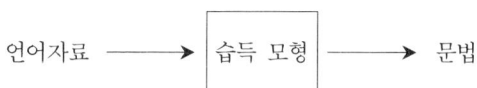

(3) 문제점

그런데 사실은 그 자신이 자못 자랑스럽게 제시한 이들 두 도안에 결국에 무엇이 그의 언어습득론의 문제점인가 하는 것이 다 드러나 있다. 크게 보았을때 그런 문제점에는 두 가지가 있다고 볼 수가 있는데 그중 첫 번째 것은 그가 말하는 지각 모형은 자기의 언어습득이론의 타당성을 검증하는 데 단 한번도 쓰인 적이 없다는 점이다. 물론 그가 여기에서 (1)과 (2)와 같은 두 가지 모형을 나란히 제시한 것은 오답과 정답을 대조시킴으로써 정답의 정당성을 더욱 부각시키기 위해서였다. 따라서 그의 입장에서 보자면 (1)과 같은 지각모형이 자기의 언어습득이론의 타당성을 검증하는데 단 한 번도 쓰인적이 없다는 것은 너무나 당연한 일이다.

그런데 그가 여기에서 제시한 지각모형은 간단히 말해서 경험주의적 지식획득관을 기본 철학으로 삼는 심리학적 모형이다. 구체적으로 말하자면 여기에서 그는 그 동안에 행동주의 심리학에서 내세워온 자극대 반응의 모형이나 조건화의 모형, 일반화의 모형, 연상의 모형, 강화의 모형들을 통틀어서 지각모형이라고 부르고 있는 것이니까 그것을 제시한 목적이 심리학적 접근법의 한계성을 지적하거나 더 나아가서는 그것의 사용을 회피할 것을 권장하기 위해서라는 것은 너무나 뻔한 일이다. 심리학적인 언어습득이론, 즉 지각모형의 한계성을 노정시키게 되면 저절로 언어학적인 그것, 즉 습득모형의 타당성이 높아지게 된다는 것을 그는 익히 알고 있었던 것이다.

그런데 그의 이런 논증법은 적어도 두 가지 문제점을 지니고 있다고 볼 수가 있다. 그중 첫 번째 것은 그렇게 되면 어린이가 언어를 배우는 것은 일종이 심리적 절차이기 때문에 그것에 대한 연구는 으레 심리학에서 하게 되어 있다는 지금까지의 학문적 전통을 완전히 무시한다는 의미가 된다는 점이다. 그러니까 그에게는 마땅히 지각모형이 부적절하다는 자기의 주장이 지금의 심리학의 연구능력이 부족하다는 의미인지, 아니면 기존의 학문적 분류법이 잘못되어있다는 의미인지를 밝힐 의무가 있다. 심리학자들은 결코 기존의 학문적 분류법을 잘못된 것으로 보지 않는다. 그리고 그들은 자기네들의 연구능력도 시일이 흐르면서 차차 개선되고 있다고 믿는다. 그의 논증법은 분명히 반심리학적 논증법인 셈이다.

그중 두 번째 것은 배울 수 없는 것은 결국에 내재된 것으로 보면 된다는 고전적 논증법을 되풀이하고 있다는 점이다. 물론 그렇다고 해서 사실적인 근거를 대려고 노력하지 않는 것은 아니다. 예컨대 그는 자기의 언어습득론의 가장 확실한 근거로 이른바 「자극의 궁핍성」을 내세우고 있다. 그는 어린이들이 습득한 언어는 모방적인 것이 아니라 다분히 창조적인 것이라는 사실이 외부적 자극, 즉 언어적 경험은 내재된 지식을 일깨우는 역할만을 하게 된다는 것을 실증하고 있다고 본다. 또한 그는 어린이들은 배우는 언어의 종류와 관계없이 누구나 자연적이면서 동일한 과정을 거치면서 언어를 배운다는 사실, 즉 언어습득절차의 보편성도 중요한 근거가 될 수 있다고 생각한다. 이와 관련하여 그는 인간 이외의 동물은 절대로 언어를 배울 수 없다는 사실, 즉 언어의 종 특이성도 그런 증거로 내세운다.

두말할 필요도 없이 그가 대는 근거의 압권은 역시 그의 보편문법이론이다. 태어난 나라나 지역에 따라 어린이들이 서로 다른 언어를 배우게 되는 현상을 매개변인의 선택절차로 보게 되면, 하나의 보편적인 문법이 모든 어린이들에게 내재되어 있어서 결국에는 이것이 그들의 개별문법의 기본이 되게 되어 있다는 자기의 발상법에 아무런 억지가 없다는 것이 확실해진다고 그는 생각한 것이다. 예컨대 그는 미국의 어린이는 우분지 언어를 배우게 되는데 반하여 일본의 어린이는 좌분지 언어를 배우게 되는 것은, 생후에 겪게 되는 언어적 경험을 바탕으로 해서 그들이 각각 서로 다른 핵 매개변인을 선택했기 때문이라고 보았다.

그러나 그가 제시한 근거들은 하나같이 일찍이 Plato가 지적한 바를 약간 다르게 표현한 것일뿐으로서 언어습득의 절차를 심리학적으로 설명하는 데 쓰일 수 있는 것은 아니다. 다시 말할것 같으면 이들은 내재된 지식은 심리학적으로 구명될 수 없는 것이라는 그의 고정관념만을 더욱 확실하게 해주는 것들이다. 그러니까 결과적으로는 그도 배울 수없는 것은 결국에 내재된 것으로 보면 된다는 어떻게 보자면 지극히 편리하면서도 또 다르게 보자면 지극히 무책임한 논증법을 쓰고 있는 것이다. 심리학적으로 보았을 때 경험주의적 학습이론을 비판한 것을 부정적 근거로 치자면, 그가 내세우는 긍정적 근거들은 그것만도 못한 것이다.

이렇게 보자면 그의 언어습득론의 첫 번째 문제점은 어떤 형태로든지 아직까지 단 한번도 심리학적 검증을 받지 않았다는 점임이 분명하다. 물론 이런 지적은 언어습득의 문제는 심리학의 과제이어야 된다는 전통적인 사고방식에 근거한 것이다. 예컨대 심리학자들은 얼마든지 (1)의 모형의 네모꼴안의 것을 지각인지 모형으로 바꾸게 되면 그것은 곧 (2)의 모형보다 더 과학적인 것이 될 수 있다고 주장할 수가 있을 것이다. 그리고 그가 제시한 근거들은 대부분이 외적 자극이나 경험의 역할을 어느 정도까지 인정하고 있는 것들이다. 아무리 궁핍된 것이라 할지라도 외적 자극이나 경험이 없이는 언어습득이 이루어지지 않는다는 것을 그도 인정하고 있는 것이다. 그러니까 외적 자극이나 경험으로 행동적 변화가 일어나게 되는 절차는 분명히 일종의 심리적인 절차임에도 불구하고, 이런 절차는 심리학이 아니라 언어학적인 방법에 의해서만 밝혀질 수 있다고 그는 주장하고 있는 것이다. 바로 이 점이 그의 언어습득론의 첫 번째 문제점이다.

그의 언어습득론의 두 번째 문제점은 바로 그가 정답으로 내세우는 (2)의 모형안에 들어있다. 발표된 직후부터 「언어습득장치(Language Acquisition Device<LAD>」라는 이름으로 언어학이나 심리학등에서 널리 알려지게 된 점으로 미루어 보아서도 이것이 그의 언어습득론을 대변하고 있는 것이라는 것은 의심할 여지가 없다. 그런데 사실은 우선 이 모형의 핵심부인 네모꼴안의 습득모형이 바로 문제거리이다. 이것이 최초로 제안되었을 당시에는 표준모형을 그 안에 들어있는 보편문법으로 보았다. 그리고 이 때만 해도 어떻게 하나의 보편문법에서 다양한 개별문법이 생겨나게 되는가에 대한 설명은 없었다. 따라서 이 도안은 일단 예컨데 영어리는 언어자료를 입력시키게 되면 보편문법에서 영문법이 생겨나게 된다는 식으로 해석해야만 했다.

그런데 그 보다 더 근본적인 문제는 그 후 그의 표준모형은 더 이상 보편문법으로 인정되지 않는 사태가 벌어졌다는 점이다. 그러니까 쉽게 말해서 무엇이 구체적으로 언어습득장치안에 들어가 있는가에 대한 그의 의견은 문법기술에 관한 이론과 방법이 달라짐에 따라서 바뀌어온 것인데, 어떤 의미로 보아서는 이것은 그가 제안한 (2)의 모형자체를 무의미한 것으로 만들 수 있는 중대한 문제점이다. 나쁘게 말하자면 보편문법의 실체가 언젠가에 가서 제대로 밝혀지기 전까지는 (1)의 모형만도 못한것이 (2)의 모형인 셈이다. 그리고 더 큰 문제점은 현재로서는 안타깝게도 그 언젠가가 언제쯤이 될것인가를 아무도 예측할 수 없다는 점이다.

그게 그렇다는 것은 그 자신이 자기의 언어이론 중 최신의 것으로 간주하는 최소주의 이론도 최종적이고 결정적인 것으로는 보지 않고 있다는 사실로써 익히 알 수가 있다. 더 구체적으로 말할 것 같으면 지배와 결속의 이론에서 내세웠던 「원리와 매개변인의 이론」이라는 보편문법의 실체에 대한 검토 작업은 2~30년이 지난 지금에 이르러서도 끊임없이 계속되고 있다고 그는 보고 있는 것이다. 무엇보다도 흥미로운 사실은 그 자신은 표준이론을 시발형으로해서 그것이 점점 단순화 내지는 최소화되고 있다고 보는데, 그의 학파중 일부마저도 구체적인 면에 있어서는 그의 의견에 동의하지 않고 있다는 점이다.

그러나 큰 맥락으로 보아서는 그가 제시한 (2)의 모형은 일단 표준이론 대신에 원리와 매개변인의 이론이 네모꼴안에 들어가 있는 것으로 수정되었다고 볼 수가 있는데, 이런 수정만 해도 따지고 보자면 엄청난 수정이다. 예컨대 그는 여기에서 보편문법의 기본이 되는 문법적 원리로서 X'이론을 비롯하여 한계이론, 지배이론, Θ이론, 결속이론, 격이론, 통제이론들을 들고 있는데, 이들은 모두가 문법적 규칙이 아니라 제약조건들이다. 복잡하고 다양한 규칙들이 몇 가지의 원리로써 대체가 되었으니까 일단은 문법이 크게 단순해진 것은 틀림이 없다. 바꾸어 말하자면 이제는 언어습득장치에 들어있는 언어적 지식의 성격이 크게 달라지게 된 것이다.

그런데 이 이론에서의 보편문법에는 매개변인도 들어가 있다. 여기에서는 어린이들이 몸안에 지니고 있는 보편문법은 몇 가지의 문법적 원리와 직접적인 경험에 의해서 그 가치가 정해지는 일정한 수의 매개변인들로 이루어져 있다고 봄으로써, 원래의 (2)의 모형으로는 제대로 설명이 될 수 없었던 점, 즉 습득된 문법의 개별성에 대한 문제를 해결할 수 있게 된것이다. 이 이론에서는 어린이들이 매개변인의 가치를 정하는 과정에서 얻게 되는 경험적 증거에는 긍정적 증거와 직접적인 부정적 증거, 간접적인 부정적 증거등의 세가지가 있다고 보고 있다.(Chomsky, 1981: pp.8~9)

이 이론에서는 보편문법의 내용을 크게 바꾸는 일 이외에 학습 가능성의 이론과 유표성의 이론과 같은 그의 기존의 내재주의적 언어습득론을 보강할 수 있는 부수적 이론들이 제안되기도 했다. 우선 어린이들의 언어학습은 문법선택의 작업인 셈인데, 결국에 이 작업은 보편문법의 매개변인의 가치를 정하는 일인 이상 그들이 선택할 수 있는 문법의 종류는 이미 정해져 있는 것이나 다름이 없다는 것이 학습 가능성의 이론이었다. 그 다음으로 유표성의 이론이란 어린이들이 문법규칙을 배우는 순서는 으레 무표적인 것(기본적인것)으로부터 시작하여 유표적인것(주변적인것)으로 차차 확대해가는 식으로 되어있다는 이론이었다.(pp.10~11)

그가 제안한 (2)의 모형의 또 한가지 문제점은 학습의 대상을 문법으로 제한한 점이다. 물론 그에게는 처음부터 통사부가 언어조직의 핵심부라는 소신이 있었기에 습득장치에서 처리되는 것은 마치 문법이나 통사규칙뿐이라는 인상을 주게 되는 위험을 무릅쓰면서 그가 (2)와 같은 모형을 제안했을 것이다. 예컨대 그는 「언어와 성신」에서 처음으로 보편문법이라는 용어를 쓰기 시작할 당시에는 약간이나마 보편적 의미조직과 보편적 음운조직등에 관한 논의도 했었다. 그렇지만 그의 의도는 어디까지나 그런 조직들은 통사조직이 일종이 해석부에 불과하다는 견해, 즉 자기의 표준모형의 타당성을 주장하려는 데 있었다.

심리학자들의 입장에서 볼 것 같으면 응당 그의 언어습득론은 하나의 통사습득론에 지나지 않는다는 비판을 하게 될 만큼 이 문제는 분명히 다분히 근원적이고 본질적인 문제이다. 그럼에도 불구하고 그는 그동안 내내 네모꼴내의 내용은 바뀔 수 있지만 입력부와 출력부의 실체는 그럴 필요가 없다는 강력한 신념을 유지해왔다. 이런 의미에서 보자면 (2)와 같은 모형에 있어서는 출력부의 문제가 습득장치내의 그것보다 훨씬 더 중대한 것이라고 볼 수도 있다. 결국은 바로 이 점이 심리학적 언어습득론과 언어학적 언어습득론을 구별시켜주는 특징인 셈이다.

그런데 사실은 간단한 사실적인 관찰만으로도 누구나 문법습득의 절차는 어휘습득의 절차와 함께 엉켜있다는 것을 익히 알 수 있다. 그럼에도 불구하고 그는 대담하게 (2)와 같은 어휘부 무시의 언어습득 모형을 제안하고 있다. 그가 표준이론때 내세운 이런 통사론 위주의 언어습득관은 원리와 매개변인때에 이르러서도 달라지지 않았다. 그는 예컨대 표준이론의 결함중의 하나가 바로 어휘적 자질의 표시가 중복적으로 이루어진다는 점이었는데, 원리와 매개변인의 이론에서는 X'이론이 도입됨으로써 그것이 개선되게 되었다고 주장하고 있다. 다시말해서 구이론에서는 어휘의 문맥적 자질, 즉 하위범주화의 틀이 어휘부와 범주부의 두 곳에서 각각 묵시적으로와 명시적으로 표시되어 있었는데, 신 이론에서는 X'이론의 도입으로 범주부에서의 표시가 필요 없게 되었다는 것이었다.(Chomsky, 1981: p.32)

그런데 무엇보다도 중요한 사실은 어휘를 습득한다는 것은 곧 그것의 하위범주화의 자질을 습득한다는 의미라는 그의 통사론 위주의 사고방식에는 아무런 변화가 없다는 점이다. 예컨대 그는 「영어를 배우는 사람은 어떻게 해서든지 「persuade」의 하위범주화 자질을 발견해야 하는데, 이것은 바로 그것의 의미를 배우는 일의 일부이다. 일단 이런 지식이 주어지게 되면 「persuade」가 나타나는 통사구조의 기본적 자질들은 투사원리에 의해서 정해지게 되어 있으며, 따라서 따로 배울 필요가 없어진다.」와 같은 말을 하고 있는데, 여기에서 우리는 다음과 같은 두 가지의 문제점을 찾아낼 수가 있다.(Ibid. p.31)

첫 번째로 그의 의도와는 정반대로 이 말이 맞다면 사람들은 응당 언어습득작업은 통사적 규칙의 습득이 아니라 어휘의 습득이 기본축이 되어서 이루어진다고 주장할 수도 있다는 점이다. 예컨대 이 설명에 의하자면 「We persuaded John that he should finish college.」 나 「We persuaded John to finish college.」와 같은 문장들과 관련되어 있는 통사적 규칙들은 「persuade」라는 동사의 하위범주화 자질들을 배움으로써 자동적으로 배워지게 되어있다. 역설적으로 그러니까 그는 여기에서 문법규칙이 아니라 어휘습득의 중요성을 강조한 셈이다.

두 번째로 이 말을 통해서는 어휘습득이 구체적으로 어떻게 이루어지는가에 대해서는 알 수 없게 되어있다는 점이다. 여기에서는 학습자는 으레 동사의 하위범주화 자질을 「어떻게 해서든지 발견해야한다」라는 막연한 표현이 쓰이고 있는 점으로 미루어 보아서, 적어도 이 문제에 있어서는 그가 경험주의자와 이성주의자중 어느 편에도 서지 않고 있음이 분명하다. 물론 그의 이런 태도는 문법습득에 대한 그의 일방적인 태도와 대조적이다. 또한 여기에서는 어휘의 통사적 자질을 그것의 의미의 일부로 보고 있는데 이런 의견은 간단히 말해서 그만의 극단적인 통사론 중심의 언어관에서 나온 것으로서 분명히 대부분의 심리학자나 언어학자들이 쉽게 동의할 수 있는 것은 아니다. 다시 말해서 대부분의 심리학자나 언어학자는 어휘의 의미와 그것의 통사적 자질은 서로 별개의 것이라고 생각한다.

특히 여기에서는 어휘의 통사적 자질이 그것의 음성적 자질이나 개념적 자질보다 더 중요한 듯한 인상을 주고 있기까지한데, 이것도 반드시 타당한 어휘관이라고 볼 수는 없다. 어린이들의 어휘습득절차로 보아서는 그 반대를 오히려 맞다고 보아야 할 것이다. 예컨대 미국의 어린이가 「persuade」와 같은 동사를 배우는 절차는 아마도 먼저 그것의 발음과 「설득하다」라는 의미를 배운다음에 그것의 하위범주화 자질들을 배우는 식일 것이다. 그 이유는 그들이 「~+간접목적어+부정사」 와 「~+간접목적어

+that절」, 「~+직접목적어+전치사구」처럼 다양화되어 있어서 그들의 기능적 크기도 같지 않기 때문이다. 다시말해서 미국의 어린이들은 틀림없이 「I persuaded an answer out of her.」라는 말을 「I persuaded her to forgive him.」이라는 말보다 늦게 배울 것이다.

이렇게 보자면 결국에 (2)와 같은 모형으로 표현되고 있는 그의 언어습득장치의 이론은 언어습득에 관한 이론이 아니라 문법습득에 관한 이론이라는 결론이 나온다. 이 모형에는 쉽게 말해서 문법은 바로 언어라는 그의 언어관이 그대로 드러나 있는 것이고, 언어기술 모형은 바로 언어습득 모형이라는 그의 언어철학이 그대로 드러나 있는 것이니까, 그 자신은 아마도 그 점을 단점이라고 생각하지 않을 것이다. 그렇지만 우선 심리학자 같으면 어린이들은 으레 언어를 언어사용의 현장에서 실제로 그것을 의사소통의 도구로 써가면서 배우게 된다는 사실 하나만으로써 그 점이 큰 단점의 하나라는 것을 익히 알 수 있다고 주장할 것이다. 그리고 그들의 입장에서 보자면 그가 습득장치의 집으로 그려놓은 네모꼴도 아직은 한낱 검은 상자나 마법의 상자에 지나지 않는다.

3. 언어기원론

그가 그 동안에 언어습득론을 철학자나 심리학자들을 비판하고 공격하는 광장으로 삼았다면 진화론자나 생물학자들을 비판하고 공격하는 데 쓰인 광장은 언어기원론이었다. 그런데 언어기원론은 결국 진화론의 일부이다. 따라서 그것은 내재이론을 검토할 수 있는 궁극적인 광장이 될 수 밖에 없다. 그런 의미에서 볼 때 그는 언어기원론의 광장에 뛰어 들어감으로써 자기의 언어이론에 대한 결정적인 승부수를 던진 셈이다. 그는 물론 이 문제에 대해서 먼저 선수를 쳤다는 사실만 가지고도 이 싸움의 승패는 이미 판결이 난 것이나 다름이 없다고 만족해 할 것이다.

그러나 결론부터 말할 것 같으면 그의 이런 시도는 이 세상의 모든 현상을 설명할 수 있는 하나의 대 이론을 세우겠다는 과학자의 꿈 즉, 쉽게 말해서 학문적인 천하통일을 이루겠다는 과학자의 꿈을 자기도 가지고 있다는 것을 드러낸 것 이상의 결과는 가져오지 못했다. 그의 언어 기원론이 이런 결과 밖에 낳지 못한 것은 어떻게 보자면 너무나 당연한 일이다. 그의 주장은 결국에 나쁘게 말 할것 같으면 누구나 내세울 수 있는 하나의 추론에 불과한 것이기 때문에 그런 것이다. 물론 더 근원적으로는 무엇을 내재된 것으로 보느냐의 문제보다 한 차원 높은 수준의 것이 그것이 어떻게 내재되게 되었느냐의 문제인데, 첫 번째 문제는 모를까 두 번째 문제를 다루기에는 그의 언어이론은 역량이 부족했던 것이다.

또 한가지 특기할 사실은 그 동안의 끈질긴 참여로 보아서는 그의 언어 기원론은 이제쯤에는 예컨대 보편문법적 언어기원론으로 불릴만도 한데 사실은 그렇지도 못하다는 사실이다. 오늘날 그의 언어기원론은 몸짓설이나 원형언어설, 상징지시설과 같은 가설들이 차지하고 있는 자리정도의 자리도 차지하지 못하고 있으니까, 가설의 자격도 아직은 제대로 따지 못하고 있는 셈이다. 물론 이렇게 된 근본적인 이유는 이 영역에서도 일종의 학문적 순혈주의의 전통이 이어져 오고 있기 때문이다. 바꾸어 말할 것 같으면 언어기원의 문제에 대한 논의는 현대이전까지는 주로 철학자들 사이에서 이루어지다가 그 뒤에 이르러서는 주로 진화론자론들 사이에서 이루어져 왔기 때문에 그의 이론이 들어설 만한 자리는 없었던 것이다.

그렇지만 만약에 그의 언어기원론이 진화론적으로 타당성을 충분히 인정받을 만한 것이었다면 사정이 이렇게 되지는 않았을 것이다. 그가 그

동안에 이 문제와 관련하여 해온 일은 크게 지금까지 제안된 언어기원론들을 모두가 타당성이 없는 것들이라고 비판하는 일과, 그러니까 이제는 언어학적 연구결과를 근거로 한 새로운 이론을 수립할 때가 되었다고 주장하는 일이 두 가지였는데, 진화론자들의 입장에서 볼 것 같으면 이들 두 가지 일 사이에 마땅히 있어야할 균형이 크게 깨져 있었다. 쉽게 말해서 그가 내세우는 언어기원론은 아직은 어떤 형식의 진화론적인 검증작업도 필요로 하지 않는 수준의 것이었다.

이렇게 보자면 결국 그가 언어기원의 문제에 대한 연구에 기여한 바는 직접적인 것이 아니라 간접적인 것이었다. 구체적으로 말해서 1970년대에 일어난 촘스키의 혁명이 이 분야에도 적지 않은 영향을 주게 된 것이다. 우선 그의 언어이론의 등장으로 그전까지는 주로 발음이나 어휘적 능력의 발달과정을 밝히는 일에 초점을 맞추었던 연구자들의 관심이 통사적 능력의 발달과정을 밝히는 일도 대상에 포함시키는 식으로 그 폭이 넓어지게 되었다. 그 다음으로 일부 연구자들은 그가 제시한 문법모형과 언어기원론을 일단 맞는 것으로 받아들인 나머지 그것을 응용하거나 확대시킨 가설을 만들어내게 되었다.

이런 연구자중 가장 대표적 사람은 바로 Bickerton이었다. 그가 1981년에 주로 피진과 크레올에 대한 연구를 통해서 제안한「생물학적 프로그램의 가설」이라는 원형 언어설은 두 가지 점에 있어서 Chomsky의 언어이론을 원용한 것이라고 볼 수가 있는데, 그중 첫 번째 것은 그가 내세우는 생물학적 프로그램의 개념은 Chomsky가 내세우는 보편문법의 그것과 동일하다는 점이다. 그중 두 번째 것은 그는 Chomsky가「원리와 매개변인의 이론」에서 내세운 문법모형을 원형언어의 진화의 결과물인 현대 언어의 모형으로 보았다는 점이다.

이런 류의 연구자로는 Berwick과 Bierwisch도 들 수가 있다. 예컨대

Berwick이 1998년에 발표한 「언어진화와 초소주의 문법:통사조직의 기원(Language evolution and the minimalist program:the origins of syntax)」이라는 논문은 제목 자체가 Chomsky의 언어이론을 언어기원론의 주제로 삼은 것이라는 점을 잘 드러내주고 있다. 이것은 크게 두 부분으로 나뉘어질 수가 있는데, 그중 첫 번째 부분은 어떻게 병합과 이동의 두 절차들로써 모든 문장들이 만들어지게 되는가를 보여주는 부분이고, 그중 두 번째 부분은 이들 두 규칙에 관한 지식은 유전자의 복제현상이라는 특이한 돌연변이에 의해서 생겨나게 되었다는 것을 설명하는 부분이었다. 그러니까 바로 두 번째 부분이 그가 Chomsky의 언어이론에 기여한 부분이었다.

또한 이런 점으로 보아서는 Berwick의 논문과 아주 유사한 성격의 것이 Bierwisch가 2001년에 발표한 「언어진화의 명백한 역설:보편문법은 적응적 선택으로 설명될 수 있는가(The apparent paradox of language evolution:Can universal grammar be explained by adaptive selection)」이라는 논문이다. Berwick과 마찬가지로 그도 우선 Chomsky가 내세운 보편문법 모형을 언어의 기본구조로 보고 있다. 그러나 언어진화의 절차에 관해서는 Chomsky의 의견이나 Berwick의 의견과 진히 다른 의견을 제시했다. 누진적 선택이론이라는 다분히 다원적인 진화이론을 그는 제시했다.

따지고 보자면 그가 언어기원의 문제를 언어이론의 일부로 다루기 시작한지도 4,50년이나 되었다. 그러니까 그의 언어습득론의 역사와 마찬가지로 그의 언어기원론의 역사도 그의 언어이론의 역사와 겹쳐져 있는 것인데, 그것이 남긴 흔적은 안타깝게도 그의 언어습득론의 그것만도 못하다. 이런 주장의 비근한 근거로 내세울 수 있는 것이 바로 아직도 이 문제를 전문적으로 다루는 학계에서 언어학적 언어기원설이나 보편문법적 언어기원설 같은 것이 하나의 가설이나 이론의 자격을 얻지 못하고 있다는 사실 일 것이다. 이것은 곧 결국에는 그의 언어기원론도 그의 언어습득론처럼 대내용으로 그 용도가 제한되어 있었다는 말인데, 궁극적으로 보았을때는 이런 한계성은 일종의 자업자득의 현상이다. 그의 언어기원론의 특징으로 다음과 같은 세 가지를 잡고 보면 그 점이 더욱 분명해진다.

(1) 언어적 근거

그의 언어기원론의 제일 큰 특징은 언어적 사실을 근거로 해서 만들어진 것이라는 점이다. 물론 그가 말하는 언어적 사실이란 보편문법적 사실이다. 그러니까 그의 보편문법이론의 연장선상에 있는 것이 바로 그의 언어기원론이었던 것이다. 그의 발상법은 지금의 언어의 모습을 근거로 해서 그것의 진화과정을 역 추정할 수 있다는 것이니까 그 동안에 진화론자들이 가져왔던 발상법과는 정반대적인 것이다. 그가 이런 역발상적인 발상법을 갖게 된 것은 우선 본인에게는 자기의 언어지식에 대한 확실한 자신감이 있기 때문이고, 그 다음으로는 원형언어에 관한 고고학적인 증거는 있을 수 없기 때문이었다. 그는 어차피 언어기원론은 일종의 추리의 게임이 될 수 밖에 없다는 사실을 너무 잘 알고 있었던 것이다.

물론 언어습득론에 있어서와 마찬가지로 언어기원론에 있어서도 기본적으로 쓰인 책략은 기존의 가설이나 이론의 허구성을 지적함으로써 결과적으로는 언어적 사실에 근거한 자기의 이론의 타당성이 저절로 드러나게 하는 것이었다. 이것의 실례는 그의 언어기원의 문제에 대한 논외의 최초의 것으로 볼 수 있는 「언어와 정신」에서의 논의이다. 표준이론이 발표되고서 3년 뒤에 나온 책이어서 그렇게 되었겠지만 이 책에서 그가 한 일은 크게 경험주의적 언어습득론을 비판하는 일과 자기의 보편문법이론, 즉 표준이론을 소개하는 일의 두 가지였다.

그런데 한가지 흥미로운 것은 사실은 바로 이 책에서 그 후 4,50년 동안에 거의 변함없이 되풀이 되는 그의 언어기원의 문제에 대한 기본적인 의견이 제시되었다는 점이다. 이 일의 첫 번째 부분은 기존의 이론이나 가설의 허구성을 드러내는 것이었는데, 그 대상 중 첫 번째 것은 Karl Popper의 진화론적 언어기원설이었다. Popper(1977)는 20세기의 가장 대표적인 과학철학자 인데다가, Darwin의 지식관을 Kant의 그것에 못지않은 것으로 내세워 왔다는 점등으로 보았을 때, 그가 Popper의 이론을 첫 번째 공격의 대상으로 삼은 것은 다분히 의도적이었다고 볼 수가 있다. 즉, 그는 틀림없이 Popper의 언어기원설의 허구성을 노정시키는 것은 곧 다윈주의적인 언어기원설의 허구성을 노정시키는 것이라고 생각했을 것이다.

Popper는 이 무렵에 「구름과 시계(Clouds and Clocks)」라는 논문에서 언어진화론이야말로 의지의 자유의 문제와 데카르트의 2원론의 문제를 해결할 수 있는 최선의 방편이라는 견해를 내놓으면서, 그것의 구체적인 예로서 단계적 진화설을 제시했었는데, 그가 보기에는 이것은 얼핏 보기에는 일종의 과학적인 이론 같지만, 자세히 살펴보면 한낱 허점 투성이의 이론에 불과했었다. Popper는 언어는 여러 개의 진화 단계를 거쳐서 생겨났는데, 이들 중 특히 중요한 것이 음성적 몸짓으로 심성 상태를 나타내던 「낮은 단계」와 분절된 소리로 생각을 표현하던 「높은 단계」이었다고 주장했다.

그러니까 Popper의 단계적 진화설은 언어의 진화과정을 하나의 긴 연속과정으로 보는 일종의 연속설이었던 셈인데, 연속설의 생명이라 할 수 있는 단계간의 연결기구의 문제에 있어서는 이것 역시 다른 연속설들과 동일한 한계성을 드러내고 있었다. 그가 보기에는 이것에서도 「한 단계를 그다음 단계로 옮겨가게 하는 기구」가 무엇인지에 대해서는 아무런 언급이 없었다. 특히 Popper의 설명에 따르자면 「낮은 단계」와 「높은 단계」사이의 간격이 굳이 매꾸어져야 할 이유가 없었다. 더구나 그는 그 진화과정을 숨쉬기와 걷기간의 그것에 비유하고 있는데, 이런 비유는 아예 성립이 될 수 없는 것이었다.(Chomsky, 1968: pp.67~8)

그중 두 번째 것은 비교 생태학자인 W. Thorpe(1967)가 「동물의 성음과 의사소통(Animal Vocalization and Communication)」이라는 논문에서 내세운 의사소통 체계설이었다. Thorpe의 학설은 전형적인 비교 행동학적인 이론으로서 「현재로서는 결정적으로 그들이 어느 한 동물에 드러나 있다고 말할 수 없지만, 인간 언어의 주요 자질들은 동물의 의사소통체계에서도 발견될 수 있다」는 것이 그 요지였다. 인간의 언어와 동물의 언어가 공통으로 가지고 있는 자질로 그는 「의도성」과 「통사성」, 「명제성」 등의 세 가지를 들었다.

Chomsky가 보기에는 이런 주장이 잘못된 것이라는 것은 다음과 같은 세 가지 사실만 가지고도 익히 밝혀질 수가 있었다. 첫 번째로, 공통적인 특성을 이들 세 가지로 잡고 보면 언어나 의사소통행위 한가지만이 아니라 거의 모든 행동들이 그 대상에 들어가게 되어 있었다. 예컨대 그의 정의에 의하자면 걷기도 분명히 의도적이고, 통사적이며 명제적인 행동이었다. 두 번째로 통사적 기구와 원리의 면으로 보았을 때 동물의 의사소통 체계와 인간의 언어는 서로 별개의 것들이었다. Thorpe는 유럽 울새의 노래를 동물의 의사소통체계의 가장 대표적인 것으로 들고 있는데, 신호의 수가 크게 한정되어있다는 점이나 용도나 기능이 이미 제한되어 있다는 점만으로도 그것은 인간의 언어와는 전혀 다른 체계라는 것을 익히 알 수 있었다. 인간의 언어로 어떤 자의적인 서술을 한다는 것은 「내재되어있는 것이든지 학습된 것이든지간에 어느 정해진 행동적 집적으로부터 하나의 신호를 선택하는 일」이 아니라는 것은 너무나 명백한 사실이었다. (Ibid. pp.69~70)

세 번째로, 인간의 언어는 반드시 의사소통의 목적을 위해서만, 즉 정보를 전달하기 위해서만 쓰이는 것은 아니었다. 그것은 정보를 전달하거나 오도하기 위해서 뿐만 아니라, 자기 생각을 정리하거나 자기의 영리함을 과시하기 위해서도 쓰일 수 있고, 더 나아가서는 단순히 놀이삼아 쓰일 수도 있었다. 비교생태학자들은 흔히들 인간의 몸짓 체계와 동물의 신호체계를 비교하려고 하는데, 이런 발상법은 인간의 언어는 전혀 다른 원리에 기저하고 있다는 사실을 모르는 데서 비롯된 것일 뿐이었다. 그의 생각으로는 「바로 이것이 그동안에 하나의 자연적 내지는 생물학적 현상으로 인간의 언어를 보려는 사람들이 못보고 지나쳐 버린 점」이었다.

이렇게 볼 것 같으면 결국에 생물학자들에게 부과된 과제는 조직의 복잡성상 어느 특수한 단계에 질적으로 전혀 다른 현상이 어떻게 나타나게 되었는가를 구명해내는 일, 즉 진정한 의미에서의 「돌연변이의 예」를 해명하는 일이었다. 인간이 언어를 갖게 된 것은 단순히 높은 수준의 지능을 갖게 되어서가 아니라 정신조직의 한 특수형태를 갖게 되었기 때문이라는 것은 이제는 더 이상 논쟁거리가 될 수가 없는데, 문제는 그것을 어떻게 구체적으로 실증할 수 있느냐 하는 것이었다. 그의 추측으로는 「만약에 경험적으로 적절한 생성문법을 만들어내고 그것의 구조와 조직을 지배하는 보편적 원리들이 결정되게 된다면, 이것이야말로 인간의 심리작용에 대한 하나의 중요한 기여가 될 것이었다.」(Ibid. pp.70~1)

이 일의 두 번째 부분은 첫 번째 부분에서 드러난 바를 바탕으로 해서 언어적 사실을 근거로 한 언어 기원론의 출현의 필요성과 그것의 충분한 가능성을 내세우는 것이었는데, 두말할 필요도 없이 한마디로 말해서 이 부분은 바로 그의 보편문법 이론이 어떤 것인가를 알리는 자리였다. 그의 논지는 그러니까 자기의 보편문법이론의 등장으로 기존의 잘못된 진화론적 언어기원론을 대치할 제대로 된 언어학적 언어기원론이 탄생될 날이 멀지 않게 되었다는 것이었다. 이 부분에서 그는 왜 앞으로는 언어기원론이 마땅히 언어습득론과 함께 언어이론의 일부분이 되어야하는가를 설명한 것이다.

　여기에서의 그의 보편문법이론에 대한 소개는 크게 두 부분으로 이루어졌다고 볼 수가 있는데, 그중 첫 번째 부분은 어떤 것이 궁극적으로 우리가 찾으려고 하는 생성문법인가를 밝히는 부분이었다. 그것은 언어적 지식, 즉 언어적 능력을 구체적으로 드러낸 것으로서「행동의 기저가 되는 하나의 추상적인 체계」라는 것이 그의 주장이었다. 일찍이 Humboldt가 정의를 내렸던 문법, 즉「생성의 법칙은 고정되고 불변이면서도 그들이 적용되는 범위와 구체적인 방법은 구체화되어 있지 않는, 순환적 생성의 체계」가 우리가 찾으려고 하는 문법이라는 것이었다.(p.71)

　그중 두 번째 부분은 이런 문법을 보편문법으로 치자면 몇 년 전에 자기가 제안한 표준이론이 바로 최선의 보편문법이론이라는 점을 밝히는 부분이었다. 그는 물론 여기에서 자기가 얼마전에 표준이론의 기본으로 내세웠던 말, 즉 언어의 구조에는 심층적인것과 표층적인 것의 두 가지가 있는데, 이들을 연결시켜주는 것이 일정한 제약 아래서 작동되는 일련의 변형규칙들이라는 말을 되풀이하고 있다. 그런데 이 자리에서 그는 보편문법이론의 연구와 관련하여 두 가지 흥미로운 언급을 하고 있다. 그중 한 가지는 이런 연구로 말미암아 수리언어학이 탄생될 가능성이 커졌다는 것이고, 나머지 한 가지는 이런 연구는 아직 초창기에 있지만 지금의 연구 업적만으로도 언어학이 인간의 정신작용의 특성을 결정짓는 고도로 추상적인 원리와 구조를 연구할 수 있는 학문이라는 것은 익히 알 수 있게 되었다는 것이었다.(pp.71~2)

(2) 특이한 돌연변이설

1968년에 「언어와 정신」에서 그가 처음으로 보였던 그의 특이한 양면적 논쟁법은 2005년에 이르기까지 몇 번이고 반복되었는데, 그러다 보니까 그것의 약점이 저절로 드러나버렸다. 그것은 바로 기존의 진화론이나 생물학적 이론들의 부당함을 들추어내는 데는 지나칠 정도로 열중하면서 그것에 대한 대안을 제시하는 데는 성공하지 못했다는 점이었다. 다시 말할 것 같으면 그는 지난 4,50년 동안에 거론하지 않은 적이 거의 없을 정도로 끈질기게 언어기원의 문제를 다루어왔음에도 불구하고 자신이 내세우는 언어기원설이 구체적으로 어떤 것인가를 밝힌 바는 없다. 약간 비꼬아 말하자면 그러니까 그의 언어기원론의 두 특징은 강인성과 공허성인 셈이다.

굳이 따지자면 그가 자기 나름의 언어기원설을 내세우지 않은 것은 아니라고 볼 수도 있는데, 그 이유는 「언어와 정신」에서 언어의 출현을 「진정한 의미에서의 돌연변이」로 본 이래 이런 발상법이 그 후 바뀐 적이 없기 때문이다. 일단 기존의 진화론적 돌연변이와 구별시킨다는 의미에서 그가 사용해온 돌연변이라는 용어 앞에 「특이한」이라는 한정사를 붙인다면, 그의 언어기원설은 특이한 돌연변이설이 되는 셈이다. 그러니까 그의 언어기원론이 한쪽으로 보자면 더할 수 없이 강인해 보이면서도 다른 한쪽으로 보자면 한 없이 공허해 보이는 것은 바로 그가 생각하는 돌연변이가 어떤 면에서 특이한 것인지에 대해서 단 한번도 제대로 된 설명을 하지 않았기 때문인 것이다.

이렇게 그의 언어기원설이 낮게 평가될 수 밖에 없는 것은 첫 번째로 특별한 돌연변이의 필연성을 강조만 했지 그것의 구체적인 절차에 대한 설명이 전혀 없었기 때문이다. 그동안 내내 그의 언어기원에 대한 논의의 초점은 으레 왜 언어출현과 관련된 돌연변이는 「진정한 의미에서의」 돌연변이로 보아야하는가를 설득하는 데 맞추어져 왔다는 것은 다음과 같은 몇가지 사례를 통해서 익히 알 수가 있다.

그중 첫 번째 것은 그가 「언어에 대한 반성」이라는 책에서 「진화과정을 통해서 인류가 갖게 된 능력가운데는 과학형성의 능력과 수 체계의 심층적 특성을 직관적으로 다룰 수 있는 능력등이 있다. 우리는 10^{10} 개의 신경세포들이 농구공 크기의 머리안에 결집되어 있는 상태에서 그것에 어떤 조건을 부여했기에 이런 체계가 발달되게 되었는지에 대해서 아는 바가 없다. 진화란 어느 구조의 모든 혹은 주목할 만한 자질들이 자연적 선택이라는 말로서 설명될 수 있다고 가정하는 것은 심각한 오류이다.」와 같은 말을 한 사실이다.(Chomsky, 1975: pp.58~9)

그중 두 번째 것은 그가 「생성적 기획」이라는 책에서 「개념적 능력은 우리로 하여금 지각하고 범주화하여 상징화 할 수 있게 할 뿐만 아니라 기초적인 수준에서 추리도 할 수 있게 할지도 모른다. 그러나 그 체계는 오직 연산적 능력과 연결이 되었을 때만 진정으로 강력해진다. 내 생각으로는 서로 별도의 진화과정을 밟기 시작한 두 체계가 어느 날 우연히 환상적일 만큼 효과적인 방식으로 상호교섭을 하게 되었을때 인류의 진화에는 큰 약진이 있었을 것이다. 연산적 능력이 개념적 체계에 연결되었을때 인간의 언어는 탄생되게 되는데, 그렇게 되면 그것은 사고와 계획, 평가등을 위시한 무한한 영역의 능력을 제공해 주게 되고, 그 다음에는 인간은 전혀 다른 유기체로 탈바꿈하게 된다.」와 같은 말을 한 사실이다.(Chomsky, 1982: pp.20~1)

그중 세 번째 것은 그가 「언어기도의 3 요소」라는 논문에서 「이제 일부 연구자들이 "인간의 능력"이라고 부르고 있는 것의 성격은 하나의 중요한 신비로 남아있다. 그것은 진화이론의 두 창설자간의 유명한 이견의 한 요소였다. Darwin과는 반대로 Wallace는 이런 기능들의 진화는 변이와 자연적 선택이라는 개념만으로는 설명될 수가 없으며, "다른 어떤 영향이나 법칙, 기관등"과 그들 없이는 물질적 우주가 존재할 수 없는 인력과 응집력, 기타의 힘들과 관련된 자연의 원리를 필요로 하게 된다고 주장했다. 비록 이들 문제들이 오늘날에는 생물학에서 다르게 다루어지고 있지만, 그들이 사라진 것은 아니다.」와 같은 말을 한 사실이다.(Chomsky, 2005: p.3)

그의 언어기원설이 낮게 평가되는 두 번째 이유는 최대한으로 절제되어있는 구체적인 절차에 대한 의견마저 단언적인 표현법이 아니라 완곡적인 표현법으로 표현되었기 때문이다. 그는 그 동안에 그가 생각하는 돌연변이는 진화론자들이 내세워온 돌연변이와 다르다는 말만을 해왔지, 그 차이가 구체적으로 어떤 것인가에 대한 설명은 단 한번도 한 적이 없다. 그러니까 결국 본인도 아직은 정답을 모르는 이야기를 하다보니까 표현법이 애매해질 수 밖에 없었던 것이다. 예컨대 그의 서술은 으레 10만 년 전에 두뇌가 커진 탓에 언어기능이 생기게 되었다는 말 바로 뒤에 「인간의 고차원적인 정신절차에 대한 대답은 결코 찾지 못할 것이다」라는 Lewonton의 말을 인용하는 식으로 자가당착적인 양면성을 띠고 있었다.

따지고 보자면 돌연변이라는 개념은 그가 처음으로 사용한 것이 아니라 진화론자들이 이미 사용해오던 것이다. 따라서 상식적으로 생각하자면 그는 진화론적 돌연변이의 개념을 원용해볼 만도 한데, 그렇게 하지도 않았다. 이런 개념중 가장 대표적인 것으로 볼 수 있는 것이 바로 Gould와 Vrba(1982)가 내세우는 「잉여변수의 차후변화」이론인데, 이것에 대한 언급마저도 없다. 간단히 말해서 이들의 의견은 기존의 인지적 능력의 일부가 정상적인 적응적 선택의 절차를 밟지 않고서 남아 있다가 얼마 뒤에 언어적 능력으로 바뀌게 되었다는 것이니까, 그는 그것을 받아들일 수 없었던 것이다.

그의 언어기원설이 낮게 평가되는 세 번째 이유는 그가 이따금씩 아직은 어느 누구도 언어기원의 문제에 대해서 정답을 가지고 있다고 볼 수 없다는 점을 강조하다 보니까 그것은 곧 과학적 탐구의 영역을 벗어난, 일종의 신비의 영역에 속하는 것일 수 있다는 말을 했기 때문이다. 그는 기회가 있을 때마다 자기의 언어학이 기여한 바는 바로 그전까지는 신비의 영역에 속하던 문제들을 과학의 영역으로 끌어낸 것이라고 주장해 왔었다. 그러나 그가 언어기원의 문제를 논의하는 마당에 있어서는 그렇게 자신만만한 태도는 더 이상 발견되지가 않았다. 이것의 가장 확실한 근거는 될 수 있는것은 바로 신비성이라는 단어가 쓰였다는 점이다.

문제의 신비성이라는 단어를 그가 직접 사용한 예로는 「생산적 기획」에서 한 말을 들 수가 있다. 물론 여기에서 그가 이 단어를 사용한 주 목적은 진화론적 이론의 비과학성을 보다 확실하게 드러내기 위한 것이었다. 그렇지만 이 말의 저변에는 분명히 크게 보자면 이 문제는 아직도 신비의 영역에 들어 있다고 보는것이 맞는 일이라는 의견이 깔려있다. 그 말은 다음과 같다.

> 인간의 언어기능과 영장류의 두뇌안의 어떤것 사이에는 아무런 유사성이 없을 것이라고 내가 믿게 된 이유는 다른 데 있다. 그것은 곧 종의 보존을 위하여 아주 유용하고 높은 가치가 있으며, 따라서 하나의 분명한 선택적 가치를 지니고 있다고 볼 수 있는 어느 생물학적 능력이 전혀 사용되지 않고서 그대로 잠복되어 있을 개연성은 거의 없다는 것이다. 그것이 사실이라면 그것은 놀라운 일일 것이다. 그렇지만 설사 그것이 사실로 밝혀진다고 해도 크게 바뀌는 것은 없다고 생각된다. 그전에 있던 문제들이 그대로 남아있게 마련이다. 그렇게 되면 우리는 그전의 것보다 더 어려운 문제, 이른바 어떻게 이 능력이 한번도 쓰이거나 선택되지도 않았는데 발달될 수 있었느냐를 설명해야한다. 그렇게 되면 문제의 신비성만이 더 증가될 따름이다. 그러나 내가 믿기에는 이와 같은 능력

이 선택적 압력 없이 진화되었을 가능성은 거의 없으며, 따라서 문제의 신비성
은 그렇게까지 깊은 것은 아닐 것이다.(Chomsky, 1982: pp.18~9)

그는 다른 사람들의 의견을 기회가 닿는대로 소개함으로써 자기의 이런 생각이 결코 혼자만의 것이 아니라는 점도 강조했다. 예컨대 그는 「자연과 언어에 대하여」라는 책에서 일찍이 Hauser(1996)가 「의사소통의 진화(The Evolution of Communication)」라는 책에서 「인간언어의 계통발생론은 하나의 신비이다」라고 한 말을 소개하고 있다. 또한 같은 책에서 그는 일찍이 Hume은 인간의 정신능력은 「자연의 궁극적인 비밀」이라고 말했었다고 소개하고 있다.(Chomsky, 2002: pp.56~76) 그리고 그는 「언어기도의 세 요소」라는 논문에서, 일찍이 Jacob은 진화에 관한 질문의 대답은 「대부분의 경우 비교적 이치에 맞는 추측의 수준을 넘어설 수 없다」라는 말을 했다는 사실을 소개하고 있다.(Chomsky, 2005: p.4)

(3) 생물학적 과제

그외 언어기원론의 세 번째 특징은 결국은 언어기원의 문제를 마땅히 해결해야할 뿐만 아니라 또한 해결할 수 있는 영역은 생물학뿐이라는 사실을 인정하고 있는 이론이라는 점이다. 그와 같은 대학자가 그 동안에 궁극적인 의미에서 볼 때 언어기원의 문제가 언어학의 과제가 아니라 진화론이나 생물학의 과제라는 것을 모르고 있었을 리가 없다. 그러니까 비꼬아 말하자면 그의 언어기원론에 있어서는 너무나 학리적으로 당연한 결론을 도출하는 데 무려 4~50년이 걸린 셈이다. 그의 언어 기원론은 역시 애초부터 대내용 이상의 기능을 수행하기에는 부적절한 것이었던 것이다.

그가 그 긴 과정 끝에 드디어 이 사실을 인정하게 되었다는 것을 가장

웅변적으로 드러내주는 사실은 아마도 2002년에 Houser와 Fitch와 함께 그가 「언어의 기능:그것은 무엇이고 누가 가지고 있으며 어떻게 진화했는가(The faculty of language, What is it, who has it, how did it evolve)」라는 논문을 썼다는 것일 것이다. 이것은 그가 최초로 그 동안 오랜 기간에 걸쳐서 공격의 대상으로 삼았던 생물학적 이론을 받아들였다는 사실하나만으로써, 많은 전문가들의 관심을 끌기에 충분한 것이었다. 그들은 잘만 하면 이 문제를 놓고서도 그럴듯한 절충주의적 접근법이 시도될 수 있겠다는 희망을 가질 수 있게 된 것이다.

그렇지만 안타깝게도 대부분 사람들은 이것이 그런 희망을 갖게 하기는 커녕, 겉과 속이 크게 다른 논문이라는 사실을 발견하게 되었다. 이것의 요지를 다음과 같은 두가지로 잡고 보면 이것에서 시도된 접근법은 진정한 의미에서의 절충주의적인 것이 아니라 일종의 타협주의적인 것이라는 사실이 분명해졌던 것이다. 이것의 첫 번째 요지는 이 문제에 대한 연구는 앞으로 언어학자와 생물학자가 긴밀한 협조관계를 유지한 상태에서 이루어지는 것이 바람직하다는 것이었다. 특이하게도 이것의 결론부에는 세 연구자들간의 세가지의 합의 사항이 이것의 결론으로서 제시되고 있다.

그들은,

1) 언어기능중 인간 특유의 요소와 동물과 공유하는 요소를 밝혀내는 데 있어서 언어학자와 생물학자가 더 이상 이론적 토의에 매달리지 말고, 상호협조적으로 실증적이고 비교적인 연구를 해나가기로 했다.
2) 광의의 언어기능의 대부분은 다른 종들과 공유하는 것이지만, 협의의 언어기능은 인간 특유의 것이라는 가설은 앞으로 더 많은 실증적인 연구를 필요로 한다는 데 합의했다.
3) 비교적 접근법을 통해서 언어기능의 공유적 및 특유적 자질에 대한 새로운 통찰을 할 수 있게 될 뿐만 아니라 그것의 진화력에 관한 새로운 가설도 얻을

수 있게 될 것이라는 데 합의했다.

등의 세가지이다.

이것의 두 번째 요지는 우선 언어기능은 중심에 있는 협의의것(FLN)과 그것을 애워싸고 있는 광의의것(FLB)의 두가지로 나뉘어질 수가 있는데, 문법적 기능이라 할수있는 전자는 오직 인간에게만 있는 것인데 반하여 지각이나 동작적 기능과 개념이나 의도적 기능등을 말하는 후자는 동물에게도 있는것이라는 것과, 그 다음으로 협의의 언어기능은 그 동안 내내 Chomsky가 내세워 오던 대로 유한한 수의 규칙으로 무한한 문장을 만들어 낼 수 있는 통사적 능력, 즉 규칙의 순환성을 특징으로 하는 하나의 연산적 기구의 능력이라는 것이었다. 두 번째 요지는 앞으로 이 연구의 과제가 무엇인가를 밝힌 부분이고, 첫 번째 요지는 그것을 어떻게 연구할 것인가를 밝힌 부분으로 볼 수가 있으니까 논리상으로는 순서가 뒤바뀐 감이 없지 않다.

그럼에도 불구하고 특별히 여기에서는 그들의 순서를 뒤바꾼 것은 일단은 연구자들이 실제로 그 것을 자기네 논문의 결론으로 내세우고 있을 만큼 첫 번째것을 더 중요한 것으로 보고 있기 때문이다. 그런데 그 보다 더 근본적인 이유는 이렇게 되었다는 것은 결국 언어학자와 생물학자간의 협상은 결국 생물학자가 이긴 식이 되어버렸다는 의미일 수 있기 때문이다. 물론 Chomsky로서는 당연히 무엇의 부분에서는 자기의 의견이 반영되었고 어떻게의 부분에서는 생물학자의 의견이 반영되었으니까 이것이야말로 절묘한 타협의 전형이라고 볼 수가 있다고 주장할 것이다.

그렇지만 이 논문의 결론에 의할것 같으면 이것의 의의와 가치는 여기에서 그는 드디어 언어기원의 과정을 밝히는 일은 언어학자의 몫이 아니라 생물학자의 몫이라는 사실을 인정한 데 있다는 것이 확실해진다. 「비교적 접근법을 통해서 언어기능의 공유적 및 특유적 자질에 대한 새로운 통찰을 할 수 있게 될 뿐만 아니라 그것의 진화력에 관한 새로운 가설도 얻을 수 있을 것이라는 데」합의했다는 것은 자기가 할 일은 더 이상 없다는 것을 선언한 것이나 다름이 없다. 그러니까 어떻게 보자면 너무나 자명한 이치를 인정하는 데 4~50년이 걸린 셈이다.

이것의 획기성만으로도 이 논문은 비교적 큰 반향을 불러일으키기에 족한 것임이 분명했는데, 이것의 내용이 실질적인 성격의 것이라기 보다는 선언적인 성격의 것이어서 그런지, 이것에 대한 평가는 크게 호평과 혹평의 두가지로 나뉘었다. 첫 번째것의 예로는 같은 학술지에 동시에 실린 Bever와 Montalbetti(2002)의「놈의 방주(Noam's Ark)」라는 논문을 들수가 있다. 이들은「Hauser등은 어떻게 실증적으로 인간언어의 진화적 기저를 밝혀낼 수 있는가에 대한 큰 발걸음을 내딛었다」라는 찬사와 함께「이것에 의해서 언젠가에는 Darwin의 정서력 중심의 언어관과 Chomsky의 연산력 중심의 언어관을 하나로 통합시킬 수 있는 이론이 나올 수 있겠다」는 희망도 피력했다.

이것에 대한 혹평의 예로는 Pinker와 Jackendoff가 2005년에 발표한「언어기능:무엇이 특별한가?(The faculty of language: What's special about it?)」라는 논문과, 필자의 순서만 바꾸어서 둘이서 같은 해에 발표한「언어기능의 성격과 그것의 언어진화에의 함의성(The nature of the language faculty and its implications for evolution of language)」라는 논문을 들 수가 있다. 이들이 동일한 내용을 다시한번 반복하는 식으로 두 개의 논문을 연속해서 내게 된 것은 이들과 Chomsky와 Fitch등 사이의 논쟁이 비평대 반박 대 재비평식으로 진행되었기 때문이었다. 그런데 무엇보다도 흥미로운 사실은 이들은 진작부터 그의 언어이론을 지지해오던, 넓은 의미에서의 Chomsky학파의 핵심요원이라는 점이다. 그러니까 언어기원의 문제를 놓고서는 지금 그의 학파가 둘로 갈라져서 서로 간에 한치의 양보도 없는 싸움을 벌이고 있는 것이다.

궁극적인 의미에서 보자면 이들간의 싸움은 다원주의자와 반다원주의자간의 싸움이다. 따라서 이 싸움이 서로가 상대방 이론의 약점만을 크게 부각시키는 일종의 용호상박의 모습을 띠게 되는 것은 너무나 당연한 일이다. 물론 이들의 두 논문 중 기본이 된 것은 첫 번째 것이었는데, 그 제목이 Chomsky등의 것과 유사하게 되어있는 점만으로써 Chomsky등과 맞서서 그들이 주장한 바를 전적으로 부정하는 것이 이 논문의 목적이었다는 것을 익히 알아차릴 수 있다. 이들이 보기에는 그들이 내세우는 바는 「순환성 유일의 가설」로 요약될 수가 있는데, 이것은 다음과 같은 몇 가지 점으로 보아서 문제거리일 수밖에 없었다.

첫 번째로, 이 가설은 언어기능을 구성하는 능력에는 오직 통사적 능력만이 있는것이 아닌데도 불구하고 마치 그런것처럼 전제하는 오류를 범하고 있었다. 예컨대 이것에서는 어휘적 능력이나 음운적 능력, 어형적 능력등을 완전히 무시하고 있었다. 두 번째로, 이 가설은 언어에서 쓰이는 규칙에는 순환성 이외의 것들이 많음에도 불구하고 그것을 유일한 것으로 간주하는 오류를 범하고 있었다. 세 번째로, 이 가설은 Chomsky가 최근에 내세우고 있는 최소주의 이론에 근거한 것인데, 아직은 그 이론 자체가 논쟁의 대상이었다. 네 번째로, 이 가설은 절대로 언어진화설의 근거로 쓰일 수 없는 것이었다. 예컨대 그들은 언어는 적응과정의 결과물이 아니며 따라서 그것은 부분적으로는 사용될 수 없는, 완전하면서도 비잉여적인 형태의 것이면서, 의사소통에는 어울리지 않는것이라고 주장하는데, 이 말은 「언어는 부분적으로 이루어진 의사소통을 위한 복잡한 적응과정의 결과이다」라는 말로 대체되어야 마땅했다.(pp.201~2)

이상과 같이 이들이 자기네들의 논문을 혹독하게 비평하자 기다렸다는 듯이 Chomsky 등의 세 사람은 일종의 방어전에 나섰는데, 같은 학술지의 후속호에 「언어기능의 진화: 해명과 함의(The evolution of the language faculty: clarification and implications)」라는 논문을 실은 것이 바로 그것이었다. 여기에서 그들이 반박하고 있는 점은 크게 다음과 같은 네 가지라고 볼 수가 있는데, 이들 네가지는 모두가 그들의 원 논문에서 이미 자세하게 논의된 것들이다. 그들의 생각으로는 이들의 비판은 결국에 자기네들이 주장한 바를 제대로 이해하지 못한데서 비롯되었으니까, 자기네들의 주장을 다시 한 번 해주는 것 밖에는 응답의 방법이 없었던 것이다.

그들이 보기에는 이들은 첫 번째로 자기네들이 왜 협의의 언어기능과 광의의 언어기능을 구분하려는지에 대해서 잘 모르고 있었다. 그동안에 언어학과 생물학이 언어기원의 문제를 놓고서 바람직한 학제적 연구를 하지 못한 이유 중 제일 큰 것이 언어기능에 대한 정의가 서로 다르다는 것이었다는 점을 감안한다면 이런 구분으로 인하여 앞으로 이 분야에 새로운 길이 열리게 될 것이 너무나 분명했다. 그럼에도 불구하고 Pinker와 Jackendoff는 의도적으로 이 구분을 흐리게 하고서 「우리들의 가설은 마치 언어 전체가 아니라 협의의 언어 기능에만 관련되는 것」처럼 내세우고 있다는 것이다.

그들이 보기에는 이들은 두 번째로 최소주의 이론과 자기네들의 가설의 관계에 대해서 선입견적인 오해를 하고 있었다. 이들은 예컨대 「자기네들의 발상법은 최소주의 이론은 궁극적으로 입증될 것이라는 가정하에서」 착안된 것이라는 주장까지 하고 있는데 이것은 아무런 근거없는 하나의 추리일 뿐이었다. 이들은 여기에서 최소주의 이론에 대한 비평을 대단히 많이 하고 있는데, 이런 사실은 자기네들의 원 논문에서는 그것에 대한 언급이 전혀 없었다는 사실과 전혀 어울리지 않았다. 한마디로 말해서 이들의 최소주의 이론에 대한 논의는 자기네들의 가설과는 아무 관계가 없는 일이었다. 더구나 이들의 분석이 정확한 것도 아니었다.

그들이 보기에는 이들은 세 번째로 자기네들의 언어진화설 보다는 전통적인 적응이론이 맞다고 주장했는데, 이런 주장에는 크게 두 가지 문제점이 있었다. 첫 번째로 그들이 내세우는 적응이론은 실제로는 아주 오래된 것으로서, 사실적인 검증이 불가능한 것이라는 결정적인 약점을 지니고 있었다. 두 번째로 자기네들의 가설은 하나의 언어기능에 관한 가설임에도 불구하고 그것의 대안으로 이런 진화이론을 제안하는 것은 논리적인 오류를 범하는 일이었다. 언어를 하나의 단일체적인 덩치로 보고서 그것의 진화과정을 적응이론 한가지로 설명하려다 보면 통찰보다는 오히려 혼돈과 오해만이 크게 증가하기 마련이었다.

그들이 보기에는 이들은 네 번째로 자기네들의 언어의 용도에 대한 의견을 잘못 이해하고 있었다. 예컨대 이들은 Chomsky는 이미 언어는 의사소통을 위한 도구가 아니라 내적 언어의 표현체라는 견해를 여러번 밝혔었다고 주장하고 있는데, 이것은 사실과 다르다. 그는(2003) 최근에 「인간의 언어가 선택적 절차에 의해서 형성되었는가나 그렇지 않은가에 관한 추리들에 어떤 이점이 있든간에, 그들은 언어는 의사소통 양식의 발전체라는 신념에 결정적으로 의존하고 있지는 않다.」와 같은 말을 하였다. 그리고 자기네들이 원 논문에서 실제로 한 말도 「핵심적인 연산능력은 일단 의사소통 이외의 이유로 인하여 진화했다가, 의사소통에도 유용성이 있다는 것이 실증된 이후에는 그것이 주변부와 중심부에 부과되는 제약들 때문에 다른 모습으로 바뀌었을 수가 있다」와 같은 것이었다.(pp.1569~70)

Chomsky등의 이상과 같은 반론은 Jackendoff와 Pinker에게 재반론 할 기회를 주게 되었는데, 곧이어 발표된 이들의 두 번째 논문이 바로 그 재반론의 논문이었다. 너무나 당연한 일이겠지만 이 논문은 크게 보았을 때는 이들의 첫 번째 논문의 복사품이나 다름이 없었다. 그러니까 이 싸움은 각각이 같은 말을 두 번 되풀이하는 식으로 진행이 된 셈이다. 이들의 재반론은 크게 네가지 쟁점을 중심으로 해서 이루어졌는데, 그중 첫 번째 것은 언어진화에 대한 설명법에 관한 것으로서 구체적으로는 이들이 내세운 적응이론이 타당성이 있다고 볼 수 있느냐하는 문제였다.

　Chomsky등은 이들이 내세우는 적응이론은 경험적으로 검증가능한 형태로 서술되지 않았기 때문에 타당성이 있는 이론으로 볼 수 없다고 주장했었다. 심지어 그들은 Chomsky가 일찍이 「적응과정에 관한 모든 가설은 똑같이 무의미하다.」고 한 말을 인용하기까지 했다. 그렇지만 근본적으로 그들은 적응과정의 문제를 단순하게 「현재의 유용성」에 관한 것과 「기능적 원초성」에 관한 것의 두 가지로 나누는 잘못을 저지르고 있었다. 그들이 간과한 점은 적응과정에는 이른바 현재의 적응과정이라는 제3의 과정이 있을 수 있다는 사실이었다. 이런 개념에 의할 것 같으면 통사조직이 어휘 이전에 진화했다는 주장은 문장으로 묶을 대상이 없었다는 이유만으로도 어불성설인 것이라는 것이 자명해진다. 다시 말해서 이런 개념에 의할 것 같으면 「의사 소통 체계를 더 정보적이고 효율적인 것으로 만들 수 있는 적응적 수단의 한가지로서 통사적 구조가 진화했다고 볼 수가 있다.(p.214)

　그 중 두 번째 것은 협의의 언어기능 대 광의의 언어기능식의 구분에 관한 것으로서, 이들이 과연 이 구분법을 제대로 이해하고 있다고 볼 수 있느냐 하는 문제였다. Chomsky 등은 그들의 반박 논문에서 그들의 가설에 대한 이들의 비판은 결국에 이들의 이 구분법에 대한 몰이해에서 비롯된다고 주장했었다. 그러나 이들이 보기에는 문제는 자기네 쪽에 있는 것이 아니라 오히려 그들 쪽에 있었다. 즉, 어떤 개념적 구분법은 우선 그로써 대립적 가설들이 설정될 수 있고 그 다음으로는 그런 가설들이 의미하는 바가 명료하게 기술될 수 있을 때만 유용한 것인데, 그들의 것은 이런 두 기준을 충족시키지 못하고 있었다.

그들은 예컨대 협의의 언어기능과 광의의 언어기능의 구분을 절대적인 것으로 생각하는데, 이들이 보기에는 이런 구분은 다분히 상대적인 것이었다. 진화론적으로 말할 것 같으면 어떤 것이나 선행된 것 없이는 탄생될 수 없게 되어있기 때문에, 만약에 협의의 언어기능을 절대적인 의미에서 "인간 특유의 것"으로 해석한다면 그것은 어떤 실체도 가지고 있지 않다는 의미가 되어버리고, 이렇게 되면 결국에는 언어기능을 협의의 것과 광의의 것으로 구분하는 것 자체가 무의미해진다. 이런 절대적인 해석으로는 특히「기존의 영장류의 체계들의 광범한 반복과 수정, 확장, 상호연결 등을 통해서 생겨난 언어의 자질들」을 제대로 설명할 수 없게 된다.(pp.214~5)

그중 세 번째 것은 순환성 유일의 가설에 관한 것으로서, 이들이 과연 이 가설의 내용을 정확히 파악하고 있다고 볼 수 있느냐 하는 문제였다. 그들은 여러번에 걸쳐서 자기네 가설이 어떤 것인가를 이들이 잘 모르고 있다고 주장했지만, 사실은 그들의 이것에 대한 설명 자체가「극도로 불분명한 것」이었다. 예컨대 그들의 협의의 언어기능에 대한 서술은「그것은 협의의 통사조직과 인터페이스에의 사상절차에서 나타나는 핵심적인 순환의 연산 기구들로 구성되어 있다.」로 해석될 수 있고,「그것은 협의의 통사조직에서 나타나는 핵심적인 순환의 연산기구들과 인터페이스에의 사상절차로 구성되어 있다.」로도 해석될 수 있었다.

또한 그들은 순환적 규칙의 유일성에 대해서도 애매한 태도를 보이고 있다. 예컨대 그들은 핵심적인 순환의 연산 기구들이 협의의 통사조직의 전부라고 주장했다가, 곧이어「정확히 말하자면 우리는 하나의 중요한 언어적 기구가 순환적 조작을 유발시킨다고 본다」나「최소한 협의의 언어기능에는 순환의 능력이 포함되어 있다」와 같은 말을 하고 있다. 그들은 그러니까 정말로 통사적 규칙에는 순환성의 규칙만이 있는지에 대해서 확실한 말을 하고 있지는 않은 것이다. 그들의 태도의 애매성은 「협의의 언어기능에 대한 우리의 유일한 주장은 1) 혼돈을 피하기 위해서는 그것을 광의의 언어기능과 구별하는 것이 대단히 중요하다는 것과, 2) 자명한 논리적 이유만으로도 그것의 내용을 결정짓기 위해서는 비교적 자료가 필요하다는 것」라는 서술에서도 익히 살펴볼 수가 있다.(p.217)

그리고 그들은 순환성의 규칙의 제일 중요한 특징은 언어 특유성이라고 주장하고 있는데, 이것도 사실은 맞는 말이 아니었다. 예컨대 그들은 「인간의 여타 인지영역에서는 확실한 형태로는 순환성의 규칙이 쓰이고 있지를 않다. 유일한 예외가 수학적 공식과 컴퓨터 프로그래밍 등인데, 이들 작업은 모두 언어 의존적이다」와 같은 말을 하였는데, 이들이 보기에는 이 규칙은 분명히 인간의 시각 절차에서도 쓰이고 있었다. Chomsky의 표현법을 그대로 사용하자면 시각적 지각영역도 「개별적 무한성」의 영역이고, 게쉬탈트 원리에 의해서 만들어지는 무한정한 위계구조의 조직체가 있는 영역이었다. 특히 수어 중심의 위계적 조직성은 운율구조와 개념구조, 음악구조 등에서도 발견될 수 있었다. 이렇게 보자면 결국 「언어의 다른 많은 양상들과 마찬가지로 통사적 순환성도 다른 인지영역에서 찾을 수 있는 능력들의 하나의 재조정된 조립체일 수 있었다」.(p.218)

그중 네 번째 것은 기본적인 언어이론에 관한 것으로서 Chomsky의 최소주의 이론의 내용을 검토해 보았을 때 그것을 대치할 수 있을만한 것이 있다고 볼 수 있느냐 하는 문제였다. 이들의 생각으로는 그런 대안이 있을 수 있을 뿐만 아니라 마땅히 있어야 하는데, 그 이유는 간단히 말해서 그의 이론은 어휘부의 기능을 거의 무시한 것이기 때문이었다. 지난 50년 동안의 생성문법의 기본적인 발상법은 어휘부는 연결적 내지는 구조적 자질들은 다 제거된 채로의 단순한 어휘와 어형소들로 구성되어 있고,

구와 문장은 통사적 수형도를 만들고 연결하고 이동하는 절차에 의해서 만들어진다는 것이었다. 이런 점에서 보자면 생성문법은 전통문법만도 못한 문법이었다.

어휘부와 통사부를 상호 독립적인 언어처리기구로 보려는 이런 발상법이 잘못된 것이라는 것은 지난 20년 동안에 언어학계에서는 그들의 관계를 보다 밀접한 것으로 바꾸려는 시도가 적지않게 있어왔다는 사실로써 익히 알 수가 있다. 예컨대 Fillmore의 구성 문법이론이나 Ginzburg와 Sag의 수어 중심의 구구조 문법이론, Langacker의 인지문법이론, Bresnan의 어휘기능 문법이론, Culicover와 Jackendoff의 병렬적 구조체이론 등이 그런 시도의 결과물이었다. 무엇보다도 중요한 사실은 그런데 이런 대안들이 훨씬 경험적 검증가능성이 높은 이론이라는 점이다.

이것의 근거로는 어느 언어에서나 문법적으로 쉽게 분석할 수 없는 관용적 표현들이 많이 쓰이고 있다는 사실을 들 수가 있다. 영어에서는 예컨대 「kick the bucket」이나 「all of a sudden」과 같은 관용구들이 적지않게 쓰이고 있다. 관용구들은 첫 번째로는 통사적 구조체와 다름없는 언어특유의 구조체이고, 두 번째로는 주변부가 아니라 주요부에 속하는 구조체이며, 세 번째로는 때로는 기본적인 통사규칙에 의해서 만들어지기도 하는 구조체라는 특징들을 가지고 있기까지 한다. 「He sang / drank / laughed his head off.」나 「Bill drank the pub dry.」등이 바로 그런 표현들이다.

이렇게 보자면 이들의 공격과 비평의 화살은 다시 한번 Chomsky의 언어이론과 그것에 근거한 언어진화론에 집중된 셈인데, 흥미롭게도 이들의 논문은 그에 대한 칭찬으로 마무리가 되고있다. 그가 그동안에 주장해 오던 내용들은 전부 거부하면서 그가 최근에 보인 연구방법에 대한 태도 변화만은 크게 환영하고 나선 것이다. 간단히 말하자면 이들은 Chomsky 등의 원 논문의 가치는 그것의 내용에 있는 것이 아니라 그런 시도를 처음으로 한 데 있다고 본 것이다. 물론 엄밀하게 따지자면 이런 칭찬은 Chomsky가 아니라 나머지 두 사람이 받아야 마땅하다. 왜냐하면 그들이 합의한대로의 이런 학제적 연구는 언어학이 아니라 생물학이 응당 주도하게 되어있기 때문이다. 그렇지만 아래와 같은 이들의 칭찬 가운데는 분명히 Chomsky에 대한 것이 따로 밝혀져 있다.

> 이런 의견의 불일치에도 불구하고 우리는 Fitch 등이 언어를 인간과 동물의 다른 인지능력과 비교하게 될 학제적 연구와, 언어 하나의 단일체가 아니라 어느 것은 언어에만 있고 다른 것은 인간이나 동물의 일반적인 인지능력에 근거하고 있는 여러 구성분자들의 한 조립체로서의 언어의 분석의 필요성을 새롭게 주장하고 나선 점에 있어서는 동의를 한다. 실제로 우리들 자신의 연구들은 여러해에 걸쳐서 이런 연구의 가치를 강조해왔다. 이런 의미에서 우리는 Hauser와 Fitch의 실험적 작업과 Chomsky의 자기의 문법이론을 진화적 고려사항과 연결시키려는 새로운 노력에 찬사를 보낸다.(pp.223~4)

4. 네 가지 결론

지난 4~50년에 걸친 그의 내재이론에 대한 주장은 한 마디로 말해서 본인은 한 동안 경험주의 쪽으로 기울었던 학세의 주도권을 이성주의 쪽으로 오게 하는 데 일정한 기여를 했다고 생각할지도 모르지만, 객관적으로 보았을 때는 학문이 시작되었을 때부터 시작된 이 길고도 결론 없는 싸움에 다시 한 번 불을 붙인 것 이상의 역할은 하지 못했다. 역사상 처음으로 하나의 언어학적 접근법을 이 논쟁에 적용시켰다는 점도 크게 기여한 바라고 그는 내세울는지 몰라도, 궁극적으로 볼 것 같으면 이런 시도로 언어학의 위상이 어느정도 높아진 것은 사실이지만 이 논쟁의 기본적인 성격이 달라지지는 않았다.

내재이론과 관련된 그동안의 그의 업적에 대해서 이런 평가를 우리가 어렵지 않게 내릴 수 있는 것은 이상과 같은 분석을 통해서 다음과 같은 네가지 결론을 내릴 수 있기 때문이다. 그중 첫 번째 것은 그의 내재이론에 대한 지금까지의 추구는 겉으로 보아서는 언어습득론과 언어진화론의 두 주제하에서 병렬적으로 이루어진 것 같지만 본질적으로는 첫 번째 것은 두 번째 것을 위한 기초작업에 불과했다는 사실이다. 그러니까 그의 내재이론에는 처음부터 두 개의 기둥이 있었던 것이 아니라 오직 하나의 기둥만이 있었던 것인데, 특이한 돌연변이설로 이름이 붙여질 수 있는 그의 언어진화론이 바로 그것이었던 것이다.

최소한의 학리적 지식과 논리력만 가지고도 우리는 그의 이런 직선적 추구방식이 병력적인 그것보다 훨씬 더 정당한 것이라는 것을 익히 알 수가 있다. 그런데 사실은 내재이론에 대한 추구를 이런 식으로 한 사람은 역사상 오직 그뿐이다. 또한 이런 방식이 처음부터 의도적인 것이었는지 아니면 하다보니까 그렇게 되었는지 알 수는 없다. 그렇지만 무엇보다 중요한 것은 두말할 필요도 없이 처음에는 언어습득론으로부터 시작하여 그 다음에는 언어진화론을 그것에 대한 하나의 보조이론으로 활용하고, 마지막에는 언어습득론과 언어진화론의 역할과 비중을 완전히 뒤바꾸는 식의 그의 책략은 지극히 합리적이고 지혜로운 것이었다는 사실이다. 그리고 그의 추구는 이러다 보니까 무려 4~50년이나 끈질기게 지속되게 되었다는 점도 특이할 만한 사실이다. 이런 의미로 보아서도 그는 분명히 역사상 그 유례를 찾아볼 수 없는 특이한 내재이론가이다.

그런데 문제는 지금의 현황으로 보았을 때 바로 그의 이런 기획이 하나의 성공하지 못한 야망으로 끝날 위험이 커지게 되었다는 점이다. 물론 본인은 자기의 추구의 전망에 대해서 절대로 이렇게 생각하지 않을 것이다. 틀림없이 그는 보편문법이라는 언어적 근거만큼 확실하고 의미있는 근거가 발견된 적이 없는 이상, 언어진화론의 영역에는 이제 새로운 지평선이 열리게 된 것이나 다름없다고 주장할 것이다. 그러나 그런 근거를 가지고서 언어는 약 10만년 전에 특이한 돌연변이에 의해서 생겨났다고 주장하는것은 확실히 논리적 비약이고 비과학의 극치이다.

그리고 따지고 볼 것 같으면 가까운 장래에 그가 자기가 말하는 특이한 돌연변이가 어떤 것인가를 밝힐 수 있을 것이라고 생각하는 사람은 하나도 없을 것인데, 그 이유는 그는 어디까지나 하나의 언어학자이지 생물학자는 아니기 때문이다. 그러니까 그의 공로는 내재이론에는 철학적인 것과 심리학적인 것, 생물학적인 것 등이 있을 수 있는데 그 가운데서 가장 과학적인 것이 바로 생물학적인 것이라고 판단한 것까지이고, 그것을 넘어선 시도는 모두 그의 능력의 한계성만을 드러내고만 것이다. 예컨대 최근에 Seuren(2009) 같은 사람은 그의 내재이론을 「半창조주의자의 환상」이라고 비판하고 나섰다.(p.48)

이렇게 보자면 그의 지난 4~50년간에 걸친 거창한 기획은 소리만 요란한 「빈 수레」에 불과했던 것이다. 약간 비꼬아서 말할 것 같으면 그동안의 그의 노력의 공로는 관련된 사람들로 하여금 이 이상 최고로 현학적이면서도 공허한 주제가 없다는 사실만을 다시 한 번 인식하게 한 것일 것이다. 또한 굳이 따지자면 우선 진화론자들에게는 언어진화론이야말로 진화이론의 핵심이론이라는 사실을 일깨워주고, 그 다음으로 철학자와 심리학자들에게는 내재이론은 궁극적으로 생물학적으로 구명되어야 한다는 사실을 일깨워준 것도 그의 노력의 공로의 일부라고 볼 수도 있다. 그렇지만 큰 틀로 보자면 그의 노력은 이성주의자와 경험주의 간의 싸움에 다시 한번 불을 붙여준 것 이상의 역할은 하지 못했다.

이런 결론 중 두 번째 것은 그의 내재이론은 하나의 극단론이라는 사실이다. 우선 그의 내재이론은 으레 자기의 특이한 언어이론과 뒤섞은 상태에서 서술되기 때문에 누구에게 있어서나 그의 논리적 전개법이나 표현법이 극단론적인 것이어서인지 아니면 그의 언어관이 극단주의적인것이어서인지를 구분하기가 쉽지가 않다. 그렇지만 그의 이 문제와 관련된 서술들은 예외없이 어느 누구의 것보다 극단적인 것이라는 것은 의심할 여지가 없다. 그의 내재이론이 결국은 일종의 극단론이라는 것을 우리는 다음과 같은 두 가지 사실로써 익히 알 수가 있다.

첫 번째로 그의 내재이론에서는 언제나 아직 제대로 설명될 수 없는 것은 본유적인 것으로 보아야 한다는 식의 다분히 이분법적이고 양자택일적인 입장이 고수되고 있다. 더 구체적으로 말할 것 같으면 그의 서술은 학습될 수 없는 것을 미리 내재되어 있다고 볼 수 밖에 없다는 주장을 되풀이하는 것 뿐인데, 이것의 가장 좋은 예가 바로 Piaget와 언어학습의 문제를 놓고서 벌인 토론 가운데서 한 말이다. 이 토론의 주제논문은 Piaget가 발표한 「행위의 구도와 언어학습」이라는 논문이었는데, 이것의 요지는 언어는 감각운동적 지능의 수준에서 습득되는 것으로서, 이 때에 쓰이는 기본절차는 「새로운 사물이나 상황과 사건을 기존의 구도에 통합시키는 절차」, 즉 연상의 절차라는 것이었다.(M. Piattelli-Palmarini, 1979: p.164)

토론은 Chomsky의 비판에 의해서 시작되었는데, 그 내용은 크게 첫 번째는 어린이가 언어를 갖게 되기 이전에 하는 일들이 많은 것은 사실인데 문제는 그들과 언어체계의 발달 사이에 어떤 관계가 있는지가 밝혀지지 않았다는 것이고, 두 번째는 Piaget의 입장은 Inherder의 그것보다 훨씬 더 강해서, 언어의 의미적 구조의 어떤 면을 설명하는 데 내재적 구조를 설정할 필요가 없다고 생각한다는 것이었다. 그러자 Piaget는 아주 짧게 「나는 이미 모든 행동에는 내재된 것과 습득된 것이 포함되어 있는데, 이들을 어떻게 구별해야 하는지를 우리는 아직 모른다는 말을 했었다.

나는 구조가 아니라 기능에 관한 한 내재된 것이 있다는 사실을 부정한 적이 없다. 지금까지 누구도 백지로부터 지적인 인간을 만들어 낼 수는 없었다.」고 응답했다.

이 응답에 이은 Chomsky의 비평은 우선 그 길이가 다섯쪽이나 되리만큼 긴데다가 그만의 특이한 언어학적인 근거와 생물학적인 근거를 Piaget의 구성주의 이론의 허구성을 드러내는 증거로 내세우고 있다는 점으로 미루어서, 이것에는 그의 내재주의적인 언어습득론의 특징이 모두 드러나 있다고 볼 수가 있다. 그의 말은 Piaget의 말의 비논리성을 지적하는 것으로부터 시작되었다. 즉, 그가 보기에는 Piaget는 한때는 언어구조에는 내재적 요소가 들어있다고 말했다가 그 다음에는 내재적 구조를 설정할 필요는 없다고 말하는 식으로 일관성이 없는 말을 하고 있다는 것이었다.

그러나 그의 말의 주부를 이루는 것은 바로 자기의 내재이론에 대한 고답적인 설득조의 설명이었다. 그의 설명은 크게 네가지 쟁점을 따라서 진행되었는데, 그 중 첫 번째 것은 왜 그는 언어습득론에 있어서는 마땅히 통사론적 논의가 중심이 되어야 한다고 생각하느냐에 대한 해명이었다. 이것은 겉으로 보기에는 Piaget의 언어행위에 있어서는 의미론과 화용론적인 능력이 통사론적인 능력보다 더 중요할 수 있다는 주장에 대한 반박의 성격을 띠고 있었지만, 실제로는 그의 언어습득론의 핵심사상을 설명하는 부분이었다. 그가 여기에서 내세운 이유는 두가지였는데, 그 중 하나는 지금까지의 의미론이나 화용론에 관한 연구는 「피상적인 결과」밖에 내지 못했는데 반하여 통사론에 관한 것은 「의미있는 결과」를 낼 수 있었다는 것이고, 다른 하나는 이런 결과로써 언어의 본질에 관한 「경험적 중요성과 설명력을 가지고 있는」 중요한 원리들을 알 수 있게 되었다는 것이었다.

그 다음 쟁점은 이런 특수한 정신기관의 특이한 구조성은 그것이 출현되기 이전에 어린이가 행동한 것과 어떻게 관련되어 있다고 볼 수 있느냐 하는 것이었다. 이 문제에 대한 그의 의견은 이들간에는 아무런 관계가 없다고 보는 것이 맞는 견해인 듯하다는 것이었다. 생리적 기관들의 발달 과정을 일종의 규칙적인 진행절차로 보기에는 아직은 그것에 대한 지식이 크게 부족했다. 예컨대 2세에서 4세 사이에 두뇌의 세포에 많은 돌기 구조가 발달된다는 사실은 언어습득과 일정한 관련이 있을 것이다. 그렇지만 이 기간에 「지금으로서는 거의 아는 바가 없는 많은 일들이」 일어나고 있다는 것은 의심할 여지가 없었다. 지금의 생물학의 발달 수준에 비해서 인간의 생리적 기관들은 너무나 복잡하다는 것이었다.

세 번째 쟁점은 Piaget의 감각운동적 지능 구성 이론을 타당한 것으로 볼 수 있느냐 하는 것이었다. 두말할 필요도 없이 이것에 대한 그의 의견은 부정적인 것이었다. 그가 보기에는 「언어적 원리는 감각운동적 지능의 구성절차와 아무런 실증 가능한 관련성이나 심지어는 제안적인 관련성도」 가지고 있지 않았다. 이런 주장의 근거로 그는 눈이 먼 어린이들이 정상적인 어린이들보다 더 빠르게 언어를 습득한다는 사실과, 시각적 공간의 기저에 있는 이른바 Hubel-Wiesel구조들은 일정한 유발적 경험이 없이는 퇴화하고 만다는 사실이었다.

마지막이며 네 번째 쟁점은 지금으로서 어떻게 언어적 원리의 출현과정을 설명할 수 있겠느냐 하는 것이었다. 이 궁극적인 문제에 대한 그의 의견은 크게 두가지였는데, 그 중 첫 번째 것은 이들 원리는 일반적인 지능의 원리와 동류적인 것이 아님이 밝혀진 이상 원래부터 내재적 지식의 일부로 존재해 있었다고 보는 방법밖에는 합리적인 설명법이 없다는 것이었다. 그는 예컨대 「언어의 특수한 구조들을 결정짓는 조직의 원리들은 그저 그 유기체의 초기상태의 일부일 따름이라」고 가정하는 것이 가장 합리적인 접근법이라고 주장했다.

그중 두 번째 것은 이 문제에 대한 이상과 같은 결론은 현재로서는 아무런 증거가 없는 상태에서 내려진 것이라는 의미에서 일종의 필연성의 추리일 수 밖에 없다는 것이었다. 그러니까 그가 보기에는 어떤 의미에서는 이 결론은 Fodor가 내세우는 歸無가설과도 같은 것이었다. Fodor는 예컨대 아직은 그들의 습득과정을 설명할 수 있는 방법을 알지 못하기 때문에 개념 자체들은 본질적으로 내재적으로 결정되어 있다고 가정할 수 밖에 없다고 주장하는데, 이런 주장은 바로 여기에서도 그대로 적용될 수 있었다. 다시 말해서 그는 「언어의 특별한 양상은 내재적으로 결정되어 있다는 데 대한 강력한 증거가 발견된다는 것은 내 생각에는 하나의 귀무가설의 확인일 따름이어서 그것은 결국 흥미로운 일이지 놀라운 일이 아니었다.」라고 자신있게 결론지을 수 있었다.(Ibid. pp.171~3)

그의 내재이론이 일종의 극단론이라는 것은 두 번째로 그의 서술은 으레 진화론이나 경험주의적 이론에 대한 공격이나 비평으로 가득차 있다는 사실로써 익히 알 수가 있다. 한마디로 말해서 그가 주로 사용하는 논법은 간접증명법인 셈인데, 이 증명법의 생명은 공격의 강력성이라는 것을 익히 알고 있어서 그런지, 그는 거기에다가 언제나 전부 아니면 전무다는 식의 극단적인 표현만을 쓴다. 우선 언어습득론을 논할 때의 그의 기존의 행동주의 이론을 위시한 경험주의적 이론에 대한 공격과 비평들이 어떤 형태의 것이었는가를 살펴보게 되면 이런 사실이 당장 분명해진다.

쉽게 말하자면 그는 한결같이 행동주의나 경험주의 이론에는 일말의 진리도 없는 것처럼 그것을 혹평했다. 예컨대 그의 비평에서는 Skinner의 이론이나 Putnam의 이론에서 말하는 경험이나 일반적 지능의 역할은 완전히 무시되고 있다. 물론 그는 지혜롭게도 유발적 기능이라는 용어를 개발하여 경험의 역할에 대한 일종의 도피로를 마련하는 데는 일단 성공했다. 그렇지만 그것은 어디까지나 경험의 역할을 인정하거나 중요시하는 데 쓰이는 것이 아니라 그것을 무시 내지는 폄하하는 데 쓰였다. 더 놀라운 것은 그는 매개변인의 가치를 정하는 일이 사실에 있어서는 대단히 중요한 일임에도 불구하고, 그것을 일단 하찮은 일로 매도해버린 다음에, 이 일에 참여하는 것이 바로 경험이라는 식의 그럴듯한 설명법을 고안해 냈다는 사실이다.

너무나 당연한 일일는지 몰라도 그의 이런 흑백논리적 서술법은 언어진화론을 논하는 마당이라고 해서 달라질 리가 없었다. 언어습득론의 경우에는 「언어습득장치 이론」과 같은 일종의 대안을 그는 내세울 수 있었다. 그러나 언어진화론에 있어서는 그 정도의 대안마저도 없었다. 그럼에도 불구하고 기존의 이론을 공격하는 강도에는 아무런 차이가 없었다. 굳이 따지자면 언어진화론을 논하는 자리에서는 상대방 이론의 강점은 그대로 덮어둔 채로 그것의 약점만을 크게 부각시키는 것이 그의 주된 설득법이라는 사실이 더욱 뚜렷해졌다고 볼 수가 있다.

그게 그렇다는 것은 그가 「자연과 언어에 대하여」의 제3장에서 Hauser와 Deacon의 학설들은 어떻게 비평하고 있는가를 살펴보게 되면 익히 알 수가 있다. 우선 Hauser는 앞에서 이미 논의한 바와 같이 그와 함께 언어학과 생물학의 대타협을 선언했던 사람이다. 그렇지만 그의 「의사소통체계 진화설」을 비판하는 그의 자세와 방법에는 아무런 다른 점이 없었다. 예컨대 Hauser(1996)는 인간의 언어도 일종의 의사소통체계이니까, 벌의 춤 언어와 같은 동물의 신호체계와 그것의 비교가 언어진화 연구의 기본이 되어야 한다고 주장했다. 그러나 그는 「이런 의사소통체계에 대한 비교적 연구는 언어의 형식적 연구와는 아무 관계가 없다」고 반박했다. 분명히 이것은 일종의 동문서답식 비평이었다.(p.76)

Hauser는 또한 언어의 진화는 어휘량의 폭발적인 증가와 순환적 체계에 의한 무한한 문장의 생성력의 출현에 귀인될 수 있는데, 이 중 첫 번째

것의 원동력은「새롭게 진화한 모방력」이었다고 주장했었다. 그는 더 나아가서 Darwin의 말을 그대로 빌려서 동물의 의사소통체계와 인간의 그것간의 연결 부분은 감정상태를 표현하는 부분이며, 따라서 언어의 구조와 기능은 자연적 선택 절차에 의해서 생겨나게 되었다고 보는 것이 가장 타당한 설명법이라고 주장했었다. 그러나 Chomsky의 반론은「시각, 기린의 목, 中耳의 뼈 등의 진화과정도 그렇게는 설명이 안된다」는 것이었다. 결국은 이것 역시 동문서답식인 비평이었다.(p.80)

그에 비하여 Deacon(1997)의「상징지시설」은 많은 사람들에 의해서 최근에 제안된 공진화설 중 가장 대표적인 것으로 받아들여지고 있는 것인데, 이것에 대한 그의 비평도 똑같이 약점 지향적인 것이었다. Deacon은 우선 인간이 언어를 갖게 된 것은 그에게 상징적으로 어떤 대상을 지시할 수 있는 능력이 생겼기 때문이라고 보았다. 그러나 그가 보기에는 그런 사실은「하나의 신비」에 지나지 않았다. 또한 Deacon은 언어와 두뇌는 한편으로는 이른바 Baldwin적인 절차, 즉 환경적 요소와 유전적 자질이 상호불가분적으로 엉킨 상태에서 작용하는 절차에 의해서 발달하면서도 다른 한편으로는 서로가 서로를 돕는 식의 공진화적 절차에 의해서 발달했다고 본 나머지「세계의 언어들은 두뇌 밖에서 일어났던 적응의 한 광풍, 즉 자연적 선택 절차를 통해서 자연발생적으로 진화했다」와 같은 말을 했다. 그러나 그가 보기에는 이런 견해는 언어의 진화를 두뇌 밖에서 일어난 사건으로 본다는 잘못을 저지르고 있었다.(p.83)

이런 결론 중 세 번째 것은 그의 내재이론은 하나의 언어학적 이론이라는 사실이다. 누구나 일단은 다분히 상식적인 판단하에서 그의 것은 언어적 사실을 근거로 해서 내세워진 최초의 내재이론이라는 사실이 그의 내재이론의 특이성이 될 수 있을지 모르지만 그것의 단점은 될 수 없다고 생각하기가 쉽다. 그러나 심층적으로 분석해 볼 것 같으면 이런 특이성은 그의 내재이론을 널리 받아들여지지 못하게 하는 큰 요인으로 작용했다. 본인은 자기의 내재이론이야말로 언어적 사실을 근거로 한 것이기에 역사상 그 어느 것 보다도 강력한 것일 수 있다고 생각했겠지만, 다른 사람들의 인식은 그 반대였던 것이다. 결국 이 점이 그의 내재이론의 역설성이었던 것이다.

그가 내세우는 언어적 사실이 내재이론의 정당한 근거로 받아들여지지 않는 데는 그만한 이유가 있었다. 첫 번째로 그는 아직도 자기가 말하는 보편문법의 실체를 찾아내는 과정에 있지 그 일을 종결짓지 못하고 있다. 다시 말해서 그는 현재까지 어린이에게 내재되어 있는 것이 몇 가지의 통사적 원리인지 아니면 문법조직의 틀인지를 명확하게 밝힌 적이 없다. 심지어 최근에 와서 그는 순환성의 규칙이 유일한 규칙이라는 주장까지 하고 있다. 보편문법의 유동성을 뒷받침하고 있는 사실로는 아마도 Boeckx(2010)는 언어습득시 그 값이 정해지게 되는 매개변인의 수를 100개로 잡았다는 사실을 들 수 있을 것이다. 그의 계산에 따를 것 같으면 이렇게 되면 언어의 종류는 2^{100}가지, 즉 무려 1 다음에 영이 30개가 따르는 어마어마한 수가 된다는 것이다.(p. 89)

두 번째로 그는 처음부터 자기가 말하는 언어적 사실은 이른바 「I-언어」에 관한 것이지 「E-언어」에 관한 것은 아니라는 점을 강조하고 있다. 예컨대 그는 「언어의 지식」에서 「E-언어」는 정신/두뇌의 자질과는 독립적으로 이해되는 것이라는 말이나, 「I-언어」를 연구하는 것은 정신/두뇌 내에 내적으로 표현되어 있는 언어 지식의 체계를 연구하는 것이라는 말 등을 통해서 자기의 언어학의 특징은 그 과제가 그 동안의 여타 언어학의 과제와 사뭇 다르다는 점임을 강조했다. 물론 이런 구분은 그의 내재이론 전체가 이것에 의지하고 있을 만큼 그에게 있어서는 대단히 중차대한 구분이었다.

그렇지만 이런 구분은 결국 그의 언어이론이 언어학 내외로부터 신랄한 비판을 받는 원인이 되고 말았다. 예컨대 언어학 내의 경우를 말하자면 그가 바로 앞에서 언급한 책을 낸 그 해에 Newmeyer는 「언어학에 촘스키의 혁명이 일어났는가?(Has there been a Chomskyan revolution in linguistics?)」라는 논문에서 「그는 역사상 가장 공격을 많이 받는 언어학자」라고 그를 공격하고 나섰다.(p.8) 또한 의미론자와 화용론자의 입장에서 볼 것 같으면 추상적인 형태의 통사적 지식만이 언어학의 연구대상이라는 주장에도 쉽게 동의할 수가 없었고, 언어능력과 언어수행은 엄격히 구별되어야 한다는 주장에도 쉽게 동의할 수 없었다.

언어학을 전문적으로 전공하지 않는 사람들에게는 이런 구분은 더욱 혼란스럽게 느껴졌다. 예컨대 심리학자나 철학자에게는 원래 I-언어는 어린이의 정신기구의 일부로 내재되어 있다는 그의 주장보다는 언어는 하나의 문화적 내지는 사회적 기구라는 Saussure의 주장이 더 실감있게 들렸다. 그리고 이들이 보기에는 언어는 결국 I-언어와 E-언어가 하나로 합쳐진 것인데도 불구하고, 그가 이들 중 두 번째 것은 정신이나 두뇌의 자질과는 무관한 상태의 것이라고 주장하는 것도 이해되지 않는 부분이었다. 또한 그가 문법이 곧 언어이다는 발상법에서 I-언어는 일종의 이상적이고 정신적인 문법인데 반하여, E-언어는 일종의 구체적이고 사실적인 문법인 것처럼 주장하는 것도 이들을 크게 헛갈리게 하는 일이었다. 이들의 생각으로는 용법이 곧 문법이기에 이런 식의 구분은 허구적인 것에 지나지 않았다.

세 번째로 그는 처음부터 자기가 말하는 언어적 사실은 언어의 창조성, 즉 문장생성의 규칙에 관한 것이라는 입장을 견지해왔다. 그의 이런 통사론 중심의 언어관은 응당 다른 사람들의 의미론이나 화용론 중심의 그것과 대척적인 관계에 있게 마련이었다. 그가 말하는 통사론이란 쉽게 말해서 변형규칙을 중심으로 한 것이었는데, 의미론자나 화용론자는 더 말할 나위가 없고, 심지어는 일부 통사론자들 마저도 그의 이런 변형규칙 기반의 통사론에 쉽게 동의할 수 없었다. 반대론자들의 입장에서 보자면 그러니까 문장의 기능성이나 의미성은 차치한 채 그것의 정형성만을 따지는 것 자체가 그의 통사론의 제일 큰 문제였던 것이다.

또한 이들의 시각에서 볼 것 같으면 그의 통사론의 가장 근본적인 문제는 바로 어휘부의 역할이 최대로 폄하 내지는 무시되고 있다는 점이었다. 이들이 보기에는 어휘는 개념이나 의미를 나타내는 최소단위일 뿐만 아니라 구나 문장과 같은 구조체의 구성소이다. 하나의 구나 문장을 두 개나 그 이상의 단어들의 연결체로 보자면 어떤 원리나 규칙에 의해서 그들이 만들어지는가에 관한 기본적인 정보는 어휘부에 이미 수록되어 있다고 볼 수가 있다. 예컨대 명사나 대명사가 어형변화를 하는 것도 이런 이유 때문이고, 전치사나 접사와 같은 기능어가 따로 있는 것도 이런 이유 때문이다. 그리고 어느 언어에 있어서나 관용구처럼 통사적 규칙을 어기고 있는 표현들을 적지않게 발견할 수 있다. 따라서 이들은 문장생성의 규칙을 다루는 부분이 따로 있다는데까지는 동의할 수 있지만 어휘부의 협조 없이 그 부분이 독립적으로 작동된다는 그의 발상법에는 동의할 수 없었던 것이다.

이런 결론 중 네 번째 것은 그의 내재이론은 생물학적 내재이론을 지향하는 내재이론이라는 사실이다. 엄밀한 의미에서 보자면 그가 그 동안에 유난히 강조해 온 것은 그의 언어학이 궁극적으로는 생물학적이어야 한다는 것이었지 그의 내재이론이 그래야 한다는 것은 아니었다. 그렇지만 그의 언어연구는 그 동안에 언어기술법의 발전과 내재이론의 설정이라는 두 개의 궤도에 따라서 진전되어 나왔기 때문에 언어학은 생물학적이어야 한다는 그의 주장은 결국에 그의 내재이론에도 해당되는 말이라고 볼 수가 있다. 더 구체적으로 말하자면 그는 언어학은 물리학이나 화학보다는 생물학과 유사해야 하며, 따라서 그것의 최종적인 과제는 언어기능의 진화절차를 밝히는 것이라고 생각했던 것이다.

두말할 필요도 없이 그의 이런 발상법은 인간의 능력이나 자질들은 마땅히 진화생물학적인 접근법에 의해서 연구되어야 한다는 시대 정신에 맞는 것이어서, 누구나 일단은 그것의 정당함을 인정하는 데 앞장서려고 하지, 그것의 문제점을 지적하려고 하지 않을 것이다. 그러나 안타깝게도 진화생물학은 외면적으로는 지극히 화려하면서도 내면적으로는 문제투성이의, 일종의 미성숙의 학문이다. 그리고 20세기에 이르러서는 신다윈 이론의 설정을 목표로 한 일종의 통합적 생물학이 등장하기까지 했다. 이것에서는 생물학적 현상에는 진화적인 요소와 발달적인 요소가 다 들어있다고 보고 있기 때문에 이런 식의 연구는 으레 예전의 발생 생물학적인 것보다 한 단계 더 복잡해질 수 밖에 없다. 그러니까 그가 말하는 생물언어학이 가까운 장래에 제 모습을 드러내게 되리라고 생각하는 사람은 하나도 없는 것이다.

그런데 보다 엄밀하게 따지자면 그가 실제로 제안한 것은 생물언어학이 아니라 언어생물학이었다. 생물언어학을 예컨대 생물학적 연구방법이나 지식을 언어연구에 적용시키는 학문으로 치자면, 언어생물학은 그와는 정반대로 언어학적 연구방법이나 지식을 생물학에 적용시키는 학문이 되는 셈인데, 흥미롭게도 그는 이렇게 환상적인 것을 자기의 꿈으로 내세웠다. 이런 생각을 그가 갖게 되는 데 결정적으로 작용한 것은 우선 그의 언어이론에 대한 자신감이었다. 그는 예컨대 자기의 보편문법이론이야말로 지금까지 알려진 어떤 생물학적 이론보다 앞선 것이기 때문에, 그것의 타당성을 생물학적으로 실증하는 작업이 결국에는 앞으로 생물학의 발전을 이끌어가게 될 것이라고 생각한 것이다. 그는 지금의 생물학의 학문적 수준을 너무나 잘 알고 있었던 것이다.

그가 이런 생각을 갖게 되는 데 그 다음으로 작용한 것은 그의 이성주의적 과학관이었다. 그는 자기 언어학의 특성을 논할때마다 어떤 것이 최선의 과학일 수 있느냐라는 질문을 던졌는데, 그것의 모범 답안으로 그가 한결같이 제시한 것은 다름아닌 Galileo의 자연은 단순한 수학적 공식으로 이해될 수 있다는 견해였다. 그러니까 그는 놀랍게도 언어적 현상에 대한 연구를 통해서 결국에는 모든 현상을 설명할 수 있는 하나의 물리적 대이론을 발견할 수 있다고 생각한 것이다. 그는 자기의 이런 원대한 꿈을 「설명적 적절성을 넘어서(Beyond explanatory adequacy)」라는 최근의 논문에서 「우리는 언어 자체의 연구를 위해서 뿐만 아니라 전체로서의 생물학적 및 정신적 세계의 연구를 위한 의미있는 결론을 도출할 수 있을 것이다.」라는 말로써 표현하고 있다.(p.124)

그런데 문제는 지금의 형편으로는 그의 꿈은 어디까지나 일방적인 야망으로 끝날 가능성이 크다는 데 있다. 너무나 당연한 말이 될는지 모르겠지만 그의 언어학 우위적인 제안을 받아들이기에는 지금의 생물학의 현황은 심리학이나 철학의 그것과도 크게 달랐다. 우선 그의 언어관은 그동안에 생물학이나 신경과학의 분야에서 받들어왔던 생물체관과 같지가 않았다. 예컨대 그는 언어기관의 특징은 기본적인 구도가 지극히 단순한 데 있다고 보았다. 그러나 생물학자들이 보기에는 생물체나 생리적 기관의 특징은 기본적인 구도가 복잡하고 다양한 데 있었다. 또한 그는 언어는 일종의 분절적 단위들을 연산적 규칙에 따라서 작동시키는 컴퓨터라고 생각했다. 그렇지만 이 말은 그대로 뇌의 경우에도 적용될 수 있다고 자신 있게 말할 수 있는 생물학자나 신경과학자는 그렇게 많지가 않다. 이런 의미에서는 분명히 기본적으로 언어처리는 컴퓨터적 조작법에 의해서 이루어진다고 생각하는 Poeppel도 최근에 Hickock과 같이 쓴 「소개: 언어의 기능적 해부이론(Introduction: towards a new functional anatomy of language)」라는 논문에서는「유전자와 두뇌발달 간이나 두뇌회로와 인지기능 간의 관계를 이해하려고 하면 우리는 암흑속에 있음을 알게 된다.」와 같은 말을 하고 있다는 사실에 주목할 필요가 있다.

그 다음으로는 극단론적인 그의 언어진화설은 생물학자들이 그 동안에 내세워오던 진화이론과 어울릴 수가 없었다. 기본적으로 그의 언어진화설은 반다윈주의적이거나 반진화론적인 이론인데 지금도 진화 생물학을 이끌어가고 있는 주요 사상은 역시 다윈의 사상이다. 다시 말할 것 같으면 구체적인 이유와 절차야 어떻든 간에 다른 인간의 능력과 자질과 마찬가지로 언어도 오랜 수정의 절차를 거치면서 생겨난 것으로 보려는 생물학자들의 생각과 그의 언어진화관은 너무나 다르다. 더구나 최근에는 발달적 요소를 유전적 요소에 못지 않게 중요시하는 신다윈이론도 등장했다. Carroll(2005)이 내세우는「진화 발달이론(Evo-Devo theory)」같은 것이 그것의 대표적인 예이다. 그러니까 지금의 생물학자들의 언어진화관은 어떤 형태로서의 유전과 경험간의 타협도 거부하려는 그의 언어진화관과는 거의 정반대적인 것인 셈이다.

그런데 생물학자들의 보기에는 그가 지향하는 것이 생물언어학이냐 언어생물학이냐의 문제보다 더 중요한 문제가 바로 그가 대안으로 내세우는 특이한 돌연변이설이 실체를 가지고 있느냐 가지고 있지 못하느냐의 문제였는데, 한마디로 말해서 깊이 검토할 가치도 없는 것이 바로 이 문제였다. 그 이유는 물론 이 학설은 생물학적인 근거가 아니라 언어학적인 근거에 의해서 만들어진 것이기 때문이었다. 그리고 무엇보다도 중요한 사실은 그는 자기가 내세우는 언어적 근거로 인하여 결국에는 새로운 진화론적 이론이나 생물학적 이론이 나오게 되기를 바라고 있을지 모르지만 그들이 보기에는 그것은 생물학의 실상과 전통을 잘 모르는 데서 비롯된 한낱 착시현상에 불과했다. 예컨대 그가 제시한 보편문법에 관한 지식보다는 유전자형과 표현형 간의 관계는 간접적이라는 사실이나, 아니면 더 구체적으로 FOXP2라는 유전자가 뇌의 어느 엽에 분배되어 있는지는 아직도 잘 모른다는 사실이 그들에게는 훨씬 더 중요한 정보였다.

이렇게 볼 것 같으면 그의 내재이론에 대한 거론 역시 그 전까지 간헐적으로 있어왔던 다른 철학자들에 의한 그것과 마찬가지로 문제를 해결하기 보다는 문제를 제기하는 역할 밖에 하지 못했다는 결론을 내릴 수가 있다. 이제는 마땅히 생물학적인 방법으로 이 문제가 해결되어야 한다는 그의 주장이 그가 이 문제와 관련하여 새롭게 기여한 바라면 기여한 바라고 볼 수가 있다. 그렇지만 만약에 지금의 진화론이나 생물학의 학문적 역량을 제대로 평가했더라면 그가 그런 제안을 했을 리가 없다. 또한 그가 역설적으로 기여한 바는 이 문제에 있어서는 극단론보다는 일종의 절충론이나 유연론이 더 설득력이 있다는 사실을 드러내 준 것이라고 볼 수도 있다. 그리고 궁극적으로 그가 기여한 바는 유전이냐 학습이냐의 문제에 관한 논쟁은 앞으로도 쉬지않고 계속될 것이라는 점을 암시한 점이라고 볼 수도 있다.

제3장
최소주의 이론의 실체 I
: 문법모형과 기술기법

1. 언어사상의 투사체

 지난 4~50년 동안에 그가 한 일은 크게 최선의 문법모형을 개발하는 일과 그것을 근거로 해서 내재이론을 내세우는 일의 두 가지라고 볼 수 있는데, 이들 중 그의 언어학의 발전에 기본 축과 같은 역할을 한 것은 첫 번째 일이었다. 이것은 곧 흔히 말하는 변형문법이론의 발전이 그의 주된 과제였다는 말이니까, 지난 세월은 뭐니 뭐니해도 그도 결국에는 하나의 언어학자라는 사실을 드러낸 기간이었던 것이다. 그런데 다른 언어학자들의 언어이론과 마찬가지로 궁극적으로는 그의 문법이론도 그의 언어사상의 실현체였다. 특별히 그의 경우에 있어서는 언어적 사실을 내재이론의 근거로 삼고 있기 때문에 이 점이 더욱 중요해진다. 다시 말하자면 그의 내재이론을 알아보는 것은 그의 언어사상을 알아보는 일의 이차적인 일에 불과할 뿐, 그것의 일차적인 일은 그의 문법이론의 내용을 알아보는 일인 것이다.
 그의 문법이론의 제일 큰 특징은 그동안 내내 그 골격이 일정하게 고정되어 있지 않고서 바뀌어 왔다는 점이다. 이런 의미에서도 그의 문법이론은 변형적이었던 것인데, 그 동안에 초기이론과 표준이론, 확대표준이론, 수정 확대표준이론, 지배와 결속이론, 최소주의 이론 등의 이름으로 불리운 사실로 미루어 보아서는 그것은 최소한 다섯 번의 변형절차를 밟은 셈이다. 그런데 이보다 더 중요한 점은 아직도 그 자신이 자기의 문법이론의 개선작업은 종료된 것이 아니라고 선언하고 있다는 사실이다. 이런 사실은 그의 내재이론은 거의 원형대로 유지되었었다는 사실과 아주 대조적이다. 이런 면으로 보아서도 그는 분명히 하나의 언어학자였다.

그런데 어떤 의미에서 볼 것 같으면 최소한 지금으로서 최종적인 것으로 볼 수 있는 그의 문법 이론이 최소주의라는 특이한 이름을 가지고 있다는 사실만큼 그의 문법이론 발달의 역사를 단적으로 설명해 주는 것은 없다고 볼 수가 있다. 최소주의란 문자 그대로 제일 작은 형식의 것을 지향하려는 움직임이다. 그러니까 어린이의 머리안에 들어있는 보편문법의 실체를 찾는다는 명제하에서의 그의 지난 몇 십년에 걸친 끈질긴 추구는 결국에 가장 단순한 문법모형을 만들어 내는 데 귀결되었던 것이다. 문헌상 그가 최소주의라는 용어를 처음으로 쓴 것은 1993년에 발표한 「언어이론을 위한 최소주의자의 프로그램(A minimalist program for linguistic theory)」이라는 논문의 제목으로였고, 이것의 내용을 좀더 확대하고 정리한 책이 1995년에 발간된 「최소주의 이론」이었다. 그의 말을 그대로 빌리자면 「개념적으로 필요하든지 아니면 경험적으로 불가피한 발상법」 즉, 본질적으로는 일종의 과학적 상식에 속하는 발상법에 도달하는 데 무려 40여년이 걸린 셈이다.(Chomsky, 1995)

그런데 최소주의 이론의 실상을 단적으로 드러내주는 사실은 바로 그의 문법이론의 일반적인 통칭은 변형생성문법이론이나 아니면 보편문법이론이지 최소주의 이론은 아니라는 것이다. 이런 사실을 통하여 우리는 그때 그때 무슨 이름을 붙였든 간에 그의 문법관에는 아무런 변화가 없었다는 사실을 확인할 수가 있다. 물론 보기에 따라서는 그는 문법이론의 발전 과정을 통해서 생물학적 언어사상을 갖게 되었다고 볼 수도 있다. 그렇지만 일단 실제로 최소주의 이론에서 내세워지고 있는 문법모형과 언어기술 요령 등이 어떤 것인가를 알고나면 이런 관찰은 다분히 피상적인 것이라는 사실을 당장 알아차리게 된다. 역시 그는 대학자답게 변형주의라는 단 하나의 언어철학으로 일의관지한 것이다. 그리고 생물학적 언어사상을 특별히 내세우는 것은 지금까지의 탐구를 그럴듯하게 미화하려는 하나의 방편에 불과했던 것이다.

이런 평가가 틀린 것이 아니라는 사실은 우선 최근에 Lasnik(2006)이 「최소주의(Minimalism)」라는 논문에서 최소주의 이론에서의 문법모형을 변형절차를 단순변형과 일반화 변형의 두 가지로 나누었던 1950년대의 그것과 아주 유사한 것으로 보고 있다는 사실만으로도 익히 확인될 수가 있다. 그렇지만 보다 더 확실한 방법은 최소주의 이론의 문법모형과 언어기술 요령에 그의 원래의 언어사상이 고스란히 반영되어 있다는 사실을 직접 확인하는 것이다. 다시 말해서 그것은 크게 다음과 같은 다섯가지의 특징을 최소주의 이론의 문법모형과 언어기술 요령이 지니고 있음을 확인하는 것이다.

(1) 통사부 우선의 원칙

첫 번째로, 이 이론에서는 여전히 통사부 우선의 원칙이 언어연구의 첫 번째 원칙으로 지켜지고 있다. 그의 언어이론의 특이함에 관한 한 그가 1950년대에 내놓은 초기이론이 문장의 통사적 구조성에 관한 것이었던 것처럼 최신의 이론도 결국은 문장의 통사적 구조성에 관한 것이라는 사실만큼 중요한 사실은 없다고 볼 수가 있는데, 그 이유는 바로 이것은 통사조직이 언어의 전부라는 그의 기본 사상을 그대로 드러내주는 사실이기 때문이다. 이런 의미에서는 그의 언어관은 예전의 전통문법가들의 그것을 그대로 이어 받은 것이라고 볼 수 있는데, 한 가지 달라진 점이 있다면 문장의 통사적 구조성을 밝히는 작업은 결국에 머리 안에서의 문장의 생성 절차를 밝히는 작업이 된다고 생각한 점이다.

물론 그 동안에 그가 과학적인 언어연구를 위해서는 언어능력과 언어수행이나, 아니면 I-언어와 E-언어는 마땅히 구분되어야 한다고 주장해 온 것도 그가 자기특유의 통사부 우선의 사고방식을 드러낸 것이라고 볼 수가 있다. 그가 말하는 언어능력이란 곧 통사적 규칙의 조작에 의한 문장생성의 능력이고, 또한 그가 말하는 I-언어란 곧 이상적인 통사조직이었던 것이다. 그리고 그가 최근에 언어연구의 목표를 논하면서 「언어는 일종의 완전한 체계와 유사한 것이다」라고 말한 것도 완전한 통사적 체계를 염두해 두고 한 말임이 분명하다.(Chomsky, 1995: p.1) 그는 완전한 통사적 체계의 발견을 자기의 언어연구의 궁극적 관제로 삼은 것이다.

무엇보다도 이 원칙이 지난 몇 십년 동안에 그의 언어연구를 실질적으로 이끌어 온 원칙이나 다름이 없었다는 것을 실증해 주는 사실은 그 동안 내내 변형의 절차를 문장생성의 기본절차로 보아왔다는 것이다. 예컨대 그의 초기이론에서는 어떤 변형규칙에 의해서 능동문에서 수동문이 도출되게 되는가를 밝히는 것을 언어연구의 과제로 보았고, 최소주의 이론에서는 「John seems [t' to have been expected [t to leave]]」의 경우에서처럼 「α이동」은 순환적으로 적용될 수 있음을 밝혀내는 것을 언어연구의 과제로 보고 있다. 그의 문법이론이 처음처럼 지금도 변형생성문법으로 불리고 있는 것은 하등 이상한 일이 아니다.

이 원칙에 부수되는 원칙으로는 크게 세 가지가 있어 왔는데, 그 중 첫 번째 것은 어휘부의 기능은 통사부에서의 문법적 조작의 기본단위를 제공하는 것으로 본다는 것이었다. 예컨대 이 이론에서는 그는 어휘부를 여러번에 걸친 문자화 작업의 시발체가 되는 배번집합의 단순한 어휘 공급처로 보고 있다. 심지어 통사적 절차의 마지막에 이르러 논리 형태가 개념의도 체계와 인터페이스를 해서 의미를 도출하게 되는 단계에도 어휘부는 아무런 역할을 못하게 되어 있었다. 그의 이론에서는 어휘부는 개념의도체계와 별도로 존재한다고 본 것이다.

그 중 두 번째 것은 언제나 오직 이상적인 문장만을 분석과 기술의 대상으로 삼는다는 것이었다. 이것에 따라서 우선 언어사용의 현장에서 수집된 문장이 아니라 연구자의 직관에 의해서 만들어진 문장이 으레 분석의 자료로 쓰였다. 그 다음으로는 생략문이나 불완전문은 완전히 배제된 채로 오로지 정형문만이 분석의 대상이 되었다. 세 번째로는 실제로는 있지도 않는 이른바 비문이라는 것을 정문과 대조하면서 분석하는 것이 언어분석의 기본적인 절차가 되었다. 예컨대「Who did you say [cp t' e [IP t left yesterday]]」와 같은 정문을 분석함에 있어서는 으레 *「Who did you say [cp that [IP t left yesterday]]」와 같은 비문의 분석도 곁들였다. 이런 분석을 통하여 지배이론의 일부로「that 흔적효과」라는 원리를 내세울 수 있게 되었다는 사실은 곧 변형문법적인 언어기술에 있어서는 정문보다는 오히려 비문에 대한 분석에 더 큰 비중을 두고 있다는 사실을 확인시켜 주고 있다.(Ibid. p.90)

그 중 세 번째 것은 문장의 문법성만을 분석과 기술의 대상으로 삼지 그것의 기능성이나 의미성은 완전히 도외시된다는 것이었다. 물론 기본적으로는 이 원칙은 통사론을 의미론이나 화용론과 구별시켜주는 것이기에 변형문법이론은 결국은 일종의 통사론이라는 사실을 고려한다면 이것은 일단 잉여적 내지는 중복적인 원칙이라고 볼 수도 있다. 그렇지만 이 문법에서 이 원칙이 특별히 내세워지는 것은 이로써 기술과 분석의 대상에서 연구자가 원하지 않는 문장이 철저히 배제될 수 있기 때문이다. 예컨대 문장 가운데는 「Did what?」처럼 대화문의 일부로서만 쓰이는 것도 있고, 또는 「It was Mary who told me the story.」처럼 어떤 사항을 특별히 강조하기 위해서 쓰이는 것도 있는데, 이런 것들은 이 문법에서는 분석의 대상이 될 수 없었다.

(2) 형식적 조작의 원칙

그동안 내내 문장을 의미나 기능적 측면에서가 아니라 형식이나 구조적 측면에서 분석하는 것을 통사론으로 보는 그의 언어관은 이 이론에 이르러는 드디어 일종의 극단론적인 문법모형과 언어기술요령이 생겨나게 될 만큼 견고하게 유지되어 왔다. 물론 문장을 일련의 규칙에 의해서 만들어진 하나의 계층적 구조체로 보려는 견해는 1940년대의 구조주의자들이 먼저 가지고 있었고, 또한 더 거슬러 올라가면 서구의 전통문법가들은 문장을 하나의 논리적 표현체로 보려고 했었다. 이런 의미에서는 그의 언어관도 오래된 형식주의의 전통을 이어받은 것이라고 볼 수도 있다.

형식적 조작의 원칙이 그 동안에 그가 새로운 문법모형과 언어기술요령을 발전시키는 데 기본적인 원칙으로 쓰여왔다는 것은 우선 처음에 자기의 문법을 변형생성문법으로 명명한 사실로써 익히 알 수가 있다. 문자 그대로 형식을 바꾸어서 문장이 만들어지는 과정을 밝히는 것을 통사론으로 보았다는 것 자체가 그가 누구에게도 못지않는 철저한 형식주의적 원칙의 숭배자라는 사실을 잘 말해주고 있다. 그리고 굳이 따지자면 변형이라는 개념을 처음으로 개발하여 사용한 사람은 대수학자들이었다. 그래서 사람에 따라서는 그의 언어학을 수리적 언어학이라 부르기도 한다. 논리학과 함께 수학이 최고의 형식주의적 학문이라는 것은 더 말할 나위가 없다.

이렇게 볼 것 같으면 그가 이 원칙을 지키게 된 동기에는 크게 언어학적인 것과 과학적인 것의 두 가지가 있었다는 것이 확실해진다. 우선 언어학적인 동기란 언어의 실체는 그것을 형식적 구조체로 보았을 때만 제대로 파악될 수 있다는 생각에서 나온 동기이다. 그리고 과학적인 동기란 형식적인 표현법으로 기술했을 때만 어떤 사실이나 현상에 대한 서술은 과학적인 것이 될 수 있다는 생각에서 비롯된 동기이다. 물론 논리적으로 판단했을 때는 형식적 구조체를 기술하는 데 형식적 표현법 이외의 표현법을 사용한다는 것은 상식을 벗어나는 일이다. 그러니까 궁극적으로는 이것의 동기를 두 가지로 나누는 것 자체가 무의미한 일일는지도 모른다.

그런데 일단 이런 식으로 그것의 동기를 나누다 보면 이 원칙이 지켜져 온 현상을 살펴보는 작업이 우리의 목적에 맞게 된다. 다시 말하자면 이 원칙에 관한 토의를 그 동안에 그의 통사론에서는 문장을 어떤 구조체로 보아왔는가에 관한 것과, 그 동안에 그의 통사론에서는 어떤 표기법을 사용해 왔는가에 관한 것으로 나누어서 하다보면 그의 통사론의 형식성은 극단적인 것이라는 사실이 보다 분명하게 드러날 수 있다. 그리고 무엇보다도 중요한 것은 이렇게 하다 보면 결국에는 형식주의적 연구방법의 장점과 단점도 보다 확실하게 드러날 수 있다는 사실이다.

먼저 그의 통사론에서는 그 동안에 문장을 어떤 구조체로 보아왔는가를 살펴볼 것 같으면, 우선 표준이론에서는 문법을 다시 쓰기의 규칙에 의해서 기술될 수 있는 수형도적 심층구조에 일련의 변형규칙을 적용되어서 표층구조가 얻어지는 과정으로 본 점으로 미루어 보아서 그것을 규칙지배적 구조체로 보았다고 볼 수가 있다. 그리고 지배와 결속이론에서는 보편문법을 X'-구조체와 지배의 원리 등과 같은 몇가지 제약적 원리로 구성되어 있다고 본 점으로 미루어 보아서 그것을 원리지배적 구조체로 보았다고 볼 수가 있다. 그런가 하면 최소주의 이론에서는 표현체의 기호를 하나의 자질의 묶음으로 보았다는 점으로 미루어 보아서 그것을 자질지배적 구조체로 보았다고 볼 수가 있다.

이렇게 그 동안에 그의 문장관이나 문법관이 크게 달라지게 된 것은 원래 그에게는 두가지 욕심이 있었기 때문이었다. 첫 번째로 그에게는 처음부터 기술적 적절성보다는 설명적 적절성이 더 중요시되는 언어 기술법을 찾으려는 욕심이 있었다. 이런 욕심은 물론 강력한 설명력이 있는 이론을 발견하는 것이 곧 과학의 궁극적인 목적이라는 그의 과학관에서 비롯된 것이었는데, 이러다 보니까 자연히 그의 서술은 첫 번째로는 규칙중심적인 것으로부터 원리중심적인 것으로 바뀌게 마련이었고, 두 번째로는 구체적인 사실로부터 추상적인 이론을 도출하는 형식을 취하게 마련이었다. 그의 말을 그대로 빌리자면 그에게는 「원리화된 설명」만이 과학적 설명일 수 있다는 확고한 소신이 있었던 것이다. 바로 이래서 지배와 결속이론에서는 구조 보존의 가설이나 흔적이론, 공범주이론 등과 같은 원리들이 설정되게 된 것이다.

두 번째로 그에게는 문장의 형식적 구조성과 논리적 의미성을 같이 밝혀줄 수 있는 언어기술법을 찾으려는 욕심이 있었다. 엄밀하게 따지자면 그는 변형부의 역할을 강조하는 표준이론 때부터 통사론의 기본적 과제는 한 문장의 구조성은 결국에 그것의 논리적 의미성과 불가분의 관계에 있다는 사실을 밝히는 것이라는 견해를 가지고 있었다. 초기이론 때와는 달리 표준이론 때에 이르러서는 그는 말이 안되거나 무의미한 문장은 정문의 범주에 넣지 않았다. 즉, 그는 어휘가 나타내는 것과 구조체가 나타내는 것이 하나로 합쳐져서 논리적 의미를 이루게 된다고 보았던 것이며, 따라서 어휘부와 통사부의 관계를 어떻게 설정하느냐가 그의 통사론의 중심적인 과제였던 것이다.

예컨대 표준이론에서는 어휘부를 별도로 설정하지 않고서 하위범주화

규칙과 선택적 자질 규칙에 의해서 표층구조의 기호자리에 삽입되는 어휘들의 종류가 일정하게 제약을 받도록 했다. 그러나 지배와 결속이론에서는 우선 어휘부로부터 범주나 통사적으로 적절한 어휘를 차출함으로써 D-구조가 만들어지게 했다. 이것에서는 그 다음으로 문장의 기본구조에 반영된 어휘의 의미역(θ역) 부여의 특성은 모든 통사적 층위에서 그대로 유지되어야 한다는 투사원리를 하나의 기본적인 통사적 원리로 설정했다. 이 원리에 따를 것 같으면 예컨대 하나의 타동사는 언제나 하나의 보충어를 거느리게 되어 있었다. 이것에서는 세 번째로 논리적 형태라는 표현체를 마지막 표현체의 하나로 설정하여 언제나 도출된 표현체에 논리적 의미성이 확보되어있는가를 점검하게 했다.

통사적 기술의 내용이나 대상이 달라짐에 따라서 그것의 표기법도 같이 달라지게 되는 것은 너무나 당연한 일이었다. 과학에 있어서는 원래 무엇을 표기했느냐의 문제보다 그것을 어떻게 표기했느냐의 문제가 더 중요할 수가 있다. 그러니까 크게는 그의 통사론이 얼마나 형식주의적인 것인가를 가장 쉽게 알 수 있는 방법 중 한가지는 바로 그때 그때의 표기법들을 비교해보는 것 일 것이다. 그리고 무엇보다도 중요한 사실은 이런 비교작업을 통해서 그의 형식주의는 과거의 어느 언어학자의 것과 비교도 할 수 없을 만큼 극단적인 것이라는 사실이 익히 드러날 수 있다는 것이다. 다시 말하자면 이런 작업을 하다보면 그의 문법이론은 세월이 흐를수록 점점 더 난해한 것으로 바뀌게 되었다는 사실이 당장 드러나게 되어 있다.

이런 의미에서 볼 때 여기에서 해볼만한 비교작업 중 첫 번째 것은 표준이론에서의 문장의 기술법과 지배와 결속이론에서의 그것을 비교해보는 것일 것이다. 먼저 표준이론에서의 대표적인 문장 기술법으로는 「Sincerity may frighten the boy.」라는 문장에 대한 것을 들 수가 있는데, 이것에서는 (가)와 같은 분지규칙과 (나)와 같은 하위범주화 규칙이 하나로 합쳐져서 「[+N, -Count, +Abstract]⌒M⌒Q⌒the⌒[+N, +Count, +Animate, +Human]」과 같은 구조체가 만들어지게 된다고 보았다.(Chomsky, 1965: p.85)

(가) S→NP⌒Aux⌒VP (나) N→[+N, ± Common]
  VP → V⌒NP   [+Count]→[± Count]
  NP→Det⌒N   [+Count]→[± Animate]
  Det→the   [-Common]→[± Animate]
  Aux → M   [+Animate]→[± Human]
          [-Count]→[± Abstract]

이것에 대비해 볼 수 있는 것은 지배와 결속이론에서의 「It is unclear who to see.」라는 문장의 도출과정이다. 이것에서는 우선 이 문장에는 (i)에서 (iv)까지의 네가지 표현체가 있다고 보고서 도출의 절차는 먼저 α-이동 절차에 의해서 D-구조인 (iii)으로부터 S-구조인 (ii)가 만들어지고 난 다음에, 그것에서 독립적으로 각각 (i)와 (iv)가 만들어지는 식으로 되어있다고 보았다. 여기에서의 (i)과 (iv)는 각각 표면구조와 논리형태였다. 그러니까 (i)는 결국 음성적 형태인 셈이었다.(Chomsky, 1981: p.33)

(i) it is unclear [$\bar{S}$ who [$_s$ to see]]
(ii) it is unclear [$\bar{S}$ who$_i$ [$_s$ PRO to see t$_i$]]
(iii) it is unclear [$\bar{S}$ COMP [$_s$ PRO to see who]]
(iv) it is unclear [$\bar{S}$ for which person χ [$_s$ PRO to see χ]]

이상의 두 기술법을 비교한다는 것은 물론 궁극적으로는 두 이론의 문법모형을 비교하는 일이 된다. 그러나 그 일은 일단 차치하고 보다라도 이들간에는 대단히 큰 표기법상의 차이점이 있다는 것을 확인할 수가 있다. 먼저 눈에 띄는 것은 이 이론에서는 문장의 구조성을 기술하는데 [$\overline{\text{s}}$ to see]와 같은 각 괄호법이 쓰이고 있다는 점이다. 그 다음으로는 여러 가지 생소한 기호들이 쓰이고 있다는 점이 눈에 띈다. 이런 기호들은 이 때에 등장한 새로운 언어적 원리나 이론에 의해서 만들어진 것이다. 예컨대「$\overline{\text{S}}$」라는 기호는 X-바 이론과 관련되어 있는 것이고, [t]는 흔적이론과 관련되어 있는 것이다. 또한「PRO」와「COMP」는 각각 대용어와 보문자로 번역될 수 있는 것으로서, 앞의 것은 공범주 이론 및 통제이론과 관련되어 있는 것이고, 뒤의 것은 α이동의 이론과 관련되어 있는 것이다. 그리고「i」는 두 개의 요소에 동일한 지표가 부여되어 있음을 나타내기 위하여 쓰인 기호이다.

　이 정도의 분석만으로도 우리는 이 때에 이미 그의 통사적 기술법의 형식성은 수학이나 논리학의 그것에 조금도 못지 않게 되었다는 사실을 확인할 수가 있다. 이 때에 이르러서는 결국에 그의 통사론은 수학이나 논리학과 비슷해지게 되었다는 것은 지배의 개념을「오로지 (i)α≠χ°이고, (ii)α가 β를 C-통어(성분통어)하며 만약에 ϒ가 β를 C-통어하면 ϒ는 α를 C-통어하거나 아니면 β에 의해서 C-통어를 받는 경우에만, α는 β를 지배한다.」는 식으로 정의하고 있다는 사실이 익히 실증하고 있다. 그러니까 이 때에 이미 과학화라는 미명 아래서 그의 통사론은 극단적으로 형식적인 것이 되어있었던 것이다.(Ibid. p.163)

　여기에서 해 볼만한 비교작업 중 두 번째 것은 이 때의 것과 최소주의 이론 때의 것을 비교해 보는 것일 것이다. 여기에서 비교의 대상으로 선정된 것은「John seems to be likely to win.」이라는 문장에 대한 아래와 같은 기술이다. 우선 이것에서 달라진 점은 어떤 표현체를 몇 개의 기본 요소들의 연쇄체로 본 나머지「chain」의 약어격인「CH」라는 기호가 쓰이고 있다는 것이다. 그 다음으로 달라진 점은 공범주를 의미하는 「e」라는 기호가 쓰이고 있다는 점이다. 마지막으로 이것에서는 두 번째 흔적을 의미하는 「t′」라는 기호가 쓰이고 있다.

a. e seems [e to be likely [John to win]]
b. John seems [t′ to be likely [t to win]]
c. CH=(John, t′, t)   (Chomsky, 1995: p.180)

그런데 사실은 이 두 번째 비교작업을 통해서 알게되는 사실은 첫 번째 비교작업을 통해서 알게 된 것과는 정반대의 것이다. 다시 말해서 이것을 통해서 우리는 표기법에 있어서는 최소주의 이론때라고 해서 크게 달라진 것이 없다는 것을 확인할 수가 있다. 이런 판단의 근거로는 먼저 먼젓번 이론에서의 「John seems to be sad.」라는 문장의 기술법이 바로 앞의 것과 대동소이하다는 사실을 들 수가 있다. 예컨대 이 때의 논의의 요점은 왜 (ii)와 같은 표현체가 아니라 (i)과 표현체를 이 문장의 S-구조 겸 논리적 형태의 구조로 보아야 하는가를 해명하는 것이었다. 그는 (ii)는 일종의 논리학적 기술법이라는 특징이 있기는 하지만, 이른바 「영의 가설」에 의해서 (i)이 논리적 형태의 기능도 같이 수행하게 된다고 보아야 한다고 주장했다.(Chomsky, 1981: p.35)

(i) John $_i$ [vp seems [s t$_i$ to [vp be sad]]]
(ii) seems (sad (John))

이런 판단의 또 한가지 근거로는 연쇄의 개념과 기호는 사실은 이미 지배와 결속이론에서 개발되어 널리 쓰였다는 사실이다. 이 때 그는 일단

문법을 D-구조에서 S-구조가 도출되는 과정으로 보게 된 이상 어느 요소의 이동의 역사를 한번에 읽을 수 있는 표현체를 설정하는 것이 그것의 실체를 제대로 기술할 수 있는 방법이라고 생각했던 것이다. 앞의 예의 경우를 말할 것 같으면 「CH = John, t', t」와 같은 표현체를 통해서 D-구조에서 t의 위치에 있던 「John」이 처음에는 t'의 자리로 이동했다가 그 다음에는 주어의 자리에 이동됨으로써 S-구조가 생겨나게 된다는 사실을 한 눈에 알 수 있게 된다. 특히 그는 「언어의 지식」에서 there-구문에 있어서의 이동절차를 하나의 「확대연쇄」로 보면서 이것을 「CH」라는 두 개의 대문자로 된 기호로 나타냈다.

앞에 든 예는 그런데 그가 최소주의 이론의 핵심요소라 할 수 있는 도출의 경제성의 문제를 다루는 마당에서 제시되었던 것이다. 여기에서 그는 최소 이동영역의 이론이나 이동의 최후수단의 이론, 어휘 전체 차출의 이론 등을 논의하였다. 더 나아가서 그는 이 자리에서 X-바 이론을 만족시키면서 어휘선택을 하게 되면 D-구조와 S-구조도 필요 없게 될 것이라는 의견까지 개진하게 된다. 결국 이렇게 볼 것 같으면 이 때에 이르러 그의 기술법의 형식성의 정도가 증가된 것이 아니라 그의 문법관이 달라진 것이다. 바꾸어 말하자면 그의 기술법의 극단적인 형식성은 1981년의 모형에서 이미 완성되었다고 볼 수가 있다.

(3) 인지적 체계의 원칙

그가 일찍부터 언어를 일종의 인지적 표현체로 보아왔다는 것은 언어능력과 언어수행간 이나 I-언어와 E-언어 간의 엄격한 구분을 강조해왔다는 사실로써 익히 알 수가 있다. 그는 이런 경우마다 언어학에서 추구할 과제는 인간 언어라는 연산체계, 즉 「C_{HL}」의 실체를 밝히는 것이라고 주장했었다. 또한 「최소주의 이론」의 서두에서 언어는 연산체계와 어휘부로 구성되어 있다고 말하고 있는 점으로 미루어 보아서는 그가 옛날과 다름없이 이 때에도 통사적 절차를 일종의 컴퓨터적 절차로 보고 있다는 것이 확실하다. 간단히 말하자면 그가 최근에 내세우고 있는 최소주의 모형은 일종의 연산적 모형이라는 말이었다.

그가 언어를 인지적 체계로 본다는 것은 크게 두가지 사실을 드러내고 있다고 볼 수가 있는데, 그중 첫 번째 것은 그도 인간의 두뇌를 하나의 컴퓨터로 보려는, 최근의 인지과학이나 신경과학적 사고방식을 옳은 사고방식으로 받아들였다는 사실이다. 물론 이것은 작게는 언어를 정신구조의 반영체로 보고, 크게는 그것을 두뇌의 소산물로 보려는 그의 언어관의 기본이 되는 사고방식이다. 그러니까 그는 이렇게 함으로써 한편으로는 언어학을 최고로 과학적인 학문으로 만들려는 그의 욕심이 채워지면서, 다른 한편으로는 언어연구에 일종의 생물학적 접근법을 적용시키려는 욕심이 채워질 수 있다는 것을 익히 알고 있었던 것이다.

그 중 두 번째 것은 그는 자기의 언어연구가 궁극적으로는 인지과학이나 신경과학의 발전에 일익을 담당할 수 있겠다고 생각했다는 사실이다. 그는 우선 지금의 인지과학의 수준이나 신경과학의 수준은 자기가 내세우는 보편문법의 이론같은 것의 타당성을 검증하기에는 크게 부족한 것이라는 것은 더 말할 필요도 없고, 머리 안에서의 인지적 절차의 원리도 아직 제대로 구명하지 못한 정도라고 판단했다. 그는 그래서 언어연구를 통해서 찾아낸 인지적 작업의 요령이나 원리 등은 그대로 인지과학이나 신경과학의 연구에도 쓰일 수 있겠다고 생각한 것이다.

이렇게 볼 것 같으면 이 원칙을 지킴으로써 그의 언어연구는 인지과학이나 신경과학과 뭔가를 서로 주고 받는 식의 양방적인 관계를 갖게 되었다고 볼 수가 있다. 먼저 이렇게 함으로써 그의 언어연구가 어떤 이득을 얻게 되는가를 살펴 볼 것 같으면, 그 중 첫 번째 것은 역시 그가 지향하는 언어학은 그것을 통해서 인간의 정신기구와 두뇌구조 등을 알 수 있게 되는, 일종의 생물학적 언어학이라는 사실을 실제적으로 증거하게 된다는 것이다. 다시 말하자면 이 원칙은 결국에 언어를 정신과 두뇌와 동일시하려는 그의 의도가 구체화된 것이었다.

그 중 두 번째 것은 이 원칙을 지킴으로써 그의 언어학은 인지과학이나 신경과학과 같은 최첨단의 학문과 바로 동일한 반열에 오를 수 있는 학문이라는 사실이 입증될 수 있다는 것이다. 예컨대 인지과학에서는 인간의 정신 기구를 일종의 디지털 컴퓨터로 보면서 그것의 작용을 구조화된 표현체에 의한 지적 정보의 연산적 처리 절차로 보는데, 이런 입장이 인간의 본성이나 특성을 연구하는 데 있어서 가장 과학적인 것으로 받아들여 질 수 있다는 것은 최근의 여러 가지 심리학적이거나 생물학적 연구결과에 의해서 밝혀졌다. 그러니까 이 원칙을 지킴으로써 그는 자기의 언어학이 작게는 최근의 대세적 학풍, 즉 인지주의적 학풍을 따르고 있는 학문이라는 사실과, 크게는 최근에 등장한 최첨단의 학문들과 학문적 수준에 있어서 충분히 맞먹을 수 있는 학문이라는 사실을 널리 알릴 수 있게 된 것이다.

그 중 세 번째 것은 이 원칙을 지킴으로써 그의 언어학은 크게는 진화론적이거나 생물학적이고 작게는 컴퓨터 과학적인 지식이나 이론을 원용할 수 있게 된다는 것이다. 우선 굳이 따지자면 그가 자기의 언어이론의 최고의 특징으로 내세우고 있는 최소주의라는 개념 자체가 생물학이나 컴퓨터 과학에서 먼저 찾아낸 것이라고 볼 수가 있다. 즉, 그보다 앞서서 생물학자나 심리학자들은 인간의 정신적 또는 육체적 활동들은 최소의 노력으로 최대의 효과를 거두려는 원리의 지배를 받고 있다는 것을 발견했으며, 또한 컴퓨터 공학자는 이 원리를 지키는 컴퓨터가 최선의 컴퓨터라는 것을 발견한 것이다.

그 다음으로 그의 언어학에서는 이상적 언어의 구조적 특성들을 설정할 수가 있었다. 예컨대 그는 그가 추구하는 보편문법은 최선의 균형 잡힌 구조와 최적의 운영절차를 밟는 체계를 가지고 있는 것이라고 전제할 수가 있었는데, 이런 전제는 바로 생물학자들의 인간 기관에 대한 연구결과와 컴퓨터 공학자들의 하드웨어에 대한 연구결과로부터 얻은 지식을 근거로 한 것이었다. Boeckx가 보기에는 강경한 입장에 섰을 때는 그는 보편문법이「개념적 필요성과 생물학적 필요성, 신체적 필요성 등에 딱 부합되게 기획된 것」이라는 사실이 머지 않아서 실증될 수 있다고 생각하고 있는데, 만약에 그에게 일정한 생물학적인 지식과 컴퓨터 공학적인 지식이 없었더라면 이런 대담한 생각을 갖지는 못했을 것이다.(Boeckx, 2006: p.4)

세 번째로 그의 언어학에서는 연구범위를 언어기원론의 문제로까지 확대시킬 수 있었다. 언어를 포함한 인간의 기구나 자질들이 오랜 기간에 걸친 진화과정의 소산물이라는 것을 제일 먼저 밝힌 사람들은 진화론자나 생물학자였다. 따라서 그들의 견해에 따를 것 같으면 언어이론도 결국에는 그것의 진화의 문제까지 확장되지 않는 한 완전한 것이 되지 못하게 되어 있었던 것이다. 물론 그는 이렇게 함으로써 자기의 언어이론이 궁극에는 역사상 유례가 없는 고차원적인 것이 될 수 있다는 것을 익히 알고 있었다. 또한 그는 자기가 내세우는 언어기원론은 자기가 얻은 언어적 지식에 근거하고 있다고 주장하기까지 했다. 그렇지만 진화론자나 생물학자가 이미 발전시켜 놓은 진화라는 개념과 그것에 관한 여러 가지 이론들이 없었더라면 그는 틀림없이 언어연구의 틀을 이런 식으로까지 확대하지는 못했을 것이다. 예컨대 최근에 이르러서 그가 Hauser등과의 공동연구를 제안한 점으로 미루어 보아서는 그는 드디어 생물학이나 진화론을 자기의 언어이론의 타당성을 검증할 수 있는 장으로까지 보게 되었다는 것을 알 수가 있다.

그 다음으로 이 원칙을 지킴으로써 그의 언어연구가 그 동안에 어떻게 인지과학이나 신경과학의 발전에 기여를 할 수 있게 되었는가를 살펴볼 것 같으면, 그 중 첫 번째 것은 순환성의 가설과 같은 구체적인 원리를 인간의 인지체계의 작동 내지는 운영적인 특성을 익히 드러내주는 것으로 제시해 주었다는 점이다. 그 동안에 인지과학자들은 인간의 인지체계가 연산적 효율성이 대단히 높은, 일종의 최소주의적 체계라는 주장은 자주 하면서도, 그 원인은 바로 그것에서는 순환성의 규칙이 하나의 지배적인 규칙으로 쓰이고 있기 때문이라는 말은 하지 못했었다. 그런데 그가 말하는 순환성의 규칙이란 두 개의 요소를 하나로 합치는 병합의 절차를 몇 번이고 되풀이하는 규칙이다. 그러니까 컴퓨터 공학적으로는 물론이고 생물학적으로도 이 가설이 타당성이 있는 것이라는 사실을 실증할 수 있을 것인데, 그렇게 되면 결국에는 인지과학이나 신경과학은 새로운 발전의 전기를 맞이하게 될 것이 분명하다. 그리고 무엇보다도 중요한 사실은 이 가설은 이미 언어적으로 일단 검증이 완료된 것이기에, 그들의 검증은 일종의 2차적인 것이 될 수 있다는 점이다.

그 중 두 번째 것은 모듈성의 이론과 같은, 인지체계와 두뇌조직 간의 구조 및 기능상의 불가분성을 구명해 줄 수 있는 이론을 제공해 주었다는 점이다. 물론 엄밀하게 따지자면 최초의 신경언어학자라 불릴 수 있는 Broca와 Wernicke야말로 두뇌 조직의 특성이 바로 언어나 인지체계의 특성의 근원이 된다는 사실을 처음으로 발견한 사람이라고 볼 수가 있다. 또한 최근에는 신경과학자 중에서 인간의 인지력은 궁극적으로는 그의 두뇌로부터 나오는 것이기에 이제부터는 인지체계에 대한 연구를 마땅히 신경과학적인 방법으로 해야 한다는 입장을 취하는 사람이 나오기 시작했다. 예컨대 「인지 신경과학」이라는 이름의 새로운 학제적 학문의 출현의 필요성을 주장하고 나선 Wessinger와 Clapham 등이 그런 사람들이다.

그렇지만 이들이 최근에 발표한 「인지 신경과학: 개관(Cognitive Neuroscience: an overview)」이라는 글을 분석해보면 이런 발상법이 신경해부학 기반적인 것임을 당장 알 수가 있다. 이들의 견해로는 멀리는 Brodman에 의한 50개 영역으로의 대뇌피질의 분할 이론이나, 가깝게는 Golgi와 Cajal에 의한 신경체계의 상호연결이론 등이 기반이 되어서 이런 학문이 드디어 태어날 수 있게 된 것이었다. 특히 이들은 이 학문의 전망이 밝은 근거로 EEG와 ERP, MEG, MRI와 같은 새로운 연구기법들이 두뇌 연구에 쓰이게 되었다는 사실을 들고 있다.

이 글의 분석을 통해서 또 한가지 알 수 있는 것은 말로는 학제적이라 하면서 실제로 이것에 참여하게 되는 학문으로는 신경과학과 인지심리학만을 생각하고 있다는 사실이다. 예컨대 이들이 보기에는 지금까지의 인지심리학의 두 핵심적 명제는 정신적 조작은 내적 표현체에 의존하고 있다는 것과 그것은 변형의 절차를 밟는다는 것이었는데, 1970년대의 Posner와 Mitchell의 고전적 실험에 의해서 익히 밝혀졌듯이 이런 명제는 신경과학적인 방법에 의한 연구의 뒷받침을 절실히 필요로 하는 것들이었다. 이들은 그러니까 신경과학적인 접근법과 인지심리학적인 접근법이 같이 쓰이는 것이 인지의 문제를 연구하는 데 최선의 방법이라는 사실이 이미 알려졌다고 생각하는 것이다.

그런데 사실은 이 글의 가치는 그들의 의도와는 정반대로 인지적 신경과학의 장래는 그다지 밝지 않다는 사실을 드러내준 데 있다고 보아야 하는데, 그 이유는 누가 생각해보아도 내적 표현체와 변형이라는 인지심리학의 두 가지 핵심적 명제는 신경과학적으로 쉽게 실증될 수 있는 것들이 아니기 때문이다. 다시 말하자면 안타깝게도 그들은 이런 주제는 인지체계와 두뇌 조직 간의 관계는 결국에 일종의 기능과 구조간의 관계라는 사실을 밝히기에는 다분히 부적절한 것이라는 사실을 모르고 있었던 것이다. 예컨대 변형이라는 인지절차가 두뇌 조직의 어떤 특성과 관련되어 있는가를 밝히는 일은 지금의 신경과학의 수준을 넘어서는 일이었다.

 이렇게 보자면 인지적 신경과학의 앞날을 익히 보장할 수 있는 주제가 될 수 있는 것이 바로 모듈성의 이론이다. 무엇보다도 먼저 이 이론은 Chomsky라는 언어학자에 의해서 제안된 것이라는 점에 그 특징이 있다. 이것은 곧 앞으로 인지적 신경과학을 이끌어 갈 학문에는 언어학도 포함될 수 있다는 의미가 된다. 그리고 어떤 의미에서는 그것보다 더 중요한 것은 이 이론은 이미 신경과학이나 심리학과 같이 직접적으로 정신기구와 같이 인간의 본성을 폭 넓게 다루는 학문에서도 하나의 정립된 이론이나 아니면 앞으로 충분히 검증할 가치가 있는 가설로 받아들여졌다는 사실일 것이다.

 이 이론의 이런 위상을 잘 드러내주는 논문으로는 먼저 Carston(2010)의「모듈성」을 들 수가 있다. 여기에서 특별히 주목할 사실은 모듈의 종류를 정신적 표현체의 체계에 관한 것과 연산적 기구에 관한 것의 두 범주로 나누고서 첫 번째 범주의 것을「촘스키적 모듈」이나「C-모듈」로 이름 붙였다는 것이다. 더욱 놀랍게도 여기에서는 그것과 대비된 두 번째 범주의 것은「수행적 모듈」이나「P-모듈」로 부르고 있는데, 인간의 언어적 능력을 논하면서 능력과 수행을 대비시킨 사람은 바로 Chomsky였다는 사실을 상기한다면, 여기에서는 원래가 모듈성에 대한 논의는 Chomsky에 의해서 시작이 되었다는 점을 가장 중요하게 생각하고 있다는 것을 쉽게 알 수가 있다.

 그 다음으로 들 수 있는 것은 Elsabbah와 Karmiloff-Smith(2006)의「정신과 언어의 모듈성(Modularity of mind and language)」인데, 이것에서는 우선 Chomsky의 언어이론은 커녕 그 이름 자체가 전혀 언급이 되고 있지가 않다. 그러니까 여기에서는 모듈성에 관한 논의는 마땅히 인지과학자나 신경과학자에 의하여 이루어져야 한다는 점이 가장 중요한 원칙으로 내세워지고 있는 것이다. 예컨대 여기에서는 Fodor(1983)가 일찍이 「정신의 모듈성」에서 내린 모듈에 대한 정의를 현재까지 제안된 것 중 가장 명시적인 것으로 보면서, 그가 제시한 자율성과 무의식성, 피상적 출력성, 의무성, 국부성, 개체발생적 보편성, 병리적 보편성, 영역 특수성 등의 여덟가지 기준들을 앞으로 이것에 대한 연구가 진행되어 나가게 될 기본 방향으로 보고 있다.

여기에서는 또한 이상과 같은 연구방향 중 국부성에 관한 것과 개체발생적 및 병리적 보편성에 관한 것, 영역 특수성에 관한 것 등의 세 가지가 최근의 이 이론에 대한 연구의 주류를 이루고 있는 것인데, 지금까지의 연구결과로 보아서 이들 중 어느 한 가지도 만만한 것은 아니라는 것이 분명하다는 점도 강조하고 있다. 예컨대 최근에 신경과학자나 신경심리학자가 가장 강력한 이 이론의 근거로 내세우고 있는 것이 바로 윌리암스 증후군이나 이것의 역증후군과 같은 이중분리의 증상인데, 사실은 이것에 관한 논쟁은 이미 끝난것이 아니라 이제부터 시작되는 것으로 보는 것이 정확한 판단이었다.

이런 판단이 크게 틀리지 않다는 것은 얼마전에 Shallice(1988)가 이 증상에 대한 분석을 통해서 비모듈적 구조성의 가설을 내세우게 되었다는 사실만으로써 익히 알 수 있었다. 그가 보기에는 우선 모듈성의 가설의 근거로 이중분리의 증상을 내세우는 것은 논리적 순환성의 오류를 범하는 일이었다. 예컨대 「만약에 모듈들이 존재한다면 이중 분리의 증상은 그들을 드러내주는 의지할만한 근거가 될 수 있다. 이중분리의 증상은 존재한다. 그러므로 모듈들은 존재한다.」는 식의 논법에서는 분명히 순환성의 오류를 범하고 있었다.

그 다음으로 그동안까지의 이런 주장들은 대개가 이중분리의 증상은 으레 모듈 체계의 부분적 손상으로부터 비롯된다는 것을 전제로 한 것이었는데, 최근에 와서 그것이 분배적 신경조직의 손상으로부터도 일어날 수 있다는 사실이 밝혀졌다. 그는 이런 발견들을 근거로 해서 모듈성의 이론의 한 대안으로 비모듈적 구조성의 가설같은 것을 제안할 수 있다고 보았다. 이렇게 되면 물론 지금까지의 모듈성의 이론을 중심으로 해서 이루어져 오던 인지체계와 두뇌 조직간의 관계에 대한 연구의 흐름에 제동이 걸리게 되는 것이었다.

이렇게 볼 것 같으면 이 논문은 일차적으로는 모듈성의 이론의 타당성을 신경과학적 내지는 신경심리학적으로 검토하는 일이 얼마나 어렵고 도전적인 과제인가를 보여준 것임이 분명하지만, 이차적으로는 오늘날 인지적 신경과학을 이끌어가고 있는 이론은 바로 이 이론이라는 사실을 사실적으로 드러내준 것이라고 볼 수가 있다. 그 뿐만 아니라 이 논문은 이 이론이 하나의 외래적 이론이지 자생적 이론이 아니라는 사실도 드러내주고 있다. 여기에서는 인지심리학을 이 이론의 출처 학문으로 잡고 있는데, 사실은 언어학이 바로 그 출처 학문이다. 이 이론을 제일 먼저 제안한 사람은 Chomsky였고, Fodor는 바로 뒤에 그의 이론을 심리학적으로 정교화한 사람이었다. 이런 의미에서 보자면 이 이론에 의해서 그는 일단은 언어학이 인지과학이나 신경과학의 발전에 안내자적 역할을 할 수 있다는 사실을 실증해준 셈이고, 더 나아가서는 궁극적으로는 어느 분야에 있어서나 하향식인 것과 상향식인 것을 하나로 합친 연구 방법이 최선의 연구방법일 수 있다는 사실을 실증해 준 셈이다.

(4) 최소성의 원칙

지난 4~50년에 걸친 그의 언어연구의 결과가 결국에는 「최소주의 이론」이라는 이론의 출현으로 결산된 점만으로 미루어 보아서도, 가장 작은 문법모형을 만들어 보겠다는 생각, 즉 최소성의 원칙을 최대로 지킨 것이 최선의 언어기술이라는 생각이 그동안 내내 그의 언어철학의 최상의 사상으로 자리잡고 있었다는 사실을 익히 알 수가 있다. 그가 최소주의를 자기의 언어철학의 최상의 사상으로 내세우게 된 것은 이 하나의 개념 안에 자기특유의 과학관과 인지관, 두뇌관 등이 집약되어 있다고 생각했기 때문이다. 이런 의미에 보았을 때 이것은 그의 언어 연구의 현황에 대한 지표적인 개념일 뿐 아니라 그것의 궁극적인 목표를 상징하는 개념이기도 한 것이다.

이 개념은 우선 그의 특이한 이성주의적 과학관의 소산물이다. 그가 보기에는 과학은 크게 물리학과 같은 통일성 추구의 것과 생물학과 같은 다양성 추구의 학문으로 나뉘어질 수 있을지 몰라도, 궁극적인 의미로 보았을 때는 통일적인 이론이나 원리를 발견하려는 것이 모든 과학자들의 꿈이었다. 그래서 그는 자연의 현상은 결국 단순한 「수학적 언어」로 기술 될 수 있다는 Galileo의 생각을 언어학적으로 구현하는 것을 자기의 언어학의 목표로 삼았다. 그가 보기에는 자연을 하나의 단순한 통일체로 보려는 Galileo의 이런 사고방식은 그 후 Kepler와 Copernicus, Newton, Einstein 등에게 그대로 전수가 되었다. 그러니까 그의 생각으로는 이런 과학적 전통을 이어가는 것은 자기에게 부여된 기본적인 임무였다.

이 개념은 그 다음으로 그의 특이한 연산주의적 인지관의 소산물이다. 일찍이 Alan Turing의 튜링 기계가 소개된 이래 컴퓨터 공학자들은 인간의 정신작용이나 인지절차를 가장 효율적으로 추상적 상징이나 표현체를 조작하는 절차로 보고서, 결국에는 그것과 유사하거나 똑같은 컴퓨터를 만드는 일을 그들의 과제로 여겨왔다. 또한 컴퓨터 공학의 발달에 힘입어서 철학이나 심리학 등에서는 그들의 발상법을 역으로 적용시킨 사고방식, 즉 정신작용은 곧 연산절차다라는 사고방식이 하나의 신사고 방식으로 자리잡게 되었다.

그는 이런 정신관이나 인지관을 일단 맞는 것으로 보고서, 이런 발상법의 두 가지 문제점, 즉 어떤 절차가 연산적 효율성이 가장 높은 절차인가와 어떤 것을 연산적 조작의 기본 단위로 삼아야 하는가의 문제점을 해결하는 데 자기의 언어학이 일정한 기여를 하게 될 것이라고 생각했다. 우선 첫 번째 문제에 대해서는 가장 단순한 절차가 반복적으로 되풀이되는 절차가 바로 연산적 효율성이 제일 높은 절차라는 의견을 가지고 있었다. 그 다음으로 두 번째 문제에 대해서는 최고의 연산체계에서는 으레 제일 작은 형식적 자질을 조작의 단위로 삼고 있을 것이라는 생각을 가지고 있었다. 결국에 그는 인지주의에 대한 이런 생각을 최소성이라는 개념으로 승화시키게 된 것이다.

이 개념은 세 번째로 그의 특이한 생물학적 두뇌관의 소산물이다. 그는 먼저 인간의 정신적 능력은 두뇌에 의해서 만들어진다는 의미에서 정신작용과 두뇌 조직 간에는 컴퓨터에서의 소프트웨어와 하드웨어간의 관계가 있을 수 밖에 없다고 생각했다. 그는 그러니까 인간의 정신작용이 높은 효율성을 가진 절차라는 사실은 곧 그의 두뇌의 조직과 작동절차가 그런 식으로 되어 있다는 것에 대한 가장 확실한 증거일 수 있다고 생각한 것이다. 다시 말하자면 그도 컴퓨터 공학자들처럼 인간의 두뇌를 일종의 잘 발달된 디지털 컴퓨터로 본 것이다.

그는 그 다음으로 인간의 지적 능력이 그렇듯이 그의 두뇌도 오랜 기간의 진화과정을 거친 것으로 보았다. 이와 관련하여 무엇보다도 중요한 점은 그는 결국 이렇게 해서 인간의 두뇌는 최적의 것이 될 수 있었다고 보았다는 사실이다. 그가 보기에는 최적의 두뇌란 곧 가장 경제적인 두뇌, 즉 최소의 노력으로 최대의 효율을 거두게 되는 두뇌였다. 그의 모듈성의 이론도 따지고 보자면 그의 이런 생물학적 두뇌관에서 비롯된 것이었다.

그리고 그가 자기가 찾고자하는 보편문법이 틀림없이 구도상으로나 능률상으로나 이상적인 형태의 것일 것이라고 생각하는 것도 결국에는 이런 생물학적 두뇌관을 가지고 있었기 때문이었다.

큰 의미에서 보자면 마치「보다 작은 것이 더 큰 것이다(Less is more)」라는 잠언을 하나의 모토로 내세우고 있기라도 하듯이 그의 문법모형과 문법이론은 그동안 내내 최소화의 길을 달려왔다고 볼 수가 있다. 예컨대 처음에는 최소한 너댓가지였던 변형규칙의 종류가 이동과 병합의 두가지로 줄어든 것을 비롯하여, 처음에는 문법을 다양한 규칙의 집합체로 보던 것을 얼마 뒤에는 그것을 몇 가지의 제약적 원리의 합성체로 보았다가 최근에는 자질 점검의 집합체로 보게 된 것, 처음에는 심층구조와 표층구조의 개념이 기본이 되었던 문법모형이 최근에 와서는 배번집합으로부터 음성형태와 논리형태가 직접 만들어지는 것으로까지 바뀌게 된 것 등이 모두 이런 움직임의 일부였다.

그렇지만 좁은 의미에서 보자면 최소성의 원칙은 최소주의 이론 때에 이르러서 그가 자기의 문법이론의 지표로 내세우게 된 것이라고 볼 수가 있으며, 따라서 그것의 실제도 그의 1995년도의 이론에서 찾아보는 것이 맞는 일이다. 최근에 Boeckx(2006)는 대칭성과 통일성, 경제성 등을 그의 최소주의 문법모형의 세 가지 특징으로 내세운 바가 있는데, 이런 견해가 맞다면 그가 이것에 최소주의라는 이름을 붙이게 된 것은 결국 경제성이라는 하나의 특징 안에 나머지 두 특징들은 포함시킬 수 있다고 판단했기 때문이라고 볼 수가 있다. 그 이름만으로도 이 문법모형은 바로 경제성의 원칙을 최고의 원칙으로 해서 만들어진 것이라는 것을 익히 알 수가 있다.(p.3)

이 문법모형에서는 크게 두 가지 면에 경제성의 원칙이 최대로 반영되어 있다고 볼 수가 있다. 그 중 첫 번째 것은 변형규칙의 적용과 관련된 것으로서, 간단히 말해서 최소수의 변형규칙이 최대로 경제적인 절차에 의해서 적용되게 한다는 것이 이 이론에서 지켜진 최고의 원칙이었다. 우선 이것에서는 다양한 변형규칙들을 α가 β를 대치하거나 α에 β가 부가되는 「α이동」 규칙 하나로 통합시켰다. 굳이 따지자면 삭제와 삽입이라는 두 규칙이 더 있지만 이들의 적용시기는 크게 제한적이었다. 결국에는 이래서 Lasnik(2006)은 최소주의적 모형을 변형을 단순변형과 일반화 변형의 두 가지로 나누었던 1950년대의 그것과 유사한 것으로 본 것이다.

그 다음으로 이것에서는 변형규칙을 운용함에 있어서는 언제나 최소노력의 원리와 최후 수단의 원리가 잘 지켜지도록 했다. 이중 첫 번째 것은 간단히 말해서 「연쇄 고리의 크기는 최소화되어야 한다」는 원리로서, 이 말은 곧 이동의 거리는 최단거리이어야 한다는 말이 되니까, 이 원리는 결국에 문법적 조작을 최대로 단순화 시키기 위해서 마련된 것임을 쉽게 알 수가 있다. 물론 이 원리를 보강하는 이론이 바로 α이동은 필요에 따라 연속적으로 반복될 수 있다는 「순환성의 이론」이다. 예컨대 「John seems [t' to have expected [t to leave]]라는 D-구조에서는 이동 규칙이 두 번 연속적으로 적용되고 있다.(p. 42)

이 중 두 번째 것은 간단히 말해서 「이동 규칙은 문법적인 표현체의 도출에 꼭 필요한 경우에만 적용될 수 있다」는 원리로서, 이것의 가장 좋은 예가 바로 이동이 격여과의 규칙을 지키기 위해서 이루어지는 경우이다. 예컨대 「John$_i$ seems [t$_i$ to be an honest boy]」와 같은 D-구조는 원래는 격을 부여 받지 못하는 t$_i$의 위치에 있던 「John」이 문두로 이동함으로써 주격을 받게 된 것이니까 정문적인 것이라 할 수가 있다. 그러니까 여기에서는 이동 규칙이 최후수단으로서 쓰인 것이다. 그러나 「*There / *it / *e seems [John to be an honest boy]」와 같은 D-구조는 비문적인 것인데, 그 이유는 「John」이 격부여를 받을 수 없는 위치에 그대로 남아

있어서, 결과적으로는 격여과의 규칙을 위반하게 되었기 때문이다. 다시 말하자면 이것에서는 최후수단으로서의 이동규칙이 적용될 수 없게 되어 있는 것이다.(原口, 中村, 1992: pp.390~1)

그 중 두 번째 것은 문법모형의 기본적인 형태에 관한 것으로서 간단히 말해서 이 이론에서는 문법모형의 형태를 단순화함으로써 결과적으로는 문장 도출의 과정이 최소화될 수 있게 한다는 것을 궁극적인 원칙으로 삼아왔다. 두말할 필요도 없이 문법 전체의 크기를 최소화시킨다는 것은 변형규칙의 작동 절차를 경제적인 것으로 하는 것과는 차원이 전혀 다른 문제이다. 누구라도 일단 첫 번째 것은 하나의 절차적인 원칙인데 반하여 이 두 번째 것은 하나의 구도적 원칙인 탓으로 이것이 최소화의 결과에 미치는 영향은 결정적인 것이라는 것을 익히 알 수가 있다.

따지고 보자면 지난 4~50년에 걸친 그의 언어연구의 역사는 최적의 문법모형을 찾는 과정이나 다름이 없었다. 그의 경우에 있어서는 문법모형은 언제나 문법이론의 집약적 표현체였다. 따라서 그 동안에 그의 문법모형이 어떻게 달라져왔는가를 살펴보는 것은 바로 그의 문법이론이 그 동안에 어떻게 바뀌어 왔는가를 알아볼 수 있는 가장 간편한 방법이 될 수가 있다. 이런 의미에서 볼 때 이 이론 때에 이르러 모법모형이 예컨대 최소주의적인 것으로 귀결되게 되었다는 사실을 통해서 우리는 크게 두 가지 사실을 확인할 수가 있다고 볼 수가 있다. 이들은 또한 어떤 의미로 보아서는 그의 언어연구 역사의 두 가지 특징이라고 볼 수도 있다.

그 중 첫 번째 것은 그의 언어 내지는 문법이론은 그동안에 한시도 쉬지 않고서 바뀌어 왔다는 사실이다. 그가 처음으로 자기의 문법이론을 문법모형의 형식으로 제안한 시기를 표준이론 때로 잡고 보자면 그 후 그는 적어도 지배와 결속이론 때와 최소주의 이론 때의 두 번에 걸쳐서 제2의 문법모형과 제3의 문법모형을 각각 제안했다고 볼 수가 있으니까,

초기이론때의 그것을 제외하고 본다해도 그의 최선의 문법이론을 찾으려는 노력은 최소한 몇 십년에 걸쳐서 꾸준히 이어져 왔다는 것을 쉽게 알 수가 있다. 이런 사실은 한 편으로 보면 그가 처음에 생각한 만큼 언어 내지는 문법적 현상이 분석하기에 단순하지 않다는 것을 잘 드러내주는 것이고, 다른 한편으로 보자면 최종적인 목표를 향한 그의 추구와 노력이 얼마나 치열한 것이었는가를 잘 드러내주는 것이다.

그 중 두 번째 것은 그가 생각했던 최선의 문법이론은 결국에 최소주의적인 문법이론이었다는 사실이다. 그가 이런 결론에 도달하게 되는 데는 두 말할 필요도 없이 그의 수리주의적 과학관과 이성주의적 언어관이 산파적인 역할을 했을 것이다. 그리고 아마도 그는 결국에 이런 문법관은 언어에 대한 일반인들의 상식과도 잘 맞아 떨어지는 것이라는 것을 익히 알고 있었을 것이다. 그렇지만 따지고 볼 것 같으면 이런 결론은 그의 오랜 기간에 걸친 연구의 마지막 결산서나 같은 것이다. 그러니까 그가 최소주의라는 최선의 문법모형을 찾게 되는 데는 4~50년이라는 긴 경험주의적인 과정이 필요했던 것이다.

그런데 사실은 놀랍게도 그 자신을 포함하여 누구도 그가 말하는 최소주의적 문법모형이 어떤 것인가를 구체적으로 제시한 적이 없다. 그러니까 그의 특이한 극단주의적인 이상추구의 성벽은 바로 여기에서도 그대로 드러나게 된 셈인데, 그게 그렇다는 것은 그가 「최소주의 이론」에서 적어도 두 가지의 서로 상치되는 말을 하고 있다는 사실로써 쉽게 알 수가 있다. 이 책의 2, 3장이 바로 도출과 표현체간의 경제성의 문제에 대해서 그가 집중적으로 자기의 의견을 개진한 자리인데, 그는 여기에서 처음에는 지배와 결속이론의 문법모형의 타당성을 내세우다가, 그 다음에는 그것을 더 축소화하는 방안을 논의하는 식으로 헷갈리는 태도를 보이고 있다.

예컨대 제2장에서는 확대표준이론 때 제안되었던 문법모형에 대해서 상세한 설명을 하고 있다. 문법적 표현층위에는 D-구조와 S-구조, 논리형식, 음성형식 등의 네가지가 있다는 사실로부터 시작하여, S-구조는 D-구조의 중재로 어휘부와 연관될 수 있다는 사실, S-구조와 논리형식의 연관은 α이동의 규칙에 의해서 이루어진다는 사실, D-구조로부터 S-구조를 도출해내는 부분을 외현적 통사부라 부른다는 사실 등에 대하여 긴 설명을 하고 있다.(pp.136~8) 그리고 여기에서는 D-구조와 음성형식, 논리형식 등은 정신/두뇌 내의 다른 체계들과 인터페이스 층위를 형성하게 된다는 말도 하고 있다.

그렇지만 그 다음 장인 제3장의 뒷부분에서는 사실은 D-구조와 S-구조도 필요없게 된다는 점을 강조하고 있다. 여기에서는 X바 이론에 어긋나지 않게 한 구절표지에 새 구절표지를 삽입시키면서 어휘가 선택되게 되면 D-구조와 S-구조의 도움없이 바로 문자화 작업이 이루어지게 된다고 내세우고 있다. 또한 여러 언어들이 저마다 다른 문법적 형태를 가지고 있게 된 것은 바로 문자화 절차의 적용시기가 달랐기 때문이라는 주장도 하고 있다.(pp.189~195) 그러니까 그가 여기에서 내세우는 문법모형은 어휘배번과 음성형식 및 논리형식 사이에 아무런 표현체적 층위가 없는 최대로 단순화된 것인 것이다.

그런데 문법모형에 대한 그의 의견이 얼마나 이중적인가 하는 것은 이 책 전체를 놓고 볼 것 같으면 그의 내심은 아직도 확대표준이론 때나 아니면 지배와 결속이론 때의 것에 기울어져 있다는 것이 확실해진다는 사실로써 다시 한번 확인할 수가 있다. 일단 그가 이 책에서 제안하고 있는 문법모형을 현실적인 것과 이상적인 것의 두 가지로 잡고 보자면, 앞에서 말한 제3장의 몇 군데를 제외한 모든 곳에서 그는 오직 현실적인 것에 대한 설명만을 하고 있다. 예컨대 「지배와 결속에 대한 강의」에서와 마찬가지로 X바 이론을 비롯하여 공범주 이론, 지배이론, α이동, 매개변인 등에 관한 설명이 이 책의 주부를 이루고 있다.

그런데 더욱 혼돈스런 사실은 그의 학파는 물론이요 그 외의 사람들까지도 그는 이미 이 책에서 최소주의적 문법모형을 제시한 것으로 보고 있다는 점이다. 예컨대 Lasnik(2005)은 「문법과 층위, 생물학(Grammar, Levels and Biology)」이라는 논문에서 최소주의적 문법모형을 아래의 (가)처럼 도형화하고 있고, 또한 Hinzen(2006)은 「정신구도와 최소주의 통사론」에서 그것을 아래의 (나)처럼 도형화하고 있다. 이들은 결국은 같은 내용의 도형인 셈인데, 이런 것은 최소주의의 원전의 어디에도 제시되어 있지 않다.

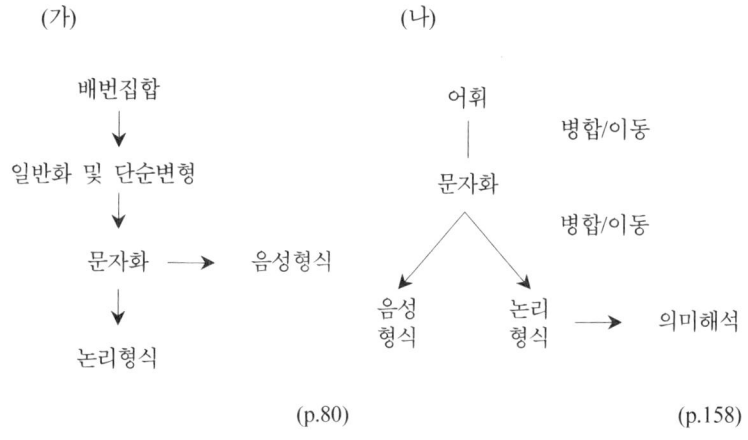

(5) 보편성의 원칙

그가 원리와 매개변인이라는 이름의 보편문법이론을 완성시킨 것은 1980년대의 지배와 결속의 이론 때였는데, 이때 이래로 보편성의 원칙은 언어나 문법 기술시에 지켜져야 할 가장 기본적인 원칙의 한가지로 간주되어 왔다. 그러니까 최근의 최소주의 이론때에 와서도 보편성은 그의 문법이론의 특징 중의 하나로 남아 있게 된 것인데, 출발 당시부터 그가 언어연구의 목적을 차원높게 언어의 종특이성과 문법적 지식의 내재성 등을 구명하는 데 둔 데다가, 최근에 이르러서는 그것을 한층 더 구체화 시켜서 언어가 정신과 두뇌의 반영체라는 사실을 밝히는 데 두게 된 점으로 미루어 보아서, 이것은 일종의 필연적이고 당연한 현상이라고 볼 수가 있다.

이런 현상은 그의 책에서도 어렵지 않게 발견될 수가 있는데, 그 중 가장 대표적인 것이 바로 제1장에서의 「보편적 기저의 가설」에 관한 논의이다. 이 가설은 한마디로 말해서 문법체계의 기저부가 되는 것이 X-바 이론에 의한 구절구조체인데, 이 부분은 모든 언어의 문법체계의 공통부분이 되고 있다는 이론이다. 그는 여기에서 우선 명제는 I(굴절소)와 C(보문소)라는 두 기능적 범주의 투사체로 볼 수 있기 때문에, 그것의 구절구조체는 결국에 [cp Spec [c' C [ip Spec [i' I vp]]]]」처럼 된다고 주장하고 있다. 그러니까 X-바 이론은 그의 보편문법이론의 핵심이론이 되는 셈이다.(p.61)

그 중 그 다음으로 대표적인 것으로 볼 수 있는 것이 매개변인이나 유형적 변이에 대한 논의이다. 우선 그는 보편적 기저의 가설은 유형적 변이성의 문제에 대한 적절한 설명이 없이는 무의미한 것이 될 수 밖에 없다는 사실을 익히 알고 있어서, 이들 두가지 논의를 같이 묶어서 하려고 노력하고 있다. 예컨대 제1장에서 이 가설의 내용을 설명하면서 유형적 변이현상은 크게 어순의 매개변인과 기능적 범주의 속성에 의해서 정해지게 된다고 보고서, 어순과 관련된 매개변인적 형태에는 핵어-보충어와 핵어-부가어, 명시어-핵어 등의 세가지가 있다고 주장하고 있다.(p.53)

그 뿐만 아니라 그는 α이동의 시기와 역할 등을 설명하는 자리에서 유형적 변이현상의 실례들을 제시하기도 한다. 예컨대 D-구조에서 S-구조가 도출하는 과정을 설명하면서 영어와 중국어의 의문사문이 서로 다른 것은 결국에 의문사 이동의 시기가 다르기 때문이라는 주장을 하고 있다. 다시 말해서 영어에서는 S-구조가「What do you want [John to give t to Bill]」처럼 되어있는데 반하여, 중국어에서는 그렇지 못한 현상을 그것에서는 S-구조에서 의문사가 t자리에 그대로 있다가 논리형식에 가서야 문두로 이동하게 된다는 식으로 설명하고 있다. 그러니까 그는 두 언어간의 차이는 D-구조에 있는 것이 아니라 S-구조에 있다는 점을 강조하고 있는 것이다.(p.68)

또한 언어간의 차이성은 형식적 자질의 강약성의 차이에서 비롯된다는 주장을 하는 자리에서는, 영어와 일본어의 기본어순은 어떻게 해서 아일랜드어의 그것과 다르게 되었는가를 그것의 실례로 제시하고 있다. 그는 먼저 형식적 자질에는 범주자질과 ∅-자질, 격자질, 강자질 등의 네가지가 있다고 보고서 이들 중 특히 강자질상의 차이가 언어적 유형을 결정짓는 데 중요한 역할을 하게 된다고 보고 있다.

예컨대 영어와 일본어의 기본어순은 SVO와 SOV처럼 되어있는데 반하여, 아일랜드어의 그것은 VSO처럼 되어 있는 것은, V가 외현적으로 I(일치소)의 자리로 인상되는 과정에서, 영어와 일본어에서는 T(시제)의 명사구 자질이 강성인데 반하여 아일랜드어에서는 그것이 약성이라는 차이성이 작용하게 되기 때문이라고 설명하고 있다. 물론 이 예를 통해서 어떤 경우에나 하강이동은 인정되지 인정되지 않는다는 사실도 확인할 수 있다고 주장하고 있다.(p.199)

그런데 언어유형의 차이성에 관한 논의와 관련하여 무엇보다도 주목할 사실은 그 자신도 자기의 보편 문법이론의 문제점은 바로 보편적 기저부를 어떤 것으로 보느냐에 있는 것이 아니라 매개변인의 개념을 어떻게 잡느냐에 있다는 사실을 익히 인정하고 있다는 점이다. 이 문제에 대한 그의 기본적인 입장은 바로 앞에서 보았듯이 가급적이면 어순과 같은 통사적 차이성을 주로 통사적 방법에 의하여 설명하는 데만 매개변인의 개념을 사용한다는 것이었다. 그런데 그는 제2장에서 어떻게 보자면 그의 기본적인 입장과 일치하는 것일 수도 있고, 또 다르게 보자면 그것과 전혀 다른 것일 수도 있는 견해를 내놓고 있다. 아래에 제시되어 있는 말이 바로 그런 것인데, 여기에서 그는 통사론적인 그것의 한 대안으로 어휘론적인 매개변인의 개념이 제안될 수 있다는 점을 분명히 밝히고 있다고 볼 수가 있다. 그리고 여기에서의 표현법은 모두가 단언적인 것이 아니라 추론적인 것이라는 사실로 미루어 보아서, 사실은 지금까지 그의 매개변인에 대한 견해도 실제로는 그렇게 확고부동한 것은 아니라는 것을 익히 알 수가 있다.

그 동안에 보편문법의 매개변인은 연산체계가 아니라 오직 어휘부와만 관련되어 있다는 제안이 있어왔다. 이 말은 곧 각 매개변인은 예컨대 기본적인 지배의 현상과 같이 어휘부의 특수한 요소의 자질이나 어휘항목의 범주와 관련된 것이라는 외미로 해석될 수가 있다. 이런 제안이 만약에 자연스런 형태로 유지될 수 있으려면, 어휘부를 제외하고는 단 한가지의 인간 언어만이 있게 되고, 언어습득은 본질적으로 어휘적 특질을 결정짓는 문제로 귀착되어야 할 것이다. 어휘부의 자질도 보편문법이나 기타의 정신/두뇌체계에 의해서 정교하게 제약되어 있다. 만약에 일종의 불변의 보편적인 어휘로부터 실체적 요소들(동사, 명사)이 추출된다면 그때는 기능적 요소만이 매개변인의 대상이 될 것이다. 보다 협의의 가정만이 타당성이 있을 것 같다.(p.131)

2. 지배와 결속이론의 기본성

　상식적으로 생각을 해 보아도 최소주의 이론의 실체를 알아볼 수 있는 방법 중 최선의 것은 이 이론의 전신이라 할 수 있는 지배와 결속이론과 이것을 비교해 보는 것일 것이다. 그의 언어 내지는 문법이론은 지난 4~50년 동안에 몇 번에 걸쳐서 커다란 수정과 보완의 과정을 밟아왔기에 이것이 최소한 바로 앞의 이론과 어떻게 달라졌는가를 살펴보는 일은 이것의 실체를 파악하는 일의 기본이 될 것이라는 것은 누구나 쉽게 짐작할 수가 있다. 그리고 이렇게 하는 것은 결국에 그의 문법이론의 전 발전사를 최대로 요약할 수 있는 방법이 될 수도 있다. 왜냐하면 지배와 결속이론은 출현의 순서로 보았을 때 하나의 중간이론에 해당되는 것이기에 그 것의 내용을 제대로 파악하는 일은 그 앞에 나왔던 초기이론과 표준이론 등에 대한 일정한 지식 없이는 불가능한 일이기 때문이다.

　그렇지만 이제부터 여기에서 이런 비교작업을 하려고 하는 것은 상식적인 판단의 수준을 넘어서는 의도가 있기 때문인데, 지배와 결속이론이 실제로는 최소주의 이론의 기본이 되는 이론이라는 사실을 밝혀내겠다는 것이 바로 그것이다. 따지고 보자면 최소주의 이론이 나왔을 때 우선 그것이 그 이름만큼 색다른 이론일 것이라는 생각을 갖지 않는 사람은 드물었다. 그들의 이런 생각은 아마도 원망적인 것이었을텐데, 그 이유는 그들이 보기에는 그 동안까지의 그의 문법은 철저한 형식주의의 기치아래서 복잡화와 난해화의 길을 치닫고 있었기 때문이었다. 이런 의미에서 볼 때 최소주의라는 단어는 다분히 역설적이면서도 일반인들의 허점을 찌른 용어였다. 따라서 그는 간판처럼 내세운 그 이름으로써 자기가 하는 일에 일단 세인들의 주목이 모아지게 하는 데 크게 성공한 셈이었다.

　그런데 그것의 원전을 일단 읽어 보게 되면 그의 이번 문법이론의 특징은 이름과 내용이 일치하지 않는 데 있다는 것을 당장 알 수 있게 된다. 그러니까 이 책은 좋게 말하자면 최소주의라는 단어는 그의 희망이나 이상을 나타낸 것이고, 나쁘게 말하자면 그가 세인들의 주목을 유인하기 위한 하나의 수단으로 쓴 것에 지나지 않는 다는 것을 깨닫게 해주기에 딱 족한 책인 셈인데, 그 이유는 간단히 말해서 여기에서 논의되고 있는 쟁점들은 거의 다가 그전부터 이미 논의가 되어오던 것들이기 때문이다. 다시 말하자면, 이 책은 모름지기 학문적 이론은 돌연변이적이거나 우연적인 과정에 의해서가 아니라 진화적이고 누적적인 과정에 의해서 발달되게 되어 있다는 사실을 새삼 일깨워주는 책인 것이다.

(1) 하위 인접성의 조건

아마도 최소주의 이론이 멀리는 초기이론이나 표준이론을 포함한 모든 선행 이론들의 후속 이론이고 가깝게는 바로 앞의 지배와 결속이론의 후속이론이라는 사실을 확인할 수 있는 방법 중 가장 간편한 것이 바로 하위 인접성의 조건이 어떻게 생겨나게 되었으며, 이것의 여파로 그 후 어떤 관련 이론들이 생겨나게 되있는가를 살펴보는 것일 것이다. 이 조건은 우선 그가 1973년에 발표한 「변형의 조건(Conditions on Transformations)이라는 논문에서 최초로 제안한 이래, 우선은 지배와 결속이론의 중심적 발상법의 한가지로 자리잡게 되었고, 그 다음에는 최소주의 이론에서도 그런 자리를 차지하게 되었다. 그러니까 어떤 의미로 보아서는 이것의 역사는 그의 문법이론의 역사인 셈이다.

이 조건은 그 다음으로 지배와 결속이론 때 개발된 여러 가지 새로운 이론들, 즉 공범주이론이나 흔적이론, 지배이론, 한계이론 등의 한 기저적 조건이다. 예컨대 그는 흔적의 자질로, i) 흔적은 지배가 된다. ii) 흔적의 선행사는 θ-위치에 있지 않다. iii) 선행사와 흔적의 관계는 하위인접성의 조건을 충족시킨다 등의 세 가지를 들고 있다.(1981: p.56) 그런데 이상과 같은 이론들의 타당성은 최소주의 이론에 있어서도 계속적으로 논의가 되고 있다. 다시 말할 것 같으면 최소주의 이론의 핵심부를 이루고 있는 것이 바로 그런 이론들인 셈인데, 그렇다면 이 이론에 있어서도 하위인접성의 조건은 기저적 조건의 자리를 그대로 유지하고 있다는 말이 된다.

그런데 사실은 지난 4~50년 동안에 그의 언어연구가 어떤 주제하에서 이루어져 왔는가를 살펴보게 되면 이 조건이 어떻게 그렇게 중요한 위상을 갖게 되었는가에 대한 대답이 나오게 되어 있다. 예컨대 그동안에 언어나 문법이론은 바뀌었어도 언어 분석의 대상은 그렇지가 않았다. 구체적으로 말해서 그것은 처음에는 수동문에 대한 분석으로 시작되었다가 곧 이어 Wh-이동, 상승구문, 동일명사 구문, there-삽입문, it-외치문, 대용어, 재귀어 등에 대한 분석으로 확대되어 나갔다. 그러니까 쉽게 말하자면 Wh-이동과 명사구 이동이라는 두 가지 이동변형에 대한 연구가 지난 4~50년 동안 내내 언어연구 중심적 주제가 되어왔던 것이다. 이런 점으로 보아서도 그의 문법이론이 한결같이 변형문법이론으로 불리우는 것은 너무나 당연한 일이었다.

그런데 이 조건은 근본적인 의미에서 볼 것 같으면 보다 통합적이면서도 설명력이 있는 문법을 만들려는 그의 꾸준한 노력의 결과물이었다. 우선 그는 그 동안의 연구를 통해서 앞에 열거된 것과 같은 여러 가지 언어현상들이 이동 변형이라는 단 하나의 현상으로 집약이 될 수 있으며, 따라서 그것에 대한 일반적인 이론이나 원리를 찾음으로써 결국에는 규칙 중심의 문법이 원리 중심의 문법으로 바뀌게 된다는 것을 알게 되었다. 그러니까 궁극적으로 보자면 1980년 대에 나온 지배와 결속이론은 물론이고 최근에 나온 최소주의이론도 α-이동에 관한 이론인 셈이다.

그 다음으로 그는 머지않아서 이동변형과 관련된 이론이나 원리들은 모두가 그것의 제약성에 관한 것이라는 사실을 발견하게 되었다. 이런 별견의 효시로 볼 수 있는 것은 1967년에 Ross가 제안한 복합명사구 제약의 현상이나 문주어 제약의 현상 등이었다. 이 제약은 어떤 명사구가 하나의 문장을 관할하고 있는 경우 문장내의 요소는 명사구 밖으로 이동 될 수 없다는 것으로서, 「You can't explain [NP the fact that [s he bought the car]]」라는 문장에서 「*Whati can't [s you explain [NP the fact that [s he bought ti]]]?」와 같은 의문문을 만들어 낼 수 없는 것이 바로 그 예였다.(原口, 中村, 1992, p.157)

Ross의 발견에 뒤이어 그는 Wh-섬 조건과 주어조건과 같은 아주 유사한 제약현상이 있다는 것을 발견하기에 이르렀다. Wh-섬 조건이란 「*[CP Whati do [IP you wonder [CP when [IP John ate ti]]]?」에서처럼 어떤 명사구는 하나의 의문사를 뛰어넘어서까지 문두자리로 이동 될 수 없다는 것이고, 주어조건이란 「*[CP Whati did [IP [NP your interest in ti] surpirse John]]?」에서처럼 주어의 역할을 하고 있는 명사구의 일부가 문두자리로 이동될 수 없다는 조건이다. 그는 이런 현상들은 결국에 이동은 섬과 같은 한계를 뛰어 넘을 수 없다는 공통적인 원리에 의해서 나타나는 것들이라는 점을 발견하고서 그들을 통일적으로 섬제약 현상이라는 이름으로 부르기 시작했다.(Ibid. p.665)

그러니까 1973년에 그가 제안한 하위인접성의 조건은 결국에 그 동안에 논의되던 여러 섬제약 조건들을 일반화한 것이라고 볼 수가 있는데, 이것은 곧 다양한 언어 현상들과 그들에 관한 규칙들을 몇 가지 원리로 수렴하려는 그의 노력 첫 번째 수확인 셈이었다. 그의 정의에 따르자면 이 조건은 어떤 성분이 이동을 하는 경우 한 번에 하나 이상의 한계 교점을 넘어서서는 안된다는 것이니까. 이것 하나로써 Ross와 그가 그동안에 논의했던 여러가지 이동제약과 관련된 현상들은 통합적으로 설명이 될 수 있게 된 것이었다. 그는 영어에서는 명사구(NP)와 문(S 또는 I_P)이 한계 교점이 된다고 보았다. 그러니까 바로 앞에서 검토한 비문들은 모두가 한 성분이 한 번에 명사구나 문을 하나 이상 넘어서는 이동을 해서는 안된다는 조건을 위반하고 있는 것이다.

이렇게 보자면 이 조건은 우선 이동거리를 일정하게 제한한다는 것이니까 지배와 결속이론에 있어서의 보편문법의 한 하위이론인 한계이론의 기본이 되고 있는 것이라는 것을 알 수가 있다. 두 요소간의 거리가 일정하게 제한되어 있는 경우에만 그들간에는 일정한 문법적 연관관계가 있을 수 있다는 것이 바로 한계이론이니까. 결국에는 이것은 하위인접성의 조건을 약간 확대한 것이라고 볼 수가 있다. 그런데 궁극적으로 문법의 최소성을 지향한다는 의미로 보아서는 이것은 그것보다 차원이 높은 원리 즉, 연쇄고리의 최소화의 원리나 순환적 이동의 원리 등의 기저가 되는 조건이라고 볼 수가 있다.

그가 내세우는 보편문법 이론의 가장 핵심적인 원리는 이른바 순환성의 원리, 즉, 장거리 이동은 단거리 이동을 연속적으로 반복함으로써 이루어진다는 원리이다. 그런데 따지고 볼 것 같으면 이 원리는 바로 하위인접성의 조건을 충족시켜주는 방편의 한 가지이다. 예컨대 그가 「that- 흔적 효과」의 현상을 설명하면서 예문으로 제시했던 것을 다른 시각에서 분석해 볼 것 같으면 「*Who did you say [_CP that [_IP t left yesterday]]」가 하나의 비문일 수 밖에 없는 것은 이것에서는 하위인접성의 조건이 「who」의 이동을 막고 있기 때문이고, 「Who did you say [_CP t' e [_IP t left yesterday]]」가 하나의 정문일 수 있는 이것에서는 「who」가 두 번의 단계적인 이동에 의해서 이동되고 있기 때문이다. 만약에 「who」가 단 한번의 이동에 의해서 이동하려고 했다면 하위인접성의 조건을 위반하는 결과가 나왔을 것이다.(Chomsky, 1995: p.90)

그런데 그의 문법이론이 발전되는 과정에 있어서 이 조건이 얼마나 중요한 중심적인 원리로 사용되었는가를 드러내주는 것은 1986년에 이르러서 그가 장벽이론을 내세우게 되었다는 사실이다. 그가 1981년에는 지배와 결속의 이론이라고 불렀던 문법이론을 5년 뒤에는 장벽이론으로 바꾸어 부르게 된 사실로 미루어 보아서 이 이론은 지배와 결속의 이론과 최소주의 이론간의 중간적인 이론이라고 볼 수가 있는데, 큰 의미에서 보자면 원래 하위인접성이라는 개념으로 파악해오던 제약성의 원리를 장벽이라는 개념으로 파악하게 된 것이 바로 이 이론이니까, 이 때에도 그의 문법이론의 기본적인 원리는 역시 하위인접성의 조건이었던 것이다. 다시 말하자면 장벽이론은 종전의 하위인접성의 조건에 관한 이론을 한 단계 확대 발전시킨 것이다.

장벽이론은 한 마디로 말해서 종전의 한계이론과 지배이론을 하나로 통합한 이론으로서, 이동은 두 개의 한계교점 즉, 장벽을 넘어설 수 없고, 지배는 두 요소간에 하나의 차단범주, 즉 장벽이 있게 되면 지배관계가 성립될 수 없다는 것이 그 내용이다. 이 이론은 그러니까 일종의 일반화된 이론이기 때문에, 이것에서는 우선 명사구와 문과 같은 특정한 범주대신에 최대투사 전체를 장벽의 대상으로 보고있다. 그 다음으로 이것에서는 장벽의 기준으로 「L-표시 (어휘적 표시)」와 「최소조건」의 두 가지를 내세우고 있다. 이 중 첫 번째 것은 이동과 지배 모두의 적절성을 규제하는 것이지만 두 번째 것은 오로지 지배의 적절성만을 규제하는 것이다.

여기에서 제안된 「L-표시」의 기준이 어떤 것인가를 살펴볼 것 같으면, α가 β를 의미역 지배하고 있는 경우에는 후자는 전자에 의해서 「L-표시」를 받게 되므로 장벽이 되지 않겠지만 그렇지 않은 경우에는 후자는 으레 하나의 장벽이 되게 된다는 것이다. 예컨대 명사와 동사, 형용사, 전치사 등의 보어들은 L-표시를 받은 것이기에 장벽이 되지 않지만, 주어와 부가어 등은 그렇지 못한 것이기에 장벽이 된다. 그 다음으로 「최소조건」의 기준이란 간단히 말해서 α와 δ의 두 요소가 β를 지배할 수 있는 위치에 있는 경우에는 β와 최소의 거리를 유지하고 있는 δ가 으레 지배자로 선택을 받게 된다는 것이다.(Chomsky, 1986: pp.10~15)

그런데 장벽이론의 원전이라 할 수 있는 「장벽」의 내용을 살펴보게 되면, 간단히 말자하면 장벽의 이론이고, 더 확대해서 말하자면 그 동안에 제안된 지배와 이동에 관한 이론들은 아직도 더 발전시킬 여지를 많이 가지고 있는 것이라는 사실을 쉽게 알 수가 있다. 이런 판단의 가장 비근한 근거는 이 책의 뒷부분이 無爲이동과 寄生간극, A-연쇄 등의 현상에 대한 논의로 이루어져 있다는 사실이다. 이 책은 앞 부분에서 논의된 이론들, 즉 X-바 이론과 지배이론, 한계이론 등의 문제점들을 뒷부분에서 논의하는 식으로 되어 있다. 그가 결론부에 한 말을 인용하자면 이 책에서는 그러니까 「보편문법의 여러 부분과 관련된 과제들」이 폭넓게 논의된 셈이다. 이런 말로 미루어 보아서도 그 자신이 장벽이론을 결국 지배와 결속 이론의 한 별칭 이론으로 생각하고 있다는 것을 익히 알 수가 있다.(Ibid. p.87)

그런데 사실은 뒷부분에서 다루고 있는 문제들도 모두가 넓게는 α-이동과 관련된 것이고 구체적으로는 Wh-이동과 관련된 것들이다. 그러니까 그가 4~50년간에 해 온 연구는 이론의 이름은 여러 가지로 다양화되었지만 결국에는 이동변형 한가지에 대한 연구인 셈이다. 이런 사실을 통해서 우선 우리는 그 동안에 그의 노력은 통일적인 대이론을 찾는 데 지향되어 왔다는 사실을 알 수가 있다. 그러나 다른 의미에서 볼 것 같으면 이런 사실은 α-이동 하나로 변형 규칙을 묶는 일이 얼마나 어려운 일인가를 익히 드러내주는 것이다.

우선 무위이동의 경우를 살펴볼 것 같으면, 그의 설명은 이 현상은 결국에 Wh-섬 제약과 관련된 것임을 보여주고 있다. 먼저 일찍이 George(1980)가 제안한 무위이동에 대한 의견이 일단 일리가 있는 것임을 인정한다. 예컨대「What do you wonder [$_{CP}$ who saw it]」이 정문일 수 있는 것은 who가 $_{CP}$의 위치로 이동하지 않았기 때문이라고 그는 보았다. 다시 말해서 내포절을 만약에 무위이동의 결과로 보지 않게 되면 what은 하위인접조건에 의해서 문두로 이동할 수 없게 된다는 것이었다. 물론 실제로「Who does John like?」와「Who likes John?」이 구조적으로 분명하게 대비되는 점만으로도 이런 설명법이 그럴사한 것이라고 볼 수가 있었다.

그러나 그는 George가 제안한 무위이동의 가설을「S-구조에서는 무위이동이 의무적이 아니며, 논리형식에서는 으레 Wh-구의 이동이 이루어져야 한다」는 식으로 수정했다. 이런 의견의 근거로 그는 공범주 원리의 위반에 의한 비문의 한 예인「*How do you wonder [$_{CP}$ who fixed the car t]」의 설명법을 들었다. 만약에 여기에서 내포절의 who가 논리형식에서도 원위치에 그대로 남아있다고 한다면 how의 흔적은 $_{CP}$의 지정어 위치에 있는 중간 흔적에 의해서 적절하게 지배를 받게 되므로 이 문장은 문법적인 문장이 되게 된다. 그러니까 이 문장이 비문임을 설명 할 수 있는 방법은 논리형식에서 내포절의 who가 지정어의 자리로 이동을 한다고 보는 것이다. 이렇게 되면 how의 중간 흔적이 소멸되어서 결과적으로는 원래의 흔적이 적절하게 지배를 받지 못하게 되니까 이 문장은 공범주의 원리를 위반한 비문이 되고 만다는 것이다.(Ibid. p.49)

그러나 여기에서 그는 이런 현상은 매개변인의 현상의 일부일수도 있기 때문에 그가 제안한 가설은 앞으로 더 많은 검토를 필요로 하는것이라는 사실을 인정하게 되었다. 그는 우선 영어에서는 Wh-이동이 통사적으로 이루어지는데 반하여, 중국어와 일본어에서는 그것이 논리표현에서 이루어지게 되고, 불어에서는 그것이 두 곳 모두에서 이루어지게 된다는 견해를 합리화하기 위하여, 이 가설을 「논리형식에서는 Wh-구는 Wh-어에 의하여 점령된 자리로만 비무위적으로 이동한다.」는 식으로 바꾸었다.(Ibid. p.52)

이런 자질은 물론 영어에만 있지 중국어와 일본어에는 있지 않은 것이었다. 그러니까 이것은 곧 중국어와 일본어에서는 통사적 Wh-이동은 아예 없으며, 따라서 목표 위치가 Wh-구에 점령되어 있던지 그렇지 않던 간에 D-구조에서의 Wh-구가 논리형식에서 이동이 가능한데 반하여, 영어에서는 그 자리가 하나의 Wh-구에 의해서 이미 점령이 되어있는 경우에만 논리형식에서 Wh-이동이 비무위적으로 이루어질 수 있다는 의미로 해석 될 수 있었다. 이런 설명은 물론 그의 문법모형이 타당하다는 전제하에서만 가능한 것이었다. 그러므로 그의 문법모형이 앞으로 어떻게 바뀌는가에 따라서 이 가설도 바뀔 가능성이 있었다.

그 다음으로 기생간극의 경우를 살펴볼 것 같으면, 그는 이것 역시 한편으로는 모든 이동에 관한 이론들은 하나의 대이론으로 통합이 될 수 있다는 가능성을 보이면서도, 다른 한편으로는 그의 문법이론은 아직도 해결되지 않은 문제점을 적지않게 지니고 있는 이론이라는 사실을 익히 드러내주는 현상이라는 것을 확인하였다. 우선 그는 여기에서 자기가 1982년에 제안했던 의견을 수정하여 공운영자(O : empty operator) 이동이라는 새 의견을 내 놓았다. 간단히 말해서 이 의견은 종전까지 「What did you file t [before reading e]」로 분석되던 것을 「What did you file t [before [O [reading e]]]」처럼 바꾸자는 것이었다.

이렇게 함으로써 우선 기생간극의 현상도 다른 이동의 현상에 관한 이론에 의해서 설명이 될 수 있게 되었다. 그가 보기에는 기생간극 구조들은 하나같이 Wh-이동에 있어서의 섬 효과의 현상들을 드러내주는 것이었는데, 이런 사실은 공운영자의 개념을 도입하게 되면 더욱 확실해지는 것이었다. 바꾸어 말해서 이렇게 하게 되면 하위인접성의 조건과 공범주원리 등이 보다 광범위하게 적용되는 일반적인 원리라는 사실이 분명해지는 것이었다. 그리고 이렇게 함으로써 이 현상은 Wh-흔적이 목적어의 자리에 있는 경우에만 일어날 수 있고, 「*Who [t met you [before you recognize e]]」에서처럼 그것이 주어의 자리에 있는 경우에는 일어날 수 없다는 그 동안의 잘못된 견해도 바로 잡혀질 수 있었다.

그러나 그는 무위이동과 관련된 현상이 그렇듯이 기생간극과 관련된 현상도 하나의 수정된 이론만으로는 설명이 제대로 이루어질 수 없을 만큼 지극히 다양하면서도 복잡한 현상이라는 사실을 발견하게 되었다. 간단히 말해서 그가 보기에는 기생간극문들은 용인성에 있어서 똑같지가 않았고, 그런 차이성은 아직까지도 제대로 설명이 된 적이 없었다. 예컨대 아래에 제시된 세 개의 문장들은 용인성이 순서대로 되어있다. 우선 a)의 문장보다 b)의 문장이 용인성이 낮은데, 그 이유는 이것에서는 공범주원리가 지켜지지 않고 있기 때문이었다. 만약에 이것이 공범주의 이동에 의하여 형성된 것이라면 선행사는 e를 적절히 지배하고 있었을 것이다. 그런데 문제는 c)는 비문으로 낙인을 찍을 수 있을만큼 b)보다도 용인성이 더 낮다는 데 있었다. 일단은 그래서 c)를 「that-흔적」과 관련된 공범주원리가 위반된 경우로 볼 수가 있었다. 그러니까 이제 남은 문제는 a)와 b)간에 용인성의 차이가 실제로 있느냐 하는 것과, 만약에 있다면 그것이 과연 공범주원리로써 설명이 될 수 있느냐 하는 것이었다.(Ibid. p.57)

    a) Which book did you file t [without believing [Mary would like e]]
    b) Which book did you file t [without believing [e would please Mary]]
    c) Which book did you file t [without believing [that e would please Mary]]

원전들의 출판년도로 보았을 때는 장벽의 이론 이후 9년 만에 나온 것이 최소주의 이론이다. 그들 간의 간격을 약 10년으로 볼 수가 있으니까 그동안에 상당히 길다면 긴 세월이 흘렀다고 볼 수가 있는데, 그의 문법이론에 있어서는 큰 변화가 없었다. 더구나 장벽의 이론을 1981년에 나온 지배와 결속이론의 별칭 이론으로 잡고 보자면 그 동안에 흘러간 세월은 무려 15년이나 됨에도 불구하고 그의 문법이론에는 큰 변화가 없었던 것이다. 최소주의라는 이름만으로 보아서는 이름에 걸맞게 그 전까지 논의 되었던 여러가지 쟁점들이 이것에서는 크게 정리가 되었을 법도 한데 사실은 그렇지가 않다.

간단히 말하자면 「최소주의 이론」에서 논의되고 있는 것들은 「지배와 결속이론」이나 「장벽」에서 이미 논의되었던 것들, 즉 주로 이동의 현상과 지배의 현상과 관련된 것들이다. 이것에서는 그래서 앞의 책들에 나와 있는 것들과 정확히 중복되지는 않지만 유사한 예문들을 적지않게 발견할 수가 있다. 예컨대 제1장에서 성분통어의 개념에 대한 설명을 「You said he liked [the pictures that John took]」에서는 he가 John을 성분통어 하니까 John이 선행사일 수 없지만, 「[How many pictures that John took] did you say he liked t」에서는 그런 관계가 없기 때문에 John이 선행사라는 말에 이어서, 「Which picture of himself] did John say [t' that Bill liked t best]」에서는 선행사가 둘 중 하나일 수 있지만 결속관계는 으레 가장 가까운 것과 가시적으로 이루어진다는 원리에 따라서 Bill을 선행사로 보는 것이 타당하다는 식으로 하고 있는데, 이런 설명법은 과거에 했던 것과 유사한 것이다.(Chomsky, 1995: pp.72~4)

또 다른 예로 들 수 있는 것이 바로 이 자리에서 하고 있는 기생간극에 대한 설명인데, 「Which book did you file t [without my reading e first]」은 정문일 수 있지만, 「*Who [t filed which book [without my reading e]]」는

그렇지 못하는 점으로 미루어 보아서, 기생간극은 으레 S-구조 조건과 $\overline{\text{A}}$ 연쇄의 조건 등에 의해서 제약을 받게 되어있다는 사실을 알 수가 있다는 식의 설명법은 여기에서 처음하는 설명법은 아니다. 기생간극은 논리형식에서의 이동으로 생겨난 것이 아니라는 주장이나, $\overline{\text{A}}$-연쇄는 기생간극을 인가할 수 없다는 주장은 그전의 책에서도 했었다.(Ibid. p.75)

(2) 문법모형

최소주의 이론이 실제에 있어서는 지배와 결속이론의 한 확대이론에 불과하다는 것은 그들의 문법모형을 비교해보면 당장 알 수가 있다. 두 이론들의 문법모형들을 비교해 보게되면 우선 일종의 이율배반적인 사실을 발견하게 되는데, 의도상으로는 문법모형을 단순화하려는 노력이 아주 오래전부터 있어왔음에도 불구하고 결과로 보아서는 그 일이 생각만큼 쉬운일이 아니라는 사실만을 드러내주었다는 것이 바로 그것이다. 이 사실 한가지 만으로도 우리는 왜 그의 문법이론은 여전히 변형문법이론이나 아니면 보편문법이론으로 불리우고 있는가를 익히 알 수가 있다.

돌이켜 보자면 문법모형을 놓고서의 꿈과 현실간의 괴리현상은 지배와 결속이론 때부터 두드러지게 드러나기 시작했다고 볼 수가 있다. 이때 그는 문법모형을 단순화하는 일은 크게 두 가지 방책에 의해서 이루어질 수 있다고 생각했는데, 그 중 첫 번째 것은 표준이론 때 어휘부와 범주부의 두 곳에서 중복적으로 다루어지던 하위범주화 규칙을 어휘부 한 곳에서만 다루어지게 하는 것이었다. 이런 작업의 근간이 되는 것은 물론 새로 도입된 투사원리와 X'이론이었다. 그의 말을 그대로 빌리자면「투사원리와 X'이론의 일반적인 자질로 인하여 어느 문법의 범주부는 크게 날씬해질 수 있었던」것이다.(Chomsky, 1981: p.32)

그 중 두 번째 것은 문법모형을 아래에 제시된 도형처럼 간소화하는 것이었다. 이 모형은 누가 보아도 표준이론 때의 것과 크게 달라진 것임이 분명한데, 표면구조(surface structure)라는 층위의 이름이 S-구조로 바뀐 점을 비롯하여, 심층구조(deep structure)라는 층위가 아예 사라진 점, PF(음성형식)과 LF(논리형식)이라는 층위가 새로 생겨난 점 등이 그 차이점이다. 이것은 곧 문법의 목적은 결국에 형식적 표현체와 의미적 표현체간의 연결관계를 밝히는 것이라는 일반적인 기술원칙에 충실한 것이라고 자평하고 있다.(Ibid. p.16)

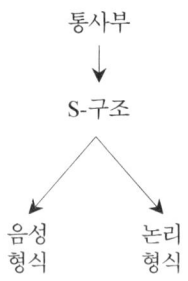

이 모형과 관련하여 그가 맨 먼저 해명하고 있는 점은 왜 이번에 종전의 표면이라는 말을 줄여서 S-라는 기호를 쓰게 되었는가 하는 것이었다. 물론 그는 이제는 문장의 구조적 표기법이 예컨대 「The students prefer for Bill to visit Paris.」와 「The students perfer that Bill visit Paris.」라는 두 문장의 S-구조가 「The students [vp prefer [s̄ COMP [s Bill INFL[vp visit Paris]]]]」처럼 되어있는 식으로 종전의 것과는 비교도 할 수 없을 정도로 달라진 점을 부각시키고 싶었을 것이다. 그러나 그는 그 동안에 이 용어에 대해서 적지않은 논란이 있어왔기에 「더 추상적인 표현체」라는 의미에서 S-를 선택하게 되었다고 설명하고 있다.(Ibid, pp.18~19)

그가 그 다음으로 해명하고 있는 점은 통사부에서 어떻게 S-구조가 도출되게 되는가에 관한 것이었는데, 이 두 번째 해명은 바로 그가 무슨 의도로 이번의 문법모형을 앞에 제시된 것처럼 표기하게 되었는가에 대해서 적지않게 의구심을 불러 일으키게 할 수 있는 것이다. 그는 예컨대 여기에서의 통상부란 간단히 말해서 종전에 기저부라고 부르던 것으로서, 이 부는 크게 범주부와 어휘부로 구성되어 있으며, 바로 이 곳에서 일단 D-구조가 생성되게 되면 그것에 α-이동 규칙을 적용시켜서 S-구조가 생겨나게 된다고 설명하고 있다. 우선 누구나 종전에 심층구조라고 부르던 것을 D-구조로 이번에 바꾸게 된 이유는 틀림없이 표면구조라는 술어 대신에 S-구조라는 술어를 쓰게 된 이유와 동일할 것이라고 추측할 수가 있다.

그렇다면 누구나 으레 왜 그가 도형에서만은 어휘부나 D-구조라는 술어 대신에 굳이 통사부라는 포괄적인 술어를 쓰게 되었을까에 대해서 의심을 갖게 마련인데, 이것에 대한 해석은 크게 세 가지로 해 볼 수가 있다. 이 중 첫 번째 것은 이번에 제시된 모형의 특징은 최대로 간소화된 것이라는 점을 부각시키기 위해서였다고 보는 것이다. 이 중 두 번째 것은 이제는 문법의 핵심부가 S-구조에서 논리형식과 음성형식이 만들어지는 부분이 되어야 한다는 점을 부각시키기 위해서였다고 볼 수가 있다. 이 중 세 번째 것은 그 동안에 있었던 심층구조와 표면구조 중 어느 것을 더 중요한 층위로 보아야 하느냐의 논쟁과 관련하여 자기의 견해를 밝히고 싶었다고 볼 수가 있다.

그런데 이 책의 내용을 살펴보게 되면 결국에는 이런 표기법은 일종의 욕심과 현실간의 갈등관계를 드러내고 있는 것에 불과하다는 것을 당장 알 수 있게 된다. 바꾸어 말하자면 그가 실제로 제시하고 있는 예제의 분석절차를 살펴보게 되면 그의 문법모형에는 D-구조라는 층위가 분명히 있다는 사실을 즉각 알아차릴 수 있다. 예컨대 그는 「It is uclear who Bill saw.」와 「John konws who Bill saw.」라는 문장의 S-구조는 「M-[s̄ whoi [s Bill [+Tense] [vp see ti]]]」처럼 되어 있는데, 이것은 「M-[s̄ COMP [s Bill[+Tense] [vp see who]]]」와 같은 D-구조에 α-이동규칙을 적용함으로써 얻어진 것이라고 설명하고 있다. 여기에서의 M은 모문의 요소를 나타내는 기호이다.(Ibid. pp.22~3)

그뿐만 아니라 그는 중요한 원리를 정의하는 데 있어서도 분명히 D-구조와 S-구조라는 술어를 다 쓰고 있다. 예컨대 그는 투사원리의 성격을 「어휘항목의 하위범주적 자질들을 준수하고 있다는 의미에서 각 통사적 층위(논리형식과 D- 및 S-구조)의 표현체들은 어휘부로부터 투사되어 있다」처럼 규정함으로써 그가 내세우는 문법모형에는 세 개의 서로 다른 통사적 층위가 있음을 분명히 밝히고 있다. 특히 여기에서 그는 투사원리는 보편문법의 일부라는 점과 이것은 그래서 논리형식에서 가장 철저하게 지켜져야 된다는 점을 강조하고 있다.

이런 점을 실증하는 예로서 그는 「We persuaded John that he should finish college.」와 「John was persuaded that he should finish college.」, 「We peruaded John to finish college」, 「John was persuaded to finish college.」 등의 문장들의 논리형식은 「...[vp persuade [NP John][s̄ that he(John) should finish college]]...」처럼 기술될 수 있는데, 이런 일이 가능한 것은 이 표현체는 결국에 persuade의 어휘적 자질, 즉 그것은 하나의 목적어와 보문절을 거느린다는 특성을 제대로 드러내고 있기 때문이라고 설명하고 있다.(Ibid. p.29)

D-구조의 위치에 대한 그의 생각은 장벽 이론때에 가서도 그대로 유지되고 있다. 「장벽」의 제5장에서는 공범주 원리가 어떻게 지배이론의 중심적 원리일 수 밖에 없는가를 설명하고 있는데, 바로 여기에서 그는 이 원리의 적용 대상인 흔적은 D-구조에서의 이동에 의해서 뿐만 아니라 논

리형식에서의 이동에 의해서도 생겨나게 된다는 점을 분명히 밝히고 있다. 다시 말해서 그는 여기에서 「공범주는 D-구조에서 [±대용사]와 [±대명사류]등의 자질에 의해서 특징지어진다」와, 「공범주원리는 논리형식에서의 비대명사류적인 공범주, 즉 도출과정에서 대용사나 변항, 보문소구의 수어로 소개된 것들에도 적용된다」와 같은 말을 하고 있다.(Chomsky, 1986: p.17)

이런 설명과 함께 그는 다음과 같은 실례도 들고 있다. 그는 우선 「How did you fix the car?」라는 문장의 D-구조는 「Hwo did [IP you [VP fix the car] t]」처럼 되어 있다고 보아야 한다고 주장한다. 그 이유는 만약에 how를 vp의 일부로 보게 되면 그것은 어휘적 표시를 받지 못한 요소이기 때문에 vp가 결국에는 장벽이 되고 말기 때문이었다. 물론 「John wanted to fix the fender with a crowbar, and fix it that way, he did.」와 같은 표현을 근거로 해서 동사구 이동의 가설, 즉 앞의 D-구조는 「How did [IP you [VP fix the car t]]」처럼 고쳐져야 한다는 의견을 내세울 수도 있었다. 그렇지만 이렇게 되면 이런 부가어들의 wh-이동은 으레 공범주원리를 위반하는 결과를 가져오게 되어 있었다.(Ibid. p.19~20)

그런데 우리를 더욱 헷갈리게 하는 것은 그가 「지배와 결속이론」을 출간한 바로 그 다음해이면서 「장벽」을 출간하기 4년 전인 1982년에 낸 「지배와 결속 이론의 개념과 결과(Some concepts and consequences of the theory of government and binding)」라는 책에서 「α이동이 D-구조로부터 S-구조를 형성해내는 한 규칙으로 간주되는가, 아니면 기저에서 생성된 S-구조의 한 자질로 간주되는가 하는 것은 하찮은 문제이다. 실제로 이들 두 표현체 사이에 술어상의 구별 이외의 구별성이 있는지는 명백하지 않다」와 같은 말을 하고 있다는 사실이다.(p.33)

이 말은 어떤 의미로 보아서도 분명히 자가당착적인 말이다. 우선 표면상으로 보았을 때는 실제에 있어서는 그가 이 말을 하기전은 더 말 필요도 없고 그 뒤에도 아무 변함없이 D-구조와 S-구조를 구별하고 있으면서 왜 여기에서는 이런 식의 정반대인 말을 하고 있는지를 알 수가 없다. 그러나 심층적으로 보았을 때는 이 말을 통해서 우리는 적어도 다음과 같은 세 가지 사실을 통찰할 수가 있다. 그 중 첫 번째 것은 1981년 책의 앞 부분에서 제시한 문법모형, 즉 D-구조라는 층위가 삭제된 것이 그의 본심이라는 사실이다. 그 중 두 번째 것은 그의 문법체계를 최대로 단순화하려는 의지는 이 때부터 발동이 되었다는 사실이다. 그 중 세 번째 것은 언어기술에 있어서의 희망 따로 현실 따로식의 이중적 형태는 이 때부터 나타나기 시작했다는 사실이다.

최소주의 이론때에 이르러서는 이런 이중성이 한 단계 더 심화되었다고 볼 수가 있는데, 그 이유는 이 때에는 이상형이 우선 한 층 더 간소화된 것으로 바뀌게 된데다가, 그 다음으로는 이것에 대한 집착심을 그가 더 강하게 표현하게 되었기 때문이다. 한마디로 말해서 그가 「최소주의 이론」을 출간하기 2년전인 1993년에 제안했던 문법모형에서는 더 이상 S-구조의 층위마저도 발견할 수 없게 되어서, 예컨대 「어휘부 → 배번집합 → 문자화 → 음성형태와 논리형태」식의 문법모형은 그 후 내내 그와 그의 동료들에 의해서 완전히 합의된 이상형으로 내세워지게 되었다.

이 문법모형의 특성을 가장 직재적으로 가리키는 말은 아마도 일찍이 Uriagereka(1999)가 만들어 낸 「다중 문자화」일 것이다. 예컨대 Boskovic와 Lasnik(2007)은 최근에 편집한 「최소주의 통사론(Minimalism syntax)」에서 최소주의 이론은 한마디로 다중 문자화 이론이라고 부를 수 있다고 보고서, 그것의 정의를 「각 순환(또는 국면)의 끝에 가서 그 동안에 생성된 통사적 구조체는 캡슐에 싸여서 음운적 및 의미적 해석을 위하여 인터페이스 부위에 송부된다.」처럼 내리고 있다. 이들은 문법체계에 표현수준들이 모두 없어지고 오직 도출과정만이 있게 되었다는 의미에서 이것에서 쓰이고 있는 접근법을 분배적 접근법이라고 부르고 있다. 이들은 이 모형에서는 예컨대 성분통어의 원리에 의한 대용사 해석은 이동변형전에 이루어지게 되어있기 때문에 왜 「*Himself criticized John.」은 비문이지만 「Himself, John criticized.」는 정문일 수 있는가의 문제가 저절로 해결되게 되어있다고 보고있다.(p.3)

앞에서 이미 설명이 있었듯이 다중 문자화의 발상법의 씨앗을 뿌린 사람은 바로 Chomsky였다. 강조삼아 다시 인용을 하자면 그는 분명히 「최소주의 이론」에서 구구절 표시만 잘 되어있으면 D-구조 없이도 문자화 작업이 이루어질 수 있으며, 또한 단순대치와 같은 α이동 규칙만 잘 적용시키게 되면 S-구조도 필요없게 된다고 말했었다. 그의 이런 초보적인 발상법은 그 후 10여년이 지나면서 이른바 「국면 기저적 연산」의 모형으로 발전이 되었다. 이것의 실체는 「언어설계의 3요소」라는 논문에 잘 묘사되어 있는데, 이것에서는 한 마디로 말해서 그가 생각하는 이상적인 문법 모형은 다중 문자화의 모형보다도 훨씬 더 극단적인 것이라는 것이 익히 드러나 있다.

그의 다음과 같은 두 가지 설명이 그런 사실을 잘 뒷받침하고 있다고 볼 수가 있다. 그 중 첫 번째 것은 16쪽에서의 「효율적인 연산에 대한 유연한 가정에 의할 것 같으면 인터페이스 조건에 의해서 부과되는 것 이상의 언어적 층위, 즉 인터페이스 자체 이외의 언어적 층위는 있어서는 안되게 되어있다. 우리는 확대표준이론의 모형에 있어서의 다섯 순환을 하나로 축약시키는 방식에 의해서 모든 내적 층위들을 제거시킬 수 있는지를 결정해야 한다」와 같은 말이고, 그 중 두 번째 것은 18쪽에서의 「이런 연산적 구조는 만약에 지탱될 수 있다면 최선의 것인 것 같다. S-구조와 논리형식은 더 이상 층위로서 존재할 수 없게 된 나머지 D-구조와 함께 사라지게 되며, 그 결과 연산절차는 단 하나의 순환으로 축소가 되게 된다. 모든 작동은 C와 v가 수어인 국면에서 선정된 요소에 의해서 추진이 된다. 그것에는 의례 내적 병합의 절차가 포함이 되게 된다.」와 같은 말이다.

그렇지만 무엇보다도 우리를 당황하게 하는 것은 이상과 같은 문법모형과는 전혀 다른 문법모형이 최소주의 이론을 실제로 설명하는데 있어서는 쓰이고 있다는 사실이다. 이런 문법모형을 편의상 현실적 문법모형으로 부르고 보자면 어떤 의미로 보아서나 이것은 다중 문자화의 모형이나 국면기저적 연산의 모형과는 거리가 먼 모형이다. 예컨대「최소주의 이론」에서의 언어기술은 대부분이 맨 처음에는 어휘부에서 차출된 어휘에 X'이론을 적용시키면 D-구조가 만들어지게 되고, 이것에서는 그 다음에 일정한 이동 규칙에 의해서 S-구조가 도출이 되며, 마지막에는 이것에 일정한 규칙에 의해서 음성형식과 논리형식이 도출이 된다는 식의 문법모형이 전제로 된 상태에서 이루어지고 있다. 이상과 현실간의 괴리에 의해서 이런 현상은「지배와 결속이론」에서도 이미 일어났던 현상이다. 결국에 문법모형의 측면에서 보아도 분명히 최소주의 이론의 모체가 되는 것은 지배와 결속이론인 셈이다.

(3) 보편문법 이론

최소주의 이론이 궁극적인 의미에서는 지배와 결속이론의 한 별칭 이론에 불과하다는 것을 가장 확실하게 증거하는 사실은 아마도 지배와 결속이론에서 제안된 보편문법에 관한 이론은 최소주의 이론에서도 그대로 쓰이고 있다는 점일 것이다. 굳이 따지자면 이 점에 있어서 이들 두 이론 사이에 차이점이 전혀 없다고 볼 수는 없는데, 그 이유는 지배와 결속이론에서는 논의의 초점이 언어습득의 내재성이나 보편성에 맞추어져 있었는데 반하여, 최소주의 이론에서는 문법적 연산체계의 공통성이나 보편성에 맞추어져 있었기 때문이다. 또한 구체적인 면에서 볼 것 같으면 원리와 매개변인의 이론의 타당성을 실증하기 위하여 최소주의 이론에서는 그전의 이론에서 보다도 매개변인의 역할에 대한 논의를 더 많이 하게 되기도 했다.

그렇지만 지배와 결속의 이론은 결국에 보편문법의 이론으로 불리워야 마땅할 정도로 그때의 모든 문법적 논의는 보편문법에 관한 것에 집중되어 있었는데, 이런 전통은 최소주의 이론때에도 그대로 이어졌다. 이런 의미에서 보자면 최소주의 이론도 응당 보편문법 이론으로 불리울 수 있다. 그런데 무엇보다도 중요한 사실은 그가 내세우는 보편문법이론은 지배와 결속이론 때 완성된 것이나 다름이 없어서, 결과적으로 최소주의 이론에서 내세워지는 보편문법 이론은 크게 보아서는 지배와 결속이론에서 내세워지던 것과 똑같은 것이라는 점이다.

더 구체적으로 말할 것 같으면 그가 「지배와 결속이론」에서 내렸던 보편문법에 대한 정의, 즉 보편문법은 규칙체계와 원리체계로 이루어져 있는데, 전자의 하위체계에는 (i)어휘부와 (ii)범주부와 변형부로 구성되어 있는 통사부, (iii)음성형식부, (iv)논리형식부 등이 있으며, 후자의 하위원리에는 (i)한계이론과 (ii)지배이론, (iii)의미역 이론, (iv)결속이론, (v)격이론, (vi)통제이론 등이 있다는 그의 견해는 「최소주의 이론」에서도 그대로 유지되고 있다고 볼 수 있다. 그리고 「지배와 결속이론」에서 그가 개진했던 「우리가 발견하기를 기대하는 것은 획득할 수 있는 문법류를 예리하게 제한하면서 그것의 형태를 엄밀하게 제약하는 몇 개의 기본적인 원리와 경험에 의해서 결정되는 매개변인들이 기저가 되는 일종의 고도로 구조화된 보편문법의 이론이다」라는 의견의 가치는 「최소주의 이론」에서도 그대로 존중되고 있다고 볼 수가 있다.(Chomsky, 1981: pp.3~5)

그런데 근본적인 의미에서 보자면 최소주의 이론에 있어서 달라진 점이 아예없는 것은 아닌데, 이론상으로는 지극히 그럴듯한 보편문법적 접근법이 실제에 있어서는 대단히 힘들고 시간 소모적인 접근법이라는 사실이 더욱 분명해진 점이 바로 그것이다. 보편문법의 이론을 처음에 제안할 당시에는 그에게는 일종의 자신감과 우월감이 있었다. 특히 보편문법의 기본 구도에 대해서는 더욱 그랬었다. 예컨대 보편문법 이론이 충족시켜야 될 조건에는 「한편으로는 기존의(실제에 있어서 가능한) 문법들의 다양성과 모순되지 않는다」는 조건과, 「다른 한편으로는 이런 문법은 지극히 제한된 증거를 기반으로 해서 정신안에서 발달된다는 사실을 설명할 수 있을 만큼 선택의 폭이 충분히 제한적인 것이어야 한다」는 조건의 두 가지가 있다는 주장에는 그가 여기에서 제안하고 있는 이론이야말로 이미 이들 조건들이 완전하게 충족되어 있는 것이라는 함의가 깔려있었다.(Ibid. p.3)

그렇지만 최소주의 이론때에 와서는 그렇게 하늘을 찌를 듯 했던 자신감과 우월감이 적지않게 흔들리는 기미를 보이기 시작했는데, 이런 변화는 좋게 말하자면 일종의 성숙의 징표이었고, 나쁘게 말하자면 일종의 각성의 징표이었다고 볼 수가 있다. 간단히 말해서 이 때에 이르러 그는 드디어 그가 지배와 결속의 이론에서 제안했던 보편문법 이론이 과연 이들 조건들을 완전하게 만족시킨 것인가 하는 것을 제대로 판단하기에는 아직도 이르다는 자세를 보이게 된 것이다. 물론 지난 15년 동안은 그에게 있어서는 이 이론의 타당성을 실증하고 전파하는 기간이나 다름이 없었다. 그렇지만 이 기간은 그로 하여금 이 이론의 문제점을 깨닫게 하는 기간이기도 했다. 그러니까 결국에 그는 이 때에 와서야 정식으로 15년 전에 내세웠던 보편문법이론은 하나의 가설에 불과한 것이라는 사실을 인정하게 된 셈이다.

가) 보편문법의 틀

그가 제시한 두 가지 조건에 의할 것 같으면 이 이론을 완성시키기 위해서는 크게 보편 문법의 틀을 구축하는 일과 매개변인의 역할을 알아내는 일의 두 가지가 모두 제대로 이루어져야 한다는 것인데, 최소주의 이론에서는 역설적으로 이들 두 가지가 다 만만치 않은 과제라는 사실만을 드러내고 말았다. 우선 이 이론에서는 전통적인 현실형과 미래지향적인 이상형을 병립시킴으로써 보편문법의 틀을 구축하는 일이 얼마나 어려운 일인가하는 것을 극명하게 드러내주고 있다. 물론 이런 모순된 현상이 일어나게 된 것은 그에게 있어서는 이제 최소주의의 실현이 언어연구의 최고의 명제로 자리잡게 되었기 때문이었다.

이런 현상의 대표적인 사례로는 두 가지를 들 수가 있는데, 그 중 첫 번째 것은 보편문법의 원리체계에 대해서는 그 전의 것에 아무런 변화가 있을 수 없다고 생각하면서도 그것의 규칙체계는 크게 달라져야 한다고 생각하고 있다는 사실이다. 예컨대 그는 한편으로 X'이론이나 지배이론, 결속이론 등의 보편적인 이론이라는 것은 더 이상 의심할 여지가 없다고 생각한다. 구체적으로 말해서 그는 「that picture of Bill」이 라는 말이 [$_{DP}$ that [$_{NP}$ picture of Bill]]과 같은 구조성을 지니고 있다는 것은 보편적인 사실이라고 본다.(Chomsky, 1995: p.60)

심지어 그는 비상호 지시성의 원리 같은 것도 보편적 원리의 한가지라고 본다. 즉, 영어에서의 「John said that [he was happy]」와 「The people who saw [him playing with his children] said that John was happy」는 정문일 수 있지만 「[He said that John was happy]」는 비문이 되는 현상은 다른 언어에서도 발견될 수 있다고 본다. 또한 그는 섭제약의 현상은 언어마다 다를 수 있지만 하위 인접성의 원리만은 똑같다고 본다.(Chomsky, 2002: pp.5~10) 그는 바로 모든 언어들이 이런 공통의 원리체계를 가지고 있다는 사실을 통해서 보편문법은 결국에 인간 특유의 생물학적 자산이라는 사실을 확인할 수 있다고 본다.

　이에 반하여 그는 보편문법의 규칙체계는 보다 간소화되는 방향으로 크게 달라져야 한다고 생각했는데, 이것의 증거로는 다음과 같은 두가지 사실을 들 수가 있다. 그 중 첫 번째 것은 문법모형안에 그렇게 애지중지 하던 D-나 S-구조 대신에 문자화라는 단 하나의 층위만을 둠으로써 문법적 조작의 과정을 최대로 단축하려고 하고 있다는 점이다. 최소주의라는 명제를 놓고 볼 때 이 이상의 승부수는 있을 수 없다. 그러나 앞에서 이미 논의가 되었듯이 사실은 바로 이 면이야말로 그의 문법이론은 이 때에 이르러 드디어 이상과 현실의 평행선의 현상을 드러내기 시작했다는 사실을 단적으로 확인시켜주는 면이다. 물론 가장 중요한 사실은 아직도 자기가 생각하는 이상형의 구체적인 실례를 보여주지 못하고 있다는 사실이다. 그렇지만 이런 식의 생각을 가지게 되었다는 사실이 의미하는 바는 결코 작은 것이 아니다. 왜냐하면 이로써 그 자신이 자기의 보편문법이론은 확정적인 것이 아님을 인정한 셈이 되기 때문이다.

　그 중 두 번째 것은 이 때에 와서는 그 전까지 모든 문법적 조작의 기본적인 수단으로 내세워졌던 이동절차를 병합 절차로 대치해야 된다고 생각하기 시작했다는 사실이다. 우선 문법모형에 관해서와 마찬가지로 이 점에 대해서도 그는 양면적인 태도를 보이고 있다고 볼 수가 있다. 예컨대 「최소주의 이론」에서 논의되고 있는 문제점들의 대부분은 「K를 K*로 사상하는」이동 절차와 관련된 것들이지, 「(SO_i, SO_j)가 SO_{ij}로 대치되는」 병합절차와 관련된 것들은 아니다. 또한 이동을 그의 말대로 대치와 부가의 두 가지로 잡고 볼 것 같으면 부가와 병합이 정확히 구분될 수 있는지가 확실하지가 않다. 다시 말할 것 같으면 이 때에 이르러서 규칙체계에 대한 그의 생각은 단 하나의 층위에서 「XAY→XZY」와 같은 절차만이 존재하는 초기이론때의 것으로 되돌아간 셈이다.(Chomsky, 1995: p.50) 이런 판단이 틀리지 않은 것이라는 것은 Lasnik(2005)이 최근에 이 이론에서의 문법적 조작에는 병합, 이동, 삭제 등의 세 가지가 있는데, 이 중 병합은 초기 이론때의 일반화 변형을 이름만 바꾼 것에 지나지 않는다고 주장하고 나선 사실만으로써 익히 알 수가 있다.(p.80)

그런데 문제는 그가 「최소주의 이론」의 끝부분에서 「선택과 병합은 비용이 들지않는 절차이다」와 같은 말을 함으로써 그의 말대로 이동 절차를 기본으로 한 것이 아니라 병합절차를 기본으로 한 것이라는 견해를 나타내고 있다는 점이다. 더욱 우리를 혼돈스럽게 하는 것은 같은 자리에서 「전위는 어형기반적인 이동절차로서 인간언어의 특성 중의 한가지이다」와 같은 말을 함으로써 이동규칙의 중요성도 강조하고 있다는 사실이다. 그러니까 그의 견해는 결국에 경제성의 조건으로 보았을 때는 통사적 규칙에는 병합의 규칙만이 있어야 되지만 실제에 있어서는 이동의 규칙이 주로 쓰이고 있다는 것이었다.(Ibid. p.226)

그의 이런 애매한 언급은 곧 바로 많은 사람들로 하여금 보편문법의 도출과정에서 쓰이는 규칙에는 병합과 이동의 두 가지가 있는데 이들 중 선호되는 것은 전자이다는 식의 의견을 갖게 했다. 예컨대 Hinzen(2006)은 우선 Chomsky의 최소주의이론에서의 문장도출의 절차를 어휘의 배번지합에 「병합/이동」의 규칙이 적용되어서 문자화 층위가 만들어지게 되면 그것에 다시 「병합/이동」의 규칙이 적용되어서 음성 형식과 논리형식이 얻어지게 된다는 식으로 보고 있는데, 여기에서의 「병합/이동」이라는 표현은 이 체계에서 쓰이는 통사적 규칙에는 크게 병합과 이동의 두 가지가 있지만 이들 중 으레 선호되는 것은 병합이라는 의미를 나타내고 있다고 볼 수가 있다.(p.158)

그 다음으로 그는 자기가 「병합/이동」과 같은 표현을 쓰게 된 이유 즉,

왜 표현체적 접근법이 아니라 도출적 접근법에서는 병합이 이동보다 우선시 되어야 하는가를 실례를 들어서 밝히고 있다. 우선 아래의 (i)이 도출되는 과정을 그는 일단 (iii)이 만들어지고 (iv)가 남겨지는 첫 부분과, 먼저 there와 (iii)이 병합이 된 다음에 그것이 문두로 이동이 되는 두 번째 부분으로 이루어진 것으로 본다. 그에 반하여 (ii)의 경우에는 a proof를 이동시키는 절차가 there를 병합시키는 절차보다 앞서서 이루어지게 되어있다. 그는 (i)과는 다르게 (ii)가 비문인 것은 결국에 훨씬 더 복잡한 이동절차가 비교적 단순한 병합절차보다 먼저 적용되었기 때문이라고 본다.

(i) There is likely [α to be [a proof discovered]]
(ii) *There is likely [α a proof to be [a proof discovered]]
(iii) [to be a proof discovered]
(iv) {there, is, likely...} (p.240)

그런데 사실은 확대 표준이론때 이래 한시도 쉬지않고 Chomsky가 주요 논쟁거리의 한가지로 삼아 온 것이 바로「there-구문」인데, 그 중 다음과 같은 두 가지를 비교해보게 되면 최소주의 이론때에 이르러서 그의 병합과 이동의 관계에 대한 견해가 어떻게 달라졌는가를 쉽게 알 수가 있다. 그 중 첫 번째 것은「최소주의 이론」의 제1장에서의「There is a man in the room.」이라는 문장의 분석법이다. 여기에서는 그는 이른바「융합허사」라는 개념을 내세워서 일단 이동의 주된 통사적 규칙으로서의 기능을 인정한다. 우선 확대투사원리에 의하여 이 문장의 논리형식은 S-구조에 나타나 있는 there를 삭제함으로써 만들어 질 수가 없으니까 어떻게 그것을 삭제는 하지 않으면서 제거는 시킬 수 있느냐가 문제인 것인데, 그는 여기에서 논리형식에(there, a man)과 같은 논항연쇄, 즉 융합허사가 설정된다는 의견을 내놓았다. 다시 말해서 그는 이 문장의 눈리형식은

「[there, a man] is t in the room」처럼 되어있다고 그는 생각한 것이다. 그는 이런 의견의 타당성은 「*There seems that a man is in the room.」과 같은 문장이 비문이라는 사실로써 익히 실증될 수 있다고 주장했다.(Chomsky, 1995: p.67)

그 중 두 번째 것은 「자연과 언어에 대하여」의 제1장에서의 「There seems to he a man in the garden.」이라는 문장의 분석법이다. 이 예는 원래는 「There came a man」이 「A man came -」처럼 해석되는 식으로 논리형식에서는 완전해석의 원리가 반드시 지켜져야 한다는 점과, 이동은 해석이 되지 않는 자질을 제거하는 수단으로만 쓰여야 한다는 최후수단의 원리가 반드시 지켜져야 한다는 점을 설명하기 위하여 제시된 것이었다. 그렇지만 결과적으로는 왜 병합이 이동보다 언제나 선행되어야 하는가를 실증해주는 예가 되고 말았다. 그가 여기에서 제시한 표현체는 아래와 같은 네가지로서 이들을 가지고서 그는 a)를 이 문장의 논리형태로 잡았을 때, 왜 b)와 c)는 정문일 수 있는데 오직 d)만은 그럴 수 없는가를 명석하게 설명할 수 있었다. 즉, d)가 정문일 수 없는 것은 병합은 원래가 「경비가 덜 드는 절차여서」이동의 적용을 으례 막기 때문이라는 것이 그의 설명이었다.(Chomsky, 2002: p.38)

a) _____ seems [____ to be [a man in the garden]]]
b) A man seems [t' to be [t in the garden]]]
c) There seems [t to be [a man in the garden]]]
d) *There seems [a man to be [t in the garden]]]

그런데 사실에 있어서는 이 시기에 이미 이 문제에 대한 그의 마음은 오로지 병합의 규칙만을 인정하는 식으로 정리가 되어 있었으며, 그 후부터는 이런 견해가 점점 더 자신만만한 어조로 피력되게 되었다. 예컨대

「자연과 언어에 대하여」가 출판되기 1년전에 발표된 「국면에 의한 도출(Derivatian by phase)」이라는 논문에서, 그는 「하나의 완전한 해결책은 이들 규칙들을 전부 제거하여 두 개의 이미 형성된 대상들을 서로 결합시키는, 더 이상 감축할 수 없는 작동만을 남게 하는 것 일 것이다. 이 작동을 우리는 병합이라고 부르는데, 이것은 곧 우리가 상상할 수 있는 최소이며 가장 단순한 언어적 절차이다」와 같은 말을 하였다. 그러니까 이 때에 그는 마음속으로는 바로 앞에서 살펴본 것과 같은 이동규칙 중심의 분석법이 결코 바람직한 것은 아니라는 사실을 인정하고 있으면서도 그런 분석을 하고 있었던 것이다.(Chomsky, 2001: p.13)

「자연과 언어에 대하여」가 출판된 2002년은 또한 역사상 최초의 언어학과 생물학의 화해의 징표로 해석될 수 있는 「언어의 기능: 그것은 무엇이고, 누가 가지고 있으며, 어떻게 진화했는가」라는 논문을 그가 Hauser와 Fitch와 함께 발표한 해이기도 한데, 이것에서 내세워진 순환성 유일의 이론이라는 것이 사실은 병합의 유일성을 근거로 한 것이었다. 다시 말할 것 같으면 이 때에 이미 그는 문법적 규칙에는 오직 병합의 규칙 한가지만이 있다는 결론에 도달해 있었던 것인데, 앞에서 자세한 설명이 있었듯이 Pinker와 Jackendoff가 보기에는 이런 견해야말로 그의 최소주의 이론의 기본이 되는 발상법이었다. 이들은 물론 병합의 규칙을 언어만의 것으로 보려는 그의 견해를 잘못된 것으로 보았다.

그리고 2005년에 발표한 「언어설계의 3요소」에서는 그는 드디어 그의 특이한 언어진화론과 생물언어학적 언어관의 기저가 되는 발상법이 바로 병합의 절차에 관한 것이라는 사실을 밝히게 되었다. 이 논문의 11쪽에서 그는 더 이상 가정적인 표현법이 아니라 다분히 단언적인 표현법으로 「언어기능에 관한 한 기초적인 사실은 그것은 이산적 무한성의 체계라는 것이다. 이런 체계는 가장 단순한 경우에는 이들 n개의 대상들의 한 집합이 되는 식으로, 이미 만들어진 n개의 대상들을 가지고서 새로운 대상을 만들어내는 원초적인 조작에 기저하고 있다. 그런 조작을 병합이라고 부르기로 하자. 병합이나 그와 동류의 것은 일종의 최소주의적 요구사항이다. 병합을 사용할 수 있게 되면 우리는 즉각 무한한 위계적으로 구조된 표현들을 가지게 된다. 인간의 진화에 있어서의 「대비약」에 대한 가장 간단한 설명은 두뇌가 아마도 가벼운 돌연변이에 의하여 재연결되어서 병합의 절차를 사용할 수 있게 되었다는 것일 것이다…」처럼 말하고 있다.

나) 매개변인

언어에는 보편성만 있는 것이 아니라 다양성도 있다는 사실을 정확히 포착한 이론이 곧 보편문법의 이론, 즉 원리와 매개변인의 이론이기에, 적어도 이론적으로는 원리에 대한 연구와 매개변인에 대한 연구가 균형있게 이루어지지 않는 한 이 이론의 발전은 온전하게 이루어질 수 없다고 볼 수가 있다. 그러나 현실적으로는 최소주의 이론때에 이르러서 그가 이 이론의 발전은 원리에 대한 연구만으로써 이루어질 수 있다고 생각하고 있다는 사실이 더욱 분명해졌다. 바꾸어 말하자면 이 때에 와서 매개변인이라는 개념은 일종의 주변적이거나 구색 맞추기식인 개념에 불과하고, 원리에 대한 개념이 바로 보편문법이론의 핵심적 개념이라는 사실이 더욱 확실해진 것인데, 따지고 볼 것 같으면 이 이론의 이름을 보편문법의 이론으로 한 이상, 이런 사실은 하등 이상한 사실일 수가 없다.

그런데 문제는 「최소주의 이론」에서 논의된 것들을 살펴보게 되면 이런 기본적인 원칙 때문에 매개변인의 문제가 소홀히 다루어진 것이 아니라, 어떤 의미에서는 이 문제가 훨씬 더 난해한 문제일 수가 있다는 것을 알고 있기 때문에 그렇게 된 것이 아닌가하는 의구심을 떨칠 수가 없게 된다는 데 있다. 한 마디로 말해서 지배와 결속의 이론에서와 마찬가지로 이 이론에서도 매개변인에 관한 논의는 첫 번째로는 이 세상에 있는 수천 가지의 언어들을 모두 대상으로 한 것이 아니라 몇가지 선택된 언어만을 대상으로 한 것이라는 한계성과, 두 번째로는 언어의 변이성이나 다양성을 강조하는 수단으로서가 아니라 어느 선택된 보편적인 원리의 타당성을 방증하는 수단으로 쓰이고 있다는 한계성, 세 번째로는 매개변인의 종류에 대한 의견 자체가 아직도 다분히 가정적이라는 한계성을 지니고 있는 것이다.

따라서 「최소주의 이론」은 누구에게나 원리와 매개변인의 이론에 대한 논의는 결국에 원리에 관한 것이지 매개변인에 관한 것은 아니라는 인상을 주기에 딱 맞는 책이다. 이렇게 된 이유는 추측컨대 그에게는 아직도 매개변인의 문제를 정식으로 다룰 수 있을 만한 정신적 여유가 생기지 않았거나, 아니면 이 문제가 엄청나게 복잡한 문제라는 것을 미리 짐작한 나머지 의도적으로 회피하게 된 것 중의 한 가지일 것이다. 결과적으로 이 때에 이르러서는 보편문법의 틀에 관한 그의 생각은 다소간에 바뀌게 되었지만 매개변인에 관한 그것은 조금도 바뀌지 않는 일종의 역설적인 현상이 나타나게 된 것이다.

매개변인에 관한 논의는 이상과 같은 세가지 한계성을 지니고 있다는 것을 구체적으로 실증할 수 있는 방법은 두 말할 필요도 없이 이 책에서 어떤 실례나 의견이 제시되고 있는지를 살펴보는 것이다. 이 책에서는 크게 세 가지의 매개변인적 현상들이 논의되고 있다고 볼 수가 있는데, 그 중 첫 번째 것은 이동규칙과 관련된 것이다. 우선 여기에서 전제가 되는 것은 문법적 체계는 기본적으로 어휘부와 D-구조, S-구조, 논리형식 및 음성형식 등으로 구성되어 있다는 문법모형의 보편성의 이론과 문장 도출시 이들 표현체들을 연결시키는 절차는 이동이라는 α-이동규칙의 보편성의 이론이다. 그러니까 그는 언어간에 의문사문이나 부사문 등에서 차이를 보이고 있는 것은 단지 이동규칙이 적용되는 시기가 다르기 때문이라고 볼 수가 있다는 것이다. 다시 말하자면 그는 매개변인적인 차이는 S-구조에서만 나타나고 D-구조나 논리형식에서는 나타나지 않는다고 보는 것이다.

이동규칙과 관련된 논의는 원래부터 의문사문을 대상으로 한 것이 주종을 이루어와서 그런지, 이동규칙과 관련된 매개변인적 차이에 대한 논의도 의문사문을 대상으로 해서 이루어졌다. 이 책의 68쪽에서 그는 영어와 중국어의 의문문들이 서로 상이한 형태를 가지게 된 것은 결국에 의문사 이동을 언제 하느냐의 차이에서 비롯된다고 설명하고 있다. 예컨대 영어의 「What do you want John to give to Bill?」이라는 문장의 S-구조는 「What do you want [John to give t to Bill]」로 볼 수가 있는데, 중국어에 있어서는 같은 의미의 문장일 경우에 의문사가 t자리에 그대로 있다가 논리형식에 가서 이동을 해서 결과적으로는 영어와 같아진다고 설명하고 있다.

이렇게 보자면 그는 두 언어의 S-구조는 다르나 그들의 D-구조와 논리형식은 똑같다고 보고 있다는 셈인데, 이런 견해를 「자연과 언어에 대하여」에서는 「두 언어간의 차이는 의문사 이동을 외현적으로 하느냐 내현적으로 하느냐의 차이」라는 말로써 나타내면서, 그 예로서 영어에서는 의문사 이동이 S-구조에서 있게 된 나머지 「Who did you meet____?」처럼 말하지만 중국어에서는 그런 이동이 암묵적으로 논리형식에서 있게 되기 때문에 실제에 있어서는 「Ni Xihuan shei (you love who)」처럼 말하게 되는 것을 들었다.

같은 자리에서 그는 이런 매개변이적 차이는 으레 일정한 보편적인 원리가 배경이 되게 되어있다는 점을 강조하였다. 우선 그는 어느 언어에서나 높은 통사적 위치로 의문사가 이동되지 그 반대적 현상은 일어나지 않는다고 주장했다. 또한 그는 의문사의 위치가 문두와 문미의 두 곳 뿐인 점도 일종의 보편성의 현상이라고 보면서, 그 예로서 불어에서는 「Tu as vu qui? (you have seen who?)」와 「Qui as-tu vu ___?(who have you seen?)」처럼 양자가 다 가능한 사실을 들었다. 더 나아가서 그는 영어의 「*How do you wonder [who solved the problem ____]?」의 경우처럼, 의문사 부사를 삽입절에 부가시킬 수 없는 식의 국부성 제약의 조건은 어느 언어에서나 지켜지고 있다고 보았다.(Chomsky, 2002: p.18)

그의 책에서 이동규칙과 관련된 매개변인적 현상의 또 한가지 대표적인 예로 자주 제시되고 있는 것이 부사의 위치를 놓고서의 영어와 불어간의 차이이다. 앞에서 이미 설명이 있었듯이 이 책에서는 영어에서 「*John kisses often Mary.」라는 문장이 비문인데 반하여 불어에서는 그렇지가 않은 것은 결국에 영어에서는 S-구조에서 오직 조동사만 상승이 될 수 있지만 불어에서는 S-구조에서 본동사와 조동사 모두가 상승이 될 수 있기 때문이라고 보았다. 그런데 「자연과 언어에 대하여」에서는 이 문제에 대하여 큰 의미에서는 같다고 볼 수 있지만 구체적으로는 약간 다른 설명법이 제시되었다.

참고로 여기에서 그 설명법이 어떤 것인가를 살펴볼 것 같으면, 그는 부사의 위치를 놓고서의 영어와 불어간의 차이성은 기저구조에서의 T(시제)의 이동여부에서 비롯된다고 보았다. 다시 말해서 불어에서는 일종의 이동규칙에 의하여 「Jean T[souvent voit Marie]」와 같은 표현체로부터 「Jean voit + T [souvent ____ Marie]와 같은 표현체가 만들어질 수 있지만, 영어에서는 「John T [often sees Mary]」라는 표현체에 그런 이동규칙이 적용될 수가 없다는 것이었다. 「최소주의 이론」에서와 마찬가지로 그는 결국에 이 책에서도 두 언어간의 어순적 차이는 단지 S-구조상의 차이에 불과하다는 점을 강조했던 것이다.(Ibid. p.20)

「최소주의 이론」에서 두 번째로 다루어지고 있는 매개변인적 현상은 유형적 차이성에 관한 것이다. 그는 우선 유형적 변이성을 보편적 기저부의 가설의 타당성을 방증해주는 현상으로 보고 있다. 즉, 그는 X'이론에 의한 기본구조를 가지고 있다는 점에 있어서는 언어간에 아무런 차이가 없음에도 불구하고, 외형적 어순상에 일부 차이점이 있게 된 것은 크게 핵의 선행성과 기능적 범주의 속성에 있어서 언어마다 매개변인적 특성을 보이기 때문이라고 본다. X'구조에서는 으레 지정어-핵의 관계와 핵-보어의 관계라는 두 가지의 어순적 관계가 있게 마련인데, 이들 중 구조상 더 기본적인 것으로 볼 수 있는 두 번째 것에서 변이적 현상이 나타나게 된다고 본 것이다.

이런 현상과 관련하여 그가 논의하고 있는 점은 크게 두 가지인데, 그 중 첫 번째 것은 35쪽에서의 영어와 일본어간의 어순적 차이성에 관한 것이다. 그는 여기에서 영어는 우분지 언어인데 반하여 일본어는 좌분지 언어가 된 것은 핵의 매개변인적 선택이 다르게 이루어졌기 때문이라고 보았다. 간단히 말하자면 일반적으로 언어를 핵과 보어의 순서에 따라서 핵선행 언어와 핵말 언어로 양분하는 현상을 그는 여기에서 우분지 언어 대 좌분지 언어의 현상으로 약간 다르게 부르고 있는 것이다. 그러니까 그가 말하는 우분지 언어란 핵선행 언어를 가리키는 것으로서 이런 류의 언어에서는 핵이 보어보다 앞서있는 어순, 즉「동사+목적어」와 같은 어순이 지켜지게 되며, 또한 그가 말하는 좌분지 언어란 핵말 언어를 가리키는 것으로서 이런 류의 언어에서는 보어가 핵보다 앞서 있는 어순, 즉「목적어+동사」와 같은 어순이 지켜진다.

그 중 두 번째 것은 199쪽에서의 영어와 일본어의「SVO」와「SOV」와 같은 기본어순 대 아일랜드어의「VSO」와 같은 기본어순의 비교이다. 쉽게 말해서 이런 비교작업을 그가 여기에서 하게 된 것은 언어들의 어순적 유형이 달라진 것은 두 가지 원인 중 두 번째 것, 즉 기능적 범주의 속성 때문이라는 점을 실증하기 위해서였다. 그러니까 이것은 조금 뒤인 232쪽과 277쪽에서의 형식자질에는 범주자질과 φ-자질, 격자질, 강자질 등의 네 가지가 있는데, 언어간의 차이는 이들의 강약성에 의해서 결정되게 되어 있다는 주장을 뒷받침하는 한 실례인 것이다.

그런데 이런 의도에서의 언어의 기본 유형에 대한 논의는 「자연과 언어에 대하여」에서도 이루어지고 있는데, 이것은 여기에서의 것을 더 확장한 것이라고 볼 수가 있다. 예컨대 여기에서는 논점을 어떻게 「VSO」와 같이 V가 문두에 나오는 유형이 생겨나게 되었는가를 설명하는 데만 맞추고서, 하강 이동은 인정하지 않는다는 원리하에서, 그 이유를 V가 외현적으로 I(Agrs) 자리로 상승된 결과로, 즉 T의 NP자질이 영어에서는 강한데 반하여, 아일랜드어에서는 약하기 때문으로 보았다.

그에 반하여 「자연과 언어에 대해서」에서는 이 현상을 보다 종합적인 차원에서 분석하고 있다. 먼저 그는 기본적인 어순을 정함에 있어서는 우선 주어가 목적어보다 구조상 으레 높은 자리에 있게 되어 있다는 원리가 적용되고 있다고 보았다. 예컨대 어느 언어에 있어서나 주어가 목적어 자리에 있는 재귀어를 결속할 수 있지만 그 반대는 안되는 것이 바로 이 원리때문이라고 보았다. 그러므로 이 원리는 결국에 왜 「S[VO]」와 「S[OV]」와 같은 형들이 있게 되었는가에 대한 해답이 될 수 있었다. 이런 의미에서 보자면 이들 형들이 널리 쓰이고 있다는 것은 보편문법 이론이 타당하다는 것을 뒷받침하는 증거일 수가 있었다.

그렇다면 어떻게 「VSO」 같은 형이 생기게 되었는가가 문제일 수 있는데, 이것은 핵어 이동이론으로 충분히 설명될 수 있다고 그는 보았다. 다시 말해서 원래는 「S[VO]」였던 것이 V가 문두로 이동되면서 이 형이 생겨나게 되었다는 것이었다. 이것의 근거로 그는 웨일스어에서 「Cana i yfory(will-sing l tomorrow)」와 「Bydda i 'ncanu yfory (will-be I singing tomorrow)」가 대비되는 것처럼 조동사가 이미 문두에 자리하고 있으면 V의 이동이 불가능하다는 사실을 내세웠다. 더 나아가서 그는 일부에서는 「S[VO]」형에서 목적어가 좌측으로 이동하면서 「S[OV]」형이 생겨나게 되었다는 학설을 제기하기도 했었다는 말도 하였다. 그러니까 그의 머리에는 이미 영어와 같은 「S[VO]」형이 기본형이라는 생각이 들어있던 셈이다.(Ibid. pp.20~5)

「최소주의 이론」에서 세 번째로 다루어지고 있는 매개변인적 현상은 어휘적 차이성에 관한 것인데, 우선 이 논의는 첫 번째와 두 번째 현상을 다루는 방식과 비교했을 때 구체적인 예나 분석 작업은 전혀 없이 앞으로 있을지도 모르는 이런 식의 연구에 대한 개인적인 의견만을 제시하고 있다는 점이 제일 큰 특징이라고 볼 수가 있다. 그렇지만 따지고 보자면 원리와 매개변인의 이론을 논의하는 자리에서 이런 문제가 일종의 언급의 수준에서나마 제기되었다는 사실 자체가 대단히 큰 의미를 지니고 있음이 분명하다. 앞에서 이미 인용된 그가 한 말의 내용을 다시 한 번 분석해 볼 것 같으면 이 점이 분명해진다.(Chomsky, 1995: p.131)

첫 번째로 여기에 개진된 어휘론 중심적인 의견은 그의 통사론 중심적인 의견과 분명히 정반대적인 것이다. 그러니까 일단 이것을 그의 의견이라기보다는 다른 사람들의 의견으로 보는 것이 맞는 일이다. 예컨대 만약에 언어간의 차이성이 오직 어휘적 매개변인에 의하여 결정된다고 가정한다면 그의 문법모형의 틀이나 문법적 조작들이 그 동안에 제시되었던 것처럼 되어야 할 필요가 없어진다. 이런 의미에서 보자면 굳이 이 책에서 이런 의견을 소개하는 의도가 무엇인지가 궁금해질 수 밖에 없다. 좋은 의미로 보아서 여기에서 그는 매개변인적 요소에는 연산체계와 관련된 것 이외의 것도 있다는 사실을 인정함으로써 이것에 대한 자기의 연구가 지극히 초보적인 것에 불과하다는 점을 시사하려고 했다고 볼 수도 있다.

두 번째로 여기에 개진된 의견은 어휘적 매개변인은 결국에 어형적인 것이라는 점을 강조하기 위한 것이라고 볼 수가 있다. 이 책의 7쪽에서는 예컨대 「언어의 변이성은 기본적으로 어형적이다.」와 같은 말을 하였고, 또한 221쪽에서는 「어형적 매개변인은 성격상 독특한 것 일 수 있으며, C_{HL}라는 연산체계는 생물학적으로 고립된 것일 수 있다.」와 같은 말을 했었는데, 이런 견해를 여기에서 다시 한 번 밝히고 있다고 볼 수가 있다. 이런 견해는 곧 어휘를 우선 사실적 범주의 것과 기능적 범주의 것으로 대별한 다음에, 변인적 현상은 오로지 두 번째 것에서만 일어난다고 본다는 의미인데, 이런 어휘관은 무엇보다도 그의 문법이론과 상충되지가 않는다.

세 번째로 여기에 개진된 의견은 그의 보편성의 이론을 한층 확대한 것이라고 볼 수도 있다. 예컨대 그는 여기에서 동사나 명사 등의 사실적 요소들은 「일종의 불변적인 보편어휘」로부터 추출해내면 된다는 말을 하고 있다. 또한 그는 「어휘의 자질들도 보편문법이나 다른 정신/두뇌의 체계에 의해서 협소하게 제한되어 있다.」와 같은 말도 하고 있다. 이런 의미에서 그는 이와 관련된 가정들은 훨씬 더 협의적인 것일 수 있다고 보고 있다. 결국에 그는 여기에서 어휘적 매개변인에 관한 연구는 아직도 갈 길이 멀다는 점을 강조하고 싶었던 것이다.

제4장

최소주의 이론의 실체 II
: 대안과 문제점

1. 가설성과 수용성

(1) 가설성

  학문적 토양으로 보았을 때 최소주의 이론의 제일 큰 특징은 가설성이다. 일반적으로는 최소주의 이론에도 변형문법이론이나 보편문법이론에서처럼 이론이라는 이름이 붙여져 있지만, 사실은 이것은 이론적인 성격보다는 가설적인 성격을 많이 띠고 있다. 따지고 보자면 지난 4~50년의 그의 언어연구과정 전체가 일종의 가설추구적인 성격의 과정이었으니까, 이제와서 특별히 이 이론의 경우만을 문제시하는 것은 무의미한 일이라고 볼 수도 있다. 또한 요새 와서는 그 자신을 포함한 대부분의 학자들이 이론과 가설을 엄격히 구별하는 것은 부질없는 일이라고 생각하고 있다는 점을 감안한다면 어떤 이름으로 이 이론이 불리워야 되느냐를 따지는 것 자체가 일종의 시간낭비일 수도 있다. 그리고 무엇보다도 중요한 사실은 최소주의 이론의 원전격인 책의 정식 이름이 「최소주의자의 프로그램」으로 되어 있다는 점이다.

그럼에도 불구하고 굳이 여기에서 가설성을 이 이론의 제일 중요한 특징으로 내세우게 된 것은 다음과 같은 세 가지 사실이 있기 때문이다. 그 중 첫 번째 것은 여러 가지 상황으로 보았을 때 이 이론이 그의 문법이론의 최종판으로 굳어질 개연성이 크다는 사실이다. 학리상 누구라도 어느 학자의 중간이론이 가설적인 것이라고는 쉽게 말할 수 있을지 모르지만 그의 최종이론이 그렇다고는 쉽게 말할 수가 없는데, 그 이유는 그런 말은 그의 학설이 종합적으로 자못 부정적으로 평가될 때 쓰이는 것이기 때문이다. 그리고 한 학자의 학설을 종합적으로 평가하는 데는 으레 최종적인 이론이 나온 뒤 적지 않은 시일이 소요된다. 그의 학설에 대한 종합적인 평가가 후일에 어떻게 내려지든간에 지금의 상황으로 보아서는 일단 이 이론 뒤에 새로운 이론이 나올 가능성은 희박하다고 보는 것이 맞는 일이다.

그 중 두 번째 것은 마치 자기가 내세우는 이론이 최종적인 것이 아니라 그것을 지향한 큰 프로그램의 일부라는 사실이 큰 자랑거리라도 되듯이 이 책의 여러 곳에서 이 점을 공언하고 있다는 사실이다. 앞에서 이미 인용한 바가 있듯이, 이 책의 마지막이 「우리에게는 새로운 심도의 질서를 향한 어렵고 도전적인 문제와 아주 놀라운 자질을 지닌 언어에 대한 하나의 이론을 내세우려는 전망이 주어져 있다.」처럼 되어 있다. 그리고 이 책의 서론부는 「최종적인 결과는 바로 직전의 것과도 크게 다른 L(언어)에 대한 묘사이다. 이들 단계들이 바른 궤도 위의 것인지 아닌지는 물론 오로지 시간만이 말하게 될 것이다.」라는 말로써 갈무리가 되고 있다.(p.10)

그 중 세 번째 것은 마치 이상과 같은 말의 진의를 실제로 보여주려고 하듯이 문법모형의 현실형과 이상형을 대비적으로 제시하고 있다는 사실이다. 예컨대 이 책의 7쪽에서는 「원리와 매개변인의 모형은 하나의 특수한 가설이라기 보다는 부분적으로 하나의 대담한 추리이다.」와 같은 말을 해 놓고서는, 그 뒤에 이 책 전체에서 논의되고 있는 것은 결국에 그 모형과 관련된 이론들이다. 그리고 이 책의 끝 부분에 가서는 「내가 여기에서 계속해서 채택하고 있는 가정은 경험적인 것이다. 즉, 궁극적인 분석에 있어서 그것의 정확성은 사실적인 고려사항에 의존하게 된다.」와 같은 말을 함으로써 그 전까지 논의된 내용들은 모두가 앞으로 검증작업을 필요로 하는 것들이라는 점을 분명히 하고 있다.(p.221)

지배와 결속이론이 나올 무렵에 이미 그는 「언어와 책임」이나 「규칙과 표현체」 등에서 자기가 쓰고 있는 연구 방법은 일찍이 Peirce가 제안했던 가설형성법의 일종이라고 밝혔었다. 가설연역법이라고도 불리는 사실로써 익히 짐작할 수 있듯이, 이것은 실험이나 관찰과 같은 귀납적 절차보다는 어느 가설을 세운 다음에 그것으로부터 일정한 검증작업을 통해서 어떤 이론을 도출해내는 연역적 절차를 더 중요시하는 연구방법이다. 그리고 그는 표준이론 때부터 가설을 설정하는 일은 자료를 수집하는 일보다 한 차원 상위의 작업인데, 이것에서는 으레 직관력이 핵심적 역할을 하게 된다고 주장해왔다.

이렇게 보자면 구체적으로 가설성에 대한 언급을 많이 하게 된 점을 제외하고는 최소주의 이론때에 이르러 갑자기 달라진 것은 아무것도 없다고 볼 수가 있다. 한마디로 말해서 이 책은 그는 시종일관 가설형성법을 사용하고 있다는 사실을 더욱 분명히 드러내주고 있는 것이다. 한 가지 아쉬운 점은 물론 4~50년이 지난 지금에 와서도 가설을 설정하는 일에만 매달려있고, 그것으로부터 이론을 얻는 일은 제대로 이루어지지 못하고 있다는 것일 것이다. 그렇지만 그보다도 더 중요한 사실은 이 책을 통해서 그는 오늘날까지 그의 언어연구를 이끌어온 원동력의 한가지가 바로 가설성이라는 것을 더욱 확실하게 드러내게 되었다는 점이다.

(2) 수용성

학문적 토양으로 보았을 때 최소주의 이론의 그 다음 특징으로 꼽을 수 있는 것은 바로 수용성이다. 이것은 간단히 말해서 큰 틀에서 벗어나지 않는 한 그의 이론에는 다른 사람의 의견도 적지않게 수용되어 있다는 사실을 가리키는 말이다. 그의 이론이 이런 특징을 갖게 된 것은 무엇보다도 먼저 그에게는 특유의 열린 자세가 있었기 때문이었을 것이다. 그리고 그것에 못지 않게 중요한 이유는 출발 후 얼마 뒤부터 촘스키 학파가 형성될 수 있을만큼 그의 이론은 참신성과 과학성을 가지고 있었기 때문이었을 것이다. 이런 의미에서 볼 때 그는 분명히 Newton과도 다르고 Saussure와도 다른 과학자였다.

그런데 엄밀하게 분석해 볼 것 같으면 그의 이론이 이런 특징을 가지고 있다는 것은 이치상 학문도 혼자하는 것 보다도 여럿이 하는 것이 낫다는 것 이상의 의미를 지니고 있다는 것이 바로 드러난다. 이런 사실 중 첫 번째 것은 큰 의미에서 볼때 이 특징은 가설성에 이어서 지금까지 그의 언어연구를 이끌어 온 또 하나의 원동력이 되어왔다는 사실이다. 처음부터 언어연구의 목표를 아주 높게 잡은 탓이어서 그런지 그는 그 동안 내내 한시도 쉬지않고서 기존의 문법이론을 수정하거나 개선하는 데, 즉 그가 생각하는 최적의 문법이론을 찾는 데 최선의 노력을 기울여왔는데, 그의 이런 노력에 옆에서 힘을 보태준 것이 바로 그의 동료들이었다. 그들의 다양한 의견은 언제나 그로 하여금 자기의 문법이론의 불완전성을 재빠르게 알아차리게 했던 것이다.

역사적으로 보았을 때 최초로 그의 언어연구의 학풍이 독창적인 것으로부터 협동적인 것으로 바뀌게 된 시기는 바로 표준이론이 확대표준이론으로 발전하게 된 1970년대였다. 그러니까 큰 의미로 보았을 때 지금의 최소주의 이론도 지난날의 협동적 학풍에 의해서 태어난 것이라고 볼 수가 있다. 그런데 사실은 이 때에 일어난 변화들은 협동성에는 간접적인 것과 직접적인 것의 두 가지가 있을 수 있다는 것을 보여주었다. 편의상 협동적 변화의 일부로 보는 것이지 어떤 의미로는 부정 내지는 파괴적 변화의 한가지로 보아야 마땅한 것이 간접적 협동성에 의한 변화인데, 이 시기에는 흥미롭게도 이것의 힘이 직접적 협동성에 의한 것의 그것보다도 훨씬 크다는 사실이 드러나게 되었다.

간단히 말해서 이 시기는 언어학계가 그의 문법이론을 놓고서 반 촘스키학파와 촘스키학파로 나뉘어지는, 그의 언어이론 발전의 역사상 최대의 변화가 있었던 시기였는데, 주로 의미의 문제를 다루는 방식에 있어서 서로 대립적인 입장을 취하게 된 점을 중시하여, 일반적으로는 이들을 「생성의미론자」와「해석의미론자」라는 이름으로 구분하게 되었다. 생성의미론은 출발 당시부터 McCawley를 비롯하여 Lakoff, Postal, Ross 등과 같은 쟁쟁한 언어학자들에 의해서 주도되었다는 사실만으로 익히 알 수 있듯이, 이 학설의 특징은 역시 학리와 학세의 양면에 있어서 당시 많은 사람들에 의해서 주류적인 문법이론으로 받아들여졌던 그의 표준이론에 대한 하나의 대안적 역할을 하게 되었다는 점이다.

한 마디로 말해서 표준이론으로 대표되는 그의 변형문법이론의 한계성을 모두 문제삼고 나선 것이 이 학설인데, 이들 중 가장 근본적인 것이 바로 의미론과 통사론 중 어느 것을 문법의 기본으로 볼 것이냐의 문제였다. 물론 이것은 그의 문법이론이 뿌리채 바뀌질 수도 있는 문제인데, 대담하게도 이들은 이 문제에 있어서 그와는 정반대의 입장을 취하고 나섰다. 그 당시의 그의 입장은 의미는 어휘의 범주적 의미가 전부이며, 따라서 그것은 심층구조에서 해석될 수 있다는 것이었다. 그러나 이들은 의미가 제대로 해석될 수 있으려면 어휘부의 기능이 훨씬 더 강화됨과 동시에 심층구조에서 하는 일도 훨씬 더 강화됨과 동시에 심층구조에서 하는 일도 훨씬 더 의미중심적인 것으로 바뀌어야 된다고 주장했다.

다시 말해서 이들은 문법이 더 생성적인 것이 되려면 심층구조에서의 기술의 단위가 통사적인 것이 아니고 의미적인 것이 되어야하고, 변형의 절차도 더 어휘나 의미중심적이어야 한다고 본 나머지, 예컨대 「Brutus killed Caesar.」의 심층구조는 [Brutus Do SOMETHING x(X CAUSE (BECOME (NOT (Caesar ALIVE))))]처럼 표기되어야 한다고 주장했다. 또한 이들이 내세우는 변형의 절차도 일찍이 McCawley(1968)가 제안했던 「술어상승」처럼 통사적인 것이 아니라 어휘적인 것이었다. 이것은 하나의 술어를 차상위 술어와 결합시키는 절차로서, 이것에 의해서 「die」는 「NOT-ALIVE」나 「BECOME-NOT-ALIVE」로부터 도출되게 되고, 「kill」은 「CAUSE-BECOME-NOT-ALIVE」나 「CAUSE-die」로부터 도출되게 되어 있었다. 결국 이들의 문법에서는 「Brutus killed Caesar.」와 「Brutus caused Caesar to die.」는 동일한 심층구조로부터 나온 문장들이었다.(McCawley and Harris, 2009. p.368)

두말 할 필요도 없이 이것은 자기의 문법이론에 대한 전면적 도전이기에, 그가 할 수 있는 일은 표준이론의 틀을 약간 수정해서 이들이 제기했던 의미론적인 문제를 해결하도록 하는 것이었다. 이런 노력의 결과가 이른바 확대표준이론이었는데, 이것에서 달라진 점은 크게 심층구조에서만 하게 되어있던 의미해석을 부정사나 양화사, 초점문 등에 관한 것은 표층구문에서 하게 되었다는 것과, X'이론과 어휘론적 가설, 구조보존의 가설, 하위인접성의 조건 등과 같은 새로운 원리들이 소개되었다는 것 등의 두 가지였다.

그런데 무엇보다도 중요한 것은 바로 이 때부터 그의 문법연구에서 협동성의 전통이 뿌리를 내리게 되었다는 점이다. 우선 큰 의미로 보아서는 생성의미론자들의 의견과 움직임이 그의 문법이론의 변화에 일종의 간접적인 기여를 했다고 볼 수가 있다. 예컨대 1972년에 낸 「생성문법에서의 의미론에 대한 연구(Studies on semantics in generative grammar)」라는 책에서 그가 한편으로는 의미구조는 통사구조와 똑같은 수준의 형식성을 갖고 있다는 그들의 견해를 완전히 무시하면서, 다른 한편으로는 의미해석의 절차의 중요성을 새삼 강조하고 나선 것은 그들의 충격의 여파라고 볼 수가 있다.

그러나 사실은 이 시기부터는 그가 다른 사람의 견해나 이론들을 자기 문법의 틀안에서 그대로 받아들이기 시작함으로써 결과적으로는 그의 문법이론의 개선작업이 일종의 협동작업의 성격을 띠게 되었다. 이것의 근거로 내세울 수 있는 것은 확대표준이론에 도입된 여러 가지 이론 중 상당한 것들이 원래는 그 자신이 아니라 다른 사람들에 의해서 제안된 것들이라는 사실이다. 이런 이론 중 첫 번째로 꼽을 수 있는 것이 어휘론적 가설이다. 그의 말대로 언어는 연산체계와 어휘부로 구성되어 있기 때문에 이들 두 체계의 상호관련성에 대한 견해는 문법이론의 기본적 요소의 한 가지로 기능하게 마련인데, 흥미롭게도 그의 이런 견해 중 첫 번째 것이 협동적 작업의 결과였다.

이 가설의 정식 명칭은 「어휘론자 가설 (lexicalist hypothesis)」인데, 아마도 그 배경에는 어휘는 더 작은 의미단위로 분해될 수 있다는 생성의미론자들의 의견을 반박하려는 의도가 있었을 것이다. 다시 말해서 그는 어휘론의 출발점은 으레 어휘를 의미표현의 최소단위로 보는 전통적 견해여야 한다고 생각한다는 의미에서 자기를 어휘론자로 부르게 되었을 것이다. 이것은 그가 1970년에 발표한 「명사화에 대한 견해(Remarks on nominalization)」라는 논문에서 제안한 것으로서, 동사나 형용사 등이 파생절차에 의해서 명사로 바뀌게 되는 일은 변형부에서가 아니라 어휘부에서 이루어지는 것으로 보아야 한다는 것이 그 요지였다. 물론 그도 「John criticized the book.」이라는 문장이 「John's criticism of the book」과 같은 일종의 파생명사류로 바뀌는 절차는 응당 어휘부가 아니라 변형부에서 이루어지게 되어 있다는 것을 알고 있었다. 그러나 그가 보기에는 파생과 굴절이라는 두 가지 어형적 조작을 같은 성격의 것으로 보는 것은 잘못된 것이었다.

그러나 이 가설이 하나의 표준적인 문법이론으로 자리잡게 되는데는 Jackendoff와 같은 동료들의 의견이 적지 않게 기여를 하였다. 예컨대 그는 1972년에 나온 「생성문법에서의 의미해석(Semantic interpretation in Generative grammar)」라는 책에서 이 가설의 내용은 모든 어휘의 어형적 조작에 관한 것으로 확대되어야 하며, 따라서 그 이름도 확대 어휘론적 가설로 바뀌어야 한다고 주장하고 나섰다. 그의 견해에 따르자면 일단 변형규칙으로는 굴절적 조작만 할 수 있고, 파생적 조작은 할 수 없다는 일반적인 어휘원칙을 세워놓는다는 것은 곧 변형규칙으로는 교점의 표시를 바꾸지도 못하고 동일성의 조건을 지닌 요소를 삭제하지도 못한다는 의미가 되었다. 이 가설은 결국에 변형규칙 전반에 대한 중요한 제약적 조건의 한 가지가 된 것이다.

이런 이론 중 두 번째 것으로 꼽을 수 있는 것은 구조보존의 가설인데, 이것의 내용은 물론이고, 그 이름마저도 그 자신이 아니라 Emonds라는 동료가 만든 것이라는 사실이 우선 이 때가 바로 그의 문법연구에서 협동성의 전통이 자리잡기 시작한 시기라는 것을 다른 어느 사실보다도 더 확실하게 실증하고 있다고 볼 수가 있다. 「최소주의 이론」에서도 예컨대 [$_{YP}$ [X°YP]]로 표현될 수 있는 구조보존의 가설은 대치나 부가와 같은 이동규칙을 적용시키는 데 있어서 지켜져야 할 기본적인 조건임을 강조하면서 이것의 원 제안자는 Emonds라는 사실을 밝히고 있다.(Chomsky, 1995: p.77)

이 가설은 특히 지배와 결속이론에서 그 전까지 여러 가지 종류로 나뉘어 있던 이동규칙을 α이동규칙으로 통합시키는 데 결정적인 역할을 했다. 이것이 1970년에「근문과 구조 보존 변형(Root and Structure-preserving transformations)」라는 논문에서 처음으로 제안되었을 당시의 그 개념은 대략 어떤 범주의 요소는 구절 구조상 동일한 범주의 교점에 의해서 관할되는 위치로만 이동 할 수가 있다는 것이었다. 그 후「장벽」에서 그는 이 개념을 더욱 일반화하여「X°만이 핵 위치로 이동이 가능하다」와「최대투사 범주는 최대투사 범주에만 부가될 수 있다」와 같은 제약들을 설정하게 되었다. 물론 이런 제약들은 최소주의 이론에서도 중요한 원리의 일부로 쓰이게 되었다.(原口, 中村, 1992: pp.659~660)

이런 이론 중 세 번째 것으로 내세울 수 있는 것은 하위인접성의 조건인데, 이것이 1980년대에 있어서의 보편문법이론과 그 후에 있어서의 최소주의 이론의 발달에 견인차적인 역할을 수행한 것이라는 사실은 앞에서 이미 설명한 대로이다. 그 뿐만 아니라「자연과 언어에 대하여」에서 그가 이것과 관련해서 섬 제약은 언어에 따라서 다를 수 있다거나, 이동시 넘을 수 있는 장애를 경우에 따라서는 S가 아니라 S'로 볼 수도 있다는 말이나, 심지어는 경제성의 원리에 따라서 이제는 섬 제약과 하위 인접성의 원리는 국면 불침투성의 조건으로 집약되어야 한다는 말 등을 하고 있는 점으로 미루어 보아서는 앞으로도 그이 문법이론의 핵심적인 위치에 자리하고 있게 될 것이라는 것이 분명하다.(Chomsky, 2002: p.10, p.40)

그런데 사실은 그가 이 조건을 하나의 보편성의 원리로 발전시키는 데 결정적인 역할을 한 사람은 바로 Ross이다. 그는 나중에 생성의미론자의 진영에 가담한 사람이니까, 결국에 그와 그의 스승격인 Chomsky간의 관계는 시종일관한 것이 되지 못했던 것이다. 그렇지만 그가 1967년의 논문에서「Wh-섬 제약」이라는 용어를 사용한 것이 계기가 되어서 곧이어

Chomsky가 이 조건이나 원리를 만들어내게 되었다는 것은 부인할 수 없는 사실이다. 다시 말해서 그 동안에 Ross와 그가 내세워 왔던 Wh-섬 조건이나 복합명사구 조건, 주어조건 등이 하위인접성의 조건이라는 하나의 이론으로 통합된 사실로 보아서도 이 조건은 그의 문법연구에 있어서의 협동성의 전통을 상징하고 있는 것임이 확실하다.

이런 사실 중 두 번째 것, 즉 그의 문법연구에 있어서의 협동성의 현상을 일반적인 협동성의 현상과 구별되게 하는 또 한가지 사실은 모든 연구의 주도권과 궁극적인 이론 구축의 책임은 언제나 그에게 있었다는 사실이다. 간단히 말해서 그는 그 동안에 자기의 문법이론을 발전시키는 과정에서 그를 따르는 거대한 학파를 앞에서 이끌어온 것이지, 그것의 구성원들의 의견을 종합적으로 수렴하거나 조정해 온 것은 아니었던 것인데, 이런 의미에서 보자면 그가 발휘해 온 협동성의 정신은 자기의 학파를 이끌어가는 고도의 지도력의 일부였던 셈이다.

이런 점을 뒷받침하는 사실은 그의 문법이론은 1970년대 이후에도 계속적으로 그의 주도권과 책임하에서 바뀌어왔음에도 불구하고 이미 자리잡힌 수용성이나 협동성의 전통에는 크게 달라진 것이 없었다는 사실이다. 예컨대 「지배와 결속이론」의 2장 2절에서는 그의 보편문법의 기본 틀과 관련하여 논리형태와 의미역 이론에 대한 설명이 이루어지고 있는데, 이 설명 가운데는 적어도 두 번에 걸친 다른 사람들의 의견에 대한 언급이 들어있다. 그는 첫 번째로 이 설명의 시작부분에서 의미역 이론의 기본 개념은 따지고 볼 것 같으면 전통적으로 여러 사람들이 저마다의 문법이론의 기본으로 삼았던 것이라는 점을 강조하면서, 그것의 구체적인 예로서 Katz의 의미관계 이론과 Gruber와 Jackendoff의 주제 관계이론, Fillmore의 격이론, Davidson의 사건논리 이론 등을 들고 있다.(p.35)

그는 두 번째로 이 설명의 마지막 부분에서 사실은 의미역 이론의 기본이 되는 원리인 투사원리 자체에 문제가 없는 것은 아니라는 점을 강조하면서, 그 예로서 Rizzi나 Rouveret와 Vergnaud, Burzio 등이 이 무렵에 제기하고 나선 로망스어에 있어서의 재구조화 동사의 현상과 Weinberg와 Hornstein 등이 제기하고 나선 영어에 있어서의 전치사 좌초구조의 현상을 제시하고 있다. 이들 중 특히 주목할 사람은 Rizzi인데, 그 이유는 이 자리에서는 그가 1978년에 발표한 「이탈리아어 통사론에서의 재구조화 규칙(A restructuring rule in Italian syntax)」라는 논문 하나만이 논의되고 있지만, 이 책 전체를 통해서는 무려 아홉 개의 논문이 논의되고 있기 때문이다. 한 마디로 말해서 Chomsky는 이 때 이미 그를 로망스어 연구에 자기의 보편문법의 이론을 적용시킨 대표적인 학자로 받아들였던 것이다.(p.41)

그가 이론구축에 있어서 이런 식의 협동성의 정신을 발휘하고 있다는 증거는 물론 「장벽」에서도 어렵지 않게 발견될 수 있다. 예컨대 7장에서 섬 제약 위반의 현상들을 설명하면서 그는 Rizzi의 것을 비롯한 여러 사람들의 의견들을 참고로 하고 있다. 먼저 Rizzi의 것은 1982년의 「이탈리아어 통사론의 과제들(Issues in Italian syntax)」에서 제안된 것으로서, Wh-섬 효과는 언어에 따라 다르게 나타날 수도 있다는 의견이었다. 그의 연구 결과에 따를 것 같으면 영어에서는 시제를 가진 IP가 예외적인 장애가 될 수 있는데 반하여 이탈리아어에서는 시제를 가진 CP가 그런 장애가 될 수 있었다. 이와같은 의견을 Sportiche는 1981년에 발표한 「불어에서의 한계교점(Bounding nodes in French)」이라는 논문에서 제안했었다.

그 다음으로 Larson의 것은 1983년에 발표한 「전차시구에서의 추출과 이중선택(Extraction and Double Selection in PP)」이라는 논문에서 제안된 것으로서, 그 요지는 시간적 Wh-구의 이동에 있어서는 일종의 공범주 원리의 효과로서 약한 하위인접성 위반의 현상이 나타날 수 있다는 것이었다. 세 번째로 Ross의 것은 1983년에 발표한 「상호재귀대명사와 그림 명사로부터의 외치(Reciflexives and Extraposition from Picture-Nouns)」라는 논문에서 제안된 것으로서, 그 요지는 「They desired [that [picture t] be painted of each other.]」나 「They desired [that [stories t] be told about each other.」와 같은 외치문에서 대용사가 제대로 결속을 받고 있는 사실로 미루어 보아서, 우방향 이동규칙은 논리형식에서가 아니라 음성형식에서 적용되는 것으로 보아야 한다는 것이었다. 외치문에서의 결속의 현상에 대한 이와 유사한 의견을 Taraldsen은 1981년에 발표한 「표지된 외치문들의 이론적 해석(The theoretical interpretation of a class of marked extraction)」이라는 논문에서 제안했었다.(Chomsky, 1986: pp.37~41)

그가 문법이론을 구축하는 데 있어서 변함없이 협동성의 전통을 유지하고 있는 증거는 「최소주의 이론」에서도 쉽게 발견할 수가 있다. 그 중 첫 번째 것은 이 책의 제1장이 혼자서가 아니라 그와 Lasnik이 공동으로 집필한 것이라는 사실이다. 이 장의 특징으로는 1993년에 발표된 「통사론: 현대연구 편람(Syntax:an international Handbook of contemporary research)」이라는 논문을 약간 수정한 것이라는 점과, 「H.래스닉과 공저한 원리와 매개변인 이론(The Theory of principles and Parameters with Howard Lasnik)」처럼 제목 자체에 공저자의 이름을 분명히 밝힌 점을 둘 수가 있을텐데, 굳이 따지자면 이들 중 보다 중요한 것은 두 번째 것일 것이다.

이 책은 모두 네 개의 장으로 구성되어 있는데, 마지막 제4장을 제외한 제2와 제3장도 이미 다른 데서 발표한 것들이다. 그런데 제1장은 그들 장들에서 논의되는 것들의 기초가 되는 개념과 이론들이 소개되고 논의된 장이다. 이것의 본래의 이름이 「통사론」이라는 사실이 익히 말해주고 있듯이, 이 장에서는 그의 보편문법이론의 과거와 현재가 종합적으로 설명되고 있다. 그래서 응당 그 길이도 무려 116쪽이나 될 만큼 길다. 이렇게 중요한 장을 혼자서가 아니라 두 사람이 같이 썼다는 것은 곧 크게는 그가 무엇보다도 협동성의 전통을 중요시하는 사람이라는 사실이고, 작게는 Lasnik의 기여를 그가 다른 어느 사람의 것보다 의미있는 것으로 받아들이고 있다는 사실을 익히 드러내주고 있다고 볼 수가 있다.

이런 증거의 두 번째 것은 이 책의 마지막 장인 제4장은 이 책이 나오기 일 년전인 1994년에 그가 MIT에서 개설했던 세미나 과정의 강의 내용을 정리한 것인데, 이 때에 주요 토론자로 참여 한 사람이 바로 Collins 와 Epstein, Frampton, Guttmann, Lasnik, Uriagereka 등이었다는 사실이다. 그리고 이 때의 강의 내용은 바로 그 해에 「필수 구절구조(Bare phrase structure)」라는 논문으로 발표가 되기도 했다. 이렇게 보자면 우선 이 제4장마저도 사실은 이 책에서 처음으로 소개된 것이 아니라 다른 데서 이미 발표된 것이라고 볼 수가 있는데, 그보다도 더 중요한 사실은 이것의 내용은 그와 그의 학파의 주요 선도자들에 의한 긴밀한 협동작업의 결과물이라는 것이다.

이런 증거의 세 번째 것은 이 책의 제3장에서 자기가 내세우는 X'이론을 제대로 표현하고 있는 구조체로서 1989년에 Pollock이 「동사이동과 보편문법, 굴절소구 이론(Verb movement, universal grammar and the structure of IP)」이리는 논문에서 제안했던 아래의 2)와 같은 것을 제시하고 있다는 사실이다. 사실은 제2장에서는 Emonds와 Pollock은 일찍이 핵이동 제한의 원리를 내세우면서 1)과 같은 구조체를 설정하고서, 불어형 언어에서는 V가 I로 상승되는데 반하여, 영어형 언어에서는 I가 V로 하강하는 식으로 이동변형에 있어서는 언어간에 차이가 있다는 점을 내세운 사실이 소개되고 있다. 이렇게 보자면 결국에 그는 2)와 같은 것을 원리와 매개변인의 이론이라는 자기의 문법이론을 가장 충실히 표현한 것으로 보고 있는 것이다.(p.173)

1)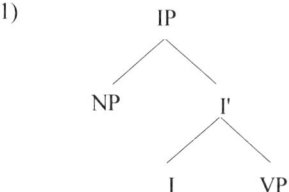

2)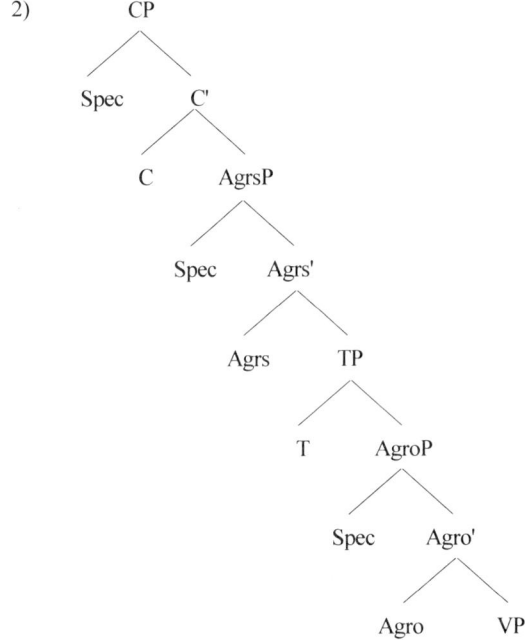

2. Kayne의 경로이론

 그의 최소주의 이론이 결국에는 그가 그 동안에 가설성과 수용성의 정신을 익히 발휘한 결과라는 것은 더 말할 나위가 없다. 다시 말해서 그의 문법이론은 원래가 궁극적으로 지향하는 바가 높고 심오한 것이기에 심지어는 동료들에 의해서도 많은 논쟁거리나 문제점이 제기되기 마련이었는데, 그는 그 특유의 지도력과 협동성의 정신에 의하여 이들의 의견들을 자기 이론의 틀안에 흡수하는 데 성공할 수 있었다. 그렇지만 그런 의견 가운데는 그의 이론에 알맞게 흡수될 수 없는 것도 적지 않게 있었으며, 그들 하나하나는 곧 그의 이론이 유일무이하게 최선의 것이 아니라는 사실을 확실하게 드러내주는 증거일 수가 있었다.

 Kayne이 내세운 경로이론(Path Theory)이 그런 의견 중 가장 대표적인 것이었다. 우선 「최소주의 이론」에서 Pollock의 의견에 못지않게 자주 그리고 무게있게 논의되고 있는 것이 그의 의견이다. 예컨대 이 책의 61쪽에서는 X'구조와 관련하여 그가 1984년에 낸 「연결성과 이항분지(Connectedness and Binary Branching)」라는 책에서 제안한 「비모호저 경로」에 관한 가설이 집중적으로 논의되고 있다. 그 이유는 이 가설은 결국에 자기가 내세우는 성분 통어이론에 대한 하나의 대안이 될 수 있기 때문이었다.

 Chomsky의 지배와 결속이론의 핵심이 되는 개념이 바로 주어를 제외한 모든 내적 의미역할은 핵의 자매어에 부과된다는 것이었는데, 그는 이것을 그것은 비자매어에도 부과될 수 있다는 식으로 수정되어야 한다고 주장하고 나섰다. 구체적으로 말해서 그는 모든 분지가 이항적인 것이어서 결과적으로 비모호적 경로가 형성되게 되면 예컨대 「give」가 관할하는 두 가지 목적어는 「give [Mary books]」처럼 표시가 될 수 있으니까 결국에는 동사로부터 보어 자리에 있는 명사구 모두가 의미역을 부과받을 수 있게 된다는 것이었다. 그는 결국에 자기의 보편적 기저의 가설에 반기를 들고 나선 것이었으니까, 그것이 일리가 있는 의견임은 인정 할 수는 있지만, 그것을 받아들일 수는 없었다.

또한 이 책의 335쪽에서는 그가 1993년에 낸「통사론의 반대칭성(The antisymmetry of syntax)」이라는 책에서 제안했던「선형 대응공리」에 관한 논의가 이루어지고 있다. 원래가 Chomsky의 기본어순에 대한 생각은 그것은 핵 매개변인의 값이 정해짐으로써 결정된다는 것이었는데, 그는 이것에 맞서서 선형 대응공리에 의해서 어순은 언제나 보편적으로 구조적 위계성을 반영하게 되어있다는 의견을 내놓았다. 그가 주장하는 바는 일단 보편적인 어순을「지정어-핵-보어」의 순서에 따라서「SVO」로 잡은 다음에 지정어를 부가어로 보면서 핵보어 구조인 XP를 두 개의 조각으로 이루어진 것으로 보게 되면 된다는 것이었다.

이런 대안에 대해서 Chomsky는 자기 특유의 이중적 견해를 나타냈다. 우선 그는 이것을 그 발상법이 C_{HL}의 구조는 지각운동적 인터페이스와 무관하다는 자기의 견해와 비슷하다는 의미에서 자기의 보편문법이론과 반드시 대치되는 것으로 간주할 필요는 없다고 보았다. 그렇지만 Chomsky가 보기에는 굳이 선형 대응공리라는 대원리를 따로 내세울 필요까지는 없었는데, 그 이유는 자기가 내세우는 필수 구구조이론으로 그 공리가 설명하려고하는 현상들이 익히 설명이 될 수 있기 때문이었다. 다시 말해서 그의 발상법은「SVO」를 보편적인 기본어순으로 보면서 XP를 부가어가 합쳐진 것으로 본다는 것이니까, 구구조를 아래와 같은 것으로 잡으면 모든 문제는 해결이 되게 있었다.

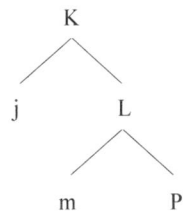

 이상과 같은 사실로 미루어 보아서 우선 Chomsky도 그의 언어적 직관력이 탁월하다는 점은 인정하고 있다고 볼 수가 있는데, 그보다도 중요한 사실은 물론 그의 경로이론을 한편으로 보자면 Chomsky의 원리와 매개변인의 이론보다도 더 설명력이 있는 것으로이고, 다른 한편으로 보자면 Chomsky의 원리와 매개변인의 이론의 한계성을 제대로 드러내주는 것으로 볼 수가 있다는 점이다. 쉽게 말해서 그의 경로이론은 분명히 Chomsky의 문법이론에 대한 하나의 대안으로서의 자격을 충분히 가지고 있는 것이기에, 그것의 구체적인 내용을 살펴보는 것은 우리에게 크게 유익한 일일 것이다.

 여기에서 검토해 볼 논문은 그가 1981년에 발표한 「비모호적 경로(Unambigous Paths)」라는 것인데, 이것에서는 Chomsky가 이 무렵에 하나의 보도처럼 휘두르던 성분통어의 이론의 문제점이 어떤 것인가를 정확히 지적한 뒤에, 그것의 대안이 충분히 될 수 있는 것이 바로 그의 경로이론이라는 사실을 영어의 파생명사류에 대한 분석을 그 근거로 삼아서 밝히고 있기에, 여러 가지 의미에서 이것은 우리에게 도움을 줄 수 있는 논문이라고 볼 수가 있다. 이것의 제1부에서는 그가 내세우는 비모호적 경로의 개념이 대체로 어떤 것이며, 어떻게 이것은 결국에는 그 동안에 Chomsky가 내세워 온 성분통어의 개념을 대신할 수 있는가를 설명하고 있다.

 개념적으로 보아서 구구조의 수형도에는 아래와 같은 두 가지가 있다고 가정할 수가 있는데, 이들은 1)의 경우에 있어서는 A가 C의 선행사가 될 수 없는데 반하여 2)의 경우에 있어서는 그런 결속관계가 성립될 수 있는 차이를 드러내고 있다. 이런 차이를 그는 대용사가 선행사를 찾아가는 과정이 2)에서처럼 비모호적 경로를 따르고 있느냐, 아니면 1)에서처럼 모호적 경로를 따르고 있느냐의 차이로 보고 있다. 이런 차이는 결국에 B라는 교점이 있느냐 없느냐의 차이로 귀결될 수가 있다. 즉, 2)에 있어서는 상향절차에 의해서 일단 C가 E를 거쳐서 D에 이르게 되면 하향절차에 의해서 A로 가는 길 밖에 없다. 그러니까 2)에 있어서는 비모호적 경로가 형성되어 있는 것이다. 그렇지만 1)에 있어서는 그것이 D에서 B로 내려간 다음에는 A로도 갈 수 있고 표시가 안 된 다른 곳으로 갈 수도 있다. 한 마디로 말해서 1)에서 형성된 경로는 모호적 경로인 것이다.

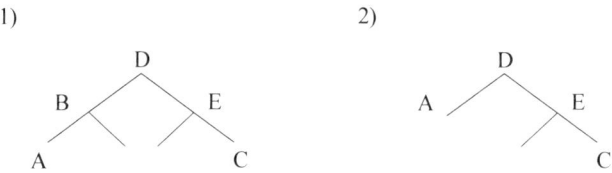

비모호적 경로를 이상과 같이 정의하고 보면 「결속 원리의 적용을 받는 대용사는 비모호적 경로에 의해서 선행사와 연결되어야 한다」는 일반적인 원리를 만들어 낼 수가 있게 되는데, 이렇게 되면 결국에 더 이상 결속이론에서 성분통어의 개념을 내세울 필요가 없어지는 것이었다. 이런 변화는 Chomsky가 내세운 지배와 결속이론 전체에 영향을 주게 마련이었다. 예컨대 그가 내세운 공범주원리는 「공범주는 그것의 선행사와 비모호적 경로에 의해서 연결되어 있어야 한다」는 식으로 바뀌게 되는 것이었다. 더 나아가서 그가 내세운 지배이론도 「B로부터 A로의 비모호적 경로가 있는 경우에만 A는 B를 지배하게 된다」는 식으로 변경될 수가

있었다.(Kayne, 1981: pp.144~6)

이것의 제2부에서는 성분통어의 개념과 비모호적 경로의 개념 사이에는 개념상의 차이뿐만 아니라 경험적인 차이도 있다는 것을 보여주고 있는데, 그것의 근거로서 지배의 이론과 관련된 현상을 들고 있다. 지배의 현상은 결속이나 공범주 원리의 그것과 마찬가지로 논리형식의 수준에서 나타나게 되는데, 그가 제안하는 비모호적 경로의 이론에 따를 것 같으면 이 때에 지켜져야 할 가장 기본적인 원리가 바로 이항 분지의 원리였다. 다시 말해서 수형도 안에서 두 갈래 이상, 즉 세 갈래로 분지가 되는 교점이 있게 되면 지배의 이론은 성립될 수가 없었다.

이런 의미에서 보자면 영어의「give」같은 동사가 문제를 일으킬 수 있었다. 이런 동사는「John gave Mary a book.」에서 처럼 두 개의 명사구를 보어로 갖고 있는,「V NP NP」와 같은 구조를 만들어내게 되는데, 먼저 그의 비모호적 경로의 이론을 지키기 위해서는 한 교점에서 이들 세 가지 요소가 분지되는 식으로 수형도가 그려져서는 안되는 것이었다. 이것의 대안으로는 따라서 일단 두 번째 명사구는 V로부터가 아니라 [$\bar{V}$ V NP]와 같은 구성소로부터 목적격의 격부여를 받는 식의 수형도를 생각할 수가 있는데, 이런 것은 우선 겉으로만 보아서도 그럴 듯하지가 않고, 또한 Chomsky의 격이론과 배치되는 것이기도 했다.

그렇다면 또 하나의 대안으로 생각할 수 있는 것이 바로 VP는 먼저 V와 S로 분지가 되고 그 다음에는 S가 두개의 NP로 분지가 되는 식으로 구조체의 계층을 하나 더 증가시키는 방안이었다. S가 두개의 NP를 관할하는 이런 방안이 가장 그럴듯한 것이라는 것은「John believed Mary a genius.」와 같이 동사가 목적어와 목적보어를 갖게 되는 문장의 분석도 이것으로는 명석하게 이루어질 수 있다는 사실로서 익히 뒷받침될 수 있었다. 그러니까 여기에서의 S는 러시아어의 이른바「be 없는 연계문(예:

Ivan student: Ivan is a student).」과 같은 형태의 것으로 볼 수가 있었다. 그리고 이 방안에 의할 것 같으면 앞의 예문은 「John believed Mary to be a genius.」와 같은 의미의 문장이라는 것도 쉽게 설명될 수가 있다. 더 나아가서 이것으로는 「John made Mary unhappy.」와 같은 사역문의 분석도 쉽게 할 수가 있었다.

이 논문의 제3부에서는 두 개의 명사구를 하나의 구조체로 통합시키는 방안, 즉 「V NP NP」라는 구조체를 「V [NP NP]」처럼 분석하려는 방안이 합리적인 것이라는 사실을 영어에서의 명사화 절차를 통해서 재확인시켜 주고 있다. 그는 우선 일찍이 Chomsky(1970)가 가장 전형적인 변형적 명사류로 내세웠던 명사류, 즉 「The city was destroyed by the enemy.」와 같은 수동문에서 도출된 「The city's destruction by the enemy」와 같은 명사류는 일반적으로 명사 앞에 있는 명사구는 명사 뒤에 있는 명사구와 교환될 수 없다는 특징을 가지고 있다는 데 주목을 했다.

이 점은 「John's car」가 「a/that/any car of John's」로 고쳐질 수 있는 사실과 정반대의 것이었다. 예컨대 앞의 명사류는 「*any destruction by the enemy of the city's」로 고쳐질 수가 없고, 또한 「Their harassment by the Secret Service was unjustified.」라는 문장은 정문일 수 있지만 「*Harassment of John's by the Secret Service is unnecessary.」라는 문장은 정문일 수가 없었다. 이런 특징은 표준적인 흔적이론에 의해서 설명이 될 수 있었다. 즉, 「the city's destruction by the enemy」라는 명사류는 「[NP's]」i N[NPi e] by NP」처럼 분석하고, 「*any destruction by the enemy of the city's」라는 명사류는 「Det N[NPi e] by NP of [NP's]i」처럼 분석하고 볼 것 같으면, 앞의 것은 그렇지 않은데 반하여 뒤의 것은 공범주원리를 위반하고 있는 것임이 당장 드러날 수 있었다. 간단히 말해서 앞의 것과는 다르게 뒤의 것에는 of가 끼여 있어서 결국에는 비모호적

경로가 설정되지 못하게 되는 것이었다.

또한 이와 관련해서는 통사적 형태의 정형성으로 보았을 때 주어와 목적어간에 일종의 비대칭성의 현상이 나타날 수 있다는 사실도 발견될 수 있었다. 예컨대「The Russian bombardment of Iran will be condemned.」는 정문인데 반하여, 「*The Iranian bombardment by Russian will be condemned.」는 비문인 것은 결국 앞의 것은「Russian bombardment of Iran」과 같은 말로 볼 수 있지만 뒤의 것은「Iran's bombardment by Russian」과 같은 말로 볼 수 없기 때문이었다. 이런 차이를 통해서 우리는 논리형식에서의 목적어 관계는 으레「N(of) NP」처럼 표현되어야 한다는 사실과, 형용사는 NP흔적을 결속할 수 없다는 사실, 즉「*The Iranian$_i$ bombardment[NPi e] by Russia」와 같은 표현체는 있을 수 없다는 사실을 알 수가 있었다.(Ibid. p.154)

지금까지의 논의는 모두가 by-구를 가지고 있는 완전 수동문이 명사류로 바뀌게 되는 경우들이었는데, 사실은 바로 by-구의 유무에 따라서 정형성이 달라지는 경우도 적지않게 있었다. 예컨대「That promotion of mine has been delayed again.」는 하나의 정형문으로 볼 수 있지만「?That promotion of mine by the Ministry has been delayed again.」은 그렇게 볼 수 없거나, 또는「One more French defeat and Napoleon will be sacked!」는 하나의 정형문으로 볼 수 있지만「? One more French defeat by Russia and Napoleon will be sacked!」는 그렇게 볼 수 없다는 것이 그 근거였다. 이런 사실로써 알 수 있는 것은 by-구가 있는 경우에는 으레 목적어가 하나의 NP로서 표현되어 있어야 하는데 반하여, 그것이 없는 경우에는 그럴 필요가 없다는 것이었다.

by-구의 출현과 목적어의 표현간의 관계는「-able」형 형용사의 경우를 통해서도 쉽게 확인될 수 있었다. 예컨대「This book is readable by a

10-year old.」라는 문장으로부터 「Its readability by a ten-year old」와 같은 명사류가 파생될 수 있는 점으로 보아서 그것의 구조는 「This booki is readable [NPi e] by a 10-year old」처럼 되어있다는 것을 알 수 있었다. 그렇지만 「-able」형 형용사에는 by-구의 출현을 용인하지 않는 것도 있었다. 예컨대 「Mary is reliable.」과 「That is not available」등은 정문이지만 「*Mary is reliable by a ten-year old」와 「*That is not available by minors」 등은 비문이었다. 이런 형용사들은 모두가 이들의 근원 동사에는 「rely on」과 「avail oneself of」처럼 전치사가 붙어있다는 특징을 가지고 있었다. 이런 사실로 미루어 보아서 「-able」형 형용사와 그것에 대응하는 파생 명사류는 논리형식에서 흔적의 표현체를 갖게 되면서 by-구의 출현을 허락하는 것과, 그렇지 않는 것으로 나누어질 수 있다는 결론을 내릴 수 있었다.

지금까지의 논의는 모두가 단순 수동문과 파생 명사류의 관계에 관한 것이었는데, 일반 문장과 대응 명사류 간의 관계를 살펴볼 것 같으면 이것은 생각보다 훨씬 더 복잡한 관계라는 것을 쉽게 알 수 있었다. 예컨대 일반적으로는 「주어 상승문」으로 불리는 「Mary appears to have left.」와 「She proved to be a good companion.」과 같은 문장들로부터는 「*Mary's appearance to have left」와 「*Her proof to be a good companion」와 같은 파생명사류를 만들어 낼 수가 없다. 그런데 일찍이 Postal(1974)은 이런 일반적인 형상에는 「Bob's tendeney to lie to the authorities」와 같은 예외도 있을 수 있다는 사실을 지적하고서, 이것의 구조는 응당 흔적이론에 따라 「(NP's) i N[$\overline{S}$ COMP [NPi e] to...」처럼 표현되어야 한다고 주장했었다. 더 나아가서 그는 「that / a tendeney of Bob's to lie to the authorities」와 같은 표현도 있을 수 있음을 지적했었는데, 이런 것에는 결국에 공범주 e가 아니라 PRO가 포함되어있다고 볼 수 밖에 없었다.

「*Mary's appearance to have left」와 같은 명사류의 비정형성을 설명하기 위해서는 명사와 공범주 사이에 문 경계가 있게 되면 공범주원리가 적용될 수 없게 되어있다는 식의 가설을 설정해야만 했다. 다시 말해서 이런 현상을 통해서 V라는 범주와 달리 N라는 범주는 문 경계를 넘어서서는 지배를 할 수 없다는 사실을 확인 할 수 있었다. 이 가설의 타당성은 「Mary is believed to have left by John.」과 「She is acknowledged by her superiors to be quite clever.」와 같은 수동문으로부터 「*Mary's belief to have left by John」과 「*Her acknowledgement by her superiors to be quite clever」와 같은 명사류가 파생될 수 없다는 사실이 뒷받침하고 있었다. 다시 말하자면 이런 명사류들의 구조는 「[NP's]i N[S̄ ...[NPi e] to...]」처럼 되어있다고 볼 수가 있는데, 이것에서는 N이 S̄를 넘어서 공범주를 지배하게 되어있기 때문에 결국에는 공범주 원리를 위반하는 결과가 나타나게 되는 것이었다.

Chomsky(1970) 또한 「John in easy / difficult / tough to please.」와 같은 목적어 상승문으로부터는 「*John's easiness / ease / difficulty / toughness to please」와 같은 명사류를 파생시킬 수 없다는 점도 부각시켰었는데, 이것의 구조를 「[NP's]i N[S̄...V[p] [NPi e]」처럼 기술하고 보면 이것의 비정형성은 앞에서 논의한 가설에 의해서 제대로 설명이 되게 되어 있었다. 즉, 이것에서는 N은 S̄를 넘어서서 지배를 할 수 없다는 공범주원리가 지켜지지 않고 있는 것이었다. 그는 목적어 상승문과 주어 상승문간의 차이가 왜 명사류 파생의 절차에서는 무의미해지게 되는가에 대해서 제대로 설명을 하지 못했었는데, 이 가설로써 이 문제는 익히 해결될 수 있었다.(Ibid. p.159)

그는 같은 자리에서 「*John's easiness to please」와 최소짝을 이루고 있는 것으로 「John's eagerness to please」를 들고 있는데, 이것에 대해서

는 만약에 NP가 공범주가 아니라 PRO일 경우에는 「NP's N[S̄ NP to VP] 와 같은 구조도 공범주 원리를 위반하지 않게 된다」는 식의 설명법을 내세울 수 있었다. 더 나아가서 위의 예는 「John needs your help / John's need for your help」와도 대비가 될 수 있는데, 이것에서는 「help」의 목적어를 공범주로도 볼 수가 없고, PRO로도 볼 수가 없게 되어 있었다. 다시 말해서 이런 구조에는 목적어가 NP로 표현되어 있는 것으로 보는 것이 맞는 일이었다.

지금까지 논의된 사실은 목적 보어문과 이중 목적어문의 수동형의 경우를 통해서도 똑같이 확인될 수 있었다. 예컨대 수동 목적보어문인 「Mary was believed a genius by John.」에서 「*Mary's belief a genius by John」이 파생될 수 없는 현상은 공범주원리와 N는 S̄나 S를 넘어서서 지배를 할 수 없다는 원리로써 설명이 가능했다. 마찬가지로 수동 이중목적어문인 「Mary was given the letter by her teacher.」로부터 「*Mary's gift of the letter by her teacher」와 같은 명사류가 파생될 수 없는 현상도 설명될 수 있었다. 즉, 이 문장의 구조는 「Mary$_i$ was given [S[NP$_i$ e] the letter by her teacher」처럼 되어 있기에 파생 명사류는 만들어질 수가 없는 것이었다.

대응 명사류의 파생여부는 결국 원문의 구조안에 하나의 삽입된 S, 즉 「V[$_S$ NP NP]」와 같은 부분이 들어 있느냐 그렇지 않느냐에 의해서 결정된다는 사실은 앞의 예와 최소짝을 이루고 있다고 볼 수 있는 「John received the letter.」와 같은 단순 목적어문의 경우를 살펴봄으로서 익히 확인될 수 있었다. 예컨대 위의 문장으로부터는 「John's receipt of the letter」와 같은 명사류가 파생될 수 있는데, 그 이유는 원문의 동사 뒤에는 목적어가 하나만 있는 탓으로 S가 삽입될 여지가 없기 때문이었다. 이와 관련하여 Williams(1974)는 일찍이 「give NP NP」 구조와 「rob NP of NP」 구조 사이에는 일종의 병렬관계가 있는 것 같다는 의견을 내놓았는데 이런 사실에도 동일한 설명법이 적용될 수 있었다. 즉,「Mary was robbed of her money by John」으로부터「*Mary's robbery of her money by John」과 같은 명사류는 만들어질 수 없지만 그것에서「of-구」를 뺀「Mary's robbery by John」과 같은 것은 만들어질 수 있는 것은 결국에 이 문장은 「V [s NP of NP]」와 같은 구조를 가지고 있기 때문이었다.(Ibid. p.164)

이 논문의 제4부에서는 문 경계의 개념을 중심으로 한 이상과 같은 원리는 수동문과 대응되는 능동문으로부터 명사류가 파출되는 현상에도 똑같이 적용될 수 있다는 사실을 보여주고 있다. 우선 이것에 의할 것 같으면 왜「the enemy's destruction of the city」는 정형적인데 반하여「*John's belief of Mary to have left」는 그렇지 못한가에 대한 설명이 쉽게 이루어질 수 있었다. Chomsky는 이런 차이를「of」삽입규칙의 적절성 여부에서 비롯된다고 보았는데, 그것은 S̄ 경계의 유무에서 비롯되는 것으로 설명될 수 있었다. 첫 번째 것과는 달리 두 번째 것은 S̄의 출연으로 N이 NP를 지배할 수 없는 구조, 즉「N [S̄ COMP NP to VP]」와 같은 구조를 가지고 있는 탓으로「of」를 삽입할 수 없게 되어 있는 것이었다.

「V S̄」와 같은 구조를 갖게 되는 believe 류의 문장과 대비되는 것에는 「V NP S̄」와 같은 구조를 갖게 되는 persuade류의 문장이 있는데, 이것으로부터 명사류가 파생되는 절차를 설명하는 데 있어서도 동일한 설명법을 적용시킬 수 있었다. 예컨대「Mary persuaded John to leave.」라는 능동문과「John was persuaded to leave by Mary.」라는 수동문으로부터는 「*Mary's persuasion of John to leave」와「*John's persuasion to leave by Mary」와 같은 대응 명사류는 파생될 수가 없는데 반하여,「Mary's persuasion of John」과「John's persuasion by Mary」와 같은 부분 명사류는 파생될 수가 있다.

이런 현상을 놓고서 다음과 같은 설명법이 있을 수 있었다. 우선 두 개의 원문이 정문인 데 대해서는 이들은 「…V [S NP S̄]」와 같은 구조를 가지고 있는데, N과는 달리 V에는 S와 S̄를 넘어서도 지배를 할 수 있다는 특성이 있기 때문에 이것은 정형적인 구조일 수가 있다고 설명할 수가 있었다. 그 다음으로 두 가지 명사류간의 차이에 대해서는 부분 명사류는 「N(of) NP」와 같은 구조를 갖고 있는 탓으로 N과 NP사이에 비모호적 경로가 형성되어 있다고 볼 수가 있는데 반하여, 대응 명사류는 「N(of) [S NP S̄]」와 같은 구조를 갖고 있는 탓으로 N과 NP사이에는 모호적 경로가 형성되어 있다고 볼 수 있다고 설명할 수 있었다.

지금까지의 논의에서 얻어낸 결론은 결국에 이중 목적어문이나 목적보어문 등이 대응 명사류를 가질 수 없는 것은 동사 뒤의 두 NP가 하나의 S나 S̄를 형성하게 되기 때문이라는 것이었다. 그렇지만 똑같은 이중목적어문이면서도 어떤 것들은 대응 명사류를 가질 수 있다는 사실로 미루어 보아서 그런 설명법은 수정을 필요로 한다는 것을 알 수가 있었다. 예컨대 「John's presentation of a medal to Mary」와 「his offer of a book to Mary」와 같은 명사류들은 분명 이중목적어문으로부터 파생된 것인데, 이들의 구조를 「N [s NP PP]처럼 잡을 수는 없는 일이었다.

그들의 구조를 그렇게 잡을 수 없는 이유는 S경계로 말미암아 NP과 소유격, 즉 of를 부여받을 수 없게 되기 때문이었다. 그렇다고 해서 그것을 세 개의 교점을 가진 「[N NP PP]」처럼 볼 수도 없었는데, 그 이유는 NP로부터 N으로 이르는 비모호적 경로가 형성될 수 없어서, 똑같이 NP가 소유격을 부여받을 수 없게 되기 때문이었다. 그들은 결국에 PP가 N과 NP로 구성된 구성소의 밖에 있는 것, 즉 「[[N NP]PP]」와 같은 구조를 가지고 있다고 보는 것이 제일 합리적인 설명법이었다.

이것은 곧 대응 명사류의 파생성은 전치사구가 명사를 지니고 있는 N̄ 교점 밖에 있을 수 있느냐, 없느냐에 의해서 결정된다는 의미인데, 이런 분기의 기준은 원문에 있어서의 동사의 경우에도 똑같이 적용될 수 있었다. 예컨대 전치사구가 $\overline{V}$교점의 밖에 있을 수 있는 문장은 「(present a medal) to Mary」나 「(deliver Mary) from her captors」과 같은 것이고, 그럴 수 없는 문장은 「*(rob Mary) of her wallet」이나 「*(present Mary) with a medal」과 같은 것이었다. 이런 기준은 전차사구의 의미적 내용과도 관련이 있었다.

「[$\overline{V}$ V NP] XP」와 「V[$_s$ NP XP」간의 이런 구분을 Chomsky(1980)는 투명성의 조건에 의해서 설명하려고 했었는데, 사실은 이런 현상은 앞에서 논의한 문경계의 원리에 의해서 익히 설명이 가능한 것이었다. 예컨대 「?Mary was given / told something to(by John).」는 다분히 예외적이기는 하나 하나의 정문일 수 있지만 「*The money was credited somebody with(by the bank)」는 그렇지가 못한 것은 뒤의 것은 문경계가 흔적의 지배를 막는 구조, 즉 「NPi be V [$_s$NP with / of [NPi e]」와 같은 구조를 가지고 있는데 반하여, 앞의 것은 그런 경계가 없는 구조, 즉 「NPi be [$\overline{V}$ V NP] to / from[NPi e]」와 같은 구조를 가지고 있기 때문이었다.(Ibid. p.173)

전치사구를 수반하는 문장의 명사류 파생성에 관한 논의를 하는 과정에서 Chomsky(1970)는 「*John's amusement of the children with his stories」과 같은 명사류의 비정형성의 문제를 들고 나오기도 했는데, 이것 역시 문경계의 원리를 적용하면 간단히 해결될 수 있었다. 이런 문장의 형식상의 특징은 동사의 주어 자리에는 원인자가 나타나고 목적어 자리에는 경험자가 나타난다는 것이었다. 그러나 의미상으로 볼 것 같으면 목적어 자리에 있는 경험자가 진짜 주어였다. 그래서 그는 「The stories amused the children.」과 같은 문장에 있어서의 주어는 children이라는 직접 목적어라는 의견을 내놓았었다. 그의 의견은 결국에 이 문장은 「The stories amused[S the children...]」와 같은 구조를 가지고 있다는 것인데, 이것에서는 S가 명사의 지배를 막게되기 때문에 명사류의 파생이 불가능해지는 것이었다.

present류의 문장과 대조를 이루는 자동사문으로는「The table is thick with dust.」와「The forest abounds with game.」등을 들 수가 있는데, 이들 역시「*the table's thickness with dust」와「*its abundance with game」등의 명사류가 파생될 수 없다는 특징을 가지고 있었다. 이들의 의미는 각각「The dust is thick on the table.」과「Game abounds in the forest.」와 같은 문장으로 나타낼 수 있다는 사실은 곧 주어자리에 있는 table과 forest 는 진짜 주어가 아니라는 것을 익히 말해 주고 있었는데, 그렇다면 이들의 구조는 응당「the table be thick [S[NPi e] with dust]」와「the forest abounds [S[NPi e] with game]」처럼 표현되어야만 했다. 결국은 이런 경우에 있어서도 앞에서 논의한 문경계의 원리에 의해서 명사류는 파생될 수 없게 되어있는 것이었다.

이들과 유사한 문장에는「The garden is swarming with bees.」와「The table is crawling with aphids.」와 같은 것도 있는데, 왜 이들로부터 대응 명사류가 파생될 수 없는가를 설명하는 데도 똑같은 원리가 적용될 수 있었다. 우선 원문의 형식을 그대로 따른 명사류, 즉「*the garden's swarm with bees」와「*the table's crawls with aphids」나「*the swarming of the garden with bees」와「*the crawling of the table with aphids」는 만들어질 수 없었다. 그러나 원문의 의미를 따른 명사류, 즉「the swarming of bees in the garden」과「the crawling of aphids on the table」은 만들어질 수 있었다.

여기에서 문제가 될 수 있는 것은「-ing」형을 일종의 명사로 보느냐, 아니면 일종의 동사로 보느냐 하는 것이었는데, 먼저 전자의 입장을 취하게 되면 그 구조가 「...N[s NP with NP]」처럼 되니까, 「*the swarming of the garden with bees」와 같은 명사류가 왜 만들어질 수 없는가에 대한 해답은 저절로 나온 셈이었다. 그렇지만 「the swaming of bees in the garden」과 같은 명사류가 만들어지는 사실로 미루어 보아서는 응당 후자의 입장을 취하는 것이 마땅한 일이었다. 그렇다면 이것도 동사구의 구조는 으레 「V(NP XP)」처럼 보아야 한다는 앞에서의 주장의 타당성을 뒷받침하고 있는 한 가지 예에 불과했다. 그리고 넓은 의미에서는 이것도 성분통어의 원리는 왜 비모호적 경로의 원리로 대치되어야 하는가나, 아니면 왜 이런 문장들로부터는 대응 명사류가 파생될 수 없는가에 대한 앞에서의 주장이 맞는 것이라는 것을 실증하고 있었다.(Ibid, p.175)

그의 경로이론은 그 후에 나온 논문에서는 「연결성 이론(Connectedness theory)」으로 바뀌어 불리게 되는데, 큰 의미에서 보자면 이름이 달라졌다고 해서 그 내용까지 달라진 것은 아니었다. 물론 엄밀하게 따지자면 연결성 이론은 경로 이론에서 내세운 개념을 일종의 일반적인 문법 이론으로 발전시킨 것이라고 볼 수가 있는데, 그의 경로이론에는 그러니까 이렇게 발전될 소지가 원래부터 있었던 것이다. 그게 그렇다는 것은 우선 이것이 발표된지 일년 뒤에 Pesetsky(1982)가 「경로 포함 조건(path containment condition)」의 이론을 내세우게 되었다는 사실로써 익히 알 수가 있다. 놀랍게도 이것은 Kayne이 제안했던 경로이론을 하나의 보편문법의 하위 이론으로까지 발전시키려는 시도였다.

그가 내세우는 경로 포함 조건이란 두 개의 경로가 두 개 이상의 교점을 공유하는 경우를 그들은 중복하고 있다고 말하는데, 이런 경우에는 그 중 하나가 다른 것을 포함하고 있지 않으면 안된다는 것으로서, 이것에 의할 것 같으면 wh섬 조건과 관련된 교차 제약과 공범주 원리의 현상 등이 보다 간결하게 설명될 수 있다는 것이었다. 예컨대 종전에는 「?What booksi do you know whoj to persuade tj to read ti?」와「*Whoi do you know what booksj to persuade ti to read tj?」가 용인성에서 차이를 보이는 현상을 후자는 한 문장내에 두 개의 A' 결속관계가 있을 때 이들은 서로 교차해서는 안 된다는 제약을 위반하고 있는데 반하여, 전자는 그렇지 않은 점으로써 설명했었다.

그러나 이들간의 차이는 경로 포함 조건의 위반여부를 따지게 되면 더 확실하게 드러날 수 있었다. 우선 첫 번째 것에서는 who와 그것의 흔적간의 경로가 what books 와 그것의 흔적간의 경로에 포함되어 있다고 볼 수가 있었다. 그에 반하여 두 번째 것에서는 who와 그것의 흔적간의 경로와 what books와 그것의 흔적간의 경로가 어느 것도 다른 것을 포함하고 있지가 않다. 결국 첫 번째 것과는 달리 두 번째 것은 경로 포함 조건을 위반한 문장인 것이다. 그는 공범주 원리를 위반하고 있는 현상도 이와 동일한 방법으로 설명이 될 수 있다고 보았다(原口, 中村, 1998, pp. 512~3).

그렇지만 Pesetsky의 기여로 이 이론의 이름이 바뀐 것으로 보는 것보다는 그 자신이 1983년에「연결성(Conectedness)」이라는 논문을 발표함으로써 그렇게 되었다고 보는것이 맞는 일이다. 그는 여기에서 종전의 비모호적 경로라는 용어 대신에 지배 투사라는 말을 줄여 만든「g-투사」라는 용어를 쓰기 시작했고, 이것을 만족시키는 조건을「연결성 조건」이라고 불렀다. 그가 말하는 g-투사란 공범주의 지배자와 그것의 선행사를 직접적으로 관할하고 있는 교점을 연결시키는 경로이고, 연결성 조건이란 이런 경로를 형성하는 데 필요한 조건이었다. 그러니까 그가 내세우는 연결성의 이론의 요지는 공범주는 그것의 g-투사 내에 선행사를 가지고 있어야 한다는 것이었다.

이 이론에는 일종의 일반성이 있어서 종전에 공범주 원리에 의하여 설명되던 「that-흔적 효과」의 현상도 이것에 의해서 보다 명확하게 설명이 될 수 있었다. 연결성 조건의 기본이 되는 것이 공범주는 으레 어휘적 지배자를 가지고 있어야 된다는 것인데, 예컨대 「*Who did you think [that [S-[VP would come]]]」와 같은 문장은 이것을 위반하고 있었다. 다시 말해서 이것의 비문법성에 대해서 종전에는 명시적 보문소에 입접한 주어 위치에 공범주가 있을 수 없기 때문이라고 설명했었는데, 이제는 주어 위치에 있는 공범주가 어휘적 지배자를 가지고 있지 않은 탓으로 결국에는 그것의 선행자를 포함하고 있는 g-투사를 형성할 수 없기 때문이라고 설명할 수 있었다(MeClosky, 1988: p.32).

그는 또한 g-투사 집합이라는 일종의 복합적 개념을 도입하면 연결성 조건의 이론으로써 기생간극과 같은 여러개의 공범주가 동일한 선행사와 결속되는 현상도 다룰 수 있게 된다고 주장하였다. 그러니까 그는 자기의 이론으로써 지배이론과 하위인접성 이론 등이 하나로 묶여질 수 있다고 생각한 것인데, 이런 발상법은 Chomsky로 하여금 모든 이론을 이동이론 하나로 묶어서 결국에는 지배와 결속이론을 장벽이론으로 발전시키게 하는 데 큰 촉진제가 되기도 했다. 물론 근본적인 의미에서 볼 것 같으면 그 후에도 Chomsky의 관심은 어떻게 하면 여러 가지 문법적 현상들이 하나의 대이론으로써 설명될 수 있겠는가에 가 있었다. 이렇게 보자면 그의 비모호적 경로이론의 Chomsky의 문법이론의 발전에 기여한 바는 결코 미미한 것이 아니었다.

3. Koster의 형상문법이론

구체적으로 Chomsky의 최소주의 이론의 구축 과정에 기여한 바는

Kayne의 이론만 못할는지 몰라도, 그의 문법이론의 단점이나 문제점을 직설적으로 지적하고, 그것에 대한 대안을 제시한다는 면에 있어서는 Kayne의 것보다 한 단계 앞서 있다고 볼 수 있는 것이 Koster의 형상문법이론이다. 이것의 한 가지 문제점은 이것은 필요한 만큼의 사실적인 분석 작업이 뒷받침되지 않고 있는, 일종의 초보적 발상법의 수준에 머무르고 있다는 점이다. 그렇지만 앞으로의 문법연구가 보편문법이론의 구축이라는 원대한 목표를 달성할 수 있으려면 그것의 방향은 규칙이나 제약적 원리중심의 것으로부터 구조성이나 형상성 중심의 것으로 바뀌어야 된다는 그의 주장은 Chomsky학파가 응당 귀담아 들어야 할 주장이라는 것은 의심할 여지가 없다.

한 마디로 말하자면, 큰 의미로 보아서는 Kayne의 이론처럼 이것도 일종의 지배와 결속이론의 틀안에서의 이론이지만 개혁성에 있어서는 이것이 Kayne의 것보다 훨씬 강하다. 예컨대 Kayne의 연결성 이론에서는 앞으로의 문법모형에서는 D-구조라는 층위는 필요없게 되며, 따라서 α이동이라는 변형 절차도 자연히 사라지게 된다는 말은 하지 않았다. 그러나 그는 일단 S-구조를 Chomsky가 생각하는 것보다 한층 더 추상적인 것으로 만들고 나면 거기에서 공범주적 요소들은 문맥 자유적인 규칙들에 의해서 생성될 수 있다고 주장하고 있다(Koster, 1981: p.198).

여기에서 살펴 볼 그의 논문은 앞에서 검토해 본 Kayne의 논문이 수록된 책에 같이 수록된 것인데, 「형상문법(Configurational grammar)」이라는 제목 밑에서 이것에서는 크게 세 가지 부분으로 나뉘어서 왜 Chomsky의 지배와 결속이론에 대한 최선의 대안은 결국에 이런 이름의 것이어야 되는가가 설명되고 있다. 우선 이들 중 첫 번째 부분은 「규칙으로부터 표현체로」라는 이름 밑에서의 일종의 소개부로서, 여기에서는 비교적 자세하게 Chomsky의 표준이론이 확대표준이론으로 대체되는 과정과 그렇게 대체된 이론이 여전히 가지고 있는 문제점들이 소개되고 있다.

그가 보기에는 1960년대의 생성의미론적 발상법과 1970년대의 대용이론의 등장으로 Chomsky가 원래 제안했던 변형문법의 도출적 패러다임은 그 기점부터 크게 흔들리게 되었다. 이들 두 가지 동인 중 결정적으로 도출적 패러다임의 붕괴에 영향을 준 것은 대용이론의 등장이었다. 대용사와 선행사간의 연결관계를 어떻게 표현해야 하느냐의 문제가 처음으로 제기되었을 때의 Chomsky의 태도는 자신만만했다. 즉, Dougherty(1969)나 Jackendoff(1972)등의 비판을 무시한 채, 그는 이런 현상도 적절한 규칙 설정이라는 종전의 도출적 방법에 의해서 충분히 해결될 수 있다고 생각했다. 선행사와 대용어에 공통의 지표를 붙이는, 동일지표부여의 규칙이 바로 그런 규칙이었다. 그는 간단히 말해서 필요한 제약들이 부과되기만 하면 이 규칙으로서 예컨대 대명사와 지시어간의 연결관계는 제대로 표현될 수 있다고 본 것이다.(예: Tomi believes that Mary loves himi.)

그럼에도 불구하고 그의 의견으로는 이미 이때 대용이론의 등장으로 Chomsky의 변형문법이론에는 「작은 혁명」이 일어난 것이나 다름이 없었다. 이런 변화의 중심에 있게 된 것이 바로 Chomsky가 1973년에 도입한 흔적의 개념이었다. 이 때에는 또한 그전까지 중요한 변형 절차의 한 가지로 여겨졌던 삭제 절차를 일종의 공범주에 대한 해석 절차로 보게 되면서 이동 절차 하나만을 기본저인 변형절차로 보게 되었다. 그러니까 Chomsky가 이 시기에 흔적이론을 중심으로 해서 가깝게는 비변형적인 대용이론을 만들 수 있고, 멀리는 여러 가지 문법적 현상을 통일적으로 설명할 수 있는 하나의 통합적 이론을 만들 수 있는 시기로 본 것은 너무나 당연한 일이었다. 그러나 문제는 그의 그런 노력이 대용이론을 완전히 비도출적이고 형상적인 것이 아니라 비변형적이기는 하지만 여전히 도출적인 것으로 만드는데서 멎어버렸다는 데 있었다.

이 시기에 대용이론이 탄생되게 하는 데 기초적인 기여를 한 논문으로는 Lees과 Klima(1963)의 것과 Langacker(1969)의 것을 들 수가 있는데, 이들에 있어서의 핵심적인 개념은 「선행한다」나 「통어한다」, 「우위성」 등의 용어로 표현되는 수위성의 개념과 「영역원리」와 「최소거리원리」 등으로 표현되는 국지성의 개념이었다. 이런 개념들을 발전시켜서 Postal(1971)은 재귀사는 반드시 동일한 S내에 선행사를 가지고 있어야 한다는 「절 동반 조건」의 이론을 만들어 냈다. 그러자 곧 이어서 Chomsky(1973)는 이 이론의 대안으로 재귀사 변형과 관련해서 시제문 조건과 명시주어 조건을 제안하였다.

그러나 변형문법이론의 발전사상 큰 전환점이 된 해는 1977년이라고 볼 수가 있는데, 그 이유는 이 해에 Chomsky가 Lasnik과 함께 「여과와 통제(Filters and Control)」라는 논문을 발표했기 때문이었다. 예컨대 이들은 여기에서 *[NP NP tense VP]와 같은 여과장치를 설정하게 되면 [*The man met you is my friend.」와 같은 비문법적인 관계절문의 도출을 미리 막을 수 있다고 보았다. 그러니까 이제는 Chomsky가 제안한 조건들이 규칙에 대한 것으로부터 표현체에 대한 것으로 바뀐 것이다. 결국 이때부터 그의 문법이론은 규칙중심적인 것으로부터 원리지향적인 것으로 서서히 변화하기 시작한 것이다.

그가 이런 움직임을 보다 뚜렷한 모습으로 구체화시킨 것은 1980년에 발표한 「결속에 대하여(On Binding)」라는 논문에서였다. 시제문조건이 주격섬 조건으로 바뀌기는 했지만, 결국에 여기에서 그가 제안한 조건들은 1973년에 제안했던 조건들의 개념을 좀더 일반화한 것이었다. 다시 말해서 여기에서 제안된 조건은 α가 하나의 시제문이면서, 또한 그것이 재귀사인 X를 포함하고 있는 최소의 S인 경우에는 …[α…X…]…와 같은 구조에서 X는 자유로울 수 없다는 것이었으니까, 이것의 적용범위에는

1973년 때의 것으로는 설명될 수 없던 현상까지도 들어가게 된 것이다. 예컨대 이것으로는 「*They said [$_s$ that themselves were happy.」가 왜 비문법적인 것인가 제대로 설명될 수 있게 된 것이다.

이렇게 제약적 조건이 규칙에 대한 것으로부터 표현체에 대한 것으로 바뀌게 되면서 종전에 내세웠던 동일지표 부여의 규칙도 필요없게 되었다. 예컨대 Chomsky는 피사강의에서 기저부의 생성된 범주에 아무런 지표를 부여하지 않게 되면, 여러 가지 명사구들을 결속적 형상의 것과 비결속적 형상의 것으로 익히 구별시킬 수 있다고 주장하고 나섰다. 그러니까 이제 그는 자유롭게 지표가 부여된 범주를 가지고서 수위성과 국지성의 두가지 개념을 적용시키게 되면 어떤 표현체가 용인 가능한 것이고 어떤 표현체가 그렇지 않은 것인가가 명확하게 정의될 수 있다고 본 것이다 (Ibid. p.187)

그런데 이런 노력이 있었음에도 불구하고 이 시기에 등장한 확대표준이론은 결국에 일종의 혼성이론에 지나지 않았는데, 그 이유는 이것에서는 국지성의 차원은 무시한 채 오직 수위성의 차원에서만 대용이론과의 통합화를 시도하게 되었기 때문이었다. 이것에서는 α-이동 한가지로 변형규칙이 크게 난순화 될 수가 있었는데, 이런 단순화 작업이 가능했던 것은 Chomsky와 Lasnik, Jackendoff 등이 개발한 성분통어의 원리와 Emonds가 개발한 구조보존의 가설과 같은 수위성의 차원에서의 형상적 제약조건들이 종전에 규칙들이 하던 일을 대신 할 수 있게 되었기 때문이었다.

그렇지만 이것에서는 이동에 관한 국부성의 원리만은 일종의 도출적 조건으로 받아들여지고 있었다. 이것의 근거가 될 수 있는 것은 여기에서는 바로 하위인접성의 조건과 같은 규칙지향적인 조건이 중요한 조건으로 내세워졌다는 사실이었다. 그래서 결과적으로는 이동의 이론과 대용의 이론이 성분통어와 같은 형상적 개념이 통용될 수 있는데까지는 하나의 이론으로 통합이 되면서도, 국부성의 원리가 적용되어야 하는 면에 있어서는 그렇지를 못하는 현상이 나타나게 된 것이었다. 그가 보기에는 따라서 이 시기의 Chomsky의 이상화를 향한 노력은 절반의 성공에서 정체되어 있었다.

논리적으로 보았을 때 그의 이상화 노력이 나머지 절반의 성공도 거둘 수 있는 길은 하위인접성의 조건을 1980년에 제안했던 재귀사의 결속에 관한 조건내에 포함되도록 하는 것이었다. 그렇게 하기 위해서는 우선 ...X...[α...[β...Y...]...]...X...와 같은 구조에서는 어떤 규칙도 X, Y를 포함시키지 않는다는 식으로 두 개의 교점이 기준이 되어있던 종전의 조건을 단 한 개의 교점만이 기준이 되는 것으로 바꾸어야만 했다.

그 다음으로는 α가 어떠어떠한 경우에는 재귀사인 X는 자유로울 수 없다는 식의 1980년에 제안한 조건을 α가 어떠어떠한 경우에는 재귀사나 공범주인 X는 자유로울 수 없다는 식으로 고쳐야만 했다. 다시 말하자면 하위인접성의 조건으로 예컨대「*Theyi said [S that ei were happy.]」와 「*[S ej were happy]」와 같은 구조들이 왜 비문법적인 것인가를 설명할 수 있을 뿐만 아니라 주어조건과 복합명사구 제약, Wh-섬 제약 등과 같은 표준적인 하위인접성 조건의 현상들도 설명할 수 있게 해야만 했다.

물론 무엇보다 더 중요한 것은 실제로 몇가지 실례를 분석해 보게 되면 종전의 2교점 조건이 일종의 1교점 조건으로 바뀜으로써 더 강력한 설명력을 갖게 된다는 사실이 당장 드러나게 된다는 점이었다. 우선 종전에 2교점 조건으로 설명했던 복합 명사구 제약 위반의 예(예:*Whoi do they believe[NP the claim[S̄ ei that[Bill saw ei]]])와 주어조건 위반의 예(예:*I wonder[S̄ who j[NP a picture of ej]disturbed Bill]]), Wh-섬제약 위반의 예(예:*Whoi do you know[S̄ which man j[ej saw ei]]) 등이 1교점조건으로 더 잘 설명될 수 있었다. 그 다음으로 1교점조건으로는 존재까지는 다루어지지 않았던 이동의 현상도 쉽게 설명할 수가 있었다. 예컨대 1교점조건에 의할 것 같으면 왜 「The letter to John was thrown away by Mary.」로부터 「*To Johni [NP the letter ei]」 was thrown away by Mary」와 같은 문장이 도출될 수 없는가가 쉽게 설명될 수 있었다.

그렇다면 응당 왜 Chomsky가 애당초 하위인접성의 조건을 2교점적인 것으로 만들게 되었는가를 살펴볼 필요가 있었다. 간단히 말해서 그의 의도는 영어에서의 「Whoi did you see [NP a picture of ei]」와 「*Whoj did you hear [NP stories about[NP pictures of ej]]」간의 차이를 설명하려는 것이었다. 그런데 사실은 하나의 명사구로부터는 하나의 요소가 추출될 수 있는 현상, 즉 동사구 끝에 하나의 도피지역이 존재하게 되는 현상은 오직 영어와 그밖의 몇 개 언어에서만 발견될 수 있는 것이어서, 예컨대 네덜란드어에서는 위의 두 문장이 모두 비문이었다.(예:*Wiei heb je [NP een foto van ei] gezien? *Wiej heb je [NP verhalen over [NP foto's van ej]] gehoord?) (Ibid. p.189)

영어에만 있는 이런 유표적 현상은 일부 사람들로 하여금 형용사구와 전치사구의 성격에 대해서도 다시 검토하게 하였다. 예컨대 이 무렵에 Riemsdijk(1978)은 「통사적 유표성의 사례연구: 전치사구의 결속적 성격 (A case study in syntactic markedness: The binding nature of prepositional phrases)」이라는 책에서 많은 예문들을 증거로 내세워서 명사구와 마찬가지로 전치사구도 하나의 한계교점이 된다는 사실을 실증해냈다.

그러자 곧이어서 영어로부터 「Whati did you talk [pp about ei]」와 같은 반증문이 제시되었다. 그러나 이것은 전치사구가 도피지역내에 있는 경우이기 때문에 일반적인 예로 볼 수가 없었다. 영어에서도 명사구와 마찬가지로 전치사구도 도피지역 이외에서는 으레 하나의 섬이 되고 있다는 사실은 「*Whoi did John say that [pp to ei] it was of obvious.」와 같은 예문으로 익히 확인할 수 있었다. 그리고 더 주목할 만한 사실은 영어의 반증문을 네덜란드어로 옮기게 되면 「*Wati praatte je [pp over ei]」와 같은 비문이 된다는 사실이었다.

이렇게 볼 것 같으면 하위입접성의 조건을 종전의 2교점적인 것으로부터 1교점적인 것으로 바꾸게 되면, 결국에 이동이론을 대용이론 내에 포섭할 수 있게 되어서 수위성의 차원에서 뿐만 아니라 국지성의 차원에서도 만족할 수 있는 비도출적이고 형상적인 이론이 만들어질 수 있다는데 대하여 대부분 사람들이 동의를 하게 될 것이 분명했다. 다시 말하자면 이제는 분명히 2교점 조건의 이론보다는 1교점 조건의 이론쪽에 이론적 우월성 뿐만 아니라 경험적 우월성도 있다는 것을 인정하지 못할 이유가 없게 된 것이다.

그렇지만 엄밀하게 따지자면 이상과 같은 토의로써 1교점조건의 형상적 이론의 타당성이 완전히 보증되었다고 볼 수는 없었는데, 그 이유는 다음과 같은 두가지의 현상들이 문제점으로 남아있기 때문이었다. 그중 첫 번째 것은 「Johni says [$\bar{S}$ it is impossible [$\bar{S}$ ei to shave himself]]」와 「It is difficult[$\bar{S}$ e to do such things]」에서와 같이 이동이론으로는 제대로 설명될 수 없는, 이른바 PRO와 관련된 현상이었다. 첫 번째 예문에서는 우선 부정사의 주어인 공범주가 국부적으로 통제되어 있지 않고, 두 번째 예문에서는 통제자 자체가 없다. 그리고 첫 번째 것은 인접성의 조건을 위반하고 있으니까 비문이어야 한다. 그래서 이런 문장들의 문법성은 이동이나 흔적의 이론과 전혀 다른 통제이론으로 설명될 수 밖에 없다.

또한 이들 예문들의 문법성을 설명하는 데는 일찍이 Vergnaud와 Rouveret(1980)가 제안한 것을 그 후에 Chomsky(1980)가 발전시킨 지배이론을 적용해야만 했는데, 그 이유는 이들에 있어서는 공범주가 최소의 $\bar{S}$내에서 결속되어 있지 않기 때문이었다. 이들의 경우로 보아서는 결국에 영역의 조건은 한계교점의 개념이 아니라 지배범주의 개념으로 설정되어야만 했다. 지배이론에 따를 것 같으면 이들에게 있어서는 공범주인 주어를 지배할 지배범주가 존재하지 않았다. 다시 말해서 이들을 통해서 PRO는 으레 지배가 되지 않는 위치에만 나타날 수 있다는 하나의 정리를 확인할 수가 있었다.

그중 두 번째 것은 이동과 관련된 구문과는 달리 대용사 구문에 있어서는 으레 두 개의 명사구들이 서로 독립적인 의미역 역할을 갖게 된다는 사실이었다. 예컨대 「John hates himself.」와 「John tries e to go.」와 같은 대용사문에서 선행사의 의미역 역할은 대용어의 그것과 서로 다른데 반하여 「John seems e to go.」와 「Which book did she need e?」와 같은 이동문에서는 선행사의 의미역 역할과 결속된 요소, 즉 흔적의 그것이 똑같다. 다시 말하자면 이동의 핵심적 조건 중 하나가 바로 의미역 역할의 동일성인 셈인데, 이것의 근거로 흔히 「Headway seems ei to be made ei」와 같은 관용구의 분산문이 만들어질 수 있다는 사실을 들었다.

그렇지만 이런 주장은 유사한 분산문에는 분명히 하나의 이동문으로 볼 수 없는 것도 있다는 사실로써 당장 무의미해진다. 그 예가 바로 「The headway$_i$ [$\overline{S}$ e$_i$ [they made e$_i$]] was not very impressive.」와 같은 것이다. 이런 식의 의미역 관계의 전이현상은 관계대명사가 비논항적 선행사에 의해서 결속되어 있는 때나, 또는 주제화 구문에 있어서의 주어어와 그 흔적 사이에서도 일어나는 것으로 알려져 있다. 예컨대 독일어의 「Den mann$_i$ den$_i$ habe ich e$_i$ geshen」에서는 격전이현상까지 일어나고 있다.

이렇게 보자면 결국에 의미역 역할의 전이현상은 대용사가 공범주이거나 Wh-어 이면서 선행사가 비논항적 요소일 때 일어난다는 결론을 내릴 수 있었다. 그리고 어떤 의미에서는 그보다 더 중요한 결론은 COMP에서의 Wh-어의 경우나 주제화문에서의 주어어의 경우처럼 비논항적 위치는 으레 이동규칙에 의해서가 아니라 구조적으로 규정되게 된다는 사실이었다. 물론 이것에 대한 하나의 예외로 볼 수 있는 것이 바로 「seem」과 같은 동사의 주어 위치인데, 이런 경우에는 특별히 어휘적으로 표시를 해두면 되었다. 이상과 같은 결론을 근거로 그(1980)가 개발한 개념이 어떤 대용사는 반드시 동일한 의미역의 지표를 가지고 있는 선행사와 결속되어 있어야 한다는 「의존적 결속」의 개념이었다. 이 개념을 도입하게 되면 종전의 삭제나 대명사화, 이동 등과 같은 주요 변형절차들이 익히 비도출적이면서 형상적인 결속이론 안에 포섭될 수 있었다.(Ibid. p.192)

이 논문의 제2부에서는 「형상적 결속이론」이라는 제목이 익히 시사하고 있듯이 그가 생각하는 개선된 결속이론이 어떤 것인가가 구체적으로 설명되고 있다. 여기에 제시되고 있는 이론은 그가 1979년의 논문에서 제안했던 형식적 의존성의 개념이 약간 확대된 것으로서 한마디로 말해서 결속이론에서의 영역의 원리들을 한계교점의 개념이 아니라 지배와 지배범주의 개념으로 설정되어야 한다는 것이 그 요점이다. 이런 변경이 가능하다는 것은 하나의 교점은 명사와 동사, 전치사, 형용사 등의 어휘적 범주나 하나의 보문소에 형식적으로 의존하고 있는 경우 지배를 받고 있다고 말할 수 있다는 사실이 익히 뒷받침하고 있었다. 예컨대 누구나 익히 직접목적어는 동사의 지배를 받고 있다고 말할 수가 있고, 또한 시제문의 주어는 보문소의 한 자질인 시제의 지배를 받고 있다고 말할 수 있었다.

그런데 많은 언어에 있어서는 형식적 의존관계는 격표시에 의해서 표현되고 있으므로, 지배와 격표시 간에는 결국에 밀접한 연관성이 있게 마련이었다. 그러니까 그의 이론에 따를 것 같으면 「Who(m)$_i$ did you see e$_i$」의 경우에 Wh-구는 지배교점인 흔적을 결속하고 있다는 의미에서 격표시와 지배관계가 같이 표현되어 있다고 설명할 수 있었다. 또한 그의 이론에서는 지배범주는 하나의 범주가 지배를 받고 있는 최소의 교점이 된다.

그러니까 이것에 따르자면 모든 대용사의 지배범주는 NP와 S인 것이다.

이 이론의 우수성은 예컨대 「*John$_i$ says [$\bar{S}$ that[e$_i$ is sick]]」와 「John$_j$ tries[$\bar{S}$ e$_j$ to go]」간의 차이를 설명해보면 쉽게 드러나게 된다. 우선 두 문장 모두에는 자유로운 e가 들어있다. 따라서 일단 공범주 교점은 최소의 $\bar{S}$내에서 결속되어있어야 한다는 조건을 내세우게 되면 이들은 모두 비문이어야 한다. 그러나 결속영역을 지배범주로 정의하게 되면 첫 번째 것만이 비문임이 쉽게 드러나게 된다. 다시 말해서 첫 번째 것에서는 삽입된 주어가 시제에 의하여 지배를 받고 있는 탓으로 $\bar{S}$는 하나의 최소 지배범주가 되고 있다. 그렇지만 두 번째 것에서는 그것이 어떤 것에 의해서도 지배를 받지 않고 있다.

그의 설명에 따르자면 자기의 결속이론의 핵심적 발상법은 바로 근접성과 국부성, 의존성 등의 세가지 차원에 의해서 명사구는 분류가 될 수 있다는 것이었다. 다시 말하자면 결속될 대상을 일단 John과 he, himself, [e], [Wh] 등의 네가지로 잡고 보자면 이들의 결속조건은 근접성과 국부성, 의존성 등의 세가지 차원에서 구별될 수 있다는 것이었다. 그는 그래서 명사구를 근접어와 국부어, 의존어 등으로 나눈 다음에, 이들을 각각 첫 번째 것은 격표시가 되어있는 것이고, 두 번째 것은 최소 지배범주내에서 결속이 되어있는 것이며, 세 번째 것은 하나의 지배범주 내에서 같은 의미역 지표를 가지고 있는 명사구, 즉 의존어에 의해서 결속이 되어있는 것으로 정의하였다.

그는 몇 가지 예문에 대한 분석을 통해서 이런 개념의 자기이론이 실제로 어떻게 적용될 수 있는가를 실증해 보이기도 했다. 우선 그는 이 이론에 의하자면 John과 같은 이름들은 어느 경우에나 결속이 될 수 없다는 사실이 제대로 설명될 수 있다고 주장했다. 예컨대 「*He$_i$ saw John$_i$」과 「*He$_i$ said that John$_i$ was sick」이 비문인 것은 John이 결국에 그것을 성분통어하는 명사구와 아무런 지시관계를 가지고 있지 않은 하나의 비근접어이기 때문이었다. 그 다음으로 그는 he와 같은 인칭대명사의 경우를 살펴보았는데, 「Johni says [S̄ that [hei/j is sick.]]」에서처럼 그것은 근접어일 수도 있고, 비근접어일 수도 있었다.

세 번째로 그는 himself와 같은 재구사의 경우를 살펴보았는데, 「*Johni saw himi.」과 「Johni saw himselfi.」간의 차이를 통해서 알 수 있듯이, 일반대명사와는 달리 재귀사는 동일한 지배범주 내에 있는 선행사에 의해서 결속될 수가 있었다. 이런 국부어대 비국부어식의 구분법은 종전에 명시주어조건으로 설명하던 현상을 설명하는 데도 효과적으로 쓰일 수 있었다. 예컨대 「Johni believes [S̄ himselfi to like Mary]」가 정문일 수 있는 것은 himself가 모문인 최소지배범주 내에 선행사를 가지고 있기 때문이고, 반대로 「*Johni believes [S̄ Mary to like himselfi]」가 비문인 것은 himself가 like의 지배를 받고 있는 관계로 결국에 삽입문 자체가 최소지배범주가 되고 있기 때문이었다. 이와 동일한 요령으로는 또한 종전에 시제문 조건으로 설명하던 현상도 익히 설명될 수가 있었다. 예컨대 「*Johni thinks [S̄ that [himselfi is sick]]」의 비문법성은 이것에서는 himself가 최소지배범주인 S̄의 시제에 의해서 지배를 받고 있으면서 그것에는 아무런 선행사가 없기 때문이라고 설명할 수 있었다.(Ibid. p.195)

네 번째로 그는 e로 표시되는 공범주 교점의 경우를 살펴보았는데, 「*Johni saw ei」이 비문인 사실로 미루어보아서 이 경우에는 공범주 교점은 으레 최소지배범주 내에 하나의 의존적 선행사를 가지고 있어야 된다는 조건이 지켜져야 된다는 사실을 알 수 있었다. 이 조건은 곧 공범주 교점은 으레 최소지배범주 내에서 결속되어 있어야 한다는 말과 같은 것이기에 이것은 종전에 「Whati did Mary see ei?」와 「Maryj was seen ej in Paris.」등의 문법성을 설명하는 데 쓰이던 하위인접성의 조건을 익히 대신할 수 있었다.

선행사의 의존성을 규제하는 이 조건은 어떤 요소가 한번 COMP로 이동하면 그것은 그 상위에 있는 COMP로만 이동할 수 있다는, 이른바 COMP-to-COMP 이동의 조건도 익히 대신할 수 있었다. 예컨대 「*Whoi [ei decided[$\bar{S}$ ei that [Bill saw ei]]]」의 비문법성은 삽입절 내의 의존적 ei들이 모문의 비의존적 주어에 의해서 결속되어 있기 때문이라고 설명될 수 있었다. 더 나아가서 이 조건은 그 반대의 경우, 즉 him이나 himself와 같은 비의존어가 의존적 선행사에 의해서 결속을 받게 되는 경우에도 익히 적용될 수 있었다. 예컨대 「*Whoi did John see himselfi」와 「*Whoj did John think [$\bar{S}$ that[Mary saw himj]]」 등이 비문인 것은 결국에 비의존어들이 하나의 의존적 선행사에 의해서 결속을 받고 있기 때문이었다.

이렇게 볼 것 같으면 대용사가 하나의 지배범주 내에서 지배를 받고 있는 경우에만 결속관계의 적절성을 따지는 데 국부성과 의존성의 두 기준이 적용될 수 있다는 것이 분명했다. 그러니까 그의 이론은 대용사가 지배를 받지않는 경우에 대해서는 다분히 무력해질 수 밖에 없다는 한계성을 지니고 있었는데, 이것의 좋은 예가 그동안에 오직 통제이론에 의해서만 설명이 가능한 것으로 알려진 바로 PRO의 현상이었다. 예컨대 「It is impossible [$\bar{S}$ e? to do such things]」와 「Johni thinks [$\bar{S}$ that[it is difficult[$\bar{S}$ ei to shave]]]」와 같은 예를 통해서는 지배되지 않은 공범주는 보통 지배범주인 S밖에서 결속되게 된다는 사실을 확인할 수가 있었고, 또한 「Johni seems [$\bar{S}$ ei to go]」와 「Johni tries [$\bar{S}$ ei to go]」와 같은 예를 통해서는 선행사가 의존어인가 아닌가가 문제가 되지 않는다는 사실을 확인할 수 있었다. 다시 말해서 첫 번째 것에서의 John은 의존적 선행사인데 반하여, 두 번째 것에서의 그것은 비의존적 선행사였다.(Ibid. p.197)

이것의 또 한가지 좋은 예는 each other와 같은 상호대명사가 소유격의 형태를 취하고 있는 경우였다. 소유격의 대명사들은 원래가 어느 지배어에 의해서 지배를 받고 있지 않은 탓으로 불규칙적인 양상을 드러내게 마련이었다. 예컨대 「Theyi saw [NP theiri mothers]」와 마찬가지로 「Theyj saw [NP each other's mother]」가 정문인 사실로 미루어보아서 상호대명사가 소유격어로 쓰이는 경우에는 국부성 대 비국부성의 구분이 무의미해진다는 것을 알 수가 있었다. 다시 말해서 두 번째 문장에서는 NP가 지배범주가 아니며, 따라서 상호대명사의 선행사는 그것의 최소영역 밖에 있음이 분명했다. 또한 「Theyi do not think [$\overline{\text{S}}$ that [each other'si positions are plausible」이 정문인 사실로 미루어보아서 상호대명사가 비지배적인 소유격의 위치에 나타나는 경우에는 시제문의 조건도 익히 위반될 수 있음을 알 수가 있었다.

　물론 더 자세히 따지자면 그동안에 확대표준이론에서 토의된 현상에는 이상의 것 이외의 것도 있었다. 그렇지만 큰 의미에서 볼 것 같으면 근접성과 국부성, 의존성 등의 세 가지 개념을 기준으로 한 그의 결속이론으로 설명이 될 수 없는 현상은 없다고 볼 수 있었다. 그러니까 그의 결속이론은 결국에 종전의 이동과 하위인접성의 이론을 결속이론과 통합시킨 것으로서, 이렇게 되면 문법모형이 아래에 제시된 것처럼 바뀌면서, 문법적 절차에는 공범주요소들은 기저에서 문맥자유규칙에 의하여 직접 생성되게 됨과 동시에 이동변형이 더 이상 필요없게 되는 변화가 일어나는 것이었다.

　　음운표현 ← S-구조 → 논리형태

　이 논문의 제3부에서는 「이상화와 유표성」이라는 제목 밑에서 Chomsky의 변형문법이론의 앞으로의 발전방향이 논의되고 있다. 그가 보기에는 이 문법이론의 장래는 추상적으로는 「자연질서의 형식적 이상형」과 현실적 사실 간의 차이를 얼마만큼 좁힐 수 있느냐에 달려있고, 구체적으로는 그동안에 부분적으로만 제안된 유표성의 이론을 어떻게 완성시킬 수 있느냐에 달려있었다. 특히 이런 노력을 함에 있어서 하나의 지표로 삼아야 하는 것이 일찍이 Dirac(1963)이 그의 과학이론의 일부로서 했던 「만약에 연구자가 자기의 방정식 안에 심미감을 집어넣을 방향으로 연구를 하고, 또한 그가 진정으로 건전한 통찰력을 가지고 있다면, 그는 확실한 발전의 길을 걷고 있는 것이다」와 같은 말이었다.

이렇게 볼 것 같으면 결국에 앞으로 보편적이고 기본적인 문법현상을 설명할 수 있는 핵심 문법이론을 찾는 일과 어느 언어에서의 특이성과 여러 언어간의 차이성 등을 설명할 수 있는 유표성의 이론을 찾는 일의 두가지로 나뉘어지는 셈인데, 이들 두가지가 서로 엉킨 상태에서 같이 이루어져야 하는 탓으로 그 중 어느 것도 사실은 생각만큼 쉬운 일이 아니라는 것은 영어에서의 전치사구로부터의 적출의 현상을 분석해 보는 것만으로도 익히 알수가 있었다. 그 이유는 물론 대부분 사람들이 이것을 일종의 유표성의 현상이라고 보아왔기 때문이었다.

그런데 사실은 그동안에 있었던 「What$_i$ did you talk [pp about e$_i$]」와 같은 예문에 대한 설명들은 이런 현상은 일종의 주변적인 현상일 따름이어서 핵심적 문법이론과는 무관한 것이라는 것으로 마무리가 되어 있었다. 예컨대 그 자신도 이런 현상을 영어에 있어서는 아주 한정된 「도피지역」의 현상이 발견될 수 있다는 식으로 설명했었다. 그러니까 그동안까지는 어느 한 사람도 이런 사실을 근거로 하나의 어엿한 유표성의 이론을 만들어 낼 수 있다고 주장한 적은 없었던 것이다. 예컨대 Erteschik(1973)은 이른바 교량동사의 개념을 도입해서 이런 유표적인 현상을 설명하려고 했다. 즉, 그는 「Who$_i$ did he say [$\overline{S}$ that [Mary saw e$_i$]]」과 「*Who$_j$ did he quip [$\overline{S}$ that [Mary saw e$_j$]]」간의 차이를 say는 하나의 교량동사인데 반하여 quip은 하나의 비교량동사이기 때문이라는 식으로 설명했다.

그런데 언어 가운데는 이탈리아어처럼 모든 동사가 교량동사인 언어도 있었다. 또한 일찍이 Rizzi(1978)가 지적했듯이 이 언어에서는 영어에서와는 다르게 어떤 요소가 하나의 Wh-구를 뛰어넘어서 이동할 수가 있었다. 그렇지만 이 언어에서도 어떤 요소가 두 개의 Wh-구를 뛰어넘어서 이동될 수는 없었다. 이런 현상은 하나의 유표적 현상으로서, 최소지배범주가 교량X의 환경 내에 있게 되면 공교점은 최소지배범주 밖에서도 결속될 수 있다는 말로 표현될 수 있었다. 그리고 무엇보다도 중요한 사실은 교량X의 가치는 언어에 따라 다르다는 의미에서 하나의 매개변인이 되고 있다는 것이었다.

그가 보기에는 따라서 교량의 크기를 매개변인으로 한 하나의 보편적 원리가 만들어질 수 있었는데, α와 β 라는 한짝의 한계교점이 있는 경우 γ가 β내에서 결속되어 있지 않다면 그것은 β가 포함되어 있는 최소영역인 α내에서 결속되어야 한다는 원리, 즉 …[α…[β…[γ e]…]…]…와 같은 형태로 표현될 수 있는 원리가 바로 그것이었다. 이 원리가 일반성이 높은 것이라는 것은 이것에 의해서는 Chomsky가 일찍이 연계적 순환성의 원리와 Wh-섬제약 등으로 설명하려 했던 현상 뿐만 아니라 바로 앞에서 제기된 이탈리아어에서의 특이한 유표적 현상도 정확하게 설명될 수 있다는 사실로써 익히 알 수가 있었다.

이 원리가 실제로 의외로 높은 설명력을 가지고 있다는 것은 「*What i do you know [$\bar{S}_2$ who j [ej said [$\bar{S}_1$ ei [Mary saw ei]]]]」와 같은 문장의 비문법성을 이것에 의해서 설명해보면 당장 알 수가 있다. 우선 $\bar{S}_1$의 보문소 자리에 있는 e_1은 지배는 받고 있지만 최소지배범주 내에서 결속은 되어 있지 않다. 그러나 Erteschik의 설명법에 의할 것 같으면 know와 say가 모두 교량동사이기 때문에 그것은 최소지배범주 밖에서 결속을 받을 수가 있어서 결국에 이 문장은 정문일 수가 있다. 그렇지만 이 원리에 의할 것 같으면 ei가 차상위영역에서 결속이 되어 있지 않기 때문에 이 문장은 비문이 될 수 밖에 없다.(Ibid. p.201)

이 원리의 특징은 표준적인 결속조건에서의 국부성의 개념을 약간 확대함으로써 그것이 결국에는 결속에 관한 일반적인 현상뿐만 아니라 유표적인 현상도 망라할 수 있게 되었다는 점이었다. 그러니까 이 원리를 통해서 유표성의 이론을 찾는 일은 곧 핵심적 문법이론을 찾는 일일 수 있다는 사실을 확인할 수가 있었다. 그리고 더 나아가서는 이 원리는 대부분의 변형문법적 이론들은 최대로 한정된 수의 수위성과 국부성의 원리들을 기초로 한, 하나의 다분히 추상적인 형상적 이론으로 통합될 수 있다는 가능성을 보여주었다.

4. 문제점

Chomsky의 최소주의 이론의 한계성이나 문제점에는 크게 보아서 두가지 범주의 것들이 있다고 볼 수가 있는데, 그중 첫 번째 것은 이론 내적인 것들이고, 그중 두 번째 것은 이론 외적인 것들이다. 이론내적인 문제점이란 쉽게 말해서 그가 최근에 제시한 통사론 중심의 문법모형과 이론들을 일단 타당은 하지만 미완성적인 것으로 보고서 그것의 완성을 위해서는 마땅히 앞으로 해결해야 할 것으로 판단이 되는 것들이다. 그에 반하여 이론외적인 문제점이란 언어의 성격과 기능으로 보았을 때 그가 그동안에 추구해 온 언어연구의 방향과 목표가 태생적으로 지니고 있게 되어 있는 것으로 판단되는 것들이다. 그러니까 이들을 더 알기 쉽게 각각 협의의 문제점과 광의의 문제점으로 불러도 무방하다.

(1) 이론 내적인 것들

크게 보았을 때 Chomsky 자신은 지금의 그의 이론은 하나의 이론이 아니라 프로그램이라는 말을 자랑삼아 하고 있는데 반하여 그의 반대론자들은 그 점이 바로 가장 결정적인 약점이라고 주장하고 있다는 사실만큼 그의 최소주의 이론의 문제점이 무엇인가를 단적으로 드러내 주는 것은 없다고 볼 수가 있다. Chomsky와 그의 지지자들은 최소주의적인 접근법이야말로 과학적인 언어연구를 위한 최선의 것이라고 생각하는지 몰라도, 그의 비평론자들은 그렇게 보기에는 그의 이론은 분명히 하나의 접근법이 지켜야 하는 한계선을 이미 넘어서버렸다고 보는 것이다.

그러니까 예컨대 「최소주의 이론은 경험적으로 아무런 근거가 없는 한낱 추론일 따름이라」고 비판하고 있는 Levine(2002. p.325)이나, 아니면 「현재까지 얻어진 설명력의 성공은 이 접근법이 구체적인 언어이론으로 발전될 수 있다는 낙관주의에 대한 이유가 되고 있다.」고 옹호하고 있는 Lasnik(2006. p.155)이나가 공히 이 이론의 제일 큰 특징은 바로 미완결성이나 유동성이라고 생각하고 있는 것이다. 다시 말하자면 비판론자와 옹호론자 간의 차이는 그것을 하나의 단점으로 보느냐 아니면 장점으로 보느냐의 태도적 차이일 뿐이다. 이론상으로 옹호자들은 마땅히 현재까지 제안된 문법이론 중 가장 과학적인 것이라는 점을 이 이론의 제일 큰 장점으로 내세울만한데, 미완결성을 그런 것으로 내세우는 것이 상식과 어긋나는 점이다.

그리고 더 주목할 만한 사실은 Chomsky 자신은 「자연과 언어에 대하여」에서 이 문제와 관련하여 「세상의 현상들이 코페르니쿠스의 이론을 거부하는 것처럼 보이듯이 언어의 모든 현상들은 최소주의 이론을 거부하는 것」처럼 보인다.와 같은 말을 하고 있다는 점이다. 물론 이 자리에서 그는 최소주의 이론은 이론이 아니라 접근법이라는 주장도 하고 있다.

그렇다면 그는 여기에서 결국에 코페르니쿠스의 지동설의 경지에 아직 이르지 못한 자기 이론을 마치 이미 그런 것처럼 생각하는 잘못을 저지르고 있는 셈이다(p. 124). 또한 그는 여기에서 말로는 하나의 접근법이라고 하면서 실제로는 하나의 이론으로 생각하는 일종의 이중성을 보이고 있다고 볼 수도 있다.

  객관적으로 보았을 때는 어느 이론의 미완결성이나 불완전성은 그것의 장점이 아니라 단점으로 간주될 수 밖에 없는데, 결국에는 최소주의 이론이라고 해서 하나의 예외일 리는 없다. 이런 사실은 그의 최소주의 이론은 1995년 이래 초기의 것과 최근의 것으로 나뉘어 논의될 수 있을 정도로 꾸준히 변화해 온 나머지, 일부 전문가들 사이에서 마저 그것의 내용을 놓고 의견의 일치가 쉽게 이루어지지 않고 있다는 사실로써 익히 확인될 수가 있다. 다른 말로 표현하자면 초기의 최소주의 이론에서 제안된 의견 중 대부분은 얼마 뒤에 크게 수정을 받거나 아니면 다른 것으로 대치되는 운명에 처하게 되었으니까, 현재로서 최소주의 이론의 실체를 정확히 파악하는 것은 누구에게나 불가능한 일이 되어버린 것이다. 쉽게 말해서 이 이론에 대한 그동안의 논쟁은 다음과 같은 몇가지 문제점을 노출시키고 만 것이다.

가) 문법모형

  아직까지도 하나의 논쟁거리로 남아있는 문제점에는 몇가지가 있다고 볼 수가 있는데, 그중 첫 번째 것은 문법모형이다. 그것의 기본이라 할 수 있는 문법모형이 지난 4~50년 동안에 일정하게 고정되어 있지 않았다는 것이 그의 문법이론의 제일 큰 특징이라고 말할 수가 있는데, 이런 특징은 최소주의 이론의 발전과정에서도 쉽게 발견될 수가 있다. 예컨대 앞에서 이미 충분한 설명이 있었듯이 1995년에 그가 제안했던 모형 자체가 보편문법이론으로 불리는 현실형과 앞으로 지향해야 할 미래형 중 어느 것도 아니었다. 그 이유는 물론 이 때에는 미래형에 대해서는 몇 가지 기본적인 구상만 언급되었지 구체적이고 확정된 모형이 제시되지는 못했기 때문이었다.

그렇지만 이 때가 기점이 되어서 그 후 내내 Chomsky와 그의 동료들의 관심은 Epstein(1999)의 용어를 빌리자면 최선의 「도출적인 모형」을 찾는 데 집중되어 왔다. 그러니까 이 때에 이르러서 대부분의 사람들은 적어도 문법모형은 몇가지의 표현체로 구성되어 있는 것이 아니라 일련의 도출적 단계로 이루어져 있다는 데는 비교적 쉽게 합의를 보게 된 것인데, 문제는 그 단계의 수를 몇 개로 볼 것이냐를 놓고서 합의를 보는 것은 생각만큼 간단한 일이 아니라는 데 있었다. 물론 이들은 아무리 컴퓨터적 연산원리나 이상언어적 언어이론에 의해서 그럴싸한 시안이 만들어졌다고 해도 궁극적으로는 사실적인 검증만이 그것의 타당성을 보증하게 된다는 사실도 잘 알고 있었다. 이런 의미에서 보자면 이 문제는 결국에 최소주의 이론에 대한 모든 토의가 시작되고 귀결되어야 할 원초적 과제였다.

지난 10여 년간에 걸쳐서 이 문제에 관한 논의는 크게 두가지 모형을 중심으로 해서 이루어졌다. 그중 한가지는 이른바 「다중 문자화」 모형이고, 나머지 한가지는 「단일 출력」 모형인데, 굳이 따지자면 두 번째 것이 첫 번째 것보다 더 이상화한 것으로 볼 수 있으니까, 여기에서도 다시 현실형 대 이상형 간의 대립현상이 나타난 셈이다. 먼저 다중 문자화모형이란 Epstein(1999)과 Uriagereka(1999) 등이 최근에 제안한 것으로서, 이름 그대로 통사적 처리는 여러 단계로 나뉘어져 이루어지는데 한번의 그것이 끝날 적마다 그 결과는 바로 문자화가 되는 모형이다. 그러니까 이것에서는 배번집합은 우선 여러 개의 하위배열로 분할되어서 그 하나 하나에 필요한 도출절차가 가해지게 되며 그 결과는 그때마다 바로 음성형태와 논리형태로 송부되게 되어있는 것이었다. 아마도 이것의 특징을 가장 잘 드러내주는 말이 Uriagreka(2002)가 최근에 한 이것에서는 으레「마치 통사부가 그 길을 미리 파놓았기라도 하듯이, 해석절차는 맹목적으로 따라가야만 한다」는 말일 것이다.

Lasnik(2006, p.154)은 이 모형의 우월성을 실증할 수 있는 예로서 그동안까지 재구성 현상으로 다루어지던 재귀사의 이동과 결속관계에 대한 설명법을 들고 있다. 재구성 절차란 S-구조에서 이동한 요소를 논리형태에서 다시 원래의 위치로 복원하여 의미해석이 제대로 이루어지도록 하는 것인데, 이 모형에 따를 것 같으면 굳이 그런 번거로운 절차를 밟을 필요가 없어진다는 것이 그의 주장이었다. 예컨대 그는 「Himself, John criticized.」와 같은 강조문이 왜 정문인가 하는 것이 이 모형에 의할 것 같으면 아주 간명하게 설명될 수 있다고 주장했다.

우선 「John criticized himself.」와 「*Himself criticized John.」과 같은 예문을 통해서 일반적으로 재귀사는 그것을 성분통어하는 선행사를 필요로 하게 되어있다는 것을 알 수가 있었다. 그렇지만 앞에 제시한 강조문에서는 재귀사가 성분통어를 받을 수 없는 자리로 이동되어 있으면서도 선행사와의 결속관계는 정상적으로 유지되고 있었다. 이런 현상은 재귀사와 관련된 통사적 도출작업은 2단계로 나뉘어져 있는데, 그 순서는 결속관계의 설정작업 없이 이동작업보다 먼저 이루어지는 식이라고 보면 쉽게 설명이 되는 것이었다.

그런데 「John seems to himself to be clever.」와 같은 주어 상승문의 경우에 있어서는 그 두가지 작업의 순서가 정반대여야 한다는 사실을 알 수가 있었다. 즉, 이것의 D-구조는 「- seems to himself [John to be clever.]」일 테니까, 먼저 주어 상승절차에 의해서 John이 seems의 앞자리로 이동된

다음에야 그것과 재귀사간에 적법적인 결속관계가 성립될 수가 있다. 이런 사실로 미루어 보았을 때 다중 문자화모형에 의한 도출작업에서 중요한 것은 단계의 수가 아니라 그들간의 순서라는 것을 알 수가 있었다.

그 다음으로 단일 출력모형이란 간단히 말해서 문자화의 단계를 여러 개가 아니라 단 하나인 것으로 보는 모형이다. 물론 경제성의 원리로 보아서 이것의 일종의 이상적인 모형이라는 것은 더 말할 나위가 없다. 결론부터 말하자면 그런데 문제는 이것에 대한 그동안의 Chomsky의 입장을 통해서 익히 알 수 있듯이 문자화의 단계의 개념을 어떻게 잡느냐에 따라서 다중 문자화모형과 이것과의 구별이 애매해질 수 밖에 없다는 데 있다. 우선 그는 하나의 이상주의자이다. 그러므로 문자화의 단계가 단 하나만 있게 되는 모형, 즉 단일 출력모형을 궁극적인 문법모형으로 생각하는 것은 너무나 당연한 일이다.

그의 이런 입장은 그의 2005년의 논문에서 잘 밝혀져 있다. 예컨대 그는 이것의 11쪽에서 「하나의 중대한 질문은 그렇다면 인터페이스 조건에 의해서 강요되지 않고도 내적인 수준들이 제거된 나머지 다섯 개의 순환들이 단 한가지로 축소될 수 있느냐 하는 것이다. 만약에 가능하다면 그거야말로 하나의 실질적인 발전일 것인데, 이것으로부터는 많은 결과들이 나타나게 될 것이다.」와 같은 말을 하고 있다. 이 말의 배경적 설명으로 그는 지난 35년간에 개발된 확대표준모형에서는(이것은 흔히 Y모형으로 불리기도 함) 두 개의 인터페이스 수준 외에 D-구조와 S-구조, 논리형태 등이 설정되어 있어서, 문법적 작업은 으레 모두 다섯가지의 순환적 조작을 거치게 되어 있었는데, 이것에서는 외현적 순환과 비외현적, 즉 내현적 순환의 작동요령이 거의 같다는 문제점과, 결국에는 다섯가지의 순환적 조작들은 아주 유사한 방법으로 이루어지게 되어 있다는 문제점 등이 발견되었다는 말도 하고 있다. 그러니까 그는 이 자리에서 이런 변화에 대한 희망을 개진하고 있는 것이 아니라 그것의 필연성을 강조하고 있었던 것이다.

그런데 조금 뒤인 16쪽에서는 그가 그의 이런 입장에 대한 해석을 전혀 다르게 할 수 있는 말을 하고 있다. 간단히 말해서 그는 여기에서 「국면(phase)」이라는 개념을 도입하게 되면 하나로 축소된 순환마저도 필요없게 되어서 두 개의 인터페이스 수준만이 남게 된다고 주장하고 있는데, 문제는 그는 국면의 수를 하나가 아니라 여러 개로 보고 있다는 데 있었다. 그게 그렇다는 것은 그가 국면의 개념을 놓고서 「그렇게 되려면 연산은 오로지 짝 병합이나 조 병합과 같은 병합절차에만 의존하게 되어야 하는데, 이 절차에 있어서는 도출과정의 어느 시점에서 통사적 대상들이 산출되어서 두가지의 인터페이스에 송부되게 된다. 음성적 인터페이스로 송부되는 것을 가끔 「문자화」라고 부르는데, 송부된 통사적 대상들을 「국면」이라고 부르기로 하자. 최적적으로는 하나의 국면이 송부되게 되면 그것은 직접적으로 인터페이스에 사상되어서 곧바로 「망각」되게 된다. 후속되는 조작들은 이미 인터페이스에 사상된 것을 다시 조회해서는 안되는데, 이것 역시 순환적 조작을 뒷받침하는 하나의 기초적 직관이다.」와 같은 말을 하고 있다는 사실로써 익히 알 수가 있다.

그렇다면 그가 순환과 국면을 같은 것으로 보고 있다고 보느냐 아니면 다른 것으로 보고 있다고 보느냐에 따라서 그의 문법모형관을 단일출력적인 것으로 볼 수도 있고 아니면 다중 문자화적인 것으로 볼 수도 있다는 결론이 나오는데, 이것에 대한 정답은 그의 문법관은 결국에 다중 문자화적인 것이라는 것이다. 우선 그는 2000년에 발표한 「최소주의적 질문 : 틀(Minimalist inquiries : the framework)」이나 그 다음해에 발표한 「국면에 의한 도출」 등의 논문에서 통사적 작업의 단위는 더 이상 순환이 아니라 국면이라는 주장을 폈었다. 그 다음으로 Lasnik(2006, p.153)이 보기에는 그가 말하는 국면은 지난날의 순환과 같은 것이어서, 그가 내세운 연계적 순환성의 이론은 국면의 개념이 도입된 이후에도 그대로 살아있게 마련이었다.

나) 복사이론

그는 최근에 이르러 그동안까지 그의 문법이론의 핵심이론 중 한가지였던 흔적이론을 복사이론으로 대체할 것을 제안하고 나섰는데, 이것 역시 앞으로 많은 논쟁을 불러일으킬 문제점의 한가지라고 볼 수가 있다. 지배와 결속 이론에서는 어떤 요소가 이동시에는 그것과 동일한 지표를 갖는 공범주가 원 위치에 남겨지게 된다는 흔적이론이 의미역 조건과 투사원리와 연결된 상태에서 거의 모든 변형절차에 관한 기본적인 기준을 제공하고 있었다. 그래서인지 적어도 초기때까지는 최소주의 이론에서도 그는 예컨대 재구성의 현상을 설명하면서 「Which picture of himself] did John say [t' that Bill liked t best]」와 같은 예문을 제시하는 식으로 흔적의 개념을 그대로 사용하였다.(Chomsky, 1995: pp.70~71)

그러나 그런 표기법이 2002년의 「자연과 언어에 대하여」에서는 비슷한 예문을 「Which picture of himself does John prefer <which picture of himself>」 대 「*Which picture of John does he prefer <which picture of John>」처럼 표기하는 식으로 바뀌었다. 그는 여기에서 「언어란 표현체들이 지각운동과 사고체계에서 해독이 가능할 수 있도록 연결되어 있는, 하나의 최적적으로 구도된 체계일 수 있는가?」라는 질문과 함께 「흔적의 복사이론」이라는 신발상법을 제안하였다. 그러니까 그는 이 때에 이미 흔적이라는 개념을 복사의 개념으로 바꾸는 것이 최소주의 이론이 앞으로 지향해야 할 방향이라고 보았던 것이다.(p.40)

그 후 2005년의 「언어설계의 3요소」에서 그는 초기의 「흔적의 복사이론」이라는 용어를 「이른바 이동의 복사이론」으로 대치하면서 이런 변화의 이론적 배경과 필요성을 보다 구체적으로 설명하고 있다. 그러니까 이때쯤에는 그는 이런 발상법은 하나의 이론으로 하루빨리 발전되어야 한다고 믿게까지 되었던 것인데, 흥미롭게도 여기에서 그는 그것의 근거로 불간섭의 조건을 내세웠다. 불간섭의 조건이란 간단히 말해서 효율적인 연산에 있어서는 한 국면에서 이루어진 조작의 결과를 뒤에 다시 조회하거나 수정해서는 안된다는 것으로서, 누가 보아도 일단 이 조건이 받아들여지려면 제일 먼저 제거되어야 할 것이 바로 흔적이론이었다.

그런데 사실은 그는 이미 연산시 배번집합에 선택된 어휘 이외에 다른 요소를 추가해서는 안된다는 포괄성의 조건을 내세운 바가 있는데, 흔적이론은 이것도 위반하고 있었다. 그는 흔적이론에 따를 것 같으면 「이동을 하는 경우에는 으레 이동된 요소와 동일표지를 하게 되는 새로운 요소, 즉 흔적을 남기게 되니까, 조작의 대상들이 수정을 받게 되고 새로운 요소들이 첨가되는」 결과가 나오게 된다고 주장했다. 그러니까 그는 흔적이론은 우선 포괄성의 조건과 충돌하고 있다는 의미에서도 「자기 자신의 오류」였다는 점을 솔직히 인정했던 것이다.

그가 굳이 여기에서 불간섭의 조건이라는 기준을 새로 내세우게 된 이유는 이것을 결국에 연산적 부하량을 최대로 줄일 수 있는 것으로 판단했기 때문이었다. 이것의 근거로 그는 복사이론으로 흔적이론을 대체하게 되면 그 전까지의 재구성의 규칙들이 필요없게 될 뿐만 아니라 그 현상에 대한 설명을 더 명석하게 할 수 있게 된다는 점을 들었다. 이렇게 보자면 그는 최소주의 이론의 궁극적인 목표를 연산적 효율성을 극대화시키는 데 두고서 그것을 구현할 수 있는 수단으로서 국면이론과 복사이론을 내세우게 된 것이었다. 그러니까 이 제안은 결코 그의 문법이론의 일부에만 영향을 줄 수 있는 것이 아니었다.

　이 제안을 물론 Lasnik(2006. p.154)은 이 발상법은 이동을 복사와 삭제의 복합절차로 보았던 1950년대의 초기이론으로의 복귀라는 의미에서 크게 환영하였고, 또한 Boeckx(2006. p.162)는 어린이에게서「Who do you think who the cat chased?」에서처럼「Wh-복사」의 현상을 쉽게 발견할 수 있다는 사실을 들어서 이것의 타당성을 인정하였다. 그렇지만 그는 바로 이 자리에서 이것을 하나의 완전한 이론으로 발전시키기 위해서는 앞으로 해결해야 할 과제가 남아있다는 사실도 인정하였다. 이런 의미에서도 그는 현재로서 자기가 생각하는 최종적인 최소주의 이론이 어떤 모습일는지를 예단하는 것은 무의미한 일이라고 본 것이었다.

　예컨대 그는 이 자리에서「이동은 하나이거나 아마도 여러 개의 복사를 남기게 되는데, 이들은 모두 음운부위에 송부되게 된다.」와 같은 말을 하고 있는데, 이런 사실로 미루어 보아서 이 이론의 첫 번째 문제점은 바로 복사의 수를 정하는 것이라는 것을 알 수가 있다. 원래가 이동에 의해서 남겨진 복사는 음운부위에서는 삭제가 되지만 논리형태에는 그대로 유지가 되게 되어있다. 그러니까 궁극적으로는 복사의 수를 정하는 일은 문자화의 단계나 국면의 수를 정하는 일과 불가분하게 연결되어 있을 텐데, 이 점에 대해 그는 유보적인 입장을 보이고 있는 것이다.

　물론 엄밀하게 따져보자면 이 문제에 대한 그의 입장이 이미 정해져 있지 않은 것은 아니라고 볼 수도 있는데, 그 이유는 그가 여기에서 분명히 의사소통의 효율성을 높이기 위해서는 복사들은 모두가 마땅히 문자화가 되어야 하지만, 연산의 최소성과 인터페이스 조건을 충족시키기 위해서는 단 하나의 복사만을 문자화시키는 것이 맞는 일이라는 말을 하고 있기 때문이다. 그는 따라서 복사이론의 진짜 문제거리는 복사의 수가 하나냐 여러 개이냐가 아니라 여러 개의 복사 중 어느 하나를 문자화의 대상으로 보아야 하느냐 라고 본 것이었다.

그는 또한 이 자리에서 이 점을 놓고서는 여러 가지 의견이 있을 수 있는데, 그중 가장 그럴듯한 것이 바로 Nissenbaum(2000)에 의한 국면이론적 의견이라는 말도 하고 있다. 그것의 내용은 크게, 국면 수준에서 이루어지는 작동에는 인터페이스로의 전이와 외적이거나 내적인 병합의 두 가지가 있는데, 내적인 병합이 전이보다 앞서는 경우에는 이동은 외현적인 것이 되고, 그 반대의 경우에는 그것이 내현적인 것이 되어서, 결국에는 후자에 있어서는 전이 때 이미 낮은 복사가 문자화되어버리는데 반하여, 전자에 있어서는 그 선택이 다음 국면으로 연기되는 결과가 나온다는 것이었다. 그는 더 나아가서 경우에 따라서는 음성적 인터페이스가 한 복사의 부분적 문자화만을 요구하기도 한다는 점도 유념할 가치가 있다고 보았다.

Lasnik(2006)은 그런데 최근에 나온 여러 가지 연구결과들을 종합해 볼 때 복사이론이 과연 재구성 이론을 완전히 대체할 수 있느냐 하는 것은 다중 문자화 작업과 복사작업간의 작업량의 분배를 어떻게 하느냐에 달린 것 같다는 견해도 내놓았다. 예컨대 그가 연구한 바에 의할 것 같으면 복사절차는 A-이동이 경우에 재구성의 효과를 전혀 나타내지 못하고 있었다. 결국 이렇게 보자면 그도 Chomsky와 마찬가지로 바람직한 복사이론을 모색하는 일은 최소주의 이론 전체에 대한 재검토에서만 이루어져야 한다고 생각한 것이다.

다) 병합 절차

　Lasnik(2005)은 「문법과 수준, 생물학」에서 최소주의 이론의 특징을 1950년대의 초기이론으로 회귀한 점으로 보면서, 그것의 근거로 최소주의 이론에서 내세우는 병합과 이동은 각각 초기이론 때의 일반화 변형과 단순변형에 해당한다는 사실을 들었다. 그렇지만 엄밀하게 따지자면 최소주의 이론에서의 병합과 이동의 관계는 그렇게 단순한 것이 아니다. 우선 옛적에는 일반화 변형은 으레 일정한 단순변형을 마친 다음에 이루어지는 것으로 보았다는 의미에서 단순변형보다 우위적인 변형으로 보지를 안했었다. 그렇지만 최소주의 이론의 최신형에서는 이동을 완전히 제거한 상태에서 오직 병합만을 필요한 통사적 절차로 보려고 한다.
　앞에서 논의한 다른 문제점의 경우와 마찬가지로, 이것이 주요 문제점의 한가지가 될 수 밖에 없는 근본적인 원인은 그동안의 이것에 대한 Chomsky의 태도가 일관된 것이 아니었기 때문이다. 앞에서 자주 말이 나왔듯이 이 점을 놓고서도 그는 현실형과 이상형 사이에서 일종의 이중 플레이를 해오고 있었던 것이다. 예컨대 그는 1995년의 책에서는 비록 경제성의 원리의 측면에서 보자면 이동이라는 절차가 아예 사라지는 것이 바람직스런 일일지라도 그것이 병합으로는 수행할 수 없는 기능을 수행하게 되어 있기 때문에 살아남을 수 밖에 없다는 입장을 취했다. 일단 그러니까 최소주의 이론은 이 점에 있어서 α-이동만을 인정하던 지배와 결속이론과 달라지게 된 것이다. 이 책의 316쪽에서 그는 이동의 필요성을 아래처럼 합리화하고 있다.

　　나머지 질문은 전위의 기구는 어떤 것이며, 왜 그것은 존재하게 되는가이다. 최소주의적 가정하에서는 그것의 성격에 관해서 오직 한가지만이 확인되면 되는데, 그것은 바로 전위된 항목이 해석을 받게 되는 논리형태에 그 위치가 명시되어 있다는 것, 다시 말해서 연쇄가 논리형태에서 적법적인 대상이 되고 있다는 것이다. 연쇄는 어휘부로부터의 선택이나 병합에 의해서 만들어지지 않는 것이기에 그것을 형성하기 위해서는 유인/이동이라는 또 하나의 조작이 있어야만 된다.

물론 이 책에서의 이 문제와 관련된 그의 입장에 관한 한 무엇보다도 중요한 사실은 병합에 대해서는 이것의 끝부분에서 위의 말을 비롯한 약간의 언급만 있을 뿐, 이것 전체가 α-이동과 관련된 이론과 분석으로 채워져 있다는 사실이다. 구체적으로 말할 것 같으면 이것에서 논의되고 있는 내용들은 그전에 보편문법이론이나 원리와 매개변인이론이라는 이름 밑에서 논의했던 것들과 거의 같아서, 실제로 제시되고 있는 예문 자체가 「John seems [t' to be likely [t to win]]」과 같이 「지배와 결속이론」이나 「장벽」에서 제시되었던 것과 유사한 것들이었다. 그러니까 겉으로 이따금씩 하는 말과는 달리 「α 이동은 연산의 불변의 원리이다.」라는 그의 사고방식은 이 때에 와서도 조금은 변하지 않았던 것이다.(p.45)

그렇지만 편의상 일단 최소주의 이론의 초기 때 그가 가졌던 발상법을 병합과 이동을 두 개의 상보적인 통사적 절차로 보는 것으로 간주를 할 수가 있을 텐데, 이런 2축적인 발상법은 그의 2002'년의 책에서도 그대로 느러나 있었다. 예컨대 이 책의 제1장에서는 우선 인간의 언어기능을 그의 정신의 한 구성부로 보았을 때는 그것에서는 병합과 같은 「반복적인 생성절차」가 기본적인 통사적인 절차로 쓰이고 있을 것이 분명하다거나, 아니면 여러 언어들의 기본구조들을 비교해 볼 것 같으면 그들은 모두 보편문법의 원리를 따르고 있다는 사실과 결국에는 명사구나 동사구와 같은 기본구조들은 「병합」이라는 공통된 절차에 의해서 형성된다는 사실을 확인할 수 있다고 주장하고 있다.

그러나 이런 말을 한 바로 뒤에서 그는 「The car was washed – (by Bill)」과 같은 수동형을 기술함에 있어서 종전에 주제역이론이나 격이론

등이 사용되었었는데, 이제는 단 하나의 이동규칙만이 쓰이게 되어서 결과적으로는 그 작업이 크게 단순화 되었다는 말이나, 또는 현대언어학의 가장 큰 업적은 Wh-이동원리와 순환적 이동의 원리를 발견한 것인데, 아직은 이것에 관한 하나의 공리체계가 세워지지는 못했지만, 적어도 언어간 차이는 이동이 외현적이냐 내현적이냐의 차이일 뿐이라는 점과, 이동은 연산적 필요상 오로지 최후수단일 때만 쓰일 수 있다는 점 등은 이미 알고 있다는 말을 하고 있다.(p.38)

그런데 바로 이 시기에 그는 이 책에서 밝힌 것과 같은 2축적인 발상법을 사실은 그의 본심이 아닌 것으로 볼 수 밖에 없는 논문들도 발표하였다. 그중 하나는 2001년에 발표된 「국면에 의한 도출」이라는 논문으로서 여기에서 그는 분명히 「가장 단순하고 가장 작은」 병합의 절차 하나만 있으면 모든 규칙들은 익히 제거될 수 있다고 주장했다. 그 중 두 번째 것은 2002년에 Fitch와 Hauser와 함께 발표해서 그후에 Jackendoff와 Pinker의 치열한 공격의 대상이 되었던 것으로서, 이것의 핵심이 되었던 것은 분명히 「순환성 유일의 이론」이었다. 그러니까 이 시기에 이르러 1995년 때와 달라진 것은 최소한으로는 이동을 병합보다 앞세우는 2축적인 발상법이 거꾸로 병합을 이동보다 앞세우는 2축적인 발상법으로 바뀐 점이고, 최대한으로는 아예 그것이 병합 한가지만이 존속하는 1축적인 것으로 바뀐 점이라고 볼 수가 있다.

2005년에 와서는 이런 단계적 발전과정에 또 하나의 단계가 있음을 드러내게 되었는데, 얼마전부터 조금씩 발아되어오던 1축적 발상법이 확실하게 착근되는 단계가 바로 그것이다. 한마디로 말해서 1축적 발상법이란 이동을 병합의 한 하위적인 것으로 봄으로써 결과적으로 통사적 절차에는 오직 병합 한가지만이 있게 된다고 생각하는 발상법인데, 이것의 내용이 보다 구체적으로 밝혀져있는 논문이 바로 「언어설계의 3요소」였다.

굳이 따지자면 1995년의 책과 2002년의 책들에서는 하나같이 이동변형과 관련된 것들이 논의의 주부가 되고 있었다. 그에 반하여 이 논문은 그 주제를 병합이라고 보아도 잘못된 말이 되지 않을 정도로 병합에 관한 설명으로 가득 차 있었다. 최근까지의 최소주의 이론의 발전과정과 그것에 대한 연구결과들은 병합이라는 개념 하나로 집약될 수 있다고 그는 본 것이다.

우선 그의 1축적인 발상법이 그의 언어사상과 언어이론 전체의 초석과 같은 것이라는 것은 11쪽에서의 언어기원에 대한 「언어기능에 관한 기초적인 사실은 그것은 분리적인 무한대의 체계라는 것이다. 그런 체계는 으레 이미 구조되어 있는 n개의 대상들을 가지고서 새로운 대상을 구조해내는 원초적 작동에 기저하고 있다. 가장 단순한 경우는 이들 n개의 대상들이 한 조를 이루고 있는 경우이다. 그 작동을 병합으로 부르기로 하자. 병합이나 그것과 대등한 것은 하나의 최소의 요구사항이다. 병합을 할 수 있게 되면 우리는 즉각 위계적으로 구조된 표현들의 무한한 체계를 갖게 된다. 인류의 진화에 있어서의 「대비약」을 가장 간단하게 설명하는 방법은 약간의 돌연변이에 의해서 두뇌가 재연결되면서 병합의 작동을 할 수 있게 되었고, 그래서 최소한 원리상 인류진화의 극적인 「순간」에 드러나게 된 것들의 핵심적 기저가 형성되게 되었다고 보는 것이다. 단편적 사실에서 결론을 도출하는 것은 결코 사소한 문제가 아니다」와 같은 언급을 통해서 익히 알 수가 있다.

그렇지만 바로 그 뒤인 12쪽과 13~14쪽에서의 병합의 내용에 대한 설명들은 그의 1축적인 발상법이 사실에 있어서는 일종의 편의적인 발상법이라는 점을 잘 드러내주고 있다. 먼저 12쪽에서의 「어떤 규정이 추가되지 않는 한 병합의 작동에는 두가지가 있다. A가 주어져 있을 때 A외부로부터나 A내부로부터 B를 그것에 병합시킬 수가 있다. 이들은 외적병합과 내적 병합이 되는 셈인데, '이동'이라고 불리는 후자 역시 아무 부담없이 이루어지고 그 익숙한 언어의 전위의 특성을 드러내게 된다. 그동안 특히 나는 그 특성을 어떻게 해서든지 설명되어야 할 언어의 '불완전성'의 한 가지로 간주해 왔는데, 실제로는 그것은 일종의 사실상의 개념적 필요성이다.」라는 말을 통해서는 이 발상법에서도 이동의 개념이 사라지는 것이 아니라 단지 편의상 이름만 바뀐 것이라는 것을 알아차릴 수 있다.

그 다음으로 13~14쪽에서의 「두 종류의 병합은 인터페이스 특성과 밀접하게 상관되어 있어서, 1960년대에 Jackendoff와 Culicover, Jenkins 등이 심층대 표면해석이라는 용어로 표현하려고 했던 의미론의 양면성의 현상을 드러내주고 있는 듯하다. 외적인 병합은 논항구조와 상관되어 있고, 내적인 병합은 범위나 신구정보와 주제 등의 담화와 관련된 것과 같은 주변적 특성과 상관되어 있다」와 같은 말을 통해서는 외적인 병합에 의해서 기본적인 도출작업이 이루어지기는 하지만, 그렇다고 해서 내적인 병합, 즉 이동의 역할이 없어지는 것은 아니라는 것을 알 수가 있다.

그런데 바로 앞에서 그의 복사이론을 다루는 자리에서 이미 드러났듯이, 내적 병합으로 불리는 이동은 연산체계를 최소화시키는 데 있어서 결정적인 역할을 수행하게 되어 있다. 예컨대 13쪽에서의 「국면수준에서는 인터페이스로의 전이와 외적이거나 내적인 병합의 두 작동이 이루어진다. 만약에 내적인 병합이 전이를 앞서게 되면 이동은 외현적인 것이 되고, 그렇지 않게 되면 그것은 내현적인 것이 된다. 만일에 이동이 내현적이면 전이 때 이미 낮은 복사가 문자화되어 버린다. 만일에 그것이 외현적이면 그 선택이 다음 국면으로 연기된다.」와 같은 말을 통해서, 우리는 이동이 결국에는 국면의 수를 단수로 만들 수도 있고 복수로 만들 수도 있기 때문에 결과적으로는 그것에 의해서 복사이론의 성격은 더 말할 나위가 없고 문법모형 자체도 달라지게 된다는 것을 익히 알 수가 있었다.

이렇게 보자면 그는 분명히 최소주의 이론의 장래는 병합의 현상과 관련된 연구뿐만 아니라 이동의 현상과 관련된 연구에 의해서 달라질 수 있다고 보고 있는 것이다.

라) 자질 점검

최소주의 이론의 특징 중 가장 중요한 것은 역시 「표현체의 각 상징을 하나의 자질의 집합체」로 보면서, 문장 도출의 과정, 즉 문법을 자질 점검의 과정으로 본다는 점이다. 이 이론에 따를 것 같으면 어휘적 자질에는 음운적인 것과 통사적인 것, 의미적인 것 등의 세가지가 있어서, 예컨대 「John gave a book to Mary.」와 같은 문장을 도출하는 과정 중 첫 번째 단계, 즉 필요하고 적법적인 어휘로들을 어휘로부터 선택하는 단계 때부터 그들을 점검하는 일이 모든 작업의 기본이 된다. 쉽게 말하자면 그러니까 병합과 이동 모두가 결국에는 그때 그때 필요한 자질을 점검받고 제거시키는 절차인 셈이다.

우선 문법을 일종의 자질 점검체계로 보려는 발상법은 최소주의 이론 때에 이르러서 처음으로 나온 것은 아니다. 예컨대 표준이론 때에 이미 그는 통사론도 음운론처럼 자질 중심적으로 형식화되어야 한다고 믿은 나머지 기저부내에 범주화규칙에 더해서 하위범주화 규칙과 선택적 규칙을 설정하게 되었다. 그런데 그는 이때 이미 통사론에서 다루는 자질은 이른바 통사적 자질이어서 오직 이것만 가지고서도 의미의 문제를 개입시키지 않고서 모든 통사적 현상들이 설명될 수 있다고 생각했었다. 이 때는 동사가 「V → [+V, ± Progressive, ± Transtive, ± Abstract - Subject, ± Animate - Object]」와 같은 다시 쓰기 규칙에 의해서 통사적 자질의 집합체로 표현되어 있었다.(Chomsky, 1965: p.90)

그렇지만 이 때만 해도 병합과 이동과 같은 도출의 절차들이 일정한 통사적 자질이 유인자가 되어서 이루어진다고는 보지 않았다. 다시 말해서 이때는 자질표현을 자유문맥적 구구조규칙을 문맥제약적 구구조규칙으로 바꾸는 수단으로 삼았던 것이니까, 그것을 문장생성의 기본적인 유발자로 볼 수는 없었다. 그러니까 최소주의 이론 때에 와서야 처음으로 통사적 자질을 언어조작의 기본단위이며 작동자로 보게 된 것이 분명하다. 결국 최소노력의 원리나 최후수단의 원리, 완전해석의 원리와 같은 최소주의 이론의 핵심적 원리들이 모두 자질 점검의 절차에 대한 것들인 것이다.

그런데 그동안의 연구로 이것이 1995년의 책에서 제안했던 것만큼 단순하지 않다는 사실이 드러났다. 우선 그는 어휘부에서 차출되는 어휘는 크게 음운적 자질과 통사적 자질, 의미적 자질 등을 지니게 되어있다고 주장했는데, 여기에서 문제가 될 수 있는 것이 바로 의미적 자질이다. 간단히 말해서 그가 여기에서 말하는 의미적 자질이란 표준이론에서 범주화와 하위범주화, 선택적규칙 등으로 표현되는 것이어서, 궁극적인 의미로 보아서는 이것 역시 일종의 통사적 자질이지 의미론적 의미에서의 의미적 자질은 아니다. 그러니까 우선 문장 생성의 첫단계로서 어휘적 배번집합을 형성함에 있어서 과연 이들 세가지 자질들의 결합 가능성만이 유일한 병합의 기준이 되는 것인지가 문제일 수가 있다.

특히 그는 어휘간의 기본관계는 X'이론에 의해서 정해진다고 보고 있기 때문에, 병합의 절차를 주도하는 요소를 어휘적 자질로 보아야 하는가도 문제일 수가 있다. 예컨대 이 책의 277쪽에서 그는 「We build airplanes.」라는 배번집합을 만들기 위해서는 We의 형식적 자질로는 [1인칭]이 들어가 있고, airplanes의 그것으로는 [3인칭-인간]이 들어가 있으며, build의 그것으로는 [목적격 부여]가 들어가 있고, T의 그것으로는 [주격 부여]가 들어가 있으면 된다고 설명하고 있는데, 과연 이 정도의 자질표현만으로 이런 것이 만들어질 수 있는지는 아직 분명하지가 않다.(T: 시제)

그는 또한 이 책에서 하나의 핵으로서 유인자가 될 수 있는 형식적 자질에는 범주적 자질과 Ø자질(수, 인칭, 성), 격자질, 강자질 등의 네가지가 있어서, 여러 언어간의 어순적 차이는 강자질의 유무에 의해서 결정된다는 의견도 내놓았는데, 이것 역시 엄격히 따지자면 완전히 검증된 의견이라고 볼 수가 없다. 그 이유는 아직까지는 영어 하나의 경우만을 놓고 보아도 강자질에 의한 외현적 이동과 약자질에 의한 내현적 이동간의 명확한 구별이 쉽지 않기 때문이다. 예컨대 그는 이 책의 256쪽에서 「The man saw it.」의 심층구조를 아래의 것처럼 잡은 다음에, 이것에서의 이동 절차를 먼저 the man이라는 DP가 IP를 목표로 외현적으로 상승되고, 그 다음에는 it가 AgroP를 목표로 내현적으로 상승되는 것으로 보고 있는데, 아직도 과연 이런 구분이 타당한 것인지에 대한 논의는 계속되고 있다.

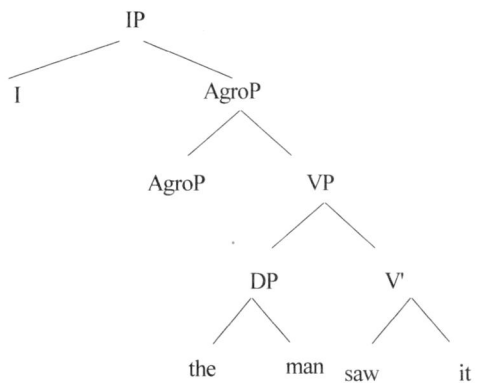

또한 그는 영어의 동사는 약자질이어서 외현적 이동이 금지되는데 반하여 불어의 그것은 강자질이어서 그런 이동이 허용된다거나, 영어에서는 의문사가 강자질이기에 외현적이동을 하게 되지만 불어에서는 그것이

강자질과 약자질의 두 특성을 가지고 있어서 그런 이동을 선택적으로 하게 된다고 설명하고 있는데, 두 번째 예로 보아서는 어떤 범주를 강약의 두 자질로 양분하는 것 자체가 무의미해진다.

그런데 최소주의 이론에서는 자질 점검은 으레 이동에 의해서 이루어지게 되어 있기 때문에 결국에는 언제, 무엇 때문에 이동을 하게 되느냐가 자질점검 이론의 핵심이 될 수 밖에 없다. 1995년의 책에서는 이동을 추진하는 힘을 「탐욕(Greed)」이라고 불렀었다. 예컨대 이 때는 K라는 목표가 어느 형식적 자질을 자체와 결합시킬 목적으로 유인해가는 절차를 이동으로 보았었다. 이런 탐욕 중 대표적인 것이 바로 「격여과」의 원리 같은 것으로서, 도출절차가 종료된 다음에는 으레 명사는 주격이나 목적격과 같은 격을 부여받을 수 있는 위치에 있게 되어야 한다는 것이 그것이었다.

그동안의 격여과의 원리에 의한 이동과 관련된 연구들은 이것에서 궁극적으로 문제가 되는 것은 그것의 대상자인 명사구가 아니라 그것을 유발시키는 유인자라는 사실을 우리로 하여금 익히 알게 했다. 예컨대 Lasnik(2006)은 우선 「Mary is certain to win the race.」의 심층구조는 「–is certain [Mary to win the race]」 이어서, 결국에는 Mary가 주격을 부여받게 되는 것은 그것이 상위절의 주어 자리로 상승이 되었기 때문이라는 사실에 의해서, 명사에게 주격을 인가하는 것은 절의 핵이 되는 시제 / 굴절소 라는 것을 알 수 있다고 보았다.

그 다음으로 그는 「Mary seems to be likely to win the race.」와 같은 예문을 통해서 어떤 명사에게 주격을 인가하게 되는 자리는 몇 번의 상승 절차를 거친 다음에 도달하게 되는, 그것의 최종적인 귀착지라는 것을 알 수 있다고 보았다. 다시 말해서 이런 예문을 통해서 이제는 이동을 이동하는 요소 자체의 견지에서가 아니라 유인자의 요구를 만족시키는 견지, 즉 목표의 견지에서 보게 되었다고 그는 주장했다. 또한 그는 이런 예문을 보게 되면 왜 다중문자화 모형을 타당한 것으로 보아야 하는지가 분명해진다고 보았다. 즉, 하나의 문장을 도출하는 과정은 단 하나의 순환이 아니라 여러 개의 순환으로 이루어져 있다는 것을 이런 예문의 구조를 분석해보면 당장 알 수가 있다는 것이었다.(p.152)

 Chomsky가 최근에「언어설계의 3요소」에서 밝히고 있는 자질 점검에 대한 의견은 1995년의 책에서 제안했던 것과 비교했을 때 적지 않은 차이를 보이고 있다. 첫 번째로 차이가 나는 점은 옛날에는 기능적 범주에는 굴절소 I와 보문소 C의 두가지가 있어서, 절은 CP로 표현이 된다고 보았는데 반하여, 이번에는 핵심적 절구조에는 CP와 $_v$P라는 두가지 국면이 들어있다고 본 점이다. 특히 이번에 달라진 점은 이들 영역들을 일단 명사와 관련된 격 자질과 기타 어휘와 관련된 일치 자질과 같은 해석 불가능한 자질들을 평가하는 자리로 보고서, 핵인 C와 v가 그때 그때 병합의 유인자가 된다고 본 점이다. (한정사 D를 핵으로 한 DP가 추가로 있을 수 있다는 의견에는 옛날과 아무 변화가 없었다.) 그러니까 이 때에 이르러 그는 최소주의적 문법은 자질중심의「국면기저적 연산체계」이어야 된다는 점을 분명히 밝힌 것이다.

 두 번째로 차이가 나는 점은 이런 모형의 최종형이 나오기 위해서는 먼저 몇가지 기본적인 쟁점들이 해결되어야 한다는 것을 인정한 점이다. 예컨대 그는 바람직한 단일출력 모형에서는 마땅히 국면의 핵인 C와 v가 유인자가 되어서 모든 내적 병합, 즉 이동이 이루어져야 하는데, 재구성의 자리가 더 작은 범주에 있을 수 있다든지, 아니면 부분적 이동은 국면내부에서는 불가능하다는 등의 사실이 최근에 새롭게 드러나게 되면서 이런 모형을 구축하는 일이 생각만큼 쉽지 않게 되었다고 실토하고 있다.

 또한 그는 아직은 언어는 왜 해석이 불가능한 자질을 가지고 있어야 되는가에 대해서 원리화된 설명을 할 수 있는 단계는 아니라고 실토하고 있다. 그러니까 그는 일찍이 1995년에 제안했던「자질이동(Move F) 이론」은 10년이 지난 후에 이르러서도 완성된 이론으로 볼 수는 없다고 보고 있는 것이다. 그 당시에는 예컨대 명사의 범주적 자질이나 Ø-자질과 같은 해석 가능한 자질들을 점검하려는 것이 곧 때로는 외현적으로까지 이동을 하게 하는 원동력이 된다고 주장했었다. 그러니까 이 때의 그는 인간언어의 특징인 이동의 현상을 해석가능한 자질의 점검과정으로 보았던 것이다.(p.278)

물론 그는 이제는 최소한 부분적으로나마 이동이 국면의 핵이 가지고 있는 해석이 불가능한 자질들에 의해서 추진되고 있다는 것까지는 누구나 익히 인정할 수 있게 되었다고 본다. 그렇지만 문제는 그 한계를 잘 모른다는 데 있었다. 예컨대 비논항적 이동의 경우에 이런 자질이 어느 정도의 역할을 하는지가 분명하지가 않아서, 이런 현상을 놓고서 그 동안에 국면의 핵은「확대투사원리(EPP)의 자질」이나「발생시(OCC)의 자질」로 불리는 일종의 주변적 자질을 가지고 있어서 이로써도 상승이 이루어지게 된다는 식의 설명이 있었다.

논항적 이동의 경우도 이런 면에 있어서는 똑같았다. 예컨대 영어와는 달리 반투(Bantu)어에서는 위치격 전도의 경우에서처럼 비주격적 요소에 의해서 확대투사원리가 충족되고 있었다. 이런 현상을 시제라는 자질과 일치를 이루는 현상으로 보게 되면, 시제를 일종의 매개변인으로 볼 수가 있었다. 또한 이와 관련해서 Miyagawa는 최근에 더 확대된 설명법을 제안하기도 했는데, 어떤 언어에서는 초점이 일치절차에서 일정한 역할을 수행하게 되어 있어 이런 언어에서는 으레 국면의 핵은 일치자질(또는 초점자질)과 주변적 자질을 가지고 있다는 것이 그것이었다.

마) 매개변인

　매개변인의 개념은 따지고 보자면 1980년대에 이미 수립된 것이기에 적어도 이론상으로는 그 후 2~30년이 지난 오늘날에는 이것에 대해서 적지 않은 연구가 이루어져 있어야 한다. 그렇지만 현실은 그렇지가 못해서 결국에는 이것이 앞으로 최소주의 이론을 발전시키는 데 커다란 문제거리가 될 수가 있다. 1980년대에 그가 내세운 보편문법 이론의 또 하나의 이름은 원리와 매개변인의 이론이었는데, 사실은 이 이름만큼 자칫 잘못하면 겉 다르고 속 다른 것일 수 있는 이름도 없다. 극단적으로 말하자면 그의 의도로 보아서는 이것의 이름은 마땅히 보편적 원리의 이론이어야 하는데, 그렇게 했다가는 응당 언어습득시의 경험의 문제나 언어간의 변이성의 문제 등이 배제되었다는 한계성이 드러나게 되니까 그것에 매개변인이라는 용어를 추가함으로써 그런 한계성을 익히 극복한 듯한 인상을 주려고 했다고 볼 수가 있다.

　이런 혹평을 들을 수 있을 만큼 그 동안에 매개변인에 관한 연구가 별로 진전을 보지 못했다는 것은 곧 그동안에 그토록 집중적으로 해온 보편문법의 원리에 대한 연구의 결과가 무위적인 것으로 평가될 가능성도 있다는 의미가 된다. 왜냐하면 궁극에 가서는 매개변인의 현상에 대한 합리적인 설명만이 보편문법 원리의 타당성을 확실하게 보증할 수 있기 때문이다. 물론 그동안에 이 문제가 등한시 되어온 것은 그것에 대한 연구의 기초가 되는 보편문법의 원리에 대한 연구 자체가 마무리가 되지 못했기 때문이라고 볼 수가 있다. 또한 굳이 그의 내재주의적 언어관을 내세우지 않더라도 그는 두 가지 과제에 시간과 노력을 양분하는 것 대신에 그중 어느 한가지에 그것을 집중하는 방법을 택하는 지혜를 가지고 있었다고 볼 수도 있다.

　그런데 문제는 1995년의 책에서 밝힌 이것에 대한 그의 의견마저도

1980년대에 그가 밝혔던 것과 크게 다르지 않게 다분히 애매하거나 가정적인 것에 지나지 않는다는 점이다. 예컨대 그는 이 책의 7쪽에서는 자기의 자질이론에 맞추어서 매개변인은 오직 기능적 어휘의 형식적 자질에만 국한되며, 따라서 언어의 변이성은 기본적으로 어형적인 차이에서 비롯된다고 말하고 있는데 반하여, 68쪽에서는 영어와 중국어 간의 의문사 이동의 차이를 놓고서 영어에서와는 다르게 중어에서는 의문사가 S-구조의 흔적 자리에 그대로 있다가 논리형태에 가서야 이동을 하게 된다고 설명하고 있다. 바꾸어 말하자면 [Q]로 표시될 수 있는 의문사 자질이 영어에서는 하나의 강성자질인데 반하여 중국어에서는 하나의 약성자질이라는 것이었다.

  그리고 그는 조금 뒤인 131쪽에서는 매개변인은 연산체계와 어휘부 중 오직 어휘부와만 관련이 되는 것인데, 더 구체적으로 말할 것 같으면 어휘의 실질적 요소들은 보편적인 성격을 띠고 있고 어휘의 기능적 요소들만이 매개변인이 될 수 있다고 말하고 있고, 조금 더 뒤인 232쪽에서는 언어적 차이는 결국에 형식적 자질의 강약성에서 연유된다고 말하고 있다. 이런 주장의 실증적인 예로 그는 이미 38쪽에서 영어와 불어 간의 부사의 위치 차이를 들었다. 즉, 그는 불어에서는 동사가 강자질이어서 외현적 상승이동을 하게 되지만 영어에서는 그것이 약자질이어서 내현적 이동만을 하게 된다고 설명했었다. 또한 그는 237쪽에서는 T나 v와 같은 비실질적 요소만이 강자질이 될 수 있다고도 말하고 있다.

  이상과 같은 말들을 종합해 볼 때 그가 이 때에 가졌던 매개변인에 대한 생각은 결국에 언어에 따라 형식적 자질의 강약성이 다를 수 있다는 것으로 요약이 될 수가 있을 텐데, 그렇다면 여기에서 제일 먼저 제기되는 문제는 과연 T나 v나 아니면 [Q]와 같은 자질만을 매개변인의 대상으로 볼 수 있느냐 하는 것이다. 현재로서 이것에 대한 대답은 부정적일 수 밖에 없다는 것이 분명한데, 이런 주장의 근거로 내세울 수 있는 것이 바로 앞에서 살펴 본 바대로의 내적 병합, 즉 이동시의 주변적 자질의 개입의 현상이다. 강조삼아 그의 주장을 다시 반복해 볼 것 같으면 국면의 핵들은 본질적 자질 외에 확대투사 원리의 자질이나 발생시의 자질과 같은 주변적 자질들을 가지고 있어서, 이들이 결국에는 자질합치의 절차를 밟지 않고도 이동의 대상을 국면의 주변으로 상승하게 만든다는 것이다. 특히 그는 여기에서 국면의 핵이 가지고 있는 본질적 자질에는 일치자질 뿐만 아니라 초점자질도 들어가 있다고 볼 수도 있다는 의견을 일리가 있는 것으로 받아들이고 있다. 이런 사실로 미루어 보아서 매개변인에 어떤 형식적 자질을 포함시키느냐의 문제가 앞으로 우선 해결해야 할 문제임이 분명하다.

그런데 1995년의 책에는 매개변인에 대한 또 한가지 발상법이 제안되어 있기도 한데, X'이론과 관련하여 「어순적 매개변인」의 존재를 인정해야 한다는 것이 바로 그것이다. 예컨대 이 책의 61쪽에는 「유형적 변이성은 어순적 매개변인과 기능적 요소의 자질로 환원되어야 한다」와 같은 말이 나오고 있으니까, 그가 어순적 매개변인의 현상을 바로 앞에서 살펴본 지질기반적 이동의 현상과 별개의 것으로 보고 있음이 분명하다. 그런데 그가 말하는 어순적 매개어란 바로 동사와 같이 구구조에서 핵의 역할을 하는 어휘이다. 그러니까 결국 그는 매개변인적 요소에는 어휘와 자질의 두가지가 있다고 본 것이다.

또한 그는 이 책의 53쪽에서 더 구체적으로 언어의 유형은 크게 핵-보어와 핵-부가어, 지정어-핵 등의 세가지 구조에서 핵이 앞에 오느냐, 아니면 뒤에 오느냐에 따라서 결정되게 되어 있다는 말도 하고 있다. 그리고 35쪽에서는 「어순은 핵 매개변인의 어느 한쪽으로의 고정에 의해서 결정된다」는 말과 함께, 그 예로서 영어와 일본어가 우분지 언어와 좌분지 언어로 대립되어 있는 사실을 들고 있다. 이런 점으로 미루어 보자면 주로 기본 어순과 관련해서 그가 일찍이 1980년대에 내세웠던 「핵선행 이론」이나 「매개변인의 방향성 이론」, 「공주어 이론」 등과 같은, 이른바 어휘적 매개변인화의 가설의 타당성을 1995년에 와서도 그대로 인정하고 있음이 분명하다.

그런데 우리의 이해를 더욱 혼란스럽게 만드는 것은 199쪽에서는 핵의 선택이나 고정이 아니라 이동에 의해서 언어적 유형이 달라지게 되었다는 의견도 내고 있다는 사실이다. 예컨대 영어의 「SVO」형에서 V가 외현적으로 I(Agrs)로 인상된 것이 바로 아일랜드어의 「VSO」형이라는 것이 그의 설명이었는데, 이런 현상을 놓고서 T의 NP자질이 영어에서는 강한데 반하여 아일랜드어에서는 약한데서 비롯된 것이라는 부연적 설명을 하기도 했다. 이런 의견은 2002년의 책에서는 「핵 이동」의 이론으로 발전되기까지 하였다.

여기에서는 핵인 V만이 [VO]에서 문두로 이동한 결과 「VSO」와 같은 언어형이 생겨나게 되었다고 보았는데, 이런 설명의 전제가 되는 것이 바로 먼저 주어가 목적어보다 구조적으로 높기 때문에 S[VO]나 S[OV]형이 기본형으로 자리잡게 되었다는 것이다. 이런 절차는 분명히 이동과는 아무런 관계가 없는 절차이다. 더 나아가서 그는 S[VO]형에서 O가 좌측 이동한 것이 S[OV]형이라는 설명법도 가능하다는 의견도 내놓고 있다. 이렇게 보자면 그는 언어의 기본어순이 정해지는데 있어서는 핵만이 아니라 보어도 이동의 대상이 될 수 있기에 결국에는 고정이나 선택의 절차보다 이동의 절차가 훨씬 더 큰 역할을 하게 된다고 보고 있는 것이다. 물론 이런 의견은 1980년대의 핵선행 이론과 전혀 다른 것이다.(p.24)

그런데 우리는 변형주의자들의 매개변인에 대한 의견은 이 정도의 이중성보다 훨씬 더 복잡할 수 있다는 것을 최근에 발표된 Smith(2010)의 논문 하나만을 통해서도 쉽게 확인할 수가 있다. 변형주의자답게 그가 「언어학이라는 학문(Linguistics : Discipline of)」이라는 논문에서 내세운 점은 바로 언어학의 목적을 여러 언어적 현상들을 제대로 설명할 수 있는 것으로 잡는 한 언어학자는 마땅히 보편적 원리에 관한 것과 매개변인적 변이성에 관한 것의 두가지 중 첫 번째 것에 주력을 쏟아야 한다는 것이었다. 이런 주장을 뒷받침하는 실례로 그는 초점화와 주제화 절차에 있어서의 영어와 중국어 사이의 차이를 들었다.

그의 분석에 따를 것 같으면 우선 문장의 어느 한 단어를 초점화하는 수단으로 강세법과 「only(zaa3)」라는 부사를 사용하는 방법의 두가지가 쓰이고 있다는 것은 두 언어간의 한 공통점이었다. 예컨대 중국어(관동어)의 「Billy tai zukkau zaa3.(Billy watch football zaa3)」라는 문장의 의미는 영어로는 「Only Billy watches football(not Peter)」과 「Billy only watches football(he doesn't play it)」, 「Billy only watches football(not crieket)」 등의 세 가지로 나타낼 수 있었다. 그런데 중국어만이 가지고 있는 통사적 특징 중의 하나는 문장의 끝에 불변화사를 붙여서 친근감이나 강조성 등을 나타내는 장치인데, 초점어로 쓰이는 「zaa3」는 바로 그런 불변화사의 하나였다. 그러니까 영어의 「only」와는 다르게 중국어의 「zaa3」는 일종의 보문소나 운용자였다. 그리고 그보다 더 중요한 차이점은 영어의 수형도에서는 CP가 C와 IP의 순서로 분지가 되는데, 중국어의 수형도에서는 그것이 IP와 C의 순서로 분지가 된다는 점이었다. 앞의 예문의 경우에 있어서는 문장의 끝, 즉 보문소의 자리에 위치한 「zaa3」가 그 앞에 나오는 모든 것을 성분통어 하고 있는 것이었다.

그런데 영어에서와 마찬가지로 중국어에도 주제화 절차라는 것이 따로 있어서, 예컨대 이 문장의 한 구성소인 「zukkau(football)」는 문장의 앞자리로 이동이 됨과 동시에 [-le 」처럼 표시되어 있는 높은 성조로 발음될 수 있었다. 이렇게 주제화된 단어는 당연히 수형도에 있어서 「zaa3」보다 더 높은 위치를 차지하게 마련이었다. 다시 말해서 「zukkau-le₁, Billy tai t zaa 3」라는 심층구조의 수형도는 아래에 나와 있는 것처럼 되는 것이었다.

이 수형도를 통해서 알 수 있는 것은 이 주제화문의 의미는 결국에 「Football, only Billy watches」와 「Football, Billy only watches」는 될 수 있지만, 「*Only football does Billy watch」는 될 수 없다는 것이었다. 물론 그 이유는 수형도로 보아서 C의 자리에 있는 「zaa3」는 Top의 자리에 있는 「zukkau-le₁」를 성분통어하지 못하게 되어 있기 때문이다. 이렇게 보자면 이 예는 곧 성분통어의 원리는 보편적인 원리라는 사실과, 보문소의 실체와 위치는 언어마다 같지 않을 수 있다는 사실을 드러내 주고 있었다.(p.393)

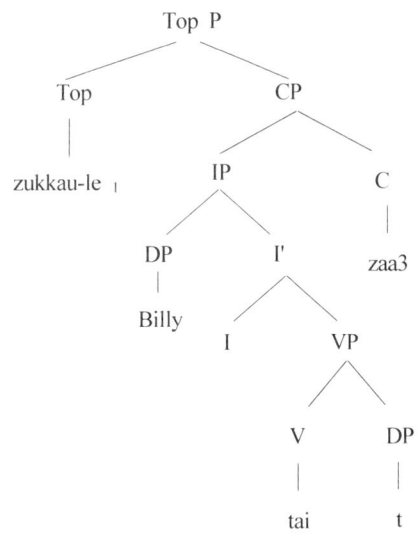

(2) 이론 외적인 것들

한마디로 말해서 여기에서 말하는 이론외적인 문제점이란 Chomsky의 최소주의 이론이 태생적으로 지니고 있는 문제점이다. 나쁘게 말할 것 같으면 그러니까 이들은 앞으로 아무리 최소주의 이론이 보다 정교하고 완벽한 이론으로 발전된다고 해도 그것으로는 도저히 해결될 수 없는 문제점으로 여전히 남아있게 되어있다는 문제점들인 것이다. 그동안에 반변형주의자들이 끈질기게 지적해 온 사례를 통해서 익히 알 수 있듯이 이런 문제들은 거의 다가 이론내적인 문제보다 고차원적이고 본질적인 것들이다. 이런 문제들은 Chomsky의 지금까지의 자기도취적인 주장, 즉 변형주의 이론이야 말로 언어학의 역사상 오랜만에 나타난 가장 과학적인 언어이론이라는 주장을 익히 무력화시킬 수 있는 근거가 될 수 있을만큼 거시적이고 근원적인 것들이다.

가) 의미의 문제

언어란 간단히 말해서 일정한 의미를 소리의 형태로 나타낸 것이다. 따라서 아무리 연구의 목적을 통사적 체계나 원리를 구명하는 데 둔다고 해도 의미의 문제를 완전히 배제시킨 상태에서의 통사론은 있을 수 없다. Chomsky의 변형문법 이론도 궁극적으로는 이 조건으로부터 자유로울 수는 없는 탓인지, 초기이론에서는 물론이고, 최소주의 이론에서도 그 나름의 의미론이 개진되었다. 그렇지만 역설적으로 그러면 그럴수록 그의 언어이론은 역시 일종의 통사적 이론이어서, 의미의 문제를 다루기에는 부적절하다는 것이 그것의 「아킬레스 건」이라는 사실만이 더욱 분명해졌다.

예컨대 1995년의 책의 236쪽에서는 그는 「The book that I'm writing will weigh 5 pounds.」라는 문장은 추상적이면서도 구체적인 대상을 말하고 있지 않다는 의미에서 지시설의 부적절성을 극명하게 실증하는 예라고 주장하였다. 그리고 2002년의 책의 122쪽에서는 그는 전이현상을 설명하는 자리에서 의미론을 여러 요소간의 주제적 관계를 밝히는 「심층의미론」과 주제나 초점과 같은 정보적 관계를 밝히는 「표층의미론」으로 나누고서 「만약에 표층적 의미가 심층적 의미처럼 굴절에 의해서 표현되었더라면 기저적 어형체계는 굉장히 복잡해졌을 것이다」라는 말을 하였다.

또한 2005년의 논문의 4쪽에서는 그는 1950년대에 Austin이나 Wittgenstein이 17세기와 18세기에 주된 의미이론으로 군림하던 지시설에 대한 하나의 대안으로 「사용이론」을 제안한 것은 의미론이 결국에 정상적인 발전과정을 밟고 있다는 증거일 수 있다고 주장했다. 다시 말하자면 이들은 언어를 「다양한 인간의 목적을 위하여 쓰이는 도구로서, 언어의 기본적인 요소들의 배열에 의해서 여러 가지 표현체들을 생성하면서도, 각각이 기본적으로는 사용을 위한 지시의 한 복합체인 탓으로 문법적인 것과 비문법적인 것 같은 구별을 필요로 하지 않는 것」으로 보았었는데, 그는 일단 이런 견해를 맞는 것으로 보았던 것이다.

그가 보기에는 이런 의미이론을 일단 타당한 것으로 받아들이게 되면 언어 기원의 문제와 관련하여 해결되어야 할 과제는 크게 두가지였는데 그중 첫 번째는 가장 단순한 것을 포함한, 최소적인 의미함유의 요소들, 즉 「핵심적 의미론」에 관한 것이고, 그 중 두 번째는 위계적으로 조직되어 있는 무한한 기호의 조립체를 만들어내어, 결과적으로는 여러 면으로 언어를 사용할 수 있는 수단을 제공하게 하는 원리에 관한 것이었다. 흥미롭게도 그는 여기에서 이런 의미이론은 자기의 보편문법 이론을 합리화할 수 있는 근거도 될 수 있다고 보았다.

예컨대 그가 보기에는 보편문법이론의 과제는 첫 번째로는 Fodor의 이론에 따라서 이따금씩 「사고언어」로 간주되기도 하는 개념, 즉 「인식력」

의 요소와 연관되거나 일치하는 가능한 어휘적 항목의 목록을 만드는 것이고, 두 번째로는 사고와 해석, 계획, 기타의 정신적 행위에 개입을 하면서 때로는 행위로 사용도 되게 되는 무한정한 내적 구조체들을 이들 어휘항목으로부터 구축해내는 것이었다. 특히 그는 이 자리에서 첫 번째 문제에 대한 연구는「세상에 대해서 이야기를 할 때 쓰이는 지시적 기구에 대한 기술적 언급의 수준을 넘어선 것은 거의 없었다. 두 번째 문제는 지난 반세기 동안에 언어연구의 중심적 과제였고, 그 이전에는 서로 다른 이름으로 불리운 긴 역사도 있었다」와 같은 말을 하는 것을 잊지 않았다.

두말할 필요도 없이 지난 반세기 동안에 무한정한 내적 구조체를 만들어내는 원리를 찾는 일만을 언어연구의 주된 목적으로 삼아온 언어학은 바로 자기 언어학이었다. 그러니까 그는 여기에서 예나 지금이나 의미론은 언어연구의 범위 밖에 있다는 사실을 분명히 밝히고 있는 것인데, 문제는 이런 사실을 자기 언어학의 한 한계점으로 보기는 커녕 오히려 자기언어학의 큰 자랑거리로 보고 있다는 점이다. 예컨대 굳이 일찍이 Morris(1938)가 언어연구의 분야를 통사론과 의미론, 화용론 등으로 나누었던 사실을 참고하지 않더라도, 어휘의 기본적인 기능은 역시 일정한 개념이나 의미를 나타내는 것이며, 그것에는 명시적인 것 외에 함의적인 것도 있다는 것을 통사론자 라고 해서 모를 리가 없다. 그런데도 그는 의미론은 결코 언어연구의 정당한 분야가 될 수 없다고 생각하는 것이다. 분명히 심층의미론이나 표층의미론과 같은 술어는 우리가 상식적으로 알고 있는 의미론을 폄하하거나 조롱하는 말들에 지나지 않는 것이다.

그의 언어학은 처음부터 이렇게 의미의 문제를 완전히 배제한 상태의 것이었다는 것은 곧 아무리 그럴싸한 이론을 구축하고 새로운 언어자료를 수집하게 되었다 해도 다음과 같은 두가지의 한계선을 미리 그어놓고 하는 언어학에 지나지 않는다는 의미가 된다. 그중 첫 번째 것은 일종의 연구대상에 관한 한계선으로서, 우리가 일상적으로 쓰고 있는 언어 중 겨우 일부분만을 연구의 대상으로 삼게 된다는 한계선이다. 물론 그 자신은 I-언어니 E-언어니 하면서 이것은 자기 언어학의 단점이 아니라 장점인 듯이 역선전을 한다. 그렇지만 그의 말대로 언어학이 하나의 어엿한 과학으로 자리매김하는 데 첫 번째로 만족되어야 할 조건은 역시 관찰될 수 있는 현상을 모두 연구대상으로 삼는 것이다.

예컨대 그의 1995년의 책의 235쪽에는 「book이라는 어휘항목에는 보편문법의 원리와 영어의 특별한 자질로부터 축출한 특이성들이 명시되어 있다.」라는 말이 나오는데, 이것으로 미루어 보아서, 그는 이 단어가 기본적으로 「책」이라는 의미를 나타내고 있다는 사실은 그의 언어이론과 아무런 관계가 없다고 생각하고 있음이 분명하다. 구체적으로 예를 하나 들어볼 것 같으면 그는 틀림없이 「He has read the book through.」라는 문장을 배번집합시키는데는 「read」라는 동사가 하나의 타동사라는 사실과 그 뒤에서는 「book」이라는 명사는 그것으로부터 목적격을 부여받게 된다는 사실 정도의 통사적 정보만 있으면 되며, 따라서 그것의 뜻이 「책」이어서 그것은 「읽는다」라는 동사와 으레 결합이 되게 되어 있다는 지식은 아무런 역할을 하지 않는다고 생각할 것이다. 그러니까 그에게는 왜 「He hit his books.」가 「그는 맹렬히 공부를 했다」라는 의미를 나타내는지는 아무런 관심거리가 되지 못할 것이다.

어휘적 의미의 함의성의 문제를 논하면서 Allan(2009)이 인용했던 예문을 재인용해 볼 것 같으면, 일찍이 Gazdar(1979)는 「화용론 : 함의와 전제, 논리형식(Pragmatics : implicature, presuppositin and logical form)」에서 한짝의 대비문으로 「Tom's dog killed Jane's rabbit.」와 「Tom's doggie killed Jane's bunny.」를 내세우면서, 그 근거로 첫 번째 것과는 다르게 두 번째 것은 어린이가 화자나 청자일 경우에만 쓰인다는 사실을 들었었다. 그렇지만 그는 틀림없이 이들을 한짝의 동의문으로 취급할 텐데, 그 이유는 결국에 그의 문법이론에서는 의미의 문제는 정당한 연구대상이 될 수 없기 때문이었다.

  Allen은 또한 그의 논문에서 「dog」의 동의어로는 앞에 나온 「doggie」 외에 개 경주 때 전문어로 쓰이는 「dish-licker」와 어린이 말로 쓰이는 「bow-wow」, 경멸어로 쓰이는 「cur」, 「mutt」, 「mongrel」, 「whelp」, 약간 고상한 동물의 의미를 나타내는 「hound」 등을 들 수가 있는데 엄밀하게 따지자면 이들은 저마다 특이한 함축적 의미를 나타내고 있다는 의미에서, 무표지어인 「dog」와 대비되는 유표적 어휘로 볼 수가 있다고 주장했다. 그는 더 나아가서 일찍이 Lehrer가 내세운 「봉쇄원리」에 따를 것 같으면 「모든 문맥에서 서로 대체될 수 있을 만큼 동의성이 강한 어휘들을 발견하는 것은 드문 일이다」라는 말을 하기도 했다.(p.139)

  개별적인 어휘의 의미가 이럴진대, 하물며 두 개 이상의 어휘의 집합체인 문장의 의미가 단순한 의미관계의 설정에 의해서 정해질 수 없을 것이라는 것을 누구나 익히 짐작할 수가 있다. 우선 문제가 되는 것이 바로 실제에 있어서는 문법적 분석으로는 제대로 의미를 파악할 수 없는 표현들이 많이 쓰이고 있다는 점이다. 비근한 예가 될 수 있는 것이 「I'm done talking to you.」와 「Don't you think?」와 같은 문장이다. 앞의 것의 의미는 「너와의 이야기는 끝났다.」이니까, 이것에서는 왜 모문의 시제가 현재인가와 어떻게 목적어격인 동명사가 「done」과 같은 형용사와 직접 연결될 수 있느냐 등의 문법적 문제점이 지적될 수 있다. 「I'm done with you.」에서처럼 목적어가 단순어일 경우에는 으레 전치사에 의해서 하나의 전치사구를 만들어낸다. 뒤의 것의 의미는 「그렇지 않아?」이니까 이것의 분석에 있어서는 「think」를 타동사와 자동사 중 어느 것으로 보아야 하는 것부터 문제가 될 수 있다. 「He's a fine man, I don't think.」의 경우처럼, 이것도 어떤 문장의 뒤에 나타나서 화자의 의견을 강조하거나 그것에 대한 동의를 구하는데 쓰이는 일종의 기능적 표현이라고 볼 수 밖에 없다.

물론 관용구의 경우에는 문법적 일탈성이 거의 일반화 되어 있다고 볼 수가 있다. 따라서 예컨대 「Easy come, easy go.」나 「Long time no see you.」와 같은 표현들은 문법적 규칙보다는 의미적 논리성에 의해서 만들어졌다고 볼 수가 있다. 따라서 이런 것들에 있어서는 아예 문법적 분석을 할 필요가 없다. 더구나 관용구 가운데는 문법적 구조나 그것을 구성하고 있는 어휘의 의미와 아무런 관련이 없는 의미를 나타내는 것도 적지 않다. 예컨대 「Kick the bucket」과 「Make the bucket」은 각각 「죽다」와 「입장이 곤란해지다」라는 하나의 자동사적 의미를 나타내는데, 이런 사실로 보아서는 자동사 구문과 타동사 구문을 구별하는 것 자체가 별 의미가 없다는 것을 알수가 있다. 어느 언어에서나 여러 가지 형태의 관용구들이 의외로 많이 쓰이고 있다는 사실은 곧 실제에 있어서는 문법적 규칙성보다는 의미적 표현성이나 아니면 표현의 경제성이 우선시되고 있다는 것을 실증하는 증거일 수가 있다.

그의 문법이론이 의미의 문제를 완전히 배제한 상태의 것이다 보니까 결과적으로는 문법모형도 사실적인 것이 아니라 다분히 가공적인 것으로 될 수 밖에 없었다. 간단히 말해서 그러니까 그는 처음부터 문법모형을 심리적 실재성과는 별 관계가 없는 것이라는 한계선을 그어놓고서 설정했다고 볼 수가 있다. 여기에서 문제가 되는 것은 이런 한계성이 있는 한 자기가 찾으려는 문법모형은 일단 언어학적 원리에 의해서 만들어졌지만 그것의 궁극적인 타당성은 마땅히 생물언어학적으로 입증될 수 있는 것이어야 한다는 그의 주장은 공허하게 들릴 수 밖에 없다는 사실이다.

예컨대 그는 최소주의 이론의 바탕이 되는 것은 바로 최소의 노력으로 언어를 처리하려는 것이 우리 인간의 두뇌의 기본적인 책략일 것이라는 생각이라는 점을 여기저기에서 밝히고 있다. 그리고 더 중요하게는 그는 문장생성의 마지막 단계는 논리형태와 음성형태가 각각 개념의도 체계와 감각운동 체계가 부여하는 조건을 충족하고 있는지를 확인하는 것이라는 말도 하고 있다. 이것은 곧 언어기구의 독립성과 자율성을 그토록 강조하는 그도 그것과 인지기구는 일정한 양식으로 상호교섭을 하게 되어 있다는 사실을 인정하고 있다는 의미가 된다.

그렇다면 이런 문법모형을 보고서 누구나 마땅히 던져볼만한 질문이 바로 왜 그는 개념의도 체계가 문장생성의 첫 번째 단계 때부터 개입이 되지 않고서 마지막 단계에서만 개입이 된다고 보느냐와 같은 것이다. 더 구체적으로 말할 것 같으면 그는 문장생성의 첫 번째 단계인 어휘들의 배번집합을 만들어내는 작업은 굴절과 X'이론이라는 두 개의 체계만으로 이루어진다고 보고 있는데, 과연 이런 견해가 심리학이나 생물언어적인 지지를 받을만한 것이냐 하는 것이다. 결론부터 말하자면 그의 이런 견해는 다분히 편의주의적이고 허구적인 것에 불과한 것이라고 많은 사람들은 생각할텐데, 그 이유는 인간의 생리나 인지조직으로 보았을 때 의미나 지식적 체계의 도움없이 배번집합을 만들어내는 것은 대단히 비경제적이고 비자연적인 일임이 분명하기 때문이다.

나) 화용적 현상

일찍이 Morris(1938, p.6)는 화용론을「기호와 그것을 해석하는 사람, 즉 언어사용자의 관계」를 연구하는 학문으로 정의한 바가 있고, 또한 얼마전에 Chomsky(1988, p.142)는 언어연구의 네가지 과제는「언어지식의 기술과 언어습득, 언어사용, 언어지식의 표현과 습득, 사용에 대한 물리적 체계는 무엇인가」등 인데「이 중 마지막 과제에 대한 탐구는 주로 미래에 할 일이다」와 같은 말을 한 바가 있는데, 그의 말이 만약에 진심이라면 그도 Morris처럼 통사론이 아니라 화용론이 언어학의 궁극적인 분야이어야 한다고 생각하고 있는 셈이다.

그런가하면 그는 2000년의 책의 68쪽에서는 의사소통의 문제와 관련하여 「적절한 결론은 생산적으로 연구될 수 있는 언어의 개념들을 포기해야 한다는 것이 아니라, 경험의 현실세계에 있어서의 성공적인 의사소통이라는 주제는 사실적 탐구에서 주의를 받기에는 너무나 복잡하고 모호한 것이어서, 기껏했자 우리가 의사소통을 포함한 실세계를 이해하려는 의도로 연구를 확대하는데 있어서 직관에 대한 하나의 안내자의 역할 밖에 하지 못할 것이다」와 같은 말도 하였는데, 여기에서는 그는 분명히 자기는 어디까지나 하나의 통사론자이지 화용론자는 아니라는 점을 밝히고 있다.

물론 우리는 이상과 같은 말을 통해서 그는 화용론의 위상에 대해서도 자기 특유의 이중적인 태도를 보이고 있다고 볼 수가 있다. 즉, 그는 일단 화용론이 따로 존재해야 한다는 것을 인정을 하지만 우선 그것은 제대로 기술하기에 부적절한 분야이고 그 다음으로 그것의 기저가 되는 것은 역시 통사론이라고 생각하고 있는 것이다. 그러니까 그의 화용론에 관한 견해 중 무엇보다도 중요한 것은 바로 그것은 자기가 추구하는 통사론과는 아무런 관련성이 없는 분야라고 생각하고 있다는 것인데, 이런 견해는 그의 의미론에 대한 것과 똑같다. 이것이 곧 이름하여 통사론의 독립성 내지는 자율성의 이론이라는 것이다.

그렇지만 궁극적으로는 그의 편의주의적인 상정이 맞지 않을 수도 있다는 데 문제점이 있다. 이런 판단의 근거로는 크게 두가지 사실을 내세울 수가 있는데, 그중 첫 번째 것은 그가 그렇게 중요시하는 통사적 이론이나 원리에 대한 최종적인 검증의 장이 사실은 언어 사용의 장, 즉 화용적

장이라는 사실이다. 언어 사용의 장에서는 예컨대 그의 통사론에서는 크게 문제거리가 되고 있는 「*There seems a man to be in the room」과 같은 비문이 발견될 리가 없다. 그렇지만 언어사용의 장에서는 그의 통사론에서는 아예 분석의 대상으로도 삼지 않는 「There is no doing.」이나 「I don't think he's all there.」와 같은 정문들을 적지 않게 발견할 수가 있다.(Chomsky, 2005: p.18)

　이것은 곧 그의 통사론에서 토의 또는 분석되는 언어자료와 영미인들이 실제로 말을 하고 있는 현장에서 발견될 수 있는 언어자료 간에는 엄청난 차이가 있을 수 있다는 의미일 수가 있는데, 이런 점은 결국 우리에게 제대로 된 언어이론은 최소한 통사론과 화용론이 하나로 합쳐졌을 때만 세워질 수 있다는 것을 가르쳐 준다. 바꾸어 말하자면 그는 으레 문법적으로 하자가 없는 문장을 생성해내는 능력을 언어능력이라고 정의해왔는데, 사실은 그런 문장을 적절한 자리에서 쓸 수 있는 능력이 그보다 더 중요한 능력일지도 모른다. 언어사용의 현장을 통해서는 의사소통이라는 언어적 기능을 수행하기 위해서는 문장의 정형성은 얼마든지 무시될 수가 있다는 사실을 어렵지 않게 확인할 수 있다.

　그러니까 단적으로 말해서 그가 다루고 있는 언어자료는 기껏했자 실제로 쓰이고 있는 것의 일부분에 지나지 않는다는 결론이 나온다. 언어사용의 장에서는 쓰이고 있으면서도 그의 통사론에서는 완전히 배제되어 있는 언어자료로는 우선 두 개의 문장이 접속사에 의해서 연결되어 만들어지는 중문들을 들 수가 있다. 그가 이런 것을 다루지 않는 이유는 복문과 달리 이것은 단지 두 개의 구조적으로 이미 완성된 단문들을 병렬시킨 것에 불과하기 때문인데, 두 사람간의 담화에 있어서는 분명히 이것이 단문이나 복문에 못지 않게 자주 쓰이고 있다. 예컨대 「and」나 「or」, 「if」와 같은 접속사에 의해서 만들어진 「Do as I say and you will be a rich man.」이나 「Let's go home, or do you have a better idea?」, 「If you're tired, I have a spare bed.」와 같은 중문들은 어느 대화나 담화에서나 자주 쓰이고 있는 것들이다.(Seuren, 2006: p.85)

그 다음으로 언어사용의 장에서는 축약문이나 문장의 부분적 요소들이 많이 쓰이고 있는데, 이런 것 역시 그의 통사론에서는 정당한 언어자료로 취급받지 못한다. 의사소통의 최적성이나 경제성의 원리를 지키기 위해서는 자연히 이런 비정형적인 표현들이 정형적인 것들보다 더 자주 쓰이게 마련인데, 그의 언어연구에서는 오로지 정형적인 표현만이 분석의 가치가 있다고 보고 있다. 우선 대화시에는 많은 경우에 있어서 단어 하나나 하나의 구로써 문장을 대신하게 된다. 예컨대 A가 「Promise?」라고 물으면 B는 「Promise.」라고 대답하기도 하고, A가 「Tired?」라고 물으면 「Quite the coutrary.」라고 B는 대답하기도 한다.

그 다음으로 대화시에는 자주 생략문이나 축약문이 쓰이게 된다. 예컨대 A가 「It's not him.」이라고 말하면 B는 「OK, probably not him.」이라고 대답하게 된다. 세 번째로 대화 때는 자주 상대방의 말과 연결되는 표현을 쓰게 된다. 예컨대 A가 「I'm sick and tired.」라고 말하면 B는 「Of what?」이라고 응답할 수 있고, 그러면 그 말에 다시 A는 「Of being sick and Oired.」처럼 응답할 수가 있다. 또한 A가 「It looks like rain.」이라고 말하면 B는 「Which means?」라고 응답할 수가 있다.

우리로 하여금 그의 편의주의적인 상정이 맞지 않을 수도 있다고 판단하게 하는 두 번째 사실은 의사소통 행위를 이끌어가는 원리나 규칙들은 언어 특유의 원리나 규칙이 아니라 일반적인 인지적 원리나 규칙의 일종일 가능성이 높다는 사실이다. 그 동안에 제안된 화용적 원리 중 가장 대표적인 것이 바로 고전적인 Grice의 협조성의 원리인데 이것을 구성하고 있는 아홉가지의 격률들은 모두가 유독 대화시에만 적용되는 것들이라기 보다는 전반적인 상호교섭적인 행위에 적용될 수 있는 것들이라고 볼 수가 있다. 예컨대 성공적인 대화를 위해서 그때 그때 꼭 필요한 정보만을 제공하라는 격률은 성공적인 상호교섭을 위해서는 그때 그때 꼭 필요한 행위만을 하여라는 말을 구체화한 것이라고 볼 수가 있다. 이것이 아마도 일부 화행론자가 최근에 화용론을 화행론으로 고쳐 부르게 된 동기일 것이다.

그 동안에 화용론에서 발견된 사실들은 이 밖에도 많은데, 따지고 볼 것 같으면 이들도 하나같이 의사소통행위시 작동되는 능력에는 언어적 능력 뿐만 아니라 일반적인 인지력이나 지식력도 있다는 것을 드러내주는 것들이다. 예컨대 그 동안에 화용론에서 중심적 이론의 하나로 발전되어 온 것이 「간접 화행이론」이었는데, 「Close the window, please.」라는 명령문 대신에 「Could you close the window?」라는 의문문을 쓰는 식으로 사람들이 흔히들 직접적인 표현 대신에 간접적인 표현을 쓰게 되는 것은 그들에게 결국에 일반적인 인지력이나 지식력이 있기 때문이라고 볼 수가 있다. 또한 그런 이론 가운데는 「함의성의 이론」이라는 것도 있는데, 한 표현의 의미를 문자 그대로가 아니라 문맥과 상황에 따라서 다르게 파악할 수 있는 능력도 언어 사용자의 일반적인 인지력이나 지식력에서 비롯된 것으로 볼 수가 있다.

더 나아가서 최근에는 화행론자들은 「적절성의 이론」이라는 것도 발전시켰는데, 따지고 보자면 사람들이 일정한 상황에 맞으면서도 쓰는 사람의 의도나 목적에 이바지하는 식으로 말을 할 수 있는 것은 그들에게 일반적인 인지력과 지식력이 있기 때문이다. 예컨대 A의 「He drinks much more than I do.」라는 말에 B가 「Too much is as bad as too little.」이라고 응답할 수 있는 것은 그가 「He」의 주량이 정상을 벗어난 것이라는 것을 이미 알고 있기 때문이다. 언어 사용자들은 대화란 두 사람이 만들어내는 일종의 모자이크 그림과 같은 것이라는 것을 잘 알고 있는 것이다.

이런 의미에서 볼 때 특별히 주의를 기울일 가치가 있는 것이 바로 최근에 Sperber와 Wilson(1986)이 Grice의 협조성의 이론에 대한 하나의 대안으로 내놓은 「제시성 이론」이다. 이들은 의사소통 행위를 화자와 청자 간의 인지적 게임으로 보면서 화자가 하는 일은 청자가 인지적 처리작업을 하는 데 적절한 정보, 즉 자기의 의도나 전달내용과 직접적으로 제시성이 있는 정보를 제공해 주는 것이고, 청자가 하는 일은 그것이 유발자가 된 일련의 인지적 처리절차를 통해서 화자의 의도나 태도 등을 제대로 알아내는 것이라고 보았다. 이들은 따라서 성공적인 의사소통을 위해서는 화자와 청자에게 공통적인 논리적 추리력 뿐만 아니라 세상에 대한 공통적인 지식이 있어야 한다고 보면서 그것의 근거로 은유나 반어와 같은 수사적 표현들이 일상적인 대화에서도 적지않게 쓰이고 있다는 사실을 들었다.

이렇게 볼 것 같으면 그와 같은 통사론자들도 최소한 의사소통을 하는 데 적용되는 원리나 규칙은 개별적인 문장을 만드는 데 적용되는 원리나 규칙과는 별개의 것이라는 사실은 일단 인정할 수가 있을 것이다. Sperber와 Wilson은 심지어 두가지가 다 내재되어 있으면서도 결국에는 화용적 모듈이 문법적 모듈보다 더 중요한 기능을 수행하게 된다고까지 생각했었는데, 통사론자들은 응당 이런 의견에는 동의할 수 없을지라도 적어도 언어 사용시에는 일반적인 인지력이나 지식력이 문법적 능력과 같이 쓰인다는 주장에는 동의할 수가 있을 것이다.

구체적인 예를 한가지 들어볼 것 같으면 그는 1995년의 책의 220쪽에서 최소주의 이론은 아직까지 일찍이 확대표준이론에서 제기된 「표면효과」의 문제들에게까지 손을 뻗힐 수 있을 수 있을 만큼 발전되지는 못했다고 인정하면서 주제 -초점과 논제- 평언 구조, 전경-배경자질, 인접성과 선형성의 효과 등을 그런 문제점으로 보았다. 그는 이런 현상들은 음성형태와 논리형태에 여러 차원의 조작단계를 설정함으로써 익히 설명될 수 있다고 보았다. 그러나 그는 이런 문제점을 놓고서 이런 통사론적 입장 대신에 화용론이나 인지주의적 입장을 취할 수도 있을 것이다. 즉, 이런 현상들은 굳이 통사적 원리나 이론이 아니라 인지력을 근거로 한 정보처리의 이론이나 원리에 의해서 설명될 수도 있을 것이다.

다) 심리학적 연구와의 관계

그의 언어학적 업적과 이론으로 인하여 최근에 이르러서야 심리학에서 다시 본연의 위상을 찾게 되었는지는 모르지만, 언어습득과 언어사용의 문제가 심리학 고유의 연구과제라는 것은 그도 익히 인정할 것이다. 그는 아마도 그동안에 보편문법이론의 정립으로 미처 심리학에서는 이르리라고 생각지도 못한 수준까지 이들에 대한 연구수준을 크게 높였다고 뽐낼 것이다. 그렇지만 심리학자들의 입장에서 보자면 설사 그가 내세운 언어습득이론이 현재까지 제안된 것들 중 가장 과학적인 것이라고 하더라도 그것은 어디까지나 그의 일방적인 주장에 지나지 않는다. 예컨대 이들이 보기에는 Skinner의 행동주의적 언어습득이론의 한계성을 지적하는 일과 그의 변형주의적 언어습득이론의 타당성을 심리학적으로 실증하는 일은 서로 별개의 일인 것이다. 특히 이들이 보기에는 이런 문제는 심리학의 지금의 학문적 수준의 문제와도 아무런 관계가 없는 것이다.

그의 주장과 심리학자들의 그것에 대한 평가 간에 얼마나 큰 간극이 존재하는가 하는 것을 가장 쉽게 알아차릴 수 있는 방법은 아마도 2005년의 논문에서의 언어습득에 개입되는 세가지 요소에 대한 그의 견해를 분석해 보는 것일 것이다. 이 문제에 관한 그의 여기에서의 견해가 종전의 것과 달라진 점이 있다면, 유전적 자질과 경험이라는 두가지 요소에 더해서 「언어기능에 국한되지 않는 원리」라는 세 번째 요소를 내세우고서 이것의 중요성을 특별히 강조했다는 점이다. 일단 많은 심리학자들은 이 세 번째 요소를 일반적인 인지적 원리를 가리키는 것으로 보기가 쉬울텐데, 사실 여기에서는 그것이 그런 개념과는 거의 정반대적인 개념, 즉 일종의 언어 특이적인 개념으로 쓰이고 있다.

예컨대 그는 우선 이 세 번째 요소를 1) 언어습득과 기타 영역에서 쓰일 수 있는 자료분석의 원리와, 2) 효율적인 연산의 원리를 위시한, 노선 부여와 유기체 형태, 광범위한 행동 등에 개입되는 구조적 구조와 발달적 제약의 원리로 나눈 다음에, 「이들 중 두 번째 것이 습득가능한 언어의 성격을 결정짓는 데 특별한 의미를 지니게 된다」라는 말을 하고 있다. 그의 말은 그러니까 바로 이 두 번째 것의 특성을 통해서 언어가 어떻게 그토록 효율적인 연산체계를 가지고 있는가에 대한 해답을 찾을 수 있다는 것이었다.(p.6)

그의 말은 쉽게 말해서 「언어기능에 국한되지 않는 원리」가 곧 작게 보자면 언어체계의 핵심부인 연산체계의 성격을 규제하게 되고, 크게 보자면 습득가능한 언어의 성격을 결정짓게 된다는 말인데, 이런 견해는 그의 내재주의적 언어습득이론과 정면으로 배치되는 견해이다. 우선 그동안의 그의 언어습득이론의 기본 발상법은 언어능력은 내재적인 것이어서 언어습득의 절차는 「언어기능에 국한되지 않는 원리」와는 아무런 관계가 없다는 것이었다. 그러나 여기에서의 견해에 따르자면 언어습득의 절차는 그런 일반적인 원리가 언어습득의 경우에 구체적으로 적용된 결과에 불과하다.

그 다음으로 그는 1995년의 책에서 새삼 강조하고 나섰듯이 언어는 크게 연산체계와 어휘부로 구성되어 있다고 생각해 왔는데, 일단 언어에서 쓰이는 연산체계를 「언어기능에 국한되지 않는 원리」의 지배를 받는 체계로 보게 되면 결국에는 그의 내재주의적 언어관이 뿌리부터 흔들리는 결과가 나오게 마련이다. 언어의 두가지 구성부 중 우선 어휘부를 그가 내재적인 것으로 보고 있지 않다는 것은 누구나 익히 짐작할 수가 있다. 그렇다면 그는 마땅히 자기의 내재성의 근거를 연산체계에서 찾아야 한다는 결론이 나오는데, 예컨대 언어적 연산체계는 내재적인 것이다와 같은 말을 그는 한번도 한 적이 없다.

 이것과 직접적으로 관련된 문제는 물론 보편적 원리와 연산체계의 관계가 어떻게 되느냐 하는 것인데 그 이유는 보편적 원리들을 내재된 것으로 본다는 것은 그의 언어습득 이론의 기본적인 출발점이나 다름이 없기 때문이다. 그리고 무엇보다 중요한 것은 그는 틀림없이 그들을 여기에서의 3대 요소 중 첫 번째 것인 유전적 자질로 간주하게 되어 있다는 점이다. 또한 보편적 원리들은 결국에는 문장생성의 과정 중에 적용되는 것들이다. 논리적으로 보았을 때는 따라서 그들은 연산체계와 같이 작동되든지 아니면 그것의 일부로서 작동되게 되어 있다.

 그렇다면 기본적으로는 내재적인 요소가 비내재적인 체계와 같이 작동된다는 것이 그의 언어습득이론인 셈인데, 그는 이런 점을 놓고서 명시적으로 언급을 한 적이 없다. 논리상 그의 입장은 두가지 중 한가지일 수밖에 없는데, 그중 첫 번째 것은 언어적 연산체계의 원형이라 할 수 있는 일반적인 연산체계 자체를 일종의 내재적인 능력으로 보는 것이다. 이렇게 되면 그의 내재이론은 더 이상 반박의 여지가 없는 것이 될 것이 분명한데, 여기에서 나오는 문제점은 과연 굳이 유전적 자질과 언어기능에 국한되지 않은 원리를 구분할 필요가 있겠는가 하는 것이다. 그중 두 번째 것은 일반적 내지는 언어적 연산체계만은 비내재적인 것 즉, 경험적인 것으로 보는 것인데, 이렇게 되면 그의 내재이론의 강도는 크게 약해지게 마련이다. 추측컨대 이들 중 첫 번째 것이 그의 입장일 가능성이 높다.

이렇게 볼 것 같으면 그의 최소주의 이론이 심리학적으로 그 타당성을 보증받기 위해서는 제일 먼저 「언어기능에 국한되지 않는 원리」를 관장하는 능력, 즉 일반적인 지력이 경험적으로 학습된 것이 아니라 선험적으로 내재된 것이라는 사실이 심리학적인 방법에 의해서 밝혀져야 된다는 결론이 나오는데, 안타깝게도 심리학계에서는 이것을 인지심리학이 출범한 이후에도 일종의 「영역외」나 「금기」적인 과제로 보고 있다. 그 이유는 물론 아직은 이렇게 근원적인 문제를 정식으로 다룰 수 있을만큼 심리학이 성장하지 못했기 때문이다. 따라서 현재로서는 지금까지 나온 심리학적 이론 중 그의 언어이론의 타당성을 익히 보증해 줄 수 있을만한 것은 없다고 보는 것이 맞는 일이다.

참고로 몇가지 대표적인 이론에서의 이 문제에 관한 입장을 살펴볼 것 같으면 우선 인지심리학의 효시라 할 수 있는 「게슈탈트 심리학」에서의 이 문제에 대한 입장이 반드시 일도양단적인 것은 아니었다. 간단히 말해서 이것에서는 우리가 지각하는 형태는 그것의 부분들을 합친 것 이상이라는 원리를 일반적인 인지적 원리의 기본으로 삼을 것을 내세웠었다. 그러니까 일단은 이 이론은 우리의 인지력의 창조성이나 자율성을 강조하는 일종의 내재주의적 심리이론으로 볼 수가 있다. 그렇지만 이 이론은 지각된 정보가 하나의 형태로 조직되는 데 관련되는 이론이었다. 자료수집을 위한 지각적인 작업이 형태적 조직작업의 선행작업이 되는 한 이 이론은 그가 내세우는 언어이론과 같을 수가 없었다. 무엇보다도 이것은 언어습득과는 아무런 관계가 없는 이론이다.

그 다음으로 살펴볼 만한 것은 우리의 인지력의 발달과정을 감각운동단계와 전조작 단계, 구체적조작 단계, 형식적조작 단계 등으로 나누었던 구성주의 이론이다. 이 이론의 창시자인 Piaget는 우리의 인지력이나 사고력은 선험적으로 내재되어 있는 기초적인 자질이나 성향이 후천적인 환경과의 교섭에 의해서 단계적으로 만들어지는 것으로 보았다. 그러니까 굳이 따지자면 그는 하나의 유연한 내재주의자이거나, 아니면 하나의 통합주의자였던 셈이다. 특히 그는 언어력의 발달과 사고력의 발달의 관계에 대해서 사고력 우위적인 발상법을 가지고 있었다. 다시 말해서 그는 형식적 조작단계에 이르러서 어린이는 온갖 추상적인 추리나 분석작업을 할 수 있게 되는데, 이때 쓰이는 형식적 도구의 한가지가 바로 언어라고 본 것이다. 이런 의미에서 볼 때 그의 구성주의 이론도 Chomsky의 내재이론과는 아무런 관계가 없는 이론임이 분명하다.

세 번째로 살펴볼 만한 것은 최근에 이르러 많은 인지심리학자들에 의해서 가장 그럴듯한 인지이론으로 받아들여지고 있는 「통합적 분석(Analysis by synthesis) 이론」이다. 이것은 우선 우리의 정보처리의 절차를 수집된 자료가 추진자가 되는 상향적 절차와 기득의 개념이 추진자가 되는 하향적 절차가 연쇄적으로 쓰이게 되는 절차로 보는 이론이기에 적어도 외견상으로는 절충주의나 통합주의적인 특징을 가장 강하게 드러내고 있는 것임이 분명하다. 그리고 이것은 우리의 정보처리체계가 얼마나 고효율적인 것인가를 알기 쉽게 해명해주고 있는 이론이기에 뇌과학이나 인지과학측으로부터 인정을 받기가 쉬운 이론임이 확실하다. 그러나 이 이론의 특징 중 무엇보다도 중요한 것은 역시 이것은 최근에 와서 언어처리의 문제가 심리학적 주요 과제가 되면서 많은 심리학자들이 그것의 이론으로 내세운 이론이라는 점이다. 간단히 말해서 이것은 그동안에 Chomsky의 언어학적 언어습득 이론에 대한 하나의 심리학적 대안의 자리를 지키고 있었다.

이 이론을 그의 언어습득이론에 대한 하나의 대안으로 내세웠다는 사실은 곧 인지주의를 행동주의 대신으로 받아들였던 그들마저도 실제에 있어서는 내재주의적인 인지관보다는 경험주의적인 인지관이 맞다고 생각하고 있다는 것을 말해주고 있다. 우선 이 이론에서는 으레 분석과 통합의 두 절차 중 첫 번째 것이 두 번째 것의 선행자의 역할을 수행할게 되어 있는데, 첫 번째 것은 분명히 일종의 자료 수집의 절차, 즉 경험적인 절차이다. 그 다음으로 두 번째 것인 통합의 절차에서 추진자의 역할을 수행하게 되는 기록의 개념이나 유형적 지식도 사실은 선험적으로 내재되어 있는 것이 아니라 그전에 있었던 후천적인 경험에 의해서 얻어진 것이다.

물론 Chomsky와 같은 내재주의자의 입장에서 볼 것 같으면 적어도 통합의 절차를 이끌어가는 내적 표현체나 지식은 학습에 의해서 획득된 것이 아니라 선험적으로 주어져 있는 것으로 볼 수도 있다고 주장할 수도 있을 것이다. 더 나아가서 그들은 새로 얻어진 자료를 기존의 지식의 틀 안에 집어넣으려는 통합의 성향은 물론이고, 심지어는 새로운 감각적 정보를 수집하려는 분석의 성향도 인간 특유의 내재적 성향이라고 볼 수 있다고 주장할 수도 있다. 그러나 이 이론을 내세우는 사람들은 내재주의를 그렇게까지 확대해서 적용시킨다는 것은 결국에 심리학의 과학화를 방해하는 일에 지나지 않는다고 생각한다.

그런데 사실은 언어습득에 관여하는 3대 요소 중 두 번째 것인 경험의 중요성을 놓고서도 그와 심리학자들은 쉽게 메워질 수 없는 의견의 차이를 드러내고 있다고 볼 수가 있다. 예컨대 그는 2005년의 논문에서 경험을 「다른 인간 능력의 하위체계와 일반적인 기관의 경우와 마찬가지로, 아주 협소한 범위 내에서 변이성을 유도하게 되는」 요소로 풀이하고 있는데, 따지고 보자면 그가 초기 이론 때부터 사용해 온 이런 식의 경험이라는 개념은 심리학자들이 그동안에 사용해 온 그것과는 전혀 별개의 것이라는 데 문제점이 있다.(p.6)

심리학자들은 이 점에 있어서는 인지주의자와 경험주의자로 굳이 구별될 필요가 없어지리만큼 누구나가 경험의 기능을 중요시한다. 다시 말할 것 같으면 언어를 습관화된 행동으로 보는 행동 심리학자들은 더 말할 나위가 없고 언어를 일종의 지적인 표현체로 보는 인지심리학자들도 언어는 궁극적으로 학습이나 경험의 절차를 통해서 배워진다고 생각한다. 그의 입장에서 볼 것 같으면 그러니까 심리학자들은 모두가 경험주의자인 셈이다. 이름 그대로 경험주의자들은 언어를 포함한 모든 능력이 획득되는 데 주요 기능을 수행하게 되는 것은 바로 경험이라고 본다. 그에 반하여 그와 같은 이성주의나 내재주의자들은 경험의 기능을 한낱 이차적이거나 보조적인 것에 지나지 않는다고 본다. 경험의 역할이나 기능을 놓고서의 이런 대치적 견해가 바로 학풍이 경험주의와 이성주의로 갈라서게 되는 직접적인 원인이었다는 점을 감안한다면, 이런 견해 차이가 갑자기 이제 와서 문제점으로 등장한 것이 아니라는 것이 분명해진다.

그는 일찍부터 언어습득의 경우를 놓고 보면 왜 경험주의적인 심리 이론들이 부적절한 이론인가가 당장 드러나게 된다고 주장해왔다. 그렇지만 이 경우는 바로 그의 생각과는 정반대로 왜 경험주의적인 이론들이 살아남을 수 있는가를 쉽게 드러내주는 경우일 수도 있다. 그의 말대로 언어를 일단 어휘와 연산체계의 두 부분으로 이루어졌다고 상정해 놓고 보면 그의 언어습득이론은 무엇이 문제인가가 누구에게나 분명해진다. 간단히 말해서 그의 이론에서는 어휘의 문제는 다루고 있지를 않다. 그러니까 설사 그의 이론으로 문법이나 연산체계의 문제가 제대로 해결될 수 있게 되었다고 한들, 결국에는 그것은 일종의 반쪽짜리 이론에 불과한 것이다.

심리학자들이 보기에는 그런데 어휘를 배우는 데 주로 동원되는 절차는 경험주의적인 것들이다. 이런 절차들은 거의다가 기억작용을 기초로 한 것들이다. 예컨대 어휘 학습시에는 으레 모방의 원리나 반복의 원리, 연상의 원리, 부분적 학습의 원리, 문맥의 원리, 구체성의 원리 등이 널리 쓰이고 있는데 따지고 보자면 이들은 모두가 기억작용의 효율성을 높이는 데 일정하게 기여하는 것들이다. 이들은 또한 어휘를 학습하는 데 있어서는 일정하게 개인차가 드러나게 된다는 사실을 중요시 한다. 다시 말해서 이들은 개인별 환경적 조건이나 학습의 양태에 따라서 학습의 결과는 적지 않게 달라질 수 있다고 본다. 특히 이들은 이런 주장의 근거로 관찰과 실험에 의해서 얻어진 자료들을 제시한다.

라) 뇌과학적 연구와의 관계

2005년의 논문의 서두에서 그는 「언어를 포함한 어떤 생물체계에 관한 연구에 있어서 그 프로그램에 대한 유일한 질문은 그것이 생산적으로 추구될 수 있느냐 아니면 아직 미숙한 상태에 있느냐이다」와 같은 말을 하고 있는데, 두말할 것도 없이 그의 이것에 대한 답변은 긍정적인 것이었다. 다시 말해서 그는 자기의 최소주의 이론이야말로 앞으로 생산적으로 추구될 수 있는 프로그램이라고 믿고 있다는 것이었다. 그는 여기에서 이런 의미에서 볼 것 같으면 앞으로 언어연구의 초점은 그동안의 첫 번째 요소인 유전적 자질에 관한 것으로부터 세 번째 요소인 언어기능에 국한되지 않는 원리에 관한 것으로 옮겨져야 된다는 말도 하였다.(p.2)

이런 선언은 그런데 현재의 학문적 수준으로 보았을 때는 자칫 잘못하면 일종의 자기 과시나 희망사항으로 끝날 가능성이 적지 않다. 간단히 말해서 그의 말을 그대로 빌릴 것 같으면 지금의 생물체계에 대한 연구는 「아직 미숙한 상태에」 머물고 있다고 볼 수도 있는 것이다. 그동안에 생물체계에 대한 연구는 생물학과 뇌과학의 두 분야에서 이루어져 왔다고 볼 수가 있는데, 아직까지는 이들 중 어느 것도 언어기능의 문제를 제대로 다룰 수 있는 수준까지는 발달하지 못했다. 그가 최근에 이르러 생물언어학의 수립을 언어연구의 궁극적인 목표로 내세우게 된 것은 이런 현실을 역이용한 결과라고 볼 수가 있다. 다시 말하자면 그는 생물학이나 뇌과학에서는 아직 하지 못하게 되어 있는 과제를 언어연구를 통해서는 익히 할 수 있다고 본 것이다.

그렇지만 설사 그의 최소주의 이론이 그런 정도로까지 완성되었다고 해도 그것의 타당성을 최종적으로 검증할 수 있는 곳은 결국에 생물학이나 뇌과학이다. 그것이 진정한 의미에서의 생물 언어학의 모습이다. 그런데 안타깝게도 아직까지는 생물학자와 뇌과학자 모두가 인간의 생물체계의 특성 중, 예컨대 그가 중요시하는 연산체계의 특징이나 신체기관의 발달적 제약성과 같은 것들에 대해서는 별 관심을 보이지 않고 있다. 그러니까 진정한 의미에서의 생물언어학의 탄생은 기껏했자 먼 뒷날에나 기대할 수 있는 것이다.

생물언어학의 문제에 관한 한 생물학과 뇌과학 중 집중적으로 살펴보아야 할 학문은 뇌과학이다. 그 이유는 뇌과학이야말로 역사적으로 보아서나 현실적으로 보아서나 언어 기능의 문제를 생물학적으로 다루고 있는 학문으로 볼 수 있기 때문이다. 물론 분류학적으로 따지자면 생물학은 뇌과학이니 신경과학보나 위계가 한층 높은 학문이기에, 그가 언어학은 일종의 생물학이라고는 말하면서도 언어학은 일종의 뇌과학이라고는 말하지 않는 것은 너무나 당연한 일이다. 또한 예컨대 Boeckx가 2006년의 책에서 그가 2005년의 논문에서 언어습득의 요소를 세 가지로 잡은 것은 바로 생물학에서 유전자와 환경, 유기체 등의 「3중의 나선」을 생물체 발달의 세 가지 요소로 보고 있는 것과 똑같은 발상법이라고 지적하고 있는 사실 하나만으로 미루어 보아서도 익히 알 수 있듯이 궁극적으로는 뇌과학적 연구의 결과와 생물학적 이론이나 원리로 설명되는 것이 바람직한 일이다.(p.135) 그렇지만 현실적으로 생물학과 언어학을 대등한 수준의 학문으로 치고서 그들의 이론 간의 대응내지는 괴리관계를 검토한다는 것은 상상도 할 수 없는 일이다. 그 이유는 그의 말대로 생물학은 아직도 그런 일이 가능할 수 있을 만큼 발달되지 못했기 때문이다.

그런데 사실은 아직은 뇌과학이나 신경과학의 학문적 수준도 그런 일이 가능할만큼 높아지지 않았다. 예컨대 Boeckx는 2010년의 책에서 「언어기관이 두뇌의 어느 한 고도로 국부화된 부분에 자리잡고 있는지, 아니면 두뇌 전체에 분배되어 있는 다양한 특수영역들 간의 상호연결작업의 결과인지는 그것이 일종의 특별한 기관인지 아닌지의 문제와는 아무런 관계가 없는 것이다」라는 점을 Chomsky는 여러 곳에서 지적했었다」고 말하고 있는데, 이런 것이 바로 그의 뇌과학이나 신경과학에 대한 기본적인 태도였다.(p.24)

그렇지만 사실은 이 주제는 Broca가 1861년에 브로카 영역의 발견을 선언한 이래 오늘날에 이르기까지 뇌과학 발달의 견인차의 역할을 해 온 것이나 다름이 없었다. 크게 보았을 때 뇌과학의 발달의 역사는 언어능력을 좌반구의 일부 영역에 국한된 것으로 보는 단계로부터 그것을 그 밖의 다른 영역도 참여하게 되는 것으로 보려는 단계의 두 단계로 나누어질 수가 있는데, 궁극적으로 두 번째 단계 때 얻게 된 이론은 첫 번째 단계 때 세워진 이론들을 부인하는 것이 아니라 보완하는 것이었기에, 우선은 뇌과학적 이론을 언어학적 이론을 생물학적으로 뒷받침하고 있는 것으로 볼만도 하다.

그렇다면 누구라도 던져볼만한 질문은 바로 어째서 Chomsky는 뇌과학이나 신경과학에 대해서 다분히 부정적인 태도를 갖게 되었을까 하는 것일텐데, 그 이유는 따지고 볼 것 같으면 너무나 간단하다. 한마디로 말해서 그는 뇌과학이나 신경과학에서 발견된 사실이나 거기에서 내세워진 이론들을 자기가 내세운 이론을 뒷받침하고 있는 것이 아니라 도리어 반증하고 있는 것으로 보고 있는 것이다. 그러니까 결과적으로는 그는 자기가 내세우는 생물언어학적 이론의 타당성은 오로지 언어학적인 방법 이외의 방법으로는 검증될 수 없다는 어떻게 보자면 지극히 비과학적이기도 하고 또 다르게 보자면 지극히 독선적인 태도를 더욱 견고화하게 된 것이다.

  구체적인 예를 들어볼 것 같으면 그의 생물학적 언어이론의 기본사상은 바로 언어기능의 내재성이다. 그런데 그는 이것과 관련해서 적어도 두뇌의 조직이나 어느 부위에 대한 언급을 할만도 한데 그런 적이 한번도 없다. 억지로 연결을 시키자면 언어습득의 3대 요소에 유전적 자질을 첫번째 것으로 집어넣은 것 정도가 그가 생물학적 용어에 관심을 쏟은 증거의 전부이다. 그에 반하여 뇌과학의 분야에서는 어떤 능력의 내재성의 문제가 주제가 된 적이 없다. 이것에서는 동물의 두뇌와 인간의 두뇌가 어떻게 다른가나 또는 어떻게 다르게 되었을까는 큰 관심거리가 되었으면서도 어떤 능력이 내재적인 것인가 아닌가는 그렇지를 못했다.

  자기의 내재이론을 구체화시킨 것이 바로 모듈성의 이론인데, 놀랍게도 이 경우에 있어서도 그는 두뇌의 조직이나 작용에 대한 말은 한마디도 하지 않았다. 심지어 그는 뇌과학측에서 내세우는 비대칭성의 이론에 대해서는 물론이고 심리학측에서 내세우게 된 측위화의 이론에 대해서도 굳이 언급할 필요를 느끼지 않았다. 그런데 이보다도 더 중요한 사실은 뇌과학의 발달과정은 이제 이른바 국부론의 타당성을 실증하려는 제1단계를 거쳐서 이른바 국부론과 전체론 중 어느것이 맞는가를 실증하려는 제2단계에 들어서 있게 되었다는 점이다.

  이 사실이 중요한 이유는 그것은 곧 지금에 이르러서는 뇌과학측에서는 그가 내세운 모듈성의 이론에 대한 생물학이나 뇌과학적 해석을 긍정적인 것과 부정적인 것의 두가지로 할 수 있게 되었다는 말이 되기 때문이다. 예컨대 그의 이론을 지지하는 입장에서 볼 것 같으면 그가 말하는 언어적 모듈의 장소로 좌반구에 있는 브로카 영역과 베르니케 영역 등을 내세울 수 있다고 주장하게 될 것이다. 그렇지만 그것을 반대하거나 수정하는 입장에서 볼 것 같으면 Mesulam(2010)의 말을 빌리자면 「이들 특수 영역은 절대적인 영역이 아니라 상대적인 영역일 따름」이다. 다시 말하자면 「언어는 대규모로 분배되어 있는 조직망에 의해서 통제를 받고 있는」 것이다.(p.49)

그의 생물학적 언어이론의 또 한가지 기본사상은 병합의 절차를 유일하면서도 기본적인 문법적 조작의 절차로 본다는 것인데, 이 점에 있어서의 언어학과 뇌과학 간의 학리적 괴리성은 내재성의 문제를 놓고서의 그것보다 훨씬 크다. 우선 이런 개념을 설명하는 자리에서는 으레 그가 뇌과학의 후진성을 지적하고 나선 사실로 미루어 보아서, 만약에 그가 이런 개념을 수립하는 과정에서 다른 학문의 이론을 참고로 했다면, 그것은 컴퓨터 과학적인 이론이지 뇌과학이나 신경과학적인 이론이 아님이 분명하다. 이런 점 하나만으로도 우리는 그가 말하는 생물학적 언어이론은 생물학이나 뇌과학적 학리보다는 인지과학이나 컴퓨터과학의 학리에 더 가까운 것이라는 것을 익히 알 수가 있다.

결론부터 말할 것 같으면 뇌과학은 아직 어느 뇌부위에 있어서의 정보처리나 그들 간의 정보교류가 어떻게 이루어지는가에 대해서 일정한 이론을 내세울 수 있을만큼 발달되지 못했다. 예컨대 Poeppel과 Hickok(2004)은 언어기능과 관련하여 뇌세포에서 이루어지는 유전자적 기본조작에는 연쇄와 비교, 순환 등의 세가지가 있는데, 이런 조작들이 뇌의 전체에서 이루어지는지나, 아니면 그것의 어느 부위에서만 이루어지는지는 아직도 모른다고 말하고 있다. 이들이 내세운 세가지 절차 중 순환은 분명히 병합의 절차와 관련된 것이다. 그렇지만 순환의 기본 단위

가 병합이라는 말은 하지 않았다.(p.160)

그런데 더 큰 문제는 지금의 연구현황으로 보았을 때 적어도 가까운 미래에는 그가 내세우는 문법모형의 타당성을 검토하는 일이 이 학문의 주요 연구 과제의 하나로 등장할 수는 없게 되어 있다는 데 있다. 따라서 그가 말하는 병합이라는 개념은 어디까지나 하나의 언어학적 개념으로만 남아있을 가능성이 높다. 이렇게 언어학과 뇌과학이 저마다 다른 길을 걷게 된 것은 물론 근본적으로는 너무나 당연한 일이다. 이렇게 보자면 결국에 바람직한 학제적 연구를 통해서 그의 생물학적 언어이론에 대한 뇌과학적 검증작업이 자연스럽게 이루어지는 것을 기대하는 것 자체가 아직은 공상적인 일일는지도 모른다.

뇌과학의 분야에서는 현재 크게 세가지 주제 하에 문법의 문제가 연구되고 있다고 볼 수가 있는데, 안타깝게도 이들 중 어느 것에서도 그의 문법이론이 일종의 기준적 이론으로 쓰이고 있지를 않다. 한마디로 말해서 이들은 분명히 언어학적 이론이나 발상법의 도움을 필요로 하는 주제임에도 불구하고 그것보다는 오히려 심리학적인 것이 그런 역할을 더 많이 하고 있다. 이들 중 첫 번째 것은 실문법증에 대한 연구인데, Beretta(2010)가 「실문법증 II, 언어학적 접근법(Agrammatism II, Linguistic Approaches)」라는 논문의 결론을 아래처럼 내리고 있다는 사실이 이런 점을 단적으로 실증하고 있다.

> 원칙적으로 실문법증에 대한 연구가 두뇌의 이론과 언어이론에 기여를 하게 될 것이라는 생각은 매력적인 것이다. 실제에 있어서는 아마도 놀라지 않고서 현재의 예비적 이해의 수준을 받아들이는 한 그것은 구체적인 기여를 하기는 매우 어렵게 되어 있다. …… 만약에 일부 연구자들이 제안했듯이 문법과 해부자가 하나의 동일체 라는 사실이 밝혀질 수 있다면, 그것은 곧 신경언어학적 연구 전체를 측정할 수 없을 만큼 더 이해하기 쉽게 만들 것이다.(p.13)

이들 중 두 번째 것은 문장이해에 관한 연구인데, 사실은 맨 먼저 이것을 변형문법이론의 등장과 때를 맞추어서 연구 주제로 내세우게 된 분야는 심리학이나 심리언어학이었다. 이런 사실은 그 동안에 뇌과학에 있어서의 이 이름 밑의 연구가 크게 행동적 처리 절차에 관한 것과 두뇌의 활동양태에 관한 것 중 첫 번째 것에 집중되었다는 사실에 의해서 더욱 확실해질 수가 있다. 그런데 무엇보다도 중요한 사실은 그러다 보니까 결과적으로는 심리학에서 발견하게 된 심리학과 언어학 간의 소원된 관계가 뇌과학과 언어학 간에서도 발견되게 되었다는 점이다.

그게 그렇다는 것을 가장 사실적으로 보여주고 있는 것이 바로 최근에 발표된 MacDonald와 Sussman(2010)의 「문장이해(Sentence Comprehension)」라는 논문이다. 우선 이것의 제일 큰 특징은 주부를 이루고 있는 것은 문장이해의 행동적 처리절차에 관한 연구이고, 그것과 관련된 두뇌의 활동양태에 관한 연구는 끝부분의 한두쪽에서만 다루고 있다는 점이다. 그러니까 크게 보아서 이것에서는 심리학이나 심리언어학에서 이미 연구된 내용들을 다시 반복하고 있는 것이다. 예컨대 이것에서는 1960년대에는 도출적 복잡성의 이론을 중심으로 언어이론이 이 연구를 주도했었지만 곧 이어 그것의 비실증성이 드러나게 되면서, 그 뒤에는 심리학 특유의 이해속도 측정법이나 눈 이동관찰법 등을 사용해서 중의문 이해와 복문해석, 화용문 이해 등의 세가지 과제를 집중적으로 연구하기에 이르렀다고 말하고 있는데, 따지고 볼 것 같으면 이런 것은 이 문제에 관한 뇌과학적 연구의 역사가 아니라 심리학적 연구의 역사이다.

또한 이것에서는 최근에 이르러서는 언어학 측에서 내세운 모듈성의 이론을 이 연구에 적용시키려는 움직임이 일어나게 되었지만 그것의 결과는 모듈성의 이론의 핵심적 문제는 많은 문장 이해시에 언어표현의 수준에 있어서의 처리작업들이 상호교섭적으로 이루어지느냐, 아니면 독자적으로 이루어지느냐 하는 것이라는 사실을 발견한 것이 전부였다는 말도 하고 있는데, 따지고 보자면 이 이론에 대한 이런 평가는 이미 심리학이나 심리언어학에서의 연구결과에 의해서 얻어진 것이었다.

문장이해에 관한 뇌과학적 연구가 아직도 이런 정도의 심한 심리학 의존성을 버리지 못하고 있다는 것은 물론 이것의 끝부분에서 두뇌의 활동양태에 관한 연구의 현황에 대해서 어떤 말을 하고 있는가를 살펴봄으로써도 익히 확인할 수가 있다. 한마디로 말하자면 이 부분에서는 연구주제나 언어자료 등으로 보아서 그동안의 두뇌의 활동양태에 관한 연구는 행동적 처리절차에 관한 연구에 대한 일종의 보조적 내지는 후속적 연구의 성격을 띠고 있었다는 것이 밝혀져 있다. 이런 사실로 보아서도 아직은 문장이해에 대한 연구를 어엿한 뇌과학적 연구의 한 부분으로 보는 것은 무리임이 분명하다.

물론 「fMRI」나 「ERPs」와 같은 새로운 영상연구법의 도입으로 이런 식의 연구가 독자적인 연구결과를 낼 수 있게 된 것은 부인할 수 없는 사실이었다. 예컨대 「fMRI」 기법에 의한 문장이해에 대한 연구를 통해서는 언어 처리시에는 으레 좌우 두 반구의 전두엽과 측두엽 영역들이 활성화되는데, 가끔은 좌반구의 해당 영역들이 우반구의 그들보다 활성화의 정도가 크다는 사실을 확인할 수 있었다. 또한 「ERPs」 기법에 의한 문장이해에 대한 연구를 통해서는 초기에 좌반구의 앞부분이 활성화되지 않는 것은 통사적 고난성의 문제와 관련되어 있다는 사실을 알 수 있었다. 그렇지만 전체적으로 보아서는 이 논문의 마지막 문장대로 「활성화 유형과 이해절차 간의 연결관계는 결코 논쟁의 수준을 벗어난 것이 아니고 기껏했자 희미하게 이해되고 있을 따름이라」는 것이 이런 식의 연구에 대한 정확한 평가였다.(p.465)

이들 중 세 번째 것은 문장산출에 대한 연구인데, 원래가 이것은 두 번째 연구보다 더 어렵게 되어 있어서 그런지, 이것에서의 심리학에의 의존성의 크기는 두 번째 것에서의 그것보다 더 크다. 이런 사실의 근거로는 Ferreira(2010)가 최근의「문장산출(Sentence Production)」이라는 논문에서 그동안 내내 이 연구를 이끌어왔던 이론으로 일찍이 Fromkin과 Garett이 제안했던「2단계 모형설」을 내세우고 있다는 사실을 들 수가 있다. 1970년대에 이들이 제안했던 이 이론은 일상적인 말 가운데서 발견되는 여러 형태의 오류들을 분석해서 만들어진 것이었다. 그러니까 문장 이해에 대한 연구는 출발당시부터 언어학적 이론과의 관계를 일정하게 유지하면서 발전되어 온 데 반하여 이것은 처음부터 독자적인 심리학적 이론에 의해서 추진되었던 것이다.

그런데 그동안에 이 2단계 모형설이 이 연구의 발전에 있어서 시종일관 중심적 이론의 자리를 익히 지킬 수 있었던 것은 이것은 심리학적으로 보아서 뿐만 아니라 언어학적으로 보아서도 타당성이 쉽게 인정될 수 있는 것이기 때문이었다. 다시 말할 것 같으면 이 모형에서는 문장산출의 핵심 절차를 개별적인 어휘들이 하나의 구문체를 이루어내는 절차로 보고 있으니까 이것의 기본 발상법은 언어학자들의 통사론 중심의 생각과 비슷한 것이라고 볼 수가 있었다. 뒤집어 보자면 이것은 곧 이 모형을 만든 두 사람들에게는 이미 언어의 구조에 대한 상당한 양의 언어학적 지식이 있었다는 의미가 될 수 있었다.

그러나 이 모형의 내용을 일단 자세히 살펴보게 되면 이것은 실제에 있어서는 언어학적 이론과는 아무런 관계가 없는 것이라는 사실이 당장 드러난다. 이 모형에서는 예컨대 문장이 산출되는 절차를 품사에 따라서 어휘에게 일정한 문법적 기능을 부여하게 되는「기능적 처리단계」와 이런 어휘들이 각각 일정한 위계적 구조체 내에 있는 위치를 차지하게 되는「위치적 처리 단계」의 두 부분으로 이루어져 있는 것으로 보는데, 어느

면으로 보아서나 이것은 분명히 Chomsky가 최근에 내세우고 있는 최소주의적 문법모형과는 거리가 먼 것이다. 이것에서는 제1단계 전에는 언어 이전의 메시지를 형성하는 절차가 있고, 또한 제2단계 후에는 「음성화」의 절차가 따르게 되어 있다고 보고 있으니까 이것은 결국에 하나의 심리학적 모형인 셈이다.

이 논문에 따르자면 이 연구는 지금 「실험실 중심」의 시기를 거쳐서 「현장중심」의 시기로 접어들고 있는데, 이것의 출발이론이 이처럼 언어학적 이론과는 아무런 관계가 없는 것이었던 이상, 이들 시기에 구체적으로 검토된 사실들도 응당 언어학적 이론과는 별 관계가 없는 것들이었다. 간단히 말할 것 같으면 실험실 중심의 시기란 실험실 안에서의 여러 가지의 심리학적 연구를 통해서 이들이 제안했던 2단계 모형설의 타당성을 재검토하고 그것을 더 확대하고 발전시키는 시기였다.

구체적으로 이 시기에 논의된 주제는 계획의 범위를 비롯하여 접근성 효과, 문법적 일치, 통사적 준비성 등이었는데, 이들 모두가 비유적으로 말하자면 예컨대 기능적 처리 단계 때는 으레 접근성이 용이한 단어를 우선 산출한다는 접근성 효과의 원리가 적용되게 된다는 식으로 2단계 모형설의 골격에 살을 붙이게 되는 것들이었다. 또한 현장 중심의 시기는 이 연구가 2단계 모형설의 틀에서 완전히 벗어나는 시기였다. 의사소통의 현장에서 발견되는 담화분석적 현상들은 문장 산출의 절차가 2단계 모형설에서 내세우는 것보다 훨씬 복잡한 것임을 익히 드러내주고 있었다.

MacDonald와 Sussman에 의한 문장 이해에 관한 논문과 마찬가지로 이것도 끝부분을 문장 산출에 관한 뇌과학적 연구에 대한 개관으로서 마무리하고 있다. 흥미롭게도 이것에서는 우선 그동안에 fMRI나 PET, EEG와 같은 기법으로 이 과제를 연구하는 데 가장 큰 문제점으로 등장한 것이 바로 피실험자의 머리 움직임의 문제라고 지적하고 있다. 그렇지만 이것에서도 그동안의 이 과제에 대한 뇌과학적 연구가 언어영역의 위치를 확인하는 데 그칠 정도로 극히 한정되어 있었다는 점을 인정하고 있다. 즉, 이 부분의 마지막 말은 「현재로서 어휘를 문법적 문장으로 조립하는 절차는 44 및 45 보르드만 영역과 인접영역에서 이루어지는데, 이것은 단순히 어휘나 간단한 문장을 열거하는 절차와 전혀 다른 절차라는 것은 분명하다」처럼 되어있다.(p.471)

마) 진화론적 이론과의 관계

그의 생물학적 언어이론의 정점은 역시 그 나름의 특이한 언어기원론일 텐데, 이것도 아직까지는 일종의 메아리 없는 고함소리처럼 이 문제를 그 동안에 전문적으로 다루어 온 진화론자들로부터 아무런 반응을 얻지 못하고 있다. 우선 그는 지금까지 언어기원의 문제와 관련해서 나온 의견들이나 이론들은 일반적으로 과학적이고 진취적인 것이 되지 못하는 것들이라는 점을 지적해 왔다. 예컨대 2002년의 책의 149쪽에서 그는 일찍이 Lewontin(1990)이 「우리는 인간의 고차원적인 정신 절차에 대한 답을 결코 알 수 없을 것이다」라고 말한 것을 신랄하게 비판하고 있다.

그 다음으로 그는 이따금씩 일부 자기 취향에 맞는 학자들의 의견이나 이론들을 근거로 삼아서 자기 특유의 언어기원론을 펼치기도 하였는데, 이것의 가장 대표적인 사례를 바로 2005년의 논문에서 발견할 수가 있다. 여기에서의 그의 언어기원론은 크게 두가지 쟁점을 축으로 해서 이루어져 있다고 볼 수가 있는데, 그중 첫 번째 것은 현대생물학을 이끌어 온 두 개의 진화이론, 즉 다원주의와 반다원주의 중 어느 것이 언어기능의 문제를 제대로 다루고 있다고 볼 수 있느냐 하는 것이었다. 그는 이 쟁점을 검토하다 보면 그의 언어이론은 왜 궁극적으로는 하나의 생물학적 언어이론이어야 하고, 그것의 귀결점은 결국에 언어기원론이어야 하는가가 저절로 밝혀지게 된다고 본 것이다.

이미 여러 군데서 언명했듯이 그는 여기에서도 자기가 누구보다도 강력한 반다윈주의자임을 선언하고 있다. 그가 여기에서 자기의 대변자 겸 Darwin의 대결자로 내세우고 있는 사람은 바로 언어기능을 인간의 지적 및 도덕적 성향의 일부로 보려고 했던 Wallace이다. 1889년에 낸 「다윈주의」라는 책의 제 15장에서 그는 약 5만전에 인간이 갖게 된 창조적 상상력이나 언어력, 상징력 등의 진화과정은 변이와 자연적 선택의 개념으로는 설명이 될 수가 없고, 이것의 설명을 위해서는 이들 없이는 물질적 우주가 존재할 수 없는 인력과 응집력 등의 자연의 원리, 즉 「그 외의 영향이나 법칙, 기관」 등을 필요로 하게 된다고 주장했었다.

그중 두 번째 것은 언어기능을 지금까지 많은 다윈주의자들이 내세우고 있듯이 일종의 누적적 내지는 점진적 진화의 결과물로 볼 것인가, 아니면 어느 시기에 있었던 일종의 돌연변이의 결과물로 볼 것이냐의 문제에 관한 것이었는데, 알고 보자면 이것은 첫 번째 재점을 보다 구체화한 것에 지나지 않았다. 물론 그의 입장은 첫 번째 것이 아니라 두 번째 것이었는데, 이것을 정당화하기 위하여 그는 크게 Tattersall과 Jacob의 주장들을 인용하였다. 그러니까 그는 여기에서 자기가 그 동안에 내세워 온 언어기원론이 생물학적으로나 자연사적으로 보아서 결코 문외한적인 것이 아니라는 사실을 분명히 밝히고 싶었던 것이다.

우선 Tattersall(1998)은 「인간능력의 기원(The origin of the human capacity)」이라는 책에서 크게 두가지 점을 강조했었다. 첫 번째로 그는 인간의 진화과정에 이른바 「대약진」의 단계가 있게 된 것은 바로 「돌연적인 언어의 출현으로 인간의 능력이 지금의 것과 같은 것으로 신장되게 되었기 때문」이라고 주장했었다. 두 번째로 그는 고고학적인 기록에 나와 있는 것과 같은 급속한 사회적 발달과 행동적 변화의 전제조건이 되는 것이 사고표현의 양태가 다양화되는 것인데, 이것을 가능하게 한 것이 바로「두뇌의 신경조직을 재조직해서 풍부한 통사조직을 가진 현대언어가 탄생되도록 한 일종의 유전적 사건」이었다고 주장했었다.(p.3)

또한 Jacob(1982)은「가능한 것과 사실적인 것(The Possible and the actual)」이라는 책에서 크게 두가지 점을 강조했었다. 그중 첫 번째 것은 언어의 기능 중 의사소통의 도구로서의 기능은 기껏했자 2차적인 것일 따름이고 그것의 주된 기능은「무한한 상징적 조립체를 만들어 낼 수 있는 그것 특유의 속성에 의해서 우리로 하여금 사실적 개념과 사고력, 계획력 등을 갖게 하는 것」, 즉「가능한 세계를 정신적으로 창조해낼 수 있게 하는 것」이라는 점이었다. 그중 두 번째 것은 진화에 관한 질문의 대답들은「대부분의 경우 다소 간의 합리적 추리 이상의 것은 될 수 없다」는 점이었다.(p.4)

그런데 겉으로 보기에는 가장 권위적인 것처럼 보이는 여기에서의 그의 언어기원론에는 이것의 최대의 쟁점거리인「일종의 유전적 사건」에 대한 설명이 들어있지 않다. 예컨대 Tattersall은 두뇌의 신경조직이 재조직되면서 언어가 생겨나게 되었다고만 말하고 있지, 구체적으로 어떻게 해서 그렇게 중대한 변화가 두뇌에 일어나게 되었는가에 대해서는 아무런 말이 없다. 또한 Wallace도 언어의 진화과정을 제대로 설명하는 일은 변이와 자연적 선택의 개념으로는 불가능하고, 자연의 원리로 법칙 등으로만 가능하다는 말만 하고 있지, 구체적으로 어떤 원리로 이런 설명이 가능해지는지에 대해서는 아무런 말도 하고 있지 않다.

그의 언어기원론이 이렇게 가장 기본적인 문제점을 지니고 있는 한 이것은 우선 Jacob의 말대로「다소간의 합리적 추리 이상의 것이 될 수 없다」는 것이 분명해지고, 그 다음으로는 그동안의 그의 다원주의적 이론에 대한 공격이 공연히 생물학계에 분란만 일으키려는 의도에서 나온 것에 지나지 않게 된다. 그에게 만약에 그의 언어기원론이 생물학자나 진화론자들에 의해서 하루 빨리 인정되기를 바라는 마음이 있다면 최소한 현재까지 알려진 돌연변이에 관한 이론 중 어떤 것이 가장 자기 마음에 드는가 정도의 의견은 내놓았어야 한다.

그가 생각하는 돌연변이를 일단 특이한 돌연변이로 치고 보자면, 생물학적 검증작업을 필요로 하는 또 한가지 핵심적 발상법은 순환성에 관한 것이다. Jackendoff와 Pinker(2005)가 지적했듯이 이 능력은 언어 특유의 능력이 아니라 다른 인지적 능력의 일부일 수도 있는데, 이것에 대한 해답은 앞으로 더 많은 생물학적 검증작업이 있어야만 얻어질 수 있다. 그리고 생물학자들의 입장에서 보자면 그의 주장대로 언어의 통사조직이 오직 병합절차의 순환적 적용에 의해서만 탄생되게 되었는지도 큰 논쟁거리가 될 수 있다.

그리고 무엇보다도 중요한 사실은 그는 그동안에 생물학이나 진화론의 발전을 사실상 주도해 온 것은 바로 다원주의적 이론이라는 사실을 애써 외면하려고 해왔다는 사실이다. 그러니까 그는 다원주의를 공격한다는 것은 곧 생물학이나 진화론 전체를 공격하는 일이나 마찬가지라는 사실을 특별히 중요하게 생각하지 않았던 것이다. 그 자신은 물론 사실은 그 점을 너무나 잘 알고 있기에 그것을 거꾸로 이용하려는 것이 자기의 숨겨진 의도였다고 주장할 것이다. 다시 말하자면 그는 자기의 언어이론의 위대함을 알리는 방법 중 다원주의적 이론과 정면 승부를 거는 것 이상의 것은 없다는 것을 잘 알고 있었던 것이다.

그렇지만 그 결과는 그의 의도와는 정반대의 것이었다. 한마디로 말해서 진화론이나 생물학은 그의 공격이 있은 후에 더욱 독자적인 노선을 추구하기에 이르렀다. 언어기원의 문제와 관련하여 진화론이나 진화생물학에서 새롭게 각광을 받게 된 것은 「진화적 땜질 이론」인데, 이것은 분명히 그의 언어기원론과는 정반대적인 일종의 신다윈주의적 이론이다. 우연인지 필연인지, 최근에는 이런 생물학적 언어 진화론에 동조하는 인지과학자나 언어학자도 나타나게 되었다. 예컨대 인지과학자인 Marcus(2004)는 「정신의 탄생 : 어떻게 적은 수의 유전자로부터 복잡한 인간의 사고력이 생겨났는가(The Birth of the Mind : How a tiny number of genes creates the complexities of human thought.)」라는 책에서 진화론에서 내세워진 「잉여변수의 차후변화 이론」의 타당성을 주장하였고, 또한 언어학자인 Culicover와 Jackendoff(2005)는 「보다 단순한 통사조직(SimplerSyntax)」라는 책에서 진화적 땜질 이론의 타당성을 주장하였다.

더 나아가서 최근에는 언어의 진화를 언어의 진화를 반드시 생물학적 선택의 절차로 볼 것이 아니라 문화적 선택의 절차로 볼 수도 있다는 견해도 나오게 되었다. 예컨대 Hurford(2006)는 「언어진화이론 : 지금의 이론(Evolutionary Theories of Language : Current theories)」이라는 논문에서 언어는 「인간의 생물학적 적응의 결과일 수도 있고, 의사소통의 목적을 위한 문화적 적응의 결과」일 수도 있는데, 이들 두가지를 상호배타적인 것으로가 아니라 상호보완적인 것으로 보는 것이 맞는 일인 것 같다는 의견을 내 놓았다. 이런 주장의 근거로 그는 그동안에 언어는 이른바 「문법화 과정」을 통해서 점점 더 정교해졌다는 사실을 들고 있다.

제5장

비변형적 문법이론과의 비교

1. 비교의 필요성

　1960년대에 등장한 Chomsky의 변형문법이론은 근본적인 면에 있어서는 그것과 같은 철학을 가지고 있으면서도 구체적인 면에 있어서는 그것과 적지 않게 다른 문법이론들, 즉 이른바 비변형적 문법이론들을 탄생시키는 일종의 2차적 내지는 바사적인 기여도 하게 되었다. 이런 문법이론들의 이름에 비변형적이라는 한정사를 붙이는 이유는 물론 일차적으로는 이들이 그의 문법이론과 대비되는 것들이라는 사실을 부각시키기 위해서이다. 그렇지만 그렇게 함으로써 이들의 탄생의 역사 즉, 이들과 변형문법이론 간의 태생적 상관관계가 저절로 밝혀지는 이득도 얻을 수가 있게 된다.
　이름 자체로는 그러니까 일단은 Chomsky의 문법이론과 비변형적 문법이론 간의 관계를 正値的인 것과 負値的인 것 사이의 것으로 볼 수가 있을텐데, 그렇다면 이들을 비교하는 것이 각각의 장단점을 알아낼 수 있는 가장 빠른 방법이 될 수 있을 것이라는 것은 누구나 쉽게 가질 수 있는 생각이다. 물론 여기에서의 비교의 목적은 두 대상 중 정치적인 것에 해당하는 Chomsky의 문법이론만의 장단점을 알아내는 것이다. 예컨대 Wasow(1985)는 「현대통사이론 강의」의 「후기」에서 크게 1) 변형절차의 기능을 축소시킨 점과, 2) 비한계적 의존성의 현상을 국부적 의존성의 현상으로 대치시킨 점, 3) 절의 구조는 서술어의 특성에 의해서 기술될 수 있다고 본 점 등을 근거로 내세워서, 변형문법 이론과 비변형문법이론 사이에는 상이점보다는 공통점이 더 많다고 주장했었는데, 우리가 여기에서 의도하는 것은 실제로는 그렇지 않다는 점을 밝히려는 것이다.(pp. 200~2)

(1) 문법이론의 고차원성

이런 비교작업을 통해서 알 수 있게 되는 첫 번째 사실은 역시 그의 변형문법이론은 좋은 의미에서든지 나쁜 의미에서든지 간에 이미 하나의 문법이론의 차원을 넘어선 것이라는 점이다. 이런 작업을 통해서는 우선은 설사 그의 말대로 문법의 목적을 기술적 적정성을 얻는 데 두느냐 아니면 설명적 적정성을 얻는 데 두느냐에 따라서 문법의 성격이 달라지게 된다고 해도, 이들 두 가지 중 기본이 되는 것은 첫 번째 것이며, 따라서 그들을 엄격히 구분한다는 것은 대단히 어려운 일이라는 것을 알수가 있게 된다. 그렇지만 이런 작업을 하게 되면 현재 나와있는 문법이론 중 문법조직을 기술하는 것 이외의 문제에 관심을 두고 있는 것은 오직 그의 변형문법이론 뿐이라는 것이 그보다 더 중요시해야 할 사실이라는 것이 당장 드러나게 된다.

물론 그 자신은 그동안 내내 이런 특이점을 그의 문법이론의 제일 큰 장점으로 내세워왔다. 예컨대 그는 문법적 기술을 통해서 언어습득의 문제나 언어기원의 문제와 같은 해묵은 난제들을 익히 해결할 수 있다고 생각해왔다. 더구나 최근에 와서는 자기는 언젠가에 가서는 생물학적 언어이론을 세우는 데 성공을 하게 된다고 믿는데, 그렇게 되면 결국에 언어학은 모든 과학의 전범적 학문이 되고 모든 인간학의 근원적 학문이 될 것이라고 주장하기에 이르렀다. 물론 언어학이 궁극적으로 인간학의 일부라는 것을 부인하려는 사람은 하나도 없다. 또한 자기 학문의 지평과 차원을 최대로 넓히고 높이려는 것이 대부분 학자들의 공통된 성향이라는 것을 부인하려는 사람도 없다.

그런데 누구나 일단 이런 비교작업을 해보게 되면 예컨대 Chomsky적인 외향적 학문 전개법과 그 반대적인 것 중 어느 쪽이 과연 바람직한 것인가에 대해서 다시 한번 생각하게 된다. 그 이유는 따지고 보자면 매우 간단하다고 볼 수가 있는데, 사람에 따라서는 얼마든지 지금의 그의 문법이론을 일종의 「사상누각」으로 볼 수가 있다는 것이 바로 그것이다. 다시 말해서 그것은 이런 사람들이 보기에는 지금의 그의 문법이론의 내용은 튼튼한 기초 위에 지어진 작은 집이 모래땅 위에 세워진 커다란 누각보다 몇 배 낫다는 이치를 어기고 있지나 않는지 의심하기에 족한 것이기 때문이다.

결국에는 이런 비교작업을 해보게 되면 어느 학문에서와 마찬가지로 언어학에 있어서도 어설픈 외향적 전개법은 정상적인 것이라기 보다는 오히려 비정상적이라는 사실을 확인하게 된다. 그가 그동안에 내세운 보편문법이론을 중심으로 한 여러 가지 원리나 이론들은 하나같이 인지과학이나 생물학에서 아직 제대로 검증이 되지 않은 것들이다. 따라서 그동안의 그의 언어연구는 언어학자로서 마땅히 해야 할 기본 임무는 버려둔 채 부차적인 임무에 주력을 쏟은 셈이 된 것이다. 다시 비유적인 표현을 쓰자면 그것은 「수레를 말 앞에 갖다 놓은」 우스꽝스런 꼴이 된 것이다. 비변형적 문법이론가들에게서는 적어도 이런 모습은 찾아 볼 수가 없다.

(2) 문법연구의 주도권

이런 비교작업을 해보게 되면 두 번째로 작게는 통사론이고 크게는 언어학 전체에 있어서 오늘날 연구의 주도권을 잡고 있는 것은 그의 변형문법이론이라는 사실을 확인할 수가 있다. 그것의 대안격인 문법이론으로는 「일반화 구구조문법」과 「어휘기능문법」, 「관계문법」, 「범주문법」 등을 들 수가 있는데, 이들의 학세들을 모두 합친 것보다 훨씬 더 큰 것이 바로 그의 문법이론의 그것이다. 문자 그대로 그의 것이 통사론 연구의 주류 이론의 자리를 지키고 있는 한 여타의 것들은 군소이론의 역할 밖에 할 수 없었던 것인데 지난 4~50년 간의 흐름으로 보았을 때 그의 문법이론의 이런 군림적 위상은 앞으로도 그대로 유지될 것이 뻔하다.

그런데 이와 관련하여 무엇보다도 눈에 띄는 점은 그의 문법이론은 변형에 변형을 거듭하는 식으로 꾸준히 바뀌어왔는데 반하여, 대안이론들은 처음에 제안된 것들이 제안과 동시에 하나의 원형으로 굳어져 버렸다는 사실이다. 물론 일반화 구구조문법이론도 1963년에 Harman에 의해서 제안된 초기이론이 일단 1981년에 이르러서 Gazdar에 의해서 완성이 되었다가 그것은 곧이어 Pollard와 Sag에 의해서 「핵추진 구구조문법이론」으로 발전되게 되는 식으로 그동안에 일정한 발전과정을 밟아왔다. 그리고 따지고 볼 것 같으면 그의 변형문법 이론과 마찬가지로 핵추진 구구조이론도 지난 20년 동안에 한시도 쉬지 않고서 조금씩 바뀌어 온 것이 사실이다.

그렇지만 그동안에 핵추진 구구조이론에 분명히 지배와 결속이론이 최소주의 이론으로 바뀌는 식의 큰 변화가 생기게 된 것은 아니었다. 예컨대 이 이론은 문법적 기술작업을 크게 1) 기본어휘를 인가하는 어휘부에 관한 것과 2) 도출어휘를 인가하는 어휘규칙에 관한 것, 3) 구성소 구조를 인가하는 직접지배 구도에 관한 것, 4) 구성소 순서를 제약하는 선형적 선행규칙에 관한 것, 5) 언어적 대상에 관한 일반화된 문법적 원리에 관한 것 등의 다섯가지로 본다는 점에 있어서는 그 동안에 아무런 변화가 없었다. 간단히 말할 것 같으면 Pollard와 Sag이 1987년에 제안했던 이 이론의 모형은 오늘날까지 그대로 유지되어 온 것이다.(Levine and Meurers, 2006)

물론 이것은 궁극적인 의미에서는 인간언어의 문법조직과 그것의 작동원리는 너무나 복잡해서 아직까지는 누구에 의해서도 그것을 제대로 기술할 수 있을 만큼 유능한 이론이 만들어지지 못했다는 증거이다. 그의 말을 그대로 빌리자면 그러니까 문법적 기능에 대한 기술적 적절성이나 설명적 적절성의 조건을 충족시킬 수 있는 문법이론을 세우려는 문법학자들의 노력은 과거와 다름없이 앞으로는 계속될 수 밖에 없는 것이다. 이렇게 보자면 그의 문법이론만이 이런 특이한 유연성이나 가변성의 특징을 가지고 있다는 것은 분명히 하나의 장점이 될 수가 있다. 결국에 그만큼 그와 그의 동료들은 자기들의 과제 수행에 충실했던 것이다. 그러나 이 특징은 보기에 따라서는 하나의 약점으로 볼 수도 있다. 더구나 언제 또 바뀔지 모르는 이론을 하나의 정립된 이론으로 받아들일 수 없다는 것은 우리들의 일반적인 상식만으로도 익히 알 수가 있다.

(3) 변형문법이론의 기여성

이런 비교작업을 해보게 되면 세 번째로 적어도 1960년대 이후부터는 통사론이 언어연구를 주도하게 된 것은 그의 공로 때문이었다는 것을 알 수 있게 된다. 그의 기여는 물론 독창적인 변형문법이론을 제안함으로써 수학적 모형을 지향하는 형식주의적 문법연구가 바로 현대적 언어연구의 중심부에 익히 설 수 있다는 점을 명시한 점이다. 비변형적 문법이론들이 모두 그의 문법이론에 대한 하나의 대안적 이론으로 제안된 것이라는 사실은 곧 그의 변형문법적 발상법 중 일부 기본적인 것은 그들 이론에서도 그대로 받아들여졌었다는 것을 의미한다.

그의 문법이론이 이렇게 한편으로 볼 것 같으면 20세기 후반에 이르러 언어학계에 예전에 없던 통사론 연구의 붐을 일으켰고, 다른 한편으로 볼 것 같으면 그 결과 등장하게 된 많은 문법이론들을 선도적으로 이끌어 가게 되었다는 것은 다음과 같은 두가지 사실에 의해서 확인할 수가 있다. 그중 첫 번째 것은 우연인지 필연인지 그의 것을 위시한 모든 현대적 문법이론들은 이른바 수형도의 개념, 즉 구구조의 개념이 기본이 되어서 발달된 것이라는 점이다. 우선 그가 그의 표준이론에서 내세운 심층구조가 다름 아닌 일종의 구구조 라는 것은 더 말할 나위가 없다. 또한 Gazdar와 그의 동료들이 지기네 문법을 일반화 구구조문법으로 명명한 것은 그것을 결국에는 일종의 구구조문법으로 보았기 때문이다. 그리고 Bresnan과 Kaplan이 창안한 어휘기능문법에서도 일종의 구구조 규칙인 구성소 구조(C-구조)의 규칙이 대단히 중요한 역할을 하고 있다.

그런데 따지고 보자면 현대적 문법이론들이 변형적인 것 대 비변형적인 것으로 나뉘게 되는 것은 구구조의 개념을 서로 다르게 해석하게 된 결과라고 볼 수도 있다. 원래가 구구조문법은 1950년대에 구조주의자들이 전통문법의 대안으로 내놓았던 것이었다. 그렇지만 그가 「통사적 구조」에서 비판하고 나선 것처럼 이 모형은 자연언어를 기술하기에는 부적절한 것이었다. 예컨대 S → NP VP나 VP → V NP와 같은 문맥자유적 구구조 규칙으로는 의문사 의문문과 같은 비연속적 표현체를 기술할 수 없었고, 또한 서술문과 의문문 간의 관계를 밝혀낼 수도 없었다.

그가 보기에는 이것의 한계성을 극복할 수 있는 최선의 방법은 변형규칙을 구구조규칙과 별도로 두는 것이었다. 이렇게 되면 문장을 생성하는 능력이 최저의 수준에서 최고의 수준으로 올라가게 된다고 보고서, 이 문법을 보란듯이 변형생성문법이라고 이름붙였다. 그렇지만 그의 표준이론이 나오자 Gazdar와 Pullum은 기왕의 구구조 문법을 일정하게 보안하게 되면 변형절차가 없으면서도 그가 말하는 수준의 문장 생성력이 있는 문법모형이 만들어질 수 있다고 생각하였다. 그 보완책은 바로 구성소의 표지를 어휘나 구의 이름으로부터 자질의 복합체로 바꾸는 것이었다. 굳이 말하자면 그러니까 이들은 구조주의적 문법이론을 그것의 기본틀을 유지한 채 한 단계 발전시켰던 것이다.

  그런데 무엇보다도 주목할 사실은 그후 몇 십년이 지난 오늘날에 와서는 그의 문법이론과 다른 대안이론들을 구별시켰던 변형이라는 개념 자체가 그의 문법이론에서도 무의미해졌다는 사실이다. 물론 그 자신은 일단 「α 이동」 하나로 그것이 축소된 것이지 아직 완전히 사라진 것은 아니라고 주장할지도 모르지만, 최소주의 이론의 최신판에서는 그도 오직 병합규칙만을 인정한다는 말을 하고 있다. 물론 이런 식의 환골탈태적 변화가 사실은 비변형적 문법이론들의 영향에 의해서 일어나게 되었다고 보는 사람은 하나도 없다. 그렇지만 몇십년에 걸친 우여곡절 끝에 정치적 이론과 부치적 이론의 핵심적 구별점이 사라지게 되었다는 것은 틀림이 없는 사실이다.

  그중 두 번째 것은 1960년대 이후의 형식주의적 문법연구의 현황을 파악하는 경우에는 으레 문법이론의 분류를 변형문법이론 대 비변형적문법이론으로 대립시키는 식으로 하고 있다는 사실이다. 원래가 문법은 일종의 다면적 체계여서 그런지, Blevins(2010)의 분류법에 따르자면 현재까지 제안된 비변형적문법이론들은 자질기저적인 것과 관계적인 것, 범주적인 것 등으로 나뉘어질 정도로 다양하다. 그렇지만 그를 포함한 많은 사람들이 일반적으로 이들을 하나로 묶어서 비변형적 문법이론이라고 부르고 있다는 사실은 크게 보아서 두가지 의미를 지니고 있다고 볼 수가 있다.

첫 번째로 이들은 만약에 1960년대에 변형문법이론이 나오지 않았다면 형식주의적 문법연구가 이렇게 활발해지지 않을 수도 있다고 보고 있는 것이다. 간단히 말해서 이들은 Chomsky의 변형문법이론을 형식주의적 문법연구의 기폭제로 보고 있는 것이다. 두 번째로 이들은 변형문법이론을 주요이론으로 치자면 나머지 것들은 군소이론들에 불과한 탓으로, 그들의 학세를 모두 합쳐 보았자 변형문법이론 하나의 그것과 맞먹을 정도 밖에 되지 않는다고 보고 있는 것이다. 다시 말하자면 이들은 여기에서 일종의 간접적인 방법으로 지금의 문법연구를 이끌고 있는 것은 변형문법이론이라는 사실을 강조하고 있는 것이다.

이 점과 관련하여 특별히 주목할만한 사실은 비변형적 문법이론들은 서로간에 적지 않은 영향을 주는 가운데 발전되어 왔다는 것이다. 우선 이들 중 현재 가장 큰 학세를 유지하고 있는 핵추진 구구조문법이 일반화 구구조문법을 확대발전시킨 것이다. 그런데 일반화 구구조문법에서의 의미론은 범주적 비변형문법의 한가지인 몬테그 문법의 것을 원용한 것이다. 또한 자질기저적 비변형문법의 한가지인 어휘기능문법은 문법적 기능의 개념을 관계적 비변형문법의 한가지인 관계문법으로부터 빌려왔다. Levine과 Meurers의 견해로는 핵추진 구구조문법은 이 무렵에 나타난 일반화 구구조문법과 어휘기능문법, 범주문법 등으로부터는 더 말할 나위가 없고 심지어는 같은 시기에 나왔던 Chomsky의 지배와 결속이론으로부터도 일정하게 영향을 받았었다.(p.238)

(4) 심리적 실재성

이런 비교작업을 해보게 되면 네 번째로 형식주의적 문법이론의 우열성을 결정짓는 기준 중 최종적인 것은 심리적 실재성인데, 이런 측면에서 볼 것 같으면 비변형적 문법이론들이 변형문법이론보다 더 우수한 것으로 간주될 수 있다는 사실을 알 수 있게 된다. 이런 판단을 내릴 수 있는 근거로는 크게 세가지를 들 수가 있는데, 그 중 첫 번째 것은 크게 보았을 때는 비변형적 문법이론에서의 문법적 개념은 오늘날 심리학이나 심리언어학에서 내세우고 있는 「해부자」의 개념과 똑같다는 점이다. 이들 이론에서는 우선 문접적 표현체계에는 오직 표면체계 하나 뿐이라고 본다. 그리고 이들 이론에서는 변형절차라는 것을 인정하지 않는다. 세 번째로 이들 이론에서는 문장은 수형도의 구조를 가지고 있다고 본다. 그러니까 이들 이론에서 내세우고 있는 문법의 개념은 심리학들이 생각하는 해부자의 개념과 거의 같다고 볼 수가 있다.

그중 두 번째 것은 비변형적 문법이론에서는 통사적 처리절차 가운데는 의미적으로 추진되거나 제약되는 것들도 적지 않게 있다는 것을 인정하고 있는데, 사실은 이런 발상법은 일찍부터 심리학 측에서 유지해 온 것이었다. 다시 말할 것 같으면 이들 이론에서는 원래 문장은 명제적 의미를 나타내는 것이기에 문법조직은 의미적이나 개념조직과 불가분의 관계에 있다는 사실을 대단히 중요히 생각하는데, 이런 의미로 보아서는 이들 이론에서의 문법관은 상식적 내지는 전통적 문법관을 그대로 이어받은 것이라고 볼 수가 있다. 바로 이런 문법관이 철두철미한 형식주의적 문법관보다 심리학에서의 수용 가능성이 높을 것이라는 것은 더 말할 필요가 없다.

그중 세 번째 것은 비변형적 문법이론들은 최근에 이르러 직접적으로 해부절차에 대한 연구에 뛰어들어서 일정한 연구결과도 얻게 되었다는 점이다. 예컨대 어휘기능 문법이론의 창시자 중 한 사람인 Kaplan은 Bod(1998)와 함께 「자료지향적 해부 이론」을 계발하여, 언어학습자가 언어학습시 사용하는 절차는 주어진 자료를 가지고서 적절한 C-구조와 f-구조의 짝을 만들어가는 것이라는 주장을 하였고, 또한 그는 Maxwell(1996)과 함께 컴퓨터공학적 방법을 적용해서 언어처리의 속도는 어떻게 C-구조의 해부와 f-구조의 제약결정의 두 절차가 최적적으로 이루어질 수 있느냐에 따라서 결정된다는 사실을 밝혀냈다.(Dalrymple, 2006)

흥미롭게도 이와같이 컴퓨터공학적 방법을 이용하여 언어처리의 문제를 연구하려는 움직임은 핵추진 구구조이론가들 사이에서도 일어났다. 예컨대 Levine과 Meurers(2006)의 논문에 의할 것 같으면 이런 움직임 중 가장 대표적인 것이 바로 최근에 Frank(2003) 등에 의해서 추진된 「심층사고 계획」이었다. 이것을 통해서는 어떻게 얕은 처리절차가 깊은 처리절차의 부담을 감축하는 데 기여할 수 있는가가 밝혀질 수 있었다. 이 문법이론은 또한 문장처리와 같은 심리언어학적 과제를 연구하는 데도 쓰였는데, 이것의 가장 대표적인 예가 Konieczny(1996)에 의한 의미론 지향적 해부법에 관한 것이었다. 이것을 통해서 그는 문장처리시에는 언어적 지식 뿐만 아니라 개념적 지식과 담화적 지식 등이 다 동원된다는 사실을 밝혀냈다.

(5) 어휘기반적 접근법

이런 비교작업을 해보게 되면 다섯 번째로 변형문법이론과 비변형적 문법이론 간의 근본적인 차이점 중의 하나가 바로 어휘적 규칙과 통사적 규칙 중 전자에서는 통사적 규칙을 더 중요시하는데 반하여, 후자에서는 어휘적 규칙을 더 중요시한다는 점이라는 사실을 알게 된다. 바꾸어 말할 것 같으면 이런 비교작업을 해보게 되면 어휘부는 일종의 부속적 부분으로 삼은 상태에서 통사부만을 핵심적 부분으로 내세우는 변형문법적 문법모형은 다분히 전통문법적인 것이고, 반면에 두 부분은 적어도 동일한 비중의 것으로 보려는 비변형적 문법모형은 다분히 반전통문법적이라는 사실이 익히 밝혀지게 된다.

그런데 예컨대 이런 두 흐름을 일단 어휘 기반적 접근법과 문장 기반적 접근법으로 이름 붙이고 볼 것 같으면 통사론자론들 사이에서는 이들중 어느 것이 더 바람직한 것이냐의 문제가 응당 가장 먼저 해답되어야 하면서도 가장 치열한 토의를 필요로 하는 문제로 등장될 수 있다. 그리고 이것은 바로 현실적인 문제, 즉 어느 쪽이 지금의 학세에서 주도권을 잡고 있느냐의 문제로 비약될 수가 있다. 그렇지만 핵추진 구구조문법이론이나 어휘기능문법 이론의 지금의 학세가 상대적으로 변형문법의 그것만큼 크지 못하다고 해서, 이들은 학리적으로 부적절하거나 열등한 이론으로 치부할 수는 없는 것이다.

이들 이론들을 살펴보게 되면 누구라도 한번은 실제로는 이들이 변형문법이론보다 학리적으로 더 우수한 이론일 수도 있다는 생각을 가질 수가 있다. 우선 앞에서 말했듯이 이들 이론들은 심리적으로 실재성이나 사실성이 높은 것들이다. 예컨대 어린이들의 말을 배우는 절차는 분명히 어휘기반적인 것이다. 간단히 말해서 어린이들은 문장을 두 개나 그 이상의 어휘를 의미나 기능적으로 맞세 나열하는 식으로 만들어간다. 그 다음으로 성인들의 문장이해나 문장생성의 절차에서도 기본적 단위로 쓰이는 것은 분명히 어휘이다. 간단히 말할 것 같으면 언어처리의 경우 구구조규칙과 같은 통사적 규칙은 선형적으로 어휘를 배열하는 과정에서의 하나의 보조적 규칙으로 쓰일 따름이다.

그 다음으로 이들 이론들은 구체적인 실례를 통해서 변형문법이론보다 우수한 이론이라는 사실을 실증해냈다. 예컨대 일반화 구구조문법에서는 이른바 「접속요소 자질의 일반화」라는 규칙을 설정하게 되면 복잡한 변형규칙을 내세웠을 때보다 훨씬 더 간결하게 등위접속의 현상을 기술할 수 있다는 것을 실증해 보였다. 변형문법이론에서는 「Max is a Guardian reader and passionate about penal reform.」과 같이 범주가 다른 두 요소가 등위적으로 접속되는 문장을 기술하기 위하여 특별한 변형규칙을 설정하게 되어 있었다. 그렇지만 이 이론에서는 수형도상에 이들 두 요소의 자질을 모두 가지고 있는 상위적 요소를 설정함으로써 이 문제를 쉽게 해결할 수 있었다.(Blevine, 2010: p.378)

또한 변형문법이론에서는 「Herb persuaded Louise to follow.」와 「Herb promised Louise to follow.」와 같은 보문구조문간의 차이점을 기술하는 데 흔적이라는 개념을 중심으로 복잡한 변형규칙들을 설정해야만 했다. 그러나 어휘기능문법에서는 선행사와 생략된 주어 간의 관계는 어휘적으로 명시될 수 있다는 원칙 하에서 그것을 ((↑XCOMP SUBJ) = (↑OBJ)) 대 ((↑XCOMP SUBJ) = (↑SUBJ))처럼 기술할 수 있었다. 이런 기술법에 의하여 이 이론에서는 이들 중 첫 번째 문장만이 수동문을 가질 수 있다는 「비서(Visser)의 일반화」 현상과 이들 중 두 번째 문장만이 목적어를 탈락시킬 수 있다는 「바흐(Bach)의 일반화」 현상도 익히 기술할 수 있었다.(Sells, 1985: pp.166~7)

(6) 형식주의적 문법이론의 특징

이런 비교작업을 해보게 되면 여섯 번째로 형식주의적 문법이론들의 특징을 익히 파악할 수가 있다. 형식주의적 문법이론들의 첫 번째 공통점은 이름 그대로 오로지 통사적 자질이나, 구조, 규칙 등과 같은 형식적 특성들만 가지고서 문법조직의 실체를 파악하려고 한다는 점이다. 물론 형식주의자들이 이렇게 하는 이유는 이래야만 궁극적으로는 분석의 객관성과 정밀성 등이 보장될 수 있는 과학적인 문법연구가 가능하기 때문이다. 한마디로 말해서 이들은 문법은 원래 수학적 속성들을 지니고 있는 것이기에 그들을 발견하는 것이 곧 문법연구의 목적이라고 생각하는 것이다. 형식주의적 기술의 생명은 결국에 준엄성이라는 것도 이들은 잘 알고 있다.

오늘날 형식주의적 문법이론들은 크게 변형문법이론과 비변형문법이론으로 양분되는 사실만으로도 익히 알 수 있듯이, Chomsky의 영향으로 그동안 내내 변형의 개념을 도입하느냐 그렇지 않느냐의 문제가 형식주의적 문법연구의 최대 쟁점이 되어온 것은 틀림이 없는 사실이다. 그렇지만 이들을 실제로 비교해보면 이런 분류법은 별 의미가 없다는 사실을 즉각 알아차릴 수가 있다. 다시 말할 것 같으면 변형문법이론이 그 나름의 특이한 문법관과 특이한 기술법에 의해서 만들어진 것과 마찬가지로 일반화 구구조이론이나 어휘기능이론도 각각 그 나름의 특이한 문법관과 특이한 기술법에 의해서 만들어진 것이다. 예컨대 일반화 구구조이론에서는 수동화 변형의 현상을 수동화 메타규칙으로 설명하고 있고, (VP→W, NP=>VP[PAS]→W,(PP[by])), 또한 어휘기능이론에서는 구구조규칙을 S→ NP   VP처럼 표기하고 있다.
　　　　　　(↑SUBJ)=↓ ↑=↓

결국 이렇게 볼 것 같으면 형식주의적 문법이론 간의 공통점은 결국에 형식주의라는 점 한 가지뿐이어서 그것의 가짓수는 앞으로도 얼마든지 더 증가할 수가 있다는 결론이 나오는데, 그 이유는 문법연구자들이 보기에는 아직까지는 기술력과 설명력의 두 측면으로 보아서 가장 과학적인 문법이론이 나오지 못했기 때문이다. 이런 의미에서 보자면 형식주의적 문법연구의 장래는 다른 과학적 연구에서와 마찬가지로 문법연구자들이 문법적 현상에 대해서 얼마만큼의 관찰력과 통찰력을 가지고 있느냐에 따라서 결정되게 되어 있는 것이다.

형식주의적 문법이론들이 가지고 있는 공통점에는 형식주의의 한계성이라 할 수 있는 것도 있다. 19세기 이후의 철학에서는 논리나 형식적인 기법으로 제대로 기술될 수 없는 것은 아예 연구의 대상으로 삼지 않는 전통이 있어왔는데, 그것이 그대로 오늘날에 이르러서도 이어지고 있는 것이다. 이런 한계성 중 첫 번째로 꼽을 수 있는 것은 언어적 표현의 의미나 기능에 관한 것은 전혀 다루지 않는다는 점이다. 예컨대 흔히들 일반화 구구조이론에서는 몬테그 문법에서 계발된 의미론이 그것의 일부분으로 쓰이고 있다고 보는데, 사실은 이런 진리치 중심의 의미론은 의미론의 기초적인 부분에 불과하다. 여러 어휘의 명시적 의미를 하나로 합친 것이 바로 문장의 의미라는 생각만 가지고서는 진정한 의미에서의 의미론이 다루어질 수가 없다. 어휘적 의미에는 함의적인 것도 있고, 문장의 의미에는 명제적 의미 이외의 것도 있는데 형식주의자들은 이런 것을 문법연구의 과제로 보지 않는다.

이런 한계성 중 두 번째로 내세울 수 있는 것은 분석이나 기술의 단위를 하나의 문장으로 제한시킨다는 점이다. 한마디로 말하자면 의미론적 현상뿐만 아니라 화용론적 현상도 이들 이론에서는 연구의 대상으로 보지 않는 것이다. 물론 그 이유는 이들 이론에서는 우선 언어적 표현의 기본단위는 문장이고, 그 다음으로 화용적 현상은 형식적으로 기술하기에는 부적절하다고 보기 때문이다. 그런데 사실은 우리의 의사소통은 으레 담화 단위로 이루어지며 문장은 그것의 한 구성소에 불과하다. 그래서 한 문장의 의미나 기능은 그것이 실제로 쓰이고 있는 담화 안에서만 파악될 수가 있다. 화용론적 입장에서 보자면 결국에 문장이란 일종의 정보적 표현체이기 때문에 그것의 정형성보다 그것의 적절성이 더 중요할 수가 있다. 문장은 정보적 표현체인 이상 때로는 완전문보다는 생략문이 훨씬 더 적절할 수가 있다.

물론 어차피 언어연구의 영역이 통사론, 의미론, 화용론 등으로 나뉘어져 있는 이상, 통사적 문제에만 전념하는 것이 형식주의적 통사론자들이

해야 할 일이라고 생각할 수도 있다. 그런데 이상과 같은 연구영역의 분할은 일종의 편의주의적 방편일 뿐, 실제로는 이들 세 영역간의 인터페이스적인 현상이 적지 않게 있기 때문에, 그것이 무의미해질 수도 있다. 예컨대 통사론과 의미론 간의 구분이 실제에 있어서는 오히려 없는 것만 못할 수 있다는 사실을 Chomsky가 말하는 결속의 이론과 관련된 현상은 의미론적으로 더 잘 설명될 수 있다는 사실로써 익히 알 수가 있다. 「John likes him.」이 「John likes John.」의 의미를 나타내고 있는 것은 아니라는 것을 굳이 him에 별도의 지표를 매기는 식의 통사적 제약의 방법만으로 나타낼 수 있는 것은 아니다. 즉, 이런 현상에 대비해서는 아예 그런 해석이 나올 수 없게 의미적 규칙을 미리 세우면 된다.(Schlenker, 2010: p.469)

결국 이렇게 볼 것 같으면 형식주의적 문법연구는 우선 20세기 이전까지의 전통문법연구의 전통을 형식주의라는 새로운 접근법으로 현대화한 것이라고 볼 수가 있다. 그 다음으로 이것은 문장의 구조를 기술하는 것을 문법연구의 목적으로 삼았다는 의미에서 그것에 대한 대안으로 20세기에 등장한 구조주의의 전통을 계승하고 있다고 볼 수도 있다. 그러니까 결국에 이것이 앞으로도 문법연구의 주류의 자리를 지켜나갈 것이 분명하다. 이런 의미에서도 당분간은 변형문법이론과 나머지 형식주의적 문법이론 간의 경쟁관계는 그대로 계속될 것이 확실하다.

2. 일반화 구구조문법과 핵추진 구구조문법

Chomsky의 변형문법이론이 일종의 전성기를 누리던 1980년대에 그것의 대안적 이론으로서의 위상을 가장 먼저 확립할 수 있었던 것이 바로 일반화 구구조문법이론이고, 얼마 뒤에 그것의 약점을 보완하여 생겨난 것이 핵추진 구구조문법이론이다. 그러니까 이들 두 이론의 내용을 살펴보는 것이 결국에는 그의 변형문법이론의 특징을 가장 쉽게 파악할 수 있는 길이 될 것이라는 것은 누구나 익히 가질 수 있는 생각이다. 그리고 굳이 따지자면 여러 가지 비변형적문법이론 중 가장 학세가 센 것으로 볼 수 있는 것이 이들 이론이다. 따라서 변형문법이론과 대척적인 입장에서 이들 이론의 실체를 알아보는 일은 지금의 통사론 연구의 흐름을 파악하는 길도 될 수 있을 것이다.

(1) 일반화 구구조문법

순서에 따라서 먼저 이들 중 첫 번째 것인 일반화 구구조문법이 어떤 문법인가를 살펴볼 것 같으면 다음과 같은 몇가지 점으로 보아서 이것은 반변형적인 문법이라는 것이 분명해진다. 1985년에 Gazdar가 Klein, Pullum, Sag와 함께 써 낸 「일반화 구구조문법(Generalized Phrase Structure Grammar)」에 따를 것 같으면 이 이론은 문법에 대한 기본적인 발상법 자체가 Chomsky의 그것과는 판이하게 다른 이론이다. 물론 이 이론이 내세우는 목표는 독자적인 것이었겠지만, 이것에 이런 역발상적인 특징이 있는 한 이것은 Chomsky의 변형문법이론의 단점을 알아내는 데 있어서 일종의 도구적 역할을 하게 마련이다.

이 이론의 첫 번째 특징은 변형규칙부를 문법체계 내에서 따로 설정하지 않는다는 점이다. 이 점 하나만으로도 이 이론이 그의 문법이론과 정면으로 맞서려는 것임을 익히 알 수가 있다. 이렇게 되면 문법조직을 굳이 심층구조와 표층구조로 나눌 필요가 없어진다. 그러니까 결국에는 그의 이론에서는 최근에 이르러서야 겨우 도달하게 된 결론을 이 이론에는 처음부터 내세우고 있었던 것이다. 문법모형이 이렇게 단순화되면 기술작업도 따라서 단순화 될 것이라는 것은 더 말할 나위가 없다. 그리고 이렇게 되면 의미론과 통사론을 하나로 통합시킬 수 있는 가능성도 높아진다.

이 이론의 두 번째 특징은 구구조의 표기법과 그것을 생성해내는 데 쓰이는 규칙이 변형문법에서의 그것과 크게 다르다는 점이다. 우선 이것에서는 구구조의 교점에 나타나는 범주를 VP가 [V+, N-, VFORM FIN, BAR2]로 표기되는 식으로 통사적 자질의 집합체로 보고 있다. 이런 의미에서 이 문법은 규칙기반적인 문법이 아니라 자질기반적 문법인 셈이다. 예컨대 영어의 VP를 앞에서처럼 표기하게 되면 그것이 하나의 명사가 아니라 동사인 데다가 그것의 형태는 정형적인 것이고 그것의 크기는 구 수준의 것이라는 정보가 표기되게 된다.(Warner, 1994: p.1363)

이처럼 이것은 자질기반적인 이론이기에 그것에 쓰이는 통사적 자질의 종류만 다양한 것이 아니라 그것의 분배에 관한 규칙도 다양하다. 그런 규칙에는 예컨대 자질공기 제약의 규칙을 비롯하여 자질표시 불이행의 규칙, 핵자질 규약, 발자질 원리, 통제일치 원리 등이 있다. 정형적 문장이 생성되기 위해서는 수형도의 절점에 있는 표지들이 이런 규칙이나 원리들을 위반하고 있어서는 안되는 것이다. 그리고 이 이론에서는 이런 규칙들이 수형도의 어느 한 부분에서만 적용되게 되어있다. 그러니까 결국 이 이론에서 쓰이는 구구조는 자유분맥적 구구조가 아닌 것이다.

이 이론에서는 다양한 자질분배에 관한 규칙이나 원리가 쓰이고 있기 때문에 의문사 의문문이나 주제화문과 같이 변형문법이론에서는 으레 변형적규칙에 의해서 설명되던 현상도 자질조작적인 절차에 의해서 익히 설명될 수가 있다. 예컨대 「This book John said he took from Harry.」라는 주제화문의 생성절차를 이 이론에서는 아래에 제시된 수형도에 의해서 기술하고 있다. 우선 여기에서 눈에 띄는 점은 전위된 요소의 자리가 「e」라는 범주에 의해서 표기되는데 이것의 조작을 위해서 「사선(SLASH)」이라는 특수한 발자질이 설정되어 있다는 점이다. 다시 말해서 여기에서는

「took e from Harry」라는 동사구는 VP[SLASH NP]나 아니면 더 간단하게 VP/NP처럼 표기되고 있다.

그 다음으로 여기에서 눈에 띄는 점은 이 문장의 수형도는 모두 다섯 개의 국부적 나무로 구성되어 있어서, 네 번째 국부적 나무의 「e」 자리에 있던 명사구가 궁극에 가서 주제어의 위치로 이동하게 되는 과정이 잘 기술되어 있다는 점이다. 다시 말해서 이것에서는 국부적 나무마다에서 필요한 통사적 정보가 「모친」으로부터 비어휘적 「딸」에게 전달되어야 한다는, 이른바 「발자질 원리」가 얼마나 유용하게 쓰일 수 있는가가 잘 드러나 있다.(Ibid. p.1364)

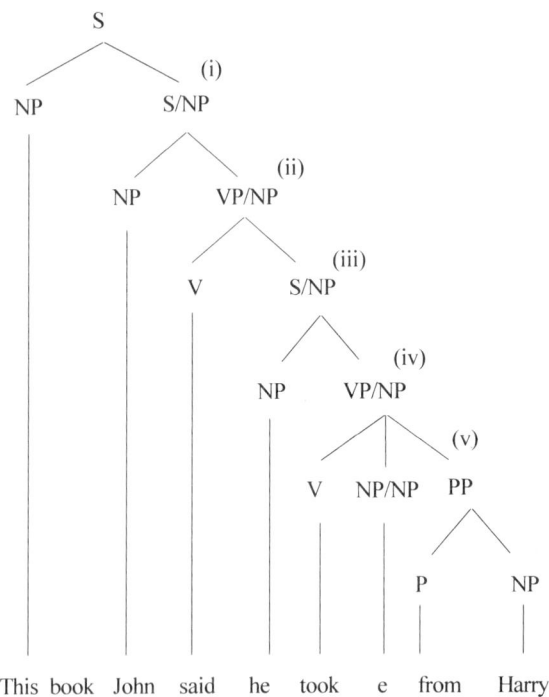

이 이론에서는 그 다음으로 변형문법에서의 그것과 형식이나 기능이 전혀 다른 다시쓰기의 규칙들이 구구조를 생성해내는 데 쓰이고 있다. 이런 규칙에는 세 가지가 있는데, 이들 중 가장 기본적인 것이 바로「직접 관할 규칙」이다. 왜냐하면 이것에 의해서 하나의 모 범주가 어떤 딸 범주들을 거느리게 되는가가 밝혀지게 되어 있기 때문이다. 이들 중 두 번째 것은「선형적 서순서술」인데, 결국에는 이것에 의해서 어떤 어순이 허용될 수 있는가가 밝혀지게 된다. 이 이론에서는 그러니까 한 문장의 구조는 우선 그것이 어떤 계층적인 구조성을 가지고 있는가와 그 다음으로는 그것의 구성소인 어휘들이 어떤 순서대로 나열되는가의 두 가지 측면으로 파악될 수 있다고 보고 있는 것이다.

이런 규칙 중 세 번째 것은 메타 규칙인데, 이것의 기능은 하나의 구구조규칙을 더 확대해서 구조적으로 관련된 문장이 같이 생성되도록 하는 것이다. 변형문법이론에서는 이런 기능을 변형규칙이 수행했었는데 반하여, 이 이론에서는 이 기능을 구구조 규칙이 수행하게 한 것이다. 예컨대 영어에서의 능동문과 수동문 간의 구조적 관계는「VP→, W, NP⊃VP[VFORM PAS]→W」와 같은 메타규칙을 설정함으로써 간단히 밝혀질 수가 있다. 더 구체적으로 살펴볼 것 같으면 영어의 능동문들을 일단 VP→H[SUBCAT2], NP(예 : maul)와 VP→H[SUBCAT5], NP, NP(예 : spare), VP→H[SUBCAT8], NP(예 : persuade)와 같은 구구조규칙에 의해서 생성되는 것으로 치자면 대응하는 수동문들은 이들 규칙을 VP[VFORM PAS]→H[SUBCAT2] VP[VFORM PAS]→H[SUBCAT5], NP, VP[VFORM PAS]→H[SUBCAT8], VP[VFORM INF]으로 확대함으로서 이루어질 수가 있다.(Ibid. p.1365)

이 이론의 세 번째 특징은 자질의 운용에 관한 규칙과 원리의 기능이 크게 확대되어 있어서, 결과적으로는 변형문법에서는 으레 변형규칙에 의해서 설명하던 현상을 자질적 원리에 의해서 설명하고 있다는 점이다. 이것의 가장 좋은 예가 바로「통제일치 원리」에 의한 주어와 술어의 일치 현상에 대한 설명이다. 여기에서는 우선 S→X², H[-SUBJ]라는 규칙에 의해서 아래와 같은 수형도를 그려놓기만 하면 되니까 통제자와 피통제자 간의 관계에 대한 기술의 절차가 최고로 단순해진다. 그리고 이 수형도로는「Joanna feeds herself.」와 같이 목적어가 재귀사인 문장에 대한 설명도 가능해지니까 일치현상에 관한 설명의 일반성이 크게 높아지게 된다.(Sells, 1985: p.113)

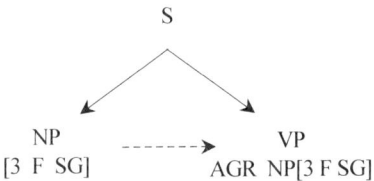

이 이론에서는 또한 통제일치 원리에 의하면「seem」과「herself」와 같은 이른바 상승동사와「try」와「persuade」와 같은 통제동사 간의 차이도 비교적 간단히 기술될 수 있음을 보여주고 있다. 예컨대 여기에서는 「Max believes Susie to flatter herself.」와 같은 문장에 있어서는 모문의 동사의 목적어인「Susie」가 삽입된 동사구의 통제자라는 사실이 아래와 같은 수형도 하나에 의해서 익히 밝혀질 수 있다고 본다. 그리고 이것에서는 삽입된 동사구에 나타나는 제귀사의 현상도 같이 설명되고 있다. 이것은 그러니까 이 이론에서는 통제일치 원리가 변형문법이론에서 변형적 규칙들이 담당하는 작업량을 얼마나 크게 줄여주고 있는가를 잘 보여주는 예라고 볼 수가 있다.(Ibid. p.114)

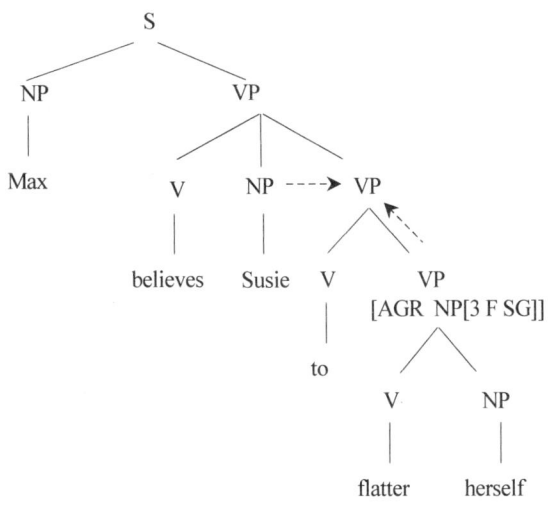

이 이론의 네 번째 특징은 의미적 해석의 문제를 일종의 부차적인 과제로 봄으로써 결과적으로는 통사론 우위나 아니면 통사론 중심의 이론의 모습을 지니고 있게 되었다는 점이다. 가급적이면 최대한 의미의 문제를 회피하려고 하지만, 그래도 궁극적으로는 그것에 대한 입장을 내세우지 않을 수 없는 것이 바로 형식적 문법이론들의 공통된 특징인데, 이 이론에서도 같은 특징을 발견할 수가 있다. 예컨대 변형문법이론에서와 마찬가지로, 이 이론에서도 「Max believes Susie to flatter herself.」라는 문장의 의미의 문제는 통사적인 방법으로 삽입된 동사구의 주어는 바로 모문의 동사의 목적어라는 사실을 밝히는 것이라고 보는 것이다.

의미의 문제에 관한 한 이 이론과 변형문법이론 간에는 두가지 차이점이 있다고 볼 수가 있는데, 그중 첫 번째는 문법체계 내에는 단 하나의 표현체만이 있을 수 있기 때문에 의미적 해석을 어떤 의미에서는 따로 할 필요가 없고 또 다른 의미에서는 통사적 해석과 그것을 동시에 해야 한다고 본다는 점이다. 물론 이런 점은 변형문법이론과 이 이론을 구별시켜 주는 제일 큰 특징일 수가 있다. 변형문법이론에서는 그 동안 내내 의미론과 통사론 간의 갈등을 해결하려는 노력을 크게 기울여 왔는데 반하여 이 이론에서는 처음부터 그런 고민을 하려고 조차 하지 않았다.

그중 두 번째 것은 변형문법이론에서와는 다르게 이 이론에서는 처음부터 일찍이 몬테그 문법에서 계발했던 의미론을 그대로 받아들이기로 했다는 점이다. 몬테그 문법에서 계발한 의미론이란 엄밀히 말하자면 19세기 때부터 철학이나 논리학에서 사용하던 「진리조건적 의미론」을 기호나 표기기법에 있어서 약간 수정한 것이다. 이 의미론의 기본적 발상법은 한 명제의 진리여부는 논리적 형식의 방법에 의해서 기술될 수 있다는 것과 한 문장의 의미는 그것을 구성하고 있는 어휘들의 의미를 합산한 것이라는 것의 두가지였다. 그러니까 이것에서는 어느 수준의 것이든 간에 의미에는 명시나 지시적인 것 한가지 뿐이라고 보았던 것이다.

이 이론에서의 의미적 분석법이 크게는 Frege적인 것이고 작게는 얼마나 몬테그 문법적인 것인가 하는 것은 여기에서도 「개념적 논리」의 형식들이 그대로 쓰이고 있다는 사실에 의해서 익히 확인될 수가 있을 것이다. 물론 이것에서는 이런 형식이 독립적으로 의미적 표현체의 기능을 수행하고 있는 것이 아니라 통사적 표현체를 통해서 의미를 추출하는 데 한 보조적 도구로 쓰이고 있을 따름이다. 그래도 문장과 명사구가 지시하는 형을 각각 「t」와 「e」로 표시하고서 다른 모든 형들을 동사구의 형은 「<e, t>」로 표시되고 타동사의 형은 「<e, <e, t>>」로 표시되는 식으로 이들 두 기본형의 조립체로 본다는 점 등은 개념적 논리의 형식의 발상법이 이것에서도 그대로 쓰이고 있음을 실증하고 있다.(Ibid. p.98)

이 이론의 다섯 번째 특징은 Sells의 말을 그대로 인용하자면 형식주의의 기본 정신이 너무나 치열하게 유지된 나머지 「지금의 문법이론 가운데서는 거의 선례를 찾아볼 수 없는 수준에 이르기까지 전문적 세부사항의 기술로 가득 차 있다」는 점이다. 이런 사실은 곧 근본적인 의미에서는 이 이론이 변형문법이론보다 훨씬 더 복잡하고 난해한 이론일 수가 있다는 의미가 될 수 있다. 다시 말할 것 같으면 이것은 다른 기준들은 무시한 채 오직 단순성과 간결성 등만을 기준으로 삼았을 때는 규칙 중심의 이론보다 자질 중심의 이론이 훨씬 못할 수 있다는 의미일 수도 있다. 이런 특징은 그러니까 이 이론의 장점이 아니라 단점인 셈이다.(Ibid. p.77)

그게 그렇다는 것은 발자질 원리가 구체적으로 어떻게 쓰이고 있는가를 살펴봄으로써 익히 확인될 수 있을 것이다. 발자질 원리란 간단히 말해서 하나의 발자질은 수형도 내의 어느 딸로부터도 위로 송부될 수 있다는 것이니까, 이것은 결국 이 이론의 핵심적 작동원리 중 한가지임이 분명하다. 예컨대「Kim, the rumors about whom are totally false, will make a statement later this morning.」와 같은 문장의 구조를 기술하는 데 있어서, 이 안의 비제약적 관계절의 구조는 우선 NP→H, S[+R]라는 규칙의 설정에 의해서 아래의 수형도처럼 기술될 수가 있다.(Ibid. p.108)

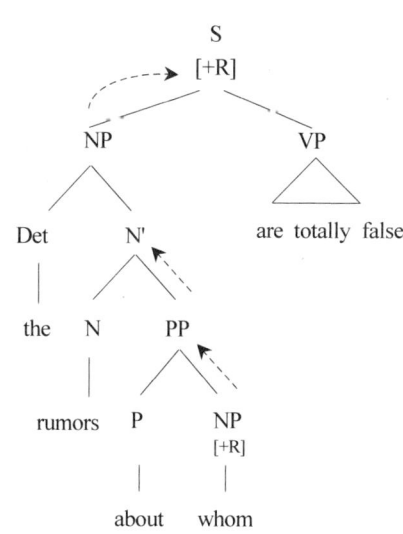

그런데 이 수형도에서 발자질 원리가 어떻게 형식화되고 있는가를 살펴보게 되면, 어떤 면에서의 이 이론의 형식성은 변형문법이론의 그것보다 한차원 높다는 것을 쉽게 알 수가 있다. 예컨대 이 이론에서는 발자질 원리를 「$\emptyset(Co) | FOOT\sim Co = \underset{i<n}{\amalg} \emptyset(Ci) | FOOT\sim Ci$」처럼 표기하고 있는데 이런 표기법은 분명히 변형문법이론에서는 찾아보기 힘든 것이다. 이 공식이 나타내고 있는 내용은 크게 두 가지인데, 그중 첫 번째 것은 모친 교점에 나와있는 자질들은 규칙에 명시되어 있지 않는 것들이라는 것이고, 그중 두 번째 것은 모친에 나와있는 자질들은 모든 딸들에 나타나있는 발자질들을 통일화한 것과 같아야 한다는 것이다. 그러니까 결국에는 이것은 어느 딸에 있는 발자질은 으레 모친의 자질과 일치를 이루고 있어서 그것의 특성은 위로 언제나 삼투하는 것이라는 사실을 형식화 한 것인데, 이런 식으로 분석이나 기술에 있어서 고도의 형식주의를 추구하게 되면 일반화의 수준은 향상되었는지 몰라도 복잡성과 난이성은 오히려 증폭되는 결과를 가져올 것이 분명하다.(Ibid. p.109)

이 이론의 여섯 번째 특징은 그것의 타당성이 컴퓨터 언어학이나 해부자 이론 등에서도 인정받을 수 있을 정도로 그동안에 많은 발전을 이루었음에도 불구하고 아직도 앞으로 해결해야 할 과제들을 적지 않게 가지고 있는 이론이라는 점이다. 물론 이것의 가장 확실한 근거는 바로 거의 같은 시기에 핵추진 구구조문법이라는 일종의 대안적 이론이 등장했다는 사실이다. 이 후속이론에서는 어휘적 직접관활 규칙은 완전히 제거되고 하위범주화자질은 어휘적 핵의 자질로 다루어지고 있다. 그러니까 결국에 이것에서는 메타규칙을 일종의 어휘적 규칙으로 보고 있는 셈이다. 이렇게 볼 것 같으면 이 이론이 더 좋은 이론으로 발전하기 위해서는 앞으로 메타규칙과 같은 문법적 체계의 큰 틀과 관련된 것에 대한 연구 뿐만 아니라 범주화 자질의 역할과 같은 세부적인 사항에 관한 연구도 더 많이 이루어

겨야 한다는 것이 분명하다.

(2) 핵추진 구구조문법

이 이론의 창시자인 Pollard와 Sag은 자기네들이 1980년대 때부터 내세 워오던 여러 가지 발상법들을 1994년에 이르러 하나의 통일된 이론으로 집대성하게 되는데 그것이 수록된 책의 이름이 「핵추진 구구조문법 (Head-Driven Phrase Structure Grammar)」이다. 따라서 이 이론의 내용을 살펴보는 일은 으레 이 책을 근거로 하게 되어 있다. 이 이론은 어떤 의미로 보아서나 오늘날 반변형주의 움직임의 선두에 서 있는 이론이다. 우선 이름부터가 일반화 구구조문법의 그것과 비슷하니까, 이것이 결국에는 1980년대에 그런 자리에 서 있던 것의 한 후속 이론일 것이라는 것을 누구나 쉽게 유추해 볼 수가 있다. 그렇지만 그보다 더 중요한 사실은 일반화 구구조문법이 남겨두었던 문제점들을 해결하다 보니까 그것보다도 더 뚜렷한 반변형주의적 특색을 갖게 되었다는 점이다. 한마디로 말해서 이것이야말로 오늘날의 형식주의적 문법이론 중 변형문법이론과 1대 1로 당당히 맞설 수 있는 유일한 이론인 것이다.

이 이론의 첫 번째 특징은 문법체계를 크게 자질구조의 기술부와 자질구조부의 두 부분으로 이루어진 것으로 규정하는 식으로 문법적 기술작업의 초점이 어휘적 자질분석에 맞추어져 있다는 점이다. 이것은 곧 전 문법체계의 기저가 되는 것은 어휘적 자질이 기술되어 있는 기술부라는 것을 의미하기도 하고, 또한 문장을 생성하는 데 쓰이게 되는 통사적 규칙은 그것을 구성하고 있는 구성소, 즉 개별어휘들의 자질로써 익히 표현될 수 있다는 것을 의미하기도 한다. 그러니까 이 이론은 규칙 중심의 변형문법이론과 대척점에 서있는 이론인 셈이다.

이 이론이 얼마나 자질기반적인 것인가 하는 것은 우선 이것에서는 예컨대 「Felix hit Max.」라는 문장의 구조를 아래의 도표처럼 표기하게 된다는 사실만으로써 익히 알 수가 있다. 이런 것을 흔히 원자가와 논항의 구조체라고 부르고 있는데 이것에서는 주어와 술어, 목적어 등의 관계가 각 어휘의 자질적 특성에 의해서 밝혀져 있다. 물론 여기에서는 어휘적 자질을 표기하는 목적은 통사적 현상에 일정한 제약을 부여하는 데 있기 때문에 그것의 표기법도 특이하다. 이런 표기법은 표준적 「속성치 모형(AVM)」과 유사하다.(Blevins, 2010: p.383)

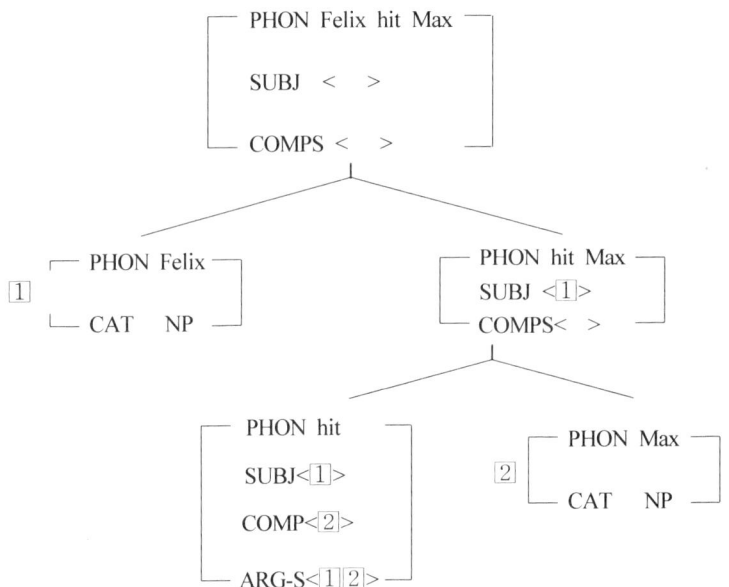

이 이론의 두 번째 특징은 쉽게 말해서 일종의 문법적 이론이 아니라 어휘적 이론으로 간주될 수 있을 정도로 어휘조직을 기술하거나 그것에 관한 일반적 원리를 찾아내는 일에 모든 노력이 집중되어 있다는 점이다. 이 이론에서는 문법을 어휘에 대한 제약사항들을 체계화한 것으로 보기 때문에 그 작업이 크게 기본어휘를 인가하는 어휘부에 관한 것과 파생어를 인가하는 어휘규칙에 관한 것, 구성소 구조를 인가하는 직접관할 규칙에 관한 것, 어순을 제약하는 선형적 서술규칙에 관한 것, 언어적 대상에 대한 일반화적 원리에 관한 것 등으로 나뉘어져 있는데, 이런 점으로 미루어 보아서 이것이 일반화 구구조이론보다 훨씬 더 어휘중심적인 이론이라는 것을 알 수가 있다.(Levine and Meurers, 2006: p.238) 이 이론의 이름에 핵추진이라는 한정사가 붙여져 있는 것이 결코 우연한 일이 아닌 것이다.

먼저 여기에서는 일반화 구구조이론에서의 그것에 비하여 크게 확대되고 발달된 어휘항목 기술법이 쓰이고 있다. 여기에서 쓰이는 기술법은 일종의 속성치 모형법이어서 이것에 따를 것 같으면 어휘항목에는 그것에 관한 거의 모든 정보가 체계적으로 밝혀져 있게 되어있다. 예컨대 이 문법의 기본어휘부에서는 「put」라는 동사의 자질기술을 아래처럼 하고 있는데, 이것에는 분명히 이 어휘의 통사적 제약사항이 모두 제시되어 있다. 우선 이 도표에서 눈에 띄는 점은 어휘적 자질의 분류법이 특이하다는 점이다. 다시 말하자면 이 이론의 여러 특징들을 여기에 쓰이고 있는 용어 하나하나가 익히 드러내고 있는 것이다.

이 분류법은 크게 세 개의 층으로 이루어져 있는데 각층의 구성항목들이 다른 이론에는 없는 것들이다. 먼저 첫 번째 층의 항목을 PHON(phonology 음운형)과 SYNSEM | LOCAL(syntax, semantics:통사 및 의미론)의 둘로 잡은 것이 특이하다. 그리고 두 번째 층에서는 그것이 CATEGORY(범주)와 CONTENT(내용)으로 나뉘어져 있다. 마지막으로

세 번째 층에서는 범주는 HEAD(핵) 외 VALENCE(원자가)로 나뉘어지고, 내용은 PUTTER(놓는 사람)와 THING-PUT(놓인 물건), DESTINATION(목적지) 등으로 나뉘어져 있다. 더 나아가 원자가의 내용은 SUBJ(주어)에 관한 것과 COMP(보어)에 관한 것으로 나뉘어져 있다.(Ibid. p.238)

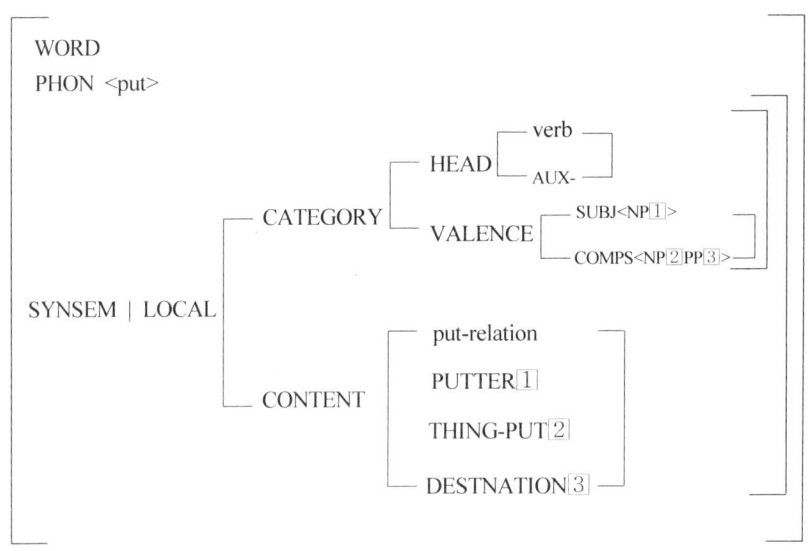

이 이론의 세 번째 특징은 구구조의 형성은 직접 관할원리 한가지에 의해서 이루어진다고 본다는 점이다. 이 원리는 일찍이 Gazdar가 선형적 서순규칙과 함께 구구조의 형성과정에서 적용되는 기본적인 규칙으로 내세웠던 것이다. 그러니까 기본적인 의미로 보았을 때는 이 이론이 일반화 구구조이론의 영향을 가장 크게 받은 부분이 바로 구구조에 관한 것이라고 볼 수가 있다. 구구조의 현상을 통사적 제약의 규칙으로 설명하려고 한다는 점에 있어서도 두 이론은 서로 닮았다.

그렇지만 이 원리의 구체적인 적용 절차에 있어서는 이 이론의 특이성이 드러난다. 먼저 여기에서는 이 원리에 의해서 형성되는 구조의 종류를 핵-주어 구조와 핵-보어구조 등의 두 주요 구조와, 핵-부가어구조와 핵-충진어구조, 핵-표지어구조, 핵-주어-보어구조 등의 몇가지 보조적 구조로 나누었다. 그러나 이 이론의 특이성은 역시 이 원리의 기저가 되는 원리로 원자가 원리와 핵자질 원리를 내세우고 있다는 점이다. 특히 이들 중 원자가 원리를 구구조 형성의 기본원리로 삼고 있다는 점으로 미루어 보아서 이 이론은 범주문법과도 일정한 유사성을 지니고 있다는 것을 알 수가 있다.

이 원리에서는 그러니까 예컨대 「John put a book on the table.」이라는 문장의 구구조에 관한 정보는 그것의 주동사인 「put」의 속성치 모형에 다 제시되어 있는 것이나 다름없다. 예컨대 앞에서 살펴보았듯이, 이 모형에는 이 동사가 하나의 핵으로서 주어와 보어, 전치사구 등의 세가지 요소를 필요로 하는 것이라는 사실이 이미 명시되어 있다. 다시 말하자면 굳이 직접 관할 규칙을 적용하지 않고서도 이 문장의 구구조는 원자가 원리에 의해서 동사의 원자가들을 실현시킴으로써 익히 만들어질 수가 있는 것이다.

이 때에 쓰이는 또하나의 원리는 핵자질 원리인데 따지고 보자면 이것은 Gazdar가 이미 구구조 형성에 관한 규칙의 한가지로 내세웠던 것이다. 굳이 이 원리에서 달라진 것이 있다면 그것에서는 적어도 서너가지로 다양화되어 있던 규칙들이 단 한가지로 단순화된 점이다. 이 원리는 한 핵의 정보는 마땅히 그것의 투사에 따라 관련된 요소들에 삼투되어야 한다는 것으로서 구체적으로는 핵을 가진 구조체에서는 모친 핵의 자질과 딸 핵의 자질이 일치를 이루고 있어야 한다는 것이다. 예컨대 핵으로서의 「put」이 동사라는 자질과 「AUX-」라는 자질을 가지고 있다는 것은 그것의 윗 교점인 「S」와 「VP」에도 똑같이 명시되어 있어야 되는 것이었다.

이 이론의 네 번째 특징은 통사적 변형절차의 대안을 마련함에 있어서,

한편으로는 일반화 구구조에서 이미 제안했던 의견을 크게 수정하려고 하면서 또 다른 한편으로는 그것을 그대로 받아들이려는 식의 일종의 절충적인 입장을 취하고 있다는 점이다. 우선 먼저 이론에서는 많은 변형적 현상들은 메타규칙에 의해서 익히 설명이 될 수 있다고 보았었는데 이것에서는 그런 규칙의 필요성 자체를 인정하지 않고 있다. 그 다음으로는 먼저 이론에서는 통제일치 원리라는 일종의 통사적 원리에 의하여 보문구조문에서의 주어상승의 현상은 익히 설명될 수 있다고 보았는데, 이것에서는 어휘적 자질 표시법이라는 일종의 어휘적 원리를 그것의 대안으로 제시하고 있다.

 구체적인 예를 가지고서 이런 차이점을 살펴볼 것 같으면 먼저 이론에서는 수형도에 있는 교점 간에는 필요한 정보가 자유롭게 교류될 수 있다는 점을 충분히 활용하게 되면 변형문법에서 으레 변형규칙으로 설명하려던 현상이 보다 간결하게 설명될 수 있다고 보고서, 이 점을 증거하는 예로서 상승동사와 통제동사(동일명사구 삭제동사) 간의 차이는 오직 서로 다른 수형도만에 의해서 익히 드러날 수 있다는 점을 들었다. 예컨대 먼저 이론에서는 「believe」가 하나의 상승동사라는 사실은 앞에 제시되어 있는 것과 같은 「Max believes Susie to flatter herself.」라는 문장의 수형도에 의해서 익히 밝혀질 수 있다고 보았다.

 그러나 이 이론에서는 각 동사의 통사적 제약사항들은 그것의 속성치 모형 내에 구체적으로 명시되어 있게 되어 있다. 따라서 이것에서는 상승동사와 통제동사 간의 차이를 드러내는 데 수형도의 힘을 굳이 빌릴 필요가 없어진다. 예컨대 「seem」이 하나의 상승동사 라는 사실은 그것의 속성치 모형에 모문의 주어의 원자가와 보문의 주어의 그것이 모두 1로 표시되기는 하지만 그것의 의미적 내용은 표시되어 있지 않다는 사실로써 이미 밝혀져 있는 셈이고, 그에 반하여 「try」가 하나의 통제동사라는 사실은 그것의 속성치 모형에 모문의 주어의 원자가와 보문의 주어의 그것이 똑같은 ①로 표시되어 있을 뿐만 아니라 그것의 의미적 내용도「tryer(시행자)」처럼 명시되어 있다는 사실로써 이미 밝혀져 있는 셈이었다.

 세 번째로 이 이론에서는 비국부적 변형현상을 설명하는 데 있어서는 일찍이 Gazdar가 제안했던「충진어 / 간극」이라는 개념을 바탕으로 한 설명법을 최선의 것으로 보고 있다. 예컨대 이것에서만「What do you think Terry said?.」라는 외치문의 구조는 아래에 나와 있는 것과 같은 수형도에 의해서 익히 설명될 수 있다고 본다. 이 수형도의 각 교점의 표기법은 Gazdar가 사용했던 것과 같지가 않다. 그렇지만 이것의 전체적 구도는 Gazdar의 것과 동일하다. 즉 이것에는 분명히 맨 아래 구조의 목적어 자리에 있던 명사구가 몇 개의 단계를 거쳐서 맨 위의 구조의 주어 자리로 이동하게 되었다는 사실이 밝혀져 있다.(Ibid. p.243)

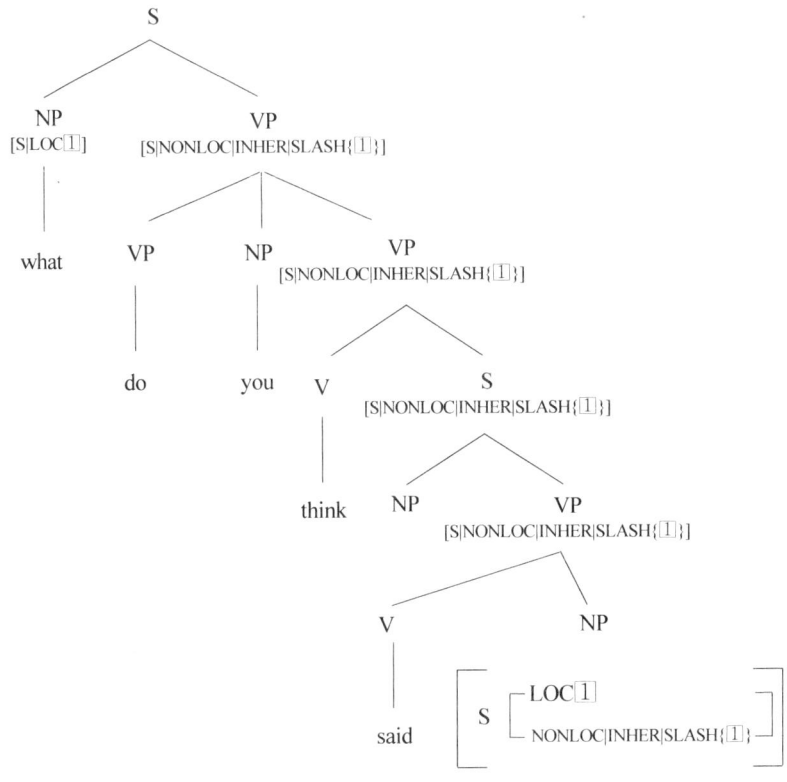

    이 이론의 다섯 번째 특징은 변형문법이론과 비교했을 때 분명히 심리언어학이나 컴퓨터공학과 같은 응용언어학의 발전에 크게 기여하고 있다는 점이다. 언어학의 역사에서 선례를 찾아볼 수 없을 정도로 이 이론에 있어서는 이론 언어학이 응용 언어학과 밀착되어 있다는 것은 적어도 두 가지의 중요한 의미를 함의하고 있다고 볼 수가 있는데 그중 첫 번째 것은 이로써 하나의 언어이론으로서의 이론의 과학성이나 우수성이 익히 실증된 것이나 다름이 없게 되었다는 점이다.

    너무나 당연한 말이 되겠지만 한 언어이론의 타당성이나 우수성을 실증하는 방법 중 가장 일반적인 것은 다른 언어이론과 그것을 비교하는 것이다. 실제로 이 이론의 전신인 일반화 구구조이론부터가 변형문법이 론과 대비하는 입장에서 출발한 것이었고 이런 전통은 이 이론에서도 그대로 이어졌다. 1980년대에 등장한 여러 형식주의적 문법이론들도 똑같이 변형문법이론의 대안을 찾겠다는 동기에서 시작된 것이라고 볼 수 있다. 그러나 이 방법의 한계성은 그 목적이 생각만큼 간단히 달성되지 않는다는 점이다. 예컨대 Chomsky가 Gazdar나 Pollard와 Sag의 이론이 자기 이론보다 우수한 이론이라고 말할 리가 없다.

이런 내부적 방법의 한계성을 극복할 수 있는 방법이 바로 어느 언어이론이 다른 관련 학문에서 가장 넓게 받아들여지고 있는가를 알아보는 것이다. 이것 역시 너무나 당연한 말이 되겠지만 아무리 각 학문은 저마다의 독자적인 기준에 의해서 어느 언어이론을 자기네 학문의 언어적 모형으로 받아들일 것인가를 결정한다고 해도 거기에는 으레 일정한 객관적인 기준이 있게 마련이다. 그런 기준 중 제일 중요한 것은 언어학계 내에서 현재 어느 이론이 최선의 것으로 검토되고 있느냐 하는 것이다. 다시 말할 것 같으면 우선 언어학계 내에서 그것의 타당성과 우수성이 인정되고 있지 않는 한 다른 학문에서 그것을 받아들일 리가 없는 것이다. 이렇게 보자면 심리언어학이나 컴퓨터 공학 등에서 이 이론이 가장 좋은 언어이론으로 공통적으로 받아들여지고 있다는 것은 의미하는 바가 대단히 크다고 볼 수가 있다.

궁극적인 의미에서 보자면 현재 이 이론이 그렇게 넓게 다른 학문에서 받아들여지고 있는 것은 그들 학문에서 언어처리의 기본모형으로 내세우고 있는 「해부자 모형」과 이 이론의 구구조 모형이 유사하기 때문이다. Levine과 Meurers(2006)의 말을 그대로 빌리자면 「구구조 기반적 접근법의 핵심적 이점은 가장 중요한 순환적 구조」 즉 「통사적 구조체가 가려져서 해부를 위한 가장 효율적인 연산체계의 틀 내에 입력되게 된다는 점」이다. 그러니까 언어처리의 문제를 주로 다루는 사람들이 보기에는 이 이론에서 내세우는 구구조적 문법모형에는 심리적 실재성이 있는 것이다.(Ibid. p.247)

그중 두 번째 것은 이로써 이 이론이 앞으로 더 좋은 이론으로 발전될 가능성이 대단히 커졌다는 점이다. 한마디로 말해서 여러 학문 간의 학제적 연구는 그 이익이 으레 참여학문 모두에게 돌아간다는 특성을 가지고 있는데 이번의 경우라고 해서 예외일 수가 없다. 특히 최근에 이르러서는 적지 않은 사람들이 이번의 경우에 있어서는 이런 현상이 비교적 가까운 장래에 나타날 수도 있을 것이라고 예측하고 있는데, 그 이유는 1990년대 이후에는 다른 어느 학제적 연구에서는 찾아보기 힘들 정로의 양상을 띨 만큼 핵추진 구구조이론을 기반으로 한 언어처리체계에 대한 연구가 활발해졌기 때문이다.

우선 그 동안에 제안된 이론의 가짓수가 열 개를 훨씬 넘는다. 그러니까 현재 이것을 연구할 가치가 충분히 있는 과제로 보고서 그것에 매달려 있는 연구자의 수가 대단히 많다는 것을 알 수가 있다. 그 다음으로 그동안에 나온 이론들은 크게 제약기저적 접근법과 관계기저적 접근법, 통합적 접근법 등의 세가지 부류로 나누어질 수가 있다. 심리학자나 컴퓨터과학자의 입장에서 볼 것 같으면 핵추진 구구조이론은 어휘적 자질기반의 이론일 수도 있고, 아니면 구구조규칙 기반의 이론일 수도 있는 것이었다.(Ibid. p.246)

세 번째로 최근에 이르러서는 연구경향이 이른바 표층적 처리절차보다는 심층적 처리절차에 초점을 맞추는 식으로 바뀌어가고 있다. 다시 말하자면 심리학자나 컴퓨터과학자들은 드디어 참다운 언어처리이론은 결국에 형식지향적인 것이 아니라 의미지향적인 것이어야 한다는 것을 깨달게 된 것이다. 더 나아가서는 이들은 드디어 진정한 언어처리이론은 기술적 효율성을 중시하는 이론이 아니라 인간언어의 본질을 중시하는 이론이어야 한다는 것을 알게 된 것이다. 그러니까 이들은 핵추진 구구조이론을 자기네 이론의 모형으로 삼다 보니까 결국에는 형식주의적 문법이론의 한계성까지 알아차리게 된 것이다.

핵추진 구구조이론을 기반으로 한 언어처리체계에 대한 연구가 이렇게 다양화와 심화의 과정을 밟게 되면 이것에서 원래의 언어이론 쪽으로 피드백될 수 있는 정보도 똑같이 다양화되고 심화되게 마련이다. 예컨대 이 연구는 이 언어이론이 앞으로 어휘조직을 더 강화하는 방향과 구구조규칙을 더 강화하는 방향 중 어느 쪽으로 나아가야할지를 결정하는 데 더없이 귀중한 참고자료를 제공할 수가 있고, 더 나아가서는 이 연구는 이 언어이론이 형식주의적 문법이론의 공통적인 한계성을 극복하는 데 일종의 안내자적 역할을 할 수도 있다. 이론 언어학과 응용 언어학 간의 관계는 결국에 서로에게 이득을 주게 되는 경지에까지 발전되게 되는 것이다.

3. 어휘기능 문법

같은 무렵에 일반화 구구조이론과 함께 반변형주의의 기치를 내걸고서 당당히 등장한 것이 바로 어휘기능문법(Lexical Functional Grammar)인데 무엇보다도 먼저 두 창안자들이 Bresnan은 하나의 언어학자인데 반하여 Kaplan은 하나의 심리언어학자 겸 컴퓨터언어학자인 식으로 서로 다른 학문적 배경을 가진 사람들이라는 점이 이것의 특징이다. 이런 점으로 보아서 이 이론이 궁극적으로는 연산적으로 정교하면서도 심리적으로 실재성이 있는 문법이론을 지향하고서 탄생된 것이라는 것을 익히 알 수가 있다.(Sells, 1985: p.135)

그렇지만 하나의 문법이론으로서의 이 이론의 가장 큰 특징은 역시 반변형주의적 이론이라는 점인데, 따지고 보자면 이것의 이름 자체에 그 점이 잘 드러나 있다고 볼 수가 있다. 이 이론의 이름은 「어휘적」이라는 단어와 「기능적」이라는 단어로 이루어져 있는데, 이들 두 단어 모두가 사실은 변형문법이론에서는 규칙이나 구조와 같은 단어에 밀려서 그렇게 중요하게 쓰이던 것이 아니었다. 그러니까 아마도 이 이론의 이름이 나타내는 진짜 의미는 비변형주의적이거나 반변형주의적이라는 것일 것이다. Bresnan은 원래 변형문법 이론의 탄생지라 할 수 있는 MIT공대에서 언어학을 공부한 사람이니까 결국에는 변형주의 이론의 본산에서 하나의 가장 강력한 반변형주의 이론이 태어난 셈이다.

그런데 이 시기에 등장한 비변형적 문법 이론들은 각자가 하나의 독창적인 이론이면서도 서로 간에 닮은 데가 있다는 공통점을 지니고 있는데 이 이론도 예외는 아니다. 이름 그대로 우선 이 이론의 특징을 크게 어휘적이라는 점과 기능적이라는 점으로 잡고 볼 것 같으면 이 점이 더욱 분명해진다. 어휘부를 문법조직의 가장 핵심적인 부분으로 본다는 점에 있어서 이 이론은 일반화 구구조이론이나 핵추진 구구조이론과 아주 유사하다. 이것에서도 역시 변형규칙이라는 기능을 어휘적자질표시나 어휘적 규칙이 충분히 할 수 있다고 본 것이다.

이름에 따를 것 같으면 이 이론은 그 다음으로 문법적 기능을 분석과 기술의 주된 대상으로 삼는 이론인데, 이 점에 있어서는 Perlmutter와 Postal이 제안했던 관계문법이론과 크게 다르지 않다. 이것에서는 문법적 이론을 주어와 목적어와 같은 문법적 기능어들이 수행하는 역할을 규정하는 것으로 보고서, 그것의 기술을 위하여 「기능구조(f-structure)」라는 부위를 따로 설정해 놓고 있다. 특히 이것에서는 기능적 구조는 각 어휘의 의미적 내용이나 구구조상의 위치가 아니라 그것이 가지고 있는 통사적 자질을 표시함으로써 파악될 수 있다고 보고 있는데, 이런 점으로 보아서는 이것은 Perlmutter와 Postal의 이론보다 오히려 Gazdar의 이론에 가까운 것이라고 볼 수도 있다.

물론 이런 유사성은 어디까지나 피상적이거나 전체적인 관찰의 수준에서만 논의될 수 있는 것으로서 기본적인 문법관이나 기술법 등에 있어서는 이것 역시 특이한 독창성을 보이고 있다. 이 이론의 가장 중요하면서도 첫 번째 특징은 문법적 조직은 크게 기능구조와 구성소 구조(C-structure)의 두 부위로 이루어져 있다고 보는 점이다. 여기에서의 기능구조부를 다른 이론에서의 어휘부에 해당하는 것으로 보게 되면 여기에서의 구성소 구조부는 다른 이론에서의 구구조부에 해당하는 부위라는 것이 당장 분명해진다. 아무튼 이것에서의 「Felix hit Max.」라는 문장의 분석은 아래처럼 두 부분으로 나뉘어진 상태에서 이루어진다.(Blevins, 2010: p.384)

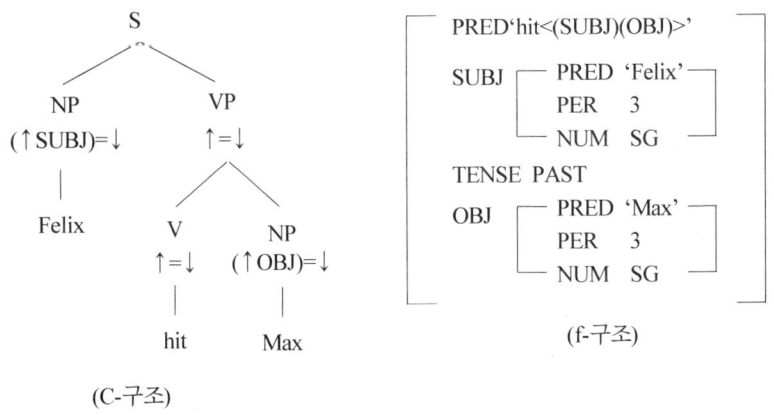

이 이론에서는 결국에 한 문장의 구조를 서로 제약적 정보를 교환하고 있는 상태에서의 C-구조와 f-구조의 합성체로 보고 있는 것인데, 그렇지만 이 이론에서는 궁극적으로는 두가지 구조 중 f-구조가 C-구조보다 더 중요한 기능을 수행하게 되어있다. 다시 말하자면 이 이론에서의 f-구조는 구구조규칙을 수형화한 C-구조를 제대로 해석하는 데 필요한 정보를 제공하는 부위인 셈이다. 이렇게 보자면 이 이론을 하나의 규칙기반적 문법이론이 아니라 하나의 어휘기반적 문법이론으로 보는 것이 맞는 일이다. 일반화 구구조문법과 핵추진 구구조문법은 앞에서 이미 살펴보았듯이 분명히 하나의 어휘기반적 문법이론이다. 굳이 따지자면 앞의 두 이론에서는 어휘부의 기능을 한층 더 중요시하고 있다고 볼 수가 있다. 이런 차이는 똑같은「Felix hit Max.」라는 문장의 구조를 핵추진 구구조문법에서는 앞에 제시되어 있는 것과 같은 속성치 모형의 표기법을 써서 표기하고 있다는 사실로써 익히 알 수가 있다.

이 이론의 두 번째 특징은 C-구조와 f-구조를 제대로 연결시킨다는 목적 하에서 특이한 표기법을 쓰고 있다는 점이다. 간단히 말해서 기능적 주석법이 바로 그 특이한 표기법으로서 각 교점이나 자질에「↑=↓」나「↑」와 같은 화살표 기호를 첨가해주는 것이 바로 그런 주석법이다. 앞에 제시된 도표에서는 C-구조에만 주석법이 쓰이고 있다. 그러나 어휘부에서 어느 어휘의 통사적 자질을 표시하는 데도 그런 주석법이 쓰일 수 있다. 이 표기법은 그러니까 일반화 구구조이론에서 핵자질 규약이 수행하던 기능을 수행하고 있는 것이다.

구체적으로 말하자면 위의 도표에서 우선 C-구조는 S→ NP VP 와
(↑SUBJ)=↓ ↑=↓
VP→ V NP 라는 두 개의 주석이 달린 구구조 규칙을 수형화한 것이고,
↑=↓ (↑OBJ)=↓
f-구조는 hit : V, (↑ TENSE) = PAST, (↑ PRED) = 'hit < (SUBJ) (OBJ)>라는 어휘적 정보를 속성치 모형으로 표기한 것이다. 이 표기법에서의 상향 화살

표는 어느 교점이 모친 교점의 f-구조를 가리키고 있다는 의미이고, 하향 화살표는 그것이 그 교점 자체의 f-구조를 가리키고 있다는 의미이다. 그러니까 결국에 첫 번째 구구조 규칙에 첨가된 주석들은 NP는 이 문장의 주어라는 사실과 VP는 기능적 핵이라는 사실을 말해주고 있는 것이다.

이 이론의 세 번째 특징은 C-구조의 구성원리로 X'이론을 내세우고 있다는 점이다. 물론 변형문법 이론이나 일반화 구구조 이론에서도 X'이론을 문장이나 구의 생성원리로 내세웠었다. 그러니까 일단 누구나 이 이론에서의 X'이론은 지배와 결속 이론에서의 그것을 약간 수정한 것일 것이라는 판단을 할 수가 있다. 예컨대 N과 V, A, P 등 네가지를 기본 범주로 본다는 점이나 X"처럼 「바」의 수를 두 개까지만 인정한다는 점 등은 이들 간의 공통점이다. 심지어 최근에는 이 이론에서도 수형도의 정점을 S가 아니라 IP로 표기하기에 이르렀다.

그렇지만 이 이론에서 쓰이는 X'이론에는 독자적 특이성도 있는데, S와 S'를 어느 어휘적 범주의 투사체로 보지 않는 점이 바로 그것이다. 이것은 곧 이 이론에서는 S를 어떤 핵의 지배도 받지 않는 일종의 외심구조체로 보게 된다는 의미인데, 이렇게 함으로써 결국에는 이 이론이 이른바 비형식적 언어의 구구조들도 익히 설명할 수 있게 된다. 예컨대 이 이론에서는 S→NP VP와 같은 구구조 규칙 대신에 S→X' AUX X'*과 같은 구구조규칙을 설정함으로써 내적 구조성을 지니고 있지 않은 문장의 생성절차도 설명할 수 있게 했다.

이런 구구조 규칙으로는 「왈피리(Warlpiri)어」와 같은 비형식적 언어의 문장들을 익히 기술할 수가 있다. 물론 이 규칙에 의할 것 같으면 예컨대 이 언어에는 네 개의 NP와 하나의 조동사로 구성된 문장도 있을 수 있는데 실제로는 그렇지가 않다. 이런 과잉생성성이나 하위범주화 조건을 제약하는 장치는 물론 각 어휘항목의 자질을 명시하는 f-구조이다. 이것으로는 영어의 「Louise sneezed the banana.」와 같은 비정형문도 생성되게 되는데 이런 현상을 막는 장치도 바로 f-구조이다. 결국에 이 이론에서는 X'이론이 항상 f-구조의 엄격한 제약 하에서만 작동되게 되어있는 것이다.(Sells, 1985: p.139)

이 이론의 네 번째 특징은 C-구조에서의 과잉생성의 현상을 막는 기능을 f-구조가 갖게 되기 때문에 그것에 세가지의 정형성의 조건을 부과하고 있다는 점이다. 기능적 유일성(일치성)의 조건과 완전성의 조건, 일관성의 조건 등이 그들이다. 먼저 기능적 유일성의 조건은 각 f-구조가 진정한 의미에서의 하나의 기능이 될 것을 담보하기 위한 조건이다. 즉, 이것에 따를 것 같으면 어느 f-구조에 있어서의 한 자질은 최대로 하나의 가치밖에 가질 수 없다.(Ibid. p.146)

그 다음으로 완전성의 조건은 서술어의 하위범주화의 요구사항이 제대로 충족되고 있게 하기 위하여 마련된 조건이다. 이 조건에 따르자면 하나의 f-구조는 그것의 서술어가 지배하는 모든 문법적 기능을 함유하고 있어야 한다. 그런 문법적 기능에는 주어(SUBJ)와 목적어(OBJ), 사격 목표어(OBL_{GO}) 등은 들어가지만 부가어(ADJ)는 들어가지 않는다. 세 번째로 일관성의 조건은 모든 논항은 한 서술어의 지배를 받고 있어야 한다는 조건이다. 이 조건에 따르자면 한 f-구조 내에는 서술어가 지배할 수 없는 문법적 기능은 있어서는 안 된다.

이렇게 볼 것 같으면 결국에 두 번째와 세 번째 조건은 지배와 결속이론에서의 의미역 기준과 맞먹는 것이다. 예컨대「*The girl donated」가 비문인 것은 이 동사는 원래 SUBJ와 OBJ, OBL_{GO} 등의 세가지 기능을 지배하게 되어 있는데 그렇지가 않으니까 완전성의 조건을 어기고 있기 때문이다. 또한「*The girl donated the school the book.」이 비문인 것은 여기에는 필요한 OBJ_{GO}의 기능은 빠져 있으면서 지배되지 않는 OBJ_2(the school)가 들어있어서 결과적으로 완전성의 조건과 일관성의 조건을 다어기고 있기 때문이다. 그러니까 간단히 말해서 이 문장이 정형문이 되기 위해서는 동사가「gave」로 바뀌면 된다.(Ibid. p.147)

　이 이론의 다섯 번째 특징은 변형문법이론에서 변형규칙이 하는 기능을 어휘적 규칙이 하게 되어 있다는 점이다. 이런 점으로 미루어 보아서도 이 이론은 일반화 구구조문법과 적지 않게 닮았다고 볼 수가 있다. 그러나 이것에서는 메타규칙 같은 것을 따로 설정하지 않고서, 하나의 어휘적 항목을 가지고서 새로운 어휘적 항목을 만들어내는 규칙만으로 기본문과 변형문 간의 변형의 관계를 설명하고 있다. 이런 의미로 보아서도 어휘부와 어휘적 규칙의 역할이 극대화되어있는 이론이 바로 이 이론인 셈이다.

　예컨대 이 이론에서는 능동문과 수동문의 관계를 다음과 같은 수동문 규칙에 의해서 설명하고 있다. 그것은 (SUBJ)→Ø / (OBL$_{AG}$)과 (OBJ)→(SUBJ) 등의 두가지의 다시 쓰기 규칙으로 이루어져 있어서 이중 첫 번째 것은 능동문의 주어는 제거될 수가 있거나 아니면 사용자 사격의 형태(by 구)로 바뀔 수도 있다는 사실을 서술하고 있고, 이중 두 번째 것은 능동문의 목적어가 수동문에서는 주어가 된다는 사실을 서술하고 있다. 물론 능동문과 수동문간의 이런 관계는 어휘항목에서는 아래처럼 표시될 수가 있다.(Ibid. p.161)

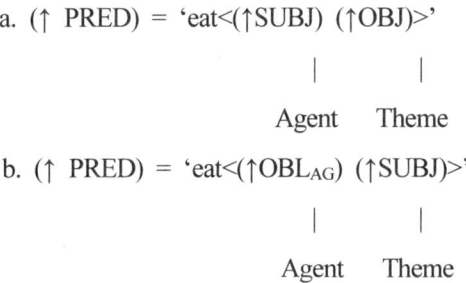

어휘적 규칙으로 변형규칙이 하는 기능을 수행하게 되는 또다른 경우는 본문구조에서 생략되어 있는 주어를 찾아내는 경우이다. 이 이론에서는 우선 이런 경우를 위하여 기능적 통제관계는 으레 어휘적으로 명시되어 있어야 한다는 통제이론을 설정하고 있다. 그러니까 결국에 지배와 결속이론에서는 흔적이론이나 대용사이론으로 설명하던 현상을 이 이론에서는 개별동사에 대한 어휘적 자질표시로서 설명하고 있는 것이다. 이런 차이는 두 이론에서 쓰이는 「Maria seems / tried to work hard.」라는 부정사 구조문의 설명방법을 비교해보게 되면 당장 알 수가 있다.

우선 지배와 결속이론에서는 「Maria seems to work hard.」라는 문장의 구조는 [s Maria$_i$ seems [s t$_i$ to work hard]]처럼 되어있는데 반하여, 「Maria tried to work hard.」라는 문장의 그것은 「s Maria[PRO to work hard.]]처럼 되어 있다고 보았다. 그러나 이 이론에서는 아래에 제시되어 있는 것처럼 「seem」과 「try」의 어휘항목에 서로 다른 자질표시를 함으로써 두 보문의 주어가 모문의 그것과 같은 것이라는 점에서는 이들 두 문장 간에는 아무런 차이가 없지만 통사적 특성만은 다르다는 사실을 부각시키고 있다.(Ibid. p.165)

seem V (↑ PRED) = 'seem<(↑XCOMP)>(↑SUBJ)>'
     (↑ XCOMP SUBJ) = (↑SUBJ)
try V (↑ PRED) = 'try<(↑XCOMP)(↑SUBJ)>'
     (↑ XCOMP SUBJ) = (↑SUBJ)

이상과 같은 어휘규칙적 표기법에 의할 것 같으면 「Louise tries to sleep.」라는 문장의 f-구조는 아래와 같은 모양을 갖게 된다. 여기에서 곡선은 보문의 주어와 모문의 그것 간의 통제관계, 즉 그들은 같은 것이라는 사실을 나타내고 있다. 이 이론에서는 통제관계가 이처럼 어휘적으로 명시되게 되어 있기 때문에 그것은 으레 국부적이고 유일하며 의무적이라는 세가지 특성을 가지고 있게 되어있다.

$$\begin{bmatrix} \text{SUBJ} & [\text{PRED 'Louise'}] \\ \text{XCOMP} & \begin{bmatrix} \text{SUBJ} & [\quad] \\ \text{PRED 'sleep<}\uparrow\text{SUBJ>'} \end{bmatrix} \\ \text{PRED} & \text{'try<(}\uparrow\text{XCOMP)(}\uparrow\text{SUBJ)>'} \end{bmatrix}$$

변형문법이론에서는 변형규칙의 효율성을 실증하는 예로서 「Herb persuaded Louise to follow.」와 「Herb promised Louise to follow.」 간의 구조적 차이는 전자는 동일명사구 삭제절차에 의해서 생성된데 반하여 후자는 상승절차에 의해서 생성되었다는 식으로 설명이 가능한 사실을 내세웠었는데, 이 이론에서는 이런 차이 역시 간단한 어휘적 규칙만으로 익히 드러날 수 있다고 본다. 쉽게 말해서 이 이론에서는 아래처럼 전자에 있어서는 모문의 목적어 자리에 있는 「Louise」가 보문구조의 주어가 되는데 반하여, 후자에 있어서는 모문의 주어 자리에 있는 「Herb」가 그것이 되고 있는 것이 그 차이점이라는 사실을 밝히기만 하면 되게 되어있는 것이다.

   a. Herb persuaded Louise to follow.
    (($\uparrow$ XCOMP SUBJ) = ($\uparrow$OBJ))
   b. Herb promised Louise to follow.
    (($\uparrow$ XCOMP SUBJ) = ($\uparrow$SUBJ))

이 이론의 여섯 번째 특징은 문법이론의 궁극적인 과제는 마땅히 통사론과 의미론 간의 상호연접관계를 밝히는 것이어야 된다는 전제 하에서, 사상이론과 접착제 접근법(glue approach)과 같은 독자적인 이론들을 제안하기에 이르렀다는 것이다. 물론 이런 이론들은 문법조직은 기본적으로 C-구조와 f-구조의 두 부분으로 이루어져 있다는 문법관을 근거로 한 것이다. 그러니까 이 이론의 창안자들은 처음부터 의미의 문제를 제외시킨 통사론은 다분히 무의미한 것이 될 수 밖에 없다고 생각했던 것이다. 의미론에 대한 이런 적극적인 자세는 분명히 변형문법이론이나 일반화구구조이론에는 없었던 것이었다. 그리고 아마도 이 이론의 이름에 굳이 기능이라는 말을 집어넣은 이유가 바로 이것이었을 것이다.

　먼저 사상이론은 최근에 Bresnan과 Zaenen 등에 의해서 제안된 것으로서, 동사의 논항이 갖는 의미적 역할과 그것의 통사적 기능 간에 있는 상관관계를 기술하는 것이 이 이론을 설정하게 된 주된 목적이었다. 초기에는 이 이론의 제안자들은 동작주의 의미적 역할은 언제나 주어라는 통사적 기능으로서 실현되어 있게 되어 있다는 식의, 특정한 의미적 역할과 특정한 문법적 기능 간의 관계를 규정하는 규칙을 설정하는 일에 역점을 두었다. 즉, 이 때에는 문장의 논항구조와 그것의 통사적 구조 간에 일정한 상관관계가 있다는 사실을 밝히는 일에 연구자들의 관심이 집중되었었다.

　그러나 최근에 와서는 문법적 기능을 의미적 역할에 따라 분류하는 규칙을 개발하는 데 그들의 관심이 모아지게 되었다. 이런 규칙 중 첫 번째 것은 자질적 분류규칙으로서 이것은 곧 「R(제한성)」과 「O(객관성)」라는 두가지 자질에 의해서 모든 문법적 기능들을 교차분류법적으로 분류할 수 있게 하는 규칙이었다. 예컨대 ±R라는 자질로는 SUBJ와 OBJ는 어떤 의미적 역할을 지닌 논항으로도 채워질 수 있다는 의미에서 비제한적인 기능인데 반하여, OBLsource와 OBLtheme은 각각 원천과 대상이라는 정해진 의미적 역할을 지닌 논항에 의해서만 채워져야 한다는 의미에서 제한적인 기능이라는 식으로 모든 문법적 기능들을 대별할 수 있었고, ±O라는 자질로는 그들을 다시 객관적인 것과 비객관적인 것으로 대별할 수 있었다.(Dalrymple, 2006: p.90)

이런 규칙 중 두 번째 것은 디폴트 사상규칙으로서, 이것은 결국 첫 번째 규칙에 의한 본래적 분류법의 미비점을 보완할 수 있게 하는 규칙이다. 이것을 위하여 먼저 「동작주>수혜자>수령자/경험자>도구>대상/수동자>장소」와 같은 의미역적 위계도가 마련되었다. 그리고서 이 위계도상 최상의 위치에 있는 논항에는 비제한적이라는 자질을 부여해야 한다는 규칙을 만들어낼 수 있었다. 예컨대 어느 동사가 동작주와 수동자의 두 논항을 필요하는 경우 첫 번째 것이 두 번째 것보다 상위에 있는 것이기 때문에 그것은 마땅히 비제한적 논항으로 분류되어야만 했다.

이런 규칙 중 두 번째 것은 접착제 접근법이라는 것으로서, 이것은 간단히 말해서 한 문장의 의미는 그것의 부분들의 의미를 하나로 합친 것인데, 그들의 의미는 f-구조에 명시되어 있는 문법적 기능에 의해서 정해지게 되어있으니까, 의미론적 이론이란 결국에 여러 문법적 기능들이 어떻게 하나의 의미적 조립체를 이루어내게 되는가에 관한 것이어야 한다는 발상법을 이론화한 것이다. 이 규칙은 그러니까 문법적 기능들이 하나의 의미적 조립체를 형성해내는 데 따르게 되는 절차에 관한 규칙인 셈이다. 더 구체적으로 말하자면 이 규칙은 예컨대 「David knocked twice.」라는 문장의 의미가 왜 「David knocked.」의 그것이어도 안되고 「David knocked twice twice.」의 그것이어도 안되는가를 밝히는 데 쓰이는 규칙인 것이다.

이 규칙에서는 한 문장의 의미를 도출하는 데 쓰이는 절차는 일종의 논리적 연역의 절차라고 본다. 이 절차를 이것에서는 특별히 선형적 논리 절차 라고 부르고 있는데, 이 절차의 특징은 어떤 전제를 아예 배제하거나 두 번 사용할 수 없다는 점이다. 그러니까 이것에서는「David knocked twice.」라는 문장의 의미를 제대로 도출할 수 있는 방법은 선형적 논리절차에 따라서 그것을 구성하고 있는 세 개의 낱말들의 의미를 한 조직체로 합치는 것이라고 보는 것이다. 선형적 논리절차에서 쓰이는 전제들은 결국에 문장 내의 어휘들과 이 문장의 통사적 구조체에 의해서 정해지게 되는 셈이다.

이 규칙에서는 이런 선형적 논리절차를 표시하는 데 (↑SUBJ)σ ─O ↑σ 와 같은 특이한 표기법이 쓰이고 있다. 이것에서의 ─O 라는 기호는「만약에... 그러면」이라는 의미를 나타낸다. 그러므로 이 방정식의 의미는 만약에 주어의 의미를 나타내는 의미적 자원, 즉 (↑SUBJ)σ이 발견될 수 있으면 문장의 의미를 나타내는 의미적 자원, 즉 ↑σ이 생성될 수 있다는 것이다. 이 방정식으로는 그런데 λX.yawn(X) : (↑SUBJ)σ ─O ↑σ와 같은 의미 구성자를 만들어내게 된다. 이 의미 구성자는 일항적 서술어인 yawn 의 의미, 즉 λX.yawn(X)와 선형적 논리형식인 (↑SUBJ)σ ─O ↑σ의 한짝으로 이루어져 있는 셈이다.

이 의미구성자가 나타내는 어휘적 정보를 기초로 하게 되면「David yawned.」라는 문장의 의미를 파악하는 절차는 아래에 나와있는 도형 a) 처럼 나타낼 수 있다. 이것에 따를 것 같으면 이 문장의 의미적 구조는 점선으로 표시되어 있는 σ 라는 대응기능에 의해서 그것의 f-구조와 연결되게 되어있다. 이 문장의 의미를 파악하는데는 그러니까 b)와 같은 그것의 f-구조와,「David」과「yawn」에 관한 의미구성자로부터 제공되는 정보가 기초가 되고 있는 것이다.

a)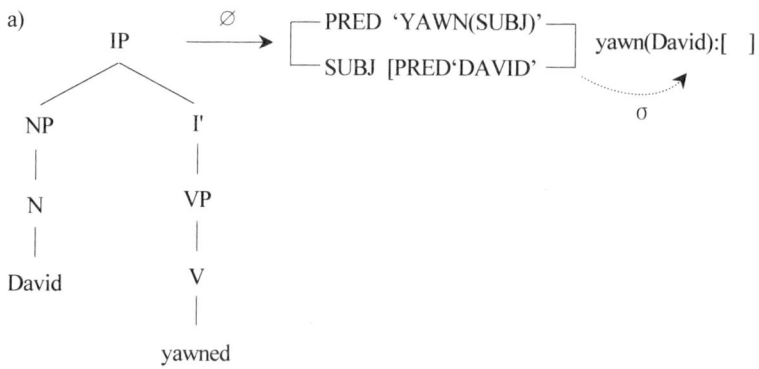

b)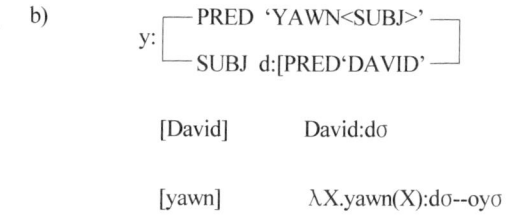

[David]   David:dσ

[yawn]   λX.yawn(X):dσ--oyσ

이 이론의 일곱 번째 특징은 그동안 내내 이것 나름의 특이한 언어처리에 관한 이론들을 개발해왔다는 점이다. 이 이론은 원래가 그것의 심리적 실재성과 연산적 타당성을 문법이론의 평가기준으로 삼아야 한다는 입장에서 출발한 것이었기에, 이것에서는 그 입장이 일관성있게 유지되어 온 셈이다. 물론 엄밀한 의미에서 볼 것 같으면 일반화나 핵추진 구구조 이론에서도 이렇게 심리언어학적 방향으로까지 연구영역을 넓히려는 움직임이 있었다고 볼 수가 있다. 그러나 그것에서의 연구결과는 이 이론에서의 그것만 못하다. 이런 의미에서 보자면 이 일곱 번째 특징이야말로 이 이론의 존재감을 가장 잘 확인시켜 줄 수 있는 제일 중요한 특징일 수가 있다. 그게 그렇다는 것은 우선 오로지 이 이론에 있어서만은 언어처리의 문제를 언어이해의 절차에 관한 것과 언어생성의 절차에 관한 것으로 나누어 다루기 시작했다는 사실로써 익히 알 수가 있다. 이 문제를 본격적으로 연구하는 심리언어학에서도 이런 시도는 아직 시기상조라고 생각하는 판에 이 이론의 연구방향이 처음부터 이런 식으로 정해졌다는 것은 놀라운 일이다. 이 이론의 연구자들이 이렇게 할 수 있었던 것은 그들에게는 첫 번째로 자기네 문법이론의 타당성에 대한 강력한 자신감이 있었기 때문이고, 두 번째로는 문법이론의 우열은 궁극적으로 심리언어학적이거나 컴퓨터공학적인 기준에 의해서 가려지게 되어 있다는 생각이 있었기 때문이다.

그게 그렇다는 것은 그 다음으로 이 이론의 창안자 중 한사람인 Kaplan은 처음부터 이런 과제를 연구하는 일을 그의 언어연구의 전공 분야로 삼아온 나머지, 최근에 이르러서는 언어처리와 언어습득에 관한 상당한 수의 그럴싸한 이론들을 내세울 수 있게 되었다는 사실로써 익히 알 수가 있다. 결국 그동안의 이 이론의 발전은 이론 언어학자가 아니라 심리언어학자에 의해서 주도되어 온 것이다. Chomsky는 그동안에 자기는 하나의 인지심리학자라는 말을 자주 해왔는데, 그가 심리학적 훈련을 전혀 받지 않은 사람이라는 것은 누구나 잘 알고 있다. 그러나 Kaplan은 진정한 의미에서의 심리학자였다.

그가 지금까지 내놓은 이론들은 크게 언어습득에 관한 것과 언어이해, 즉 해부절차에 관한 것, 언어생성에 관한 것 등의 세 가지 범주로 나뉘어질 수가 있는데, 먼저 첫 번째 범주에 속하는 것으로는 「자료지향적 해부 이론(Data-Oriented Parsing)」을 들 수가 있다. 이것은 1998년에 Bod와 Kaplan이 「어휘기능적 분석을 위한 개연적 자료기반 모형(A probabilistic corpus-driven model for Lexical-Functional analysis)」라는 논문에서 제안한 것으로서, 간단히 말해서 어휘기능문법 이론을 자료중심적 언어 습득 이론과 합친 것이다.

원래 경험주의자나 행동주의자들은 언어습득과정을 습득자가 주어진 언어자료를 최소의 부분으로 분해한 다음에 그들을 가지고서 다시 새로운 표현체를 조립해가는 과정으로 보았었는데, 이 이론에서는 이 때에 바로 어휘기능적 문법모형이 쓰인다고 본 것이다. 다시 말하자면 이 이론에서는 어린이들이 언어습득시 밟게 되는 과정은 부여된 정형적인 C-구조와 f-구조의 짝을 분석한 다음에 그것을 바탕으로 새로운 문장을 위한 두 구조의 짝을 만들어가는 과정으로 보고 있다. 이것은 그러니까 Chomsky의 내재주의적 언어습득이론의 대척점에 서 있는 이론인 셈이다.(Ibid. p.92)

두 번째 범주에 속하는 것으로는 1996년에 Kaplan이 Maxwell과 함께 제안했던 「어휘기능문법적 해부자 이론」이다. 이런 이름으로 이 이론이 정식으로 제안된 것은 「어휘기능문법을 위한 효율적 해부자(An efficient parser for LFG)」라는 논문을 통해서였지만, 사실은 이 논문이 나오기 이전부터 이들은 문장이해의 최고 모형은 역시 어휘기능문법의 그것을 그대로 따르는 것이라고 보았을 때, 그것의 효율성은 결국에 C-구조와 f-구조가 어떻게 인터페이스하느냐에 따라서 결정되게 되어 있다는 생각을 가지고서, 컴퓨터 시뮬레이션의 방법을 써서 그런 모형 중 최선의 것을 찾는 일에 매달려 왔다.

문장이해의 절차를 일단 이 문법모형에 따라 C-구조, 즉 구구조를 처리하는 절차와 f-구조의 제약사항을 처리하는 절차로 보게 되면, 첫 번째 절차는 신속하게 이루어질 수 있는데 반하여, 두 번째 절차는 느리게 이루어질 수 밖에 없기 때문에 이들간의 상호협력관계를 최적화한 모형이 바로 자기네들이 찾는 최선의 모형이라는 것을 이들은 익히 알고 있었다. 따라서 이들의 연구는 C-구조와 f-구조의 조합을 여러 가지 모양으로 설정한 다음에, 그중에서 효율성이 가장 높은 것을 찾는 일에 집중되었다.

그 결과가 다름 아닌 그들이 제안한 어휘기능 문법적 해부자 이론이었는데, 그 요지는 이 조합이 문맥자유적인 모형의 것과 같은 것이었을 때 이들 두 구조가 조작되는 시간이 구구조 하나만이 조작되는 시간과 같아지게 되어서 결과적으로는 이런 모형을 연산적으로 최선의 것으로 볼 수가 있다는 것이었다.(Ibid. p.92)

세 번째 범주에 속하는 것으로는 2000년에 Kaplan과 Wedekind가 「어휘기능문법적 생성절차는 문맥자유적 언어를 산출한다(LFG generation produces context - free languages)」라는 논문을 통해서 제안한 「문맥자유적 언어산출 이론」을 들 수가 있다. 크게 보았을 때는 문장생성의 절차는 문장이해, 즉 해부의 절차를 거꾸로 한 것이어서, 해부절차에 관한 연구과제는 어느 특수한 문장에 대응하는 C-구조와 f-구조를 찾아내는 것이었는데 반하여, 문장생성의 절차에 관한 그것은 어느 주어진 f-구조에 대응하는 문장을 찾아내는 것이었다.

이들이 그동안에 이 과제에 대한 연구를 통해서 얻어낸 결론은 간단히 말해서 다른 f-구조와 연관되어 있지 않은 f-구조, 즉 하나의 비순환적 f-구조가 부여되어 있을 때 그것에 대응하는 문장은 으레 문맥자유적인 것이라는 것이었다. 이런 이론의 타당성을 검증하기 위하여 이들은 그동안에 문장 생성시 단 하나가 아니라 일조의 f-구조를 필요로 하게 되는 경우, 즉 중의문의 생성절차에 대한 연구를 집중적으로 하기도 했는데, 이것에서 얻은 결론은 중의문을 생성할 수 있는 어휘기능적 문법을 만드는 일이 생각만큼 간단하지가 않다는 것이었다. 이들은 자연언어의 특성을 다 갖추고 있는 어휘기능적 문법을 만드는 일이 곧 자기네들이 앞으로 해야 할 과제임을 확인할 수 있었다.

4. 관계문법

관계문법은 Chomsky의 변형문법이론이 하나의 지배적 문법이론으로서의 위상을 굳혀가던 1970년대에 그것의 대안으로 제안된 몇가지의 비변형적 문법이론 중 하나였는데, 이것도 다른 대안이론들과 마찬가지로 형식주의적 문법이론의 발전에 직접 간접적으로 일정한 역할을 하게 될 만큼 발달되는 데는 그후 10여년이 걸렸다. 다시 말하자면 원래 Perlmutter와 Postal에 의해서 제안되었던 초기의 발상법은 1983년에는 Perlmutter가 단독으로「관계문법 연구1(Studies in Relational Grammar 1)」를 편집해 내고, 그 다음해에는 그가 Rosen과 같이「관계문법 연구2(Studies in Relational Grammar 2)를 편집해 냄으로써 하나의 문법이론으로서의 능력과 위상을 정식으로 갖추게 되었다고 볼 수가 있다. 물론 1980년에 Postal이 Johnson과 함께 써낸「호의짝 문법(Arc Pair Grammar)」이라는 책도 그런 류의 책으로 볼 수 있겠지만, 그동안의 연구결과를 체계적이고 종합적으로 집대성한 것은 역시 앞의 두 책이었다. 이들을 근거로 삼았을 때, 이 이론과 다른 이론들 간의 차이짐은 다음과 같은 몇 가지 특징으로 요약될 수가 있다.

(1) 문법관

이 이론의 첫 번째 특징은 문법체계를 이 이론의 이름 그대로 문법관계의 기본적 구조체의 한 조직체로 본다는 점이다. 앞에서 살펴본 세 가지 이론들은 문법체계를 크게 구구조부와 어휘부의 두 부분으로 이루어진 것으로 본다는 점에서 공통점을 가지고 있었다. 그러니까 이들은 X'이론부의 기능을 중요시한다는 점에 있어서는 변형문법이론과 다를 바가 없었다. 그에 반하여 이 이론에서는 구구조부의 존재 자체를 인정하지 않는다. 이런 의미에서 볼 것 같으면 문법관의 이질성이나 파격성에 있어서 변형문법이론과 가장 멀리 떨어져 있는것이 바로 이 이론인 셈이다.

물론 문장의 구조는 그것의 선형적 형태가 아니라 그것을 구성하는 어휘들의 문법적 기능에 의해서 기술될 수 있다는 생각은 이 이론에서 최초로 착안된 것이 아니라 전통문법에서 이미 오래전에 개발해 놓은 것이었다. 또한 비슷한 시기에 Fillmore등이 제안한「격 문법(Case Grammar)이론」도 그런 전통적 문법관을 전승한 것이라고 볼 수가 있다. 예컨대 전통문법에서처럼 이것에서도 기본적인 문법관계로 주어 관계와 직접목적어 관계, 간접목적어 관계, 위치격과 도구격, 시혜격등의 사격 관계등으로 잡고 있다. 그러니까 기본적으로 이 이론은 문장의 구조는 술어와 그것의 논항간의 관계에 의해서 정해지게 되어 있다는 고전적 발상법을 최대한 형식화한 것이라고 볼 수가 있다.

(2) 관계망도

이 이론의 두 번째 특징은 문장구조에 대한 표기법이 아래에 제시되어 있는 것처럼 특이하고 파격적이라는 점이다. 일반적으로 관계망 표기법으로 불리고 있는 이것에는 이 이론의 핵심적 개념들이 모두 동원되어 있기에, 이것을 제대로 해석한다는 것은 곧 이 이론의 기본적인 발상법을 이해하는 것과 같은 일이 된다. 우선 이 도표는 곡선 앞에 화살표가 달린 세 개의 호와 그들을 가로지르는 두 개의 계층선으로 이루어져 있는데, 전자는 한 요소나 어휘의 문법기능이나 문법관계를 표시하는 최소단위이고, 후자는 두 개나 그이상의 요소들이 어떤 식으로 하나의 문장으로 조립되어 있는가를 표시하는 장치이다. 그리고 여기에 쓰이고 있는 기호들은 1과 2라는 숫자는 각각 주어관계와 목적어 관계를 나타내는 것이고, P는 서술어라는 의미이며, Cho는 불어의 「Chomeur」를 줄인 것으로 실업자라는 의미이다. 이 도표는 「Fred saw Tom.」이라는 능동문과 「Tom was seen by Fred.」라는 그것의 수동문이 어떻게 서로 관련되어 있는가를 보여주는 것이다.(Blake, 1994: p.3514)

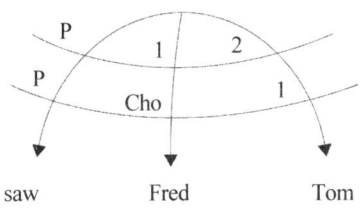

(3) 재평가 절차

이 이론의 세 번째 특징은 하나의 관계망 안에는 위의 예에서처럼 본질적으로 두 개나 그 이상의 통사적 수준, 즉 계층이 있게 되어 있기 때문에, 하나의 문장은 으레 그들 간의 재평가 절차에 의해서 생성되게 되어 있는데, 이 절차는 반드시 몇 가지 관계적 법칙에 따라서 이루어져야 한다고 본 점이다. 여기에서 내세우는 관계적 법칙에는 모두 다섯가지가 있는데, 그중 첫 번째 것은 계층적 유일성의 법칙으로서, 한계층 내에는 최대로 하나의 주어와 하나의 직접목적어, 하나의 간접목적어만이 있을 수 있다는 것이 그 요지이다.

그중 두 번째 것은 최종적 1법칙으로서, 이것에 따를 것 같으면 모든 최종적 계층에는 반드시 하나의 주어, 즉 1항어가 있게 되어있다. 그중 세 번째 것은 사격 법칙으로서, 하나의 사격 관계는 반드시 최초의 계층에서만 나타나야 한다는 것이 그 요지이다. 그중 네 번째 것은 동기적 실업자 법칙으로서, 실업자는 반드시 전진이나 상승, 형식어 탄생과 같은 절차의 결과물이어야 한다는 것이 그 요지이다. 그중 다섯 번째 것은 실업자 전진금지로서, 실업자 스스로가 전진하거나 강등할 수는 없다는 것이 그 요지이다. 이들 법칙에 따르자면 그러니까 합법적 재평가 절차에는 다음과 같은 것만이 있을 수 있는 것이다.(Ibid, P.3515)

전진	강등
2-1	1-2
3-1	1-3
사격-1	1-실업자
3-2	2-3
사격-2	2-실업자
사격-3	3-실업자

(4) 변형절차의 대안

이 이론의 네 번째 특징은 변형문법 이론에서 내세우는 변형절차의 타당성과 필요성을 아예 인정하지 않고서, 그것이 하는 기능을 더 효율적으로 수행할 수 있는 것이 바로 계층적 재평가 절차라고 본 점이다. 형식주의적 언어이론으로서 이 이론이 변형문법이론보다 더 우수한 이론이라는 것을 가장 비근하게 실증할 수 있는 것이 이 차이점이기 때문이어서 그런지, 그동안에 이 이론에서는 변형문법이론에서 변형절차의 위력을 증거하는데 쓰인 여러 가지 예들을 분석의 대상으로 삼아왔다. 이 점에 있어서는 물론 핵추진 구구조문법과 어휘기능 문법도 마찬가지였다. 어떤 의미에서는 따라서 이 이론의 특징 중 제일 중요한 것으로 바로 이 네 번째 특징을 잡아야할는지도 모른다.

이런 예 중 첫 번째로 내세울 수 있는 것은 물론 수동문의 분석방법이다. 바로 앞에 제시된 관계망도를 통해서 익히 알수 있듯이, 이 이론에서는 수동화 절차를 하나의 문법적 관계의 변화의 절차, 즉 구체적으로는 2→1과 같은 전진의 절차로 보고 있다. 이 관계망도에 따르자면, 최초의 계층에서 2, 즉 목적어의 기능을 수행하던 「Tom」이 두 번째 계층에서는 1, 즉 주어의 기능을 수행하게 되는 것이 「Tom was seen by Fred.」라는 수동문이 생성되는 절차인 것이다. 이런 식의 재평가 절차는 사역문을 기술하는 데도 쓰일 수 있다.

　이런예중 그 다음으로 내세울 수 있는 것은 「It rained.」나 「There's a fly in the soup.」와 같은 이른바 형식어가 주어로 쓰이게 되는 문장에 대한 분석법이다. 이런 주어들은 사실상의 의미는 가지고 있지 않으면서 문법적 기능은 일정하게 수행하게 되어 있기 때문에, 어느 문법이론에 있어서나 특이한 문제거리가 될 수 밖에 없었다. 그러나 이 이론에서는 아래에 제시된 도형으로 알 수 있는 것처럼 두 번째 계층에 이런 주어를 도입시키는 방법에 의해서 이런 현상을 설명하고 있다.

　이 도형에 의할 것 같으면 「There's a fly in the soup.」라는 문장은 세 개의 계층을 통해서의 문법적 관계의 재평가 절차에 의해서 생성되게 되어 있다. 우선 첫 번째 계층에는 「there」의 기능이 명시되어있지가 않다가 두 번째 계층에는 그것이 명시되어 있다. 그러니까 이 사실은 「A fly is in the soup.」라는 원래의 문장이 그 후 「there」의 도입에 의해서 「there문」으로 바뀌게 되었음을 보여주는 것이다. 첫 번째 계층에서는 술어인 「be」가 하나의 비대격적 동사이기 때문에 「fly」가 직접목적어, 즉2의 기능을 부여 받고 있다. 그러나 두 번째 계층에서는 「there」가 도입되면서 그것이 2의 기능을 수행하게 되기 때문에 계층적 유일성의 법칙에 따라서 「fly」의 기능은 실업자로 강등되게 된다. 마지막으로 세 번째 계층에서는 최종적 1법칙에 의하여 「there」의 기능이 2→1 식으로 전진되게 된다.(Ibid, p.3517)

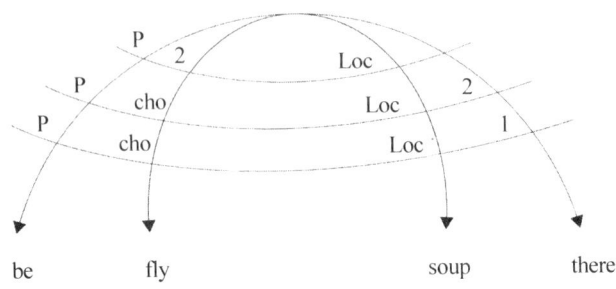

    이런 예들 가운데서 세 번째로 내세울 수 있는 것은 「Fred seems to work.」와 같은 보문 구조문에 대한 분석법이다. 변형문법이론에서는 이런 문장을 원래는 보문의 주어이었던 것이 모문의 주어로 상승되는 절차에 의해서 생성되는 것으로 보았었다. 다시 말해서 그것에서는 이 문장의 심층구조는 「e seems [Fred to work]」처럼 되어있다고 보았었다. 그런데 이 이론에서는 이런 현상을 관계상승의 법칙에 따라 작동되는 재평가 절차에 의해서 설명하고 있다. 공교롭게도 그 절차의 이름을 똑같이 상승이라고 붙였다. 그렇지만 변형문법이론에서는 그것을 보문의 주어자리에는 원래 「e」라는 공범주가 있는데, 그 자리에 보문의 주어가 이동되는 절차로 보았는데 반하여, 이 이론에서는 보문의 주어였던것이 모문의 주어로 기능을 바꾸게 되는 절차로 보고있다. 이들간에 이런 차이점이 있다는 것은 이 이론에서는 으레 아래와 같은 관계망도에 의해서 이런 문장이 설명되고 있다는 사실 자체가 익히 말해주고 있다고 볼 수가 있다.
    이 관계망도의 구조를 살펴보자면 우선 모두 세 개의 계층으로 이루어져있는 큰 관계망 안에 또 하나의 작은 관계망이 들어있다는 것이 이것의 첫 번째 특징이다. 물론 이 작은 관계망은 보문구조를 위한 것이다. 그 다음으로는 작은 관계망을 큰 관계망의 첫 번째 계층에서 목적어 관계를 유지하고 있게 함으로써 결국에는 보문구조에서 주어의 역할을 수행하던

「Fred」가 모문에서 그런 역할을 수행할 수 있게 한 것이 이것의 두 번째 특징이다 그러니까 여기에서는 「seem」은 하나의 비대격 동사이어서 그것에는 하나의 절이 하나의 직접 목적어, 즉 2-어로서 붙여져 있다고 보고 있는 것이다.

여기에서의 「Fred」의 기능이 바뀌는 절차는 두 단계로 이루어져 있어서, 그중 첫 번째 것은 첫 번째 계층에서는 절이 2어의 역할을 수행하던 것이 두 번째 계층에서는 「Fred」만이 그것의 2어로서의 역할을 수행하게 되는 것이고, 그 중 두 번째 것은 세 번째 계층에서는 그것의 2어로서의 기능이 1-어의 기능으로 전진하게 되는 것이다. 이런 상승의 절차를 정당화하기 위하여 이 이론에는 관계 계승법칙이라는 법칙이 설정되어있다. 여기에서는 이 법칙에 의하여 절이 맡았던 기능을 「Fred」가 계승하게 된 것이다.(Ibrd, p.3518)

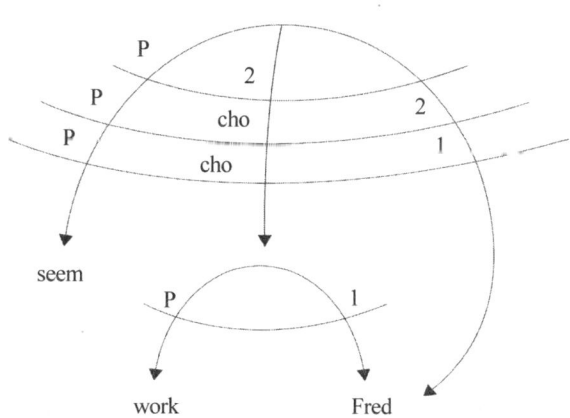

너무나 당연한 일일는지 몰라도 이 이론에서는 이런 재평가 절차가 변형문법이론에서 그 동안에 가장 대표적인 상승변형의 예로 내세워오던

주어로부터 목적어로의 상승현상과 목적어로부터 주어로의 상승현상을 설명하는 데도 쓰이고 있다. 첫 번째 상승현상의 예로는 「I expect the glass to fall.」과 같은 문장을 들 수가 있는데, 이 이론에서는 이것에 대한 설명을 최초의 계층에서는 「to fall」이라는 부정사의 주어였던 「the glass」가 그 다음 계층에는 그것의 기능이 주절의 목적어로 상승되게 된다는 식으로 하고 있다. 그리고 두 번째 상승현상의 예로는 「John is easy to please.」와 같은 이른바 「tough문」을 들 수가 있는데, 이 이론에서는 이것에 대한 설명을 최초의 계층에서는 「to please」라는 부정사의 목적어였던 「John」이 그 다음 계층에서는 그것의 기능이 주절의 주어로 상승되는 식으로 하고 있다.

이와 관련하여 또 한가지 특기할 사항은 변형문법이론에서 동일 명사구 삭제 현상으로 보았던 것을 이 이론에서는 절 교차적 다부착 현상으로 보고 있다는 점이다. 예컨대 「Rosa will go to buy the meat.」라는 문장의 관계망도가 이 이론에서는 하나의 「Rosa」가 모문의 관계망도에서만 주어의 기능을 수행하고 있을뿐만 아니라 내포문의 관계망도에서는 같은 기능을 수행하고 있는 식으로 되어있다. 변형문법이론에서는 이런 현상을 설명하기 이하여 복원 가능성 조건이라는 제약적 원리를 설정하기도 했었다. 그렇지만 이 이론에서는 삭제라는 개념자체를 인정하지 않는다.(Ibid, p.3517)

(5) 능격 구문

이 이론의 다섯 번째 특징은 능격 구문에 대한 새로운 분석방법을 제시함으로써 변형문법이론을 비롯한 다른 형식주의적 문법이론들에서는 으레 회피되거나 불완전하게 취급되던 현상들도 익히 다룰 수 있는 이론이라는 것을 실증했다는 점이다. 우선 영어에서도 적지 않은 경우에 「The snow melted.」와「The sun melted the snow.」에서 처럼 하나의 동사로 두가지 형태의 문장이 만들어지게 된다는 사실이 문법이론가에게는 커다란 도전적인 사실이 아닐 수 없었다. 다시 말해서 의미상으로 분명히 밀접하게 연결되어있는 자동사문과 타동사문간의 관계를 형식적으로 기술하는 일은 누구에게나 쉬운 일이 될 수 없었다. 그러니까 이 문제를 해결한다는 것은 영어의 통사론을 보다 완전한 것으로 만드는 작업의 일부분일 수 있었다.

그 다음으로 이 문제는 보편문법이론을 만드는 일과도 직접적으로 관련이 될 수 있는 것이었다. 그 이유는 물론 이 세상의 언어는 크게 영어와 같은 대격 언어와 바스크어와 에스키모어와 같은 능격 언어로 대별될 수 있기 때문이다. 격 부여에 있어서의 이들 언어간의 차이를 변형문법이론에서는「능격 매개변인」의 현상으로 보았다. 이런 차이는 수동화 절차에서 극명하게 드러나는데, 이것을 변형문법이론에서는 매개 변인적 차이로 본 것이다. 다시말해서 대격언어에서는 으레 능동문의 목적어가 수동문의 주어로 바뀌게 되어 있는데 반하여, 능격언어에서는 이미 능동문에서 목적어가 주어로 쓰이고 있기 때문에 그런 변화를 겪을 필요가 없다.

이런 매개변인적 차이를 예컨대 Levin과 Massam(1984)은 변형문법의 X'이론에 의해서 다음과 같이 설명했었다. 이들은 타동사구문과 자동사구문의 두가지로 문장의 종류를 나눈 다음에 먼저 타동사 구문의 구조를 [IP NP1 [I' INFL[VP V NP2]]]처럼 정하고 보면, 이것에는 격부여자가 INFL과 V의 둘이 있게 된다고 보았다. 그러니까 이것에서는 INFL이 주어자리에 있는 NP1에게 대격 언어에서는 주격을 그리고 능격 언어에서는 능격을 각각 부여하는 한편, 목적어 자리에 있는 NP2에게는 V가 대격언어에서는 대격이, 그리고 능격 언어에서는 절대격이 각각 부여하게 되는 것이었다. 그 다음으로 자동사 구문의 구조를 [IP NP3 [I' INFL[VP V]]]처럼 정하고 보면 이것에도 격 부여자는 INFL과 V의 둘이 있게 되어서, 우선 대격 언어의 경우에는 주어 자리에 있는 NP3 에게 INFL가 주격을 부여하게 되는데 반하여, 능격언어의 경우에는 V가 그것에 절대격을 부여하게 되는 것이었다.(原口, 中村 1992: p.265)

  그렇지만 Perlmutter가 보기에는 이상과 같은 변형문법적 분석법은 말로는 보편문법적 현상을 제대로 포착할 수 있는 것이라고 주장하고 있지만 실제에 있어서는 여러 언어의 개별성만을 부각시키는 방법에 지나지 않았다. 그래서 그는(1978)「비인칭적 수동형과 비대격 가설(Impersonal passives and the unaccusative hypothesis)」라는 논문에서 비대격 가설에 의한 분석법이 변형문법적 분석법보다 훨씬 간결하면서도 보편문법적인 분석법이라고 주장하고 나섰다. 물론 그가 말하는 비대격 가설에 의한 분석법이란 관계문법적 분석법이었다.

  이 가설에서는 우선 동사를 다른 문법이론에서처럼 목적어의 유무에 따라서 타동사 대 자동사식으로 나누지 않고서 주어의 성격에 따라서 비능격동사 대 비대격 동사식으로 나누고 있다. 예컨대 이것에서는 최초의 계층에서 주어이었던 요소가 최종의 계층에서도 그대로 주어의 역할을 하게 되는 동사를 비능격 동사라고 정의하고 있다. 그러니까 영어의「eat」나「bite」와 같은 타동사와「telephone」이나「ski」와 같은 자동사가 이것에 해당되는 동사이다. 그에 대비하여 최초의 계층에서는 주어가 아니었던 요소가 최종의 계층에서는 주어의 역할을 하게 되는 동사는 비대격 동사라고 정의하고 있다. 이것에는「exit」와「vanish」와 같은 자동사와「last」나「weigh」와 같은 半타동사가 포함된다. 여기에서는 특히 이런 분류법에 따르게 되면「The bed was jumped on by the children.」과 같은 유사 수동문이 만들어질 수 있는 비능격 동사와「*The bed was existed in by the children」에서 처럼 그렇게 할 수 없는 비대격 동사가 제대로

구별될 수 있게 된다는 점을 강조하고 있다.(Blake, 1994: p.3516)

　이렇게 볼 것 같으면 결국에 비대격 동사의 제일 큰 특징은 이것으로는 수동문이 만들어질 수 없다는 점인데, 이런 중요한 통사적 제약성을 설명하기 위하여 이 이론에서는 「1-전진 배타성 법칙」을 설정하고 있다. 이 법칙은 하나의 절안에서는 하나 이상의 주어로의 전진은 허용되지 않는다는 것으로서, 예컨대 「vanish」와 「last」와 같은 비대격 동사로는 수동문이 만들어질 수 없는 것은, 그랬을 경우에는 한 절내에서 비대격 전진과 수동화 전진이라는 두가지 전진이 있게 되어서 결국에는 이 법칙을 어기는 결과가 되기 때문이다.

　더 알기 쉽게 설명하자면 「The manuscript vanished.」와 「The concert lasted an hour.」라는 두 문장의 관계망도는 아래처럼 되어 있기 때문에 이들 문장들이 수동문의 형태를 갖게 되려면 1-전진 배타성 법칙을 위반하여야만 하는 것이다. 다시 말해서 a)도형에서는 「the manuscript」의 역할이 2에서 1로 전진되고 있고, b)도형에서는 「the concert」의 역할이 「GRx」라는 사격에서 1로 전진되고 있기 때문에 수동화에 필요한 또 다른 전진절차는 이행될 수가 없는 것이다.(Blevins, 2010: p.389)

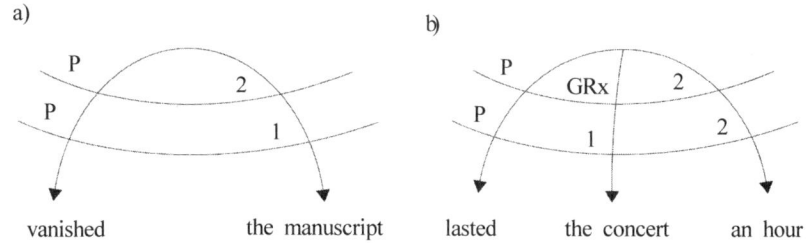

(6) 보편성

이 이론의 여섯 번째 특징은 이것에서 제안된 재평가 법칙과 재평가 방법은 보편성이 다분히 있는 것이라는 사실을 실증하고 있다는 점이다. 물론 이것의 두 창안자중 한사람인 Postal은 처음부터 궁극적으로 타당성이 있는 문법이론은 마땅히 하나의 보편적 문법이론이어야 한다는 생각에서 영어보다는 오히려 이탈리어에 이 이론을 적용시키는 데 더 관심을 쏟았기에 자연스럽게 이 언어는 영어 이외의 언어를 대표하는 언어로 자리잡게 되었다. 그러나 이것에서 비대격 가설이 제안되게 되면서 가장 대표적인 능력 언어인 에스키모어의 분석에도 손을 대게 되었다. 그러니까 처음부터 이 이론은 서양어뿐만 아니라 비서양어에도 익히 적용될 수 있는 이론이라는 것이 실증되고 있었던 셈이다.

그런예중 첫 번째로 들 수 있는 것은 1984년에 Rosen이 Perlmutter의 동사분류에 관한 초기이론을 한 단계 더 발전시켜서, 이탈리아어의 자동사를 비대격 동사와 비능격동사로 대별할 것을 제안한 사실이다. 그는 이런 구분은 크게 세 가지 기준에 의해서 이루어지게 된다고 보았다. 우선 「arrivare (arrive)」와 「venire(come)」와 같은 비대격 동사에게는 첫 번째로 「be」동사인 「essere」와 결합하여 복합적 시제형을 만드는 특징과, 두 번째로 「of it」나 「of them」등의 의미를 나타내는 데 후접사 「ne」를 쓸 수 있는 특징과 (예:Ne sono venuti tre <of them are come three> <Three of them came>), 세 번째도 절대구문 내에서 쓰일 수 있다는 특징 등이 있었다.(예:Partiti gli amici, Giovanni si ē addormentato <The friends having departed, Giovanni fell asleep>).

그에 대비하여 「dormire (sleep)」과 「telefonare(telephone)」와 같은 비능격 동사에게는 첫 번째로 「avere(have)」와 같이 활용된다는 특징과, 두 번째로 후접사 「ne」를 쓸수 없다는 특징과, 세번째로 절대구문내에서 쓰이지 않는다는 특징등이 있었다. 그러니까 결국에는 비대격문의 특징은 최초의 계층에서의 2-어들의 양태가 대격문의 최초의 계층에서의 2-어들의 그것과 같다는 점이었다. 예컨대 「Ne ho visti tre (of-them l-have seen three. I saw three of them)」에서의 후접사 「ne」는 최초의 계층에서도 2-어의 역할을 하고 최종의 계층에서도 2-어의 역할을 하고 있었다.(Blake, 1994: p.3516)

그런 예중 두 번째로 들 수 있는 것은 Postal(1977)이 에스키모어의 자동사 구문을 反수동문과 2-3 강등문의 두가지로 나누어 볼 것을 제안한 사실이다. 그가 보기에는 우선 영어와 같은 대격언어에서는 타동사 구문만이 두 개의 논항을 가지게 되는데 반하여, 에스키모어와 같은 능격언어에서는 자동사 구문도 두 개의 논항을 가지게 되는 현상을 제대로 분석할 수 있는 분석법은 자기네들이 내세우는 관계문법적인 것 밖에 없었다. 다시 말하자면 그의 생각으로는 이 점 하나만으로도 자기네 문법이론이 일종의 보편문법적 이론임을 실증할 수 있었다.

그의 설명에 따르자면 에스키모어에서는 예컨대 「The dog ate the fish.」의 뜻을 나타내는 데 아래의 a)와 같이 타동사문이 쓰일수도 있고, 아래의 b)와 같이 자동사문이 쓰일 수도 있나. 엄밀하게 따지자면 이들간에 용법상의 차이점이 없는것은 아닌데, 자동사문에서의 목적어는 특별히 지정된 것이 아니라는 점과 자동사문은 으레 부정문으로 쓰인다는점등이 그것이다. 이들간에는 또한 타동사문에서는 주어에는 능격표시가 되고 목적어에는 절대격 표시가 되는데 반하여, 자동사문에서는 주어에는 절대격 표시가 되고 목적어에는 도구격 표시가 되는 식으로 격표시상의 차이가 있다.

a)	Qimugte-m	neraa	neq-a
	dog-ERG	eat:3s	3s fish
	The dog	ate	the fish
b)	Qimugta	ner'uq	neq-mek
	dog	eat;3S	fish-ABL
	The dog	ate	fish

그가 보기에는 그런데 b)와 같은 자동사 문은 크게 두가지로 나뉘어질 수가 있는데, 그중 첫 번째 것은 2-3 강등문으로서, 원래는 보어로 쓰인 직접목적어가 일단 간접목적어로 그 기능이 강등되면서 그것이 주어의 역할을 하게 되는 경우이고, 그중 두 번째 것은 반수동문으로서, 보어로 쓰인것이 직접목적어도 아니고 간접목적어도 아니어서 결국에는 그것이 실업자로 바뀌게 되는 경우이었다. 그러니까 일반적으로는 b)와 같은 자동사문을 모두 반수동문으로 부르고 있지만, 이 이론에서는 그것을 두 가지 형태로 나누고 있는 것이다. 이들 중 반수동문의 경우를 그는 아래에 표기된대로 두 번의 재평가 절차를 거치게 되는 경우로 보았다. 이것에 따르자면 먼저 두 번째 계층에서는 최초의 계층에서 1-어였던 요소가 2-어로 바뀌면서 원래의 2-어는 자동적으로 실업자로 바뀌게 되고, 그 다음에 최종의 계층에서는 최종적 1법칙에 따라서 그 2-어가 1-어로 바뀌게 되어 있었다.(Ibid. p.3517)

1	P	2
2	P	Cho
1	P	Cho
qimug-	ner-	neq-

(7) 한계성

이 이론의 일곱 번째 특징은 변형문법 이론과 비교했을때 심층구조의 분석이 곧 문법조직의 분석의 전부라는 생각밑에서 표층구조적 현상에 대해서는 아무런 관심을 보이지 않는 한계성을 지니고 있다는 점이다. 앞에서 검토한 몇 가지 예를 통해서 익히 알 수 있듯이 이 이론에서 중핵적 분석법으로 내세우는 관계망도에 의한 분석법은 결국 술어의 기본적 논항구조를 분석하기 위한 것이지 어느 구체적인 문장이나 표현의 형식적 특징을 분석하기 위한 것은 아니다. 그러니까 쉽게 말하자면 이 이론은 기껏했자 문장의 세부적인 형식성은 도외시 한 채 오로지 그것의 기본적인 구조만을 다루는 이론인 셈이다.

이 점이 이 이론의 결정적인 한계성일 수 있다는 것은 변형문법이론과 다른 대안적 이론들에서는 이 문제가 정반대로 다루어지고 있다는 사실에 의해서 익히 알 수가 있다. 우선 변형문법이론에서는 수형도의 단위를 굴절적 구로 잡을 정도로 어휘의 어형적 또는 굴절적 자질들을 문장의 정형성과 비정형성을 가르는 중요한 요소로 보고 있다. 예컨대 여기에서는 시제나 일치의 문제에 으레 기술이 초점이 맞추어져 있다. 예컨대 이 이론에서는 「Ross was bitten by Cecilia」라는 수동문에 대한 분석 작업은 아래와 같은 관계망도를 마련하는 것이 전부라고 보고 있겠지만, 변형문법이론에서는 통사구의 형태가 「was bitten」이라는 사실이나 전치사구의 형태가 「by Cecilia」라는 사실이 포함되지 않는 분석은 무의미한 것으로 본다. 극단적으로 말하자면 그러니까 변형문법이론에서는 이 문장의 표면구조를 기술하려고 하는데 반하여, 이 이론에서는 그것의 심층구조를 기술하려고 하고 있는 것이다.(Blevins, 2010: p.388)

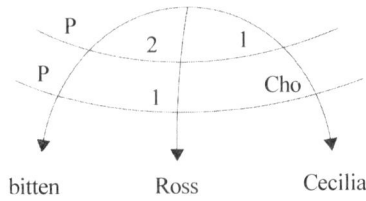

　그런가 하면 핵추진 구구조문법이나 어휘기능문법은 원래부터 구구조나 X'이론보다는 오히려 어휘적 자질 체계를 문법조직의 핵심부로 간주할 정도의 어휘기저적 이론이었다. 다시 말해서 이들 이론들은 원래가 문법적 의존성이나 관련성은 으레 문장을 구성하는 어휘들의 자질적 특성에 의해서 기술될 수 있다는 입장에서 출발한 것들이기에, 어형적인 요소에 대한 분석을 대단히 중요하게 생각했었다. 예컨대 이런 이론에서는 으레「She walks.」라는 문장을 기술하는 일은 주어가 술어에 앞서 있다는 사실을 밝히는 일에 끝나지 않고서 이들이 어떻게 일치의 규칙을 지키고 있는가를 밝히는 일도 포함된다고 보았다.

　이렇게 볼 것 같으면 결국에 이들은 심층구조와 표층구조중 어느쪽에 분석의 초점을 맞추었느냐라는 기준을 놓고 보았을때는 변형문법이론보다 한 단계 더 앞선 이론들이라고 볼 수가 있다. 관계문법은 구조 지향적 접근법을 쓰는 이론이라는 점에서 변형문법과 같다. 그런데 변형문법과 달리 관계문법에서는 통사적 제약성과 같은 어휘가 수행하는 중요한 기능을 완전히 무시하고 있다. 문법이론은 궁극적으로 표층구조에 관한 것이어야 된다는 입장에서 보자면 이런 점은 분명히 이 이론의 결정적 한계성이다. 이 이론에 이런 한계성이 있는 한 이것에서 통사론과 의미론의 관련성의 문제나 언어습득문제와 같은 중요한 문제들이 전혀 거론되지 않는 것은 너무나 당연한 일일는지 모른다.

제6장
환원주의의 함정

1. 촘스키의 언어 연구의 양방향성

　Chomsky의 언어이론은 지난 5~60년 동안에 다른 언어이론에 있어서는 찾아볼 수 없는 특이한 발전과정을 밟아 왔다고 볼 수가 있는데, 그 특이함은 바로 그 궤적이 겉으로 보기에는 다분히 모순적인 것 같으면서도 실제에 있어서는 다분히 합리적인 두 개의 상반된 방향의식에 의해서 그려졌다는 점이다. 우선 그는 지혜롭게도 다른 연구와 마찬가지로 언어연구도 마땅히 그 대상이나 영역을 최대로 좁혔을때만 최대의 효율성이 보장될 수 있다고 생각했다. 그래서 그는 먼저 언어능력의 자율성이나 I-언어와 E-언어의 차별성, 통사론의 우위성등을 내세우게 되었다. 간단히 말해서 그는 의미와 화용의 문제는 완전히 배제한 상태에서 오직 문법이나 통사조직의 체계와 작동요령을 기술하는 것을 언어연구의 목표로 삼았다.
　그 다음으로 그는 통사조직의 분석이나 기술은 반드시 형식주의적인 방법에 의해서 이루어져야한다고 생각했다. 이런 발상법에는 오로지 형식주의적 방법만이 과학적인 결과를 얻게하는 방법이고, 인간언어의 통사조직도 능히 이런 방법으로 기술될 수 있다는 전통적인 생각이 전제되어 있었다. 특히 그는 변형이라는 수학적인 개념을 도입하는 것이 바로 최선의 형식주의적 방법을 확보하는 길이라고 생각했다. 세 번째로 그는 형식주의적인 방법에 의해서 통사조직의 체계와 작동요령을 분석하다 보면 자연히 그 체계는 다분히 최소주의적인 것이고, 그 작동요령은 몇 가지 기본적인 원리로 집약되게 된다는 사실을 알게 된다고 보았다. 한마디로 말해서 그는 그동안 내내 최소주의적인 언어이론을 발견하는 것을 언어연구의 최종적인 목표로 삼아왔다.

논의의 편의상 일단 이상과 같은 방향의식을 구심적인 것으로 볼 것 같으면 그 동안에 그의 언어연구를 이끌어온 또 하나의 힘은 그것과 정반대인 원심적인 방향의식이었다. 그는 처음부터 그가 찾고자 하는 문법모형은 우리의 몸 안에 내재되어있는 보편문법이라는 말이나, 우리의 언어는 인간특유의 것이라는 말을 함으로써 그의 언어연구는 결국에 인간성을 탐구하는 일과 직접적으로 연결되어 있다는 점을 분명히 하였다. 이 점을 애둘러서 그는 자기가 지금 하고 있는 일은 언어학이 아니라 심리학이나 철학이라고 주장하기도 했는데, 아무튼 그가 처음부터 언어학의 목표를 예전과는 다르게 가장 심오하거나 궁극적인 데 두었다는 것은 틀림이 없는 사실이다.

이와 관련하여 여기에서 특기할 사항은 그는 이 무렵에 그동안에 심리학이나 철학에서 주도적인 사상으로 자리잡았던 경험주의의 한계성을 지적하면서, 이제는 마땅히 그 자리를 이성주의가 물려받아야한다고 주장하고 나선 사실이다. 쉽게 말해서 그의 언어이론으로 인간학에서는 이성주의가 대세를 이끄는 「촘스키의 혁명」이 일어나게 된 것인데, 이로써 일단 그는 비유적으로 말해서 혁명가나 개선장군이 맞볼 수 있는 승리의 쾌감을 만끽하면서 자기가 언어연구의 방향을 구심적인 것과 원심적인 것의 두가지로 잡은것에 대한 만족감과 자신감을 갖게 되었다.

물론 이때 경험주의와의 싸움에서 그가 비교적 쉽게 이길 수 있었던 것은 원리와 매개변인의 이론이라는 보편문법의 실체를 보여줄 수 있었기 때문이었다. 누가 보아도 이것이야말로 이제는 마땅히 이성주의가 경험주의가 그동안에 차지했던 자리를 차지해야 한다는 그의 주장을 실증적으로 뒷받침할 수 있는 최강의 무기였다. 그뿐만 아니라 그는 여러 종류의 언어에 대한 분석작업을 통해서 자기가 내세우는 변형문법적인 분석방법이 실제로 통사적 현상을 분석하는데도 최상의 것이라는 사실을 보여주기도 했다. 간단히 말해서 그는 그동안 내내 자기가 만든 문법모형이야말로 기술적 타당성과 설명적 타당성을 다 가지고 있는 가장 과학적인 문법이론이라는 사실을 드러내는 데 최선을 다했던 것인데, 결국에 이렇게 해서 이 때 그는 자기의 내재주의적 언어습득이론을 자기의 언어이론의 간판이론으로 만드는 데 일단 성공한 셈이었다.

그러나 이런 시기를 1980년대의 지배와 결속이론의 시대로 잡고 보자면, 2000년대 이후의 최소주의 이론의 시대에 이르러서는 그의 언어이론에 대한 주관적 평가와 객관적 평가가 서로 엇갈리게 되었다. 틀림없이 그 자신은 최소주의이론이야말로 그동안에 자기가 내세워온 자연과학적 과학관과 내재주의적 인간관을 가장 잘 구현시킨 것이며, 따라서 드디어 이제는 그가 원래의 소원대로 하나의 언어이론을 가지고서 학문의 세계를 「천하통일」할 수 있게 되었다고 크게 흐뭇해할 것이다. 그렇지만 안타깝게도 그는 지금 자기가 싸워야할 싸움은 자기가 이겼다고 생각하는 경험주의대 이성주의의 싸움과는 전혀 다른 차원의 것이라는 사실을 간과하고 있었다. 그러니까 나쁘게 말하자면 이제는 그가 실증적인 증거가 될 수없는 문법모형을 내세워서 다분히 허구적이거나 자기중심적인 주장만을 하기에 이르른 것이다.

　한마디로 말할 것 같으면 그는 이제 극단주의적 과학자가 흔히 빠지기 쉬운 환원주의의 함정에 빠져 있어서, 그것의 모순을 익히 알고 있는 사람들로서는 그의 주장에 쉽게 동의할 수가 없는 것이다. 경험주의와의 대결에서의 승리에 기고만장해진 그는 우선 드디어 생물 언어학의 신 지평이 자기의 언어이론으로 열리게 되었다고 주장하기에 이르렀는데, 어떤 의미로 보아서나 이런 주장은 그가 지난 5~60년 간에 해온 지기정당화나 자기미화 작업의 대미에 해당하는 것임이 분명하다. 한마디로 말해서 그는 드디어 언어/정신/두뇌와 같은 용어를 쓸 수 있게 되었으니까 그동안의 그의 언어연구에 대한 원심적 노력은 갈 수 있는 데 까지 간 셈이 된 것이다.

　그런데 그가 자기의 최소주의 이론을 일종의 생물언어학적인 이론으로 내세우게 된것은 크게 두 가지 욕망으로부터 비롯되었다고 볼 수가 있다. 첫 번째로 그는 자기의 언어이론을 최첨단적 학문과 접목시켜서 결국에는 그것의 위상을 최대로 격상시키려는 욕망이 있었다. 예컨대 그도 지금은 인간의 본성이나 능력을 뇌과학이나 뇌신경학과 같은 생물학적 방법에 의해서 구명하려고 하는 시대라는 것을 모를 리가 없고, 또한 컴퓨터공학이나 인공지능학의 발달에 힘입어 인간의 인지절차를 최적의 연산절차로 보려고 하는 시대라는 것을 모를 리가 없다. 더 나아가서는 그라고 해서 지금은 인간의 본성이나 능력을 진화론적 입장에서 설명하려고 하는 시대라는 것도 모를 리가 없다.

　두 번째로 그에게는 자기의 언어이론을 천문학에서의 Galileo의 이론처럼 인간행동에 대한 모든 것을 설명할 수 있는 대이론으로 만들고 싶은 욕망이 있었다. 특히 그는 이렇게 되었을때만 그의 언어이론은 멀리 희랍시대 때부터 시작된 내재주의적 학문의 전통을 이어가는 기수의 역할을 할 수 있게 된다고 생각했다. 그러니까 그는 언어를 자연과학의 대상으로 삼아서 연구한 결과, 언어는 곧 정신이고 두뇌라는 서술을 자신 있게 할 수 있을 때 내재주의 대 경험주의간의 오랜 철학적 싸움은 결말이 나게 되어있다고 믿었던 것이다. 이렇게 보자면 그에게는 언어학을 철학이나 과학과 같은 최고학문의 반열에 올려 놓으려는 원대한 꿈이 있었던 것이다.

굳이 따지자면 그가 이런 욕망을 갖게 되는 데는 지금의 첨단학문의 수준과 능력에 대한 그 나름의 고답적인 평가가 기초가 되었다고 볼 수도 있다. 그가 보기에는 우선 지금의 뇌과학이나 뇌신경학의 수준은 언어학에서 밝혀낸 언어적 사실을 설명하는 데 도움을 줄 수 있을만큼의 것이 되지 못했다. 그 다음으로 인지과학의 수준도 아직은 심리학이나 컴퓨터공학이 아니라 언어학이 그것의 패러다임의 모형을 제시해야할 정도로 낮았다. 그러니까 쉽게 말해서 그의 생각으로는 현재로서는 분명히 언어학에서 내세우는 이론이나 가설의 타당성을 왈가왈부할 수 있는 학문은 하나도 없었던 것이다.

지금의 첨단학문에 대한 그의 고답적인 평가의 극치는 물론 지금의 사정이 이런 이상 앞으로 이들 학문의 발전을 위해서 설계자의 역할을 할 수 있는 것은 오직 언어학뿐이라고 생각한 점이다. 예컨대 앞으로 뇌과학에서 할 일은 병합이라는 단순한 절차가 순환적으로 반복되는 것이 언어처리의 기본적인 절차라는 사실을 뇌과학적으로 실증해내는 일이고, 또한 앞으로 인지과학에서 할 일은 언어처리에 쓰이는 연산절차는 최적의 것임과 동시에 시각절차와 같은 다른 지각절차에서도 쓰이는 것이라는 사실을 심리학적으로나 컴퓨터공학적으로 실증해 내는 일이었다. 한마디로 말해서 그는 앞으로는 이들 학문들이 모두 언어/정신/두뇌라는 명제를 해명하는 일을 궁극적인 과제로 삼되, 이 작업을 이끌어가는 것은 곧 언어학적 지식이라는 사실을 인정해야 된다고 생각한 것이다.

이렇게 볼 것 같으면 일단 지난 5~60년간에 걸친 그의 원심적 노력은 그의 지적 탐구를 처음에 구상했던 것보다 훨씬 더 먼 데까지 갈수 있게 했다고 볼 수가 있다. 그로서는 틀림없이 언어/정신/두뇌라는 명제하에 학문의 세계를 하나로 통합할 수 있게 되었다고 생각할 테니까, 그의 원심적 노력은 드디어 더 이상은 갈 데가 없는 한계점에까지 이르게 되었다고 볼 수가 있다. 그렇지만 사실은 그는 그동안의 노력으로 일종의 환원주의의 함정에 빠지게 되었다고 볼 수가 있는데, 그 이유는 그가 내세우는 언어/정신/두뇌라는 명제는 아직까지는 그가 혼자서 내세우고 있는 것에 불과하기 때문이다.

환원주의란 간단히 말해서 우리 인간의 정신적 현상은 모두 화학적이거나 물리학적인 방법으로 설명이 될 수 있다는 이론이다. 우선 이 주의에 의하자면 예컨대 멘델의 유전의 법칙은 분자생물학적으로 설명이 가능하다거나, 황색은 일정한 파장수의 한 색채에 불과하다와 같은 주장을 할 수 있게 되니까, 얼핏 보기에는 이것은 어느 분야에서도 대단히 편리하게 쓰일수 있는 이론인것 처럼 보이기 마련이다. 그리고 무엇보다도 이것은 복잡하고 다양한 현상을 간단한 원리나 사실로 환원시켜서 설명할 수 있다는 이론이니까 어느 시대의 철학자나 과학자도 그 유혹을 물리치기 힘든 이론이라고 볼 수가 있다.

그러나 그런 유혹에는 으레 커다란 함정이 도사리고 있게 마련인데, 생명이나 정신적인 현상을 화학적이거나 물리학적인 현상으로 바꾸어 놓는다는 것은 아무리 그 작업이 정교하고 정확한 것이라 할지라도 결과적으로는 무의미한 작업으로 끝날 가능성이 높다는 것이 바로 그것이다. 결국 이런 식의 분석법은 정신적 문제와 물질적 문제는 서로 별개의 것이라는 사실만을 더욱 확실하게 인식하게 만들뿐이었다. 이런 사실의 좋은 증거가 될 수 있는 것이 바로 20세기 후반에 일부 철학자들이 정신의 문제를 다루는 데는 환원주의적 이론보다는 분명히 일원주의적 이론이 더 타당하다고 주장하고 나선 사실이다. 이들은 정신과 같이 고차원적인 실체는 일정한 기본적인 실체들의 한 결과물이기는 하지만 그렇다고 그것이 그런것들로 환원될 수 있는 것은 아니라고 보았다. 간단히 말해서 환원주의의 한계는「유전자는 DNA 분자이다」와 같은 서술밖에 할 수 없다는 점인데, 사람들은 종종 이것을 넘어서는 실수를 저지르게 되는것이다.(Mautner, 2002: p.523)

이렇게 보자면 그의 언어/정신/두뇌라는 발상법이야말로 환원주의의 함정이 어떤것인가를 단적으로 보여주는 것이라고 볼 수가 있다. 편의상 이것을 언어/정신에 관한 부분과 정신/두뇌에 관한 부분으로 나누고 보자면, 우선 첫 번째 부분에서는 환원주의의 편리함이 일정하게 드러나 있다고 볼 수가 있다. 언어적 사실도 정신적 사실과 다름없는 인간의 인지적 능력에 관한 것으로 볼 수 있으니까, 언어/정신과 같은 등식에서는 환원수단의 동질성의 원리가 지켜져 있다고 볼 수가 있다. 그에 반하여 두 번째 부분에서는 이 원리가 지켜지지 않고 있다. 즉 이것에서는 인지적 능력을 생물학적이거나 뇌신경적 사실로 환원시키게 되어 있으니까, 환원주의의 한계성을 넘어섰다고 볼 수가 있다.

그런데 사실은 그의 발상법은 언어/두뇌와 같은 등식으로 집약될 수가 있을텐데, 이 등식에서도 환원주의의 한계성은 이미 무너져있다고 볼 수가 있다. 언어를 통해서 두뇌의 조직이나 작동절차를 파악할 수 있다는 생각은, 결국에 두뇌의 기능이나 수행적 사실에 의해서 그것의 조직이나 작동절차는 파악될 수 있다는 생각이거나, 아니면 거꾸로 두뇌의 조직이나 작동절차에 관한 사실은 그것의 생물학적 사실에 의해서 파악될 수 있다는 생각일텐데, 첫 번째 경우는 모를까 두 번째 경우는 분명히 환원주의의 무의미성이 단적으로 드러나게 되는 경우이다. 예컨대 아무리 정확하고 정교하게 언어적 지식이나 능력을 생물학적 사실로 환원시켜 보았자 그것의 실체는 역시 일종의 정신적인 실체로 남아있게 마련이다.

그리고 무엇보다도 중요한 사실은 현재로서는 그의 환원주의적인 발상법은 초기의 착상의 수준을 벗어날 수가 없다는 사실이다. 그 이유는 결국에 뇌과학이나 뇌신경학측에서 구체적인 사실을 제공했을때만 언어/정신/두뇌라는 명제가 성립이 되게 되어있는데, 아직은 이런 학문이 그렇게 할 수 있는 수준에 이르지 못하고 있기 때문이다. 환원이란 일반적으로 미지인 「X」에 대한 설명을 기지인을 「Y」로 하는 것인데, 이 경우에는 「Y」가 기지의 사실이 아직 아닌데도 마치 그런것처럼 가정하고 있는 것이다. 더구나 최근에 뇌과학의 발전의 상징처럼 받아들여지고 있는 FOXP2라는 유전자의 발견도 아무런 도움이 되지못하는 점으로 미루어 보아서, 가까운 장래에 이런 명제의 타당성이 검토될 수 있을 가능성이 없다는 것도 분명하다.

이렇게 보자면, 그의 환원주의적 발상법은 그의 언어학을 통해서 모든 학문을 통합시켜 보겠다는 원심적 야망의 한 표현일 따름이다. 20세기에 이르러 Russell과 Carnap과 같은 논리적 실증주의자들은 이른바 「과학의 단일성(Unity of science)」의 이론을 제창한 바가 있었는데, 그에게도 결국에는 유사한 꿈이 있었던 것이다. 이들은 예컨대 생물학과 화학, 지질학, 경제학, 심리학과 같은 여러 학문들은 하나의 보편적이거나 지배적인 과학으로 환원이 될 수 있는데, 물리학이 바로 그 보편적인 과학이 될 수 있다고 생각했었다. 물론 이들의 이론은 아직까지도 하나의 이상론으로 남아 있다. 그의 원심적 야망은 드디어 여기까지 이르게 된 것이다.(Blackburn, 2008: p.373)

그런가하면 그의 언어이론의 문제점은 그동안의 그의 언어연구의 대상과 범위를 최대로 축소하려는 노력, 즉 그의 구심적 방향의식에 의해서도 생겨났다. 한마디로 말해서 그가 내세우는 언어적 지식이나 능력에 대한 정의는 우선 일반 사람들의 상식적으로 생각하는 언어에 대한 개념과도 적지 않게 거리가 있을 뿐만 아니라, 일부 다른 언어학자들이 가지고 있는 언어에 대한 개념과도 적지 않게 달랐다. 따라서 나쁘게 말하자면 궁극적으로는 오직 그렇게 했을 때만 언어/정신/두뇌라는 명제가 성립될 수 있다는 것을 익히 알고 있는 그에게는 언어의 실체를 최대로 단순화한다는 것은 일종의 편의적이면서도 필수적인 방편이었던 것이다. 결과적으로는 이래서 그의 언어이론은 언어와 관련된 근본적인 문제점들을 그대로 덮어두는 모습을 갖게 되었다.

물론 이런 문제점들은 대부분이 보편문법이론으로 불리는 그의 이성주의적 내지는 내재주의적 언어이론의 허구성이나 불완전성을 직접적으로 증거할 수 있는 것들이었다. 그러니까 그의 언어이론에 반대하는 사람들의 입장에서 볼 것 같으면 아무리 그가 그렇지 않다고 큰소리로 우겨대도 그의 언어이론은 태생적인 약점을 이미 지니고 있는 이론일 따름인 것이다. 이렇게 볼 것 같으면 그가 내세우는 환원이론은 결국 하나의 편의주의적 언어관을 바탕으로 한 것이기에 허구성과 불완전성을 근원적으로 지니고 있다고 볼 수가 있다. 이런 의미에서도 그의 환원이론은 어디까지나 하나의 이상적인 이론일 뿐이다.

이런 문제점 가운데 먼저 내세울 수 있는 것은 역시 경험의 역할에 관한 그의 극단주의적 견해이다. 그는 2005년의 논문에서 언어습득의 세 가지 요소로서 유전적 자질과 경험, 언어기능과 특별히 관련되지 않는 원리 등을 내세우면서, 경험을「인간의 능력의 다른 하위체계와 조직의 경우에 있어서처럼 비교적 좁은 범위내에서 변이성을 유도하게 되는」요소로 보고 있는데, 이런 견해야말로 언어를 포함한 인간의 능력의 획득과정에서의 경험의 기능이나 역할을 거의 무시해도 되는 것으로 보려는 견해, 즉 대표적인 극단주의적 이성주이자의 견해라고 볼 수가 있다.(p.6)

그런데 문제는 많은 사람들이 굳이 경험주의자나 행동주의자의 주장을 내세우지 않고서도 언어습득시의 경험의 기능이 그가 생각하는 것처럼 언어의 변이성을 가져오게 하는 것 이상의 것일 것이라는 추측을 익히 할 수 있다는 데 있다. 이들은 자기 스스로의 경험을 통해서 모방이나 반복과 오류교정 같은 절차가 언어습득시에 기본적인 절차로 쓰이고 있다는 사실을 잘 알고 있다. 더 문제가 될 수 있는 것은 경험을 언어습득의 두 번째 요소로 지정만하고 있지, 그로 인하여 생기는 변이성의 내용과 범위가 구체적으로 어떤 것인가에 대해서는 아무런 언급도 없다는 점이다. 그에게 있어서는 이 세상에 있는 6,000여개의 언어들이 같은점을 갖고 있다는 사실만 중요하지 서로 다른 점을 갖고 있다는 사실은 중요하지가 않은 것이다. 이런 의미에서 볼 것 같으면 그의 접근법은 생물학적인 것이 아니라 화학적인 것인데, 어느쪽이 정당한 것인지는 앞으로도 큰 문제점이 될 수가 있다.

이런 문제 중 두 번째로 내세울 수 있는 것은 언어능력의 자율성을 강조한 나머지 언어와 사고간의 관계를 논의의 대상에서 제외시킨 점이다. 이 점이 대단히 중요한 문제점이 될 수 있다는 것은 현재도 Fodor와 Jackendoff와 같은 복합적 모듈론자가 있다는 사실로써 익히 알 수가 있다. 예컨대 Fodor는 사고 때 쓰이는 언어가 말할 때 쓰이는 언어와 별도로 있다고 보고 있고, Jackendoff는 사고 때 쓰이는 단위와 문법은 말할 때 쓰이는 그것과 같지가 않다고 보고 있다. 특히 Jackendoff는 Sapir-Whorf의 가설을 내세워 언어와 사고의 불가분성을 강조하고 있다.(Jackendoff, 1994: p.150)

언어와 사고의 관계에 대해서는 언어가 사고를 지배한다는 견해 외에도 그와는 정반대로 사고가 언어를 지배한다는 견해도 있을 수 있다. 그런데 굳이 따지자면 이들 중 두 번째것이 상식에 맞다고 보아야 하는데,

그 이유는 언어는 역시 일종의 의미적 표현체이기 때문이다. 예컨대 영어로 「He's a bear.」라는 말을 하는 경우를 생각해 보자면 먼저 사고체계에 의하여 「그는 곰이다」라는 의미나 생각을 일단 갖게 된 다음에 그것을 언어의 형태로 표현하는 것이지 그 반대는 아니다. 우리 인간은 누구나 언어로는 표현이 잘 되지 않는 생각이나 느낌을 가졌던 경험을 가지고 있다. 또한 원래부터 시적 허용권이라는 것이 시인에게는 부여되어 있다는 사실은 곧 그의 사고력이나 상상력은 언어력보다 으레 더 크게 되어있다는 것을 의미한다.

물론 심리학적으로는 일종의 제3의 이론, 즉 언어처리시에는 언어적 체계와 사고의 체계가 동시에 협조적으로 작동되게 된다는 이론도 있을 수 있다. 그러나 이런 이론도 결국에는 Fodor와 Jackendoff가 내세우는 복합적 모듈론의 타당성을 인정하고 있는 것이지, Chomsky의 단일 모듈론의 타당성을 인정하고 있는 것은 아니다. 그런데 엄밀하게 따져볼 것 같으면 그는 이미 이 문제와 관련해서는 다분히 자가당착적인 의견을 내놓은바가 있다고 볼 수가 있는데, 1993년의 논문에서 언어능력을 인지체계와 수행체계로 나눈 다음에 수행체계내에는 논리형태가 개념의도 체계와 인터페이스해서 의미를 주출하는 부분이 있다고 본 것이 바로 그것이다.

그가 여기에서 말하고 있는 개념의도 체계는 다름 아닌 사고체계이다. 그렇다면 분명히 그도 언어체계와 별도로 지각체계와 사고체계 등이 존재한다는 사실을 인정한 셈이다. 그런데 더욱 비논리적인 것은 개념의도 체계와의 인터페이스는 언어처리의 첫 번째 단계인 배번집합시에는 일어나지 않는다고 본 점이다. 음운적 처리를 위한 지각체계와의 인터페이스가 그렇다는 논리는 누구나 쉽게 동의를 할 수 있겠지만 의미적 처리를 위한 사고체계와의 인터페이스가 그렇다는 논리는 그렇게 할 수가 없다.

과도한 구심적 노력으로 인하여 생기게 된 문제 중 세 번째로 내세울 수 있는 것은 언어분석에 있어서 의미의 문제가 완전히 배제되었다는 점이다. 아무리 통사론과 의미론이나 화용론간의 경계선이 희미해지는 것은 바람직한 일이 아니라 할지라도, 실제에 있어서는 통사적 체계와 의미적 체계가 하나로 융합된 상태나, 아니면 서로 밀접히 교섭하는 상태에서 작동될 것이라는 것은 누구나 익히 짐작할 수가 있다. 물론 근본적으로는 이것은 모든 형식주의적 통사론들이 공통적으로 가지고 있는 태생적 한계성이다. 그렇지만 그의 이론에서는 다음과 같은 몇 가지 이유로 말미암아 이것이 유난히 큰 단점으로 부각되고 있다.

그의 이론에서는 우선 언어는 수행하는 기능에 따라서 얼마든지 비표준적이거나 관용적 형태도 가질 수 있다는 사실을 인정하지 않는다. 다시 말해서 이 이론에서는 불완전하거나 비정형적인 문장은 모두 다 제외시킨 상태에서 오직 완전하고 정형적인 문장만을 분석의 대상으로 삼고 있다. 그러니까 여기에서는 이상적 언어가 사실적 언어와 별도로 존재한다고 보고 있는 것이다. 그 다음으로 이 이론에서는 어휘부의 역할이나 기능을 통사부의 작동을 보조하는 것 정도로 보고 있다. 그러니까 여기에서는 문장의 의미는 그것을 구성하는 어휘에서가 아니라 그것의 구조성에서 나오게 되어 있다고 보고 있는 것이다. 다시말해서 여기에서는 이른바 명제적 의미를 의미의 전부로 보고 있는 것이다.

세 번째로 이 이론에서는 문장의 의미는 으레 일정한 문맥이나 상황내에서 파악되어야 한다는 사실을 인정하지 않는다. 먼저 여기에서는 하나의 문장은 한 담화의 일부분일 따름이니까 그것의 의미도 마땅히 담화라는 큰 틀 안에서 파악되어야 한다는 사실을 인정하지 않는다. 이런 의미에서 볼 때 이 이론도 전통적인 문법학이나 논리학과 다름없는 일종의 문문법이론인 셈이다. 또한 여기에서는 사람들은 여러 가지 심리적인 이유로 직접적인 표현대신에 간접적인 표현을 쓰게 된다는 사실을 인정하지 않는다. 더 나아가서 여기에서는 하나의 문장은 많은 경우에 언표적인 의미가 아니라 비언표적인 의미를 나타내기 위하여 쓰이게 된다는 사실을 인정하지 않는다.

그의 특이한 편의주의적 구심적 노력으로 말미암아 생기게된 문제중 네 번째로 내세울 수 있는 것은 연산적 능력이 마치 인간의 정신적 능력의 전부인 것처럼 생각하게 되었다는 점이다. 이 이론에서는 연산적 능력을 인간의 정신적 능력중 가장 핵심적인 것으로 보고 있다는 것은 언어습득의 3대 요소중 마지막것인 「언어기능과 특별히 관련되지 않는 원리」가 사실은 「효율적인 연산의 원리」를 말하고 있다는 사실로써 익히 알수가 있다. 그는 이 세 번째 요소는 크게 자료분석에 관한 원리와 효율적 연산의 원리를 위시한 구조적 구도와 발달적 제약에 관련되는 원리등의 두가지로 나뉘어질 수 있는데, 언어습득시 대단히 중요한 역할을 하는 것은 바로 두 번째것이라고 보았다.(Chomsky, 2005: p.6)

한 마디로 말해서 이것은 여기에서는 인간의 정신을 너무 간단하게 생각하고 있다는 증거이다. 이것은 한편으로 보자면 그의 환원주의적 정신관의 일부이기도 하고, 또 다르게 보자면 그의 인지과학적 정신관의 일부이기도 하다. 설시 인간의 정신적 능력중 가장 중요한 것이 인지적 능력이라고 인정한다고 해도 그것을 인간의 정신적 능력의 전부인것처럼 다루는 것은 잘 못된 일이라는 것은 누구나 익히 알고 있다. 그런데 안타깝게도 여기에서는 이런 잘못이 하나의 큰 잘못으로 받아들여지지 않고 있다.

우선 많은 사람들은 인지적 조작을 하는 인지력 가운데는 논리력과 연산력외에도 은유력과 같은 수사력이 있다는 것을 익히 알고 있다. 시인이 아닌 일반 사람들도 자기네들의 경험을 통해서 은유력의 기능은 논리력의 그것에 못지 않게 크다는 것을 잘 알고 있다. 예컨대 이들은 「그는 곰이다.」와 같은 은유적 표현을 쓰지 않고서는 정상적으로 언어생활이 이루어질 수 없다는 것을 잘 알고 있다. 특히 시인들은 이런 능력을 인지력과 대비시켜서 상상력이라고 부르기도 하는데, 따지고 보자면 이것도 인지적 조작능력의 일부임이 분명하다. 물론 시인들은 상상력을 일반적인 인지력보다 더 중요시 한다.

그런데 이와 관련하여 여기에서 반드시 짚고 넘어가야할 사실은 바로 이런 은유력이 실제로는 우리의 정신력의 특징중 가장 중요한 것으로 내세워지고 있는 창조력의 원동력이 되고 있다는 사실이다. 알기쉽게 분류를 하자면 우리의 창조력에는 시적 창조력과 과학적 창조력의 두 가지가 있다고 볼 수가 있는데, 그 중 어느 한가지만이 아니라 이들 모두의 원동력이 되고 있는 것이 바로 은유적인 것이다. 물론 Chomsky는 다른 과학주의자들과 마찬가지로 과학적 창조력의 원동력으로 논리력이나 연산력을 내세울 것이다. 그렇지만 굳이 따지자면 은유적 창의력은 논리적 창의력과 별개의 것이어서 대부분의 과학자들은 창조 활동시 이들 두가지를 다 구사하게 된다고 볼 수가 있다. 그게 그렇다는 것은 은유란 간단히 말해서 A와 B라는 두 개념을 비교 내지는 사상해서 C라는 제3의 개념을 만들어내는 절차라는 사실로써 익히 알 수가 있다. 어떤 의미로 보아서는 은유적 창조력은 논리적 창조력보다 한 차원 높은 능력인 것이다.

또한 인간의 정신력에는 인지력 이외에 정서력과 의지력도 있다는 것은 아주 오래전부터 많은 철학자나 심리학자들이 하나의 확립된 사실로 인정해온 사실이다. 그보다 더 비근한 사실은 물론 우리에게는 우리의 정신적 요소에는 크게 知情意의 세가지가 있다는 사실이 이미 하나의 상식처럼 되어있다는 것일 것이다. 그러나 그 동안의 철학적 사조는 主知主義적인 것이어서, 이들 세 요소를 동등한 것으로 보는 대신에 지적인 요소가 전부인 것처럼 보는 전통이 세워져버렸다. 오늘날의 학세를 컴퓨터공학의 큰 힘을 업고서 Chomsky를 비롯한 많은 인지주의자들이 주도

하고 있는것이 하등 새로운 일이 아닌 것이다.

그렇지만 따지고 보자면 지난 날에 이런 대세에 제동을 걸려는 학자들이 전혀 없었던 것은 아닌데, 그중 대표적인 사람이 바로 Darwin이었다. 그(1872)는 그 유명한 「인간과 동물에 있어서의 감정의 표현(The Expression of emotions in Man and Animals)」에서 인간의 진화에 있어서 원동력이 된 것은 그의 지력이 아니라 그의 정서력일 것이라는 의견을 내놓았다. 또한 W. James(1890)는 「심리학의 원리(Principles of Psychology)라는 책에서 정서는 육체적 및 본능적 반응의 원인적 요소가 아니라 그 자체가 이런 반응에 대한 일종의 지각이라는, 이른바 「제임스-란그 이론(James-Lange Theory)」을 내세우기도 했다.

그리고 지난날의 철학자들 가운데는 이성이나 지성을 의지력의 하위적 내지는 보조적 능력으로 보려는 사람들도 있었다. 의지를 정신의 세가지 구성 요소중 가장 기본적이고 중요한 것으로 보려는 견해는 일반적으로 主意說로 불리고 있는데, 이런 견해는 특히 윤리학과 도덕 철학에서 신의 의지나 개인의 자발적 이행, 개인의 자유의지등의 중요성이 강조되면서 여러 가지 이름의 학설을 만들어내기도 했다. 그렇지만 이런 주의설은 일반적인 분야이 철학에서도 내세워시기도 했는데, 그게 그렇다는 것은 이것의 주창자 가운데는 앞에 말한 James를 위시하여, Pascal, Kierkegaard, Schopenhauer등이 있었다는 사실로써 익히 알 수가 있다. 특히 Pascal이 그의 「명상록(Pensée)」에서 내세운 신을 믿는것은 결국에 최선의 내기라는 이른바 「파스칼의 내기(Pascal's wager)」 이론은 오늘날까지도 가장 대표적인 형이상학적 이론의 한가지로 받아들여지고 있다.(Blackburn, 2008: p.268)

그런데 인간의 정신작용과 관련하여 무엇보다도 중요한 사실은 이들 세 가지 요소들이 언제나 어느것이 어느것을 유발시키는지가 가려질 수 없는 상태에서 같이 작동하고 있다는 점이다. 철학자들의 관심은 당연히 이들간의 서순성을 정하는 데 있었는지 모르겠지만, 심리학이나 생물학적 입장에서 볼 것 같으면 그런 일은 하나의 무모한 일임이 확실했는데, 그 이유는 아직까지는 그런 일을 할 수 있을만큼 뇌의 작동에 대한 연구가 이루어지지 않았기 때문이었다. 현재로서 그러니까 심리학자나 생물학자가 보기에 보다 확실한 것은 오직 이들간의 상호의존성 뿐이었다. 다시 말해서 그들이 보기에는 아무리 철학자들이 지정이라는 종전의 서순성은 예를 들어서 정의지나 의정지로 바꿔어야 한다고 주장한들, 그것은 이들 요소들은 으레 한 덩어리처럼 움직이게 되어있다는 주장만 못한것이었다.

이런 주장이 틀린것이 아니라는 것을 우리는 우리 스스로의 경험을 통해서도 쉽게 알 수가 있다. 누구에게나 아마도 언어적 경험이 가장 비근한 경험일수가 있을 것인데, 그 이유는 언어는 원래가 우리의 가장 직접적인 정신작용의 표현체이기 때문이다. 예컨대 「그는 곰이야.」이라는 말에는 「그는 바보이다」라는 지적 정보만 표현되어 있는 것이 아니라 그에 대한 화자의 의지나 태도도 표현되어 있고, 이 당시의 화자의 감정상태도 표현되어있다. 일반적으로 이런 요소들의 표현에는 어조나 억양등이 큰 역할을 한다. 그리고 실제에 있어서는 이들 세가지 표현중 어느것이 제일 중요한 것인지를 가리기도 어려울뿐만 아니라 세가지 정신작용중 어느것이 제일 먼저 시작되었는가를 가리기도 어렵다.

이런 사실을 일찍이 문학비평가인 I.A. Richards는 어휘에는 사서적 의미외에 정서적 의미도 들어있다는 말로써 표현했었다. 결국 이렇게 볼 것 같으면 인간의 정신은 하나의 인지적 단일체가 아니라 최소한 지정의의 세 가지 요소들로 이루어진 하나의 다요소적 복합체임이 분명한데, Chomsky의 언어이론에서는 이런 사실이 완전히 무시되고 있다. 그의 정신관이 이렇게 잘못된 것인 이상 그가 추구하는 언어/정신/두뇌라는 명제도 궁극적으로는 폐기를 하던가 아니면 크게 수정을 받아야할 것임이 확실하다. 결과적으로 그는 환원주의가 아무리 편리한 방법이라할지라도 그것에는 전체적 실상을 사실 그대로 파악할 수 없다는 결정적 문제점을 지니고 있다는 것을 간과한 것이다.

2. 경험의 역할

지혜롭게도 그는 처음부터 자기의 환원주의적 노력이 성공하기 위해서는 일차적으로 구조주의적 언어학의 기본사상이었던 경험주의적 언어철학의 오류성을 지적하면서 이성주의적 언어철학의 타당성을 내세워야 한다는 것을 익히 알고 있었다. 경험주의란 원래가 진리를 탐구하는데 있어서 현상적 사실의 다양성을 중요시하려는 사상인데 반하여, 이성주의는 그런것보다는 오히려 현상적 사실의 보편성을 중요시하려는 사상이기에 논리적으로 따져보아도 전자보다 후자가 더 높은 학문적 가치를 지니고 있는 것임이 분명하다고 그는 본 것이다. 다시말해서 그는 언어의 실체에 대한 과학적 설명은 오로지 그 대상을 그것의 본편적인 부분으로 제한했을 때만 가능하다고 본 것이다.

지혜롭게도 또한 그는 이것은 반드시 언어의 문제에 국한된 것이 아니라 인간의 능력이나 지식 전반의 문제와 관련된 것이기에 학문이 시작된 바로 그때부터 학자들은 두 파로 갈라진 상태에서 끊임없이 자기네 입장만을 내세워 왔다는 것을 잘 알고 있었다. 그는 물론 이 논쟁은 결국에 어떤것이 가장 과학적인 학문인가를 결정짓는 싸움이어서 그 결과에 따라서 크게는 학문의 역사가 옛날의 연역주의적인 시대와 현대의 귀납주의적인 시대로 나뉘게 되었다는 것도 익히 알고 있었다. 그래서 그는 자기의 이번의 이성주의로의 회귀운동이 성공을 거두려면 옛날에도 이성주의자들이 적지않게 있었다는 사실을 밝히는 일과, 지금의 경험주의자들의 주장의 허구성을 지적하는 일을 같이 해야된다는 것을 잘 인지하고 있었다.

그러나 사실은 그의 그동안의 이런 철학적 문제에 대한 논의는 경험주의자들을 공격하는 일에 집중되어 왔다고 볼 수가 있는데, 그 이유는 물론 이미 20세기 전반의 학문적 대세는 경험주의자들의 손에 넘어가 있었기 때문이었다. 예컨대 그가 자기 주장의 역사적 원군으로 내세운 철학자는 고작 Descartes와 Humboldt정도였다. 그렇지만 그가 공격의 대상으로 삼은 철학자는 Wittgenstein을 비롯하여 Austin, Quine, Putnam등이었다. 이들은 모두가 내노라하는 현대 철학자들이었다. 그의 공격의 대상에는 그 밖에 심리학자인 Skinner와 Bloomfield와 Saussure와 같은 언어학자들도 들어있었다. 한 마디로 말해서 그는 자기야말로 능히 20세기 후반의 학풍을 경험주의적인 것으로부터 이성주의적인 것으로 바꾸는 데 일당백의 역할을 할 수 있다고 생각한 것이다.

그러나 안타깝게도 그의 이런 자신감과 자만심은 어떤 종류의 것이든 간에 이분법이란 일단 극단주의적으로 몰고 나가면 결코 진리치를 제대로 파악할 수 있는 방법이 될 수 없다는 진실만을 노출시키는 결과를 가져오고 말았다. 이 문제에 관한 그의 논조는 으레 이성주의는 참이고 경험주의는 거짓이라는 절대주의적이거나 흑백논리적인 것이었지, 상대 이론의 가치성이나 진리성을 일정하게 인정하는 상대주의적이거나 절충주의적인 것은 아니었다. 그의 이와같은 극단론적 이성주의가 잘못된 것이라는 것을 우리는 다음과 같은 세 가지 사실로써 익히 알 수가 있다. 첫 번째로 그것은 지난 몇 백년에 걸친 이성주의 대 경험주의간의 싸움이 실제에 있어서는 두가지 이론 중 어느 것을 더 지배적인 것으로 볼 수 있느냐에 대한 것이었지, 전부 아니면 전무식의 양자택일적인 것은 아니었다는 사실과 배치가 된다. 예컨대 17세기때 대표적인 이성주의자였던 Descartes는 사실은 일정한 범위내에서의 경험주의적 탐구의 필요성을 인정했었고, 그에 맞섰던 Locke는 지적인 직관의 기능이 중요하다는 점을 인정했었다. 심지어 Blackburn(2008)은 이성주의를 넓은 의미에서 인간주의로 볼 것 같으면 Hume도 하나의 이성주의자로 간주될 수 있다고 보기도 한다.(p.307)

그 다음으로 그것은 교육이나 학습에 대한 우리의 일반적인 상식과 배치가 된다. 대부분의 우리는 저마다의 경험을 통해서 우리의 언어적 지식이나 능력은 어릴때의 여러 가지의 학습활동에 의해서 얻어진 것이라는 생각을 갖기에 이르렀다. 예컨대 우리는 단 한번이라도 어린이들의 언어 학습활동을 관찰해 보게 되면 모방과 반복등이 그것의 주요 절차라는 것을 당장 알아차릴 수가 있다. 또한 교육학자들은 언어도 마땅히 다른 지식과 마찬가지로 일정한 학습원리에 의해서 가르쳐져야 된다고 믿고 있다. 그들은 만약에 일찍이 사람들 사이에서 교육이나 학습의 효용성이 인정되지 않았더라면 지금과 같은 교육제도가 우리의 가장 기본적인 사회문화적 제도의 한가지로서 발달되었을 리가 없다고 본다.

세 번째로 그것은 진화론적 인간관과 배치가 된다. 우선 그도 틀림없이 우리 인간은 그동안에 오랜기간에 걸친 진화과정을 밟아 왔다는 사실을 인정할 것이다. 진화란 간단히 말해서 자연이나 외부환경과의 교섭의 결과로 생명체의 생물학적 조직이나 구조가 바뀌어가는 과정이다. 그런데 외부환경과의 교섭이라는 말은 외부환경에 대한 경험이라는 말과 같은 말이다. 그러니까 생물학적으로 볼 것 같으면 지금의 우리는 외부환경으로부터의 자극에 대해서 일정한 반응을 보이는 절차가 수 없이 되풀이된 결과 태어난 것이다.

이렇게 볼 것 같으면 진화론은 결국에 이성주의적 이론보다는 경험주의적 이론쪽에 가까운 이론인 셈이다. 따라서 그가 기본적으로는 진화론적 인간관을 맞는 것으로 받아들이고 있으면서도 언어문제에 있어서는 극단적인 이성주의자의 입장을 고수한다는 것은 일종의 자가당착에 지나지 않는다. 그의 이론의 이런 자가당착성은 바로 그의 거의 억지에 가까운 언어기원설에 더 잘 드러나 있다. 그의 언어기원설에 있어서는 예컨대 우리의 유전자나 두뇌 조직이 외부와의 교섭에 의해서 바뀌어왔다는 사실을 인정하지 않는다. 다시 말해서 그는 시종일관 우리 특유의 언어적 유전자나 언어적 두뇌 조직은 어느 날 갑자기 특이한 돌연변이에 의해서 생겨나게 되었다는, 다분히 신비주의적이고 비과학적인 주장만을 하고 있는 것이다.

(1) 학습의 역할

오늘날 언어습득시의 학습의 역할에 대한 견해에는 크게 그가 내세우는 것과 그것과 정반대의 것의 두 가지가 있다고 볼 수가 있는데, 흥미롭게도 그 내용만 이들 두 가지는 사뭇 대립적인 것이 아니라 그것에 대한 연구방법부터가 사뭇 대립적이다. 예컨대 그가 자기 특유의 내재주의적 언어습득이론을 내세우는 데는 언어습득의 현장으로부터의 자료수집이나 그것에 대한 관찰이라는 방법이 쓰인 것이 아니라 보편문법이론을 근거로 한 논리적인 추리방법이 쓰였다. 그러니까 그의 언어습득이론은 내용만 이성주의적인 것이아니라 연구방법도 이성주의적인 것이었던 것이다.

그에 반하여 경험주의적 언어습득이론을 내세우는 사람들은 으레 현장에서의 자료수집과 습득절차의 관찰과 같은 경험주의적인 연구방법을 사용했다. 예컨대 「용법기반적 습득 이론」을 내세우는 Tomasello(2003)는 「언어 짓기(Constructing a Language)」라는 책의 끝을 「어린이가 어떻게 어느 자연언어의 유능한 사용자가 되느냐 하는 것은 논리적인 문제가 아니라 경험에 관한 문제이다.」와 같은 말로써 마무리하고 있다. 특히 그는 자기와 같은 언어습득 연구자의 입장에서 볼 것 같으면 Chomsky의 내재주의적 문법이론보다는 Langacker의 용법기반적 문법이론이 더 타당성이 있는 것임이 분명하다고 주장하고 있다.

또한「어휘중심적 습득이론」을 내세우는 Clark(2003)은 「제1어 습득(First language Acquisition)」이라는 책의 마지막 부분에서 Chomsky에 의해서 제기된「자극의 궁핍성」에 대한 논쟁의 허구성을 신랄하게 비판했다. 그가 관찰한 바에 따르자면 말을 배우고 있는 어린이에게는 으레「필요한 만큼의 풍부한 입력」이 주어지고 있었다. 그 가운데는 어린이에게 직접 행해지는 말도 있었고 성인들끼리 주고 받는 말도 있었으며, TV에서 흘러나오는 말도 있었다. 그러니까 말을 배우는 어린이가 하는 일이란 결국에 주위의 많은 언어자료 가운데서 자기의 생리및 인지적 능력 안에서 자기에게 꼭 필요한 어휘와 문법적 규칙들을 선택해가는 것이었다. 그가 보기에는 따라서 이런 용어는 순전히 Chomsky가 자기의 언어이론을 정당화 하기 위해서 만들어낸 것에 지나지 않았다.(p.429)

연구방법상의 대립성보다 물론 더 중요한 것이 바로 학습의 역할에 대한 견해의 대립성인데, 이 현상은 크게 문법습득의 면에 있어서의 그것과 어휘습득의 면에 있어서의 그것, 화용적 능력의 습득의 면에 있어서의 그것의 세 가지로 나누어 검토될 수가 있다. 첫 번째로 문법습득의 면을 살펴볼 것 같으면 이 문제를 놓고서의 이성주의자와 경험주의자간의 견해 차이는 곧 그들의 이론간의 차이의 전부나 다름이 없다는 사실이 아마도 제일 중요한 점일 것이다. 두말할 필요도 없이 이렇게 문법습득의 문제를 이성주의대 경험주의간의 싸움의 한복판에 갖다 놓은 장본인은 Chomsky였다.

그는 우선 문법적 능력이나 지식은 원래부터 선험적으로 내재되어 있는 것이기에 논리적으로 생각을 해보아도 그것을 획득하는 데 있어서의 학습이나 경험의 역할은 거의 영에 가까운 것이라는 것은 더 이상 의심할 여지가 없다고 보았다. 더 구체적으로 말할 것 같으면 그는 후천적인 경험이 하는 일이란 보편문법의 매개변인의 값을 정하는 것이 전부이니까, 기껏했자 그것은「비교적 좁은 범위내에서의 변이성을 유도하게 되는」요소 밖에 될 수 없다고 보았다. 특히 그는 내재된 문법적 능력이나 지식은 일반적인 지식과 전혀 별개의 것인 탓으로 결국에는 문법은 일반적인 지적 기구에 의해서 습득되는 것이 아니라는 사실을 강조하였다.

그러나 Tomasello나 Clark과 같은 경험주의자의 입장에서 볼 것 같으면 문법의 습득도 음운이나 어휘의 그것과 다를 바 없이 궁극적으로는 학습이라는 절차에 의해서 이루어지는 것이었다. 이들을 그가 내세우는 원리와 매개변인의 이론은 어디까지나 가공적인 이론일 따름으로서, 적어도 현재로서는 그것의 타당성을 심리학적으로나 생물학적으로 검증하는 일은 먼 미래의 과제로 남겨져 있을 수 밖에 없다고 생각한다. 특히 이들은 그가 제시하는 언어적 자료들은 하나같이 성인의 언어를 기준으로해서 추론적으로 만들어진 것이지, 언어습득의 현장에서 직접 수집된 것이 아니라는 사실을 대단히 중요하게 생각한다. 다시 말해서 이들이 보기에는 그의 문법습득이론은 사실적인 근거나 자료가 하나도 없는 상태에서 추리해낸 것이기에 과학적인 것이 될 수 없었다.

이들과 그의 문법습득관간의 대립성은 궁극적으로 문법을 습득하는 과정에서 일반적인 지적 기구가 어떤 역할을 하게 되느냐의 문제에서 적나라하게 노정되게 마련이었다. 그는 문법적 지식은 원래가 특수한 모듈안에 내재되어 있는 탓으로 그것을 습득하는 일과 일반적인 지적 기구 사이에는 아무런 관계도 있을 수가 없다고 보았다. 그러나 이들은 다른 지식의 획득을 주관하는 기구가 일반적인 지적 기구이듯이 문법의 습득을 주관하는 기구도 바로 일반적인 지적 기구로 보았다. 예컨대 자기책에다「언어 짓기」라는 이름을 붙인 사실이 웅변적으로 말해주고 있듯이 Tomasello는 어린이들의 문법습득과정은 각자의 일반적 지적 기구를 이용해서 그것을 단계별로 지어가는 과정으로 보았다. 이것의 근거로 그는 어린이들의 언어습득과정은 으레 1어문 단계와 2어문 단계, 전보문 단계식으로 나누어져 있다는 사실과 특히 마지막 단계에서는 창조적 오류의 현상이나 과잉일반화 현상등이 많이 일어난다는 사실등을 들었다.

두 번째로 어휘습득의 면을 살펴볼 것 같으면, 이 점에 있어서의 이성주의자와 경험주의자간의 견해 차이는 감히 양극적이라고 말할 수 있을 정도로 넓게 벌어져 있다. 예컨대 Chomsky의 언어습득이론에서는 이 문제가 완전히 빠져있다. 딱 한번 자기의 2002년의 책의 제3장에서 언어습득장치 이론과 모듈성의 이론을 논의하면서「어휘도 내재적 생물학적 자질의 일부로서」습득된다고 말한 적은 있지만, 일반적으로는 이 문제는 아예 언급의 대상이 아니었다.(p.85)

그가 그렇게 한 이유는 추측컨대 다음과 같은 두가지중 한가지일 것인데, 그중 첫 번째 섯은 그가 자기의 변형주의적 언어관이나 문법관에 충실하기 위해서였을 것이다. 그는 어차피 그의 언어습득이론은 문법적 능력이나 지식의 획득절차에 관한 것이었으니까, 오직 그 주제에만 매달리는 것이 논리적으로 맞다고 생각한 것이다. 그중 두 번째 것은 어휘의 습득절차에 대해서는 그가 자신 있는 설명법을 가지고 있지 못하기 때문이었을 것이다. 그리고 해서 어린이들의 언어습득은 으레 어휘중심적으로 이루어지는데, 이 때에 쓰이는 방법이 주로 모방이나 반복같은것이라는 사실을 모를 리가 없다. 그러니까 그는 이 문제를 논의하다 보면 자칫 잘못하다가는 경험주의자의 주장에 말려들어갈 수가 있으니까 그것을 미리 피하는 책략을 썼을지도 모른다.

  그렇지만 경험주의자의 입장에서 볼 것 같으면 마땅히 언어습득이론의 핵심부에 자리하고 있어야 할 것이 바로 어휘습득의 문제이었다. 그들이 보기에는 우선 어린이들의 언어습득과정은 간단히 말해서 어휘의 수를 늘려가는 과정이었다. 그 이유는 어린이들은 어떤 의미에서 볼 것 같으면 너무나 자명한 사실, 즉 어떤 개념이나 의미를 나타내는 최소 단위는 어휘라는 사실을 익히 알고 있기 때문이었다. Clark(2003)이 연구한 바에 의하자면 어린이들의 어휘습득 절차에는 크게 두 가지 특징이 있다고 볼 수가 있는데, 그중 첫 번째 것은 어휘는 반드시 의미와 용법이 기준이 되어서 배워지게 된다는 점이고, 그중 두 번째 것은 습득의 능력이 만 1세경의 1어문단계 때는 몇 개의 첫 명사들을 사용할 수 있다가 3,4년 후인 완습의 단계 때는 무려 14,000개의 어휘를 알아듣거나 말할 수 있게 되는 식으로 대단하다는 점이었다.(p.429)

  그들이 보기에는 그 다음으로 문법의 습득은 으레 어휘가 매개체가 되어서 이루어지고 있었다. 예컨대 Clark(2003)이 관찰한 바에 따르자면 문형이나 굴절등의 습득은 반드시 이미 배운 몇 개의 어휘를 가지고서 이루어지게 되어있었다.(p.430) 또한 Tomasello(1992)가 일찍이 내세운 「동사섬 가설(Verb island hypothesis)」이라는 것은 Clark이 관찰한 내용이 구체화된 것이라고 볼 수가 있는데, 어린이들의 문법습득의 시발절차는 동사의 앞과 뒤에 의미상 알맞은 낱말을 첨가하는 것이라는 것이 그 내용이었다. 예컨대 그가 관찰한 바에 의하자면 미국의 2~3세의 어린이들이 두 개의 논항을 가진 타동사 문형을 배우는 절차는 먼저 「hit」과 같은 이미 배운 어느 타동사를 주어와 목적어를 붙여서 말하는 과정을 거친 다음에, 그 다음에는 같은 문형을 다른 타동사들을 가지고서 되풀이하는 식으로 되어 있었다. 이 가설은 물론 어린이들은 일반적인 지적 기구에 의해서 어휘의 의미나 기능을 먼저 파악한 다음에 그것에 부수되는 문형이나 굴절형 등을 배우게 된다는 그의 언어습득 이론을 제대로 뒷받침할 수 있는 것이었다.

세 번째로 화용적 능력을 습득하는 면을 살펴 볼 것 같으면, 한마디로 말해서 이 점에 있어서의 경험주의자와 이성주의자간의 견해의 대립성은 어휘습득의 면에 있어서의 그것과 동일하다고 볼 수가 있다. 우선 Chomsky는 원래부터 언어능력은 언어수행과 완전히 별개의 것이라는 언어관을 가지고 있었기에 화용적 능력을 문법적 능력과 같은 위열에 올려놓은 상태에서 언어습득이론의 대상으로 삼는다는 것 자체가 아예 상상도 할 수 없는 일이었다. 그러나 경험주의자들이 보기에는 바로 화용적 능력의 발달양상이야말로 과연 일반적 지적 기구가 언어습득 작업을 주도하게 되느냐의 문제에 결정적인 대답을 제공해줄 수 있는 것이었다. 이들은 일단 언어습득의 현장을 관찰하게 되면 누구나가 어린이들은 처음부터 언어를 의사소통의 장에서 그것의 도구로서 익히고 있다는 사실과, 따라서 간단히 말해서 그들은 처음부터 말을 알아듣거나 할 수 있는 능력과 다른 사람과 대화를 나누는 능력을 동시에 기르고 있다고 보아야 한다는 사실을 절대로 외면할 수 없게 된다고 주장한다.

바로 이런 이유로 인하여 어린이들의 언어발달 과정에서는 으레 엄마를 비롯한 주변 사람들의 도움이 결정적인 역할을 하게 되어있다. 그것은 어휘나 문법적 능력을 기르는 입장에서 볼 것 같으면 입력을 제공하는 것이지만, 화용적 능력을 기르는 입장에서 볼 것 같으면 대화의 장을 마련하고 대화의 상대가 되어주는 것이다. 엄마는 어린이와 대화 시에는 오류교정이나 반복과 같은 교수법을 자주 쓴다든지 그가 따라 배우기 쉬운 이른바 母語를 주로 사용하는 식으로 해서 언어학습의 효율이 최대로 높아질 수 있도록 항상 노력하고 있다. 이런 의미에서 보자면 엄마는 누구나가 타고난 최상의 언어교사인 셈이다.

  그렇지만 그 보다 더 중요한 사실은 어린이는 타고난 최상의 언어학습자라는 사실이다. 그는 으레 엄마의 지도에 따라서 대화의 형식으로 언어를 배우는 것이 최선의 학습방법 이라는 것을 익히 알고 있고, 또한「지금 여기에서」의 기준에 따라서 꼭 필요한 어휘와 문장을 선택적으로 배운다는 책략 밑에서 모방이나 반복, 질문, 교정등과 같은 기본적 기법들을 꾸준히 사용하는 것이 최선의 학습방법이라는 것도 잘 알고 있다. 그는 그 밖에 생리적 성숙도에 맞추어서 쉬운 것부터 어려운 것으로 이행해 나간다는 원칙이나 부분적 학습을 기초로해서 전체적 학습을 이루어낸다는 원칙, 짧고 단순한 대화로부터 길고 복잡한 대화로 이행해 나간다는 원칙 등도 잘 지키고 있다.

  그런데 경험주의자들이 보기에는 어린이들의 이런 언어학습을 주관하고 있는 기관이 바로 일반적인 지적 기구이었다. 일부 절충론자들은 문법적 능력은 문법적 모듈의 주관하에 획득되게 되고, 화용적 능력은 일반적 지적 기구의 주관하에 획득이 된다는 주장을 내세우기도 하는데, 그들의 생각으로는 이런 발상법이야말로 언어습득에 대해서 현장 기반적 연구를 전혀 해본 적이 없는 사람들의 편의주의적 탁상공론에 지나지 않았다. 다시 말해서 그들의 입장에서 보자면 설사 그런 특수한 모듈이 있다고 해도 그것은 일반적 지적 기구의 일부임이 분명할테니까, 일반적 지적 기구를 모든 언어적 능력의 발달을 관장하는 곳으로 보는 것이 맞는 일이었다.

  또한 이성주의적 언어습득이론에 동조하려는 일부 언어학자들은 화용적 능력이 따로 있기는 하지만 그것은 어디까지나 문법적 능력보다 한 수준 밑에 있는 2차적 능력에 지나지 않는다고 주장하기도 하는데, 경험주의자들이 보기에는 이런 주장 역시 크게 잘못된 것이었다. 이들이 이런 판단의 근거로 내세울 수 있는 사실에는 다음과 같은 두 가지가 있었는데, 그중 첫 번째 것은 그것의 발달과정을 살펴보게 되면 화용적 능력이 문법적 능력보다 한 수준 상위의 것일 수는 있을지 모르지만 그것보다 한 수준 하위의 것일 수는 절대로 없다는 사실이 당장 드러난다는 것이었다.

어린이들이 획득하게 되는 화용적 능력에는 크게 상황이나 용도에 맞게 말을 할 수 있는 능력과 다른 사람과 길게 대화를 나눌 수 있는 능력의 두 가지가 있다고 볼 수가 있는데, 인지적 작업의 복잡성이나 차원으로 보아서는 이들 모두가 문법적 능력보다 한 단계 높은 것임이 분명했다. 먼저 언어사용의 적절성을 유지하는 능력을 놓고 볼 것 같으면 아무리 문법적으로 맞는 문장일지라도 그것이 일정한 상황 안에서 의도했던 기능을 수행하고 있는것이 아니라면 그것은 더 이상 살아있는 언어는 아니다. 어떤 말을 어떤 상황에서 어떤 의도로 사용할 것인가를 판단하는 데는 그것의 의미에 대한 지식을 위시하여 다른 사람에 관한 지식, 이 세상에 대한 지식등이 종합적으로 동원된다. 그리고 얼굴의 표정이나 몸짓과 같은 비언어적 의사소통의 매체의 도움 없이 말만이 쓰이는 경우가 있을 수도 없다.

그 다음으로 대화운용의 능력을 놓고 볼 것 같으면 이것 중 첫 번째 것은 역시 차례 지키기의 원리에 맞추어서 엄마나 주변사람과 말을 주고 받을 수 있게 되는 능력이다. 물론 어린이들의 최초의 대화문은 하나의 질문이나 요구문에 하나의 응답문이 따르거나 아니면 하나의 서술문에 반복문이 따르는 식으로 으례 단 하나의 짝 말로 이루어져 있다. 그러니까 이들은 말이란 다른 사람과 주고 받는 것이라는 것을 처음부터 알고 있는 것이다. 그런데 이런 대화운용법은 언어능력이 늘면서 대화의 길이가 길어지거나, 대화 참여자의 수가 둘 이상으로 늘게 되어도 그대로 유지가 된다. 그러니까 어린이들은 말을 배우기 시작할 때 이미 그것은 결국에 두 사람 간의 하나의 협동적 행동이라는 사실을 익히 알고 있는 것이다.

그런데 엄밀하게 따지자면 어린이들의 이런 대화법의 습득은 그들의 선험적 지식보다는 오히려 그들의 학습적 경험에 의해서 이루어진다고 보거나, 아니면 최소한 이들 두가지가 같이 작용하는 상태에서 이루어진다고 보는 것이 마땅한 일인데, 그 이유는 이 때에 대화를 유도하거나 통제하게 되는 사람은 어린이가 아니라 바로 엄마이기 때문이다. 간단히 말해서 어휘나 문장의 경우와 마찬가지로 대화법에 있어서도 엄마가 제시한 모형을 어린이들은 따라하는 것으로 볼 수가 있다. 예컨대 Owens(2001)가 연구한 바에 따를 것 같으면 2세경부터 시작되는 모자간의 대화는 으레 30%가 개시부이고 60%가 반응부로 구성되어 있는데, 이런 식으로 대화를 유발하고 유지해가는 데 통제자의 역할을 하고 있는 사람은 엄마라는 것이다. 다시 말해서 엄마는 이 때에 반응법을 위시하여 확인법, 반복법, 주제 전환법등에 대한 모형을 제시하고 있다. 이런 의미에서도 엄마는 타고난 천재적 언어교육자인 셈이다.

어린이들이 배우는 대화운용의 능력중 두 번째 것은 대화의 길이를 길게 늘려가는 능력이다. 우선 어휘나 문법적 능력의 신장과 함께 그들의 대화의 길이는 단계별로 길어진다. 예컨대 다시 Owens가 연구한 바에 의하자면 이른바 전보문의 단계인 만 3세경에는 그 길이가 2~3회의 교환보다 길어지게 되고, 일반적으로 언어습득이 일단 완료되는 시기로 알려진 만 5세경에는 그들의 대화의 50%가 12회의 교환으로 이루어지게 된다. 그러니까 대화의 길이만으로 보아서도 일단 문법규칙의 습득이 마무리되는 시기에는 대화운용의 능력의 습득도 마무리가 된다고 볼 수가 있다.(p.277)

그런데 이 때에 그들의 대화의 길이가 이렇게 길어지게 된다는 것은 그들이 하나의 주제를 놓고서 일관성과 응집성이 제대로 유지된 상태에서 여러 개의 문장들을 이어갈 수 있게 되었다는 의미가 된다. 두말할 필요도 없이 한 두개의 짝 말을 주고받는 데 쓰이는 지력과 열두개 정도의 짝 말을 주고받는 데 쓰이는 지력간에는 엄청난 차이가 있다. 그러니까 그들은 놀랍게도 3년이라는 비교적 짧은 기간에 일단 초보적인 논리력으로 볼 수 있는 차원이 전혀 다른 지력을 가질 수 있게 된 것이다.

또한 이 때가 되면 어린이들은 대화의 흐름을 유지하는 데 필요한 여러 가지 기법들과 그들에 따르는 언어적 표현들을 사용할 수가 있게 된다. 쉽게 말해서 이런 기법들은 한편으로는 상대방에게 그가 하는 말을 자기가 잘 알아듣고 있다는 것을 알리면서 다른 한편으로는 상대방이 자기가 한 말을 잘 알아듣고 있는가를 확인하는 데 쓰이는 것들로서 자기나 상대방의 말을 다시 되풀이하는 반복법을 비롯하여, 상대방이 자기의 말을 잘 알아들었는지를 점검하는 확인법, 상대방의 말을 이어가는 연결법, 상대방의 말에 즉각 반응을 보이는 반응법등이 가장 대표적인 것들이다.

이들을 위하여 물론 그들은 으레 의문문을 위시하여, 명령문, 서술문, 감탄문 등과 같은 다양한 문장들을 쓰게 된다. 그런데 한 가지 흥미로운 사실은 이 때가 되면 그들은 「See?」나 「Okay.」「Okay?」, 「Yes」, 「No」, 「Oh」, 「What?」, 「Mmmm」, 「Wh-huh」와 같은 일종의 간투사들을 아주 유용하게 쓰게 된다는 점이다. 결국 이 때가 되면 그들의 말은 대화적 언어의 특성을 제대로 드러내고 있는 것으로 바뀌어 있는 것이다. 언어습득학자들은 보통 기본적인 문법적 규칙들의 습득이 완료된다는 의미에서 4,5세경을 언어습득의 완습기로 보고 있는데, 실제로는 그보다 더 중요한 사실이 바로 이 때가 어린이들이 성인처럼 자유자재로 다른 사람과 대화를 나눌 수 있게 되는 시기라는 점일는지도 모른다.

경험주의자가 보기에는 화용적 능력이 결코 문법적 능력보다 하위적인 능력이 아니라는 것을 확인할 수 있는 두 번째 방법은 그 동안에 화용론자나 화행론자들에 의해서 밝혀진 화용적 원리들의 내용을 알아보는 것이다. 종합적으로 보았을 때 이들이 우리에게 말해주고 있는 바는 크게 두 가지라고 볼 수 있는데, 그중 첫 번째 것은 화용적 능력은 문법적 능력과 전혀 별도의 것이어서 이것이 그것보다 어떤 의미에서는 더 상위적인 능력일 수 있다는 점이고, 그중 두 번째 것은 이것을 일종의 선험적 지식이나 능력으로 보는 것 보다는 일반적인 지능의 힘이 바탕이 되어서 이루어지는 일종의 학습적 절차의 결과물이라고 보는 것이 더 합리적인 생각이라는 점이다.

먼저 화용론적 언어이론의 원조라 할 수 있는 Grice의 회화적 함의성의 이론이 어떤것인가를 살펴보게 되면 이런 주장이 타당성이 있는 것이라는 것이 분명해진다. 그는 원래 1967년에 하바드 대학교에서 했던 강연의 내용을 1975년에 다시 정리해서 만든 「논리와 회화(Logic and Conversation)」라는 논문에서 회화도 궁극적으로는 일종의 두 사람 간의 협조적 행위이기에 정상적인 회화에서는 으레 아래와 같은 격률의 범주로는 모두 네 가지이고 구체적인 규칙으로는 모두 아홉 가지가 지켜지게 되어있다고 내세웠었다. 우선 이들 규칙들은 문법적 규칙과는 전혀 별도의 것들이다. 그 다음으로 이들 규칙들은 일반적인 지력이나 지식 기반적인 것들이다.

 양: 1. 정보적으로 필요한 만큼의 기여를 하라.
   2. 필요 이상의 정보적 기여는 하지 마라.
 질: 1. 거짓이라고 믿는 바는 말하지 마라.
   2. 적절한 증거를 가지고 있지 못한 것은 말하지 마라.
 관계: 1. 관련성이 있게 하라.
 양태: 1. 표현의 애매성을 피하라.
   2. 이중성을 피하라.
   3. 간결하라.

4. 질서정연하라.

그런데 Grice의 화용론적 언어관은 1950년대에 영국의 옥스퍼드에서 Austin등이 주도했던 「일상언어 철학운동」의 기본사항이었다. 이 운동은 그동안까지의 언어의 형식성과 논리성만을 강조하려는 실증주의적 학풍에 대한 일종의 역풍이나 반발로서 일어난 것이었기에 곧바로 철학계나 언어학계에 커다란 영향을 미칠 수 있게 되었다. 예컨대 Austin은 1962년에 낸 「어휘를 다루는 법(How to do things with words)」에서 하나의 표현이 나타내는 의미에는 언표적 의미와 비언표적 의미, 전언표적 의미등의 세 가지가 있는데, 이 가운데서 가장 중요한 기능을 하는 것이 바로 비언표적 의미라고 주장했었다. 간단히 말해서 그의 주장은 언어적 표현에 있어서는 겉으로 드러난 의미보다 함의된 의미가 더 큰 역할을 한다는 것이니까, Grice가 내세운 회화적 함의성의 이론이라는 것도 결국에는 그의 발상법을 약간 다르게 이론화 한 것에 지나지 않았다.

그게 그렇다는 것은 그가 자기 책에서 강조한 것은 이상과 같은 회화적 격률의 중요성이 아니라 실제에 있어서는 이것을 제대로 지킨다는 것은 대단히 어려운 일이어서 이른바 「격률을 조롱하는」 현상이 아주 흔하게 일어난다는 점이었다는 사실로써 익히 알 수가 있다. 크게 그 이유로 그는 두 가지를 들었는데, 그중 첫 번째 것은 많은 경우에 네 가지 격률중 몇 가지가 서로 상충하게 되어 있기 때문이고, 그중 두 번째 것은 하나의 표현은 많은 경우에 함의적 의미를 나타내고 있는 탓으로 그것이 격률을 어기고 있는지를 판단하기가 쉽지 않기 때문이었다.

구체적인 예를 하나 참고로 들어볼 것 같으면 어느 직장에서 벽시계 옆에 서 있는 B에게 A가 「지금 몇시냐?」고 물으니까 그는 「Well, according to this clock it's a quarter to four.」라고 대답했다고 치면 일단은 여기에서는 「이 시계에 의하자면」이라는 잉여적인 정보가 주어져 있으니까 양의 격률을 위반하고 있다고 볼 수가 있다. 그러나 A는 그렇게 생각하는 대신에 B는 틀림없이 여기에서 이 시계는 잘 틀리기 때문에 자기 자신도 정확한 시간을 모른다는 의미를 나타내려고 했을것이라고 추리할 수도 있다.(Thomas. 1994: p.754)

이런 예로 볼 것 같으면 결국에 Grice가 내세운 네 가지 격률이라는 것은 일종의 원칙적 기준에 불과한 것이어서 실제로 언어사용자들이 대화시에 사용하는 것은 그것보다 차원이 높은 일종의 인지적 책략 같은 것이라는 것이 분명하다. 이런 책략을 협조성 유지의 책략이라고 볼 수도 있고 아니면 경제성 유지의 책략이라고 볼 수도 있는데, 이것을 쓸 수 있는 능력이 문법적으로 맞는 문장을 만들 수 있는 능력과 별개의 것이면서 그것보다 한 단계 높은 수준의 것이라는 것도 분명하다. 그리고 경험주의자들이 보기에는 다른 사람과 필요한 대화를 성공적으로 이끌어 갈 수 있는 이런 고도의 지력은 적어도 내재적 자질과 학습적 경험의 합작품이거나, 아니면 순전히 학습적 경험만의 소산일 수가 있었다.

Grice의 협조성의 원리의 불완전성이 알려지면서 어떻게 보자면 그의 네 가지 격률에 대한 하나의 보완책이고, 또 다르게 보자면 그의 이론 자체에 대한 하나의 대안으로 제안된 것이 바로 Leech에 의한 「정중성의 원리」였다. 그(1983)는 「화용론의 원리(Principles of Politeness)」라는 책에서 Grice의 네 가지 격률보다 상위에 있는 것이 간단하게 「정중하지 못한 신념의 표현을 최소화하라」고 요약될 수 있는 정중성의 격률이라고 주장하고 나섰다. 그는 여기에서 두 사람 사이에 효율적인 대화가 이루어질 수 있으려면 그들 모두가 상대방의 이익을 극대화하라는 「요령의 격률」을 비롯하여 자신의 이익을 최소화하라는 「관용의 격률」, 상대방에 대한 칭찬을 극대화하라는 「겸손의 격률」, 상대방과의 의견의 불일치를 최소화하라는「일치의 격률」, 상대방에 대한 동정심을 극대화하라는「동정의 격률」등의 여섯 격률을 잘 지켜야 된다고 주장하였다.(p.119)

그 후 그의 원리를 Brown과 Levinson은 체면의 개념으로 재해석하기도 했다. 이들(1987)은 「정중성:언어적 용법에 있어서의 보편성(Politeness:some universals in language usage)」이라는 책에서 대화는 자기나 상대방의 체면을 위협하는 행위일 수가 있기 때문에 정중성의 책략이란 결국에는 자기가 좋은 이미지로 비쳐지기를 바라는「긍정적 체면유지」의 기법이 반대로 자기의 독자성과 의지를 드러내려는「부정적 체면유지」의 기법보다 가급적이면 더 많이 쓰는 책략일 따름이라고 주장하고 나섰다. 예컨대 정중성의 원리에 충실하려면「Would you be a dear and hand me that spoon.」과 같은 요구문이「I hate to bother you, but could you hand me that spoon?」와 같은 요구문 보다 더 선호되어야 한다는 것이었다.(Abbott. 2010: p.422)

Leech나 Brown과 Levinson이 말하는 정중성이란 쉽게 말해서 개인으로 하여금 다른 사람과 정상적인 인간관계를 유지할 수 있게 하는 하나의 사회적 내지는 도덕적 덕목이어서 정보처리를 주관하는 지력과는 직접적으로는 아무런 관계가 없는 것이다. 그런데 이들은 대화시에는 언제나 정중성을 유지하려는 의도가 제대로 정보를 교환하려는 의도보다 더 강하게 작용하게 마련이라고 본다. 심지어 이들은 꼭 필요한 정보만을 제공하려는 것도 정중성 유지의 책략의 일부로 보고 있다. 이것의 근거로 이들은 마치 최대로「더 간접적일수록 더 정중하다」는 원리를 지키려고 애쓰기나 하듯이 대화자들은 대화시에 직접적인 표현대신에 간접적인 표현들을 더 많이 쓰고 있다는 사실과, 특히 동양어에서는 존칭어와 존비법이 크게 발달되어 있다는 사실등을 들었다.

그런데 경험주의자가 보기에는 최대로 타인의 입장을 배려해야 한다는 이런 사회적 규범이나 도덕률은 우선 문법적 지식과 아무런 관계가 없는 것이고, 그 다음으로는 경험이나 학습의 절차를 거쳐서만 갖게 되는 것이다. 예컨대 영미인들은 분명히 경험이나 학습의 절차를 거쳐서 「Close the window, please.」라는 말 대신에 「Isn't it a bit cold in here?」라는 말을 쓰게 된 것이지, 그들의 직감이나 본능에 의해서 이렇게 된 것은 아니다. 물론 사람에 따라서는 이상과 같은 간접적 화법은 반드시 영미인들에 의해서만 쓰이고 있는 것은 아니니까 정중성의 원리와 같은 사회적 규범이나 도덕률은 모든 인간이 선험적으로 가지고 있는 보편적 지식이 바탕이 된 것이라고 내세울 수도 있을 것이다. 그렇지만 정중성의 원리가 모든 언어에 있어서 동일한 요령과 비중으로 쓰이고 있지 않다는 것은 화용론자들에 의해서 이미 익히 밝혀진 사실이다.(May, 2006: p.59)

 Leech와는 다르게 화용적 능력을 추리력과 같은 인지력의 일부로 보려던 Grice의 발상법을 그대로 이어가려는 사람들이 바로 Sperber와 Wilson이었다. 이들이 1995년에 낸 책에서 「제시성의 이론」을 내세우자 곧바로 그것이 어엿한 후기 Grice의 이론으로서의 위상을 확보하게 된 점으로 미루어 보아서 오늘날 여러 가지 화용론 중 가장 지배적인 것으로 받아들여지고 있는것은 인지적 화용론이라는 것은 의심할 여지가 없다. 역시 인간의 능력중 제일 중요한 것은 지력이나 지식력이라는 전통적인 사고방식이 통사론자와 마찬가지로 화용론자에게도 있었던 것이다.

 이들이 보기에는 언어사용시의 심리적 절차를 인지적 처리절차로 보게 되면 화용적 격률로는 Grice가 내세운 네 가지중 세 번째 것인 관계에 관한 것 하나면 충분했다. 다시 말하자면 이들은 일단 이렇게 하게 되면 우선은 Grice의 이론의 문제점도 모두 해결될 수 있고, 그 다음으로는 그보다 더 언어학적으로나 심리학적으로 타당성이 있는 화용이론이 만들어지게 된다고 본 것이다. 이들의 이론이 대부분 화용론자들에 의해서 Grice

의 것보다 진일보한 것으로 받아들여질 수 있게 된 것은 간단히 말해서 처음으로 그가 내세운 협조성의 원리의 인지 심리학적 근거를 제시하게 되었기 때문이었다.

Grice는 예컨대 의사소통이 외형상 두 사람 간의 협조적인 행위라는 점만을 강조했지, 무슨 인지적 원리에 의해서 협조성이 유지되게 되는지에 대해서는 아무런 말도 하지 않았다. 그러나 이들이 보기에는 성공적인 의사소통행위를 뒷받침하고 있는 심리작용은 바로 최소한의 표면적 징표를 근거로 해서 최대한의 정보를 도출해 내게 하는 추리작용이었다. 의사소통시의 이런 추리작용의 특성을 이들은 으레 제시성이 높은 정보를 찾아가는 점으로 보았다. 그래서 자기네 이론의 이름도 그렇게 붙인 것인데, 심리학적으로 보자면 도리어 「추리모형」의 이론으로 부르는 것이 더 맞는 일이다.

이들의 이론에 따르자면 그러니까 의사소통 시에 화자가 하게 되는 일은 청자가 효율적으로 추리절차를 밟을 수 있도록 필요한 만큼의 표면적 징표를 제공하는 것이고, 청자가 하게 되는 일은 그것과 관련된 정보를 모두 추리한 다음에 그 가운데서 가장 적절하다고 판단되는 것을 선택하는 것이었다. 이 과정에 결정적으로 개입되는 요소로 이들은 화자의 의도와 문맥적 정보를 들었다. 비유적으로 말해서 이들은 하나의 문장이 나타내는 명제적 의미는 「빙산의 일각」에 불과한 것이어서, 그것을 파악한 다음에는 으레 물밑에 감추어져 있는 의미 전체를 추리해내는 복잡한 인지절차가 따르게 마련이라고 생각한 것이다.

그런데 어떤 의미에서는 이들의 이론을 Grice의 그것과 결정적으로 차별시켜주는 점으로 볼 수 있는 것이 바로 이런 추리력의 획득과정과 관련하여 이른바 「화용적 모듈」의 이론을 내세운 점이다. 이들의 이런 견해가 이 당시에 언어학계와 심리학계에서 크게 주목을 받고 있던 Chomsky의 모듈성의 이론의 연장선상에서 형성되었다는 것은 더 말할 나위가 없다. 이들은 그러니까 문법적 능력보다 상위의 능력인 화용적 능력도 내재되어 있다고 볼 정도의 강력한 내재주의자들이었던 셈이다. 이들은 특히 Fordor가 일찍이 여러 가지 모듈들을 통제하는 기관으로 내세웠던 「중앙처리부」도 일종의 내재적 모듈로 보았다. 한 마디로 말해서 이들은 인지적 추리력이야말로 인간이 오랜 진화과정을 통해서 얻게 된 최고의 정신적 능력이라고 생각한 것이다.

물론 경험주의자들이 이런 내재주의적 의견에 동의할 리가 없다. 이들은 틀림없이 다음과 같은 두 가지 사실만으로도 그것의 허구성이 극명하게 드러날 수 있다고 주장할 것이다. 이들 중 첫 번째 것은 상대방의 말의 감추어진 의미를 파악하는 데는 논리적 추리력 보다 오히려 그와 이 세상에 대해서 알고 있는 지식의 힘이 더 큰 역할을 담당하게 된다는 사실이다. 만약에 이런 지식이 화자에게 없다면 그가 가동시키는 추리절차는 지극히 단순하고 저차원적인 것이 될 것이 뻔한데, 그 이유는 결국에 그 대상이 상대방의 말의 표면적 의미만으로 제한되기 때문이다.

그런데 이들이 보기에는 이런 지식은 거의다가 애당초 경험이나 학습을 통해서 얻어진 것이기 때문에, 그것을 저장하거나 회상하는 데 쓰이는 기억작용을 놓고서 선험설과 후천설중 어느 것이 맞느냐를 논의한다는 것 자체가 지극히 무모하고 무의미한 일에 불과한 것이었다. 설사 기억의 능력을 일종의 선험적 능력이라고 한들 그 대상이 선험적인것이 아닌 한 지식을 획득하는 절차가 경험이나 학습적이라는 사실에는 아무런 변화가 있을 수가 없다. 또한 현재까지는 어떤 내재주의자도 예컨대 「기억부의 모듈」이론 같은 것을 내세운적이 없다. 이들도 모듈성의 이론을 이런 식으로 확대해 나간다는 것은 현명하지 못한 일이라는 것을 잘 알고 있는 것이다.

이들 중 두 번째 것은 추리의 절차가 Sperber와 Wilson이 생각하는 것처럼 유일하면서도 총망라적인 사고의 절차가 아니라는 사실이다. 예컨대 이들은 추리의 절차가 얼마나 만능적인 인지절차인가를 실증하는 예로써 은유문이나 과장문과 같은 수사적 문장의 해석에도 이것이 쓰이게 된다는 사실을 들었다. 그러니까 이들은 시적이거나 수사적 표현들을 사용하거나 해석하는 데 쓰이는 정신적 능력도 결국에는 연역력이나 귀납력과 같은 추리력에 지나지 않는다고 본 것인데, 경험주의자들이 보기에는 이런 견해야말로 전형적인 주지주의적인 것이었다. 경험주의적인 입장에서 볼 것 같으면 외적인 자극에 의해서 유발되는 연상작용이나 상상작용, 감정작용등이 경우에 따라서는 추리작용보다 더 큰 기능을 수행하고 있었다.

(2) 언어기원론의 모순성

Chomsky는 그동안의 자기의 이성주의적 언어관이 얼마나 강력하고 과학적인 것인가를 보여주기 위해서 자기나름의 반진화론적 언어기원론을 내세워 왔는데, 그의 의도와는 정반대로 결국에는 이 문제에 있어서 그의 언어관의 한계성만이 가장 극명하게 드러나고 말았다. 앞에서 이미 논의했듯이 그의 언어기원론은 아무런 생물학적이거나 고고학적인 증거도 없이 오로지 현대 언어의 문법적 특징만을 근거로 한 일종의 역산적 유추절차에 의해서 만들어 진 것이며, 따라서 내용 자체로 보자면 일단 「공허한 반진화론적 언어기원론」이라고 이름을 붙일 수 밖에 없다. 간단히 말해서 그가 내세우고 있는 바는 오직 그동안까지의 다원주의적 진화론으로는 언어기원의 문제는 제대로 설명될 수 없다는 것 한가지 뿐이었다. 본인 자신은 아직도 극단적으로 말하자면 그러니까 그는 어엿한 언어기원론을 가지고 있지 못하면서 다원주의적인 진화론을 비롯한 여러 가지의 그와 관련된 이론들을 비판하고 무력화하는 일에는 누구보다도 앞장서왔던 것이다. 아마도 그의 이런 「공허한 반진화론」이 얼마나 공허한 것인가 하는 것은 그가 「자연과 언어에 대하여」에서 한 다음과 같은 말들을 통해서 가장 쉽게 확인할 수가 있을 것이다.

1) 언어가 생물학적 진화의 결과라는 것은 인정한다. 그러나 문제는 그것이 어떤 진화과정이냐이다. 이른바 돌연변이는 아니다.
2) 지금으로부터 10만년전(또는 15만년전)에 커진 두뇌에 어떤 변화가 일어나서 언어기능이 나타났다.
3) 언어는 외적 조건의 영향을 최소로 받았다.
4) Lewontin등은 최근에 우리는 인간의 고차원적인 정신절차에 대해서 결코 정답을 얻을 수 없을 것이라고 주장했다.(pp.145~149)

이렇게 보자면 그의 언어기원론은 일종의 「半창조론」이거나 「신비론」인 셈인데, 근원적으로 보았을때는 이런 견해는 바로 인간의 진화과정에 있어서의 환경적 상호교섭이나 경험의 역할을 아예 인정하지 않으려는 이분법적 사고 방식에서 비롯되었다고 볼 수가 있다. 그런데 그가 한 말로 미루어보아서는 그의 언어기원론의 진짜 문제점은 속에서의 경험의 역할을 일정하게 인정하려는 마음과 겉으로는 그것을 완전히 무시하는 듯한 모습을 보이고 싶은 마음 사이에서 심한 갈등을 겪고 있다는 데 있다. 논리력에 있어서 둘째 가라면 서러워할 그가 아이러니컬하게도 이런 심리적 갈등의 늪에 깊게 빠져 있는 것이다. 그러니까 그가 이런 늪에서 빠져나올 수 있는 방법은 그의 속마음에 자리하고 있는 경험주의에 대한 유연한 사고방식을 겉으로도 드러내는 것인데, 그것은 곧 그가 언어에 대해서 그동안 내내 해오던 말을 송두리째 뒤집으라는 말과 같기 때문에 그가 그렇게 할 리가 없다

그런데 결국에는 그가 그렇게 해야 할 이유로 우리는 여기에서 두 가지

를 생각할 수 있는데, 그중 첫 번째 것은 그렇게 하지 않는 한 언어/정신/두뇌로 요약되는 그의 생물언어학적인 언어관이 논리적으로 앞뒤가 안맞는 자가당착적 허구체로 남아있을 수 밖에 없기 때문이다. 그게 그렇다는 것을 가장 간단하게 알 수 있는 방법은 이 등식을 두뇌/정신/언어와 같은 역순의 것으로 바꾸어 보는 것이다. 두말할 필요도 없이 원래의 등식이 참이라면 역순적 등식도 참이어야 한다. 그러나 Chomsky만은 이들 간의 이런 자명한 논리관계를 인정하지 않을려고 할 것이 뻔한데, 그렇게 되면 자기가 내세웠던 원래의 등식의 비논리성이나 오류성이 보다 쉽게 드러나게 되어있기 때문이다.

우선 역순적 등식에 의할것 같으면 정신이나 언어의 실체는 두뇌에 의해서 결정되게 되어있는데, 오늘날의 두뇌가 오랜 기간에 걸친 자연적 선택절차나 점진적 적응적 절차의 결과물이라는 것은 학계에서 이미 확정된 사실이나 다름이 없다. 아마도 Chomsky도 이 사실은 아무런 단서없이 인정할 것이다. 그렇다면 그가 택할 수 있는 논리적 선택지는 그렇지만 언어만은 다르게 생겨나게 되었다는 식의 주장과 함께 이 등식의 성립자체를 거부하는 것과, 아니면 이 등식의 성립을 받아들이면서 언어도 동일한 진화절차를 통해서 태어나게 되었다는 사실을 인정하는 것의 두 가지일 것이다. 누가 보아도 이들 두 가지 선택지중 두 번째것이 더 합리적인 것인데, 안타깝게도 그는 그렇게 하지 않았다. 그의 그 동안의 행태는 첫 번째 선택지를 그가 택했다는 것만을 분명하게 말해주고 있다.

이렇게 볼 것 같으면 적어도 발생의 문제에 관한 한 그가 내세운 원래의 등식은 논리적으로 맞지 않는 것임이 확실해진다. 즉, 언어만은 진화과정이 다르다는 식의 「언어적 예외주의」를 주장하는 한은 이런 등식을 절대로 써서는 안 됨에도 불구하고 그는 그렇게 한 것이다. 그 이유는 물론 어느 언어이론의 웅장함을 과시하는 데는 이것만한 것이 있을 수 없기 때문이었다. 일단 이런 등식을 일종의 표어로 내세운 이상 이제 그가 해야 할 일은 마땅히 「언어적 예외주의」를 철회하고서 진화론의 일반성을 인정하는 것이다. 다시 말해서 그가 이 캐치프레이즈의 생명을 유지할 수 있는 길은 자기의 속마음대로 언어가 탄생하는 데도 경험이나 학습의 절차가 큰 역할을 했을 것이라고 선언하는 것뿐이다.

가) 상징지시설

그중 두 번째 것은 그의 주장과는 달리 현재까지 그럴싸한 진화론적 언어기원설이 적지 않게 내세워지고 있기 때문이다. 이런것중 첫 번째로 살펴볼만한 것은 Deacon의 상징지시설이다. 앞에서 이미 논의가 있었듯이 Chomsky는 그의 2002년의 책에서 오늘날에 크게 주목을 받고 있는 진화론적 언어기원설로 Hauser의 학설과 이것을 들고서, 이들의 비과학성과 불완정성을 근거로해서 「인간 언어의 본질을 발견하기 위하여 두뇌를 연구하는 것은 오류인것 같다.」라는 결론을 내렸었다. 이것의 신다윈주의적 언어기원설로서의 대표성은 역설적으로 Chomsky의 신랄한 비평에 의해서 인정된 것이었다.

이 학설의 원전이라 할 수 있는 그의 1997년의 책에 따를 것 같으면 이것의 진짜 가치는 그런데 우리의 몸 안에 내재되어있는 것은 「상징적인 범주나 구체적인 규칙이나 원리가 아니라 언어매체의 일반적인 특성과 상징의 조작을 위한 연산능력」이라는 말로 요약될 수 있는(p.333) 반 Chomsky적인 언어관을 내세운 데 있는것이 아니라, 그의 언어기원론의 결정적인 약점인 「특별한 돌연변이」의 실체를 보여준 데 있다. 그는 예컨대 시각기관과 기린의 목, 中耳의 뼈등 진화과정이 그렇듯이 언어의 그것도 자연적 선택의 이론으로는 제대로 설명이 되지 않는다고 주장하면서, 그것의 대안으로 「특별한 돌연변이 설」을 제안했었다. 그러나 그는 그것이 구체적으로 어떤 것인지에 대해서는 아무런 말도 하지 않았다.

원래가 생물학계에서 돌연변이라는 개념은 누진성을 특징으로 하는 자연적 선택절차의 반대개념이나 또는 보완적 개념으로 설정된 것인데, Chomsky는 그것마저도 인정하지 않으면서 그 동안의 진화론 전체를 부정하는 입장을 취했다. 그렇지만 그가 말하는 「특별한」이 돌발적이라는 의미를 지니고 있음은 틀림이 없었다. 그 이유는 물론 누진성을 인정한다는 것은 곧 경험이나 학습의 역할을 인정한다는 말과 같은 말이 되기 때문이었다. 그러나 Deacon이 보기에는 「기적」이 아닌 것은 모두가 누진적 진화절차에 의해서 생겨나게 되어 있었다. 겉으로는 돌연변이가 한 번에 일어나는 것 같지만 실제에 있어서는 오랜 기간에 걸친 누진적 변화의 결과라는 것이었다. 이런 의미에서 볼 때 그는 「누진적 돌연변이」라는 제3의 개념을 설정한 하나의 신진화론자이면서, Chomsky가 하지 못한 일을 대신해서 해줌으로써 적어도 언어기원의 문제에 있어서는 자기가 더 전문가라는 점을 과시한 진정한 의미에서의 반 Chomsky주의자였다.

그가 자기 학설의 핵심적 발상법으로 삼은것 중 첫 번째 것은 치환의 절차에 관한 것이었다. 그는 인간의 두뇌가 언어를 다룰 수 있게 된 것은 그것이 오랜 세월에 걸쳐서 어느 특정한 부위가 특별한 신경체계를 갖게 되는 절차, 즉 치환의 절차를 밟아왔기 때문이라고 본다. 치환의 절차의 첫 번째 단계는 생존이나 환경상의 이유로 인하여 어느 특정 영역이나 종류의 정보에 관한 처리와 저장의 양이 증가하게 되면서 그 일을 담당하는 부위의 신경조직이 더 발달되고 그 크기가 더 커지는 단계이다.

첫 번째 단계 뒤에는 바로 두 번째 단계가 뒤따르게 되는데, 특별히 커진 부위에 발달한 특별한 신경체계가 더 활발하게 작동하게 되는 단계가 바로 그 단계이다. 두 번째 단계는 물론 즉시 두 번째의 첫 번째 단계를 유발시키게 되는데, 결국에는 이런 식의 치환절차의 순환성으로 인하여 일정한 기간이 지나고 나면 자연히 두뇌 조직의 특이성은 더욱 뚜렷해지는 것이었다. 그가 보기에는 전액골의 대뇌피질이 유난히 발달한 것이 인간의 두뇌의 가장 중요한 특이성이었다. 그러니까 그는 인간만이 언어를 갖게 된 것은 바로 치환의 절차에 의해서 이 부위의 크기가 특별히 커졌기 때문이라고 본 것이다.(p.353)

그런 발상법 중 두 번째 것은 볼드윈적인 진화절차에 관한 것이었다. Baldwin은 1985년에 발표한 「의식과 진화(Consciousness and evolution)」라는 논문에서 Darwin의 고전적 진화이론에 대한 하나의 수정이론으로서 「유전적 동화의 이론」을 제안했었는데, 그것의 요지는 모든 행동이나 능력이 똑 같은 자연적인 선택과정을 통해서 발달되는 것이 아니라, 어떤 행동을 집중적으로 학습하다보면 얼마 뒤에는 그로 인하여 일정한 유전적 변화가 일어나게 되며, 일단 그렇게 된 다음부터는 그 행동에 대한 학습력이 특별히 더 신장된다는 것이었다.

Deacon이 보기에는 그런데 이 이론이야말로 어떻게 언어를 인간이 가질 수 있게 되었는가를 설명하는 데 「안성맞춤」과 같은 이론이었다. 자기가 생각하는 치환의 절차와 이것은 변화의 원인이 생존이나 환경상의 것이 아니라 학습이라는 점과, 변화된 것이 두뇌의 어떤 부위나 신경조직이 아니라 세포내의 유전자라는 점 등에서 차이가 나지만, 큰 의미로 보아서는 모두가 Chomsky의 내재주의 언어기원론의 부당성을 익히 드러내 줄 수 있는 신다원주의적 이론이었다. 특히 이것은 결국에는 후천적 학습의 역할을 중요시하는 이론이기에 언어와 두뇌는 같이 진화되었다는 자기의 공진화설의 타당성을 직접적으로 뒷받침하고 있다고 볼 수가 있었다.

그런 발상법 중 세 번째 것은 두뇌발달의 촉발자이며 설계자로서의 언어의 역할에 관한 것이었는데, 우선 그의 책의 부재가 「언어와 두뇌의 공진화」라는 사실로 미루어 보았을 때 그가 이것을 세 가지 발상법 중 가장 중요한 것으로 보고 있다는 것을 알 수가 있다. 그는 간단히 말해서 치환이나 볼드윈적인 절차를 작동시키는 외부적 자극자로 언어를 내세운 것이다. 언어적 능력을 인간의 능력 중 가장 중핵적인 것으로 보려는 입장을 「언어중심주의」라고 한다면 그는 Chomsky와 다른 의미에서의 언어중심주의자 이었고, 또한 그의 학설은 Chomsky의 것과는 전혀 다른 의미에서의 언어중심적 언어진화설이었던 것이다. 그의 책의 제11장의 제목이 「말씀이 곧 육신이 되었다」라는 성경의 인용문이라는 사실이 이 점을 익히 뒷받침하고 있다.

물론 엄밀하게 따질 것 같으면 그의 공진화설의 타당성은 원형언어의 실체와 그것이 현대 언어로 발전되는 과정 등의 문제가 해명되기 전에는 검토될 수가 없다. 그렇지만 그가 원형언어는 다분히 고차원적인 정신작용을 다룰 수 있는 상징체계이었기에 그것이 일정한 기간에 걸쳐서 두뇌 발달의 촉발자이며 설계자로서의 역할을 익히 수행할 수 있었다고 보고 있는 것은 분명한데, 그것의 근거로는 「아주 먼 조상들의 최초의 상징체계의 사용이 그 후 인과의 두뇌가 어떤 자연적 선택절차에 의해서 진화하게 될 것인가를 결정지었다」(p.322), 「초기 인과의 조상들이 처음으로 원형언어를 가졌을 때는 아무런 적응절차도 누뇌가 밟지 않았는데, 그 후에 가서 그것을 더 효율적인 것으로 만들거나 더 쉽게 배울 수 있도록 두뇌는 언어구조의 중요한 특징들을 진취적으로 내면화하게 되었다.」와 같은 말을 내세울 수 있다.(p.328)

나) 문화적 진화설

Deacon의 것에 이어서 두 번째로 살펴볼만한 진화론적 언어기원설은 Hurford의 「문화적 진화설」이다. 그의 학설은 우선 Deacon의 것에 비할 때 정식으로는 아직 고유한 명칭이 붙여져 있지 않을 정도로 덜 알려진 것이다 그럼에도 불구하고 여기에서는 굳이 이것을 두 번째로 살펴보려는 것은 언어의 진화에 있어서 경험과 학습이 결정적인 역할을 수행했다는 사실을 확인하는 데는 이것만한 것이 없기 때문이다. 언어의 성격상 원래가 언어진화론은 크게 계통발생적인 것과 개체발생적인 것의 두 가지로 나뉘어 질 수가 있는 것인데, 지금까지의 학설들은 Deacon의 것처럼 거의다가 계통발생적인 것이었다. 그런 대세에 다분히 예외적인것이 바로 이것이다. 그는 지혜롭게도 이들 두 가지 접근법을 다 썼을 때만 제대로 된 언어진화론을 얻을 수 있다고 보았다.

그가 2006년에 발표한 「언어의 기원과 진화(Origin and evolution of language)」에 의할것 같으면 그는 먼저 언어진화의 긴 과정은 新人(Homo sapiens sapiens)이 출현한 약 15만년전까지의 생물학적 진화단계와 그 후의 문화적 진화단계의 두 단계로 나뉘어질 수 있다고 보았다. 따지고 보자면 너무나 당연한 일이겠지만 그는 인류 진화의 전 과정 속에서 보았을때만 언어의 진화과정은 제대로 파악될 수 있다고 본 것이다. 그런데 첫 번째 단계인 생물학적 진화단계는 바로 계통발생적인 진화절차가 이루어진 단계이었고, 두 번째 단계인 문화적 진화단계는 개체발생적인 진화절차가 이루어진 단계이었다.

따라서 이런 식으로 언어진화의 과정을 살펴보게 되면 저절로 종전까지의 계통발생적인 사실만을 집중적으로 다루는 잘못은 바로잡아지게 되어 있었다. 또한 생물학적 진화절차가 끝이 난 15만 년전은 인간이 현대언어의 전신으로 볼 수 있는 원시언어나 원형언어를 쓰기 시작한 시기였다. 그러므로 이런 식으로 언어진화의 과정을 살펴보게 되면 Chomsky가 내세우는 돌발적 발생설이나 단속설 보다는 역시 진화론자들이 내세우는 누적적 발생설이나 연속설이 더 타당한 이론이라는 것이 저절로 드러나게 되어 있었다. 한마디로 말해서 이런 식의 분석법이야말로 현재로서 과학성이 제대로 인정될 수 있는 언어기원설은 오직 진화론적인 것뿐이라는 사실을 확인할 수 있는 가장 확실한 방법이었다.

생물학적 진화단계란 수백만년에 걸친 자연적 선택이나 적응절차에 의해서 지금처럼 인간이 언어를 배울 수 있는 능력을 갖게 되는 단계이다. 그가 보기에는 이런 언어적 준비성은 오직 인간에게만 일어난 변화라는 사실과, 어느 시기에 한꺼번이 아니라 누진적인 진화절차를 통해서 일어난 변화라는 사실 등을 밝히는 것이 곧 생물학적 진화단계에 관한 논의의 두 요점이 되어야 하겠기에, 논의는 크게 동물과 인간간의 유사성이나 차이성을 밝히는 방향과 언어의 각 조직별로 그것의 「진화적 선행자」를 확인하는 방향으로 진행되는 것이 바람직한 일이었다. 전자는 일종의 비교 행동학적 접근법이고 후자는 일종의 기능언어학적 접근법이었다.

이 단계에 관한 논의는 그래서 크게 언어의 조직에 따라서 화용적 능력의 선행자에 관한것과 의미적 능력의 선행자에 관한 것, 음성적 능력의 선행자에 관한 것, 통사적 능력의 선행자에 관한 것등의 네 부분으로 나뉘어 진행되었다. 굳이 따지자면 화용적 능력에 관한것을 맨 먼저 하면서 통사적 능력에 관한 것을 맨 끝에 하는 점이 이 논의의 특이성이라고 볼 수가 있었다. 그 이유는 물론 진화론자의 입장에서 볼 것 같으면 언어는 기본적으로 두 사람 사이의 의사소통의 도구이기 때문이었다. 또한 진화의 순서로 보았을 때도 그렇게 하는 것이 마땅한 일이었다.

첫 번째의 화용적 능력의 선행자에 관한 논의는 크게 두 가지 이론을 중심으로 해서 이루어졌는데, 그중 첫 번째 것은 「마음의 이론」이었다.

최근에 일부 진화론자들은 인간의 언어적 의사소통 능력의 근원적 능력으로 타인의 생각이나 마음을 읽을 수 있는 능력, 즉「마음의 이론」의 능력을 내세우고 있는데, 이것이 과연 인간특유의 것인가 하는 것은 아직도 학자 간에 완전한 합의가 이루어지지 않은 문제점이었다. 그러나 그의 견해로는 지금으로서도 동물들도 최소한 초보적인 형태의 마음 읽기(행동을 예측한다는 의미에서)와 상대방을 조작하는 일(때로는 경쟁적으로, 때로는 협력적으로)을 하고 있다」는 것은 확실했다. 이것의 근거로는 2004년에 Carpenter등이 발표한 「하기 싫은것 대 할수 없는것:인간의 의도적 행동에 대한 침팬지의 이해 방식.("Unwilling" vs "unable" :Chimpanzees' understanding of human intentional action)」이라는 논문을 제시했다.

  그중 두 번째 것은 Grice의「협조성의 원리」이었다. 이 원리에 따를 것 같으면 인간의 언어적 행위의 결정적 요소는 바로 청자로 하여금 최대로 이익을 볼 수 있게 하려는 화자의 사려 깊은 협조성인데, 인간이 아닌 동물에게는 이런 깊은 협조성은 없으며, 그들의 행동은 아주 약한 의미에서만 협조적이라는 것이 이 문제에 관한 지금까지의 연구들이 밝혀낸 사실의 전부였다. 협조적 신호송부의 가장 기초적인 것이 지시적 손가락질이기에 일부 학자들은 그동안에 인간처럼 침팬지도 서로 간에 이런 몸짓언어를 많이 사용하는가를 살펴보았는데, 그 결론은「침팬지는 이런 손가락질을 잘 이해하지도 못하고 잘 사용하지도 않는다」는 것이었다. 흥미롭게도 순치 동물인 개는 아주 짧은 적응기간 후에 인간의 손가락질을 이해할 수 있게 되는데, 이런 사실로 미루어 보아서 제한된 종류의 협조적 행위에 대한 성향은 비교적 빠르게 진화될 수 있을 것이라는 추리와, 인간들은 비교적 가까운 과거에 화용적 성향을 지니고 있는 짝을 선택함으로써 자신들을 순치시키게 되었을 지도 모른다는 추리등을 익히 할 수 있었다,

두 번째의 의미적 능력의 선행자에 관한 논의는 크게 개념과 어휘의 관계에 관한 것과 인간특유의 어휘습득의 능력에 관한 것의 두 부분으로 나뉘어져 있었다. 먼저 개념과 어휘의 관계에 대한 논의는 철학자들이 주장하듯이 인간은 과연 어휘라는 언어적 매개체가 없이는 개념을 가질 수 없는가의 문제에 집중되었는데, 그가 여기에서 내린 결론은 언어가 없는 동물에 있어서는 으레 개념이 정신적 범주와 구별될 수 없는 점으로 미루어 보아서, 「언어적 의미 조직에는 일종의 동물적 선행자가 있었을 것」이라고 생각할 수 있다는 것이었다. 이런 판단의 근거로는 최근에 이르러 많은 동물들이 예전에 생각했던 것보다 훨씬 큰 정신적 표현체를 가지고 있다는 사실이 밝혀진 사실을 드렸다. 예컨대 Pepperberg(1999)가 연구한 바에 따르자면 「Alex」라는 아프리카 잿빛 앵무새는 사물들을 색채나 형태, 재료별로 구별할 수 있었다.(p.93)

그렇지만 최근의 연구로 술어대 논항관계처럼 두 개나 그 이상의 개념들을 하나의 구조체로 묶어내는 능력에 있어서는 동물과 인간간에는 비교도 할 수 없을 만큼의 큰 차이가 있는데, 그것은 결국에 언어의 유무에 의해서 생겨나게 된다는 사실이 밝혀졌다. 그는 예컨대 2003년에 낸 논문에서 인간이 가지고 있는 술어와 논항을 구별하는 논리력과 대등한 것을 많은 고등 포유류들도 가지고 있다는 것을 그들의 시각과 청각기관에 대한 신경학적 연구를 통해서 확인할 수 있었다고 보고했었다. 그러나 이런 발견이 인간이 가지고 있는 고차원적인 정신적 표현체와 정교한 사고력이 동물에게도 있다는 근거는 될 수 없었다.

그가 보기에는 이와 관련하여 무엇보다도 중요한 사실은 인간이 이렇게 탁월한 사고력을 갖게 된 것은 그에게는 내적인 표현체에 일정한 표지를 붙인 다음에 그들로써 복잡한 통사적 구조체를 형성해 낼 수 있는 능력, 즉 그 특유의 언어적 능력이 있기 때문이라는 사실이 밝혀졌다는 것이었다. 예컨대 Gordon(2004)이 연구한 바에 의할 것 같으면 아미존족의 한 갈래인 피라하(Piraha)족의 언어에는 원래 수를 나타내는 어휘가 없는 탓으로 그 원주민들은 아주 간단한 수적 과제도 수행할 수가 없었는데, 그들의 어린이들에게 숫적 어휘를 가르쳤더니 그들은 그런 과제들을 쉽게 수행할 수 있었다.

그 다음으로 인간특유의 어휘 습득의 능력에 관한 논의에서는 크게 두 가지 점이 강조되었다. 그중 첫 번째 것은 일부 동물도 일정한 훈련 절차를 거치게 되면 「Rico」라는 양을 지키는 개가 그랬듯이 수년동안에 200개 정도의 어휘를 배울수 있다는 것이었고, 그중 두 번째 것은 그러나 이런 과정은 특별한 노력없이 4~5년 동안에 무려 2,000개 정도의 어휘를 배울 뿐만 아니라 문장내에서의 서로간의 연관관계도 같이 배우게 되는 어린이의 그것과는 너무나 다른 과정이라는 것이었다. 그러니까 학습된 기호를 내적 개념과 결합시키는 능력, 즉 어휘습득의 능력은 오직 인간에게만 있는 것이라는 것이 그의 결론이었다.

세 번째의 음성적 능력의 선행자에 관한 논의는 크게 청각적 능력에 관한 것과 발성적 능력에 관한 것으로 나뉘어 진행되었는데, 이것의 요점은 그동안의 많은 연구들로 분명해진 사실은 동물들은 인간이 가지고 있는 음성 내지는 음운적 능력을 가지고 있지 못하다는 것이었다. 먼저 청각적 능력에 관한 것을 살펴볼 것 같으면, 여기에서는 최근에 Ticoff(2005) 등은 남미산 원숭이인 타마린에게도 운율적 유형에 의해서 여러 언어들을 구별할 수 있는 능력이 있다고 주장한 바가 있지만 그렇다고 해서 언어음을 비언어음과 구별해서 제대로 지각할 수 있는 능력은 오직 인간에게만 있다는 대부분의 연구자들의 의견이 바뀌는 것은 아니라는 사실과, 인간의 청각적 능력의 가장 중요한 특징은 역시 Liberman(1985)이 일찍이 「음성지각의 운동이론」을 통해서 내세웠듯이 귀에서 받아들인 청각적 자극은 곧바로 조음적 몸짓의 표현체로 변형이 된다는 점이라는 사실 등을 특별히 부각시키고 있다.

그 다음에 발성적 능력에 관한 논의를 살펴보자면, 이 부분에서는 얼핏 보기에는 인간의 것과 유사한 성도를 그와 가까운 영장류들도 가지고 있는 것 같지만 실제에 있어서는 그 차이가 대단히 크다는 사실과, 인간의 성도의 여러 기관들은 언어적 기능 변환의 절차가 있게 되기까지에는 언어와 관계없는 기능들을 수행하던 것들이라는 사실등이 논의되고 있다. 이들과 관련하여 특별히 여기에서 강조하고 있는 점은 바로 인간의 발성 기관들이 지금처럼 아주 높은 수준의 민첩성을 갖게 된 것은 백만년 이내의 일이었을 것이라는 것이었다. 예컨대 MacLarnon과 Hewitt(1999)은 최근에 현대인과 네안데르탈인의 흉관이 130만전에 아프리카에 살았던 원인의 그것보다 대단히 넓다는 사실을 근거로 해서 인간이 지금의 것과 같은 발성기관을 갖게 된 것은 150만년 이내의 일이었을 것이라고 주장한 바가 있고, 또한 최근에 Enard(2002)등은 FOXP2라는 언어적 유전자가 현대인에게 생기게 된 것은 지금으로부터 15만년전이라고 주장하기도 했다.

네 번째의 통사적 능력의 선행자에 관한 논의는 우선 앞의 세 가지 능력의 그것에 관한 논의에 비하여 한쪽의 절반밖에 안될 정도로 아주 짧다는 특징을 가지고 있는데, 그 요지만은 겉으로 보기에는 일부 동물에게도 있는 것 같지만 실제에 있어서는 인간고유의 것이라는 식의 다른 능력의 선행자에 관한 논의의 그것과 똑 같다. 그 동안에 일부 동물학자들은 새를 비롯하여 고래, 돌고래, 원숭이 등에게도 꽤 긴 소리의 연속체를 일관성 있게 사용할 수 있는 능력이 있음을 밝혀냈다. 이들의 능력에는 작은 단위들의 위치나 생략, 포함등에 대한 선택의 능력도 포함되어 있었다.

그렇지만 그들의 연구로 결국에는 동물의 노래나 소리의 연속체는 인간의 문장과는 근본적으로 다르다는 것이 분명해졌는데, 그 차이점은 바로 통사적 구조성이었다. 그들의 노래나 소리의 연속체는 기본적인 의미적 단위들이 체계적으로 결합되어서 더 큰 의미를 나타내고 있는 것이 아니었다. 이것은 곧 어휘로 구나 문장을 만들어낼 수 있는 통사적 능력은 오직 인간에게만 있다는 의미인데, 20세기의 후반부 내내 언어학자들의 연구중 많은 것이 이 점을 부각시키는 데 집중되리만큼 이 점은 큰 비중을 지니고 있었다. 그러나 그가 보기에는 이제는 이른바 내재설에 관한 이론적 시계추는 정반대쪽으로 가기 시작했다고 볼 수가 있는데, 그 근거로는 통사적 능력의 의미적 내지는 일반지능적 능력과의 관계가 아직 분명히 밝혀지지 않았다는 사실과, 최근에 Hauser등(2002)의 논문에서 제안되었듯이 순환성 한가지가 통사적 능력의 전부일수 있다는 사실 등을 들 수 있었다. 그렇다면 앞으로의 문제는 과연 인간이 아닌 동물에게는 순환적 연산능력이 없는지를 밝히는 일인데, 현재로서 그가 할 수 있는 말은 「확실히 동물의 신호에는 단순한 반복이 아닌 순환적 조직성은 없다.」는 것이었다.(p.95)

마치 그가 언어진화의 제1단계인 생물학적 진화과정은 시간적으로 대단히 긴 과정인데 비하여 그것의 제2단계인 문화적 진화과정은 그것보다 엄청나게 짧은 과정이라는 사실을 그대로 반영하려고 한듯이, 그의 문화적 진화과정에 대한 설명은 겨우 한쪽반 밖에 되지 않을 만큼 짧다. 그렇다고 해서 굳이 따지자면 지금의 언어가 출현하게 된 것은 문화적 진화과정이 있었기 때문이라는 그의 생각을 제대로 이해할 수 없는 것은 아닌데, 그 이유는 이 과정의 특징으로 다음과 같은 점들을 들고 있기 때문이다. 다시 말하자면 이들은 그의 학설은 왜 문화적 진화설로 이름 붙여져야 하는가하는 이유가 된다.

첫 번째로 이 두 번째 단계는 신인이 탄생한 15만년전을 기점으로 한 것이다. 15만년이라는 기간은 물론 첫 번째 단계의 몇 백만년 과는 비교도 할 수 없을 만큼 짧다. 두 번째로 이 단계는 첫 번째 단계를 거쳐서 생겨난 원형언어가 현대 언어로 바뀌게 되는 단계이다. 그러니까 첫 번째 단계는 인간이 생물학적 내지는 언어적 발판을 갖추게 되는 단계이고, 두 번째 단계는 그가 본격적으로 언어적 능력을 갖게 되는 단계인 셈이다. 세 번째로 이 단계는 인간에게 더 이상 생물학적이거나 유전적 변화가 일어나지 않는 단계이다. 그러니까 인간이 언어적 준비성을 갖게 되는 데 필요한 생물학적 이거나 유전적 변화는 모두 첫 번째 단계때 일어난 것이다.

네 번째로 이 단계는 학습과 사용의 두 절차에 의해서 원형언어가 현대 언어로 진화되는 단계이다. 첫 번째 단계에서의 생물학적 진화와 대비시켜서 그는 이것을 「어휘유전적(glossgenetic) 진화」라고 부르고 있다. 물론 언어를 학습하고 사용하는 주체는 개인이다. 그렇지만 개인은 어느 한 세대에 속하는 존재일 뿐, 15만년이나 10만년 동안에 세대는 수없이 이어져 오게 되어 있다. 그리고 한 세대에서 쓰이던 언어는 으레 다음 세대에 인계가 되어 새로운 변화의 입력체가 된다. 이런 의미에서 이 단계를 Anderson(1973)은 일찍이 「가설형성적」절차와 「연역적」절차에 의해서 변화가 일어난 시기로 보았고, 또한 그 자신(2002)은 「반복적 학습모형」에 의해서 변화가 일어난 시기로 보았다.

다섯 번째로 이 단계는 지금으로부터 4만년전 쯤으로 추리되는 중간시점에 언어적 폭발현상이 일어났던 단계이다. 흔히 언어적 빅뱅이라고 불리는 이 현상은 언어의 구조성이 그전의 그것과는 비교도 할 수 없을 만큼 복잡해진 현상인데, 우선 이것이 구체적으로 어떻게 해서 일어나게 되었는가에 대해서는 아직도 잘 모른다. 그렇지만 이 때에 공진화 현상이 일어나서 사람들이 이렇게 능력이 커진 언어를 보다 빠르고 유용하게 쓰게 되었다는 것은 거의 틀림이 없는 사실이다. 이렇게 보자면 생물학적이거나 유전적 변화가 멎은 상태에서 정식으로 문화적 진화과정이 시작된 것은 15만년전이 아니라 4만년전이 되는 셈이다.

그가 보기에는 이 두 번째 단계 때 언어는 지금의 것과 같은 음운구조와 문법구조를 갖게 되는데, 이런 판단의 근거로 내세울 수 있는 것은 de Boer(2001)의 컴퓨터 시뮬레이션 방법에 의한 모음체계의 진화과정에 관한 연구와 Traugott등(1991)의 문법화 현상에 대한 연구이었다. 우선 de Boer는 컴퓨터로 여러 세대에 걸쳐서 3모음체계가 10이나 11모음체계로 발전될 수 있는 모형을 만드는 데 성공했다. 이 모형은 어떻게 최초의 3모음체계가 가장 흔한 5모음체계(i, e, a, o, u)로 차차 발전되게 되는가를 잘 보여주고 있었다. 또한 이것은 지금의 모음체계가 변별성과 경제성의 두 축에 따라서 여러 세대에 걸친 반복적 전달절차에 의해서 진화되었다는 사실도 잘 드러내주고 있었다.

그 다음으로 1990년대 때부터 Traugott을 위시한 일부 학자들이 시작한 문법화 현상에 대한 연구는 오늘날에「문법화 이론」이 새로운 역사언어학적 이론으로 자리잡게 될만큼 크게 발전하게 되었는데, 따지고 보자면 이 연구만큼 그가 내세우는 어휘유전적 진화론의 타당성을 직접적으로 뒷받침하고 있는 것도 없었다. 이 이론에서는 예컨대 원래는 아주 단순했던 문법조직이 지금의 것과 같은 복잡한 것으로 바뀌게 된 것은 일반적인 어휘가 문법적 기능어로 바뀌는 절차, 즉 문법화의 절차가 오랜 기간에 걸쳐서 여러번 되풀이 되었기 때문이라고 보는데, 이런 견해는 곧 적어도 제2단계 동안에는 학습과 사용의 두 절차가 언어진화를 이끌어왔다는 그의 생각과 똑 같은 것이었다.

이 이론에 따르자면 초기의 문법조직은 명사와 동사와 같은 기본적인 어휘간의 어순을 규정하는 정도로 단순했었는데, 그 후에 가서 문법화 절차에 의해서 조동사, 관사, 전치사, 보문사등의 기능어들이 생겨나면서 지금의 것처럼 복잡했다는 것이다. 이것의 가장 비근한 예가 바로「have」

라는 동사가 시제를 나타내는 조동사로도 쓰이게 된 것이었다. 또 하나의 예는 피진의 일종인 「톡피진(Tok Pisin)」에서 쓰이는 「pela」나 「fela」라는 기능어이다. 이 말에서 이들은 형용사를 만드는 접미사로 쓰이고 있는데, 이들의 단순화된 발음만 보아도 영어의 「fellow」로부터 생겨난 것이라는 것을 익히 짐작할 수가 있다.

3. 언어와 사고의 관계

그의 언어이론이 가지고 있는 두 번째 큰 문제점은 언어체계와 사고체계간의 관계를 논의의 대상에서 배제시킨 점이다. 아마도 그도 자기식의 환원주의적 언어이론을 세우는 데 있어서 가장 큰 장애물이 될 수 있는 것 중 가장 큰 것은 경험의 문제이고 그 다음으로 큰 것은 사고의 문제라는 것 정도는 익히 알고 있었을 것이다. 그래서 그는 처음부터 이들 두 가지 문제들은 모두가 심리학적 문제는 될 수 있지만 언어학적 문제는 될 수가 없다는 자기중심적인 논리를 내세워서 이들을 논의의 대상에 집어넣지 않았다. 그렇지만 그의 논문에 의할것 같으면 언어와 사고의 관계에 대해서도 그는 겉 다르고 속 다른 식의 이중적인 의견을 가지고 있었다고 볼 수가 있다. 경험의 문제에 있어서와 마찬가지로 사고의 문제를 놓고서도 그는 그동안 내내 심리적 갈등을 겪어왔던 것이다.

이런 판단의 근거로 내세울 수 있는 사실로는 먼저 1993년의 논문에서 「개념의도 체계」가 언어능력이 작동하는 데 일정한 역할을 담당하게 된다는 점을 인정한 사실이다. 그가 말하는 「개념의도 체계」란 다름 아닌 사고체계이다. 그러니까 여기에서 그는 사고체계의 도움 없이는 언어체계가 제대로 작동될 수 없다는 점을 인정한 것이다. 물론 이 논문에 제시되어있는 언어기구도의 제일 중요한 특징은 처음으로 수행체계를 언어능력의 일부로 포함시켰다는 점이다. 다시 말하자면 여기에서 처음으로 그는 언어능력은 크게 인지체계와 수행체계로 이루어졌다는 의견을 내놓음으로써 그전까지의 언어수행은 언어능력과 무관한 것이라는 견해를 완전히 무의미한 것으로 만들어버린 것이다.

그런데 이 언어기구도의 구조를 자세히 살펴보게 되면 그의 언어관은 역시 다분히 편향적인 것이라는 점과 특히 사고의 문제를 놓고서 그가 일종의 심리적 갈등을 겪고 있다는 점 등을 쉽게 확인할 수가 있다. 한마디로 말해서 이 기구도는 통사부의 명칭을 인지체계로 바꾸고 해석부의 명칭을 수행체계로 바꾼 것에 지나지 않는다. 그러니까 문법체계의 주부는 통사부이고 음성이나 의미적 해석부는 그것의 주변부에 불과하다는 그의 생각에는 아무런 변화가 없는 것인데, 그것의 증거로는 이것이 인지체계의 작동절차는 어휘부를 이용해서 배번집합을 만드는 첫 번째 단계와 그것을 문자화하는 두 번째 단계, 다시 그것으로부터 음성형태와 논리형태를 만들어내는 세 번째 단계 등의 세 단계로 이루어졌는데 반하여, 수행체계의 그것은 음성형태는 조음청취체계와 인터페이스를 하고 논리형태는 개념의도 체계와 인터페이스를 해서 각각 소리와 의미를 얻어내는 네 번째 단계 하나로 되어있다는 식으로 그려져 있다는 사실을 들 수가 있다.

이 구도는 그러다 보니까 적어도 두가지 점에 있어서 일반적인 상식이나 심리학적 이론과는 배치되는 것이 되고 말았다. 첫 번째로 이것에서는 인지체계가 통사적 작업만을 하는 곳으로 되어있는데, 일반적인 상식이나 심리학적 이론에서는 그것을 사고와 같은 일반적인 지적 작업을 하는 곳으로 보고 있다. 여기에서의 인지라는 말은 인지심리학이나 인지과학에서의 그것과 전혀 다른 것이다. 두 번째로 이것에서는 언어능력의 한 하위능력 안에 사고능력을 집어넣음으로써 언어의 기능과 사고의 기능을 일단 대등한 것으로 보려는 일반적인 상식이나 심리학적인 이론의 타당성을 정면으로 부정하고 있다. 역사상 아무리 극단적인 언어우위론적 이론도 언어적 능력 밑에 사고의 능력을 갖다 놓으려는 시도는 하지 않았다. 예컨대 Humboldt의 세계관의 가설에서도 이들 두 가지를 차등적인 것으로 보려고는 하지 않았고, 또한 Sapir-Whorf의 언어적 상대성의 이론도 이 점에 있어서는 다를 바가 없었다.

물론 이상과 같은 그의 언어관의 편향성은 고스란히 이 논문 전체의 흐름과 내용에도 반영되어 있어서, 어떤 점에 있어서는 이것이 그것에 대한 더 확실한 증거일 수가 있다. 한마디로 요약해서 이 논문에서는 최소주의이론이 왜 앞으로 모두 세 가지 단계로 이루어진 인지체계 중심의 것이 되어야 하느냐에 대한 설명만 하고 있지, 네 번째 단계인 수행체계에 대한 설명은 전혀 하고 있지 않다. 심리학적인 입장에서 볼 것 같으면 인지체계의 그것에 못지않게 수행체계의 작동절차가 복잡할 것이 분명한데도, 그는 그것에 대한 언급을 그 존재만을 귀띔해 주는 정도로 제한함으로써 마치 그 절차는 거의 자동적으로 이루어지는 것인 듯한 인상을 주려고 애쓰고 있다.

바로 이런 사실을 통해서 우리는 그가 경험의 문제를 놓고서 겪었던 것과 동일한 성격의 심리적 갈등을 이 문제에 있어서도 겪고 있음을 추리할 수가 있다. 이런 갈등은 물론 그도 사고의 기능을 언어의 기능보다 더 상위적인 것이거나 아니면 그것과 최소한 대등한 것으로 보아야 한다는 일반적인 상식을 가지고 있다는 데서 시작이 된다. 이런 상식을 그대로 받아들이면 그의 언어이론이 송두리째 무너져 버린다는 것을 그가 모를 리가 없다. 그래서 그는 궁리 끝에 수행체계의 일부로 개념의도 체계를 집어넣는 묘책을 찾은 것인데, 그러다 보니까 그의 이론은 언어능력과 언어수행을 구별한 나머지 언어수행에 대한 논의는 아예 배제해버리려던 옛적의 그것보다 더 우스꽝스러운 것이 되고 말았다. 이런 갈등을 해소하는 길은 따라서 그가 자기의 상식을 되살리는 것 밖에 없다.

이런 판단의 두 번째 근거로 내세울 수 있는 것은 그가 2005년의 논문에서 Fodor가 일찍이 내세웠던「사고언어」이론의 타당성을 인정하고 있다는 사실이다. 앞에서 여러 번 말이 나왔듯이 그전까지는 아무리 Fodor나 Jackendoff와 같은 큰 의미에서의 동료들이 언어체계와 사고체계의 상호의존성을 강조하고 나서도 그의 무시 내지는 무대응 일변도의 태도는 더 굳어져만 갔다. 그런데 무슨 이유에서인지 이 논문에서는 그가 이 문제에 관한 자기의 태도를 180도 바꾼듯한 발언을 하고 있다. 이것이 사실은 그의 본심이었는데, 그 동안에는 의도적으로 그것을 겉으로 드러내지 않았을 것이다.

이 논문의 도입부에서는 그가 언어연구에는 앞으로 응당 생물학적인 접근법이 적용되어야한다는 점을 강조하면서, 그 근거로 아직은 언어학과 진화론 모두에 있어서 자기가 내세운「돌연 발생설」에 대한 설명을 제대로 하지 못하고 있다는 사실을 내세우고 있는데, 바로 이 자리에서 진화론적으로 보았을 때는 Fodor의 사고 언어의 이론은 일단 맞다고 보아야 한다는 말을 하고 있다. 예컨대 우리는 다음과 같은 말을 통해서 그가 언어의 진화는「최소의 의미적 단위들의 핵심의미론」, 즉 어휘조직이 먼저 발달하고 그 뒤에「기호의 문한한 조립을 가능케 하는 조직」즉 문법조직이 발달하는 식으로 진행되었을 것이라고 추리하고 있다는 사실을 익히 확인할 수 있다.

> 따라서 언어의 핵심이론, 즉 보편문법은 첫 번째로는 오늘날 Jerry Fodor(1975)가 내세웠던「사고언어」의 실체와 동일시되기도 하는「인식력」의 요소들인 개념의 표현체인 어휘항목의 구조화된 목록을 제시할 수 있어야 되고, 두 번째로는 이런 어휘항목으로부터 사고와 해석, 계획 그 밖의 인간의 정신활동에 쓰이게 되는 무한한 형태의 내적 구조들을 만들어낼 수 있는 수단을 제시할 수 있어야 된다. 그런데 이런 구조들은 때로는 행동에 쓰이게도 되는데, 이것은 곧 이상

과 같은 추리가 맞다면 일종의 2차적 절차로 볼 수 있는 外在化의 절차인 셈이다.(p.4)

이 말에서 특별히 눈에 띄는 점은 크게 두가지 인데, 그중 첫 번째 것은 사고라는 단어를 Fodor의 이론을 소개하는 자리와 내적 구조의 적용영역을 설명하는 자리의 두 곳에서 사용함으로써, 작게는 사고체계의 존재 자체를 인정하고 크게는 그것은 으레 언어체계가 작동될때 일종의 동반자적인 체계로 참여하게 된다는 사실을 인정하고 있다는 점이다. 그러니까 그도 사고는 우선 개념의 조직체인데, 그것을 언어화한 것이 바로 어휘라고 생각하고 있는 것이며, 그 다음으로는 어휘에 의해서 만들어지는 내적 구조들이 사고절차의 실제적인 운용자라고 생각하고 있는 것이다. 언어와 사고의 상호 불가분성이나 상호의존성을 이것보다 더 간명하게 설명할 수는 없다.

그중 두 번째 점은 개념의 정의를 내리면서 「인식력(cognoscitive powers)」이라는 희귀한 술어를 사용하고 있다는 점이다. 사전에 나와 있는 정의에 의하자면 「인지력(cognitive powers)」과 인식력은 일종의 동의어들이다. 그리고 「인식력」이라는 술어는 분명히 인지과학이나 심리학에서는 쓰이지 않는 것이다. 이런 식의 용어적 조작은 어떤 의미에서는 그 특유의 장기라고 볼 수가 있다. 또한 「인지」라는 술어는 이미 문법적 능력을 설명하면서 사용해버렸기 때문에 이런 현상이 일어났다고 생각할 수도 있다. 그렇지만 무엇보다도 중요한 사실은 개념의 심리적 실재성을 이로써 인정하게 되었다는 점이다. 그렇다면 결국 여기에서 그의 사고에 대한 본심은 일반적인 상식이나 전통적인 학자들의 의견과 하등 다른 점이 없다는 결론을 얻을 수가 있다. 그러니까 그는 사고의 문제가 나올 때마다 일종의 심리적 딜레마에 빠져들었을 것이 분명하다.

(1) 개념구조 이론

또한 보다 적극적으로 이 문제에 있어서의 그의 언어이론의 부당성을 노정시킬수 있는 방법은 언어학자나 심리학자중 일부에 의해서 이미 사고체계를 언어체계의 일부로나 아니면 그것과 분리될 수 없는 체계로 보려는 의견이나 이론이 제안되지 안했는지를 확인해 보는 것인데, 사실을 그런 제안이 이미 있었다는 것을 다음과 같은 두 가지 사실이 잘 드러내주고 있다. 그중 첫 번째 것은 자기의 언어이론이 Chomsky의 그것과 마치 쌍벽을 이루기를 원했던 것처럼, 그의 보편문법이론이 전성기를 누리고 있던 1980년대 때부터 끈질기게 Jackendoff가 「개념구조 이론(conceptual structure theory)」을 내세워왔다는 사실이다. 앞에서 이미 논의가 되었듯이 오늘날 Chomsky의 언어이론을 비판하고 공격하는 데 선봉장의 역할을 하고 있는 사람이 Pinker와 Jackendoff이다. 그러니까 두 이론간의 이런 대립 관계는 어제 오늘에 갑자기 형성된 것이 아니라 최소한 2~30년 전부터 형성되어온 것이다. 그리고 어떤 의미에서는 그보다 더 중요한 사실은 그가 원래는 넓은 의미에서의 Chomsky학파의 일원이었다는 사실일는지도 모른다. 다시말해서 근본적인 의미에서는 그의 언어이론은 Chomsky의 것을 확대하고 수정한 것으로 볼수 있다는 점이 가장 중요한 사실일는지도 모른다.

그게 그렇다는 것은 그가 1994년의 책의 서두에서 모름지기 크게 세 가지 전제하에서 언어연구는 이루어져야 된다고 주장한 사실로써 익히 확인할 수가 있다. 그가 말하는 세 가지 전제란 정신적 문법에 대한 논의를 위시하여 내재적 지식에 대한 논의, 경험의 구조에 대한 논의 등인데, 그들의 내용을 살펴보게 되면 결국 이중 두 번째 것은 바로 Chomsky의 언어이론에 해당되는 것이고 나머지 두 가지는 그것을 수정하거나 보완하는 데 쓰이는 것이라는 사실이 당장 드러난다. 다시 말하자면 첫 번째 전제는 언어사용자는 으레 대단히 다양한 언어적 표현을 쓰고 있다는 사실을 통해서 그의 머리 안에는 무의식적인 정신적 문법이 들어있다는 것이고, 세 번째 전제는 이 세상에 관한 우리의 경험은 으레 우리의 머리 안에서 무의식전 원리에 의해서 일종의 구조체를 이루게 되어있다는 것이니까, 두 가지 모두가 Chomsky의 언어이론에서는 금기사항으로 여겨졌던 문제들과 관련된 것들인 셈이다. 즉 첫 번째 전제는 언어연구에서는 사고체계의 문제가 마땅히 다루어져야한다는 의미이고, 세 번째 전제는 언어연구에서는 경험의 문제가 응당 이루어져야 한다는 의미인 것이다.

그런데 근본적으로는 그가 사고체계 안에 경험적 지식의 체계도 포함시킬 수 있기 때문에 결국에는 사고의 문제를 배제시키는 한은 Chomsky의 언어이론은 지극히 편향된 것으로 남아있을 수 밖에 없다고 생각하고 있다고 볼 수가 있는데, 「사고에의 창문으로서의 언어(Language as a window on thought)」라는 제목이 붙어있는 이 책의 제14장에서 그가 어떤 주장을 하고 있는가를 살펴보게 되면 이런 판단이 크게 틀린 것이 아니라는 것을 쉽게 알 수가 있다. 이 장은 한마디로 말해서 앞으로 언어연구는 Chomsky식의 언어 우위적인 언어관이 아니라 자기식의 사고우위적인 언어관을 가지고 수행되어야 궁극적으로는 언어학이 Chomsky가 바라고 있는 것과 같은 생물언어학적인 모습을 갖추게 될것 이라는 그의 소신이 밝혀져 있는 장이다.

이 장에서 그가 주장하고 있는 바는 대략 다음과 같은 것들이다. 첫 번째로 그는 여기에서 의미론은 곧 사고체계에 대한 것이지, 결코 문법체계에 관한 것일 수 없다는 점을 강조하고 있다. 그러니까 그는 언어학의 궁극적인 과제중 하나인 의미론은 지금의 것과 같은 통사론 중심적인 접근법으로는 제대로 발달될 수 없다고 본 것이다. 그 근거로 그는 의미를 결정짓는 것은 문맥이지 문법적 규칙이 아니라는 사실이나, Chomsky의 주장과는 달리 사람들은 대개 중의문이나 비문의 의미를 파악하는 데 큰 어려움을 겪지 않는다는 사실 등을 들고 있다.

　두 번째로 여기에서 그는 언어와 사고의 상호의존성이나 불가분성을 강조하고 있다. 그는 그런데 바로 이 자리에서 한편으로는 Sapir-whorf의 가설의 타당성을 인정하면서도 다른 한편으로는 그것과 정반대적인 언어관을 내세우고 있다. 예컨대 Sapir와 Whorf는 언어와 사고의 관계는 최소한 양자가 대등한것이든지 아니면 언어가 사고를 지배하는식의 것이라고 생각했다. 그러나 그는 사고자체는 원래가 무의식적인 것이며, 그것을 의식적으로 표현한 것이 바로 언어라고 생각한다. 그러니까 그는 양언주의자의 언어사용이 익히 증거가 되고 있듯이, 한 개인의 사고체계가 언제나 그의 언어체계를 지배하게 되어 있다고 보는 것이다.

　세 번째로 그는 여기에서 개념적 구조가 바로 사고의 틀이라는 그 나름의 사고관을 피력하고 있다. 그는 우선 사고의 단위와 형식은 언어의 단위와 형식과 같지 않지만 개념적 구조가 이른바 개념적 기본소와 개념적 문법으로 구성되어있다는 점은 언어와 닮았다고 보는 것이다. 한마디로 말해서 그는 이 장의 제목대로 언어를 보면 바로 사고의 실체를 알수 있게 된다고 생각하는 것인데, 두말할 필요도 없이 이런 견해는 Fodor의 사고관과 동일한 것이다. 그런가 하면 그는 직관적 사고가 따로 있는 점으로 미루어 보아서 어떤 사고는 일종의 시각적 심상일 수도 있다는 말도 하고 있다. 아마도 사고체계가 언어체계보다 더 상위적인 것이라는 점을 강조하다 보니까 이런 식의 정의도 나왔을 것이다.

　네 번째로 그는 여기에서 언어적 문법이 그렇듯이 개념적 문법도 어린이들이 생득적으로 지니고 있는 지식이라는 점을 강조하고 있다. 다시 말해서 그는 보편문법은 언어에게만 있는 것이 아니라 사고에도 있다고 생각하는 것인데, 그 근거로 그들은 아주 어려서부터 으레 전경대 배경의 조직의 원리에 따라서 공간적 위치를 파악하고 있다는 사실을 들고 있다.

그들의 이런 사고절차는 물론 그대로 그들의 언어적 표현에도 반영되게 되어 있어서 예컨대 그들은 「The bike is next to the house.」라고 말하지 「The house is next to the bike.」라고는 말하지 않는다는 것이었다.(p.190)

다섯 번째로 여기에서 그는 안타깝게도 현재로서는 개념이나 사고체계의 내재성을 뒷받침할 수 있을만한 신경학이나 생물학적 증거는 하나도 없다고 보아야 한다는 점을 강조하고 있다. 어떻게 보자면 이런 말은 이 장에서 그가 하고 있는 말 중 가장 중요한 말이라고 볼 수가 있는데, 그 이유는 사람에 따라서는 얼마든지 이 점 하나로써 그가 내세우는 첫 번째로부터 네 번째까지의 사고체계의 특징들이 모두 가상적인 것에 지나지 않는것 이라고 주장할 수 있기 때문이다. 그러나 이 문제에 관한 그의 말의 진의는 신경학이나 생물학이 앞으로 더 발전하게 되면 틀림없이 그런 증거는 나오게 되어있다는 것이지, 그런 희망이 없다는 것은 아니다. 예컨대 그는 그러나 「언어나 음악, 시각과 달리, 우리는 아직까지 개념적 사고와 관련된 특수한 영역이 두뇌 안에 있다는 것을 실증하지를 못했다. 내가 보기에는 이 과제는 신경과학이 더 성숙해지기를 기다릴 수밖에 없는 과제인 것 같다.」라고 말하고 있다.(p.203)

그런데 사실은 그가 이 책에서 내세우고 있는 사고우위적 언어관은 그의 개념구조 이론의 기본이 되는 것이어서 이 문제에 관한 1970년대 때부터 오늘날에 이르기까지 그의 많은 논문이나 책에서 반복적으로 개진되어 왔다. 그러나 엄밀하게 따지자면 그의 언어관이 그동안 내내 동일한 것이었다고 볼 수는 없는데, 그 이유는 처음에는 개념구조를 언어체계와 전혀 별개의 것으로 보았다가 그 후에 가서는 그것을 언어체계의 일부로 보게 되는 식의 큰 이론적 변환이 있었기 때문이다. 두말할 필요도 없이 초기에 그가 가졌던 사고관, 즉 이들 두 가지가 각자 독립적인 체계로 존재하면서 기능시에는 서로 간에 상호의존적인 관계를 유지하게 된다는 사고관은 그동안에 언어와 사고간의 밀접한 관련성을 내세운 사람들이 공통적으로 가지고 있던 것이었다. 예컨대 Sapir-Whorf의 사고관도 그런 것이었고, Fodor의 사고관도 그런 것이었다. 이런 식의 사고관을 가령 다분히 상식적인 사고관으로 치자면 1970년대에는 그가 사고에 대해서 다분히 상식적인 발상법을 갖게 된 것은 너무나 당연한 일이었다고 볼 수가 있다.

그러나 1980년대에 이르러 그의 이런 언어관은 그 특유의 사고우위적인 언어관으로 바뀌게 되었는데, 그것이 구체적으로 어떤 것인가 하는 것을 그는 1983년에 내놓은 「의미론과 인지(Semantics and cognition)」라는 책안에서 잘 밝혀 놓았다. 여기에 제시된 그의 언어 체계도는 역사상 최초로 개념이나 사고구조를 그 안에 포함시켰다는 점에서 특별한 주목을 받기에 충분한 것이었다. 이 체계도는 크게는 음운구조와 통사구조, 개념구조 등의 세 주요 구성부 간의 상호 연결관계를 규정한 것이고, 작게는 통사구조와 개념구조가 대응규칙에 의해서 하나의 조직체처럼 작동되는 과정을 규정한 것이다. 두말할 필요도 없이 이런 언어체계도는 Chomsky의 그것과는 판이하게 다른 것이다.(p.21)

그런데 이런 언어체계도가 실제로는 다분히 사고 우위적인 언어관에서 비롯되었다는 것은 그는 개념구조를 바로 의미구조로 보고 있다는 사실로써 익히 알 수가 있다. 그는 우선 언어연구의 궁극적인 과제는 통사구조의 실체가 아니라 의미구조의 실체를 밝히는 것이어야 된다고 생각했다. 그 다음으로 그는 개념이나 의미구조내에서는 이 세상에 대한 온갖 지식과 기본적인 개념과 사고절차등이 들어있어서 통사구조보다 더 크고 상위적인 것으로 보았다. 세 번째로 그는 개념이나 의미구조는 문법구조가 그렇듯이 독립적이고 자율적인 구조로 보았다. 이런 의미에서 Chomsky는 단일 모듈론자인데 반하여 그는 복합 모듈론자였다.

네 번째로 그는 개념구조가 이런 성격의 것이기에 통사구조와 개념구조간의 대응관계는 1대1식의 단순한 것이 될 수 없다고 생각했다. 만약에 이 관계가 1대1식인 것이라면 의미론을 굳이 통사론보다 상위의 것으로 볼 필요가 없어지는 것인데, 개념구조에서는 으레 의미적 규칙뿐만 아니라 화용적 규칙들도 다루어지게 되어있다는 사실 하나만으로써 그들 간의 관계가 절대로 그렇게 대등적인 것이 아니라는 것을 익히 알 수 있었다. 그는 여기에서 하나의 의미 이론은 모름지기 표현성과 조립성, 보편성, 의미적 자질, 문법적 제약, 인지적 제약등의 여섯가지 조건을 충족시켜야 된다고 주장하고 있는데, 이들을 총괄적으로 관장하고 있는 곳이 바로 개념구조인 것이다.

다섯 번째로 그는 여기에서 그럼에도 불구하고 궁극적으로는 통사구조와 개념구조간에는 일종의 병렬적 동상관계가 있게 되어있다고 보고 있다. 그가 자기의 의미이론을 X-바 통사론을 그대로 되풀이하는 식으로「X-바 의미론」으로 이름붙인 사실이 그 점을 웅변적으로 증거하고 있다. 간단히 말해서 그는 통사적 범주들이 통사적 구구조 규칙에 의해서 통사적 구조체를 형성하게 되듯이, 의미적 범주들도 의미적 구구조 규칙에 의해서 의미적 구조체를 형성하게 된다고 생각한 것이다. 물론 바로 이런 병렬적 발상법이 틀린것이 아니라는 것은 예컨대「John threw the ball.」이라는 목적어문의 의미는 우선 동작과 위치 중심의 사건문인 [EVENT CAUSE ([JOHN], [EVENT GO [BALL], [path TO([...])])])로 표현될 수 있으며, 그 다음으로는 행위자와 수동자간의 관계문인 [AFF([JOHN], [BALL])]로 표현될 수 있다는 사실 하나만으로 익히 알 수가 있다. 그렇지만 그가 의미이론의 조건으로 여섯가지를 내세우고 있는 점으로 미루어 보아서는 그가 생각하는 X-바 의미론은 결국 제대로 된 의미이론의 일부에 불과하다는 것을 그 자신이 너무나 잘 알고 있음이 분명하다.(Jun,

2006: p.74)

그러나 무엇보다도 중요한 사실은 이 때에 제안된 그의 사고 우위적 언어관은 그 후 20여년이 지나면서 그만의 독특한 언어관으로 정립되게 되었다는 점이다. 예컨대 그가 2002년에 낸 「언어의 기초:두뇌, 의미, 문법, 진화(Foundations of language:brain, meaning, grammar, evolution)」라는 책에서는 언어를 음운구조와 통사구조, 개념구조로 이루어진 「3부의 병렬구조체」로 정의하고 있는데 이런 식의 파격적인 언어관은 1983년의 책에서 이미 제안되었었다. 지금에 이르러 한 가지 달라진 점이 있다면 이들 세 구조들은 인터페이스 규칙에 의해서 으레 병렬적이며 상호교섭적으로 작동하게 되어 있다는 점이 강조되게 되었다는 점이다.

그런데 이 책에서는 편의상 일단 점진적 진화단계설이라고 명명할 수 있는 그 나름의 독자적인 언어 기원설이 제안되고 있는데, 따지고 볼 것 같으면 이것은 그가 자기특유의 사고우위적 언어관을 언어진화의 틀 안에서 구현시킨 것에 지나지 않는다. 인간 자체가 그렇듯이 그의 언어도 오랜 기간에 걸친 진화의 절차에 의해서 얻어진 것인 이상 한 개인의 언어이론은 결국에 그의 언어기원관에서 마무리가 되어야 한다고 생각한 점은 그와 Chomsky사이에 아무런 차이가 없다. 그렇지만 Chomsky는 기존의 진화론적 학설들을 비판하는 것을 자기의 언어기원설의 전부로 생각한데 반하여, 그는 자기 나름의 독자적인 학설을 내세웠다는 점이 차이점이다.

그의 언어기원설은 그런데 크게 두 가지 측면에서 분석해볼만한 가치가 있다고 볼 수가 있는데, 그중 첫 번째 것은 언어기원론적 측면이다. 한 마디로 말해서 이것은 최근에 Chomsky의 도전으로 진화론파와 반진화론파로 언어기원론자들이 갈라지게 된 판국에 진화론파의 승리를 선언한 학설이다. 평소에도 그는 Pinker와 함께 현재로서 가장 과학적인 언어기원의 이론으로 받아들일 수 있는 것은 오직 진화론적인 것 밖에 없다는 입장을 밝혀왔었기에, 이것은 하등 놀라운 일이 아니다. 그렇지만 본인은 「연장 셋트(toolkit)이론」으로 부르고, 일반적으로는 점진적 진화단계설로 불릴 수 있는 하나의 정리된 언어기원설을 내세운 것은 이번이 처음이다.

그중 두 번째 것은 언어 이론적 측면이다. 첫 번째 측면에서의 것보다도 이 측면에서의 것이 그가 궁극적인 의미에서는 분명한 반 Chomsky주의자라는 사실을 보다 확실하게 드러내 주는데, 그 이유는 이 언어기원설의 기저가 되고 있는 것은 다음과 같은 두 가지의 반변형주의적 발상법이기 때문이다. 첫 번째로 이 언어기원설에는 그 특유의 사고우위적인 언어관이 그대로 반영되어있다. 그가 제시한 언어진화 과정도에 따를 것 같으면 크게 그 과정은 기존 영장류의 개념구조가 바탕이 되어서 상당한 수준의 상징체계를 갖게 되는 첫 번째 단계와, 일정한 음운체계와 어휘체계를 갖추고 있는 원형언어를 갖게 되는 두 번째 단계, 그것이 구구조체계와 굴절체계, 문법적 기능어등의 발달로 다양한 문법적 기능을 수행할 수 있게 되면서 현대 언어로 바뀌게 되는 세 번째 단계 등의 세 가지 단계로 이루어져 있다.(p.238)

특히 그가 보기에는 문법적 체계가 보다 정교해진다는 것은 곧 추상적인 의미관계를 보다 명시적으로 표현할 수 있는 수단이 생겨났다는 의미였다. 그러니까 그는 이 세 번째 단계에 이르기까지 언어발달을 주도한 것은 형식발달의 욕구가 아니라 의미표현의 욕구라고 생각한 것인데, 이 점이야말로 그가 얼마나 철저한 반Chomsky주의자인가 하는 것을 단적으로 드러내 주는 것이라고 볼 수가 있다. 그는 역시 확고부동한 의미론자이지 어설픈 통사론자는 아닌 것이다.

두 번째로 그의 언어 진화 과정도에서는 변형규칙이라는 용어자체가 아예 쓰이고 있지를 않다. 그 특유의 사고우위적인 언어관의 축도로 볼 수 있는 이 도표에 변형이라는 용어가 쓰이고 있지 않는 것은 물론 그는 그 절차를 인정하지 않기 때문이다. 다시 말해서 그는 문법을 구구조 규칙을 중심으로 해서 굴절체계와 기능어 체계등이 그 외의 보완적 기능을 수행하는 조직으로 보고 있는데, 두말할 필요도 없이 이런 문법관은 Chomsky의 그것과 너무나 다르다. 이런 의미에서도 그는 철저한 반Chomsky주의자이다.

(2) 어휘적 접근이론

그동안에 언어와 사고의 불가분성은 일종의 상식적인 지식으로 받아들여져야 한다는 점을 명시한 또 하나의 대표적인 이론으로는 Bierwish와 Schreuder에 의한 「언어산출에 있어서의 어휘적 접근(lexical access in language production)」이론을 들수가 있다. Jackendoff의 개념구조 이론을 언어학적인 개념구조 이론으로 치자면 이들이 1992년에 「개념으로부터 어휘항목으로 (From concepts to lexical items)」라는 논문에서 제안한 이 이론은 일종의 심리언어학적 개념구조 이론으로 볼 수가 있다. 그러니까 간단히 말해서 이것은 Jackendoff의 개념구조 이론의 타당성을 심리언어학적으로 실증한 이론인 셈이다.

그런데 사실은 이들이 여기에서 제안하고 있는 언어산출 이론은 그들의 독창적인 이론이라기보다는 지금까지 여러사람들에 의해서 제안된 이론들을 종합 내지는 집대성한 것으로 보는 것이 맞는 일이다. 예컨대 이들이 여기에서 제시하고 있는 언어산출도는 크게 개념화자와 형식화자, 조음자등의 세 가지 산출기구로 구성되어 있는데, 이런 식의 발상법을 제일 먼저 가졌던 사람은 바로 Levelt였다. 또한 최근에 제안된 대부분의 언어산출이나 언어처리이론들은 으레 정신적 어휘나 표제어, 즉 「레머(lemma)」등의 개념을 중심으로 해서 만들어진 것인데, 이런 개념의 타당성은 이 이론에서도 논의되고 있다. 구체적으로 말해서 이 이론에서는 일찍이 Dell이 제안했던 「확산적 활성화 모형」이나, Rumelhart와 McClelland가 제안했던 「병렬적 분배처리 모형」등의 타당성이 상당히 깊게 검토되고 있다. 이런 의미에서 볼 것 같으면 여기에서의 Jackendoff의 개념구조 이론의 타당성에 대한 심리언어학적 검토작업은 이들 두사람만에 의한 것이라기보다는 심리언어학 전체에 의한 것이라고 볼 수도 있다.

이 이론이 Jackendoff의 개념구조 이론의 타당성을 심리언어학적으로 실증한 것이라는 것은 두이론 간에는 다음과 같은 몇 가지의 의미있는 공통성이 있다는 사실로써 익히 확인될 수가 있다. 첫 번째로 이 이론에서는 아래의 언어산출도가 잘 보여주고 있듯이 언어산출의 기본이 되는 부분은 전달하려는 메시지를 형성하는 부분, 즉 개념화자로 보는데, 두말할 필요도 없이 이런 발상법은 Jackendoff의 사고나 의미우위적 언어관의 핵심이 되는 생각이다. 이것은 곧 이들 두 사람뿐만 아니라 대부분의 언어심리학자들의 언어관은 Chomsky의 그것과 거의 정반대의 것이라는 의미일 수도 있다.(p.42)

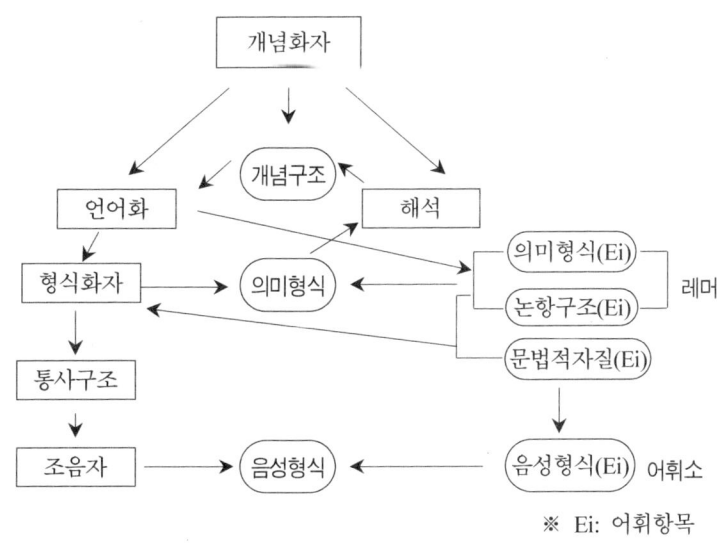

두 번째로, 이 이론에서는 어휘를 언어체계의 기본단위로 보고 있는데, 어휘체계를 문법체계보다 더 기본적으로 본다는 의미에서는 이런 발상법은 Jackendoff의 생각과 동일한 것임이 분명하지만, Jackendoff는 의미나 개념구조에서도 문법구조에서처럼 일종의 구구조 규칙이 쓰이고 있다고 보는데 반하여 이 이론에서는 그 문제를 그렇게 다루고 있지 않다는 점에 있어서는 양자간에 일정한 차이성이 있다고 볼 수가 있다. 한마디로 말해서 Jackendoff를 변형주의적 사고방식에 어느 정도까지 빠져있는 하나의 생성의미론자로 치자면 이들과 같은 언어심리언어학자들은 완전한 어휘론자들인 셈이다. 물론 문법체계보다는 어휘조직을 중요시하는 반 변형주의적 언어이론에는 어휘기능이론 같은 것도 있는데, 이들의 언어관은 그런것보다도 훨씬 더 어휘중심적인 것이다.

이 이론이 그렇다는 것은 예컨대「enter」라는 동사는 아래에 제시된대로 크게 음성형식과 문법자질, 논항구조, 의미형식등의 네 가지 구성부로 이루어져있다는 사실로써 익히 알 수가 있다. Jackendoff가 X'의미론이라는 이름 밑에서 다루려던 어휘간의 구조관계등을 여기에서는 각 어휘의 문법자질과 논항구조에서 명시해주고 있는 것이다. 특히 이들은 우리의 머리 안에 들어있는 정신적 어휘는 이런 식으로 네 가지 항목을 지니고 있는 것으로 보고 있다. 결국에 언어학에서의 어휘론과 심리언어학에서의 그것사이에는 이렇게 큰 차이성이 있는 것이다.(p.27)

/enter/   [+V,-N] $\lambda x \lambda y$ [yDO[MOVEy]:FIN[yLOC INx]]

음성형식   문법자질   논항구조   의미형식

세 번째로 이 이론에서는 한 어휘의 의미는 원초적 요소들의 복잡한 구조체로 보고 있는데, 이런 어휘적 의미관은 Jackendoff의 그것과 크게

다르지 않다. 다시 앞에서 예로 든 「enter」의 경우로 돌아가 볼 것 같으면 이 동사의 의미형식은 크게 「DO」, 「MOVE」, 「FIN」, 「LOC」등의 의미적 상수와 「x」, 「y」, 「z」등의 변수로 구성되어있다. 물론 의미적 상수는 개념적이거나 지각적, 운동적, 기타 정신적 구조상으로 문맥 의존적이면서 고정된 내용을 가지고 있는 것으로 볼 수가 있지만, 의미적 변수는 다른 언어적 표현에 의해서 명시가 되거나 아니면 적절한 개념적 가치에 의해서 고정이 되어야 한다는 의미에서 일종의 개방된 빈칸으로 볼 수가 있었다.

네 번째로 이 이론에서는 의미해석시 작동되는 개념구조에는 그 문장의 의미형식으로부터의 정보외에 백과사전적 배경지식과 문맥적 정보, 상황적 조건등으로부터의 것도 들어있게 되어 있다고 보고 있는데, 이런 발상법은 Jackendoff도 일찍부터 가지고 있었다. 예컨대 1983년의 책에서 언어체계의 구성부를 통사구조와 의미구조, 개념구조등의 세 가지로 잡았을 때 이미 그는 의미구조와 개념구조 사이에서 이들을 직접적으로 연결시켜주는 부위로 화용부를 내세웠을 뿐만 아니라, 개념구조는 원래가 시각체계와 운동체게 등으로 부터의 정보를 받아들이게 되어있다는 사실을 명시했었다.

이 이론에서는 특히 이런 입장이 아직은 심리언어학자들 모두의 것이라고 볼 수는 없음에도 불구하고 대담하게 개념구조의 내용을 결정짓는 것은 역시 의미형식으로부터의 정보가 아니라 문맥적 환경과 배경지식으로부터의 정보라는 입장을 내세우고 있는데, 결국에는 Jackendoff의 언어관은 언어학적인 것인데 반하여 이들의 그것은 심리학적이라는데서 이런 차이점이 나타났다고 볼 수가 있다. 이들은 예컨대 일단 여기에서는 「개념구조를 마련해주는 것은 단하나의 통일된 정신/두뇌의 표현체계」라는 전제하에서 이 문제를 논의할 것을 권장하고 있다.

아무튼 이 이론에서는 해석과 언어화 사이에는 1대1이 아니라 복수대 복수식의 사상관계가 존재한다는 사실, 다시 말해서 하나의 의미형식에는 여러 가지의 개념 구조적 해석들이 있을 수 있고, 반대로 하나의 개념 구조는 여러 가지 의미형식의 해석일 수도 있다는 사실을 가장 중요한 점으로 내세우고 있다. 이들은 그 예로서 「John is shorter than Bill.」과 「John is not as tall as Bill.」이 의미상 서로 다른 문장이라는 사실과 Chomsky가 말하는 「Who do you want to leave?」라는 문장의 중의성은 실제에 있어서는 전혀 문제가 되지 않는다는 사실등을 들고 있다.

이들이 이 논문의 결론으로 내세우고 있는 것은 자기 이론이 언어 산출에 관한 지금의 심리언어학적 이론들을 대표하는 것임은 의심할 여지가 없지만, 그렇다고 해서 이것을 하나의 완결된 이론으로 본다는 것은 지극히 자기도취적인 행위일 따름이라는 점이다. 이들이 보기에는 앞으로 언어심리학자들이 더 연구해야할 과제는 우선 현재로서는 거의 추리와 가정의 수준에 머물고 있는 개념구조에 대한 지식을 보다 과학적이고 확실한 것으로 향상시켜서, 그 결과 개념구조와 어휘의 의미형식은 서로 다른 정신체계에 의해서 결정되는 탓으로 그들은 일반적으로 조화롭지 않다는 사실, 다시말해서 해석과 언어화 사이에는 으레 복수대 복수식의 사상관계가 존재하게 되어있다는 사실을 밝히는 것이었다.(p.56)

이런 의미에서 볼 때 이들의 모형이 가지고 있는 가장 결정적인 문제점은 문맥이나 상황적 정보의 역할을 무시했다는 점이었다. 실제로는 해석과 언어화 모두가 크게 문맥의존적이라는 것을 익히 알고 있음에도 불구하고 그 요소를 자기네 모형에 포함시키지 않은것은 「이런 추가적인 양상에 대하여 분명하려고 하다 보면 모든 것이 극도로 복잡해질뿐만 아니라, 현재로서는 그렇게 한다는 것이 거의 불가능한 일이었기」 때문이라고 이들은 실토하고 있다. 특히 이들은 자기네 이론이 Grice의 회화의 격률이론이나 Sperber와 Wilson의 인지적 경제성 이론을 제대로 반영하기에는 크게 부적절한 것임을 솔직히 인정하고 있다.(p.58)

4. 의미의 문제

그의 철저한 환원주의적 언어연구관으로 말미암아 생기게 되는 문제 중 세 번째로 내세울 수 있는 것은 언어분석에 있어서 의미의 문제가 전적으로 배제되었다는 점이다. 그는 그 유명한 「Colorless green ideas spleep furiously.」론을 자기 언어연구에 대한 일종의 출사표로 삼을만큼 철두철미한 반의미론적 언어연구자였는데, 그가 이렇게 극단적인 입장을 취하는 것은 사실은 경험이나 사고의 문제에 있어서와 마찬가지로 이 문제에 있어서도 그가 심리적 갈등을 겪고 있기 때문일 수도 있다. 아마도 자기 이론을 위해서 이항대립적으로 형식과 의미를 구분할 수 있다고 주장하고 있는 그도 언어적 표현체는 형식과 의미가 하나로 합쳐져있는 것이라는 사실을 모르고 있을 리가 없다.

그런데 안타깝게도 그는 자기의 이런 극단적인 통사론중심의 언어관은 언어기술이라는 1차적 목적을 달성하는 데 있어서 뿐만 아니라 언어를 통한 인간관의 수립이라는 2차적 목적을 달성하는 데 있어서도 도움이 되는 것이 아니라 도리어 방해가 될 가능성이 크다는 사실을 간과하고 있는 것 같다. 우선 그가 최근에 많은 관심을 보이고 있는 2차적 목적의 달성여부에 대한 검토를 해 볼것 같으면 한마디로 말해서 궁극적인 의미에서 이것의 달성을 막고 있는 요인이 바로 그의 극단적인 반의미론적 언어관이라는 사실이 당장 드러난다. 나쁘게 말하자면 그가 자기식의 통사론 편향적 언어관을 가지고 있는 한 2차적 목적을 아예 내세워서는 안 된다는 역설적 진리를 깨닫게 된다.

그의 2차적 목적과 관련된 이론에는 크게 언어진화의 문제에 관한 것과 언어/정신/두뇌의 문제에 관한 것의 두 가지가 있다고 볼 수가 있으므로 먼저 첫 번째 문제의 경우를 살펴보기로 한다. 앞에서 이미 논의가 되었듯이, 그가 지금까지의 진화론적 언어진화론을 완전히 비과학적인 것으로 매도하면서 자기나름의 대안으로 「돌연 출현설」을 내세우게 된 것은 따지고 보자면 바로 그가 극단적 통사론 중심의 언어관을 가지고 있기 때문이다. 이런 신비주의적 대안을 정당화하기 위하여 그는 대담하게도 언어는 의사소통의 도구로 발달된 것이 아니라는 또 하나의 괘변까지 내놓았다. 결국 그는 언어는 오직 인간만의 것이라는 점만을 강조하다보니까, 이런 괘변을 내놓게 되었는데, 이런 괘변에는 논리상 그렇다면 언어의 주된 기능이나 용도는 원래 어떤것이었겠느냐에 대한 설명이 마땅히 곁들어져야 됨에도 불구하고 그렇게 하지는 못했다.

그런데 사실은 그는 최근에 와서 자기의 이런 완강한 반진화론적 언어진화관을 크게 완화시키거나 아니면 거꾸로 뒤집으려는 의견을 개진하기도 했다. 앞에서 이미 상세한 설명이 있었듯이 그는 2005년의 논문에서 Jackendoff의 언어진화설을 구체적으로 거론은 하지 않으면서도 실제적으로는 그것과 동일한 내용을 가진 언어진화관을 내놓았다. 인식력의 기본요소인 개념을 언어화한 어휘체계가 문법체계보다 먼저 발달했을것이라는 추리를 현재로서는 결코 잘못된 것으로 볼 수 없다는 것이 그의 생각이었다. 심지어 이 자리에서 그는 어휘적 개념기구는 문법적 기구와 마찬가지로 인간특유의 내재적 기구임이 분명하다는 말까지 하였다. 이것이 사실은 그의 본심인지도 모른다. 굳이 Jackendoff의 의견을 빌릴 필요도 없이 어휘적 개념구조를 최소한 문법구조와 병렬적으로 작동되는 것으로 보든지, 아니면 최대한 그것을 문법구조보다 더 기본적인 구조로 본다는 것은 곧 쉽게 말해서 그가 그동안에 고집스럽게 내세워온「돌연 출현설」은 결국 논리적 모순이나 비약에 불과하다는 것을 이미 하게된다. 예컨대 이런 식의 언어관이 정당화 되려면 논리상 으레 문법체계가 아무리 독립적이고 자율적인 기구라고 해도 그것만이 돌연히 출현하게 되었다고 보지 않고서 일정한 수준까지 먼저 발달한 어휘적 개념구조가 바탕이 되어서 자연스럽게 문법구조가 그것과 밀접히 엉킨 상태에서 발달되게 되었다고 보아야 한다.

이렇게 볼 것 같으면 그의 언어진화설은 억지로 문법체계를 의미나 사고체계와 무관한 것으로 보려는 그의 언어관에서 비롯되었음이 분명하다. 그러니까 간단히 말해서 자기 특유의 극단적인 문법지상론을 그가 버리고서 언어는 결국 의미적 표현체이며 의사소통의 도구라는 일반적이고 상식적인 언어관을 받아들이게 되면 그가 그렇게까지 극열하게 다원주의자들을 공격할 필요가 없어지게 된다. 더 나아가서는 만약에 이런 변화가 있게 되면 그는 틀림없이 그 동안에 자기가 내세워온「돌연 출현설」의 정당성 여부를 검토하는것 보다는 역시 일찍이 다윈때 부터 내려온 진화론의 틀 안에서 언어진화의 문제를 논의하는것이 제대로된 언어진화론이라는 사실을 인정하게 될 것이다.

물론 이제 와서 그에게 이런 변화가 일어나기를 바라는 것은 기적을 바라는 것과 똑 같은 일이다. 그렇지만 그도 언젠가에 가서는 그의 언어진화설이 결국에는 아예 제안되지 않았던 것만도 못한 학설일 수밖에 없는 것은 그가 언어를 의미적 표현체가 아니라 하나의 문법적 형식으로 보려는 잘못된 언어관을 가지고 있기 때문이라는 사실을 적어도 속으로는 인정하게 될 것이다. 그리고 무엇보다도 중요한 것은 이때쯤이면 그는 틀림없이 자기가 자기식의 편향적이고 극단론적 언어관을 가지고 있는 한은 언어진화의 문제와 같은 고차원적인 문제에 대해서는 아무런 의견을 내지 않는 것이 도리어 현명한 일이라는 것을 깨닫게 될 것이다. 그에게도 이 정도의 상식적인 지식과 기본적인 논리력은 있을 것이라고는 추측하는 것은 결코 무리한 일이 아니다.

그의 2차적 목적과 관련된 이론중 두 번째것으로는 언어/정신/두뇌의 문제에 관한 것을 들 수가 있는데, 인간 특유의 기본적인 정신능력중 하나가 사고력이라는 상식적인 지식 한가지만으로도 우리는 그의 이와 같은 생물언어학적 인간이론에는 커다란 문제점이 있음을 당장 알 수가 있다. 간단히 말해서 그가 그토록 자랑스럽게 내세우는 언어는 곧 정신이고 두뇌라는 이론은 바로 문법은 곧 정신이고 두뇌다는 이론이기에, 논리적으로 따졌을 때는 과연 문법력을 정신력의 전부로 볼 수 있겠느냐의 문제에 봉착하게 된다. 다시 말해서 그는 여기에서 적어도 부분을 전체로 보는 논리적 오류를 범하고 있는 것이다.

그의 인간이론에서 이런 모순성을 제거할 수 있는 방법에는 크게 두 가지가 있다고 볼 수가 있는데, 그중 첫 번째 것은 언어의 정의를 다시 내리는 것이다. 예컨대 「문법이 곧 언어이다.」를 그가 지금까지 내세워온 언어의 정의로 치자면, 이제는 이것을 「언어는 의사소통의 도구이다.」나 아니면 「언어는 의미적 표현체이다.」등으로 바꾸는 것이다. 다시 말하자면 언어를 인간의 문법적 능력의 반영체로 보는 대신에 그의 정신작용의 총체적 반영체로 보게되면 언어/정신/두뇌/라는 등식은 아무런 논리적 비약성도 내포하지 않게 되는 것이다.

그중 두 번째 것은 정신의 정의를 다시 내리는 것인데, 이런 등식이 성립되기 위해서는 두말할 필요도 없이 그것은 마땅히 「문법적 능력」이나 「문법적 지식력」으로 바뀌어야 한다. 언어의 정의를 확대적으로 다시 내리는 일은 비교적 쉽게 할 수 있는 일이나 정신의 정의를 축소적으로 다시 내리는 일은 어떤 의미로 보아서나 대단히 어려운 일이다. 따라서 굳이 따지자면 그가 택할 수 있는 방법은 첫 번째것 하나 밖에 없다고 볼 수가 있다. 다시 말해서 아마 그 자신도 언어/문법적 능력/두뇌식으로 그의 등식이 바뀌게 되면 결국에 그것은 동어반복적이고 무의미한 것으로 전락하게 된다는 사실을 잘 알고 있을 것이다.

아무튼 그가 가까운 장래에 이들 두가지 방법중 어느 한가지도 채택할 리가 없다는 것은 누구나 익히 알고 있는 바이기에 우리가 이 이론에 관해서 내릴 수 있는 결론은 결국에 그의 언어나 인간에 대한 지식은 분명히 이런 대 이론을 내세울 수 있을 만한 것이 되지 못함에도 불구하고 무모하게 그렇게 함으로써 일종의 대가적 허세만을 과시하게 되었다는 식의 자못 비판적인 것이다. 다시 말해서 지금으로서는 의미의 문제를 완전히 배제시킨 언어연구관을 가지고 있는 한 그는 이런 2차적 목적과 관련된 이론을 아예 내세우려고 하지 않는 것이 합리적인 일이라는 것을 하루 빨리 깨닫게 되기를 바랄 따름이다.

그 다음으로 극단적인 통사론 중심의 언어관으로 인하여 그가 언어기술이라는 1차적 목적을 달성하는 데 있어서 어떤 제약을 받게 되는가를 실펴볼 것 같으면, 크게 보았을 때 그의 언어 기술법은 어느 수준의 것이든지간에 언어적 표현체의 의미를 기술하기에는 아주 부적절한 것이라는 문제점과 심리언어학적으로 타당성을 인정받을 수 없는것이라는 문제점 등을 지니고 있다고 볼 수가 있다. 두말할 필요도 없이 이들 두 문제점은 그의 언어이론 자체의 태생적 한계성인데 그는 그렇게 보지 않는다. 거꾸로 그는 의미나 심리언어학적 문제를 배제했을 때만 언어기술은 완전하고 과학적인 것이 될 수 있다고 믿는다. 그는 기술적 준엄성이 기술의 대상보다 더 중요하다고 보는 것이다. 과연 그의 생각이 맞는것인지에 대한 대답은 이들 문제점들을 자세히 검토하다 보면 저절로 드러나게 되어있다.

우리는 우선 그의 언어기술법이 언어적 표현의 의미성이 아니라 형식성에 분석의 초점을 맞춘것이라는 사실, 다시말해서 그것은 의미의 문제를 다루기에는 적절하지 못한것이라는 사실을 다음과 같은 두가지 사실로써 익히 확인할 수가 있다. 첫 번째로 이것에서는 어휘의 기능이나 역할이 전적으로 무시되고 있다. 궁극적으로 어휘는 의미나 개념을 나타내는 최소의 표현체 이기에 모든 언어적 표현체의 기본단위는 역시 어휘라는 것은 굳이 의미론자들의 이론을 빌리지 않더라도 익히 알고 있는 사실인데, 그는 어휘가 아니라 문장을 언어적 표현체의 기본단위로 보는 잘못을 저질렀다. 그러니까 처음부터 그는 언어기술의 목적은 언어적 표현체의 의미성을 파악하는 데 둔 것이 아니라 그것의 형식성을 파악하는 데 둔 것이다.

그런데 그의 생각은 이렇게 하다가 보니까 문장의 구조성이나 형식성은 그것의 구성체인 어휘의 의미나 형태와는 직접적인 관계가 없이 독립적으로 존재하게 된다는 데 까지 이르게 되었다. 이것을 결국에 그는 문법의 자율성이라고 불렀던 것인데, 따지고 볼 것 같으면 이런 문법관은 언어학을 과학화한다는 미명하에 그것을 음운론, 통사론, 의미론, 화용론등으로 구획화하는 전통에 부합하려는 움직임에서 나온 것이었다. 그렇지만 언어의 실체는 분명히 이렇게 구획화 되어 있지가 않다. 따라서 최근에는 많은 사람들의 연구로 의미론적 고려없이 통사론을 연구한다는 것은 으레 결정적 한계성을 수용한 상태에서 연구하는 것이라는 사실이 밝혀지게 되었다.

물론 그의 문법이론이 이런 결정적 취약성을 지니고 있다는 것을 가장 웅변적으로 드러내 주는 사실은 바로 그 동안에 어휘의 기능을 중요시하는 문법이론들이 적지 않게 나왔다는 사실일 것이다. Bresnan의 어휘기능문법과 Gazdar의 일반화 구구조문법, Van Valin의 역할 및 지시문법등과 같이 그동안에 그의 변형적 문법이론에 대한 하나의 대안으로 제안된 여러 이론들이 바로 그런 것들이다. 앞에서 이미 살펴보았듯이 Jackendoff의 문법이론도 일종의 대안이다. 그리고 Bierwish와 Schreuder가 제안한 언어산출 이론의 언어학적 근거가 되고 있는 문법이론도 사실은 이런 대안적인 것이다.

사실은 그런데 그의 이론 자체를 일단 분석해 보기만하면 그것에는 이런 취약성이 내재되어 있다는 것이 당장 드러난다. 첫 번째로 그의 언어체계에서는 그 첫 단계가 어휘부에서 적절한 어휘를 차출하여 배번집합을 만들어내는 것으로 되어 있는데, 이 작업을 마치 아무런 제약이나 규칙없이 자동적으로 이루어지는 것인 듯이 가볍게 보고 있다. 그러나 엄밀히 따지자면 이 작업이 그 뒤에 오는 변형이나 문자화 작업보다 더 중요할 수가 있는데, 그 이유는 바로 만약에 여기에서 만들어진 문장이 정문이 아니고 비문이라면 그 다음 작업들은 모두가 허황된 것이 되기 때문이다.

물론 어휘부에 들어있는 개별 어휘들은 음운형식을 위시하여, 문법적 범주와 자질, 의미나 개념적 내용 등을 기본 구성요소로 가지고 있다. 따라서 두 개나 그 이상의 어휘들이 하나의 문장을 조립해 내는 데 있어서는 언제나 그들 모두가 일제히 참여하게 되어 있는데, 그중에서도 특히 문법적 정보와 의미적 정보가 두 개의 기본적인 축의 역할을 하게 되어있다. 심리언어학적으로 보았을 때는 이런 식의 어휘별의 상향적 조립법 이외에 먼저 문장의 구조가 세워진 다음에 그것에 어휘가 하나씩 채워지는 식의 하향적 조립법도 있을 수 있고, 더 나아가서는 이들 두 가지 접근법이 같이 작동되는 조립법도 있을 수 있다. 그는 물론 이 문제에 대해서 아무런 언급도 하지 않고 있다. 아마도 그가 마음에 두고 있는 것은 두 번째 조립법일 것이다.

그런데 심리언어학적으로 보았을 때는 첫 번째 조립법의 경우는 더 말할 나위가 없고 두 번째와 세 번째 조립법에 있어서도 개별 어휘들의 문법적 정보와 의미적 정보가 결정적 역할을 수행하게 되어있다. 예컨대 미국이나 영국 사람들이 「주어+타동사+목적어」라는 문법적 지식을 가지고 있다고 해서 「A bomb destroyed the building.」과 같은 문장 대신에 「The building destroyed a bomb.」과 같은 문장은 만들지 않는 것은 그들이 의미적으로 말이 되지 않는 문장은 정문이 될 수 없다는 사실을 익히 알고 있기 때문이다. 심리언어학적으로 보았을 때는 그러니까 언어 산출시에는 으레 의미적 정합성과 형식적 정합성은 같이 추구되게 되어있지 그중 어느 한가지만이 추구되게 되어 있지가 않은 것인데, 그는 이 점을 무시하고 있다.

언어학적인 의미에서 보자면 그의 이런 단견은 언어학을 몇 개의 영역으로 구획화하려는 전통에 그대로 휩쓸린데서 비롯되었다고 볼 수가 있다. 그는 분명히 통사론과 의미론은 서로 별개의 연구영역으로 분리될 수 있을뿐만 아니라, 그렇게 하지 않고는 통사론에 대한 연구가 제대로 이루어질 수 없다고 생각한 것인데, 이런 가공적인 연구방법은 결국에 언어의 실체를 무시하는 중대한 과오를 저지르게 되어있다는 사실을 그는 간과한 것이다.

한 가지 이와 관련하여 충분히 여기에서 밝혀둘만한 가치가 있는 사실은 심리언어학의 발전에 힘입어서인지 언어학자 가운데는 최근에 이르러 이제는 여러 모습의 인터페이스적인 현상에 관심을 기울일 때가 되었다고 주장하는 사람이 나타나기 시작했다는 사실이다. 이중 가장 대표적인 사람이 바로 Jackendoff인데, 그는 3부식 언어조직도를 내세울 당시부터 두 구조간의 인터페이스의 중요성을 강조했었다. 다시 말하자면 그는 언어체계의 작동적 오묘함은 음운과 통사, 개념등의 세 구조가 각각 독립적으로 움직이는 식이 아니라 이들이 병렬적이면서도 서로 융합적으로 움직이는 식으로 이루어지는 데 있다고 본 것이다.

두말할 필요도 없이 그는 여기에서 통사구조와 개념구조간의 인터페이스의 중요성에 특별한 방점을 찍었다. 그리고 그것에 못지않게 그가 강조한 점은 그가 내세우는 개념구조에는 의미론적 지식뿐만 아니라 화용론적 지식도 들어있다는 점이었다. 그러니까 그는 통사론적 작업에는 으레 이미론적 지식과 화용론적 지식이 일종의 병렬적 내지는 보조적 역할을 수행하게 되어있는 이상, 이제는 그동안의 형식 중심의 언어기술법을 지양하여 의미중심의 언어기술법을 도입해야 된다고 본 것이다. 그런데 그가 내세우는 개념구조의 기본요소는 어휘적 개념이다. 그러므로 그가 보기에는 Chomsky의 언어기술법의 제일 큰 문제점은 바로 어휘의 기능이나 역할을 완전히 무시한 상태, 다시말해서 의미에 대한 토의를 완전히 배제한 상태에서 문장의 구조성을 기술하려고 한다는 점이다.

그는 이런 견해를 Pinker와 같이 쓴 2005년의 논문에서 Chomsky의 보편문법이론이 검증 가능한 이론이 되기 위해서는 결국에 「문법구조와 어휘부간의 구분이 다시 이루어져야한다.」는 말로써 나타내고 있는데, 이 말은 곧 그의 이론에서는 어휘부의 기능이 부당하게 무시되고 있다는 점을 지적한 말이다. 그가 여기에서 제시하고 있는 근거는 실제로는 통사적 분석이 가능하지 않은 관용어가 대단히 많이 쓰이고 있다는 사실이었다. 그런데 따지고 보자면 그보다 더 좋은 근거가 바로 은유문과 같은 수사문이 실제로는 대단히 자주 쓰이고 있음에도 불구하고 그것은 그의 언어기술에서는 분석의 대상이 될 수 없다는 사실일 것이다.

수사문을 전의적인 것과 문채적인 것으로 나누고 보자면, 그의 언어기술법의 부적절성이 보다 극명하게 드러나게 되어있는 경우가 바로 첫 번째 범주의 수사문인 은유문의 의미를 파악하려고 하는 경우이다. 예컨대 「All nature smiled.(만물이 미소 지었다.)」라는 은유문은 틀림없이 그의 언어기술에서는 분석의 대상이 되지 못할텐데, 그 이유는 첫 번째로는 이것은 가장 기본적인 자동사문인 탓으로 구조나 문법적으로 아무런 논의 거리가 되지 않기 때문이고, 두 번째로는 진리치 조건적 분석법으로는 이것이 비문임이 분명하기 때문이다.

그러나 그런 사실은 그가 일종의 정문으로 제시한「Colorless green ideas sleep furiously.」는 실제에 있어서는 쓰일 리가 없는 문장인데 반하여, 이 문장은 얼마든지 실제로 쓰일 수 있는 문장이라는 사실과 정면으로 배치가 된다. 그가 제시한 예문은 하나의 자동사문으로서의 문법성에는 아무런 문제점이 없지만, 이것의 의미에는「무색의 녹색」이라는 논리적 모순성과「상념이 잠을 잔다」는 하위 범주적 부조화성,「요란스럽게 잠을 잔다.」는 논리적 모순성들이 내포되어 있기 때문에 실제로 쓰일 수 있는 문장이 아니다. 간단히 말해서 정상적인 사람이 의미상 모순 덩어리인 말을 할 리가 없다. 그렇지만「만물이 미소지었다」라는 은유문은 논리적으로 하나의 모순문이 아니기 때문에 얼마든지 쓰일 수 있다. 그는 결국에 실제로 쓰이고 있는 말은 배제시키면서 가공적인 말은 집중적으로 분석하는 일종의 학문적 부조리를 저지르고 있는 것이다.

이런 은유문을 통해서 확인할 수 있는 것은 한 문장이 나타내는 의미를 일단 그것을 구성하고 있는 어휘들의 의미와 그것의 구조성이 나타내는 의미가 하나로 합쳐진 것으로 보았을때, 일반적으로는 후자보다는 전자가 더 큰 비중을 차지하게 된다는 사실이다. Grice와 같은 화용론자들은 원래가 문맥이나 상황에 의하여 문장 전체의 의미가 달라진다고 보았었다. 다시 말하자면 이들은 이런 은유문이 하나의 정문일 수 있게 되는 것은 문맥에 의해서 생기는 함의적 의미가 축자적 의미를 압도하게 되기 때문이라고 본 것이다. 그에 반하여 최근에 Carston(2002)같은 사람은 화용적 절차로 영향을 받는 것은 문장 전체가 아니라 그 안에 들어있는 개별적인 어휘들이라고 주장하고 나섰다. 이 은유문의 경우에 이 말을 적용시켜 보자면 「미소짓다」라는 동사의 의미가 화용적 절차로 인하여 바뀌게 된 것이다. 이런 점으로 보아서도 어휘적 의미를 무시한 상태에서의 통사론은 일종의 불완전한 통사론이 될 수 밖에 없다는 것이 분명해진다.

두 번째로 그의 언어기술에 있어서는 문장을 분석의 독립적인 단위로 삼다 보니까 화용적 의미를 아예 다룰 수 없게 되어있다. 문장은 으레 담화나 회화의 일부로서 쓰인다. 따라서 문장의 분석은 그것이 독립적으로 추출된 상태에서가 아니라 담화나 회화의 일부를 이루고 있는 상태에서 이루어져야함에도 불구하고 그의 언어기술에서는 그렇지를 않고 있다. 만약에 그의 목적이 문장의 형식성이 아니라 그것의 의미성을 파악하는 것이었다면 그 자신도 이것이 하나의 본질적인 문제점이 된다는 것을 재빨리 인식했을 것이다. 이런 의미에서도 그가 한 일은 하나의 철저한 통사론이었다.

앞에서 이미 말이 나왔듯이 그의 언어체계에 있어서는 종결부가 문자화 절차로 얻어진 논리형식이 화자의 개념의도 체계와의 인터페이스에 의해서 일정한 의미를 산출하는 곳으로 되어있다. 그러니까 그도 문장의 구조성이나 형식성은 결국에 의미를 표현하는 수단인데, 그것은 으레 화자의 개념의도 체계의 도움을 받게 되어 있다는 사실을 익히 인정하고 있는 것이다. 예컨대 「John seems to have a dog.」와 같이 아주 간단한 문장의 의미도 그것 자체의 분석만으로는 얻어질 수 없다는 것을 잘 알고 있었던 것이다.

그런데 여기에서 우선 문제가 될 수 있는 것이 바로 그가 예컨대 논리형태가 나타내는 의미와 개념의도 체계에서 수정 또는 보완되는 의미 중 어느 것을 더 기본적인 것으로 보아야 하는지에 대해서 아무 말도 하지 않고 있다는 점이다. 그는 물론 논리형태가 나타내는 의미가 언제나 한 문장의 기본적인 의미가 되게 되어있다고 볼 것이다. 예컨대 그의 언어기술에서는 심층구조에서의 「It seems that John has a dog.」라는 문장이 주어상승 변형절차를 밟은결과 「John seems to have a dog.」라는 문장이 생겨나게 된 사실을 이 문장의 의미에 관한 가장 중요한 사실로 부각시킬 것이다. 그렇지만 화용론자나 의미론자중 일부는 그의 의견에 동의하지 않는다. 즉, 그들이 보기에는 하나의 문장이 나타내는 의미는 기껏했자 화자가 나타내려는 개념이나 의도의 한 안내자나 선행자일뿐이어서, 그것은 결국에 그의 개념의도 체계에서 파악되게 되어 있었다.

그들이 보기에는 우선 이런 문장이 아무런 상황이나 문맥이 없이 단독으로 쓰일 리가 없었다. 다시 말할 것 같으면 그들이 보기에는 이 문장의 화자는 이것을 틀림없이 긴 대화중 일부로 쓰게 되었을 것이고, 따라서 그는 이미 청자에게 이것의 의미를 파지하는 데 필요한 상황이나 문맥을 제공해준 것이다. 그러니까 그가 제대로 의미의 문제를 다루려고 했다면, 단순히 한 문장의 논리형식은 반드시 화자의 개념의도 체계와 인터페이스하게 되어있다고 주장하는 대신에, 그것을 하나의 문맥이나 상황 안에서 분석하는 기법을 택했어야 했다.

그런데 화자의 입장에서 보자면 이것은 곧 자기가 상대방에게 어떤 의미를 전달하려고 할때는 으레 한 문장의 의미 더하기 화용적 정보식으로 해야 한다는 것을 익히 알고 있다는 의미이지만, 반대로 청자의 입장에서 보자면 이것은 곧 상대방이 사용한 문장의 의미를 파악한다는 것은 그것을 자기의 인지적 추리절차의 촉발자로 삼아서 그의 의도나 그것이 함의하는 바를 추정하는 것이라는 것을 익히 알고 있다는 의미이다. 굳이 Sperber와 Wilson이 내세우는 제시성의 이론을 빌리지 않더라도 대화란 화자와 청자간의 고도로 협조적인 인지적 추리 게임이어서, 서로 주고받는 문장의 의미란 이 게임을 끌고 나가는 한낱 현시적 정보에 불과한 것이다.

 이렇게 볼 것 같으면 그의 언어기술법은 의미의 문제를 다루기에는 아주 부적절한 것임이 분명하다. 그가 논리형식의 산출절차를 언어기술의 최종적인 과제로 삼은 것은 그 자신도 이미 언어가 궁극적으로는 형식적 표현체임과 동시에 의미적 표현체라는 사실을 잘 알고 있다는 증거이다. 그렇지만 역설적으로 그의 실제적인 언어기술법은 그것은 오직 언어의 형식성이나 구조성을 밝히는 데만 쓰일 수 있다는 사실만을 더욱 뚜렷이 드러내고 말았다. 예컨대 그의 언어기술법으로는 「John seems to have a dog.」과 같은 간단한 문장의 의미도 제대로 분석할 수 없는 것이다.

 그 다음으로 우리는 그의 언어기술법이 심리 언어학적 보증을 받기에는 크게 부실한 것이라는 사실을 다음과 같은 두 가지 근거를 통해서 익히 확인할 수가 있다. 첫 번째로 이것은 언어수행과는 별도로 언어능력이 따로 얼마든지 기술될 수 있다는 전제하에서 만들어진 것인데, 심리언어학적으로 보았을때는 이것은 다분히 편의주의적이고 허구적인 전제일 가능성이 높다. 그들이 보기에는 언어능력은 으레 언어수행을 통해서 발휘되게 되어있기 때문에 누구나 일단은 언어수행 체계를 언어처리 체계로 내세울 수 밖에 없음에도 불구하고 그는 이런 상식적인 관행을 깨트리고 있다. 간단히 말해서 그들이 보기에는 그가 내세우는 언어처리체계는 아무런 과학적 근거도 없이 오로지 자기의 언어이론을 정당화하기 위한 것에 지나지 않는다.

 심리언어학자들의 입장에서 볼 것 같으면 언어는 두 사람 사이의 의사소통적 행위이기 때문에 언어기술은 마땅히 어느 때 어떤 형식의 표현체가 쓰이게 되느냐가 아니라 어느 때 어떤 의미나 기능의 표현체가 쓰이게 되느냐에 초점이 맞추어져야 한다. 다시 말하자면 그들이 보기에는 언어기술은 결국에 의사소통적 행위에 대한 기술이 되어야 하는데, 그의 언어기술법은 이런 것과는 거리가 아주 먼 것이다. 특히 그들을 놀라게 하는 것은 언어처리 체계는 크게 언어 이해체계와 언어 산출체계의 두 가지로 나뉘어져야 함에도 불구하고 그의 언어기술에서는 이런 구별마저도 하지 않고 있다는 사실이었다. 그러니까 그의 언어 처리체계는 그의 문법모형을 마치 문장산출의 동적인 절차인양 꾸며낸 것에 지나지 않았다. 그는 지혜롭게도 이래야 결국에는 자기의 언어이론이 내재성이나 모듈성과 같은 차원 높은 문제를 다룰 수 있는 일종의 인지적 내지는 생물학적 이론일 수 있다는 것을 익히 알고 있었던 것이다.

그들이 보기에는 그의 언어처리 체계가 한낱 편의주의적인 전제를 기초로 한 것에 지나지 않는다는 것은 다음과 같은 두 가지 사실이 익히 드러내주고 있었다. 그중 첫 번째 것은 이것에서는 분석이나 기술의 자료가 언어사용의 현장에서 수집된 사실적인 것이 아니라 어떤 문법적 논점을 위해서 인위적으로 만들어진 것이라는 점이었다. 예컨대 실제로 우리가 쓰는 말 가운데는 정형문이나 완전문만 있는 것이 아니라 생략문이나 불완전문도 있는데, 이것에서는 오직 완전문만이 분석의 대상이 되고 있다. 심리언어학적으로 보아서는 경제성의 원리와 협조성의 원리가 의사소통시에는 언제나 가장 기본적인 원리로 작용하게 되어있기 때문에 생략문이나 불완전문의 역할이 더 크다고 볼 수도 있는데, 이것에서는 이런 점이 완전히 무시되고 있다.

그중 두 번째 것은 이것에서는 아예 문장의 의미나 기능은 분석의 대상이 되고 있지 않다는 점이었다. 이 점을 뒷받침할 수 있는 사실로는 크게 두 가지를 들 수가 있는데, 그중 첫 번째 것은 1995년의 책의 제3장에서 그가 「우리는 개념적 체계와 화용적 체계로부터 언어를 분리시킬 수 있다. 그동안에 이들 상호교섭적인 체계들은 따로따로 손상을 입게 될 수도 있고, 발달적으로 서로 분리될 수도 있으며 따라서 이들의 자질이 판이하게 다르다는 것을 실증할 수 있는 증거가 축적되었다.」와 같은 말을 하고 있다는 사실이다. 여기에서 그는 그의 관심은 분리된 상태에서의 문법조직의 분석에 있지, 의미나 기능의 표현체의 일부로서 쓰이고 있는 상태의 그것의 분석에 있지 않다는 것을 분명히 하고 있다.(p.167)

그 다음으로 들 수 있는 사실은 그가 같은 책의 제4장에서「확대표준이론에서 제기된 문제에는 주제대 초점구조」와 주제대 빈사구조, 전경대 배경적 자질, 인접성과 선형성의 효과등이 있는데, 이런 현상들을 제대로 설명하기 위해서는 음성형식과 논리형식의 도출절차가 지금의 것보다 훨씬 다차원적인것이 될 수 밖에 없다.」는 말을 하고 있다는 사실이다. 이런 구조들이 쓰이고 있다는 것은 우선 언어적 표현체는 일차적으로는 의사소통의 도구이고 이차적으로는 우리의 인지구조의 반영체라는 사실을 웅변적으로 증거하고 있다. 그리고 무엇보다도 중요한 점은 그가 이런 문제점이 있다는 것을 인정을 하면서도 실제로 그의 언어기술 절차에 반영시키지는 않았다는 사실이다.(p.220)

두 번째로 심리언어학자가 보기에는 그의 언어 기술법은 실제적인 심리적 절차와는 너무나 동떨어진 것이기에 그것의 타당성을 심리언어학적으로 검토한다는 말 자체가 자기기만적인 말 밖에 되지 않았다. 그의 언어처리 체계는 우선 문장의 생성절차의 시작 단계는 화자가 말하려는 내용이나 의도를 설정하는 단계라는 사실을 무시하고 있다. 놀랍게도 그는 화자의 개념의도체계가 작동되는 단계는 맨 마지막에 이르러 논리형식과 그것이 인터페이스하는 단계로 보고 있는데, 심리언어학적으로 보아서는 이것은 비유적으로 말해서「말을 마차 앞이 아니라 그 뒤에 세우는것」과 같은 일이었다.

그의 언어처리 체계는 그 다음으로 심리언어학적으로 타당성이 검토될 수 있을 만큼 구체적이지 못했다. 이것에서는 예컨대 인터페이스라는 술어 하나면 두 조직간의 복잡한 상호교섭적 절차는 익히 설명될 수 있다고 보고 있는데, 심리언어학자가 보기에는 이런 식의 서술법이야말로 전과학적인 서술법의 전형이다. 이것에서는 우선 배번집합으로부터 문자화에 이르는 단계에 쓰이는 절차는 외현적인 절차인데 반하여 그것으로부터 음성형태와 논리형태를 얻어내는 절차는 비외현적인 것으로 보고 있는데 이런 구분법은 분명히 심리언어학적으로 실증된 것이 아니었다.

  그 다음으로 이것에서는 추상적으로 음성형태와 논리형태가 각각 조음청취 체계와 개념의도 체계와 인터페이스를 하게 되어 있다는 말만하고 있지, 그 절차의 구체적인 내용에 대해서는 아무런 말도 하지 않고 있는데, 따지고 볼 것 같으면 이 부분을 구명하는것이 바로 심리언어학의 주된 과제이기에 이런 사실은 곧 이것은 결국에 심리언어학적 언어처리체계와는 아무런 관계가 없는것이라는 것을 단적으로 드러내주는 것이었다. 솔직히 말해서 지금까지의 심리언어학적 연구 결과가 익히 말해주고 있듯이 둘이나 그 이상의 조직간의 인터페이스에 대한 연구는 아직도 그것의 중요성이나 사실성이 강조되는 수준을 넘어서지 못하고 있다. 이렇게 볼 것 같으면 그는 이 분야에 대한 하나의 문외한 답게 심리언어학의 학문적 패러다임을 무시하고 있던지, 아니면 그것의 지금의 위상을 심히 폄하하고 있다고 볼 수가 있다.

  얼마나 이것이 난해한 과제인가 하는 것을 알기위해서는 그동안에 심리언어학 분야에서 이루어진 언어이해에 대한 연구와 언어 산출에 대한 연구가 어느 수준에 와있는가를 살펴보면 된다. 비교적 진척이 많이 된 것으로 알려진 첫 번째 연구의 현황을 먼저 알아볼 것 같으면 지난 20년 동안의 연구 덕분에 우선 심리언어학자들은 이제 언어이해의 절차에 대한 연구는 크게 어휘파악에 관한 것과 문장이해에 관한 것으로 나뉘어질 수 있는데, 첫 번째 영역을 이끌어온 이론에는 어소이론과 대오이론, 트레

이스(TRACE)이론 등이 있고, 두 번째 영역을 이끌어온 이론에는 연속적 해부이론과 병렬적 해부 이론등이 있다는 것을 알게 되었다.

그렇지만 솔직히 말하자면 그동안의 연구는 이런 이론들은 결국에 앞으로 더 정교하고 종합적인 연구가 후속되지 않는 한 일종의 초보적인 가정의 수준을 벗어나지 못하는 것이라는 사실을 그들로 하여금 깨닫게 했다. 예컨대 Mattys(2006)는 최근에 「언어이해:심리학적 접근법(Speech recognition :psychology approaches)」라는 논문에서 긴 말에서 낱말을 가려내는 데 청자가 이용할 수 있는 정보의 형태에는 통사적 기대와 의미적 추리, 어휘적 지식, 개연적 음소배열법, 어휘적 강세, 이음적 요소등의 여섯가지가 있다는 사실 하나만으로도 현재까지 제안된 어휘파악의 절차에 관한 이론들중 어느것도 결정적인 것으로 볼 수는 없다고 주장하고 있다. 특히 그는 이 논문의 결론에서 「일부 질문에 대한 대답은 오로지 학제적 접근법을 통해서만 얻어질 수 있다는 것이 명백해졌는데, 그동안의 이 문제에 대한 연결주의적 접근법은 이미 인지심리학을 정보과학이나 신경과학과 통합시키게 되면 대단한 이득을 얻게 된다는 사실을 분명히 보여주었다」와 같은 말도 하고 있다.(p.827)

그 다음으로 언어 산출의 절차에 대한 연구가 오늘날 어떤 수준에 와 있는가를 살펴볼 것 같으면 그동안에 이것의 표준이론으로 받아들여지고 있는 「위버(Weaver)모형」이 사실은 일상적인 실언의 현상을 근거로 해서 만들어진 것인데다가 다분히 조음절차를 기본으로 보는 입장에서 만들어진 것이라는 사실이 그것을 단적으로 드러내주고 있다고 볼 수가 있다. 너무나 당연한 말인지 몰라도 산출된 말이 음성으로 이루어졌다고 해서, 어휘나 문장은 궁극적으로는 개념이나 의미를 나타내는 표현체라는 사실을 무시한채 그것의 음성적 조음절차를 밝히는 것을 곧 언어산출의 절차를 밝히는 것으로 생각한다는 것은 이치에 맞지 않는 일이다. 그러니까 심리언어학자들에 의한 그 동안의 언어산출의 절차에 대한 연구는 아직도 기껏했자 제1단계적인 수준에 머물러있다고 볼 수가 있다.

그게 그렇다는 것을 가장 잘 드러내주고 있는 것이 바로 최근에 Harrington과 Mooshammer(2006)가 쓴 「언어 산출(speech production)」이라는 논문의 내용이다. 이들은 서두에서는 「언어 산출의 과제를 서로 독립적으로 작동되는 몇 가지 절차로 나누는 것이 합리적인 일이다. 이것에 대한 연구 중 많은 것에서는 으레 개념적 또는 내용형성의 단계와 「언어적 프로그램잉」의 단계를 구별하고 있다. 그리고 그런 연구에서는 「언어적 프로그램잉」을 보통 「문법적 프로그램잉」과 「음운적 프로그램잉」의 두가지로 나누고 있다.」와 같은 말을 해놓고서, 그 뒤에 가서는 오직 조음절차에 관한 이론들만을 논의하고 있다. 쉽게 말해서 이들이 이렇게 한 것은 아직도 언어 산출의 절차에 대한 연구는 제2단계의 일부인 「언어적 프로그램잉」에 대한 것으로 제한되어 있기 때문이었다.(p.785)

이들이 보기에는 그동안에 「위버 모형」을 대부분 사람들이 제1단계와 제2단계를 다 아우르고 있는 이론이라는 의미에서 가장 완전한 모형으로 받아 들여온 탓으로, 이것에 대한 반론이나 수정안을 내놓는 일에 그들의 관심이 집중되어왔다. 그렇지만 문제는 그 모형에서 오직 제2단계와 관련된 절차에 대한 것으로 그들의 반론이나 수정안이 국한되어 왔다는 점이었다. 더 구체적으로 말해서 「위버 모형」은 크게 개념적 준비와 어휘선택, 어형적 입력, 음음적 입력및 음절화, 음성적 입력, 조음등의 여섯 단계로 이루어져 있는데, 이들 중 마지막 세 단계와 관련된 절차에 관해서만 그동안에 많은 논의가 있어왔던 것이다.

예컨대 최근에 나온 반론 중 많은 주목을 받게 된 것이 바로 Bybee나 Pierrhumbert등이 제안한 「표본이론」인데, 이것의 또 다른 이름이 용법기반직 음운론이론 이라는 사실이 익히 말해주고 있듯이, 이것도 결국은 발음절차에 관한 하나의 이론이었다. 원래 위버 모형에서는 어휘가 일단 선택되면 그것은 바로 추상적인 음운형태로 바뀌게 되며 따라서 그것이 다시 음성적 형태로 바뀌게 되는 데는 으레 생성음운적 규칙을 따르게 되어있었다. 그러나 이들이 보기에는 어휘는 최소이면서 문맥자유적인 음소들의 연결체가 아니라 화자나 청자가 직접 경험한 많은 음성적 표본들의 한 축적지나 묶음이었다. 다시 말해서 이들이 보기에는 화자가 어휘를 발음하는 데 쓰는 정보는 음운적 지식이 아니라 과거에 가장 자주 들었던 표본에 관한 지식이었다.

또한 Linblom에 의한「축소및 과장조음 이론」도 최근에는 위버 모형에 대한 하나의 수정이론으로서 많은 주목을 받게 되었는데, 이름 자체가 익히 말해주고 있듯이 이것도 발음절차에 관한 이론이다. 그가 연구한 바에 의할 것 같으면 화자가 언어사용시 산출하는 어휘의 음성적 형태에는 으레 일정한 변이성이 있게 마련인데, 그것의 주된 원인은 바로 말을 할 때는 으레 한편으로는 말을 가장 경제적으로 말하려고 하면서, 다른 한편으로는 상대방에게 그것의 의미를 제대로 전달하려는 두 개의 서로 나른 의도간에 일정한 긴장상태가 있게 되어있기 때문이었다. 다시 말해서 그가 보기에는 축소 조음과 과장 조음의 두 경쟁 간에 어떤 타협점을 찾게 되느냐에 따라서 발음의 형태는 달라지게 되어있는 탓으로, 그것을 일정하게 고정된 것으로 보는 것 보다는 상황의존적인 것으로 보는 것이 맞는 일이었다. 이것의 좋은 예가 바로「fast」가「fas」로「I don't know」가「dunno」로 발음되는 경우이었다.

언어 산출시의 발음의 절차나 방식에 관한 이론 가운데는 Henke에 의한「문맥변이적 共調音 이론」도 있는데, 이 현상에 대해서 이것과는 정반대의 입장을 취하는「문맥불변이적 공조음 이론」이나「공조음의 창문 모형」과 같은 이론들이 그 뒤에 바로 나온 점으로 보아서 이것은 아직

위버 모형에 대한 하나의 안정된 수정이론으로서의 자격은 얻지 못했다고 볼 수가 있다. 그렇지만 이 이론은 조음절차에 대한 연구를 최초로 2차원적인 컴퓨터 모형을 가지고서 한 결과를 바탕으로 해서 만들어진 것이라는 점과, 하나의 음소를 발음 할 때는 으레 다음의 음소를 미리 예측하면서 발음을 하게 되는 이른바 「앞질러 보기의 기구」가 작동하게 되어있다는 사실을 근거로 해서 만들어진 것이라는 점 등 만으로도 많은 사람들의 관심을 모으기에 충분한 것이었다. 아무튼 이 이론의 내용은 조음은 문맥자유적인 음소의 차원에서 계획이 되지만 음소는 으레 문맥변이적인 음성적 수정을 받게 되어 있다는 것이니까 이것이 위버 모형에서 간과하고 있는 중요한 사실 하나를 지적해 낸 것이라는 데는 누구도 이의를 제기할 수 없다.

　조음절차에 관한 것 중 결국에는 컴퓨터나 실험적인 방법에 의해서 할 수 밖에 없는 연구에는 근육 활동의 협조성에 대한 연구, 즉 운동 프로그래밍에 대한 것이 있는데, 그동안에 제안된 이와 관련된 이론에는 크게 「피드백 이론」과 「개방적 루프 체계이론」 등의 두 가지가 있었다. 피드백 이론이란 예컨대 혀를 조음적 의도에 따라 움직이려고 하는 경우라면 그것의 움직임은 청각적이거나 촉각적, 자기수용적 수용기 등으로부터의 정보에 의해서 일정하게 조정을 받게 되어 있다는 것이고, 개방적 루프 체계이론이란 그와 반대로 일단 작동의 명령이 그것에 주어지게 되면 다른 감각기관으로부터의 도움 없이 독자적으로 움직이게 되어있다는 것이다. 현재로서는 첫 번째 이론을 두 번째 이론보다 더 타당성이 있는 것으로 보고 있지만, 「이 문제에 대한 마지막 실험은 아직 수행되지 않았다」고 보는 것이 정확한 평가인것 같다. 물론 무엇보다도 중요한 사실은 이 문제 하나로 보아도 언어 산출의 절차가 위버 모형으로는 제대로 설명할 수 없을 만큼 복잡한 절차라는 사실이다.(p.799)

5. 정신의 문제

그의 특이한 편의주의적 구심적 노력으로 생기게 된 문제 중 마지막이며 네 번째 것은 정신에 관한 문제를 자기 식으로 다루게 되었다는 점이다. 앞에서 여러번 말이 나왔듯이 최근에 그는 지난 4~50년간에 걸친 언어연구의 총결산서로서 언어/정신/두뇌라는 등식을 제안하였다. 그는 이 등식이야말로 지난 몇 천 년에 걸쳐서 제기된 온갖 난 문제들을 한꺼번에 풀어줄 수 있는 「알렉산더 대왕의 칼」이 될 수 있을 뿐만 아니라, 결국에는 자기가 언어연구를 통해서 학문의 세계를 천하통일 할 수 있게 되었음을 알리는 선언문이 될 수 있다고 생각한 것인데, 이런 의미에서 보아도 그의 언어사상에 대한 마지막 검토 작업은 마땅히 이 등식의 진리치를 분석하는 일이 되어야 할 것이다.

이 작업을 개시하기 전에 할 일은 그의 이 등식에 대한 신념이 과연 확고부동한 것인가를 확인하는 일인데, 그 이유는 이런 궁극적인 과제를 논의할 때마다 그는 속으로는 두 가지 입장 사이에서 심리적 갈등을 겪고 있는 듯한 말을 해왔기 때문이다. 그런데 이 등식도 표면적으로는 아무런 회의나 재론의 여지를 보이지 않는 결정적인 것인것 같지만 사실을 그렇지가 않다. 예컨대 그는 1995년의 책에서 오늘날 언어학은 「Who do you wonder whether John said solved the problem?」과 같은 문장이 왜 정문일 수 있는가를 밝힐 수 있을만큼 발달되었는데 반하여, 뇌신경학은 「언어적 사실을 설명하는 데 도움을 줄 수 있을 만큼 앞서지 못했으며, 그래서 「일반적으로 언어학자들은 정신과 두뇌의 관계(자주 간단히 정신/두뇌라고 표현함)의 세부사항에 대해서 불가지론자로 남아있다. 라고 말하고 있다.(p.88)

그렇지만 문제는 이 정도의 고민스런 고백이 그가 내세우고자 하는 「언어/정신/두뇌」라는 등식의 강도에 어떤 영향을 미치는 것은 아니라는 데 있었다. 예컨대 그는 1986년의 책에서 이미「정신/두뇌」라는 용어를 쓰고 있었다. 그의 화법적 특성으로 보아서 이상과 같은 말은 분명히 언어연구의 우월성을 강조하기 위해서 쓰인 것이지 이 등식의 타당성을 문제 삼기 위해서 쓰인 것은 아니다. 그러니까 간단히 말하자면 그는 지금처럼 정신과 두뇌의 관계에 대한 생물학적 내지는 뇌신경학적 연구가 부실한 상황에서는 마땅히 언어와 정신 또는 두뇌의 관계에 대한 언어학적 연구가 인간이나 인간성에 대한 모든 연구를 이끌고 나갈 수 밖에 없다고 생각한 것이다. 결국에 이런 견해를 하나의 표현으로 집약한 것이 바로「언어/정신/두뇌」라는 등식인 것이다.

그렇지만 이런 말이 시사하는 바는 결코 무시해도 될 만큼 가벼운 것이 아닌데, 그 이유는 그의 언어사상의 전부나 다름없는 이 등식은 결국에 하나의「불가지론자」나「신비론자」에 의해서 만들어졌다는 사실을 여기에서 실토하고 있기 때문이다. 아마도 그는 일찍이 Galileo가 자연을 가장 단순하며 이해 가능한 수학적 발상법의 실현체로 보았던 것처럼 자기도 이로써 인간의 능력이나 본성에 관한 대이론가가 될 수 있다고 생각했을 것이다. 그러니까 한편으로는 이 등식의 운명에 그는 그의 학문의 모든 것을 걸면서, 다른 한편으로는 자기 스스로가 이것은 아직 과학적으로 실증이 되지 않은 현상에 관한 이론이라는 것을 고백하고 있는 것이다.

그런데 이 등식의 타당성을 검토하는 데 논리상 가장 결정적인 요소로 작용하게 되어 있는것이 바로 세 가지 요소의 한가운데에 자리하고 있는 정신이다. 이 등식은 간단히 말해서 그가 언어는 곧 두뇌라는 개념(언어/두뇌)과 정신은 곧 두뇌라는 개념(정신/두뇌)을 하나로 합친 것이다. 그는 우선 정신은 곧 두뇌라는 개념을 설정함으로써 Descartes의 2원론이래 불가지론과 신비론이 하나의 대안으로 자리잡을만큼 궁극적인 미해결의 과제로 남아있는 정신과 육체의 문제를 해결할 수 있다고 보았다. 그는 창조성을 언어의 특성 중 가장 중요한 것으로 본 점이나, 사고력을 인간적 능력 중 가장 중요한 것으로 본점 등은 높이 평가하면서도 그의 2원론은 잘못된 것으로 보는 식으로 Descartes의 이성주의적 철학에 대해서 자못 유보적인 태도를 보였던 것인데, 누구의 철학에 있어서나 그의 언어관이나 사고관보다 더 기본적인 것이 바로 그의 정신관인 이상 결국에는 그는 그의 철학 전체를 잘못된 것으로 본 것이나 다름이 없었다. 그는 그러니까 「정신적인 것들, 즉 정신 자체가 두뇌의 자질로부터 출현된 것이라」는 Mountcastle의 말을 맞다고 믿게 된 것이다.

그 다음으로 그는 일찍부터 인간 특유의 언어력은 그의 두뇌의 특이함에서 비롯된다는, 다분히 생물학적 언어관을 가지고 있었다. 다시 말해서 그가 처음부터 강력한 이성주의적 언어관을 내세울 수 있었던 것은 언어는 결국에 학습적 결과가 아니라 생물학적 결과라는 결론을 내리기에 충분할 만한 언어적 사실들을 발견해 낼 수 있었기 때문이었던 것인데, 이런 점으로 보아서 언어는 곧 두뇌라는 사상이 정신은 곧 두뇌라는 사상보다 먼저 그의 머리안에 잡게 되었음이 분명하다. 물론 이 때 그가 이런 언어관을 갖게 되는 데 큰 도움을 준 사람은 Lenneberg라는 생리학자였다.

이렇게 보자면 이런 두 가지 개념을 하나로 묶은 것이 바로 언어/정신/두뇌라는 등식인데, 일단 이렇게 묶어 놓게 되면 묶기 이전에는 드러나지 않았던 새로운 문제가 드러나게 된다. 즉, 그것은 과연 여기에서 새로 설정된 언어/정신이라는 개념을 과연 자동적이거나 방계적인 것으로 볼 수 있겠느냐 하는 것이다. 따지고 보자면 그는 구체적으로 언어는 곧 정신이다와 같은 말을 한 적이 없다. 예컨대 다른 언어우위론자들처럼 그도 언어는 정신의 반영체나 창이라는 말은 했을지 몰라도 그들 두 가지를 동일체로 볼 수 있다는 말은 하지 않았다. 그러니까 논리적으로 보았을 때 이 등식의 타당성을 검토하는 작업은 언어/정신이라는 개념의 타당성을 검토하는 작업으로부터 시작하는 것이 순리이다.

 결론부터 말할 것 같으면 그가 자기 특유의 편의주의적 환원적 발상법을 적용시킨 곳이 바로 여기이다. 그는 쉽게 말해서 언어를 일단 하나의 컴퓨터적 인지체계로 보게 되면 언어와 정신간의 상동성으로 보아서 자동적으로 정신도 그런 것으로 볼 수 있게 된다고 생각했던 것인데, 사실은 이런 사고방식이야말로 가장 대표적인 편의주의적 사고방식임이라는 사실이 다음과 같은 몇 가지의 정신에 관한 사실에 의해서 당장 드러나게 되어있다. 다시 말하자면 그는 언어/정신/두뇌라는 등식을 성립시키기 위해서 먼저 정신의 문제를 자기편한대로 단순화시키는 오류를 범하고 만 것이다. 학문이 시작된 이래 아직도 철학자들 간에 가장 기본적인 논쟁거리로 남아있는 것이 바로 정신의 실체라는 사실을 감안한다면 그의 이런 대담성은 좋은 의미에서든지 나쁜 의미에서든지 학자들 간에 경탄의 대상일 수밖에 없었다.

(1) 인지적 작업

 정신의 실체에 관해서 그가 저지른 오류에는 크게 세 가지가 있다고 볼 수가 있는데, 그중 첫 번째 것은 인지작용을 연산작용 한가지로 본 오류이다. 지금까지의 주지주의의 전통을 그대로 이어받아서 그가 정신적 기능을 높은 수준의 지적 조작을 수행하는 것으로 본것까지는 일단 이해가 간다. 그러나 정신이 예컨대 병합의 절차를 여러번 반복하는 식의 연산적 절차만을 수행하는 곳이 아니라는 것은 이미 널리 알려진 사실이다. 정신이 수행하는 인지작용에는 우선 상상작용이나 은유작용과 같이 이른바 산문적 내지는 디지털적 작업을 수행하는 것이 아니라 시적 내지는 아날로그적 작업을 수행하는 것도 있다. 그러니까 정신에서 수행하는 인지작용에는 연산작용 이외에 연상작용도 있는 것이다.

그 다음으로 인간의 인지작용은 크게 개념이나 의미를 조작단위로 삼는 것과 형태나 기하적 모양을 조작단위로 삼는 것으로 나뉘어 질 수 있다. 그런데 영감이나 직관과 같이 논리력을 초월하는 결과를 얻는 데는 첫 번째것 보다는 오히려 두 번째 것이 더 많이 쓰이게 된다고 볼 수가 있는데, 이것의 근거가 될 수 있는 것이 바로 게스탈트 심리학자들이 발견한 형태지각의 현상들이다. 전경과 배경을 바꾸어 지각하는 현상이나「오리와 토끼를 바꾸어 지각하는 현상」등은 어느 장면을 지각하는 요령은 동일한 공간적 경험을 갖는 것으로는 설명이 될 수 없는것이라는 사실을 익히 드러내주고 있다. 결국에 이런 게스탈트의 자질은 개별적 지각에 의해서 결정되는 것을 초월하는것 임이 분명하다.(Blackburn, 2008: p.151)

세 번째로 인간의 인지작용이 수행하는 일에는 주어진 자료나 정보를 논리적으로 처리하는 연산적 작업이외에 새로운 개념이나 구조체를 만들어내는 창조적 작업도 있다. 그와 같은 인지주의자가 보기에는 물론 창조적 작업도 연산적 작업의 일부로 보일 수도 있다. 예컨대 그는 일찍이 언어의 특성 중 가장 중요한 것으로 유한한 규칙으로 무한한 문장을 만들어낼 수 있는 창조성을 들었었다 그렇지만 그가 생각했던 창조적 작업은 주어진 틀이나 규칙안에서의 작업일 따름이지, 그것을 초월하고 파괴하는 일종의 비약적인 작업은 아니었다. 인간의 인지작용의 위대함은 이런 고차원적인 창조적 작업을 익히 수행할 수 있는 데 있다. 만약에 그 동안에 인간의 인지작용이 이 기능을 수행하지 않았더라면 우리가 지금과 같이 높은 수준의 문화와 문명을 일궈내지 못했을 것이 뻔하다.

그런데 사실은 대부분 사람들은 그 동안에 연산적 절차를 논리적 추리나 비판적 절차로 보면서 이것의 대척점이 있는 것이 바로 창조적 절차라고 생각했었다. 한마디로 말해서 모두가 아직은 그것의 실체를 잘 알지는 못해도 인간의 지력중 최고 수준의 것이 창조력이라는 것은 인정해온 것이다. 창조성에 관한 이런 전통의 실상을 단적으로 드러내는 논문중의 하나가 Horan(2011)이 최근에 발표한 「영성(Spirituality)」이라는 논문이다. 그는 여기에서 창조성의 특성은 새로운 정보나 통찰의 통합절차보다 정신적 초월의 상태가 선행되는 점으로 보면서, 그것을 「정보의 한계를 초월하려는 의도의 표명」이라고 정의했다. 그는 지성보다 한 차원 위의 것을 영성으로 보았을 때 창조성은 영성에서 비롯되는 것이 분명하다고 본 것이다.(p.365)

그의 창조성 이론의 특징은 그런데 궁극적으로는 지력의 기능을 완전히 초월하거나 무시하려고 하는 것은 아니라는 데 있다. 예컨대 그는 무의식적인 주의의 흐름이나 의도가 창조성의 기저인 것은 사실이지만 그것이 제대로 발휘되려면 일정한 자질과 지력을 필요로 하게 된다는 점을 강조하면서 「더 깊은 의도는 으레 보다 지적인 창조적 작품이나 표현체를 만들어내게 된다」와 같은 말을 하고 있다. 그러니까 그가 보기에는 창조성을 유발할 수 있느냐 없느냐의 관건은 인지적 절차를 일상적인 것으로부터 예외적인 것으로 바꿀 수 있느냐에 달려있는데, 그런 변화는 Harman과 Rheingold(1984)의 말을 그대로 빌리자면 「상상과 확인, 명상」등의 방법을 통해서 무의식의 세계를 해방시키게 되면 나타나게 되어 있었다.

(2) 정신력의 3대 요소

정신의 실체와 관련하여 그가 저지르고 있는 두 번째 잘못은 정신력에는 지력과 정서력, 의지력등의 세 가지가 있다는 사실을 완전히 무시하고 있다는 점이다. 물론 이들 중 지력을 제일 중요한 것이나 아니면 전부인 것으로 본 나머지 두 가지를 탐구의 대상에서 제외시키는 주지주의적 전통이 어제 오늘에 형성된 것은 아니다. 그렇지만 일단 이렇게 되면 언어와 정신의 관계에 대한 논의가 한편으로는 언어를 인지체계로 보았을 때는 언어/정신 이라는 개념이 성립됨이 분명하다고 주장하면서, 다른 한편으로는 그것을 세 가지 요소의 복합체로 보았을때도 그런 개념이 성립될 수 있는지는 아직 논의할 필요가 없다는 식의 아주 비합리적인 것이 되고 만다.

간단히 말해서 그가 내세우는 언어/정신이라는 개념은 정신 기구에서 수행하는 기능을 오직 지적인 것 한가지로 본 상태에서 만들어진 것이기에, 그 기능에는 그 동안에 철학이나 심리학의 분야에서 밝혀 놓은대로 그 밖에 정서력과 의지력도 있다는 사실을 인정하는 순간 그것의 타당성은 사라지고 만다. 그러니까 그가 저지른 논리적 오류는 부분적 진리를 전체적 진리로 바꿔친 오류인 셈이다. 그렇다고 해서 언젠가에 가서 언어학자인 그가 Frost같은 시인의 흉내를 내어 언어는 정서적 표현체라는 의미에서 그것은 곧 정신이라고 볼 수가 있다고 말하거나, 아니면 Kant같은 철학자의 흉내를 내어 언어는 의지적 표현체라는 의미에서 그것은 곧 정신이라고 볼 수 있다고 말할 리가 없다.

그런데 어떤 의미에서는 이런 외연확대의 오류보다 더 중요한 사실이 바로 그의 개념 설정에 있어서는 이들 세 가지 정신력은 저마다 따로따로 작동되는 것이 아니라 서로 엉킨 상태에서 같이 작동되게 되어 있다는 사실을 완전히 무시하고 있다는 점일지도 모른다. 한마디로 말해서 정신 기구는 다른 두 능력의 개입없이 오직 지력만이 독립적으로 작동될 수 없게 만들어져 있는데도 그는 이런 사실에 아무런 의미를 부여하지 않고 있다. 이렇게 보자면 그는 결국 작게는 인간과 컴퓨터를 동일시하는 오류를 범하고 있는 것이고, 크게는 인간의 특성을 제대로 파악하지도 못한 상태에서 그의 본성을 논하려는 오류를 범하고 있는 것이다.

물론 지금으로서는 정신작용의 통합성에 대한 연구가 언제쯤 만족스런 수준에까지 이르게 될지는 아무도 모른다. 그러니까 그동안에 철학자나 심리학자의 주장을 근거로 해서 정신작용에는 지적인것과 정서적인것, 의지적인 것등의 세가지가 있다고 가정해 왔듯이, 이제는 뇌신경학자나 생물학자의 주장을 근거로 해서 정신작용은 하나의 통합적인 작용일 것이라고 가정할 수 밖에 없다. 이런 점으로 보아서도 그가 내세운 「인간/정신/두뇌」라는 등식은 분명히 하나의 가정적 등식일 따름이며, 따라서 이것의 타당성을 검토하는 데는 앞으로 거의 모든 최첨단 학문들이 참여하는 거대한 학제적 연구를 필요로 하게 될 것이 확실하다.

다행히도 최근에는 이런 추측을 익히 가능케하는 논문들이 발표되기도 했는데, Vartanian(2011)에 의한 「두뇌와 신경심리학(Brain and Neuropsychology)」라는 논문이 그중 하나이다. 그가 보기에는 그 동안에 심리학에서는 창조적 작업은 으레 우반구에서 이루어지게 되어있다고 믿어왔었는데, 이런 신화는 최근에 이르러 몇 가지의 기념비적인 생물학적이거나 뇌신경학적 연구에 의해서 산산이 부서지게 되었다. 다시 말해서 이제는 몇몇 중요한 뇌신경학적 연구에 의해서 창조성은 좌우 두 반구에 있는 여러 구조들을 잇고 있는 신경체계에 의해서 발휘가 된다는 사실이 익히 밝혀진 것인데, 무엇보다도 중요한 사실은 이런 사실을 바탕으로 다음과 같은 두 가지의 새로운 심리학적 이론들을 내세울수있게 되었다는 점이었다.

그중 첫 번째 것은 정신적 유연성의 이론으로서, 이것은 우선 종전의 주의의 개념과 밀접한 관련성이 있는 이론이었다. 그동안까지 심리학자들은 강력한 동기와 집중된 주의력이 높은 수준의 지적 작업을 수행하는 데 필수조건이라고 주장해왔었다. 그러나 최근에 그와 그의 동료들은 몇 가지 실험을 통해서 「창조적인 사람들은 주의력을 집중하는 데 과제의 성격에 따라서 집중과 비집중을 교차시키는 식으로 변이성이나 유연성」이 있는 사람들이라는 사실을 알아냈다. 이런 발견은 창조적 절차를 준비와 잉태, 조명, 증명등의 네 가지 단계로 나누는 이론과도 조화를 이루고 있었다. 즉 이것은 곧 「창조적인 사람은 비창조적인 사람보다 인지적으로 더 유연적인 사람」이라는 사실과 더 나아가서는 창조의 네 가지 단계 중 가장 중요한 단계가 바로 조명의 단계라는 사실을 증거하고 있었다.(p.168)

그중 두 번째 것은 휴식상태의 뇌 활동의 이론으로서, 한마디로 요약해서 이것은 우반구의 기능의 중요성을 강조한 이론이었다. 종전까지 심리학에서는 두 개의 반구를 좌반구는 논리나 분석적인 작업을 전담하는 곳으로 보는데 반하여 우반구는 감정이나 상상적인 작업을 전담하는 곳으로 보는식으로 상호대립적인 것으로 보아왔다. 따라서 창조적 활동은 우반구의 활성화로 두뇌 전체가 일종의 휴식상태에 놓여 있을 때 가장 활발해진다는 이 이론은 크게 두 가지의 특별한 의미를 지니고 있다고 볼 수가 있다. 첫 번째로 이것은 일상적이거나 기계적인 인지적 작업을 함에 있어서도 두뇌의 정서적 상태는 대단히 큰 영향을 끼치게 된다는 사실을 일깨워주고 있다고 볼 수가 있고, 두 번째로 이것은 두뇌의 구조나 조직이 위계적이며 통일체적 체계하에 있는 여러 부위로 구성되어 있다는 것이 발견된 이상, 정신적 능력도 가급저이면 여러 하위 능력별로 나뉜 상태에서가 아니라 하나의 통일된 능력으로 통합된 상태에서 발휘된다고 보는 것이 바람직하다는 사실을 일깨워주고 있다고 볼 수가 있다.

(3) 진화의 문제

정신의 실체와 관련하여 그가 저지르고 있는 세 번째 잘못은 언어의 진화 문제에 대해서는 일가견이 있는 듯이 대단한 관심을 보이면서 정신의 그것에 대해서는 일언반구도 없는 식으로 아예 관심을 보이지 않는다는 점이다. 논리적으로 말할 것 같으면 그가 일단 「언어/정신/두뇌」라는 등식을 내세운 이상 그 특유의 언어 진화관은 그대로 그의 정신 진화관과 두뇌 진화관으로 연결되어야 마땅하다. 예컨대 그는 그 동안 내내 언어는 약 5만년 전에 선택적 적응과정과는 아무런 관련이 없는 특이한 돌연변이에 의해서 태어났다고 주장해왔다. 그렇다면 정신과 두뇌도 같은 방식으로 태어났다고 보아야지만 그의 등식은 성립이 된다.

그러나 그가 이렇게 되면 결국에 자기가 하나의 완전한 반진화론자나 아니면 「半 창조론자」가 된다는 사실을 모를 리가 없다. 간단히 말해서 천하무적의 그에게도 정신이나 두뇌의 진화문제를 가지고 진화론자와 맞서려는 용기는 없었던 것이다. 그렇다고 해서 그가 언어의 진화에 관해서는 자기 의견이 맞고 정신과 두뇌의 진화에 관해서는 다윈주의자의 의견이 맞다고 말할 수도 없는 일이었다. 아마도 그래서 그가 택한 방책은 의도적으로 그 문제에 관해서는 언급을 회피하는 것이었을 것이다. 자기 편의에 맞게 그는 그러니까 지금의 현상만으로 보았을 때 그의 등식은 맞는 것이라고 생각한 것이다.

그러나 오늘날에 있어서는 전문가는 물론이고 일반 사람들 마저도 굳이 진화론자의 이론을 원용하지 않고서도 인간의 육체와 정신은 현상적 연구만으로는 그들의 실체가 밝혀질 수 없다는 사실과, 따라서 오직 그들의 진화과정을 살피는 것만이 그들의 실체를 알게 되는 빠른 방법이라는 사실을 익히 알고 있다. 그러니까 그의 편의주의적 발상법은 학문적 전문가에게는 물론이고 일반 사람에게도 더 이상 먹혀들어갈 수가 없는 것이다. 간단히 말해서 진화론적으로 보았을 때의 그의 특별한 설명이 있는날까지는 그의 「인간/정신/두뇌」라는 등식의 타당성에 대한 검토는 유보되어야 마땅한 것이다. 그러니까 결국은 안타깝게도 가설형성법에 의한 그의 언어연구는 시작한지 4~50년이 지난 오늘날에도 가설설정과 실증적 검증의 두 단계 중 첫 번째 단계에 머물고 있는 것이다.

참고문헌

Adolphs, R., and Heberlein, A. 2002. Emotion. In Ramachandran, V.(ed), Encyclopedia of the Human Brain. Vol. 2 N.Y. : Academic Press.
Allan, K. 2009. Connotation. In Allan, K. (ed), Concise Encyclopedia of Semantics. N.Y. : Elsevier.
Andersen, H. 1973. Abductive and deductive change. Language 40.
Audi, R. 1995. The Cambridge Dictionary of Philosophy. Cambridge : Cambridge Univ. Press.
Austin, J. 1962. How to do things with words : Oxford : Oxford Univ. Press.
Baddeley, A. 1990. Human Memory : theory and practice. Boston : Allyn and Bacon.
Baldwin, 1985. Consciousness and evolution. Science. No.2.
Bever, T. 1970. The Cognitive basis for linguistic structures. In Hayes, J. (ed), Cognition and the development of language. N. Y. : John Wiley and Sons.
Beretta, A. 2006. Agrammatism II:Linguistic Approaches. In Brown. K.(ed), Encyclopedia of Language and Linguistics. N.Y. Elsevier.
_____ 2010. Agrammatism II, Linguistic approaches, In Whitaker, H. (ed). Concise Encyclopedia of Brain and Language. N.Y.: Elsevier.
Berwick, R 1998. Language evolution and the minimalist Program: the origins of syntax. In Hurford, J., Stugldert-kennedy, M. Knight, C.(eds), Approaches to the evolution of language Cambridge: Cambridge Univ.

Press.
Bever, T., and Montalbetti, M. 2002 Noam's Ark. Science. vol. 298.
Bickerton, D. 1981. Roots of Language. Ann Arbor, Michi Karoma.
Bierwisch, M. and Schreuder, R. 1992. From Concepts to lexical items. Cognition. 42.
Bierwisch, M. 2001. The apparent paradox of language evolution: Can universal grammar be explained by adaptive selection? In Trabant, J. and Ward, S.(eds) New Essays on the origin of language. N.Y.:Mouton de Gauyter.
Blackburn, S. 2008. The Oxford Dictionary of Philosophy Oxford; Oxford Univ. Press.
Blake, B. 1994. Relational Grammar. In Asher, R.(ed) The Encyclopedia of Language and Linguistics. Vol. 7. Oxford: Pergamon Press.
Blevins, J. 2010. Non-transformational grammar. In Malmkar, K.(ed). The Routledge Linguistics Encyclopedia. London: Routledge.
Bloom, L. 1970. Language development: form and function in emerging grammars. Cambridge, Mass: MIT Press.
Bod, R. and Kaplan, R. 1998. A Probabilistic corpus-driven model for Lexical-Functional analysis. In proceedings of COLING/ACL 98. Montreal.
Boeckx, C. 2010. Language in Cognition. N.Y.:Wiley-Blackwell.
Boole, G, 1854. The Laws of Thought. N.Y.:Dover.
Boskovice, Z, and Lasnik, H. (eds) 2007. Minimalist Syntax. Oxford: Blackwell Publishing.
Braine, M. 1963. The ontogeny of English phrase structure: the first phase. Language 39. No 1.
Bresnan, J. 1980 The Passive in Lexical Theory. Occasional paper 7. Cambridge, MA:MIT center for the cognitive sciences.
Brown, P., Levinson, S. 1987. Politeness; some universals in language usage. Cambridge: Cambridge Univ. Press.
Burge, T. 1973. Reference and Proper names. Journal of Philosophy 70.
Callaghan, G. and Lavers, G. 2010. Logic and Language: Philosophical

aspects. In Brown, K.(ed) Concise encyclopedia of Philosophy of Language and Linguistics. N.Y.: Elsevier.

Caplan, Q. 1983. The New Lexicon: a summary of some arguments pertaining to the nature of lexical representations. In Studdert-kennedy, M.(ed). Psychobiology of Language. Cambridge, MA:The MIT Press.

_____ 2009. Language: Cortical processes. In Squire, L. (ed) Encyclopedia of Neuroscience. Vol.5. N.Y.:Academic Press.

Carnap, R. 1937. The Logical Syntax of Language: N.J.: Littlefield Adams

Carpenter, M., Tomasello, M., Call, J and Hare, B. 2004. Unwilling versus unable: Chimpanzees' understanding of human intentional action. Developmental Science 7.

Carroll, S. 2005. Endless forms most beautiful N.Y.:Norton.

Carston, R. 2002. Thoughts and utterances. Oxford: Blackwell.

_____ 2010. Modularity. In Brown, K.(ed) Concise encyclopedia of philosophy of Language and Linguistics. N.Y.: Elsevier.

Cassirer, E. 1929. Philosophie der Symbolischen Formen. Berlin. Monheim. R.(trans), 1953. Philosophy of Symbolic Forms, 3 vols. New Haven; CT: Yale Univ. Press.

Chiarello, C. 2003. Parallel systems for processing languages:Hemispheric complementarity in the normal brain. In Banich, M. and Mack, M.(eds) Mind, Brain, and Language N.Y.:Erlbaum Associates.

Chomsky, N. 1957. Syntactic Structures. The Hague: Mouton & Co.

_____ 1959. A Review of B.F. Skinner's verbal Behavior. Language 35(1).

_____ 1965. Aspects of the theory of Syntax. Cambridge, Mass. MIT Press.

_____ 1966. Cartesian Linguistics. N.Y.:Harper and Row.

_____ 1968. Language and Mind. NY Harcourt Brace Jovanovich.

_____ 1970. Remarks on nominalization. In Jacobs, R. and Rosenbaum, P. (eds). Readings in English Transformational Grammar. Woltham, Mass: Gin and Co.

_____ 1972. Studies on semantics in generative grammar. The Hague: Mouton.

_____ 1973. Conditions on transformations, In Anderson, S. and Kiparsky,

P.(eds). A festschrift for Morris Halk. N.Y.: Holt, Rinehait and Winston.
_____ 1975. Reflections on Language N.Y.: Pantheon. and Lasnik, H. 1977. Filters and Control Linguistic Inquiry 8.
_____ 1979. Language and Responsibility N.Y.: Pantheon Books.
_____ 1980. a. Rules and Representations. Oxford: Basil Blackwell
_____ 1980. b. On Binding. Linguistic Inquiry 11.
_____ 1981. Lectures on Government and Binding. Dordrecht; Foris Publications
_____ 1982. a. The Generative Enterprise. Dordrecht: Foris Publications.
_____ 1982. b. Some concepts and consequences of the theory of government and binding. Cambridge, Mass: MIT.
_____ 1984. Modular approaches to the study of the mind. San Diego: San Diego State Univ. Press.
_____ 1986. a. Knowledge of Language. N.Y.: Praeger.
_____ 1986. b. Barriers. Cambridge, Mass: MIT Press.
_____ 1988. Language and Problems of knowledge Manogua Lectures. Cambridge, MA: MIT Press. 이동진 역 1994 한신문화사
_____ 1993. A minimalist program for linguistic theory. In Hale, K. and Keyser, S.(eds) The view from Building 20: Essays in linguistics in honor of Sylvian Bromberger. Cambridge, Mass: MIT Press.
_____ and Lasnik, H. 1993 Syntax. In an international Research handbook of contemporary research. Jacobs, J., Stechow, A., Sternefeld, W., and Vennemann, T.(eds), N.Y.:Watter de Gruyter.
_____ 1994. Bare phrase structure. MIT occasional paper in linguistics 5.
_____ 1995. The minimalist Program. Cambridge, Mass: MIT Press.
_____ 2000. New Horizons in the study of Language and Mind. Cambridge: Cambridge Univ. Press.
_____ 2001. Derivation by phase. In Kenstowiez, K.(ed), Ken Hale: A Life in language. Cambridge, Mass: MIT Press.
_____ 2002 On Nature and Language. Cambridge: Cambridge Univ. Press
_____ 2003 Comments on Millikan. In Antony, L. and Hornstein, N. (eds).

Chomsky and his critics. Blackwell.
_____ 2004. Beyond explanatory adequacy. In Belletti, A(ed). Structures and beyond. Oxford: Oxford Univ. Press.
_____ 2005. Three factors in language design. Linguistic Inquiry Vol. 36. No 1.
Clark, E. 2002. First language acquisition. Cambridge: Cambridge Univ. Press.
_____ 2003 First Language Acquisition Cambridge: Cambridge Univ. Press.
Culicover, P. and Jackendoff, R. 2005. Simpler Syntax Oxford: Oxford Univ. Press.
Dalrymple, M. 2006. Lexical Functional Grammar. In Brown, K.(ed). Encyclopedia of Language and Linguistics Vol.7 N.Y.:Elsevier.
Damasio, A. and Damasio, H. 1992. Brain and Language. Scientific American. 1992. Sept.
Damasio, A. 1994. Descartes' error: Emotion, reason, and the human brain. N.Y.:Grosset/Putnam.
Deacon, T. 1997. The Symbolic species: the co-evolution of language and brain. N.Y.: Norton.
Dirac, P. 1963. The evolution of the physicist's picture of nature. Scientific American 208. No.5.
Dougherty, R. 1969. An interpretive theory of pronominal reference. Foundations of Language 5.
Elsabbagh, M. and Kamiloff-Smith, A. 2006. Modularity of mind and language. In Brown, K(ed) Encyclopedia of Language and Linguistics. Vol. 8 N.Y.:Elsevier.
Emonds, J. 1970. Root and structure-preserving transformations. unpublished Ph.D. dissertation. MIT.
Enard, W., Przeworski, M., Fioher, S., Lai, C., Wiebe , V., Kitano, T., Monaco, A. and Paabo, S. 2002. Molecular evolution of FOXP2, a gene involved in speech and language. Nature 418.
Epstein, S. 1999. Unprincipled syntax: the derivation of syntactic relations. In Epstein, S. and Hornstein, N. (eds), Working minimalism. Cambridge, MA; MIT Press.

Erteschik, N. 1973. On the nature of island constraints. unpublished dissertation MIT.
Ferrira, V. 2010. Sentence Production. In Whitaker, H. (ed) Concise Encyclopedia of Brain and Language. N.Y.: Elsevier.
Fitch, W., Hauser, M., and Chomsky, N. 2005 The evolution of language: clarifications and implications. Cognition. 97.
Frank, A., Becker, M., Crysmann, B., Keifer, B. and Schafer, U. 2003. Integrated shallow and deep parsing: TopP meets HPSG. In ACL(2003).
Fodor, J. 1975. The Language of Thought. Cambridge. MASS: Harvard Univ. Press.
_____ 1983. Modularity of mind Cambridge, MASS: MIT Press.
_____ 1987. Psychosemantics. Cambridge, MASS: MIT Press.
Gazdar, G. 1979. Pragmatics: implicature, presupposition, and logical form. N.Y.: Academic Press.
_____, Klein, E., Pullum, G. and Sag, I. 1985 Generalized Phrase structure grammar. Oxford; Basil Blackwell.
George, L. 1980. Analogical generalization in natural language syntax. unpublished Ph.D. dissertation.
Geschwind, N. 1965. Discomexion syndromes in Animals and man. Brain, 88.
_____ 1979 Specializations of human brain. Scientific American. 170.
Gordon, P. 2004. Numerical. cognition without words. Evidence from Amazonia. Science 306.
Gould, S. and Vrba, E. 1982. Exptation: a missing term in the science of form. In Hull, D. and Ruse, D.(eds), 1998. The philosophy of biology. Oxford: Oxford Univ. Press.
Grice, H. 1975 Logic and conversation. In Cole, P. and Morgan, J.(eds), Syntax and Semantics. Vol.3. Speech Acts. N.Y.: Academic Press.
_____ 1989. Studies in the way of words. Cambridge, MA: Harvard Univ. Press.
Grozinsky, Y. 1995. A restrictive theory of grammatic comprehension. Brain and Language 50.
Harman, W. and Rheingold, H. 1984 Higher creativity: Liberating the

unconscious for breakthrough insights N.Y.: Penguin Putnam.

Harrington, J. and Mooshammer, C. 2006. Speech Production. In Brown, K.(ed). Encyclopedia of Language and Linguistics. vol. 11. N.Y. Elsevier.

Hauser, M. 1996. The Evolution of communication. Cambridge, MA: MIT Press.

_____ Chomsky, N., and Fitch, W. 2802. The faculty of language. What is it, who has it, how did it evolve Science, vol. 298.

Hinzen, W. 2006 Mind design and minimal syntax. Oxford. Oxford Univ. Press.

Horan, R. 2011. Spirituality. In Runco, M. and Pritzher, S.(eds). Encyclopedia of creativity. vol.2 N.Y.: Academic Press.

Hurford, J. 2002. Expression/induction models of language evolution : dimensions and issues. In Briscoe, T, (ed). Linguistic evolution through language acquisition: formal and computational models. Cambridge: Cambridge Univ.

_____ 2003. The neural basis of predicate-argument structure. Behavioral and Brain Sciences. 26.

_____ 2006 a. Evolutionary Theories of Language; Current theories. In Brown, K.(ed). Encyclopedia of Language and Linguistics. vol.4 N.Y.: Elsevier.

_____ 2006 b. Origin and evolution of Language. In Brown, K.(ed). Encyclopedia of Language and Linguistics vol. 9. N.Y. Elsevier.

Isac, D. and Reiss, C. 2008. I-Language: an introduction to linguistics as cognitive science. Oxford: Oxford Univ. Press.

Jackendoff, R. 1972. Semantic interpretation in Generative Grammar. Cambridge, Mass: MIT Press.

_____ 1983. Semantics and cognition. Cambridge, MA: MIT Press.

_____ 1994. Patterns in the mind: :Language and Human nature. M.Y.: Basic Books.

_____ 2002. Foundations of Language: Brain, meaning, grammar, evolution, Oxford:Oxford Univ. Press.

_____ and Pinker, S. 2005 The Nature of the language faculty and its implications for evolution of language. Cognition 97.
Jacob, J. 1982. The Possible and the actual. N.Y.: Pantheon.
Johnson, D. and Postal, P. 1980. Are Pair Grammar Princeton, NJ: Princeton Univ. Press.
Jonides, J., Wager, T., and Badre, D. 2002. Memory, Neuroimaging In Ramachandran, v.(ed), Encyclopedia of the Human Brain. vol. 2. N.Y:Academic Press.
Jun, J. 2006. Lexical conceptual structure. In Brown, K.(ed) Encyclopedia of Language and Linguistics. vol.7. N.Y.:Elsevier.
Kapland, R. and Wedekind, J. 2000 LFG generation produces context-free languages. In Proceedings of the 18th International conference on computational Linguistics. Saarbruecken .
Kayne, R, 1981 Unambiguous Paths. In May, R. and Koster, J.(eds). Levels of Syntactic Representation. Dordnecht : Foris Publications.
_____ 1983. Connectedness. Linguistic Inquiry. 14.
_____ 1984. Connectedness and binary branching Dordrecht:Foris.
_____ 1993. The antisymmetry of syntax. Ms. Gradnate Center, Univ. of New York.
Konieczny, L. 1996. Human sentence processing: A semantics-oriented parsing approach. Ph.D. thesis universitat Freiburg.
Koster, J. 1979. Anaphora: an introduction without footnotes. Filosofisch Institute, Univ of Nijmegen.
_____ 1980. Proximates, Locals, and Dependents. Unpublished paper, Univ. of Nijmeen.
_____ 1981. Configurational grammar. In May, R. and Koster, J.(eds), Levels of Syntactic representations. Dordrecht: Foris Publications.
Langacker, R. 1969. On Pronominalization and the Chain of command. In Reibel, D. and Schane, S. (eds) Modern studies in English: Readings in Transformational Grammar. Englewood. Cliffs, N.J.: Prentice-Hall.
Larson, R. 1983. Extraction and Double selection in PP. Ms., MIT.
Lasnik, H. 2005. Grammar, Levels, and Biology. In McGilvray, J. (ed) The

Cambridge Companion to Chomsky Cambridge: Cambridge Univ. Press.
_____ 2006. Minimalism. In Brown, K (ed). Encyclopedia of Language and Linguistics. vol. 8. N.Y: Elsevier.
Leech. G 1983. Principles of Pragmatics. London: Longman .
Lees, R. and Klima, E. 1963. Rules of English Pronominalization. Language 39.
Lenneberg, E. 1967 Biological foundations of Language. N.Y.: Wiley
Levin, J. and Massain, D. 1984. Surface ergativity: Case/theta relations reexamined. NELS 15.
Levine, R. 2002. Review of Uriagerata's Rhyme and Reason (1998. MIT Press) Language 78.
_____ and Meurers, W. 2006. Head-driven Phrase Structure Grammar. In Brown, K. (ed), Encyclopedia of Language and Linguistics. N.Y.: Elsevier.
Lewontin, R. 1990. The evolution of cognition. In Osherson, D. and Smith, E.(eds), An invitation to cognitive science. vol. 3: Thinking. Cambridge, MA:MIT Press.
Liberman, A. 1985. The motor theory of speech perception revised. Cognition 21.
Lichtheim, L. 1885. Über Aphasie. (on Aphasia Brain 7.)
Luzatti, C. and Whitaker, H. 2010. Written language, Acquired Impairments of. In Whitaker, H.(ed), Concise Encyclopedia of Brain and Language. N.Y.: Elsevier.
MacDonald, M. and Sussman, R. 2010. Senten comprehension. In Whitaker, H. (ed) Concise Encyclopedia of Brain and Language. N.Y.: Elsevier.
MacLarnon, A. and Hewitt, G. 1999. The evolution of human speech: the role of enhanced breathing control. American Journal of Physical Anthropology Maratsos, H. 1974 How preschool children understand missing complement subjects. Child Development 45, No3.
Maratos, H. 1974 How preschool children understand missing complement subjects. Child Development 45, no. 3.
Marcus, G. 2004. The Birth of the mind: How a tiny number of genes creates

the complexities of human thought. N.Y.: Basic, Books.
Mattys, S. 2006. Speech recognition: Psychology approaches. In Brown, K.(ed), Encyclopedia of language and linguistics. vol.11. N.Y.: Elsevier
Mautner, T. 2002. The Penguin Dictionary of Philosophy. London: the Penguin Group.
Maxwell, J. and Kaplan, R. 1996. An efficient parser for LFG. In Butt, M. and King, T.(eds). On-line proceedings of LFG 96 Conference. Stanford.
McCawley, J. 1968. Lexical insertion in a transformational grammar without deep structure. Chicago Linguistic Society Papers 4.
_____ and Harris R. 2009. Generative semantics. In Allan, K.(ed). Concise Encyclopedia of semantics. N.Y.: Elsevier. Ltd.
McClosky, J. 1988. Syntactic Theory. In Newmeyer, F. (ed), Linguistics: The Cambridge Survey I. Linguistic Theory : Foundations. Cambridge: Cambridge Univ. Press.
Mesulam, M. 2010. Aphasia, Sudden and Progressive. In Whitaker, H. (ed). Concise Encyclopedia of Brain and Language. N.Y.: Elsevier.
Mey, J. Pragmatics: Overview. In Brown, K.(ed), Encyclopedia of Language and Linguistics. Vol. 10. N.Y. Elsevier.
Miyajawa, S. 2004. On the EPP. In McGinnis, M. and Richards, N. (eds) Proceedings of EPP/Phase workshop. MIT working papers in linguistics, Cambridge, Mass: MIT.
Morris, C. 1938 Foundations of the theory of signs. Chicago: Univ. of Chicago Press.
Newmeyer, F. 1986. Has there been a Chomskyan revolution in linguistics? Language 62.
Nissenbaum, J. 2000. Investigations of covert phrase movement. Doctoral dissertation. Cambridge Mass: MIT.
Ojemann, G. 1976. Subcortial language mechanisms. In Whitaker, H. and Whitaker, H. (eds) Studies in neurolinguistics Vol. 1. N.Y.: Academic Press.
Owens, R., Jr. 2001. Language development: an introduction. Boston: Allyn and Bacon.

Pepperberg, I. 1999. The Alex studies: cognitive and communicative abilities of grey parrots. Cambridge, MA: Harvard. Univ. Press.

Perlmutter, D. 1978. Impersonal passives and the unaccusative hypothesis. BLS.4.

_____ (ed). 1983. Studies in Relational Grammar 1. Chicago. IL: Univ of Chicago Press.

_____ and Rosen, C.(eds) 1984 Studies in Relational Grammar 2. Chicago, IL: Univ of Chicago Press.

Pesetsky, D. 1982. Paths and Categories. unpublished Ph. D. dissertation, MIT.

Piattelli-Palmarini, M.(ed) 1979. Language and Learning. The debate between Jean Piaget and Noam Chomsky. Cambridge, Mass:. Harvard Univ. Press.

Pinker, S. 1987. The bootstrapping problem in language acquisition. In MacWhinney, B.(ed) Mechanisms of language acquisition. Hillsdale, N.J.: Erlbaum.

_____ and Jackendoff, R. 2005. The faculty of language: What's special about it? Cognition, 95.

Poeppel, D. and Hickok. G. 2004 Introduction: towards a new functional anatomy of language cognition 92.

Poirier, P. 2010. Behaviorism : Varieties. In Brown. K. (ed). Concise encyclopedia of philosophy of language and linguistics N.Y.: Elsevier.

Pollard, C. and Sag, I. 1994 Head-Driven Phrase Structure grammar. Chicago, IL.: Univ. of Chicago Press.

Pollock, J. 1989. Verbal movement, universal grammar, and the structure of IP. Linguistic Inquiry 20.

Popper, K. and Eccles, J. 1977. The self and its Brain: An argument for interactionism. Berlin:Springer-Verlag.

Postal, P. 1971. Cross-Over Phenomena. N.Y.: Holt, Rinehart and Winston

_____ 1974. On raising. Cambridge, Mass: MIT Press.

_____ 1977. Antipassive in French. Linguistical Investigations 1.

Riemsdijk, H. van. 1978. A case study in Syntactic markedness: The Binding nature of prepositional phrases. Dordrecht: Foris Publications. Studies

in generative grammar 4.
Rizzi, L. 1978. a. Violations of the wh-island constraint in Italian and the subjacency condition. In Dubisson, C., Lightfoot, D. and Morin, Y.(eds). Montereal Working Papers in Linguistics 11.
_____ 1978. b. A Restructuring rule in Italian syntax, In Keyser, S.(ed). Recent Transformational Studies in European Languages Cambridge, Mass: MIT Press.
_____ 1982. Issues in Italian syntax. Foris, Dordrecht
Rosen, C. 1984. The interface between semantic roles and initial grammatical relations. In Perlmutter D. and Rosen, C.(eds). Studies in Relational grammar 2. Chicago, IL: Univ of Chicago Press.
Ross, J. 1967. Constraints on variables in syntax. unpublished Ph. D. dissertation. MIT.
_____ 1983 Reciflexives and Extraposition from picture-nouns, Ms., MIT and Univ of the Air.
Rouveret, A. and Vergnaud, J. 1980. Specifying reference to the subject : French causatives and Linguistic Inquiry 11.
Ryle, G. 1949. The Concept of Mind. London: Hutchinson & Co. Ltd.
Schlenker, P. 2010. Semantics. In Malmkjar, K. (ed) The Routledge Linguistics Encyclopedia. London: Routledge.
Scott, S. 2010. Cognitive Science and Philosophy of Language. In Brown, K.(ed). Concise encyclopedia of philosophy of Language and Linguistics. N.Y.:Elsevier.
Searle, J. 1969. Speech Acts. Cambridge: Cambridge Univ. Press.
Segal, G. 2001. Two theories of proper names. Mind and Language 16
Sells, P. 1985. Lectures on contemporary syntactic theories. Stanford, CA: Stanford Univ. CSLI.
Seuren, P. 2006. Presupposition. In Brown, K. (ed), Encyclopedia of Language and Linguistics. Vol. 10. N.Y.: Elsevier.
_____ 2009. Language in cognition. Oxford: Oxford Univ. Press.
_____ 2010. Aristotle and Linguistics. In Brown, K. (ed). Concise encyclopedia of philosophy of Language and Linguistics. N.Y.: Elsevier.

Shallice, T. 1988. From neuropsychology to mental structure. N.Y.: Cambridge Univ. Press.
Skinner, B. 1957. Verbal Behavior. N.Y.: Appleton-Century-Crofts.
Smith, N. 2010. Linguistics: Discipline of. In Barber, A. and Stainton, R. (eds), Concise Encyclopedia of philosophy of Language and Linguistics. N.Y.: Elsevier.
Sperber, D. and Wilson, D. 1995. Relevance: Communication and cognition. Cambridge, MA: Blackwell.
Sportiche, D. 1981. Bounding nodes in French. The Linguistic Review 1.
Taraldsen K. 1981 The theoretical interpretation of a class of marked extractions. In Belletti, A., Brandi, L, and Rizzi, L. (eds). Theory of markedness in generative grammar, Proceedings of the 1979 GLOW conference Scuola Normale Superioce Pisa.
Tattersall, I. 1998. The Origin of the human capacity. N.Y.: American Museum of Natural History.
Thomas, J. 1994. Conversational maxims. In Asher, R. (ed). The Encyclopedia of language and linguistics Vol.2. Oxford: Pergamon Press.
Thorpe, W. 1967. Animal vocalization and communication In Darley, F. (ed). Brain mechanisms underlying speech and language. N.Y. : Grune and Stratton.
Tomasello, M. 1992. First verbs : a case study of early grammatical development. N.Y.: Cambridge Univ. Press.
_____ 2003. Constructing a Language Cambridge, MASS: Harvard Univ. Press.
Traugott, E. and Heine, B.(eds), 1991. Approaches to grammaticalization Ⅰ and Ⅱ. AmsterdamL John Benjamins.
Uriagreka, J. 1999. Multiple Spell-out. In Epstein, S. and Hornstein, N. (eds), In working minimalism. Cambridge, Mass: MIT Press.
_____ 2002. Exploring the dynamics of Syntax London: Routledge.
Vartanian, O. 2011. Brain and Neuropsychology. In Runco, M. and Pritzker, S. (eds). Encyclopedia of creativity. Vol. 1. N.Y.: Academic Press.
Vecera, S., and Luck, S. 2002. Attention In Ramachandran, V.(ed),

Encyclopedia of the Human Brain. Vol. 1. N.Y. Academic Press.
Wallace, A. 1889. Darwinism. London: Macmillan.
Warner, A. 1994. Generalized Phrase Structure Grammar. In Asher, R. (ed). The Encyclopedia of Language and Linguistics Vol. 3. Oxford: Pergamon Press.
Wasow, T. 1977. Transformations and the lexicon. In Culicover, P., Wasow, T. and Akmajian, A. (eds), Formal Syntax. M.Y.: Academic Press.
Wessinger, C. and Clapham, E. 2009. Cognitive Neuroscience: An overview. In Squire, L.(ed). Encyclopedia of Neuroscience Vol. 2. N.Y.:Academic Press.
Williams, E. 1974. Rule Ordering in syntax. Doctoral dissertation. Cambridge, Mass: MIT.
Wittgenstein, L. 1956. Philosophical investigations Oxford : Blackwell.
原口在輔 中村捷(編著). 강명윤(역) 1992. 촘스키 언어학사전. 서울:한신문화사.